編集復刻版

行動する女たちの会 資料集成

第5巻

機関誌「活動報告」 1975年4月〜80年

六花出版

刊行によせて

編集復刻版『行動する女たちの会 資料集成』編集委員会

今から四〇年前の一九七五年一月一三日に「国際婦人年をきっかけとして行動を起こす女たちの会」は誕生しました。家庭の中で、学校教育の中で、職場の中で、労働組合の中で、マスコミ報道の中で、政治の中で、女を差別していることは許せないと怒る女たちが集まりました。

この年の三月一三日には「私たちは行動を起こします」の声明文を発表し、「社会は男と女によって構成されているにもかかわらず、社会のしくみは男中心に組み立てられ、女の生き方は、はなはだしく制約されています。男も女も一人一人の意思と個性に従って自分の人生を選びとれるような社会をつくり、新しい文化を創造することをめざします」と宣言しました。

翌月五日には、婦選会館で「女の一生を語りつぐ集い」を開催し、女が生まれてから死ぬまでに受けるさまざまな差別体験を語りあいました。あふれるような人の集まりでした。

その年の九月、性別役割分業を象徴するインスタントラーメンのテレビコマーシャル「私作る人、僕食べる人」の中止申し入れ時にも、週刊誌や新聞のバッシングはすさまじく、会は裁判にも訴えました。

会の女たちは、電車の中の吊り広告、新聞雑誌記事や広告でも「これは女性差別だ」と感じるとすぐ電話をかけ、直接会って話し合い、抗議しました。

学校での男女別名簿の使用など、当時は世間の人が「ささいな事」「そんなことに目くじらを立てなくても」と考えたことにも果敢に抗議してきました。また、抗議のみならず、「働く女性の相談室」の開設や、女子学生への就職差別問題への取り組み、雇用平等法をつくる運動、そして日本ではじめての行政へのDVシェルター開設の働きかけなど、会は数多くの提案や実践を行ってきました。

こうした私たちの行動の積み上げや、男女共同参画社会基本法などにより、いま表面的には、女性差別は見えにくくなっているかもしれません。しかしながら、現在の日本社会に生きる女性たちが抱えるさまざまな問題を考えるにつけ、行動する会の運動は、「性別役割分業」や「性差別」の撤廃にこだわり、女たちの中に共感を広げ、具体的な社会変革につなげた取り組みだったといえるのではないでしょうか。

行動する会の活動報告、発行物、チラシや裁判資料等がいま復刻され、日本の女性運動、とくにウーマンリブやフェミニズム運動の流れの中に位置づけられることは、過去の歴史を記録・保存するという意味からも、また今後の運動をすすめていくためにも、重要な意味をもっています。

私たちが四〇年前に願ったことは、まだまだ実現されていません。男女差別がなくなる日まで、行動を共につづけましょう。

編集復刻版『行動する女たちの会 資料集成』第5巻

刊行にあたって

一、本資料集成では、国際婦人年をきっかけとして行動を起こす女たちの会（一九七五～一九九六年）発行のチラシ・抗議文・パンフレット等出版物（書籍を除く）・機関誌及び関連資料を集め、収録した。

一、第1巻巻頭に井上輝子・山口智美による解説を掲載した。

一、本資料集成は、原寸のまま、あるいは原資料を適宜縮小し、復刻版一ページにつき一面または二面・四面を収録した。

一、資料中の書き込みをそのままとした場合がある。

一、資料の中の氏名・居住地・電話番号などの個人情報については、個人が特定されることで人権が侵害される恐れがある場合は、[redacted]で伏せ字を施した。

一、原本はなるべく複数を照合して収録するようにしたが、原本の状態が良くないため、印刷が鮮明でない部分がある。

一、原資料収集にあたっては、左記の方々のご協力を得た。改めて御礼を申し上げます。（敬称略）

坂本ななえ、利根川樹美子、前田知子、水沢靖子、盛生高子、横田カーター啓子

（編者・編集部）

［第5巻 目次］

資料名――復刻版ページ　〔　〕は編集部で補足

機関誌「活動報告」1975年4月～80年
〔一九七五年〕4月の活動報告――1
〔一九七五年〕五月活動報告〔以下「活動報告」は省略〕――3
〔一九七五年〕六月――5
〔一九七五年〕七月――7
〔一九七五年〕八月――13
〔一九七五年〕九月――19
〔一九七五年〕十月――27
〔一九七五年〕11月――35
〔一九七五・七六年〕12・1月合併号――43
〔一九七六年〕2月――51
1976年3月――59
1976年4月――67
1976年5月――75
1976年6月――85
1976年7月――97
1976年8月――105
1976年9月――111
1976年10月――117
1976年11月――125
1976年12月・1977年1月合併号――133
1977年2月――141
1977年3月――151
1977年4月――161
1977年5月――173
1977年6月――179
1977年7月――187
1977年8月――197
1977年9月――205
1977年10月――213
1977年11・12月合併号――221
1978年1月（号外）――227
1978年2月――229
1978年3月――237
1978年4月――245
1978年5月――253
1978年6月――259
1978年7月――265
1978年8月――271

1978年9月——277
1978年10月——289
1978年11月——301
1978年12月——309
1979年1月——321
1979年2月——331
1979年3月——341
1979年4月——353
1979年5月——359
1979年6月——365
1979年7月・8月合併号——373
1979年9月——383
1979年10月——397
1979年11月——405
1979年12月・1980年1月合併号——415
1980年2月——427
1980年3月——437
1980年4月——447
1980年5月——455
1980年6月——465
1980年7・8月合併号——469
1980年9月——475
1980年10月——489
1980年11月——503
1980年12月・1981年1月合併号——511

◉全巻収録内容

第1巻	チラシ・抗議文・声明書等Ⅰ	解説＝井上輝子・山口智美
第2巻	チラシ・抗議文・声明書等Ⅱ	
第3巻	パンフレット等出版物Ⅰ	
第4巻	パンフレット等出版物Ⅱ	
第5巻	機関誌「活動報告」１９７５年４月～80年	
第6巻	機関誌「活動報告」１９８１年～86年３月	
第7巻	機関誌「行動する女」１９８６年４月～90年	
第8巻	機関誌「行動する女」１９９１年～96年10月	

４月の活動報告

〈集 会〉 ４月５日 「女の一生を語りつぐつどい」──１９７５・女・差別──

女に対する差別は生活のあらゆる次元に遍在しながら、どこかたくみなベールでおおいかくされている。そのベールは時にはうすく透明に時には強固に女の行く手をふさぐ。「女の一生を語りつぐつどい」は、このベールを一人ひとりが自身の体験を通してはっきりと表明し差別の実態として告発しようという集会であった。女への差別は老若職業を問わない。少女からの告発も年をかさねた女からの告発もひとつの脈絡をもった女への差別のしくみを明らかにした。女が女であるがゆえの差別を受けている事実を女自身が認識するという意味で、又、そこから差別をなくすために立ちあがる女たちの広がりを作っていく、そのための"場"として成果ある集会であった。

10代から60代、80代まで、さまざまな職場に働く人達、主婦、学生と百数十名の女達のえんえん６時間にわたる告発と提言が続いた。

〈分科会活動〉

◇教育の問題……家庭の中での男女のしつけの相異、進学に際しての男女に対する親の考え方の相異、家事分担量の相異。学校教育では、男女別学の状況、教科書の中の女子に関する記述の検討。現在これらの資料を集め検討している。

◇マス・コミの問題……出版物、テレビ、ラジオ等における差別的表現のチェック。マス・コミ産業で働く女性の待遇調査。これらの調査結果を公表し責任の所在別に差別徹廃を要求する。

◇家庭生活主婦……主婦の出口づくり運動

- 主婦の再就職の門戸をいかにして拡げるか。主婦のため職業訓練所
- 保育所づくり、保育所の質的向上

◇児童文化……少女雑誌、マンガを定期講読し分析を行っている。結果は良書、悪書リストとして公表する。

◇売春問題……現代の公娼制度ともいうべきトルコ風呂をなくす法制定運動
海外買春反対運動

◇独身婦人の問題……独身婦人の生活実態調査、特に老後生活に対する社会的保障を訴える。

◇保護と平等

- 労基法第３条に「性差別」の語句を加える運動
- 産前産後休暇の延長と経済的保障を推進する運動
- 雇用平等促進委員会というような機関設置を働きかける。

主に以上３点の実現のために研究を行い、労組、労働者、医者等の意見を聞き討論を進めている。毎月第２、第４金曜日定期研究会を行っている。

３月28日、婦人少年局長、雇用安定局長同席のもとに長谷川労働大臣に次の３点についての要望書を手渡した。

・不況下とはいえ、中高年、既婚、パートタイマーの女性が首切りの対象となっている現状に対して具体的方策を講ぜよ

・雇用調整金の適用に際する不平等をなくせ

・男女平等の原則を基本方針として前面に打出し、事前に行政を行え。

◇裁判、調停、離婚問題……現在のところ、母子のための一時保護所の増設、母子寮の質的改善のための働きかけを都民生局に行なっている。

◇職業、組合の問題……現在とりくみ方を検討中

◇公開質問状……現在よせられた回答を分析中。5月上旬には結果をまとめて公表する。

＜4月18日例会報告＞

◇決定事項

・世話人会の増員……現在の9名の世話人に加えて、各分科会から2名ずつの世話人を出す。

・毎月1回活動報告をかねた会報を発行する。そのために編集委員を5月13日の例会で選出し編集委員会をつくる。

・今後定例会は順番に各分科会がテーマを決めシンポジュウム形式で行なう。又、同時に会全体としての必要事項についても決議等をする。

＜お知らせ＞

・5月の定例会は5月13日 6時30分より 婦選会館で行ないます。

・国際婦人年世界会議参加メキシコ旅行の締切がせまっています。より多くの会員の参加を希望します。

・定例会には出席できないが、会報、集会案内等がほしいという方は、年間会費として1,000円を事務局までお送り下さい。

・各分科会の世話人の方は、集会の日時、場所、予定等を事務局までお知らせ下さいますようお願いします。

「国際婦人年をきっかけとして
行動を起こす女たちの会」

世話人　樋口恵子、市川房枝、梶谷典子、
盛生高子、中島通子、中嶋里美、
田中寿美子、武田京子、吉武輝子、

事務局　新宿区新宿1の9の4　御苑グリーンハイツ806
中島法律事務所内
TEL　352-7010（10時30分～5時30分オープン）

五月活動報告

国際婦人年をきっかけとして行動をおこす女たちの会
事務局 〒160 新宿区新宿1の9の4，御苑グリーンハイツ806
中島[illegible] TEL 352-7010

五月十三日定例会

従来、決議機関的要素の強かった例会を今月からは報告、討論、アピールの場として活用していくことになり、五月は、保護と平等、離婚、裁判、調停、教育文化の分科会からそれぞれ左記のような報告アピールがありました。なお参加者十五名でした。

保護と平等分科会

保護・平等分科会では、四月十一日同盟の高島順子さんから、五月二五日に総評の山本まきこさんから、それぞれ労働基準法改正に関する見解を伺ったが、そのなかで当面統一的に行動をおこす必要とその可能性のあるつぎの三つの問題がだされている。

一、労働基準法の（均等待遇）にかんする第三条に、「性別」による差別の禁止をもりこむ改正要求。

このオ三条の規定は、憲法第十四条の規定を労働関係に具体化したものであるが、性別による差別禁止が含まれていないため[illegible]制がおこなわれても、憲法労基法違反にならないというぬけ穴として、使用者側から悪用されてきたものである。

二、ＩＬＯ第一〇二号（社会保障の最低基準に関する条約）と第一〇三号条約（母性保護に関する条約）のだき合わせ批准要求。

第一〇二号は、医療、疾病給付、失業給付、老令給付、業務災害給付、家族給付、出産給付、廃疾給付、遺族給付、以上九部門の社会的保障をきめている。この条約は、さらに批准の場合、「失業給付、老令給付、業務災害給付、廃疾給付、遺族給付」の五部門のうちの一つを含む三部門の実施を義務づけている。

[illegible]五部門のうち、遺族給付をのぞく四部門が国内的に（発展途上国等とくらべたら）一応のレベルに達しているとして、第一〇二号条約を批准して対外的に体裁をつくろうとしている。しかしここで重要なことは、出産給付が全く無視されていることである。

第一〇三号の母性保護は働く婦人を対象にしているのに合わせて、第一〇二号は、労働者の妻や、農漁業に従事する婦人の出産も、社会の負担で面倒をみるべきであることを規定している。

したがって、第一〇二号だけを、しかも単独で批准しようとする政府の意図は、国際婦人年にあたって、国際的な動向とは逆の方向にむいていることがわかる。

以上であるが、総評からは「労基法第三条に〝性別〟を入れる改正要求は、さまざまな立場の違いをこえて、女であれば統一できるものだと思う。」「各労組、各政党、関係機関への働きかけをしてほしい」という意見が出された。

（柴山恵美子）

六月定例会のお知らせ

○とき 六月十三日（金）
六時三分〜八時三分

○ところ 婦選会館

○参加費
・初回500円
・二回目以上200円

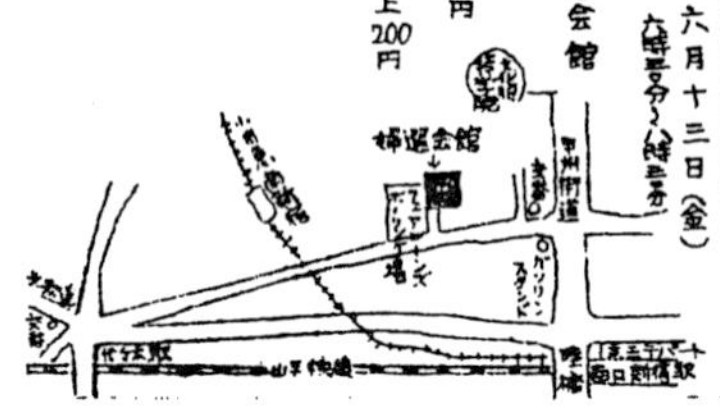

離婚・裁判・調停分科会

不況と不安、公害や交通戦争、など社会のもたらしたすべてのしわよせを受け、耐え忍びつつ生きてきた女たち、立ち上らねばならない時が来ました。

男たちにとって、女とはもっとも身近かにいて、時にはストレス解消のためにアルコールを浴びてぶんなぐろうとも、黙々と家事、育児、掃除、洗濯、性のサービスをはたしてくれる便利な存在であり、無料で、生命あるかぎり尽くしてくれる存在としてなくてはならないものだったのです。「愛」という美名のかげで女たちはその無償の行為に甘んじて来たのですが、離婚や会社の倒産、失業、夫の蒸発、交通事故等で働き手を失った妻たちは、子ども等をかかえて男にかわって働らかねば生きていくことすらできない立場に追い込まれ、働らき口を求めても有資格者であってもなかなかまともな就職口にもめぐまれない現状です。

そこで、緊急避難の家（離婚の母の家）或いは母子ヘルプセンター[illegible]かかえて逃び込んでも生活の目処が立つまで生活を保障してくれる家を、何かと公的で作らせるよう運動し、都や国を動かせるだけの力を結集し、盛り上げようということでこのグループは発足しました。子供三人と家[illegible]離婚[illegible]一会員の、四月十八日例会での提案がきっかけで、主婦問題グループの有志と中島弁護士のところに相談[illegible]ったが、四月二十二日緊急に集まりを持ちました。五月一日には俵萠子さん宅で裁判・調停のグループと合流して話し合いが持たれ、五月十日に都庁の民生局に私たちの話し合いの内容を要望しに行きました。その内容を要約すると次の六点になります。

①かけ込み母子寮の数をもっと増やしてほしい。

②母子寮の内容の充実と、質の向上

③離婚後の女の自立のために貸付資金があるとよい。

④家事、炊事の共同設備がほしい。

⑤生活保護費をもとに共同の住

（裏面につづく）

＊文字のかすれは原本のとおりです（六花出版編集部）

居を作るのを認めて欲しい。

（イギリスの例）etc

〔判読困難〕っ杯のような相談の窓口を早急作ってほしい。

会の正式名称は未定ですが離婚ということばにまつわる暗いイメージを吹き飛ばす意味でも明るい名称を考えようということになっています。

研究活動としては、福祉法や離婚結婚に関する法律の勉強を専門家を招いてグループ内の有志とやろうではないかと準備を進めているところです。（槙　玉淑）

児童文化分科会

児童文化会は現在手わけをして児童むけ雑誌に目を通し、児童雑誌の中にみられる性差別の点検にあたっています。

子どもたちは誰もが児童文化の洗礼を受け、知らず知らずのうちに男の子観、女の子観を育て上げていくものですが、もともと児童文化のにない手であるおとな達の男性観、女性観にひどいゆがみがあるため、いつしか子ども達の間にもしっかりと根を張ってしまうというのが今日の現状です。

児童文化は大別すると三つの分野に分けることができます。まず第一が児童文学。第二は児童むけ教育出版物。第三は児童むけ雑誌。

第一の児童文学を例にとってみると、学校が推薦する、かなり良心的な児童文学でも、たいていの場合男の子が冒険心のある活動的な主人公として扱われているのに反し、女の子はその男の子の脇役的存在として位置づけられているというのが定型になっています。

つまり女の役割、男の役割が従来の固定観念によってガッチリと文学の中に枠づけされてしまっているのです。

第二の教育出版物、特に性教育関係の本に先の傾向がはっきりみられます。

もっとも性差別の拡大に寄与しているのが第三の児童むけ雑誌。

ひょっとしたら、これは男にこびる高等技術の習得本ではないかと思えるものが大半を占めています。マンガ雑誌も入れると二十万人近い読者がいると言われているだけに、子どもに与える影響は、すこぶる大と言ってよいでしょう。

そこでまず、この分野のチェックを急ぎ、一日も早く出版社宛に公開質問状を出すようにせねばと、会員一同大馬力をかけているところです。秋の読書週間までには何とかしてブラックリストを完成させる予定になっています。

それからいま一つの作業は、最近暮しの手帖社から出版された「スポック博士の性教育」に対する反論文の作成。これは是非皆さまにも読んでいただいて感想文をよせていただきたいのですが、わたしたちが最も重要視している箇所は、この本の九四ページから一二〇ページ。このくだりは、ある意味に於ては女性解放運動つぶしに利用されるおそれが充分あるので、わたしたちもじっくり腰をすえ論理的かつ説得力のある反論文を作成しなければならないと思っています。

どうか会員の皆さまもご協力下さい。（吉武　輝子）

〃お知らせ〃

ｏ世話人会を六月二日（月）、六時三〇分より事務局にて開きます。世話人ならびに分科会世話人の方御出席下さい。

ｏ六月より機関紙を発行する予定で準備を進めています。編集世話人には、樋口、駒野それに事務局の汲田とそのほか六名の有志の方々が参加されることになりました。

ｏ公開質問状のまとめは現在印刷中です。近日中には一部三〇〇円ほどで発売する予定。

ｏ活動が活発になるにつれ事務〔判読困難〕がより必要です。皆様の御協力を期待します。

〃求む〃ボランティア

ｏ毎月の定例会に子供さん連れでも自由に参加できるようにと、臨時保育所を会場内にもうける予定（七月から）です。

この臨時保育所でお手伝いして下さる方を募集しています。連絡は事務局まで。

分科会世話人紹介

〈教育〉
駒野陽子　渋谷区[redacted]　三七〇-[redacted]

〈マス・コミ〉
野中文江　杉並区[redacted]渡辺アパート　三三四-[redacted]（自）

〈家庭生活・主婦〉
有賀泰子　中野区[redacted]　三八六-[redacted]（自）
友松悦子　杉並区[redacted]　三一二-[redacted]（自）
奈良喜代美　台東区[redacted]　八七五-[redacted]（自）

〈離婚・裁判・調停〉
槙　玉淑　三鷹市[redacted]　〇四二二-四三-[redacted]（自）
伊藤敏子　杉並区[redacted]　三一五-[redacted]（自）

〈売春〉
高橋喜久江　新宿区[redacted]　三六二-[redacted]（自）

〈職業・組合〉
青木久良子　中野区[redacted]南風荘
三上泰子　中野区[redacted]住宅1330　三三七-[redacted]（自）

〈児童文化〉
神山喜代美　小平市[redacted]　〇四二三-二一-[redacted]（呼）
高木アイ子　台東区[redacted]　八四一-[redacted]（自）

〈独身婦人〉
金谷千都子　相模原市[redacted]　〇四二七-四二-[redacted]（自）
山谷光子　目黒区[redacted]　七一八-[redacted]（自）

〈保護と平等〉
紫山恵美子　〇四二二-八三-[redacted]（自）

〈公開質問状〉
小林みち子　三五二-一七〇一〇（中島法律事務所内）
織田賀子　埼玉県朝霞市[redacted]　〇四八四-六一-[redacted]

★　★　★

＊文字のかすれは原本のとおりです（六花出版編集部）

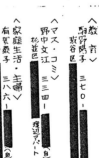

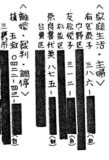

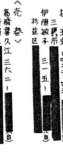

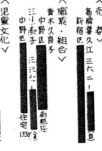

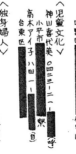

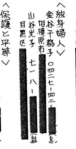

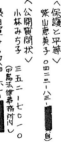

六月 活動報告

国際婦人年をきっかけとして行動を起す女たちの会

事務局 〒160 新宿区新宿1の9の4 御苑グリーンハイツ806
中島法律事務所内 TEL 352-7010

「ひとり暮らしに市民権を!」

—独身女性分科会—

現在の世の中は、何ごとも家庭単位、家族単位で考えられ、社会の仕組みもそのようになっています。独り者というのは、暫定的な仮の姿か、あるいは、〃変りだね〃といった眼でみられ、社会的な機構からはみ出した存在にされがちです。

たとえば、独身者は公営住宅に申し込むことができません。いくら資力、経済力があっても独りであるが故に入居有資格者からはずされます。また、住宅を手に入れるため、あるいは事業を始めるためなどで融資を受けようとしても、女の独り者ということだけで信用が得られにくいというのが現状です。こうした〃女独り〃ということ故に受ける差別や不利益は、日常生活の些細なことにもおよび、そこから生ずる精神的な苦痛や物質的な損失ははかりしれないものがあります。

しかし、一方では、世界的に独身生活者がふえる傾向で、日本も例外ではありません。とくに、戦争のために結婚相手をうばわれ、独身を余儀なくされた世代の女性が中高年に達し、住宅問題をはじめ老後生活の不安をかかえているにもかかわらず、何ら保障がないといった現状があります。一方、若手層の中にも、自ら独身を選んでいる女性がふえていますが、彼女らにとっても将来の見通しが楽観できない状況です。

そこで、この分科会では、まず身近なところから、独身生活をより豊かに快適にすることを目標とし、〃ひとり暮らしのための生活便利帖〃を作製することにしました。社会の仕組み、慣習の中で疎外されがちな〃ひとり暮らし〃ですが、やり方、考え方でもっと快適で楽しいものになるのではないかと、ひとり暮らしの特徴をとらえて、不便、不快、不安をとり除き、生活をしやすくするコツやアイデアをまとめてみようというわけです。

内容は、(1)食生活、(2)衣生活(3)住生活、(4)健康、(5)美容、(6)性生活、(7)余暇生活、(8)つきあい、(9)職業と経済、(10)老後生活(11)ひとり暮らしへの提言で、それぞれのテーマごとに、体験者の話や専門家からのアドバイス、そしてこれからのくらし方への発想の転換や新しい試みの提言を盛りこみたいと思います。

こうしたアイデアやコツを通して、独身女性の生き方に明るさと自信がよみがえり、また独身をおそれる気持が薄れると同時に、社会的にも〃独身生活者〃の存在を認めさせることが出来れば幸いです。会員の皆さんにも、アイデア・体験をお寄せいただくなど、ご協力をお願いします。（金谷 千都子）

七月の定例会は
十四日(月) 六時三〇分—
場所は 千駄ヶ谷区民会館です。
おまちがえのないよう!!

◎メキシコ国際婦人年世界会議および民間会議(トリビューン)の報告が中心になります。

◎当日は臨時保育所を設けますので、お子様連れの方もどしどしご参加下さい。

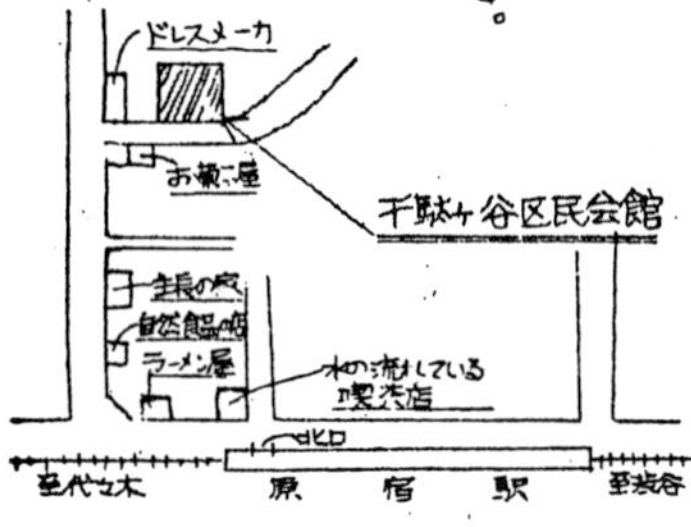

アピール

「おいらん道中」を主催する浅草観光連盟に抗議する!

先月十五日付け朝日新聞の記事、及び十八日NHK午后七時のニュースにより「おいらん道中」をイタリア・ベネチア市に派遣すると知り、私達はこの計画の見識なさと「売春防止法」に対しての敵対の土壌が恥もなく存在することに改めてあきれかえっています。……

（一部省略）

女の身で進んでたのしんで売女になるものがあろうか?例外はどんなものにもある。売女たることにいそしんでいるものがあろうと、そのいなおりに至る何らかの苦悩があるはず。また娘の親にして喜んで誇って売女にする者があろうか?きらびやかで珍しいから、多くの人々を集めるからとてそれが国際親善に役立つと考えるあなたがたは〃日本人〃としての恥も知らぬというほかない。

イタリアは元来、厳正なカトリックの精神の根深い国柄である。「おいらん」のなんたるか、その道中のなんたるかをよく知れば、珍しがったその一方で嘲けることだろう。

今さら恥ずべき過去の姿を引き出さずとも、海外に紹介できる芸術芸能には不自由しない。「おいらん」は歌舞伎の中で、その生ぎざま、くるわのありよう、売女達の姿を伝えれば何より意義もあり、それで充分なのである。ただきらびやかな道中は、チンドン屋と同様だが、そ

（裏面につづく）

の本質の低さゆえに、勿論チンドン屋の風上にもおけぬ。

これを契機として「売春法」いらい沈滞気味の吉原にテコ入れ…言々と新聞記事にあったが、吉原は何をもって繁栄しようと思っているのか？ 再び、女達の性器と媚にヒモつけて、女肉をむさぼって生活しようとする態度を捨てよ。

私達は、きらびやかな衣裳にかくされた公娼制度と、性の健康さを蝕ばむ売春容認の意識をあばき、必ずイタリアにもその認識をうながすつもりである。

即時に、この恥しらずな計画を破棄すべきことを要求する。

国際婦人年をきっかけとして
行動を起こす女たちの会
「売春」問題分科会一同

昭和五十年六月一日
浅草観光連盟代表
小林總介　殿

“かけ込み110番”開設にむかって活動中

裁判・調停・離婚問題分科会

裁判・調停・離婚問題グループ（仮称）では、当面の活動目標として、三本の柱を立てている。

一本は、離婚に際しての法律的な機関、家庭裁判所や法廷が、真に男女平等の立場に立って、調停や裁判をおこなっているかどうかを点検する。あるいは、その結果、女性に対して不平等な姿勢が判明した場合、どういう支援活動をおこなうかを研究する。

二本目の柱は、未婚、既婚を問わず、女性が困った時にかけ込める宿泊施設をつくる。

三本目は、こういう問題に関しての学習活動。

以上の三つの目標にむかって、私たちのグループでは、まず第二の問題から手をつけた。五月十日に、グループ有志が、東京都民生局、清水婦人部長（ほか二名）と面談し、「かけ込み宿泊施設の必要性と、それを作る意志が都にあるか」を問うた。同民生局は、その必要性については理解を示したが、予算は国が出すべきであり、国への働きかけを要請した。

六月上旬、グループ独自の調査研究活動として、既存の母子寮の見学を実施した。

対象とした母子寮は、都立としては練馬区立練馬母子寮。私立としては、なおみ母子寮である。

母子寮見学の意図は①母子の宿泊施設というものがどのような実態であるかを知る ②現母子寮の問題点の発見 ③母子寮へ入寮するまでに、どのような不便、困難、障害があったか ④かけ込み宿泊施設の必要性、性格などについての資料を得る。

母子寮見学の詳細な内容は、紙数の関係ではぶくが、私たちのグループでは、このほかの母子寮、婦人のための公私の施設見学、調査はひきつづきおこなう予定である。同時に、現在の福祉事務所の機能についても実態調査をする予定だ。それが完了した時点で“かけ込み110番”の電話窓口の開設を実現したいと考えている。

一方、七月五日には、法律問題について、講師を招き、学習会をひらく。


（俵　萠子）

お知らせ

◦ 世話人会は公開です。おひまな方、提案などのある方は、どしどし参加して下さい。
◦ 定期の世話人会は毎月第一月曜日、六時三十分より事務局にて。
◦ 七月の世話人会は、七日(月)各分科会から最低1名は必ずご出席下さるようお願い致します。

夏の討論合宿に参加を‼

テーマ　私の解放と女の連帯
立場のちがいを越えて女の問題を一歩前進させるために、さまざま女の接点をも索したい。
—ひとりでも多くの仲間と出会うために—

★とき
8月26日(火)27(水)
2泊3日

★ところ
鹿島ハイツ
茨城県鹿島町

★日程プログラム
（多少の変更があるかもしれません）
8/26 夕食後鹿島地域婦人との懇談会
8/27 9時30分〜12時30分 テーマについての討論会
夕食までフリータイム
夕食後は午前中の討論の延長線上で自由討論
8/28 朝食後解散

日頃分科会ごとの活動のためじっくりと基本的な問題を語り合える機会が無いように思えます。

この合宿はそのための場にしたいと考えます。

★詳細は事務局まで

七月

活動報告

国際婦人年をきっかけとして
行動を起こす女たちの会

事務局
〒160　新宿区新宿1の9の4
御苑グリーンハイツ806
中島法律事務所内
TEL　352−7010

同じ女の問題でも社会、文化が異なるとかくも問題を複雑混沌とさせるものかと改めて思い知らされ、これからの解放運動のむずかしさを明かるみにした国際婦人年世界会議。会議の模様や、参加した人のレポートは種々マスコミによって伝えられ、参加しなかった者達にも多くの影響を与えているようだ。

史上はじめて、女の問題を話し合うことを第一目的として世界中の女達が一堂に会したこの経験は、これからの日本の我々の運動の方向にとっても、ひとつの示唆を与えるものであったことは間違いないようだ。

私達「行動する会」のメンバーからも十人ほどがメキシコに行き、トリビューン（民間会議）、世界会議に参加した。そこで七月十四日の定例会でさっそくこの参加者の皆さんにメキシコでのことや、感想を報告してもらった。参加の動機、個人の経験や状況の違いによってそれぞれ興味深い報告、アピールがあった。又、それと同時に共通する問題提起もあり、これからの我々の取り組むべき仕事の重さがずっしりと感じられた。（H・A）

メキシコ 国際婦人年レポート

吉武輝子

わずか一週間のメキシコ滞在で、トリビューンを中心に参加してきました。日本語しか話せない人間ですので細部にわたってつかみとってくることはできなかったけれども、私なりにこれからの解放運動をどちらの方向に進めていかねばならないか、今少しずつその方向をまさぐっている最中なんです。ですからここで、成果がどうであったかを言うことはできないんです。しかしひとつ私が提案したいことは、マスコミが今扱っている国際婦人年会議の扱い方について私はやっぱりどうも納得のいかないものがあるんです。たとえば週刊朝日で松井やよりさんのお書きになった文章を拝見しておりましても、なにかこう国際婦人年会議というものがオリンピックみたいな感じになってきて、日本の国旗をいくつ挙げてきたか、挙げなかったかと、そういう形、つまり国威高揚みたいな形で把えられてきている。しかし今度私がトリビューンに出てきてしみじみ感じたものは、そういう国威高揚という男性の論理、それが結果的にはいろんな国々の連帯しようという望みを引き裂いてしまった。一見失敗したように見えた世界会議というものは、私はやっぱり男の人達の国威高揚というもののあり方に女もやはりがんじがらめになっていった悲しい結果ではなかったかと思っているんです。

私は国威高揚のために行ったのではありませんので、一本も国旗は掲揚して来なかったんです。しかし私なりに何かずっしりと体に重いものがあって、それを今年一年かかるか二年かかるか、これから行動を起こしていくなかで何かにぶつかった時、ああ、あの時のことがこれだったのかと思いながらいくんではないか。私はそういう形で参加してきました。

武田京子

さきほどの吉武さんがおっしゃった国威高揚云々ということは、それは必要ないというふうに思いますが、けれどもやはり私達行った人間として反省しなければいけないこともあったんじゃないかと思います。私達は日本の女のおかれている位置とか、現状はこうなんだということを知らせるというかそういう努力を今まであまりにもしなさすぎたんではないかという反省がやっぱりあったわけです。そのために大部分の世界中の女たちが日本の状況を知らなかったこと、本当にそれは知らなかったとはっきり言えると思います。ですから、日本の女がどんな運動をしているとか、そんなことも知らなければ彼女たちが持っている日本の女に対するイメージというのは旧態依然、明治の女みたいなイメージなわけですね。つまり国威高揚は必要ないにしても、情報を交換しあうということ、交換しあうことによって連帯するということを前提として考えなくてはならないということです。

それからもうひとつ感じましたことは、私達があまりにも婦人運動の先進国といわれる、スウェーデンだとかイギリス、アメリカ、中国、キューバというああいうところの情報だけを欲しがって、それでいわゆる第三世界の女たちはどうなっているのかということを知ろうともしなかったし、知るすべもなかったと言っていいと思うんです。とにかく情報が非常に片寄っていた。又、第三世界その他の世界中の女の情報を得ることによって連帯していこうという、そういう姿勢が非常に欠けていて、何かこう、追いつけ追い越せみたいな感じで上の方だけを見つめていたんではないかということも痛感したわけです。

村上節子

さっき吉武さんが帰ってきて日本のマスコミの報道をみて大変残念だったっておっしゃった。私も国威高揚してこなかった女達の一人のわけです。私も帰りまして非常にマスコミの報道をみて憤慨いたしました。一番怒ったのは、私達が毎日あの会場で顔を合わせていたあのマスコミの女達が東京に送った原稿にしてはあまりにも男的な視点でありすぎた。何がそうだったかっていうと、先ず〃ふるわなかった大和ナデシコ〃というような把え方。何をしてきたら彼らはふるったと思って下さったのかということです。

それからもうひとつ、私はもっぱらトリビューンに行ってたんですけど、トリビューンの一番いいのは、先ず会議がまとまらなかったことだと思うんです。というのは、パネラーが何人か、女と教育だとか、女と仕事、女と家族あるいは第三世界からのアピール、ハンドクラフトの女達みたいな形でテーマが分かれてるんですけど、パネラーがだいたい四～五人、十五分ずつしゃべると後の時間は全部二十人三十人と花道のような通路に並ぶんです。並ぶんで何を言うかと思うと別にパネラーに対する質問でなくて自分の言いたいことを言うわけですね。まあ言ってみれば、自分の国から持って来た問題を二分三分の制限時間の中でばあーっとぶちまけるわけですね。それから会場ではまどろっこしいというので椅子に座わって隣の女に話しかけたり、あるいはロビーで。だいたい女が二人以上集まればミーティングはできちゃうわけで、そういうのがあちらこちらで数十と大小さまざまあるわけです。そういう中でとにかく女に関するテーマがそこらでパン〳〵パン〳〵飛び回って、それが延々トリビューンの場合は二週間繰り広げられたわけです。

そういうふうな、女同志の同じところにしゃべりに来たんだということだけがとてもよかったし、それから一方通行の会議のまとまらなかったのもそういう意味でとってもよかったし、結局あの会議とは、会議そのものの内容、目的はどうであれ、女が仲間をさがしに来たひとつの集まりだったという実感で、それはこういう集まりと同じように、ひとつの力、次のエネルギー、これからの十年間あるいは百年間の出発になったように私は感じます。

竹内　みどり

私の場合には一才半の息子がいるんですが、まず私の行く動機みたいなものとして、その息子から離れるということが私の国際婦人年で、その息子を抱えることが私の亭主の国際婦人年であるみたいな、そういう自分の命の洗濯みたいなものが最初は目的だったような気がするんです。だけどむこうへ行って、それが間違いであるというかそういう感じを得たのは、むこうで女の人達がレボソという肩掛でもって子供をくるんで道端で路ばた商みたいにして物を売っているんですよね。でやはり私とは全然状況が違っていて、私みたいな形で国際婦人年に参加することがものすごく間違いだったみたいなそういう問いかけがあったわけです。

その中で、今、村上さんや吉武さんがおっしゃったような、国威高揚の問題とか自分なりの成果とかそういうものはいっぱいあったにしろ、やはり日本の女の人達がもうひとつその中で、なにかこうつんぼ棧敷的な、お客さんみたいな存在であったということも否定できないと思うんです。そのことは、個人的にはいろんな収穫があってそれでよかったかも知れないけど、やはりこれからのいろんな運動を展開していく上でひとつの反省の材料にはなると思うんです。

それから先ほど武田さんがおっしゃったように自分達の状況はこうなんだと伝えることも必要ですよね。だけどやはり私がもうひとつ思うには、そういう複雑な状況を伝えながら同時に私達が世界の女達の中でどういう状況を占め、私達の運動がその中でどういう役割を果たしているのかということをやはり把えていくことが不足していたんではないかと思うんです。

例えば、日本というのは先進国でありながら白人ではないとか、私達女の状況というのも紛れなく搾取する側の人間でありながら搾取されている人間であるというような。そういう意味で第三世界と先進国の接点となりうる存在であるわけですね。そういうことで例えば、搾取する側には立たないんだということで第三世界の女達と連帯しながら、一方で富める国になったところで私達が差別されることに変わりない、日本の女の状況がその好例だとか、そういう国際的な視野でのもの言いも必要だったと思うんです。

その辺のことがなされなかったことは、ひとつには情報不足もあったんじゃないかと思います。やはりこれからは、いろんな意味で世界の女達との情報交換というか、そういうことをもっともっとしていかなくてはいけないと痛感したんです。

谷合規子

私には御覧のようなチビがおりまして(一才くらいの男の子)私は純然たるハウスワイフでして、私が行くということは、いわゆるふつうの女が行かれるんだということになると思うんです。私にはいろいろハンディがありまして、お金だって全然ないし、子供は三人もいるし、一人はハンディキャップのある子でして、重度の障害児なんです。その子が生まれたとき私はこれから一生女性問題のことにかかわるんじゃないかと、結果としてはそういうことになったんですけども。

それで私がどうして婦人会議に出掛けていったかという理由、目的というのは、結局私の経験を通しましても、女が、ある意味ではエリートの女性が男性並に扱えという男女の平等というのはどうも底辺みたいなところを忘れちゃっているんじゃないかなってつくづく感じましたね。私は底辺の女性を引き上げなくてはどうしたって女性全体を引き上げることはできないんじゃないかという考えを持ちまして、世界的な情報を得るために出掛けたんです。世界的な情報とはどういう情報かというと、その国の福祉の充実度というのは絶対に女性の地位と関係があるんじゃないかと考えたんです。そこら辺の相関関係を見るためには、とにかく今年世界中の女達が集まったときにどんなにしても情報を集めてこようとそんなふうに思ったわけです。

ところが、メキシコにも物乞いしている親子がたくさんいるんですから経済生活の最低の保障もないということですよね。だから福祉なんてもんじゃないし、まだまだ福祉ってのは世界の中では叫べるような状態ではないんです。出発前には、どんなに文化の発展が遅れていても、その国なりの福祉の充実度と女性の地位には相関関係があるはずだと、絶対そう思って行ったんですけど充実度なんてものじゃないんですよね。そういう訳で、そこら辺の目的はかなりボケてしまったんです。

ただとても興味深かったのは、スウェーデンの女性がやっぱり大変に男女の関係の中での女性の地位というのは大変に高いし、私なんか日本の女性がみたらうらやましくなるようなそういう地位にあるんだってこと。だから福祉の充実度と女性の地位とは決して相関関係のないことじゃないんだってことを肌身にしみて感じました。

それから今、いろんな所で私なりの報告文を書かなくてはいけないんですけど、じゃ、その時いったい何を書くのかなあって考えてるんですけど、やっぱりこれからのこととして、「世界行動計画」の中のあの辺の女性の地位について私達はやっていかなくてはいけないと、今つくづく感じているんです。

髙木アイ子

私がメキシコ空港に降りてパッと驚いたのはあまりにもすごい臭いと排気ガスで、それこそソンブレロなんてイメージは全然狂っちゃって。それほど貧富の差が歴然と至る所にあるわけです。大学へ行けるのはほんの一握りの人でそういう人達は一万ペソ（二四万円ぐらい）も月給をもらっている。私が訪ねた貧民街のお手伝いをしているというおばさんは一日三十ペソだっていうんですね。それで、子供が六人も七人もいて、みんな顔色が違う、みんな亭主がちがうんですね。そしてみんな棄てられるというんです。そういう人に対して国際婦人年についてどう思うかって聞いたってそれは余りにも酷なんですね。

　私も帰ってきて村上さんと同様に思うんですけど、日本の新聞が地元は無関心だとかなんとかと書いてあるんですけど、ほんとにそうじゃないんですよね。私は話を聞きながらほんとに一緒になって涙がボロボロ出てきちゃったんです。そういう訴える術を知らない人の姿を見なかったら平等も発展も言えないっていうことを又もう一回私は確認したような、そういういろんな人に会って感じたことだったんです。

　それからもうひとつは、メキシコのいろんな運動家たちと交流したとき、ひとりの女医さんなんですけども、もう一時間、堕胎の話でしゃべりまくったんです。例えば、堕胎をどうやったらいいかとか、どうすれば安全な方法でできるのかということを、事細かく器具の説明から延々とするわけです。ともかくオフィシャルなデータだけでも堕胎に関する女性の死亡というのはメキシコの女性の中で年間五千人いるというんですね。それはオフィシャルな政府の発表であって、実際はいくらあるかわからない。

　そのヤミ堕胎とか、不潔なやり方とか、事後処理が悪くて女達が命を落とすことを自分達が見兼ねてそういう運動を起こしたというんです。ともかく四年間で五万人の女を救ったというんですね。そのとき彼女が結論で言ったことは、ともかく彼女が避妊を教えても、器具は買えない薬は買えない、そうなったときにはどうするんだって、逆にたずねられちゃったんです。その時、私が思ったことは、どうやって薬も買えない器具も買えないそういう女達、できたら産むのが当りまえ、堕胎をやったら十五年の有罪という体制が厳然と残っている、そういう状況の女達と先進国扱いされている私達とはどうやって共闘していったらいいのか。どういう形で共闘できるのか。これは本当に皆で真剣に考えなくちゃならない問題じゃないかって思ったんです。

　で、やっぱりこれからの私達の運動として、国際婦人年の会議を開いたことによっていろんな国にたくさんの友達ができた、その友達を通して、決して政府レベルじゃなくて民間のいろんな団体の女たちが第三世界のそういう人達の状況等を情報交換して、世界的なレベルで運動を進めていかなくてはならないって思うんです。

（掲載は報告順です。原稿は事務局でテープをおこし、内容を半分ほどに短縮させていただきました。）

お知らせ

☆ **八月の定例会は休会いたします。**

☆メキシコで採択された「世界行動計画」の内容を「行動する会」としても早急に検討を進め、日本の、私達の会の「行動計画」として練り上げようではないかという意見が多々出されております。
そこで九月には、「行動計画」の検討会を会全体の問題として取り上げる予定です。

☆八月の初旬には、政府で、この「世界行動計画」が印刷され一冊にまとまります。外務省国際連合局社会課（ＴＥＬ　五八一ー三八八三）、又は、労働省婦人少年局婦人課に出むけば無料でくれるはずです。私達がこの「世界行動計画」に充分注目していることを示すためにもドシ〳〵出かけて行って、無料でこの資料を入手しようではありませんか。
又、「婦人展望」（婦選会館発行）八月号には抜粋が掲載されます。

☆「女性の問題に関する公開質問状への回答全文」が出来上り、一部四百円にて発売中です。在庫は事務局にあります。郵送もいたしますので御一報下さい。

八　月

活　動　報　告

国際婦人年をきっかけとして
行動を起こす女たちの会

事務局
〒160　新宿区新宿1の9の4
御苑グリーンハイツ806
中島法律事務所内
TEL　352−7010

教育分科会ニュース

男女別学問題及び高校に於ける女教師率の低さをどうするか

前回の分科会で男女別学問題に取組むことを決め、全国の有志の方々を通じて目下調査がすすめられています。すでに集まったところは北海道、群馬、静岡、広島、山形、埼玉ですが、さらに多くの方々にご協力を求めて、急ぎ別学、共学の全国地図を作りたいと思っております。九月一杯で資料を完成させる予定にしております。

別学問題を調べると同時に学校に於ける男女の教員数も調べておりましたがその結果学校での女教師率があまりにも低いことがわかりました。家庭科、保健体育等の従来から女子が必要とされていたものをのぞくと、それ以外では0名という学校さえ少なくありません。都立高のAさんの話によると教員試験に合格して名簿に登載されても女子の場合は現場からのひきぬきがないのです。校長は現場の教師達に合格者の名簿を呈示しても、実際に誰をとるかという段になると現場の教師達から女よりも男という考えが圧倒的に強く、女は結局採用されずにすぎてしまうそうです。

こうした差別をなくすためにも各県の教育長や校長協会や日教組等にも働きかけるつもりにしております。資料作りをお願い致しました方々、暑い折大変ごくろうさまですが出来るだけ早くご調査をおすすめ下さい。

共学の時の男女比について

男女共学といってもその男女比が大変アンバランスな所が少なくありません。それをどう考えるかについて話合い次のような結論に達しました。

共学は男女の数が均等であることが必要です。そのためにはそれぞれの定員数を決めるのがよい。勿論これを永久的なものとは考えてはおりませんが、教育を受ける権利にしてもまだ女の方が差別されているし、これらを是正するためにも、当分は定員を決めるのがよいという結論に達しました。

教科書の中の男女差別をどうなくさせるか　及び教育の中に女性問題講座等の開設運動をどうするか

国際婦人年会議の世界行動計画の中に次の

ようなものがあります。

1. 利用しやすい託児制度により修学中の婦人を家事から解放し、教科書も積極的な婦人像を教科書に反映するように書き換える。
2. 共学を奨励し職業訓練により女性の職業選択の幅を広げる。

今、全国の教師達を中心に教科書の中の男女差別についてチェックがすすめられています。全教科にわたって調査し、問題点を分科会までどしどしお寄せ下さい。各教科毎の比較も行ないたいと思います。その上で出版社の人達と話し合いの機会をもち、行動計画にそって積極的な女性像をえがくよう要望していくつもりです。また、これは単に出版社に要望するだけでは片手落ちで、指導要領に拘束されて教科書が出来ている以上、指導要領の中に積極的な女性像をもりこんでもらう必要があります。そのためにも文部省の人達や教科書担当者にも話合いに行く予定です。

しかし家庭科の男女共修や教科書の中に積極的な女性像を入れるばかりではまだまだ女性差別をなくしていくことはできないようです。一歩すすんで全教育の中に婦人問題講座のようなものを展開させることが必要です。部落問題講座、障害者問題講座、社会福祉講座同様、女性解放講座を作る必要があります。一番開設しやすい大学から始めてはどうかという話になりました。これについては文部省や大学の関係者と話合いたいと思います。

学校教育の管理職の女性差別をどうするか

女子教員数は小学校で54％、中学で28％、高校で16％と占めているにもかかわらず、管理職数は小学校で4％、中学校で07％、高校で4％にすぎません。こういう現実を反映して小学校では男の教師はほとんど管理職コースへ、女教師はその下で働くという型が多くみられます。

教員数の男女比の割合で管理職の男女数が決められて当然のことです。そうしますと小学校では女の校長、教頭が少なくとも半数以上占めることになります。管理職を選ぶ選ばないは本人の選択ですが、現状は女の場合有型無型の圧力がかかり、自由な選択すら出来ていません。〃女教師の婦人問題〃の中に女が管理職をえらばないのは家庭での家事・育児の負担があるからという理由も一つにあげられていました。生徒達に対しても教頭や校長がいつも男であれば、自然に男は女より上に立つものという意識をうえつけてしまい大変間違った教育をしていることになります。また管理職を選ばない理由の一つに〃自信がない〃という理由もあるのではないかと思われますが、それとて〃女は引込んでおれ〃方式の社会通念により作られたものにすぎません。

管理職問題は社会通念を背景としてあきらかに女性を差別しています。この問題についても関係者と話合いたいと思っています。

大学の助手、講師、助教授、教授に女子が大変少ない現状をどう変えるか

大学の教師もこれまた圧倒的に男性の世界です。当面国立大学の中での助手から教授までの女性数を調べてみたいと思います。大学関係者の方々この調査に是非ご協力下さい。

女が大学院の試験を受けようとする時、婚期がおくれるからとか女は学問に向かないからといってそれを阻止する男の大学教授が多いようです。助手から講師、助教授等になっていく過程でもあきらかに男優先です。

こうした差別についても大学関係者や文部省関係者と話合ってみようと思っています。

家庭科の男女別学、進路指導、性教育に於ける女性差別をなくしたい

自分自身の体験、教師であれば自分の職場の中の問題、親であれば子供を通してこれらの問題をさぐり、さまざまな実態をまとめ、これらについても関係者と話合いたいと思います。

（中嶋里美）

次回教育分科会のお知らせ

日時　九月十一日（木）　六時より

場所　代々木駅前　スパゲティの店イタリコ

（教育分科会へのお問い合わせは
03（370）[redacted]駒野へ）

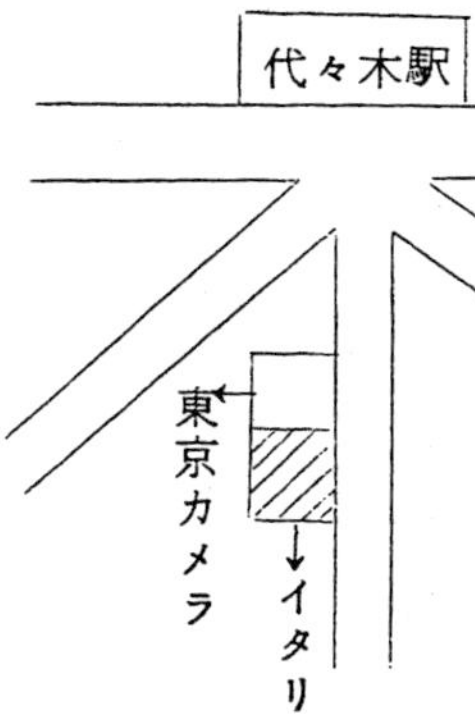

国際婦人年
イタリアの動き

柴山　恵美子

「行動をおこす会」が、さいきんイタリアの婦人組織に協力を要請する出来事があった。東京浅草観光連盟が、イタリアのベネツィアに「おいらん道中」を派遣することにたいして、日本の婦人たちの抗議の意志をイタリアの婦人たちに伝え、協力してほしいという要請を、売春分科会がおこなったからだった。私は分科会の依頼をうけて、有力な二つの組織に、用意された資料を送った。そのひとつはUDI（イタリア婦人同盟）、もうひとつはCAF（婦人組織委員会）であった。

UDIは、一九四三年に反ファシズム・レジスタンス運動のなかから生れた、歴史のあるイタリア最大の民主的婦人組織で、「ノイ・ドンネ」（われら婦人）という六〇ページ余のりっぱな週刊グラビア雑誌をだしている。イタリアでは、六〇年後半から十年余のねばりづよい運動のすえに、一九七一年には新母性保護法と保育所法、七三年には新家内労働法といずれも婦人関係法の改革を獲得し、いま完全実施のために不況下で困難な運動をつづけていると同時に、新しい家族の権利の法制化にとりくんでいる。こうした流れは、州、県、市町村段階で、カトリック系から左翼系までふくめた統一的な婦人組織をたくさん誕生させた。これを全国的につなげようとして七三年に生れたのがCAFである。この組織は、情報提供を主眼とした新聞をだしている。

このイタリアで国際婦人年へのとりくみがはじまったのは七三年からであった。一九七五年の国際婦人年をいかにとりくむか、政府は司法省を窓口にして一部の婦人集団を招き意見を求めたのをきっかけに、十二月三日には各婦人組織の代表があつまって初の会合をひらいた。翌七四年六月十一日には、ツアガリー司法大臣も出席してふたたび会議がひらかれ、「婦人問題の検討のために司法省直属の永続的なオフィスを創設してほしい」「国会に提出される婦人の関係法等が、各組織にすぐ流れるように情報提供紙を発行してほしい」などの共通の要望がだされた。出席した主な組織をあげると、CIF（イタリア婦人センター）、UDI、CNDI（全国イタリア婦人協会）、AGI（イタリア法律家協会）、ANDE（全国婦人有権者協会）、AIDDA（婦人企業家、企業管理者協会）など広汎囲にわたっていた。

一方首相から責任者に選ばれた労働社会保険省次官、国会議員のティナ・アンセルミは、今年に入ると、婦人問題に直接に関係の深い行政側の代表、社会生活のさまざまな分野、とくに各政党、各労働組合と各婦人団体のエキスパートで国際婦人年イタリア委員会を組織した。その活動を、①国連の計画に歩調を合せて発議計画をきめる。②それぞれの組織が国際婦人年の宣伝のために独自にやっている全国的な活動を秩序だてる－という二点にしぼり、具体的には、政府への適切な提言のために役立つあらゆる資料の収集や、またこのような活動への婦人の参加にたいする各党と各労組の意識調査、婦人の状態に関する行政機関の意識調査などを計画した。委員会のこの計画は、二月十八日の婦人組織の会合で討議され、さらにつぎの点が加えられた。

①「レジスタンスから今日までのイタリア婦人」と題する総合的な報告書をつくる。②大統領と首相の参加したデモンストレーションをローマでひらく。③国際婦人年の一連の解説書を出版する。④メキシコ会議に参加する。

これとならんでＣＡＦを通して生れた「公共生活への婦人の参加のための全国協議委員会」は、イタリア委員会委員長に手紙を送り保育所法の完全実施など「今年中にかならず解決のめどをたててほしい」七条目を提示した。

四月には、平等の問題に具体的にとりくむ二つのグループがイタリア委員会につくられ国会議員マリア・コッコとノラ・フェデリチー博士が責任者にきまった。また国際婦人年の国内会議もひらくことになり、デモンストレーションはそのときおこなうことになった。同時に首相は、イタリア婦人の状態に関する白書の編集もすすめている。

六月には十九日からメキシコシティで開かれた国際会議に代表を送る一方、ＣＡＦに加わる婦人組織は、近ずく東ベルリンの世界集会に参加することをきめている。

最後にＥＥＣでは均等待遇の原則に関して、国際婦人年のために十カ条の基準をだしていることを記しておく。

＜資料＞イル・ジョルナーレ・ディ・Ｃ・Ａ・Ｆ（イタリアで発行されている隔月新聞）の'73年以降より。

＜経過報告＞

「おいらん道中」ベネチア派遣阻止運動

—売春問題分科会—

イタリアのベネチア市へ、姉妹都市となった浅草から「おいらん道中」が親善の目的で行くプランは、今進行中である。ところで肝心の反対側の日本の女達、つまり私達の事だが、何と言うか動きが思うようでなく、無念の思いで進行のゆくえを見守っている。九月三日夜おいらん道中は羽田を発つ。そして又、この26日は又もや旅行の無事祈願参詣があったのだ。

それでも六〜七月中には色々なことをやってみた。先づ計画側の浅草観光連盟へ抗議文送付、同文と反対のよびかけを各団体グループに送ること。外務省へ派遣中止の勧告を要請する——これは大所の組織婦人団体が参加している「売春問題に取り組む会」から提出された。外務省は「何としても民間の計画に通達や命令と言うわけにゆかぬ」と言いながら「外国で日本文化や風俗について多くの誤解もこれまであったし、慎重に検討されたい」と言った風な勧告が出された。相も変らず、これでどちらの顔も立てたつもりなのであろう。おいらん風俗を保存演技する為、昔の茶屋、今の料亭松葉楼につとめている女性達と話し合いたいと何度も申し込んだが、ついに直接の交渉はさせてもらえなかった。

次に考えついたことは、イタリアの特派員に取材してもらうことで、七月半ば一〇〇万部を発刊している週刊誌「ジョイア」の記者と会った。彼はまるっきりこの計画を知らずにいたが直ぐに強い関心を示し、「そんなパレードはいけません」と言うなど、日本の男性の記者達より余程よくすんなり話が通じるのでかえって私達は不思議なとまどいすら感じた。

日本の売春問題、売春対策のたたかいの歴史等話す内、彼の関心は市川房枝さんに絞られて行った。イタリアにまるで市川さんのような上院議員がいて、彼女が中心の力となって闘い取った売春禁止法は、彼女の名を以てメルリン法と呼ばれていると言う。それでジョイアに送る記事の形としては、「日本のメルリン女史——」と言った紹介で市川房枝さんに取材し、日本の売春対策、運動等について語ってもらい、同時に現在日・伊間に起った話題としてこのおいらん道中派遣を取りあげ、イタリアの女性へ反対の連帯を呼びかける。と言う広げ方をすることになった。さっそく翌日参議員会館で市川房枝さんにインタビューがなされ、メルリン女史とベネチア市議会へも市川さんが手紙を出すこと等が決められた。

六月始め頃だったか、会員の一人永松さんに話した時、「イタリアのリブにでもよびかけたら・・・・」との提案があった。又「保護と平等の分科会」の柴山さんがイタリアと連絡のあることも知らせてくださった。直ちに柴山さんと何をどんな風に運んだらよいか相談した。

イタリアには、大戦中レジスタンスで戦った女性達が中心となって作った組織から発展したU・D・Iと言う大きな団体がある。そこから発刊される週刊誌「ノイ・ドンネ」は、大衆誌でありながら婦人運動の機関誌としての役割と権威を持っていると言える雑誌なのだと言う。この編集部宛に外務省へ出した要請文と私達の抗議文、売春対策運動の年表、〃くるわ〃や〃おいらん〃が一体何であり江戸時代から売春防止法成立まで日本の社会政治体制の中で、どんな役割を担って来たかを理解してもらう為の資料などを送ることにした。伊訳ができれば言うことはなかったが、イタリア語やフランス語で訳者を見つけることは困難だった。止むを得ず英訳することになったが、これとて人を探すのは大変なことだった。ついに素晴らしい人を得た。慶応大学院で「女大学」を研究しているエリザベス・マゥアさんだ。マゥアさんも又、国際婦人年の活動の為に、米本国から委託された調査の仕事があったにもかかわらず、喜んで引き受けてくださった。又一部の英訳下請の仕事も、友人の紹介で見つけられた。二人ともかなり多忙な中を、それも分量もあり訳し易いとは言えぬ内容のものを、一際無償で果してくださった。くるわとおいらんの資料については日時もなし、専門家に依頼する金もなしなので、私自身のにわか勉強に依る。これは後程、公娼制度やおいらんに対する認識を更に確かにして頂くためプリントができたら会員の方達には是非読んで頂きたいと思います。

U・D・Iへ送るものを作るため、かなりな労力と時間を費やしてしまった。ジョイアの反応、ノイ・ドンネの扱い、メルリン女史の返事等まだ何一つ判ってない。U・D・Iへ送った行き違いに、C・A・Fと言う会から柴山さんへ手紙が来た。「休暇返上して機関誌の編集長が、ベネチアへ取材に行く。日本の売春のこと等よく知りたい。この件について日本の男性は何と言い、どんな事を行なっているのか？」この最後の問いが耳に痛い。くるわやおいらんが、文化であり美学である日本。又女性の間ですら売春に甘い性意識。これらと今後どう闘って行くか？　とにかく同志を求めたい。

（古川雅子）

お知らせ

✡定例会

とき　九月十三日（土）

午后二時～七時

ところ　婦選会館（三七〇―〇二三八）

討論テーマ

「私達にとっての行動計画」

女性問題の重要性を世界的に確認し、問題解決の方向を指摘した「世界行動計画」。これを単に理想とせず当然我々が勝ち取るべき目標にし、具体的プランニングにまで消化せねばならないと思います。九月の定例会はそのワンステップの討論会です。一人一人が自身の意見を持って参加されることを期待します。

✡「世界行動計画」は一部一〇〇円（送料八五円）です。事務局まで申し込み下さい。

✡行動計画実行委員会が結成されました。構成は、各分科会より一名以上、メキシコ国際婦人年会議に参加した方々、その他有志により、現在二十三名です。この委員会は、十二月初旬に予定されている総括集会へ向けての討論資料作成をも兼ねています。第二回目の会議は九月八日（月）、六時三〇分事務局にて行ないます。有志の方は参加下さい。

✡八月二六日より二泊三日の夏の討論合宿を茨城県鹿島町にて行なった。会より二十数名、地元鹿島より三十五名ほどの参加があり、第一日目は主に鹿島の女性達から出た「何が女の問題なんですか」、「国際婦人年って何ですか」という疑問に対し私達がさまざまな具体例をあげて答えるというかっこうになった。二日目は、行動計画の序章の検討に入り主に十六について、伝統的な性別役割分業を支えている社会通念を変革するための方策について考えていった。合宿の模様の詳細は次活動報告でお知らせします。

九月
活動報告

国際婦人年をきっかけとして行動を起こす女たちの会

事務局
〒160 新宿区新宿1の9の4
御苑グリーンハイツ806
中島法律事務所内
TEL 352−7010

婦人問題が世界的に共通する大きな社会問題であるということの認識をうながし、解決のための指針を明記した「世界行動計画」。これをめぐって今私たちは、これまで行なってきたさまざまな運動を改めて整理しなおし、この行動計画と一貫する形の問題提起と運動の方法を打ち出すべく作業を進めています。

ここ当面の優先する運動課題として、次の五つにわたる問題を採りあげました。(1)雇用問題、(2)マス・メディアに関する問題、(3)家庭・家事労働に関する問題、(4)教育の問題、(5)政策の形成および決定の場への参加

この五点の内から、九月の定例会では、(1)と(2)について問題提起と討議を行ない、いくつかの具体的行動目標も決まりました。紙面の都合上、その討議内容をお知らせできないのが残念です。

以下には、メキシコ本会議の模様とその後の国内の動きについての有馬氏による報告と、女性の労働権をめぐって、柴山氏の問題提起の二つだけを報告いたします。

継続討論テーマ
私達にとっての行動計画

「世界会議」と その後の政府の動き

有馬 真喜子

メキシコの世界会議については既にさまざまな報告がなされていると思いますし、現に参加なさった方も多いと思いますので細かいことは省かせていただきます。

この会議については成功であったとか失敗であったとかさまざまな評価があると思います。しかし、この会議全体を通じての一番大きなこと、意義はなんであったかと言いますと、世界行動計画、二一九項目が採択されたことであろうと私は思っております。これは御承知のように、最初だいたい二十三ヶ国が集まり原案を作りました。原案を作る段階で既にさまざまなもめごとが起こりまして、今年の三月頃に最終的にまとまったのですが、このときに二〇六項目という数になったものです。二〇六項目という数自身が、こうしたこれまでの国連の世界会議としては異例の多さです。たとえば、一九七二年に行なわれました世界環

境会議、その行動計画は多くなったといわれまして九二です。この異例の多さがなぜ出てきたかと言いますと、初め国連が用意したようなそんな生温い行動計画ではだめだ、これは我々の国の実情を全く知らないというので第三世界、開発途上国からさまざまな追加修正が行なわれました。その会議に出席した労働省の婦人課長に聞きますと、その二〇六項目の原案を作る会議自身が、今度の世界会議と同じようなもめ方であったという話でございます。しかし先進諸国が第三世界の実情を知らなかったことは全くその通りでして、第三世界の人は、自分たちの役に立つこと、あるいは第三世界が最も必要としていることが国連の用意した原案から落ちていると主張しました。そして第三世界が自分たちの案を大幅に追加することによって二〇六項目自身の中にかなり第三世界の希望が入ったということになりました。

　そして今度の世界会議にこの世界行動計画、二〇六項目原案が上程されたわけです。ところがこれをめぐりまた実にさまざまなことが起こりました。結果的に言いますと、八九〇いくつかの修正案が出てきました。そして非常に賢明なというか現実的なというか、そういう国がありまして、討議の最中、この修正案全部を討議していったのでは会議はいつまで経っても終らない。会期には二週間という限度があるのだから、序章と第一章だけをここで討議して、残りは原案通りで認めるということにしようではないか、原案の中に既にかなり沢山の人の意見が入っているのだからという提案がありまして、それが採択されたわけです。

　ということで、行動計画の二〇六項目の原案が追加修正されたのは序章と第一章だけです。ここに全部で十三の追加とさらに一部修正があります。それでどこが原案に追加または修正されたのかを申し上げます。

＜追加項目＞
序章　二、六、一〇、十一、十三、十八、十九、二〇、二五
第一章　二九、四五、四七、四八

＜部分修正項目＞
序章　二三
第一章　三〇、三三、四六

　御覧になっておわかりのように、やはり、例えば植民地主義であるとか人種差別政策であるとか、そういうものに対する反対の姿勢を強く出しなさいというような項目が非常に多く加わっています。そしてさらに、開発途上国の場合には、栄養、保健、特に乳幼児の死亡率、出産期における母親の死亡の問題、あるいは文盲をなくす問題というような第三世界、開発途上国の人々には切実な問題をこの中になるべく入れていこうとする努力がよく見うけられると思うのです。

　今度の会議では行動計画とともに一九七五年のメキシコ宣言という会議の宣言があります。これは、グループ・オブ・77という七七ケ国の案が可決されて、日本はこれにどういうわけか賛成票を投じています。どういうわけかと言いますのは、これは第三勢力の原案で、日本もその一国である先進国グループでは、賛成にまわった国は非常に少ないからです。

　メキシコ宣言は前文と三〇項目から成っています。世界行動計画は二一九という数の多いもので、メキシコ宣言は、それにアクセントづけをしているというような関係かと思います。そして行動計画については、それぞれの国がそれぞれの事情に従って優先順位をつけてやっていくということになっています。

　それでは次に、行動計画を具体化するために、その後、日本政府の動きがどうであるかを述べてみます。

　政府では、総理府を中心に、婦人問題に関

する三本の柱をたてています。その第一は、総理府内に婦人問題についての対策本部をつくるものです。ここで、各省庁にわたる行動計画を総合して、施策を推進しようという構想で、本部長には総理大臣が予定されています。第二は、総理直属の審議会を設置する。これは企画推進会議というような名称になるはずで、民間の意見をここに反映させて、行動計画の優先順位などを決める時には、ここが民間の意見を取入れる窓口になると考えられます。第三は、現在、課長レベルでやっている連絡会議を局長レベルに引上げて、関係各省庁、たとえば文部省、厚生省、農林省、法務省などが、もっと本気で婦人問題に関するテーマを取上げるように、となっています。

現代の婦人問題を主管しております労働省婦人少年局がこれにどういうふうに係わるのかと申しますと、婦人少年局はその設置令の中には、「婦人問題に関する連絡業務を行なう」という条項があります。これがおそらく今度削られるのかあるいは削られないのかは知りませんが、婦人少年局はその連絡業務を今度の行動計画に関しては行わないようでして、それは総理府にまかせるという形で、婦人少年局としては主として婦人労働の分野で総理府に協力する体勢を作るのかと思います。

ということでおわかりのように、この世界行動計画に民間の婦人団体たとえばこの「行動を起こす会」というような会がなんらかの意見を行政レベルに反映させるとなりますと、今の機構だけを通じましては、今の懇談会を拡大した企画推進会議というおそらくここに何らかの意味で代表を送り込む、あるいはしかるべき人を通じて意見を反映させるというような道しか、機構からみるかぎりないのではと私は思います。

しかし、これは勿論ひとつの言い方であって、決して機構を通じてというだけではなくてさまざまなところで行なわれます行動計画に関する要望というのは、どんどん婦人少年局なり総理府なりに出していけばいいわけであって、又、女性の国会議員の先生方も超党派でこの問題に取組んでいらっしゃいますから、そういうルートを通じて具体的に出していくことができると思います。さらに十一月五、六日には政府の会議がありますし、その後二二日にはNGOが主催して民間のさまざまな団体が集まっての会が開かれますから、そういうところで意見を出していくということも勿論大切なことではないかと思います。

（有馬真喜子氏の報告に引き続いてメンバーの一人で、参議院議員の田中寿美子氏の補足説明がありましたので合わせて掲載します。）

田中寿美子

今、お話しいただいたことでほとんどよくおまとめになっていらっしゃいますが、ただ日本の行政当局が、今どんなことをしようとしているのかということについては、多少聞いております範囲のことを申したいと思います。

今、おっしゃった総理府が三つの柱を立てているというお話しでしたが、私どももそういうふうに聞いたのですが、とにかく、何とかして何かをやっているというポーズをとるために小さなことを考えているような気がしましたので、衆参婦人議員が休み中に集まりまして申し合わせをしたわけです。そして、この際どうしても相当大きなものにしなければいけないということで、三つほど要望事項を出しました。各党の意見が違うものですから、第一番に婦人大臣を置けというのが出てしまったんですが、第二は婦人対策本部というものを設けて総理直轄の本部にしろと、それから第三番目に、みんなの意見を反映する婦人の諮問委員会を作れというような三つの要望になったんです。

しかし、私たちとしては、第三番目の民間の意見を吸収する諮問委員会を作って総理の諮問機関にせよということを一番大事な問題と考えています。そして、その諮問委員会の中では、これまでの総理府の婦人問題懇談会というような非常に小さなものではなくて、総評、中立、同盟という全部を含めた労働組合を含めよ、使用者団体も含めてよろしい、その場合、婦人団体はNGOに結集している側からは満遍なく選ぶ、その外、自由な個人、学識経験者も入れろと、それから政党はすべての政党政派を代表する議員を一人ずつ入れろ、そういうふうにして、幅広くもっとみんなの意見を吸収できるような委員会でなければならない。それから、その委員会によって行動計画から何をするかという優先順序を決めなければならない。この第三番目のことは非常に重要なことであるから、これを最重要視せよということは口頭でよく申したわけです。で、実際の運営においてはそれぞれ小委員会を設けて、相当、網羅的にあらゆる意見を反映できるようにすべきだということを申しました。

それからもう一つは、その各省の連絡会議は、実に意欲のない、帰ってきてからも何もしていないものでございますので、それを蒸返して実際にそういう質問をさせるためには、専門に、いつも婦人問題で頭を使っているような人が総理府におらなければいけない。

実際、総務長官自身、婦人問題で何をやっていいかさっぱりわからない人ですから、また、担当官も労働省から来た人ですけれど、何もわからない人ですから、やっぱり、たえず婦人問題を念頭に置いているような担当官、参事官を一人おけと、あるいはもっと高いレベルで何か官房長官として女を登用せよというようなこと、そして、それは民間から採用せよということも申しました。

二、三日前に総務長官に会いましたら、数日の内に自分たちの方針は発表すると言っておりました。で、最近聞いたところによりますと、一人だけ内閣の官房長官のようなところへ女を置いて婦人問題を考えさせるというようなことはとても考えられないし、勿論、大臣を置くことも考えられないので民間の意見を集約するために総理府に置く事務局を各省から供出するという形にして、そこに参与という形で民間から婦人を何人か入れるという意向があるということを聞いております。

すでに人選も考えているようで、その人選の中には私には好ましくない人もいるように思いましたので、それに関してさらに市川先生なんかと文句を言いに行くことになりました。

この問題に関してはそういうことです。ただ一言つけ加えますと、行動計画の中に政治という言葉がありますが、外国でのガバメントという場合には国会とか、地方議会とか、政治家と同時に行政機関もみんな含めてガバメントというのであって、政治というのは大衆にサービスする大衆の依頼人だと考えていいんだと思うわけで、従って、総理府がやろうとしていることについても、相当に皆が文句をつけていいのではないかと思います。

（文責・事務局）

〈追　記〉

この後、「婦人問題推進本部」の事務局の役目をする総理府「婦人問題担当室」が九月二九日発足、前労働省婦人課長、久保田真苗氏が室長に決まった。

雇用問題と労働権

柴山　恵美子

現在雇用の問題は非常に深刻になってきています。それは労働省からだされた婦人労働の資料からもわかりますが、高度成長の中で戦後かつてないような労働の広がりがあったが、今年になって、男性は21万の増を示しているが女性のほうは51万人の首切りをされています。それに大学卒の男子も就職は大変だが女子はもっと大変で、就職できないという雇用の機会が奪われた現状にいます。そのことは国際婦人年という年を考えればとても残念なことです。

メキシコにおける世界行動計画のなかで、大きな特徴とされることは、婦人の労働に対する評価、男女平等の基本的な権利として婦人の労働権ということが把えられているということですが、日本の深刻な状況のなかでは、私たちの行動計画となると大変に難しい問題が含まれていると思います。

世界行動計画はずいぶん重複するところもあり、家庭の問題などでは矛盾するところもあるのですが、男女の平等の観点を総括的に把えているところは、序章の16です。私たちの扱う雇用の問題は、46－(ロ)、(ニ)、(チ)、2章の(ロ)、88、89、90、91、100、101、102、106、107、99、などで、雇用に対する大事な条項です。

現状では会社における技術訓練や研修は男性の場合は会社の施設を使っておこなわれているが、女性の場合はボイコットされている。それは、婦人は家の仕事があるとか、こどもを育てなければならないとかを企業側は理由にするわけで、それに婦人がこどもが大きくなって働きたいという意志があった場合などでも訓練の場はまったくないのです。

労働組合の場合でも、役員は全部男性で、全繊同盟などの場合は、賃上げを勝ち取ったとしても分配する段階で男子労働者は1～2万という金額なのに女子の場合は3千円前後になってしまう。そんな不満が今まではまったく語れなかったわけです。

日本の企業が地方に進出する場合にもありますが、韓国、タイの場合など、実はこの前10代の労働者がストライキをうったが、トイレにいく時間も5分間と決められて、5分を超過すると注意をされるという非人間的なかたちでの日本企業による搾取がおこなわれています。日本の農村の問題では農村婦人が低賃金で働かされているということ、労働組合が頑張って賃上げを勝ちとっても、低賃金のひとたちが日本の経済機構の中に組み込まれている現状ではそれが足をひっぱるかたちになっている。

ILOでも、具体的な問題を継続的にやってゆくことが確認されていて、特徴としては具体的に問題を処理するために三者による委員会を作ることを提案している。そして、婦人労働に関しては、婦人労働者が問題を持っている場合、駆け込んでゆける場所が必要なのではないかということ、婦人が望むときに職場が用意されていて、そして、その職で差別がないという労働権が、人間解放につながっていくのではないかという、婦人が労働に参加していくという基本的な問題を打ちだしたことがとても重要なことだと思います。

働いている既婚者の問題としては、この不況の中で働き続けるということ、職場と家事労働の問題、家庭責任をどのように考えるのかということ、家事の転換を提起していることは重要なことです。

ILOでの同一労働、同一保障で100号条約、111号、母性保護で103号と95号があるが、日本政府は100号条約しか批准していない。何故100号だけを批准したかというと、労基法で賃金の男女差別はしてはならないということがあるからで、日本の低賃金がダンピング輸出を支えているその原因に、女性の低賃金があることを国際的に批判されないためのにげをきる口実で早々と通している。母性保護に関して95号は103号を前進させた形で、有給産休14週間になっているが、日本はそれより低く、労働時間も国際的には五日制、四十時間になっている。いかに婦人労働者を含めた労働者の労働条件が低いかということである。

雇用の問題については、発展した資本主義国では重要な問題です。首を切られる時にはまず女が切られる、就業の際にも女が差別されるというように女がねらい打ちされるけれども、全体的には男もねらわれる。雇用の問題は国の経済的、社会的なあり方にかかわる深刻な問題です。労働組合（総評）など、雇用保障というものを打ち出してきましたが、しかしその中で、女をどうするのか、男女平等のもとに女の職場を保障するのかどうかという論議が欠落している。女は夫にくわせてもらえばいいんだという意見、女を半人前にみる見方に対しては、先の労働権の考え方からすると、現実は厳しくてもやはりそれに違反していると把えたい。

（文責・事務局）

合宿に参加して

札幌市　山口里子

鹿島町は何となく複雑な印象を残す町だった。太平洋に向かって開けた海の青さ、潮来の水郷の情緒豊かな夕焼け、こんな自然の美しさと対称的に、巨大な怪物工場に占拠されて死んだような町の景色。住民誰しもがだまされたと感じているのに、力を合わせて抗議行動に立ち上がろうとはせず、黒い選挙で企業ベッタリ行政が続いていると言う。

町の婦人と話してみると「最近は女も結構いばっているし、何が不満なのか」なんて言われる。農家が多くて女も生産に参与しているから状況が違うのかなと思っていると、一人前の男が妾の一人や二人持って当然という様な暗黙の内の了解があることを知らされる。畑仕事が終ってから女だけが家事をする事は「父ちゃんだって疲れてるんだからそのくらい女がやるのは、権利とかなんとかじゃなくて思いやりなんだ」と断言される。役場で働く女性達は「全く男女平等で恵まれすぎているほど」と言う。ところが女のお茶くみは当然になっているし、後からはいった男性が先輩女性を追いこして指導的地位に着くのは常識化していると知らされる。こちらが驚けば、「だって女は細々した事に向いていて指導には向いてないから、仕方ないでしょう」と返される。問題がないのではなく、差別を感じる事、疑問を感じる事が既に失なわれてしまっているのだ。

どうしてこう決めつけてしまうのか？物事を根本から問い直す事、自分自身の頭で考えて把え直すという事が決定的に欠如して、ただ繰り返しとしての生活だけがあるのを感じる。「思いやり」とか「女として当り前」とかいう言葉の端にも、実は「女だから仕方ないじゃないか」というあきらめの念が表われているのに、それを深く掘り下げず、長い物には巻かれろ式の現状容認が厳として在るのだ。

個人的犠牲の精神「思いやり」は結構だがそういう現状容認や女ゆえの不当な譲歩の積み重ねが、結局、他のどんなに多くの女たちに不当な苦しみを押しつけることになっているのか。「妾の一人や二人」を持たれても耐えるしかない妻たちの痛みをどう把えるのか、何年勤めても、女ゆえに同期の男性から取り残され、入社時と同じ仕事しか与えられないでいる、真面目に働く女たちの悔やしさをどう把えるのか、そういった広い視野での「思いやり」が何故もたれないのか。

これは鹿島の婦人達だけの問題ではない。私達の周りにいるごく平凡な善良な、圧倒的多数の婦人達の姿でもあるのだろう。この合宿では行動計画も思うように立てられなかったが、この会が現実から浮上してしまわないためにも、私達の告発が同性たちから、まるで油紙のようにはじき返されてしまうこの日本の現実と直面するのは、ムダではなかったと思う。そして、女性解放の運動はまず、既成の概念をうのみにしてしまわず、自分の頭で考える人間を作ることから始めなければならないのではないか。そのために、今の丸暗記教育を廃棄して、考える能力を養う教育に変えていく事、そして女たちの情報をもっともっと豊かにする事の必要を痛感した。

合宿討論会に参加して

茨城県鹿島町　矢ノ根　千恵子

国際婦人年によせて、女として自分を見直していきたいと考えていた折、みなさんと討論できたことは、大変有意義でした。

男女の差別については、何百年という長い歴史の中で作り上げられ、それをある一面においてお互いが容認していた様に思います。

しかしみなさんのお話を聞いているうちに差別につながる問題の根深く、広範囲なのに驚き現実にどこから手をつけ、考えたら良いものか混乱しました。

私達は割合恵まれた職場の中にあっても当然仕事の中で暗黙のうちに男女の差別はあります。それを感じ乍らも現在のままで満足しているのが実情です。その中では個々の意識を変え連帯し行動につながらない悩みはありますが、男女の平等を唱える私達にも反省の余地はないのだろうかと思います。

仕事の中においても女だからという事で、積極的にその中に参加しようとしない甘えがあるのではないだろうか。現実に共稼ぎをしなければ生活出来ない（未婚も含む）経済情勢の中で仕事に対するきびしさを自覚する必要はあると思います。

だが男性の側にも女性を入り込ませない壁があります。女は一歩ひかえめを美徳とした社会通念を壊して行く事は、大変な事ですが先ず私達の考え方を変えて行くことに、努力することが大切なことであり、その中から身近な問題を取り上げ、それを更に社会的問題につなげる為の地道な努力をしなければならないと思います。

討論会に参加し一層その思いを深めることができました。

国際婦人年世界会議の報道批判について

東京婦人記者会有志

「マスコミの国際婦人年会議の扱い方が納得いかない。たとえば週刊朝日で…国威昂揚みたいな男性の論理」

「私も非常に憤慨〃あのマスコミの女たちが東京に送った原稿…あまりにも男的な視点…。ふるわなかった大和ナデシコ〃という把え方」

右は、貴会・活動報告七月号の「メキシコ・国際婦人年レポート」の中の、マスコミ（新聞）＝女性記者に対する、批判の部分です。

今回のメキシコ会議の報道は新聞各紙、また各紙の政治、外報、社会、婦人、社説、コラムなどの各面で紹介され、記者の報道のほか、トリビューンなどに参加された「〜行動を起こす女たちの会」メンバーの方々にも原稿をお書き頂くなど、かなり多面的に取り扱われました。

それに対して、前掲の、批判の言葉は部分的、印象的に過ぎ、しかもそれをマスコミおよび女性記者全体に短絡的に拡大させていると思います。さまざまな記事を、より多く比較検討して全体的包括的な評価を試みることなく、部分否定を全体否定につないでいること、十把一からげ的なレッテルの痛みを日ごろ身にしみているはずの女性が「マスコミの女たち」という言葉を同性に放っていること。こうした批判のあり方が、この報告を聞いたり読んだりされた多くの方々のマスコミ観・女性記者観に影響するであろうこと。その結果、今後の双方の連帯にヒビを入らせるおそれのあること。――などを、私共は残念に思い、懸念もし、あえてペンを取った次第です。

もちろん、今回のメキシコ会議もふくめて、新聞の報道のあり方については、私どもも常に自己批判、反省をしておりますが、同時に、次のような事情も知って頂きたいと願っております。

現在、日刊新聞社で働く女性記者は四十社百二十一人、一社平均わずか三人です。男性記者一万二千四百人に比べ、一%に過ぎません（日本新聞協会、本年一月調べ）。その女性記者の大半が婦人・家庭面担当で、政治・社会・外報・社説・コラムなどは男性独占にひとしい現状です。また、女性記者が原稿を書いても、それに手を入れたり、けずったり、あるいはボツにしたりするデスク（次長級）はほとんど男性です。さらに、記事の印象を左右する見出しをつけ、扱う大きさを決める整理部記者もまた同じです。

こうした中で、私どもは本年はじめより婦人年とメキシコ会議などについて、社内の男性に理解を求める一方、現地では徹夜にひとしい状況で報道にあたりました。ある新聞の社会面には、男性特派員の署名原稿に「世界の女の井戸端会議」という大見出しがついていました。女性記者の精一杯の努力がなかったら、大半の新聞がこの種の男性的感覚と論理で、しかも一回限りとか小さな扱いですませたことと思います。

ご批判は謙虚に受けたいと思いますが、個々の記事は、こうしたマスコミ機構の中から送り出されることもご理解頂き、よりよき報道のために建設的な評価と批判を頂ければ幸いです。

（東京婦人記者会は、朝日、共同、産経、東京、日経、毎日、読売などの婦人記者有志が参加。）

＜文責・金森＞

お知らせ

✡定例会

とき　十月十三日（月）六時三〇分

ところ　千駄ヶ谷区民会館

（国電原宿駅北口下車）

討論テーマ

「私達にとっての行動計画」

✡十一月五日（水）は、女性解放グループによるデモ、野外集会を実行します。主催は「おんなのグループ連絡会」準備会です。デモのコース、集会場所等は未定ですが、近日中に決定するものと思われますので後日、事務局まで問い合せ下さい。

✡行動日誌

○十月十七日、みのべ都知事に「離婚の母の家」設立を要望し会見する。

○九月二三日、NHK会長ほか四名に会見し、放送内容の問題、制作過程での女性の扱い方の問題などについて要望を申し入れた。十月中旬には文書回答を確約した。

○九月二九日、ハウスシャンメン東京支社に、同社のテレビコマーシャルを中止するよう要望を口頭で申し入れた。

十月 活動報告

国際婦人年をきっかけとして
行動を起こす女たちの会

事務局
〒160 新宿区新宿1の9の4
御苑グリーンハイツ806
中島法律事務所内
TEL 352−7010

——特集——
射程距離内に入ったマス・メディア

九月末から、新聞や週刊誌やテレビは、やっきとなって「国際婦人年をきっかけとして行動を起こす女たちの会」を攻撃にかかっている。男に支配されているマス・メディアだもの、それに対して異議申立てを行おうとするものは、彼らにとって面白くないのだ。

それにしても、マス・メディアに向けての私たちの会の行動については、会員の方にも誤解されかねない報道をされている。また、この間の行動の意義を再確認し、今後について討論する必要がある、というわけで、十月定例会では、マス・メディアに対する行動の経過報告と、それが引き起こした反響の分析を、中嶋里美さんと波田あい子さんがレポートしました。

意識産業としてのマス・メディアが、伝統的役割分業社会を維持することに、大きく一役かっている限り、今後もこうした行動は続けていく必要があるけれども、その方法と、報道取材のさせ方をもっと検討していこうと話し合いました。

ここでは、中嶋さんと波田さんのレポートを要約してお伝えし、後に資料として、NHK会長にあてた要望書と質問状を載せます。

レポート１（経過）

中嶋里美

前回の定例会で行動の原案が出され、臨時世話人会で、NHKと例のハウスに対して、マスコミ分科会の人を中心にしてそれ以外の分科会の人も、やっていこうということになりました。NHKとは、九月二十三日、十一人が一時間位会ってきたんですが、この要望及び質問は、前日、何人かで話しあってまとめたものでした。印象に残った言葉は、NHKは差別をしていない、採用においても差別がないというのですが、私たちはその通りだとは言ってきませんでした。その後、日放労にも会ったんですが、全部男性陣で、「私は婦人部長と同じです」といって、いかに女性のためにやっているかということを述べるのですが、私たちの言うことをちっとも聞いてくれない。組合の問題性を感じ、婦人部との連帯を考えた方が良いということでひきあげました。その後記者会見だったんですがこの時の話が報道され、百恵ちゃんの歌も差別なんていうのも、記者とのやりとりの中でねつ造されていったんです。私たちがどこまで言ったかは、非常にあいまいなものがあるんです。

ハウス広告の方は、九月三十日に行きました。宣伝課長の荒井さんというのは、「うちのかみさんに聞いたら全然差別だと思っていません」とかで、相変わらず、差別というのは、感じるのと感じないのと、様々な距離があるという感じでした。結論として、私たちは、一ケ月間期限をおいて、すみやかにあの広告をやめてもらいたいと口頭で申し入れました。一ケ月たってなお変わらなければ、次の行動を考えたいということを言ってきました。回答は十月末に寄こすということでした。

レポート２（反響分析）

波田あい子

ＮＨＫに対する要望及び質問が、ＣＭの問題と言葉の問題にしぼられていった経過と、それに対する反応、その中にみられる批判について述べます。前者については、私たちの要望というのは、一つに、番組そのもの、二つに、それの作られるプロセスで男女の役割がどうなっているか、そこで労働問題が出てきますが、その二本だったんです。ところが、すでに翌日の新聞から、番組そのものを告発したんだということになっていきます。その後週刊誌がやってきて、全部で十社くらいに応じたんですが、ラジオで二、テレビで四でした。それらに対していつでも、趣旨説明を行動計画から説きおこして、今までの会の活動から全部、長時間かけてやったんですが、ああいう取り上げ方だったんです。結局ニュース・バリューということで、今、労働条件について書いても誰も読まないから、面白くて一般大衆に身近なものとなり、ＣＭや言葉だけにしぼられていってしまったんです。

反応と批判についてまとめると、第一に「どうしてあれが差別なの」というもの、第二に「もっと本質的なことをやれ」と。前のは私たちにとっても予想がつくことですね。女が家で、男が外で仕事というのに疑問をもたない現状というのは、婦人問題をやっていく中でいつもつきあたることで。今さらのことではないので、サンケイの千人調査では、（調査方法の問題はひとまずおいて）賃金が違うとか、雇用機会の差とか具体的になると差別と思う人が増えてくるけれども、ＣＭというような文化全般の問題になるほど、差別ではない、何を言ってる、ということになる。これは、婦人問題が今までその範囲にしか問題にされていなかったことのいい証拠だと思うんです。差別を感じないから差別の実体がないみたいに、調査は利用されたという感じです。

もっと本質的なことをやれという批判に対しては、これは決して本質的でなくはないんで、私がしゃべるまでもないと思いますが、これは本質的なんだということを、今から行動なり活字なりで示していくことで、今までの婦人運動と違った、私たちにとって身近な文化そのものに、アンチを訴えていく行動になるのではないかと思います。

ＮＨＫ会長にあてた要望書及び質問状

女に対する差別は基本的に不正です。その不正は少しでも早く正されなければなりません。マスコミは本来、社会変革の推進者として大きな潜在力を持つものであり、女に対する差別をなくすためにも大きな力となりうるものです。

けれども残念ながら、これまでのマスコミの多くは、むしろ女性についての古い観念を助長し、差別を固定化しあるいは拡大強化する役割を果たしてきました。私たちは今、国際婦人年にあたりマスコミに関係する方々の猛省を促し、マスコミのあり方の大きな転換を切望いたします。とりわけ全マスコミの中で貴協会が果たす役割は大きく、私たちの貴協会にかける期待は絶大なものです。貴協会が性差別撤廃の推進者となって下さることを強く要望し、次のような要望事項並びに質問事項を呈示致します。各番組担当者と十分お話合いの上、ご回答をいただきたく存じます。

一、放送に於ける男女の仕事の役割を変えて下さい。

◎アナウンサーの問題、午前七時、正午、午後七時、九時等のニュース担当のアナウンサーはみな男性です。これではニュースは男性が担当するものという意識を視聴者に与え従来の男女の役割を肯定してしまっていることになります。ニュースは男女のアナウンサーが担当するようにして下さい。

◎司会者の問題、男女ペアーの司会のような場合とかペアーでニュースを担当する場合いつも女性はアシスタントであり、これでは従来の男女の役割をなんら変えることになりません。ペアーの場合は男女対等な役割にするか、どうしても一方がアシスタントになる場合は、チーフ、アシスタントとも男女同じような割合で分担するようにして下さい。

◎役割を変えてほしい番組　「スタジオ一〇二」「奥さんご一緒に」（説明は省略）

◎カメラマンについて　現在女性カメラマンは何人いますか。カメラマンにも多くの女性を採用して下さい。

二、女性差別の実態をあきらかにし、差別をなくしていくための力になるような番組を作って下さい。特に女性の役割の多様性や変遷を伝え、男女についてよりダイナミックなイメージを描き出し、男女の伝統的な役割を変える必要性を認識させることを目的とした番組を積極的に企画して下さい。

◎ドラマの中の女性像の問題点、ドラマの中の女性像も人々の女性への意識をつくるのに重要な役割を果たします。現在の描き方の中では従来の家庭的で従順な女性というイメージが強すぎます。もっと積極的な姿勢で生きている女性、職場や家庭等でなやんでいる女性の実際の姿を描き出してほしい。そのためにも制作者を男女半々にしてもっと女性の現実に迫り、女性のイメージを変えていって下さい。

◎ドラマの中の男性像について　国際婦人年の行動計画の中でも男女共通に家庭責任があり（一二六）男女共に働く権利がある（八十八、八十九、九十、九十一）と述べています。男性を描く時は職場での姿ばかりでなく家庭責任を果たしている姿を描いて下さい。家庭と職場を両立させるために努力している男性を積極的に取入れて下さい。

◎女性差別の言葉について　ドラマ等で使われる言葉の中で女性差別をあらわすものは使用しないで下さい。やむをえず使用する場合は、それが差別語であることを十分知った上でお使い下さい。

女（男）らしい、女（男）だから、女（男）のくせに、女の子（成人女子に対して）

次のような言葉はできるだけ、言いかえて下さい。

主人→夫　つれあい、配偶者

ご主人様→ご夫君、おつれあい様

嫁に行く、嫁をもらう→結婚する

籍を入れる→婚姻届を出す

父兄（園児、学童、生徒の）→父母、保護者

◎差別的意見に対して、女を差別するような意見、伝統的な男女の役割分化を支持する意見は、抹殺する必要はありませんが、否定的に扱って下さい。

◎市民大学講座等で出来るだけ婦人問題を

取上げ、婦人に対する社会通念を変えて下さい。

◎婦人問題担当グループを作って婦人問題の研究や報道の仕方についてご検討下さい。

又、貴職員の婦人問題に対する考え方を教育する機関を作って下さい。

三、歌謡番組でも女性を男性の従属物のように考えている歌等は採用しないで下さい。その他の娯楽番組でも女性を辱しめて笑いをさそうようなものはやめて下さい。

四、番組をチェックする番組審議会の中の男女の構成はどのようになっておりますか。半数は女性にし、さまざまな分野から選んで下さい。

五、外国の男女平等のための運動や実情を積極的に紹介して下さい。

六、採用、昇進、管理職への登用の男女差を撤廃して下さい。

◎採用についての男女差はありますか。ある場合は理由もお書き下さい。

◎昇進について男女差はありますか。ある場合は理由もお書き下さい。

◎昇進について男女差はありますか。ある場合は理由もお書き下さい。

◎管理職への登用に男女差はありますか。ある場合は理由もお書き下さい。

◎本年度の採用数を教えて下さい。（本年度がまだでしたら、昨年度分で結構です）

事務職、技術職、放送職、アナウンサー、放送記者（男、女）

◎現在の次の職種の男女比を教えて下さい。

プロデューサー、ディレクター、アナウンサー、放送記者、解説者、管理職

◎職種で男性に限るものはありますか。ありましたら理由をお書き下さい。

◎現在のNHK女子職員は、その力が十分発揮できるような状態におかれていますか。

◎女なるが故に退職を迫るような動きはありませんか。

七、女性職員を増員して下さい。

◎女性のアナウンサー、ディレクター、解説者、プロデューサー、企画部門担当者を大巾に増員して下さい。一つには男女平等の視点から、もう一つには男性が女性の立場を代弁するのは不可能に近いことです。両性の立場が十分尊重されるためにも男女のバランスがとれていることが必要です。

◎毎年の上記部門への女性数の増員計画を教えて下さい。国際婦人年の行動計画は十年後に目標が達せられることを目ざしています。毎年どのように男女平等が実現されたかをチェックしていくつもりです。国際婦人年の意義を十分理解され今後の増員計画が出来た時点でお知らせ下さい。

八、婦人問題を扱う番組量を年々ふやして下さい。

人々が長い間抱いてきた女性への偏見をなくすためにも今後できるだけ多く婦人問題を取扱って下さい。国際婦人年は今年が出発点ですので年々ふやしていって下さい。少なくとも今年より報道量が減るなどという事態にはならないで下さい。

以上

女のデモに参加しよう

十一月五日、女の連絡会主催集会とデモ。芝公園、午後四時

午前中（十時）同じ場所で、政府主催会議への天皇、皇后臨席抗議行動

来てネ！

何を教える？
性教育スライド

高木アイ子

児童文化分科会のメンバーは、少女雑誌、マンガ等を購読し、その中から性差別の実態を分析してきた。と同時に〃性教育〃についても焦点をあて、五月には「スポック博士のティーンエージャーのための性教育」を読み合い、問題点を指摘し合った。この結果を反論文として近々まとめる予定。

さて今回報告する内容は、この〃性教育〃のスライドを点検した結果。

これは、現在小・中学校で使用されている性教育スライド（大手のG社）がどのような内容のものであるかを、私たちの目と耳で確めようと企画されたもの。

九月二十七日の当日、製作担当者Mさんを囲んで四本のスライドを観た。一本目は小学女子用と銘打った「心とからだの成長」十歳の女子を主人公に、男女の身体的成長の違い、さらに生理（メンス）の手当についてかんたんな解説がつく。二本目は中学生向き「生命を伝えるしくみ」、これは卵子・精子の出会い、染色体と性の決定等。三本目は男女の生理の違いを、四本目は明るい男女交際と題し、アメリカの十代の男女、また芸術を通して、人間と性について解説されたもの。

――約一時間、スライドを観た参加者は、期せずして「おどろいた、こんな抽象的なものなの？　男女の役割りがはっきり分化され、男は外、女は内、しかも子育て、家事を執ように強調している／」といった意見がふっとう。

そこで担当者Mさんに聞くという形で懇談会に移った。Mさんは、「小中学校での性教育について、文部省がはっきりした見解を出していない、そのため、保健、理科、家庭科などの時間を使って、自主的にやっているにすぎない。教材を選ぶにあたっても校長をはじめとして教師、PTAの意思をうかがう。その結果〃あたりさわりのないもの〃という教材に落ちついてしまう。直接担当する教師にも、テレくさいという姿勢があるため、そうならざるを得ない」と説明があった。

これをうけて参加者から、スライドの内容そのものに対しての意見が出された。Yさんからは「一貫して、男らしさ、女らしさの押しつけがみられること、本質を見失った男女の役割をこうしたスライドに描き、小中学生に見せてよいものだろうか」と投げかけがあった。さらにFさんからは「描かれている家庭が、いつも子どもを育てているのは母親だけという場合が大半。父親も子どもの教育にあたるという本来あるべき姿が欠落している」

核家族、しかも登場している母親は専業の主婦というスライド。今日働く婦人は千百七十一万人、そのうちの六割までが既婚であり、子どもがいる、という実情にもかかわらず、教材の内容は、母親は家事・育児としている矛盾。これが望ましいとされた教材なのかと、大きな疑問と怒りを感じないわけにはいかない。

また製作年度が数年前と聞き、一同あ然。つまりマイホーム至上とされたころの家庭像、人間像を描いた教材が今もって用いられているのである。

さらに大学生Oさんから、「今の小・中学生はこのスライドに描かれている性器とか、性のしくみは知っている。それ以上のこと、つまり避妊の知識を知りたがっている。こんなきれいごとではすまされない子供達の状況を知って、作っているのか」と。

Tさんは「もっと科学的に作るべき」とつけ加え、「女子の生理日の心がまえとして、体操を休むとか過激な運動をしないようにといった内容は逆行。水泳などもタンポンを使ってやっているし、ゆがめた母体保護ではないか」「また男の子は女の子をやさしく、いたわるように、という描き方も役割り分担をさらに助長するものだ」等々。

もっと多くの人の意見を聞いて、人間としての尊厳をふまえた上での性教育教材を作るべきだ。また製作者の大半が男性であることがわかり、ここにも女性のスタッフを送らなければならない。

――と、たった四本のスライド点検から、新しい発見もあり、あらためて女性差別の存在も確認できた。今後映画も点検する機会を作りたい。また将来は、だれにも納得がいく、人間の尊さを真に訴えた内容の教材を作っていこうと――。

「離婚の母の家」を早くつくって！

内田洋子

十月十七日、私たちのグループは美濃部都知事と会い、離婚の母の家設立要望書を手渡し、約二十分にわたり陳情しました。これは私たちのほとんどが裁判中も含め離婚を考えたことのある経験をもち、例会の中で経験を交流しあう中で、是非とも誰でもがすぐとびこめて女同士支えになりうるセンターの設立ということがでてきたからで、これは女が今困った時どんな福祉的サービスがうけられるか（主に母子寮、福祉事務所）という調査、離婚一一〇番の設置などとならんで活動の強力な柱でした。九月七日の例会において、新宿河田町の婦人相談所内にある建物で、現在養護施設が入っているところが空くので、後を総合婦人センターにという要望が、中にいる職員から出されているということが出され、民生局からも、国際婦人年に際して、総合婦人センターのようなものをつくりたいが意見をきかせてほしいという要望もあって、まず陳情書づくりにとりくんだわけです。そして、今までより以上に利用できるものはなんでも利用して緊急避難の家をつくらせてしまおうと意思一致しました。美濃部知事との会見は、俵さんが離婚しようとする女の弱い立場を説明すると、「僕も経験者ですからそのへんはよく分かっています」と終始理解あるポーズのうちにすすみ、現在の母子寮の一部を緊急避難できる場所として確保すること、来年四月をメドに新宿に婦人センターの設置を考えていること、入居する手続はなるべく省き、誰でもすぐとびこめるようはからうことなどを約束しました。後の記者会見で、今すぐ困っている女たちのための対策がなかったこと、またなるべく金は出すが口は出さない方針でやってもらいたいことなどが出されました。

現在かけこめるのは五日市にただ一つ、一時保護所があるだけで、福祉事務所を通さねばならず期限もあります。行政に働きかけてこのようなものをもっと作らせると共に、誰でも、いつでも、いつまでも入れ、離婚そのもののの暗いイメージを吹きとばすようなゆったりとした気持で女同士支えとなりあい、自立への展望をまさぐっていける、そんな空間を私たちの手でつくりあげていかなければならない。

これからの活動計画は、国にむけての要請、五日のデモにビラまきなどを予定しています。

「離婚の母の家」設立の要望

戦後、私たち女性の地位は、かなり改善され、社会福祉も発達しつつありますが、まだまだ不備な点が数多く存在します。

なかでも悲惨なのは、家庭が崩壊するときの母子の姿です。母子寮があるとはいえ、手続きにも時間を要し、入寮資格にも制限があります。離婚に直面しているすべての母子がはいれるわけではありません。おおむね、離婚がすでに成立した場合に限られます。

しかし、現実には、一組の夫婦に離婚が成立し、母子家庭になるまでには、夫婦間の話しあい、調停、裁判の結論が出るまでに相当の時間を要します。

その間、大部分の夫婦は、別居を余儀なくされる状況におかれます。にもかかわらず、別居を援助する社会福祉機能がないために、夫に暴力をふるわれ、生命の危険にさらされている母子が数多く存在します。毎日のように報道される〝離婚話のもつれから刺殺〟などという事件は、ほとんどこのケースです。

「出てゆけ」といわれても、行く先のない女性もたくさんいます。ましてや、こどもを連れて出てゆける先は、めったにありません。都市化と核家庭化、住宅難が、それに拍車をかけています。そのため、泣く泣くこどもを手離して、緊急に一時避難する女性がいます。その結果は裁判などの際、不利益を蒙り、生涯、こどもを奪われてしまう場合が多いのです。

私たち「国際婦人年をきっかけとして行動を起こす女たちの会」は、女性の身上相談、母子寮、福祉事務所、裁判、調停などの実態を調査、研究した結果、未婚、妊婦、既婚、既婚母子、あらゆる立場の女性とこどもが、緊急にかけ込め、しかも宿泊出来る施設が必要だと痛感しました。

しかし、現状は、そのような施設は、東京都に皆無といっていい状態であります。

売春防止法に基く婦人相談所の宿泊施設と、母子寮のごく一部がその機能を代行しています。が、婦人相談所は、母親だけしか宿泊できず、こどもは分離されます。それでなくても精神的に動揺しているこどもを、母親から引き離すことは見るにしのびない処置です。また、婦人相談所は、根拠の法律が一般婦人のためのものではないという点も問題です。売春防止法に基いているために、一般婦人にPRすることができず、かりにPRしたとしても受入れ態勢が充分でなく、都民もそのような施設を利用することにためらいを持っています。

そのため、追いつめられた女性が、母子心中をしたり、こどもを殺したり、自殺したり、夫の暴力に苦しんで、地獄のような日々を送っている現実は、目をおおうものがあります。

私たちは、英国の女性救援センターの実情も調べました。英国には、暴力亭主から女性を守り、かくまう家が、全国に二七ケ所もあり、公費で運営されています。同センターでは、着のみ着のままで、こどもの手をひいてかけ込んだ女性を、暖かく迎え、心と体の傷をいやし、離婚の手続きを助け、さらに自立のための手助けや、こどもの保育まで総合的に援助しています。

日本には、児童福祉法に基く母子寮と、売春防止法に基く婦人相談所しかありません。そのほかのすべての立場の女性を、緊急に一時保護する法規も、専門の施設もないのです。

私たちは、要求します。

未婚、妊婦、既婚、既婚母子など、あらゆる立場の女性が、いま困ったとき、すぐ救いの手をさしのべてくれる宿泊施設を。私たちは欲しいのです。いま困ったとき、どんなことでも相談でき、こどもと共に自立の道に歩き出せるような施設を。

私たちは、残念に思います。

この広い日本に、この広い東京に、たゞの一か所も、その目的のための女の家がないことを。

早急に「離婚の母の家」を設立されるよう要望いたします。

昭和五十年十月

東京都知事　美濃部亮吉殿

「専業主婦に社会参加の道を開くための保育対策」についての要望書提出

武田京子

主婦問題グループは、三月にグループ発足と同時に「主婦の出口づくり」をテーマとして取り組んできました。①専業主婦に社会参加の道を開くための保育対策、②主婦の再就職の門戸開設、③家庭崩壊・危機に際しての母子の緊急避難所がその「出口づくり」の三本柱でしたが、③は、離婚・裁判・調停グループができたため、協同で取り組むかたちとなり、主婦問題グループとしては、「保育問題」に重点をおいてきました。

会員の中に乳幼児を持つ若い専業主婦が比較的多いため、保育問題が切実な当面の解決課題として、毎月の定例会では、母親の数より子どもの数のほうが多いといった参加状況の中で熱心に話し合われました。はじめのうちはまるでガラスの山をのぼるように運動展開の方法もつかめぬまま模索がつづき、会員同士で子どもの預け合いをはじめては挫折するといった状況でした。「なぜ保育のことばかりやるのか」といった、子どもから手が離れたメンバーの中から批判なども出はじめたころ、メキシコ会議で採択された「世界行動計画」、同時期のILO世界総会で採択された「婦人労働者の機会及び待遇の均等を促進するための行動計画」が手がかりとなって急速に運動に進展をみせました。

さる十月二十日、主婦問題グループの五名は、それまでの討論の成果をまとめ、「すべての母親に社会参加の道を開くための保育対策を」の要望書を、発足まもない婦人行政の新機構である婦人問題企画推進本部に提出しました。

その内容としては、これまで婦人問題の中に主婦問題が含まれなかった点をつき、社会の中で最も閉ざされた状況にあるといえる乳幼児のいる専業主婦に社会参加の道を開くための保育対策を「行動計画」の実施等への反映の際の緊急優先順位としてほしいというものです。その具体的要求として、

「最終的にはあらゆる乳幼児の保育の一元化を理想とするが、暫定措置として左記のようなことを要求する

①公費による一時託児施設

②職業訓練所、教育施設（夜間高校、公民館を含む）の保育室設置

③児童館の乳幼児のための開放と専従保母の設置

④親同士の子どもの預け合いの際の公共施設の利用と公費補助　」

をあげてあります。

企画推進本部の窓口である婦人問題担当室参事官久保田氏に要望書を手渡し、「行政の参考にしたい」との回答を得ました。保育問題はこれでもちろん終わったというわけではなく、今後、同じテーマに取り組む他の運動体への働きかけをしつつ、もっと輪を広げてつめていきたいと考えます。さらに保育問題と関連して、もう一つの出口づくり「主婦の再就職」問題にとりかかります。関心のある方は是非御参加下さい。

（主婦問題グループ）

お知らせ

定例会　十一月十三日（木）午後六時半
婦選会館にて

テーマ　「私達にとっての行動計画」

１１　月

活　動　報　告

国際婦人年をきっかけとして
行動を起こす女たちの会

事務局
〒160　新宿区新宿１の９の４
御苑グリーンハイツ８０６
中島法律事務所内
TEL　３５２－７０１０

11月5日女のグループ
連帯集会報告

群れる女たち

生きている不敬罪？

古　川　雅　子

　十一月五日にプリンスホテルで、天皇、皇后臨席の上国際婦人年中央記念行事の会がありましたが、私たちの会でもこの会に対し疑問が出ましたし、ちょうど九月にその情報を聞きました「あごら」の会の斉藤さんの方から、そういう会に対し何か反対表明をしないかという動きがあったわけです。そして、それに対し疑問をもつ人やメキシコ大会で出席した人の中からも、女のグループがもっと手を取りあった方がいいんじゃないかということで、連帯の場をもとうと集まりがあったわけです。その中で出てきたのが中央記念行事に対する批判でした。これをそのままにしておくと、国際婦人年を官製のものにしてしまう怖れがある、それから官製の行事に天皇、皇后の臨席を仰ぐといった感覚に対して厳しい批判があり、各グループ連絡会を作っていく中で、集会とデモをやっていきたいという動きがあったわけです。十一月五日のデモの前に各グループや会で、自分たちのやりたいことや、やっている活動のプラカードを用意しようということになりまして、私たちの会では、十一月二日、日曜日、新宿西口公園で、プラカード作りをやりました。

　十一月五日の行事については、グループ連絡会でたびたび協議を重ねた結果、時間の配分に困ってしまったんですね。夕方四時からでは勤めの人が必ずしも出られる時間ではなかったけれども、あの時間に設定したことは中央記念行事の会が四時に閉会になるから、その人たちにも呼びかけて、いくらかでもその人たちをデモにひっぱりこむことができたらとても良いのではないかという発想で、四時集会、五時半デモにしたんですけれども、専業主婦、とくに子供を持っている人には、なかなか出にくい時間でした。それでも、どうしてもデモに出たい、あるいは集会だけ出たいという人もいたし、そのために午前中、天皇、皇后が臨席する時間をみはからって集会をしようという案も出たんです。その頃は呑気な考えで、公園だから子供を連れて来たついでにプラカードを出すというような甘い考えていました。そのうちに段々いろんな情報が入ってきて、デモ申請した人からも警察の動きが非常に厳しくなってくるのではないかと言われたし、確かに天皇がどこかへ出かけるというときの警備は、ものすごいんです。段々甘い考えでは集会はできないのではないかとの考えになりましたし、当日行ってみた人がほんとにひどかったんです。二十三号地に入ることができても、出ることができない状態じゃないかと思って、そのことは覚悟していきましたが、とんでもないことに二十三号地にいれてくれない。使用許可をとったのにまるでいれてくれなくて、入ったら両手を私服がかかえてひきずっていくという按配で、しかも芝公園でも貸す予定のない十七号地というひどい窪地に、二十三号地にやって来た人たちは皆ひきずられていったのです。十一時半までその窪地、どころか穴倉というか深い所にいれられて周りをすっかり制服の機動隊が固めて出さないという形のなかで、それでもくやしいから集会をやって、それからインターナショナルの替歌である、リブ・インターナショナルというものを歌って、抗議行動をしました。まるっきり犯罪人扱いでした。周りの囲みを解いて、「解散しよう」と急に言いだしたので、それじゃこれから二十三号地にいって集会するつもりだといったら大変キビシクて、なんとかして解散させようとした。でもとにかく十七号地を出て通り一つ隔てた二十三号地に入ることが出きました。その時十七号地から、二十三号地へ渡るたった十メートルあるかなしかのところで「隊伍を組んじゃいけない」「旗をもっちゃいけない」「ゼッケンをはずせ」と、そりゃもううるさいんです。で、学生さんが多かったものですから、とても怒って険悪になったんですが、たった十メートルくらいのところで衝突してもつまらないと思いまして、二十三号地へ入ってちゃんと隊列を組んで集会に行く形になりました。

　こうしたことで私が感じましたことは、天皇を使って女性解放の問題について何かをやるということがこれから恐らく増えるんじゃないか、そういう官製の形で、既存の婦人団体を統合していくという怖れをもちました。私服刑事に手をつかまれてひきずられていく時、リブセンターの人が、「これが婦人の抑圧の始まりだ」と叫んだんですが、名言だと思って聞きました。今まで、戦后女の人たちにとって戦前のひどかった抑圧が陰をひそめたかのように、女性の地位が上がったかのように錯覚されたわけですけれど、はっきりと解放を唱えはじめ、官製の企画に対して何かを始めていくと同時に、弾圧というものがはっきりとした形で現れてくるのだろうと思いました。そういう弾圧が起こってからこそ、女性解放の意識、望みが試されるだろうと思います。だから私たちは抑圧というものに負けないで、これからの女性解放をしっかり斗っていきたいと思いました。

（11月13日定例会にて）

お知らせ

十二月定例会は、総括集会がありましたので行いませんでした。新年一月の定例会は次の通りです。

とき　一月十四日(水)ＰＭ六時半

ところ　千駄ヶ谷区民会館

保育室有ります。

NHK回答と
第二次要望書

NHKに対する要望書及び質問状に対する回答が、十月二十五日当会宛に送付されてきました。内容は質問文章も含め、わら半紙大の紙に十枚ほど書かれていますが、全文を紹介するには紙数が足りませんので、一部を載せます。またこの回答についてNHKへ行った人たちが中心となって検討した結果、再度要望書を出す必要があるということで十一月五日付で第二次要望書を発送いたしました。回答全文、及び第二次要望書を欲しい方は事務局まで申込み下さい。コピーしてお渡しいたします。(コピー代全部で二八〇円)

※NHK回答

質問事項は、十月活動報告を御覧下さい。

一、ニュースアナウンサーの問題(役割を変えよ)

ご指摘のニュースを担当しているアナウンサーは、二十〜三十年のキャリアをもち、内外の動きに精通した〃ニュースの専門家〃です。

これらのニュースのアナウンサーは、ニュースの他に、いろいろな報道番組、泊り、早朝、深夜勤務による定時のテレビやラジオのニュース、国際放送など幅広い業務を担当しています。

この業務を遂行するためには、日々の自己研さんに裏付けられた豊かな経験が必要であり、同時に目まぐるしく移る〃追い込みニュース〃をさばく精神力と体力とが要求される結果、きわめて自然な形で男性アナウンサーの担当になっているものです。したがって、女性に門戸をとざすものではなく、将来適格者が育てば女性アナウンサーの担当とするのにやぶさかではありません。

二、ドラマの中の女性像、男性像、差別的意見等について

女性差別をなくしてゆくことについては、NHKは人権を守り、人格を尊重することを番組制作の大きな目的の一つにしています。たとえば、朝の「連続テレビ小説」をはじめ種々のドラマで、人生の苦しみに負けず、社会を積極的に生き抜いてゆく女性を描き、女性の人格や立場を守り、育てる配慮をつづけてきたつもりです。

たゞ、ドラマの中の女性像、男性像について、一面では固定的な表現があることは否めませんが、現代のドラマからこの種の描写を全くなくすことは不自然な面もありますので男女のありかたや役割りについて、さらにいっそう現実を見つめ、新鮮な描写をすることが必要だと考えます。(後略)

◎女性差別の言葉について

ご承知のように、ドラマは言葉によって成立し、いわば言葉はドラマの生命ともいえるものです。その言葉は、長い歴史をへて意味をつみ重ね、有機的に結合して今日に至っていると考えます。したがって言葉の意味をあまり限定してしまうと、それは言葉の伝統をそこなうことになりかねません。また、ドラマ全体とのかかわりをつねに考えねばなりません。

ご指摘の言葉についても、今後なお検討してゆきたいと存じます。

六、採用、昇進、管理職登用について

採用―六の⑥で述べる女性の就労が困難な業務を除いて原則的に男女差はありません。

本年度の採用数

事務一般・放送	男一二〇人	女一四人
アナウンス	〃 二一	〃 二
取材	〃 三五	〃 〇
技術	〃 六六	〃 〇

職種による男女比(本部のみ)

(プロデューサー
ディレクター 男九〇% 女一〇%

アナウンサー	男	八四%	女一六%
放送記者	〃	一〇〇%	〃〇%
解説者	〃	九四%	〃六%
管理職	〃	九九%	〃一%
事務一般	〃	八一%	〃一九%

一部のみ掲載では、NHKが何を言おうとしているのか把握しきれませんが、要するに「差別をしていない、自然にそうなっている。これからも差別をしないように志す」というNHK回答を額面通りに受取るわけにはいかない面があります。

日放労関西支部婦人部は、九月末、私たちの会へのNHK側の口頭での返答について、事実と違う差別発言として抗議しています。以下関西支部婦人部の抗議文を全文紹介いたします。

協会の女性差別発言に怒りをもって抗議します。

過日、「国際婦人年をきっかけとして行動を起こす会」（市川房枝さんら代表十二名）が、放送での女性差別を抗議した際、九月二十四日付け新聞紙上に発表された、小野会長をはじめとするNHK側の答えは、NHK内部での女性差別の事実を隠ぺいしたうえに、女性の能力を無視した差別発言であり、こゝに私たち関西支部婦人部全員は、強い怒りをもって抗議します。

特に野村専務理事が、「定時ニュースや、番組の司会を担当する能力のある女性がいない」とか、「女性は労働基準法の制限が男性より強く、使いにくい」ということを理由に人材がないのは「女性の側に原因があることが多い」と、もっぱら女性にのみ責任を転嫁し、みずからの女性に対する差別政策を糊塗している点は、絶対許すことができません。

しかも、「行動を起こす会」が指摘した女性差別は、協会の差別政策の氷山の一角にすぎません。例えば、NHKの女性職員の数は全体の一割にも足りないのです。

東京以外の局では、こゝ十年以上、一名の女性プロデューサーも採用せず、カメラマンにもデザイナーにも女性は皆無というのが現実の姿です。

もっと女性を多く採用してほしいという私たちの要求に、近畿本部の職制は、「放送のようなむつかしい仕事を、女性にまかすことはできない」といってはねつけ、女性に門戸を閉ざしています。また内では、比較的女性の多い職場でも、女性に全く補助的業務しか与えず、それによって考課に男女差をつけ、女性は能力が劣っているときめつけているのが、あなたがたの実態です。

私たちは、今回の協会の差別発言に抗議するとともに、協会はただちにこのような女性差別政策をやめ、女性に門戸を開放し、男性と同等に労働できるよう改めることを要求します。

日本放送協会会長　小野吉郎殿
同　専務理事　野村忠夫殿

NHK回答は「女性差別とは何か」という点についてまるきり認識していないところで書かれたものとしか言いようがなく、従って回答についての統一見解を次のようにまとめ、第二次要望書は、差別についての認識をもつこと、差別の点検、どの職場においても女性に門戸開放することなどを要望していきました。

※回答についての全体評価

。この回答は、私たちの要望に対するゼロ回答である。

。私たちは現在のNHKの番組内容、人事のあり方が差別的であると指摘し、その社会的影響力を考え、これを改めるよう要望した。これに対しNHKは、何も改める意志がないことを表明した。

。NHKは、現在行なっている性差別を差別だと思っていない。

。NHKは性差別をなくしていくための努力をしようとしていない。

。私たちはNHKの基本姿勢を改めさせるよう再び要望書を送る。

その回答によっては、新たな行動を考えるであろう。

連続討論テーマ「私たちにとっての行動計画」のもとに、教育分科会、離婚分科会の報告が十一月定例会で行われました。ここでは教育分科会の報告をお伝えします。

教育にもちこまれた男女差別をどうなくしていくか

教育分科会　牧　智子

私たちが教育問題をどうとらえていくかというと、教育の問題というのは学校教育ばかりでなく社会教育とか家庭教育とかいろいろありますが、まず制度として学校教育が明らかになっていてわりと問題点がはっきりしているので、今、学校教育中心にやっています。学校教育の中にどういう問題があるのかといえば、歴史的にみていかなければいけないと思います。学校教育で男女共修をすすめるというのを一生懸命力を入れてやっていますが、そのためにまず学校教育の歴史的問題点を言わせていただきます。それは明治の始めの頃、女性の教育というのが割に問題になって津田梅子さんとか留学したりもしましたが、女にとってどういう教育だったかというと良き母になるための教育という風に言われています。男の人がエリートになったり労働者になったり分化する一方、女はみな良き母となるため教育されてきました。そして、戦争が終るまでずっと変わらなかったし戦争が終ってからも家庭科や社会科の中にも戦前の長い伝統が生きているわけで、それの遺産というのが今の男女の別学なのではないかと考えているわけなのです。どうして別学がそんなに問題なのかというと教育内容が非常に偏るのではないかという危険性があると思います。それは女が個人としてどう生きるかという視点よりも、女を特性論でみてしまう傾向が強いのではないか。それから社会というのは男と女で構成されているのに、どうして学校だけ男と女がバラバラでなければいけないかという非常に素朴な疑問がいっぱいあります。

今、教育課程の中でも教育全般が非常に生活から遊離してしまっていますので、そういう中で家庭科教育というのは意味があると思います。家庭科の教育をする時に、男子高の中で家庭科の教育をすることは可能なんだろうかと考えると、むしろ男女共学にしてから家庭科共修というものを考えた方が、自然な形でやれるのではないかと考えて、それはまた共学を進める上でも有利な点です。教育分科会では具体的に全国の公立高校の生徒や教師の男女比率を調査して、今までのところ東京、京都、大阪、他16県ぐらいの結果がでているんですが、まだ計算していません。栃木県では、別学校が十九校あって、併学校というのが三十七校あります。非常に分かれた教育がなされて、共学の学校がたった二校しかないんです。北関東東北一般にそういうことがいえます。ところが、この県では女教師率が二十％もあります。ですから高校の中で男女の共学という点で、保守的でありますが、女教師率が二十％ということで、全国平均の十六％を四％も上回っています。ですから本当に問題になっているのは何なのだろうかと考えると、今ちょっと分からないんです。というのは、生徒の問題がストレートに教師の問題になっていないこの現状は、いったいどういう風に分析されるのだろうかということです。今の新しい問題は、工業科とか水産科には男性ばかりで、商業科には女性が非常に多いということが言えます。これも女子が卒業してからどういう進路をたどるのかということと深い係りがあって、労働分科会の人と考えていかねばならない問題だろうと思います。

この男女共学という場合、教育基本法の第五条に「男女は互いに尊重し協力しあわなければならないものであって、教育上男女の共学は認められなければならない」という法律があります。こういう法律があるにもかかわらず、実態はそうではない。これは問題で、十一月二十日に永井文部大臣におめにかかることになっています。男女共学を言っていく際に、私たちの側の請求権という問題もありますが、やはり第五条あたりで言えていくのではないかと思います。

文部大臣に男女差別教育について意見を求む

教育分科会

十一月二〇日、教育分科会のメンバー七名が、政府委員室に永井文相をたずね、教育の中の男女差別についてどのように考えているか意見を求めた。

前もって質問状を出しておいたのでもなく、その場でのやりとりであったため、永井さんの体験からの話が多く、時間も少なかったため、こちら側も十分に考えを述べることが出来なかった。しかし、以前の公開質問状に返事を出さなくて申し訳なかったと言い、私達の質問に対しては、十二月二十日頃までに文書で回答してもらうことにした。私達が何を差別教育と考えているかということを伝えたことと、文書での回答をもらうということを約束してきたことぐらいがまあ成果というところ。

最初に、行動計画の中で、教育を通じて男女の役割に対する社会通念を変えること、教育訓練は男女平等にすることが述べられており、また憲法や教育基本法でも男女の平等が述べられている。けれども日本の教育は「女子の特性にもとずいた教育」をしているがこれをどう考えるかと質問をしたところ次のような答えが返ってきた。

「私は行動計画や憲法や基本法で平等をうたっているから、それを守る意味で男女は平等だというのはおかしいと思う。むしろ男女はもともと平等だからそうしたものが出来ているんです。しかし男女平等ということが必ずしも、男女全く同じことをやるかという風にはならないのではないですか。

私の京大での経験ですが論文を学生に書かせた時、男子も女子も抽象論で書いてきたのですが、女子学生にはもっと具体論から書くように指導し成功した。男子学生は骨組みのしっかりしたもの、女子学生は身の廻りの具体的なものを取り上げた方がうまくいく傾向がある。しかし、これは今迄の役割構造があるからこうなのか、又生理的なものなのか、それは研究してみる余地がありますね。」

私達はべつに男女に特性が全くないと主張しているわけでもなく、同じものをやっても特性は出てくるのではないかとも言ったが、永井さんの考えはどちらかというと特性にみあった方法があるということを強調していた。例えば永井さんがかつて教えていた東工大でも女子学生が少なく、ノイローゼになってしまったという話も持出されたが、何故女子学生が理工科系へ進まないかという分析はされていなかった。それに対しては、私達の方から、高校の教師でも女子が工業に進学するのを喜んで受入れようとしない実例も出しておいた。

家庭科の共修については、今教科審で検討中であること、別学が多いこと、別学の中で男女がちがう教科書を使っている所もあることをどう考えるかということに対しては、男女共学大いに結構です。しかし、それは受験競争と無関係ではないので、まず受験競争を緩和し、教える内容を精選しながら進めていく以外には方法はないのではないか、また共学にするのは、各自治体の考えにもとづくので、その辺が要ではないかとも述べた。

低学年には女教師が多く、高校、大学と進むにつれて少なくなる傾向をどう思うかに対しては、小さい時から子供はもっと男女でみた方がよい、保育園でも保父さんがいてよいし、小学校でももっと多くいてよいのではないか。また管理職にも女子が大変少ないということに対しては「女の先生方の作戦がまずいのではないか」ということであったが、時間も迫ってきて「どんな作戦がまずいのか」と聞く時間がなかったが、話の前後からはもっと特性をいかして管理職になった方が有利という風にも受取れた。イギリスなどでも局長クラスに女性がどしどし進出しているという例を持出し、女性が要職につくことには異論はないようにみうけられた。

教科書の中の男女像が固定しているということに対しては、指導要領は大体の基準を示したにすぎないから、必ずしもそれに縛られることはないのではないか、自由裁量権があるはずだと述べ、女子の進路教育をもっと充実しなくてはという質問に対しては、個性をのばしていくような進路指導であってほしいと述べられた。

（文責　中嶋）

十二月集会は、五・六・七日延べ約五百人の参加をもって行われました。今年の活動総括とともに「女の分断を連帯に変えよう」というテーマで、連日、子供連れや、忙しい合間をぬってかけつけた人たちが、ムンムン湯気の立つほどの討論をしあいました。詳しい報告はこの次にしますが、七日に採択された宣言文をお知らせします。決意もあらたに差別撤廃へ向けてガンバッテ進みましょう。

一九七五年度
国際婦人年総括集会宣言

私たちは国際婦人年をきっかけとして、性差別撤廃のために立ちあがりました。その国際婦人年も残りわずか。だが、この年の終りこそ、長い戦いへの新しい決意の時です。私たちはこの一年間、力の限り性差別撤廃をめざして行動してきました。

マス・メディアの性差別告発、離婚の母の家設立・主婦のための一時託児施設の要求、不況下の中高年女性の一時帰休や解雇に対する抗議活動など、もっとも身近で具体的な性差別問題を一つ一つ取り上げ、確実な成果を上げることができました。

また各界代表者に公開質問状を送り、婦人問題に対する認識の貧弱さを鋭く追及もしました。

高校の男女別学の現状の調査、独身女性・離婚女性の差別実態の調査、マス・メディアの性差別の点検、保護と平等をめぐる討論、諸外国の平等法、性差別禁止法の研究など行動を理論化するための研究、調査活動も精力的に、地道に進めてきました。

これらにもまして、大きな成果は私たちの胸の中に、消えることのない戦いの炎が燃え上がったことです。

私たちの眼は、もはや日常性の中に隠されたいかなる差別をも見逃しはしません。

連帯の喜びを知った女たちは、もはや分断の歴史を二度と繰り返しはしません。

今日〝分断から連帯へ〟この旗印の下に結集した私たちは、分断の現況こそ性差別分業制度にあることを確認しました。

男社会の露骨な巻き返しにたじろぐことなく、性差別分業制度が完全に消滅する日まで執拗に戦いつづけることを、ここに宣言します。

私たちの行動計画

一、母性の社会的保障と、家庭責任の男女共同分担によって女性の労働権を確立します。

一、雇用差別の救済制度を確立させます。

一、マス・メディアの企画、製作に女性の参加を要求し実現させます。

一、マス・メディアにあらわれた男女差別を点検し、個別的に告発します。

一、女性の表現の自由を回復するために機関誌を出版します。

一、独身女性の税制上の不合理を撤廃させます。

一、独身女性が人間らしい生活のできる公営・公団住宅を設置させます。

一、離婚の母の家設立を実現します。

一、主婦の自立にむけて、一時託児施設を設置し、再就職の道を開かせます。

一、性教育教材の性差別を徹底的に排除し、同時に教材の自主製作をします。

一、男女別学、女子のみの家庭科必修の制度を廃止させます。

一、教科書・進路指導の中の性差別的内容を撤去させ、自主教材を作り出していきます。

一、買売春意識、性の商品化を告発します。

一、性差別と斗う他の女性グループと連帯し、個人の斗いを支援します。

一、離婚における平等のため、民法第七六七条と人事訴訟手続法第一条第一項を改正させます。

一九七五年十二月七日

国際婦人年をきっかけとして
行動を起こす女たちの会

編集後記

☆十一月活動報告、遅れてすみません。集会準備で大ワラワの十一月でした。

☆おかげで、とってもいい集会討議資料ができました。残部がありますので、二百円プラス送料でお送りします。御注文下さい。早くしないと売り切れマスヨ。

☆みなさんの声を事務局にお寄せ下さい。活動報告で取りあげていきたいと思います。

☆会費をおさめてない方いませんか？

☆来年発行予定の記録集の出版カンパ及び原稿もドシドシお送り下さい。

12・1月合併号

活動報告

国際婦人年をきっかけとして
行動を起こす女たちの会

事務局
〒160 新宿区新宿1の9の4
御苑グリーンハイツ806
中島法律事務所内
TEL 352−7010

女性解放への足がかり

秋元美知子

先進国から発展途上国まで、世界のあらゆる国で婦人問題という共通の課題を追い求めた国際婦人年も例年にまして、女性問題が難題であることを再認識させる形ですぎた。

もっとも、いまの男女差別を是認した社会機構は長い歴史をかけて作り上げられてきたものだけに一年間で男女のあり方を再検討して変革するなどということは、とても出来ようはずはないわけだが……。

と言って、国際婦人年が無意味なものだったかといえば否である。『家事や育児は女の仕事』『男は家族を養うもの』など、いままで何の疑問を持たずに見過してきた問題を根本的に〃考え〃〃語る〃機会を作ったのは、まさに国際婦人年のおかげだったといえる。

それも、これまでの既存の婦人団体や婦人活動の域を越えた巾広い階層の女性たちが、自らの問題として考え、行動に加わるようになったことが注目される。

12月5・6・7日
国際婦人年総括集会報告
〃女の分断を連帯に変えよう〃

文字通り『国際婦人年をきっかけとして行動を起こす女たちの会』にも発足当初からの呼びかけに応じて、多くの女性が職場や家庭から自主的に集まってきた。

そして「男は外、女は内」の男女分業論の余罪は集まった多くの女性から、生々しい現実問題として提起された。

結婚をして家庭に落ち着いていた主婦からは「夫が死んで働かねばならないのに、職場年令制限があるうえに、子供も預ける場所もない。」一人暮しの女性は「独身を通すつもりだが賃金も頭打ちで……」と男女差別に直面している人は、あまりにも多過ぎた。

いままで、このような問題は周囲はむろん当事者さえも「女だから」という一言でかたづけてきた。男女差別が日常生活の中にごく当然のこととして、深く浸み込んでいたために、社会問題が、個人問題としてすり替えられてしまっていたわけだ。

だが、国際婦人年を通して、多くの女性は「女だから」と自分自身を〃あきらめ〃〃逃避〃させることが、暗黙のうちに公害を是認し、さらに第三世界の貧困を間接的に生みだしていることに気がついた。

国際婦人年が終っても、相変らず男性優位の社会は続いている。だが、「女性解放に向かって何かしなければ」という個人的な意識の目覚めは日増しに強くなっている。これは国際婦人年の何よりの成果だ。

もし、国際婦人年のなかで、女性解放が実現していたとしても手離しでは喜べなかっただろう。「なぜ、女性解放をしなければならなかったのか……」この必要性を多くの人々が把握出来ぬまま、政治レベルで社会機構を変革しても無意味に近かったと思う。

個人が全体にまとまって女性解放を目ざさなければ〝真の女性解放〟とはいいがたい。と言うのもこの一年間の運動を通して、あまりにも女同士の分断があることを痛感してきたから。

家庭にいる主婦と共働き主婦、独身女性。さらに女教師と母親といったように立場と環境の違いが、女同士を分断させていた。

「行動を起こす女たちの会」では、この一年間の総まとめを含め、一年間の活動の中で知った女同士の分断状況を掘り起こし、女性解放のために連帯しよう、と呼びかけた。十二月五・六・七の三日間、千駄谷区民会館、明治神宮前会館、自治労会館で会員、会員外の延べ五百人の集会が開催された。

第一日（十二月五日）
分断状況の報告記録

林　陽子
秋元　美知子

[1] 専業主婦と職業婦人の分断

報告者：古武敬子氏

自分もそうであったように、すべての女性は専業主婦にならざるを得ない状況にある。そしていったん主婦になると、職場復帰は非常にむずかしい。

自分は働いていた頃、専業主婦に対して優越感を持っていた。しかし自分が主婦になってみて、この状況は個人の努力ではどうしようもないものなのだと気づくに至った。私たちは女と生まれたその日から、主婦として、母として生きることを要請されてきた。主婦こそ女のノーマルな状態で、独身女性はアブノーマルだという社会通念もそこから生み出されてきていると思う。

「子供を預けてまで働くなんて」という専業主婦と、「三食昼寝付きで遊んでいる」という職業婦人の対立の声――こういった泥試合は結局、男社会に利用されている。私たちはこの分断を乗り切らなくてはならない。

今、働いている人たちも、いつ自分も主婦になるかもしれないのだということを考えてほしい。

[2] 既婚女性と未婚女性の分断

報告者：山屋光子氏

なぜ女は結婚によって分断され得るのだろうか？　ここでは税金の面からそれを考えてみたい。

税金に「扶養控除」という制度があって、妻が年額70万（月額にすると約5万8千円）までの所得がなければ控除が受けられる。お手伝いさんさえ7万～10万の給料を得ている今、主婦の労働が月5万8千円相当にしか評価されず、しかもそれは直接妻に払われるのではなく夫の税金から「控除」されるという形態に疑問を感じている。この発想の根底には、妻たるものは夫に養われるもの、という考えがひそんでいる。

独身女性にとって、働くことは生き甲斐であると同時に食い甲斐でもある。

専業主婦は「出口がない」と言っていないで自分たちの手で出口を作っていってほしい。

[3] 母親と女教師の分断

報告者：和多田美津江氏

港区立赤羽小学校勤務。今春、同僚のK先生が産休明けに出勤した後、自殺。それまでには、担任していた四年生の父母からさまざまの風当たりがあった。学年末の学級懇談会は非常に気まずい雰囲気で、K先生は「自分は教職から追放されるのではないか」と心配していた。

同僚の一人として、彼女を支えきれなかったことを深く反省している。

中学受験のさかんな学校で親の要求のしわよせが女教師にきてしまう。懇談会を開いてもほんねが出ない。

自分は子供を保育園に預けている。保母さんと婦人労働者は連帯できるような気がするが、母親と女教師のミゾは深い。

女教師がもっと強くなって、連帯をかちとっていきたい。

4 労働の場から――①

報告者：武川伸子氏

現在、都の小学校の非常勤講師をしている。女性が多い職種だが二年前までは産休もなかった。何回かのストライキをうつ中で産休・ボーナスを獲得してきた。

「育児休業法」がもうじき施行されようとしているが、ここで問題なのは、一年三か月の休暇を臨時講師で埋めていく方針をとっていることである。これで「育休法」を制定した意味があるのか。この問題はぜひ、多くの人に考えてもらいたいと思っている。

労働の場から――②

逆井初穂

私のつとめる会社は女子社員に入社の際、「親元から通勤可」の条件をつけている。これにより、女子社員は中流サラリーマンの子女が多く、「結婚退職」をあてにする風潮が強い。

折からの労働強化、賃金頭打ちの状態の中で「家庭に入った方がトク」だというわりきった考え方が浸透している。

独占企業の職場管理は実に巧みで、社内の構造は、他の部所の同僚とは話し合う場を全く持てないような仕組みになっている。

子持ちの女性は十人程度、二人目を生むとやめていくという状態。産休は無給でつわり休暇はない。

既婚、未婚社員間の連帯のきずながない。

組合運動そのものも作り上げてゆかねばならない。

働きつづけられる状況をはやく作っていきたいと思っている。

5 食物生産者の眼と女

報告者：橋本明子氏

「たまごの会」の一員である。この会は自分たちで農場を持ち、鶏を飼い、卵を作り会員に運んでいる。同時に、石油タンパク拒否の運動なども展開している。

自分はここで「台所革命」を提案したい。私たちは、よい食物を少なく食べよう。肉、牛乳など食べたくないものを学校給食によっておしつけられている現状を変えていこう。台所を預る主婦が、そういう方向を打ち出すべきである。

何をどんなふうに食べるか、ということを、子供に対して大きな影響力を持つ女はもっとよく考えてほしい。結局、いちばん強いのは台所を握っている女なのである。

6 消費者運動と女性解放運動

報告者：加藤真代氏

合成洗剤を使っている人は手を挙げて下さいませんか？（会場から多くの挙手）

私はまさにここに女の分断があるのではないかと思う。合成洗剤の害があれだけ報道されても、依然としてそれを使い続ける女たち。

私たちは、「与えられた文化」に埋没しているのではないか。サッカリン使用の問題にしても、与えられたものに安易にとびつく私たちの姿勢に問題がある。

　高度成長を支えてきたのは、消費者としての、あるいは夫を生産の場へ送り出す妻としての、女だったのではないかと思う。

　商品を生産する場へ女が進出せず、家事が男に分担されていない。公害とはまさにそこに起因するものであり、消費者運動というのはその埋め合せをしているようなものである。

　今、私たちに求められているのは、与えられた価値観――その一例として、男は生産、女は消費というパターン――を打破することなのだと思う。

7 性の場における分断

報告者：古川雅子氏

　婦人問題の中でも〃売(買)春〃は特殊なものとして扱われている。自分には関係ない、そう思っている人が多いのではないだろうか。

　私はこの問題を語るにあたり、会場にそういう女性を連れてきたいと努力してみたが、全くだめであった。私たちと〃彼女たち〃の分断には、それほど根深いものがある。私たちの中に潜在する、軽蔑・差別意識も考え直したい。

　およそ「結婚」という安全地帯にさえいれば、そこでのセックスは健康なのだろうか？私は自分自身の結婚生活を考えてみて、そうは思えない。何かうさん臭いものを感じてしまう。――それが売春を考えるきっかけになった。

　女という一人の人格の中でも性の分断がある。母性を持つが故の疎外を感じる。

　会場の皆さんにもぜひこの問題をもっと考えてほしいと願っている。

8 身障者を持つ母親として

報告者：谷合規子氏

　自分は教師をしていたが、肌に合わないので転職を考えていた。二人目の子供を出産したのを契機に退職、他の職を捜すつもりでいた。

　ところが生後半年たって子供が精薄の診断を受けた。知恵遅れでもいい子に育てよう、一生をこの子の教育に捧げよう、私はその時そう思った。

　洗剤パニックの最中に三人目の子供を出産した。スーパーの行列に並べず、おむつの洗濯に苦労した。団地の自治会に、洗剤を分けてくれ、と頼んだが断わられた。私だけの問題ではなく、行列に並べない人がいるのだということ、自治会の活動などでさえ参加できない層があるのだということを知ってほしい。

　子供を施設に入れたが、自損症状があらわれて、「手に負えない」と自宅に帰された。看病と家事の両立に悩んだ。職業につきたい、と思い始めたが、ある女性から「そんな子供を持っていてよく働く気になれますね。」と言われたのはショックだった。

　子供を預けてこの夏メキシコへ行った時にも、回りからさんざん言われた。体の不自由な子供を持っているお母さんたちは、事あるごとにつけ、みんなこう言われてきたのだろうなあとしみじみ思った。

　何かがあった時（子供・老人・身障者etc）しわよせが来るのは女である。福祉問題を考える際、女の立場も考慮してほしい。

　国連で精薄者保護宣言が出され、施設の充実をという声が出されたが、それに対して、「身障者隔離だ」と批判する人たちがいる。しかしそういう批判は結局、政府が何もしないことの言い訳になり、体制に利用されている。私のように、ほんとうに施設を欲している人はもっといるはずで、それを考えてほしい。

9 第三世界と先進国

報告者：北沢洋子氏

アジアには十億の女がいる。

そのうちの一つ、一九七三年の多くの女たちの生活の実情を見てほしい。

農村出身の年少女子は日系企業で働き、日給は百二十円である。彼女たちは6m×8m（24畳）の部屋に35,6人が三交替で雑居している。

これは韓国、フィリピン、あるいは南アフリカ……どこでも同じような実情である。

こういう例を出すと、「日本の経済進出がその国の近代化の一助になったのでは？」、あるいは「そういう社会を許している現地の人たちの責任では？」という反論がある。

しかし、そのような独裁・軍事政権を強固に支えているのは他ならぬ米・日であり、朴政権にしろアパルトヘイトにしろ、米・日が手を引けば明日にでも崩壊する。

女の解放とは、民族の解放であり、人間の解放であると思う。

第三世界と私たち、メキシコでつきつけられたこの課題を私たちは背負っていかねばならないだろう。

10 結婚のモラルによる分断

報告者：小沢遼子氏

私は五年前、浦和市議に当選したが、「離婚した女が議員になるとは」という非難を常に受けてきた。「妻でもなく、母でもない」ということがいつも私の攻撃の理由になる。

私は八年間の結婚生活に終止符を打った女である。私の夫の母は、30年前に夫（夫の父）の妾に襲われ、顔を傷つけられた。私は毎日、姑から結婚生活の悲哀を聞かされてきた。

しかしその姑を支えていたのは、自分は「妻」である、というプライドであった。自分は某の妻であり、妾ではない、という自信、妻でない女性に対する根強い軽蔑が彼女を彼女たらしめていたように思う。

先日、桐島洋子さんと、世の中でいちばん偉い女は結婚している女であり、その下に離婚した女がいて、最下位は結婚もできない女なのだと話し合って、笑った。

嫁にも行かない女はどうしようもない、嫁に行って子供を産んで一人前、という結婚のモラルは、女を広く深く分断している。この分断を乗り超える方向を探っていきたい。

以上

訂正とお詫び

十一月活動報告7ページ下段左より六行目「分断の現況」は「分断の元凶」の誤りでしたので訂正しお詫びいたします。

☆会あてに寄せられました便りを二、三紹介いたします。

国際婦人年が終ろうとする今

七日の討論に参加して

能勢　南穂美

結婚し子供を産み離婚し、そして仕事を持つ女の一人として以前から婦人運動に興味と期待を持ちながら毎日の生活に追われて何の行動もできなかった私も、〃国際婦人年〃が十二月に入りいささかあわてました。それで、遅ればせながら、十二月七日市ケ谷の自治労会館に於て開かれた〃国際婦人年をきっかけに行動を起す会〃の総括集会に出席しました。雨の日曜のせいか、会場は満員とは言い難く、少し拍子抜けの感がいたしました。女性にとって一番大切な問題を真剣に考え正しい方向に進もうと努力しているこの会に、何故出席者が少く、又何故、今、同じ同性の女たちからの批判の声が多いのでしょう。総括集会は、〃女の分断をいかに連帯に結びつけるか〃というテーマのもとに進められていました。○運動、というものに今まで参加したことのない私は、まず、〃分断と連帯〃というむづかしい言葉にたじろぎましたが、何のことはない、何故女は自分の立場のことしか考えられないのか、という問題なのでした。〃国際婦人年をきっかけに行動を起す会〃の根本的な主張は、今、働きたい、仕事を持ち、又これからも持ち続けたい、という意志を持つ女にとって、状況が余りに困難すぎる、そしてこの困難さは決して女自身のせいではない、ということでした。そういう意志を持つ女を、今の日本の社会は否定するか、安くつかうか、どちらかしかない。女は常に、家にひっこんで、家事と育児と、夫の世話をしているのが一番幸せなのだ、という概念は、決して女自らの声ではありません。男達の願望・要望から生れ、長い歴史の間に固定化されてしまった〃作られた〃女のイメージです。今、女は自らそのイメージを重荷に感じています。同様に、男も今、作られた〃男〃のイメージを重荷に感じているのではないでしょうか。何故、男は働いて妻子を養わなければならないのか。何故、男は強く、たくましく、女より優れていなければならないのか。男の中には、外で働くより、家の中で、三食昼寝付の生活をしたい人もいるのではないでしょうか。朝晩の、あの身動きもできない通勤電車の中の男達、真夜中も働く男達、ささやかなボケットマネーで、赤ちょうちんのヤキトリ屋で安い酒を飲み上役の悪口を言う男達、子供の学費をかせぐために残業、アルバイトをいとわない男達。女が働くということは、男にとってもそんなに悪いことではないと思うのですが。女が自ら進んで働きたい、と言っているのです。むしろ男にとってプラスになることの方が多いのではないでしょうか。

　ただ、〃国際婦人年をきっかけに行動を起す会、総括集会〃の宣言文で気になったことがあります。余りに挑戦的な言葉づかいが多いのです。〃女〃が〃弱く〃、〃男〃が〃強い〃存在であるのなら、私達は〃弱い〃のですから、〃強い〃方に、〃私達にもっと優しくして下さい、私達につらい思いをさせないで下さい〃とお願いしましょう。

　一九七六年は、男がもっと自分の性を深く考えて欲しいと思います。そして、〃国際婦人年をきっかけに行動を起こす会〃が、〃国際婦人年をきっかけに人間解放に向って行動を起す会〃になって欲しい、と思います。

岩崎多鶴（73才）

（婦人年）は今年だけで終るのかと淋しく思ってましたら「行動を起こす会」が出来ました由、ほんとうにうれしうございました。

　その第一に行われたNHKへの抗議の中に言葉もはいってましたこと私の五十年の願いが果たされたので、うれしくてなりませんでした。

　みんなが小さいことだといゝますが、私は言養こそ思想の現れで、それを考えることは余りに考えなさすぎる人達への警告でもあり、実行の根元でもあると思っています。

　私はテレビで見たのですが、はじめの日の寺島純子ホステスのいったことには腹が立ちました。女性陣は埼玉の女性議員さんと武田京子さんと、お名前忘れましたが、先生をなさった落着いた地味なお方と榎みさ子女史、その大家達をヂロリと横目で見下して「女性の給料が安いという問題ならわかるけれど、言葉なんて取りあげるなんて•••私は主人でいゝと思っています」といゝました。時間が来てそれでおしまいになり残念でたまりませんでした。

　男性側は白石浩一助教授もおられたが、よ

く出て来てベラ〳〵よくしゃべる高橋（？）とかいうとんがった鼻の人、薄い唇をへの字に曲げて、蛇のような細い目でネチ〳〵と立てつゞけに男のエゴでしゃべりまくり、女性は落ちついておられましたが（見てる方はカッカでした）時間々々で十分いえず残念でした。

二度目に見た時は、男性側がいつもひどい暴論の土岐雄二氏と若い割と静かな劇作家のおかげで女性側のお二人（吉武輝子さんと先生をしたお方）のおっしゃることがよく通りうれしうございました。

上坂冬子の朝日新聞声欄での投稿も、若い主婦に気持よくやっつけられたり、三枝女史に「作るしか能のない女の言」といわれたりしましたが、それでも尚（上坂冬子は）テレビのOLの問題で出た時何ら関係ないのに、最後にわざと「私作る人」といいました。

このお方も長野高女に一時おられたお方ですが、恥づかしいです。

「家庭科を男女共修に…」の時間では、「家庭科なんかで男女平等を論じるなんてオコガマシイ」とはっきりいったので全く驚きました。つい先頃のNHKでも「夫が仕事の話を妻にするか」とかいう番組でも絶対いうべきではないと主張し、最后に主婦二人から静かにしかし、しっかりと反論されました。

私はとう〳〵NHKに、上坂氏が出ると困ると、手紙を出してしまいました。と申しますのは、ワンサと考えない女性がいるからです。

トンガリ鼻のへの字口氏もテレビでいゝました。「あなた方こそ同じ女性を差別しているではないか、かわいい子になって男のあとをついていくだけの女を、あなた方は差別しているではないか」といゝました。

とんでもないことですね。長い間のねむりです。さめない人の多いのは歴史の上からも当然なことです。どうか眼ざめて下さいというのが私達の願いなのに。私は五十年いろんな場にぶつかってそれが容易でないこと知っています。若い時は同志であっても、姑となると男の側に立ってしまうということも見ています。でもその人たちを悪くは決して思えません。（中略）

私は、娘時代は丁度大正デモクラシー。その中でしっかりと両性の平等を培れてしまいました。然し、同じ友人でも当時ご法度みたいだった恋愛結婚をした人達が五十年後の今会いますと、殆んどが亭主関白を話してくれます。あの人がマアと驚くんですが、話す友人もそれが当り前みたいな風です。生れて育った環境と、男はその方が都合がいゝことから、そうなってしまったのでしょうが、大正デモクラシーも案外底が浅いと思いました。

（中略）

当地の民間放送にうちのヨメさんという番組がありました。例によって投書で、ヨメなんてもうないんだからと抗議しました。そうしたら、その担当者の婦人から手紙が来ました。それが往年の女優加藤勢津子さん。恋愛結婚して今は渋温泉の旅館の若いおかみさんです。その番組はすでに、うちの主役と変り、シウトメやヨメの代わりにいろんな社会の人が出て来ました。

（後略）

会の御発展を、遠くからお祈り申しあげております。

十月三十一日

１９７５年会計決算報告

収入の部

会　費	328,600－
カンパ	435,903－
定例会、集会参加費	199,770－
12月5日集会参加費	
討議資料代	222,350－
電話料	2,850－
保育おかし代	2,700－
会場費返却金	2,440－
	1,194,613－

支出の部

事務用品費	72,395－
通信費	169,711－
コピー、印刷費	215,540－
会場費	116,020－
講師謝礼、保育手当費	60,600－
交通費	38,270－
専従手当	370,000－
雑　費	33,920－
（食料品、プラカード材etc）	
	1,076,456－

収　入	1,194,613－
支　出	1,076,456－
差引残高	118,157－

お知らせ

☆二月の定例会
○とき　二月十三日
○ところ　千駄ヶ谷区民会館
（PM六時半）
○テーマ　マンガ雑誌における女の性のえがき方　討論会
―雑誌編集者を呼んで―
（保育室有）

☆七六年の新しい世話人会を編成します。原則として世話人は分科会から選ぶこととなりました。各分科会での話し合いを二月十三日までにお願いします。なお世話人会は毎月第一月曜、事務局で行い誰でも参加できます。

☆新しい年に入り、定例会、分科会、世話人会のあり方について再検討し、一層会活動の発展をはかろうという意見がでております。この次の定例会には皆さん、ぜひ出席してそれに関する意見を出してほしいものです。

☆郵便料金値上げで活動報告の発送も資金的に容易な仕事でなくなりつつあります。会費の前納をお願いします。

☆大募集
①今まで事務局が担当していました活動報告編集を、編集メンバーの増員によって刷新し面白く仕上げたいと思います。編集メンバーになって下さる方事務局までお電話下さい。
②記録集出版は今年の主な活動の一つですが、編集委員が足りなくて、仕事がおもうようにはかどりません。企画、取材、録音、記録など、本づくりに興味のある方参加して下さい。

☆一月定例会は、マンガ雑誌における女の性の描き方についての討論会を行いました。二月定例会はさらにこれを発展させた形でやりますので、この報告は、二月のとあわせて行います。

☆三月は十五日（月）に定例会を開きます。討論テーマは「歌謡曲の描く男女像」（予定）
毎月討論テーマをもうけての話しあいをします。夫婦財産共有制の問題やその他話しあいたいテーマがありましたら、どんどん出してください。

国際婦人年をきっかけとして
行動を起こす女たちの会

2月
活動報告

事務局
〒160 新宿区新宿1の9の4
御苑グリーンハイツ806
中島法律事務所内
TEL 352—7010

2月13日定例会にて

マンガ雑誌における女の性のえがき方をえぐる

児童文化分科会提起に依る

昨年の総括集会の時に、児童文化分科会で少年マガジンの「イヤハヤ南友君」というマンガが話題になりました。それは大変ショッキングな画かれ方で、かなりサド・マド的な我慢競争、根くらべに女の子二人が登上して、馬を使って縛った手足を引っぱり股を開かせようといった、結極馬ではだめでバッファローで開きましたってことで、そんなことを実況中継の形でマンガは進んでいる、女の羞恥心がどこまで力で持ちこたえるかといった画かれ方なんです。これに対し感覚的にイヤとか、残酷、グロテスクといった意見も出ましたし、裸の女の画かれ方が女はいつも見られるものであり見て楽しむのは男、て感じがとても多いのですね。児童文化というと絵本とか教科書は親も見ることがあるが、少年マンガの方は女の人達はどうも余り見てないようで、サラリーマンには広く読まれているようですが、これを私達は傍観してもよいものだろうか。ダメとかやめろと言う前に私達で点検しようと言うふうに一月は話したわけです。直ぐ後朝日の家庭欄トップで「少年マンガの中の女性」というのが載りまして、TVの奈良和モーニングショウでも、樋口さん武田さん吉武さん、それに犬養智子さんが女性側から出て、後羽仁進さん竹村健一さん、作者は出席なくて、編集長はジャンプからだけでわずか10分ぐらいの番組でしたが、その編集長の発言中気になったのは「今の少年雑誌は、今の子供の生き方を画いたものだから、特別問題にすることなんかない、とか子供が全面的におもしろいと受けとめているものだからいいじゃないか、そう何でも差別々々というのはおかしい」とかいうんです。更に先月に続いてマンガを取り上げたのは、読み手の側の意見だけでなく、是非作る側からも聞こうと編集側の出席交渉に努力しました。なかなか難航しまして、やっと今日はお一人なんですが×社の〇氏に来て頂きました。

〇氏　私自身は今は現場にタッチしていませんが以前少女マンガを担当し、隣りには少年マンガの部もありましたから……マンガを作っている人の年令構成は大学出立てから30才代前半ですね、各副編集長の下に班を組織してマンガ班グラビア班記事班と言ったふうに、中堅と言われているのは27～8の人達ですね、マンガ作家の年令もその辺で、今度話題となっている永井さんが30才くらい、若い作家と若い編集者が少年のため作っている雑誌と言うわけです。少女雑誌の方は編集者は同様ですが画いている女の人は25才も過ぎると年寄りの方で。早い人は高校時代から雑誌と直結して画きます。少女マンガの場合はストーリィの方まで編集者がこまかくタッチしまして、ですから男が指導している少女雑誌てことは言えると思います。少年雑誌の場合はこんなことはなくて若い作家の場合も編集者といっしょにアイディアを出し合うというぐあいですね。今度の機会に仲間で話していてぼくなりに感じたのは、それは女性の立場を考えてマンガを作ることは先づないと思ってしまっていゝ、それは私自身もそうでした。例えば、しばしば男と女の間にはアレしかないよナという話になりますしね。それで以っておもしろいマンガ作ろうとすればどんなことになるか、それは子供に受けると同時にマンガ好きの自分達がおもしろいと思うマンガ、成人向雑誌は平凡パンチ、プレイ・ボーイ等が受けてますので、その子供版て傾向が当然出てくるとぼくも思うのですね。

質問　イヤハヤ南友について職場でこれはヒドイ、いや素晴らしいなんて声は？

○氏　例の股開きシーンについてはハッキリ反能ありました。あんなにやってもいゝのかナというより、永井ごうちゃんついにやっちゃったナてぐあいにね。30才くらいの女の人で、あそこまでくると性に合わない、もう読まないと言ってた人はありました。

質問　なぜ女性マンガ家はそんな若さでもう。

○氏　各社競争で青田買いで育てるのです。高校生ぐらいで才能見せ始めると他社に取られない内にあれこれ面倒見ちゃうのです。結婚されちゃうとマンガも画けなくなるし、何となく白けてアイディアも枯れるっていうか。

質問　すっかり飼育されて、それが25才くらいにどうも何かおかしいと感じ出したり、そしたらお払い箱にするのでは、育て方そのものが少女マンガを大きく規制してるのでは？

○氏　サァ必ずしも。池田さんなんかは自分の感覚で仕事できる人だし、女性問題にも考え持ってるらしいし、男で苦労してますからね。男の場合は比較的30～40まで持つのじゃないかって気が。とにかくこれで食わにゃならん、と男の場合は、そこらの差なんでは。

リセ　私、もう以前水野英子さんの「山野」てのが好きでした。それで水野さんのこと調べていたら、彼女は少女マンガ作家の制作のシステムのことなんかに問題提起したらしいんですね。それが編集側に抗らったていうのか干されたって事件が二～三年前にあった、というんです。つまり少女マンガの中で目覚めても、男の編集者に牛耳られていて、男好みにパターン化されたものばかし書かされ続ける、そう言うことじゃないでしょうか？

会員　私スポーツ・マンガにはとても気になるのがあります。男の子の場合は、いゝ意味でのライバルとの切磋琢磨や団結、特に男の友情て画き方されますね。所で私の見たのはバレー・マンガですが、監督やコーチをめぐって嫉んだり反目したり、足引っぱったりするんですね。そんなふうに女の子は次元が低くて必ずそうするもんだとばかりに、それが又類形的に画かれてるんです。どうして男と女の場合を同じスポーツなのにと怒りを感じます。

リセ　ジャンプの中にプレイ・ボール（ちばあきお）てのがあるのね、これは本当におもしろくて、ヒーローがいないのね、九人の野球好きな男の子が、ドングリの背比べみたいな人達が皆で野球を闘ってゆく中で作ってるってのか、嫉妬に狂ってるとか、あいつは恋をしてるからダメとか、そんな人間関係に左右される心理描写もなく、作者側のこまかい説明なんかはないの。逐一野球場面で、チームプレイを画いてあって、ジメジメしてないし重たくないし、たのしくて私は好きなんです。

会員　私が一番イヤなのは侠客ものと剣ごうものですね。子供マンガでなくて、ヤングコミックなんて男向けのマンガ雑誌にありますけどね、あれこそ女を勝手にきめつけるもんですよ。　不頼控ね、片っぱしから女を手ごめにしてね、女の方はメロメロと好きになっちゃう、それからポイポイと捨ててしまう、その繰返しなんですね、それから御用牙、半蔵が女の犯人なるものを、しょっぴいて来て拷問する、するとそんな暴力に屈しない女が、彼に犯されると「ヤメないでエ」って、(笑)もう「女の体は悲しいものだなァ」(笑)て所だナ(笑)そう言うんですね。それから非常に疑問にしているのはサハラね、女外人部隊の兵士達ってのが、皆金の為でもなく戦が好きなんですね、皆愛を失ってるから、もう生きてるんでも死んでるんでもない、てわけで死地におもむくのです。女にとってそれほど愛がすべてだって、ですね。それで私、ゲーッとなってるんです。小池一雄さんがこゝに来ていたら、どうしてこんなもんばかり書くのか、聞いて見たい所です。

小学生　少女マンガでは、大てい気の弱い、気持わるいくらい優しい女の子が認められていて、気の強いていうかハッキリした女の子は、ふられる結末になっていて、すごく不本意な気がします。だんだんついて行くだけの女の子より、イヤな役に画かれてる女の人の方が、本当はいゝんじゃないかって思うこともあります。それは里中満智子さんの季節風読んだ時、今までのふつうのマンガとは正反対で、最後になるにつれて、だんだんいゝなァと思って、好きだったんです。それで、少年マガジンに連載された、さすらい麦子も、きっと少しは何かいゝと思ったんですけれど、お母さんがストリッパーなんですね、それで娘がさすらって、ストリッパーの娘だってつまはじきされて苦労するんです。麦子と友達になりたがってる男の子を、いつもプラカード持って追っかけてるトンガリめがねの教育ママが出てくるって場面ばかりなんです。それを全然わるいってふうに、悪役に仕立てて、男の人達が同情するってのが筋なんですね、それで里中満智子さんにも絶望しました。

会員　私も少年マガジン連載を聞いた時、チョット期待したんですよ。ビックリて感じで、せっかくそんな題材の登場というのに、ストリッパーのお母さんと「父を求めて町から町へ」でしょ、かつて愛した男だけど、今も愛してる愛してるって信じこませてるの、イヤハヤ南友君に抗議する女の子が出て来たけど、次のシーンで結極裸になって踊ってる、あの論法は男の人がすごく喜ぶだろうて感じで、その意味ではあの作家はすごい媚を売っていてイヤですね、女なのにあゝなるのはとても悲しい、受けようなんてのはね。

若い男　イヤハヤ南友がなぜ悪いのか、アレだけ取り上げても解らないわけ、責合戦をやってるけど具体的に何が悪いか見えてこない。

会員　特に八ツ裂きシーンについて言えば、女が女の股開くの見たっておもしろくはないわけよ(笑)男がおもしろいからって。女がイヤだイヤだって言ってるのに開くか開かないかって見守ってる、アノたゞ男の目でしかないのがイヤなんですね。表現の自由ってのはあるけど、いろんな立場やどう感じるかってこと充分言い合って聞いて、表現の自由に迫って行きたいものですね、デタラメでなく。

会員　この間のモーニング・ショウに出た時、ジャンプの編集長が少年マンガをどう促えるか、で言われたことですけど、全体としては少年の生き方を追求している雑誌だと、でもどうもこの中から。私は疑問を感じます。

会員　たゞ何となく繰返し読んでるとね……男の子の眉はいつも太くてキリッて、女の子の方は眉が細くて目がパチッて感じなの。劇画ではみなそうで全く男らしさの権化でね、でも実際の男の子達は決してそうはなれない、あゝなろうというの全く大変で（笑）その対照に女の子の方は悲しく泣いて身を引いたり犠牲にされて満足しょうとしたり、主体性がないんですよね、あんな画き方すごく怒り感じますね。で少年達はオイオイに影響受けて当然女性を踏み台にできると思い込むのかも知れない。私一冊のマンガの中でどこ省くかと言われたら、そう言う男らしさマンガ省いて、むしろ赤塚不二夫みたいに、おもしろい方のマンガ読みますね。

若い男　影響云々より、マンガてのは本音だと思うわけ。読み手の本音に受けるんだと思う、だから「男組」が出るんだし。こっちの精神状態に合わせてマンガはあって、だから文化情況変わらぬ限りマンガは変わらないわけマンガだけ変えることなんかできない。

会員　文化を変えると言っても、その文化て抽象的なものをワッと取り出すわけにはゆかないんだから、何か取り掛りとしてそこから発展させるってやり方しかないじゃないですか、今百万、二百万の吸収しているマンガを突破口にする、そう言う方法しか。だって抽象的文化論やっても具体的なことの上の対話がなければ。マンガを文化の問題として触れて追ってゆくことはあってしかるべきですよ。

○氏　そういうことみんなぼくは認めちゃうんですけれど、文化の問題でなくて男が女の裸見たいってのは別だと思うんですよね。何か週刊現代の「本ものゝ私」っての問題にしていられるとか。女性が許せないってのはそりゃそうだろうナ、とは思うんですけど……

会員　じゃ、男も裸になったら？

会員　その企画に関して充分編集部の中で男も女も考えた上で出て来るってならいゝんです。けど全部が全部男の考えでしょ、女を排除した所で出て来たわけですね、その出て来る背景考えるとその男中心主義がとてもイヤなんですね。

会員　女を裸にしたから悪いってんじゃないですよ、そのやらせ方、格構のことなんか。

リセ　私達、あの写真作ったんです。男を裸にしたね、つまり週刊現代が服着た女と裸にしたのを並べて品評することに抗議として、あゝいうのを作ったわけですけれど、これで決して私達のいゝ文化だなんて思ってないし、これは単なる仕返しくらいの意味で……

会員　あれ学校に持って行って見せたんですよね、皆喜んで見てました。中で一人いゝこと言ってた人がありましたので、社長を裸にするんでなくて企画した人を裸にした方が、よりいゝんじゃないかって、何でも悪いのはすべて社長という考えも場合では……

リセ　えゝ、私達もその編集者一月近く探したんです、K社の前にスパイ大作戦並みの張り込みしょうとまで思ったんですけれどね、でまあ社長のを。あの、男は見たいから、あんなふうに出すと言うんだったら、自分も身を曝すだけの覚悟持って企画なり編集して欲しいですね。やっぱり女だから、商品化されている女だから平気で安心してあゝいうことするんじゃないかと思うんですね。

会員　又、マンガとはかけ離れていることだけれど、韓国の女性解放史読んでいて、排日運動と女性解放とは密着したものだったわけだけど、その弾圧する日本憲兵の女の人への拷問の記録が、まさしく興味の対照としてマンガを画いてゆくという、その究極の姿なんですね。非常に性的でサディステックで、それはナチスもチリーでもやった。文化構造は精神構造とつながりあるわけで、だからたかがマンガと言ってしまって、いつの間にか精神構造は作られていって、女を性的にしか促えないそういう文化がね作られて行くわけね。

マンガと韓国の女性敢闘史のひどい絵を見比べて、全く違っていない、元は全く同じだということを感じたの。イヤだと思いながらイヤだと言えなかった長い長い女の歴史の中で居直って来た男の論法なんですね。どうしてイヤと言う者があるのか、画く側、作る側も、どうして自分達の方は平気なのかキッチリ見つめ直していかないとね。

参加者　大学時代、闘って捕っても女の人の場合拷問がサディスティックだってこと聞かされて、怖しいと思ったんですけれど、やはり男性の歪んだ感情が現れる時、立場の弱い者に自分のもんもんとしたものをボーンとぶっつける、そういう過程として女は女らしくとか、男より劣ったものであって欲しいとかの願望が育って来たと感じるんですね。

会員　今、私もかつてセクトで現在病気の友人のこと思い出したんですが、機動隊にやられて寝込んでるんですけど、彼女はあのリンチなんてのも政治委員会の男の論理にまかしておいた所に問題があると、批判してリンチされそうになったわけで、彼女は徹底的に女性解放しない限り政治改革はダメだ、と言っていました。男性論理で動かされる限り……

参加者　大学で男女いっしょにやっていても、女性の問題が出てくることあるんですが、単に女性だけの問題ではない意味でですね、そう抗議すると、そんなことよりこっちの方が先だ、男の足を引っぱるもんで、生産的行動を後から引っぱるのだといって、常に下げられてしまったんです。そして私は、いつもそんな疑問を抑え抑え、男だったら仕事をするとか、それが先だとついて来たんですけど、そこが間違いで、弱い立場をしいたげたりうっぷん晴して強者であるつもりで、常に被害者を作り続けている文化の次元と言うか、そうした考え方を怖しいと感じるのです。

会員　ジャンプを今見てますと、大体八ページおきくらいに、マンガの欄外にこうありますね「男には男の雑誌、力強い男の一冊、真の男を作る雑誌少年ジャンプ（笑）でも、真の男って何か解らないし、力強い男ってのも可哀そうと思うんですね力のない男の人にとって、やはりこう男を規制するのは当然女を規制することで、何か人間をこう、日本の社会は男だ女だと言い過ぎていて、小さな子や高校生に。こんな言葉は削ってもらいたいと思うんですね、少年が読むのかおとなが読むのか知らないけど、男の子はたゞ強くなれとか女の子は早く嫁にやりたいとか、わざわざ作ろうとする意図があって。もちっと昔の形を脱皮した人間を作りたいと思うのです。

会員　少年何とかって名がついてますけど、一体幾つくらいを対照のつもりでしょう？

会員　読者層は広がってますね、電車の中でもむしろ小学校の子どもよりも、学生、サラリーマンが読んでる方を見かけるし。

会員　今の中学生は好きな作家と聞かれると小説家といっしょにマンガ作家もあげるんだそうですね。

会員　新聞読んでたら「泳げ鯛焼君」のことで、税金は童謡として扱われると安いと言うことですが、おとなに売れてるんだからそれ並みの税金をかけよう、みたいな記事を読んだんです。おとなのか子供のなのか、角かくし見たいなもの感じるんですね。果して児童文化って言えるものかどうか。女性向け、男性向け週刊誌とか、少年マンガ少女マンガとか、新聞には婦人欄でしょ、でも家庭のことは男女とも関係あるわけです。すでに読み手はそれを越えてるし、分けることにも問題あるし、これからのテーマだと思うんですね。企業側の都合で分別分業は発達して来たわけですけれど、必用ないと思うんですね。

小学生　私、ませたこと言うようだけど、児童文化と言っても男の人が作って、それを児童文化ってきれいごとに言ってるようで、そんなのイヤだし、本当に児童文化って言えるものを作ってくださいと編集者にたのみます。

会員　先程から度々出ている文化の問題、私は女達で問題にしているその質的な、一口で言って何と言ったらよいのか考えてたのですけれど。売春文化、それがこの今の社会を作ってるんじゃないかと思うんです。売春文化って何かと言うと女の性的魅力、と言っても商品的なね、性を売ることに依って保証される世の中、だから結婚だってそうでしょ。女の価値は性の売り方で評価される、それは一人の男にしろ多数にしろ。それ以外生甲斐も生きる道もない社会、それが売春社会、売春文化、今の日本社会だと思うんですね。男の裸が今女が裸にされるような形で登場することはあり得ないし、男の売春夫が出て来ることはあるかも知れないけれど、やっぱり違うんじゃないかしらとね。売春文化自体変えないで、そんなのをみな受け入れてるから、そういうマンガが売れるんで、テレビだって視聴率が高ければいゝものである見たいに思われてる、そんなマス・メディアの意識をね変えて……男が女の裸見たがるの当然だから、女だけでなくて男の裸も見せればいゝ、そう言う形でも解放じゃないかって言うニュアンスそれはどうかナ違うんじゃないかナッて。

○氏　今のお話でぼく安心しました。もし女性の社長、女性編集者で少女マンガができて今度は男が尻はたかれる側で女性に奉仕するマンガが出てくるかも知れんなんて、それはナンセンスな論議ですよね、だったら今、男の作家つまり永井ゴウさんのマンガがあってもいゝと言う論議ですよね。そりゃ男の助べえ心ってのは失くなるわけのものではないし、今の文化の側面だけ促えてこの会があるんではないでしょうし、すべて大きな見地で促えて解体して新しいものを作って行かない限り、今の女性の置かれてる立場は変らんだろう、ということで以って話して頂ければ男のぼくとしても納得できるわけです。

司会　まとめとして、日本には売春文化がある、それを文化的背景を問題にすること、画かれ方の性別分業強調のこと、雑誌の作り方が性別区分けは必用ないと言うこと、マンガの欄外の言葉を削ることなんかは直に要求したいこと、何才くらい対照の雑誌かと言うことから児童文化の皮被ったおとな向けを作ってもらいたくないこと。それと女性マンガ作家の育て方に対する疑問、こんな所ですね。

（文中、肩書の内でリセとあるのは、リブ新宿センター内のグループ・マス・コミの性差別とたたかう女達の略です）

◇◇

●分科会のおしらせ

・離婚分科会
3月14日　日曜　午後2〜5
場所　長岡事務所
連絡先　伊藤　夜（315）[redacted]

・教育分科会
3月25日　木曜　午後6時半〜
場所　会の事務局
連絡先　中嶋　夜0429(42)[redacted]

・家庭・主婦分科会
3月27日　予定
連絡先　古武　昼0422(51)[redacted]

◦事務局からのおねがい

・郵便料が倍になり財政も楽ではありません。会費制になってから（51年7月）以降、入金のない方は活動報告を送ることを打ち切らせて頂きたく、滞納の方は早くお納めくださいますように。会費は月貴一口百円以上、自分できめる。

おたより

家庭生活、主婦問題のグループの皆さま

私は三十八才主婦専業、夫は団体職員（転勤あり）子供（小五小二）私の父を三年前に引きとり面倒みた。母は弟の所へやり主人の両親の面倒は関係ない（つまり将来とも核家族）夫の収入は生活していくのにギリギリの収入、家のローンも返済中、子供から手が離れた第三期の人生を迎えたところです。

昨年は国際婦人年ということで私自身もずい分ハッスルしてみました。いろいろな人の意見をきいて反省してみたり勉強してみたりしました。

私自身結婚以来いつか外へ出て働きたい働きたいと、それが頭から離れたときはありませんでした。ですから子育て中でも新聞を読むこと読書することを忘れず生活し、手作りの服を子供に着せ一生懸命やってきました。

しかし末の子が小学校に入学した際にも主人は私を外へ出させませんでした。市の婦人大学にも入っていろいろな奥さんの考えもきいてみました。しかし婦人問題に関心ある主婦が少ないのにビックリしました。大学に入ってくる人がまず子供を育てあげ大学生になった人（親）たちばかりです。何ということだろうかと私は情なくなりました。その座談会で、私は男女平等にしていくために正しい性教育を（人間学、生理学的差は受胎できるかできないだけのこと、他は全く同じという考え方です）しなくてはいけないこと、そして私自身働きに出たいのに主人（男）がそれを許してくれないことなど訴えると、座長はまず自分の家をしっかりしてそれから説得されてはどうでしょうねなどと言われてしまった。夫一人を説得できないで偉そうなことを言うなと言われた思いが、心にズシンとひびいて来たのです。私一人では説得できないからこそ手をつないでほしいと私は思っていたのでした。そしてすぐ実行に移しました。暮れにセールスのような仕事をやってみました、ところがみごと成績が悪くてクビになりました。それをキッカケとして私は主人に保母の資格を生かして保育園に勤めたいがどうだろうと言ってみたら、いゝだろうと言う主人の答えでした。十四年間その言葉を待っていた私は何のために女がこんな悲しい努力をしなければならないのか、自分自身に腹が立ったのです。女は、というカラの中に自分を追いこみ、そう育てられたガマン強さのために夫（男）をもあらゆることを許し甘やかし、自分にさえ甘やかしをして来たのだと思った、多くの女がそれに悩んでいるのではないだろうか。そう、社会に対していつも自分がないのだ、夫の職業の地位の下にのっかっているだけ、夫が偉そうな地位にいると妻と言う女も偉くなった気でいる。夫の地位と妻とは、無関係であることを女は知らなくてはいけないと思う。自分は何ができるかを持つことによって子供に対してもよき母親の資格ができると思う。

テレビの或る番組で女の役割男の役割と言う討論をやっていた。主人が足を引っぱって何もできませんという女に対して男はあなたの説得力が足りないのでしょうという結論のような発言があった。全くその通りには違いないのだ、しかし説得力をつけるような場さえ与えてもらえないで、説得もできないのが多くの女の立場ではないだろうか。男の側から一歩も歩みよろうともしない態度に、そのごうまんさに腹が立った。まず女の問題に

関心をもつことから男にさせない限りいつも平行であるような気がした。

男性が一週間家事育児をまかせられたらキッと気違いになりそうだよというのではないだろうか、女はそんな仕事を毎日やっているのだ。掃除洗濯みんなキカイがやってくれる、食事の仕度、準備、ふとん干し、片づけもの学校関係近所づきあい等々、総合的に頭を働かせていながら、いつも夫の給料の前には遠慮しながら生活しなければならない。或る男性は女性はもっと遊びなさい、余裕を持ちなさいと言った。全くその通り、しかし主婦といわれている女がどうして遊べないか、余裕ももてないかさえ分っていない男たち……ああもう男には女のことが何も分っていないのだと悲しくなりました。

テレビドラムの中の主婦のイメージも昔の女の生き方を強調し、家の中だけにいる女が立派であるようなことを言っている産業構造を変ることをしなければ主婦は一歩も外へ出られそうもない。

日本人の物の考え方、つまり同じパターンの生き方をすることを良しとする個人個人の特殊性を少しも認めようとしない狭い見方を男も女もやめて生きたいものだとつくづく思います。その考え方から受験競争もおこっていると思うし、個人の持つ可能性、つまり人間性を少しも尊重していない日本の社会、そうした考え方を変えていくためにどうすればよいのか、今私は皆と共に考えていきたいです。根本は教育問題になってしまうのでしょうか。日本人はまだ教養の足りない人が多いような気が致します。学歴と教養の高さは一致していない日本人、もっと教養を重んじていきたいですね。

今後ともよろしく乱筆乱文にて

桐生市 [redacted] 小林　やすえ

（追伸）

毎日の余暇は盲人のための朗読奉仕をやり自分自身の向上のために努力している、しかし奉仕会の会費は夫の給料から出すことに疑問をもつし、収入のある女が本当の奉仕ができるのではないかと、世に問いたい気持です如何でしょうか

おしらせ

●三月の定例会
・日時　3月15日　月曜
　午後6時半
・場所　千駄谷区民会館（保育あり）
・テーマ　歌謡曲に歌われている男女像をめぐって
　ゲスト　作詞家　未定
・提起者側から一言、気になる歌をメモしてください（会場でも用意しますが）

●週刊誌ヤング・レディ告発裁判
・3月30日　午後1時
・東京地裁　民事　35号法廷
・週刊誌制作過程に表出する、女性差別の構造をあばく裁判になると思います。
　乞ご期待。乞多数傍聴

国際婦人年をきっかけとして
行動を起こす女たちの会

1976年 3月

活　動　報　告

事務局
〒160 新宿区新宿1－9－4
御苑グリーンハイツ806
中島法律事務所内
TEL　352－7010

総理府、性差別撤廃のための国内行動計画立案に私たちの「行動計画」提示

現在、総理府の婦人問題企画推進本部では性差別撤廃のための国内行動計画を立案中です。昨年メキシコの国際婦人年世界大会で採択された「世界行動計画」を、十年間で達成するために各国政府は、国内行動計画の作成を義務づけられているからです。日本では、四月粗案をメドに検討中で、九月に具体的な実行計画が発表されるそうです。これに対し労働分科会と、教育分科会はそれぞれ、三月二日、八日に総理府におもむき、私たちの「国内行動計画」をもって、労働部門、教育部門において取り入れるべき項目を提示し、要求しました。政府が性差別撤廃のためにどれだけ本腰を入れるかは、現実の女性の声をどれほど反映するかにかかっていましょう。

ここでは、紙面の都合上、労働分科会の要望書全文と、教育分科会の一部を紹介いたします。

＊＊＊＊＊

要望書

労働分科会

私たちは、昨年三月以来一年間にわたって日本における働く女性の実態と救済機関の現状の調査及び諸外国の法律とその制定経過の研究をもとに、国際婦人年世界会議において採択された「世界行動計画」及び第六十回ILO総会で採択された「婦人労働者の機会及び待遇の均等に関する宣言」「婦人労働者の機会及び待遇の均等を促進するための行動計画」について検討を重ねた結果、日本において、働く女性の権利保障のために基本的かつ最も重要な事項として、別紙二三項目の実現がはかられるべきであると考えます。

私たちの行動計画の基本的な考え方は次のとおりです。

第一に、日本では女性の労働権が夫など家族関係から独立した人間としての基本的な権利であるというとらえ方が不充分でありそのことからあらゆる差別が生まれている現実に照らして、女性の労働権の保障がとくに確認されるべきであると考えます。

第二に、募集から退職に至る雇用におけるあらゆる形の性差別の禁止とそのために必要

な措置、とくに採用及び男女同一賃金の実現のためには具体的な実効ある措置が講じられなければならず両性間の実際的な均等実現のための積極的な特別の取扱いは差別とみなされるべきでないと考えます。

第三に、保護の問題については、妊娠出産にかかわる母性保障はさらに拡大強化すべきであり、その他の保護は、すべての労働者の労働条件の向上と家庭責任の男女共同分担及び社会化によって男女の均等を目指すべきであると考えます。

第四に、これらの実現のためには新しい立法と機関が必要であること、立法に先立ってそれに準ずる行政機関の設置あるいは既存の機関の強化が必要であると考えます。

婦人問題企画推進本部では、各省と共に、国内行動計画を検討中とのことでありますが同計画の労働問題に関する部分には、以上のとおり慎重な調査研究に基づいて作成された私たちの行動計画が取り入れられるよう、ここに強く要望します。

一九七六年三月二日

総理府婦人問題企画推進本部長　殿

労働大臣　殿

労働問題に関する
国内行動計画

（労働権の保障）

1. 女性の働く権利を、すべての人間にとって奪うことのできない権利として保障する。

2. 女性の働く権利は、年令・配偶者及び子どもの有無・配偶者の収入並びに家庭責任等によって制約されてはならない。

（女性労働者の機会及び待遇の均等）

3. すべての労働者にとって、機会及び待遇は均等であるべきであって、その均等を否定し、あるいは制約する、性に基づくあらゆる形の差別は、容認されず、除去されるべきである。

4. 母性保護及び両性間の実際的な均等を目指す過渡的時期における積極的な特別の取扱いは、差別とみなされるべきではない。

5. 学校教育及び職業訓練において、その機会及び内容に、性による差別があってはならない。

6. 使用者は、労働者を募集する際、性別を条件としてはならない。

7. 使用者は、労働者を採用する際、同一職種において男女両性を公正なバランスで採用しなければならず、そのために必要な措置が講じられなければならない。

8. 使用者は、労働者の昇任昇格、配置転換及び研修にあたって、性による差別をしてはならない。

9. 男女同一賃金を実現するための実効ある特別の措置が講じられなければならない。

10. 使用者は、労働者の退職及び解雇に関して、結婚退職、出産退職、男女別定年、配偶者の収入を理由とする退職勧奨等性による一切の差別をしてはならない。

11. 使用者は、人員整理及び一時帰休において、性による差別をしてはならない。

12. 女性の再就職のために、特別の職業訓練の機会が与えられなければならない。

13. 6.7.8.は、法令により女性の就業を制限された職種には適用されない。

（母性保障）

14. 母性は社会的機能であるから、社会によって十分に保障されるべきであり、妊娠、出産の保護を理由として女性が不利益な取扱いを受けるべきでない。

15. 出産休暇の延長、及びつわり休暇、通院休暇、妊娠中の労働時間短縮等母性保護の範囲を拡大し、その期間の所得を完全に保障するための措置が講じられなければならない。

16. 妊娠中の女性労働者の深夜業、時間外労働、有害業務の就業は、全面的に禁止されるべきである。

（すべての労働者の労働条件の向上）

17. すべての労働者の労働時間を短縮し、女性を対象とする保護規定（15.16.を除く）はすべての労働者にその適用を拡大すべきである。

18. 臨時雇、嘱託など雇用形態における差別を廃止し、パートタイム労働に従事する労働者とフルタイム労働に従事する労働者の実質的な均等待遇を保障するために必要な措置が講じられなければならない。

（家庭責任）

19. 育児を含む家庭責任は、男女共同で分担すべきであり、男女の伝統的な役割分担を変えるために必要な措置が講じられなければならない。

20. 家庭責任をもつ男女労働者のために、保育所、学童保育所を完備し、家事労働軽減のための社会的サービスが促進されるべきである。

（立法及び機関）

21. 以上のことを実現するための、総合的な立法措置が講じられなければならない。

22. 法律の強制的適用のため、女性の参加を含む三者構成機関が設立されるべきである。

23. 立法に先立ち、現実に差別を受けている女性を救済するための行政機関が緊急に設置されなければならない。

働く女性の相談室

労働分科会では、四月から毎水曜夜六～八時、会員が働く女性の相談を受け、既存救済機関への申立ての助言、協力をすることになりました。受付は毎日ですので、相談なさりたい方はお電話でお申し込み下さい。

要望書

教育分科会

前文省略

1. 中学校における技術家庭科の男女別学習、高等学校における女子のみの家庭科必修を改め、男女共学の家庭科履習を制度化すること。

2. 高等学校（少くとも公立高校）において、男女別学をなくすこと。またたとえ共学校であっても、いちじるしい男女生徒の数のアンバランスをなくすような施策を講ずること。

3. 中学校、高等学校の進路指導において、女子向き、男子向きといった指導を排し、特に職業指導にあたっては女子があらゆる分野にわたって活動することをすすめる方針を打ち出すこと。

4. 小学校部門のみならず、すべての教育機関に女性も男性と平等の就職の機会を確保できるような施策を講ずること。（現在、小学校の女教師の率は五十%を越えているが、中学校、高校、大学とすすむにつれて、女教師の率が少くなっている。こうした偏在を改めること）

5. 社会教育において、男女の伝統的な役割を強調することを排し、男女共家庭にも社会にも関心を向けるような方針を打ち出すこと。

6. 教科書から、男女の伝統的な役割を固定化するような内容や表現を排除し、男女共に家庭責任を果し、共に社会活動に参加することの重要性を認識できるような内容にすること。

歌謡曲に描かれる男女像をめぐって

三月十五日討論集会報告

問題提起

中嶋里美

歌謡曲を取りあげるに至った経過を話します。昨年九月NHKに行って、NHKのいろいろな差別に対し要望しました。その中で、歌謡曲は、従属的に女性をうたったものがあるし、そういう歌は余り取りあげないでほしいというようなことを一項目の中で要望したのです。その日さらに日放労と記者クラブにいって、記者たちと話しあう中で新聞記事が作られていったんですが、歌謡曲の話で、記者の方から「あの山口百恵の歌もダメなんですか?」って聞かれました。私たちが説明したのは、「たとえば奥村チョの『恋の奴隷』は『…悪い時はどうぞぶってね　あなた好みのあなた好みの女になりたい』とかで、『ぶってね』とか『けってね』とかはないんじゃないかしら。そういうのが非常に多い。『上げる』とか『上げてよかった』とか『奪って』とかそういう歌謡曲ってのは気にいらない。というとだったのですが、百恵ちゃんもダメかと聞かれて、百恵のどの歌をさすのかよくわからなかった。そんな中で、マスコミで、「山口百恵も敵というリブの堂々たる論理」とか週刊朝日に出された。さらに、マスコミが、ものすごく書きたてましたが、そこに一つ重要な問題があるような気がしました。週刊誌記者が、私たちの行動に対してどう思うかとコメントをとっているんです。

なかにし礼は「恋の奴隷」を作った人ですが、「女性はこの会のメンバーのように正義感の固りみたいな人もいるし、男にすがらなくては生きてゆけない女性もいるしそんな女の弱さをもった人に僕は惹きつけられるし、それが作詞のモチーフになってるからって女性を蔑視してるなんて全然わかりませんね。」

藤原いさむは「こんなことばかり言ってると軍歌に通じますよ」「そんな意味では今回の行動は明かに勇み足」

山口百恵の所属するホリプロ宣伝部は「どうしてもピンと来ませんね。あの歌は一人の女の子のあらまほしき純愛を歌ったもので、(夏ひらく青春のこと)女性を軽視したものではありません。しかしこの時期紅白が近付くとこの手の中傷としか思えない現象の起こるのは面倒なことです。」

有馬みえ子は「あなた好みの女になりたいがいけないなんてそんなギスギスしないで、これも愛の一つのパターンとして考えたらどうかしら。おおらかな気持で受けとってほしいわ。作詞歌が自由に書くように視聴者は、自由にチャンネルを切りかえる権利があるはずです。イヤな歌なら聞かなければいいのです。他人にまで強制するのは行き過ぎではないかしら。」

ここに共通してみられるのが、正義感の固りみたいな女もいるけれど男にすがらなければ生きてゆけない女もいる。こんな女もいればあんな女もいるというのが、コメントの一つの流れのようです。しかし彼らはこう言うことで、自分たちの立場を弁護しているのだと思うのです。作詞家の言いわけはTVドラマにも言われるし、また異議を唱える女は、特別な女とか、一人ものとか、男にもてない女とかのきめつけで自分と切り離していってしまう態度に対し、どう対応していくかの問題があると思います。

さらに次に言葉の問題がある。

西川峰子の「あなたに上げる……」という歌、「上げる」という言葉に非常に抵抗を感じます。伊東ゆかりの「私女ですもの」にも「祈りをこめてみんなあげた私」

岩崎宏美の「ロマンス」の「生れて初めて愛されてきれいになってゆく……こんな私だから抱きしめていてほしいの」　愛されてきれいになるというのは、パターン化されてますね。

殿さまキングスの「女の純情」では「かわいい、かわいいやつと呼ばれたい　…おそばにいるのが迷惑ならばどこか陰にかくれて…」

男性作詞家たちは、女が耐えて泣いてすがって生きて捨てられて旅に出る。そんな女性がお好みのようです。

男を歌った歌には、水前寺清子の「一つ男は勝たねばならぬ……」、北島三郎の仁侠もの「俺がやらなきゃ誰がやる……」などどう考えるか。

ちあきなおみの「さだめ川」には、「……ゆるした夜は雨でした」と、ゆるすという言葉は、あげるという言葉同様抵抗があります。

「二人でお酒を」とか和田あき子の「レット・ミイ・フリー」などは割どいい。

イヤな歌を聞かなきゃいいというのも一つの自由に違いないのですが、聞こえてきちゃうということもあるし、無意識に口ずさんでるということもある。歌も文化の一つだと思いますが、私たちの文化をどう考え、どう対処していくかということ。オノヨーコさんが「女性上位バンザイ」、中山千夏さんが「或る一人の女」なんか作っていますが、私たちになかなかできない。既存の歌をどうするかっていうことで話しあいたいと思います。

意見A　女に二種類あるというわけ方はない。男にすがって生きなきゃならない芽を女の誰しもがもっている現実のカラクリがあって、正義感の固りだから抗議するんでなく、自分自身が悲しいからそうするのです。自立してない女の愛をいうのはいやしくなると思うし、いやしい愛でない愛を生きぬきたい。

B　歌詞にみられるセックスのあり方そのものが間違っていると思う。セックスは、男が女に依って楽しみを得るという考えが非常に多い。女の人は、セックスのこと堂々と口にもできないし、性欲があるということも認められていない。「女は受身だ」といいますが、本当はそうではないのだということを世の中に力説してゆきたい。受け身とかいうのは性器の構造上のことで、それすら正確じゃない。私に言わせれば、女の性器というのは、男の性器を捕えて離さない、或は引っぱりこむそういう力を持ったものなんです。その辺から堀り起こしたら、女に性欲がないわけでないし、男の為に作られてるのでもない。愛も互いで、「あなたの為にある」てな歌詞はウソ。自分自身が若い女であった時に、「あなたに上げる」式の意識が強かった。その実体ってものがいかにウソであったか。男に同一化する、男の人格に自分をすり変えて生きるってことを願ったけれど全然できなかった。「あなたの私になりたい」ってこれは言葉の上だけ。あるいは一つの願望でもこれを無理にやると、破局に至る。「男を待ってる女」というのも、素敵そうだけど、実体はない。歌謡曲に出てくるような女って、やはりしまいには捨てられるんじゃないかしら。

C　まわりにいる若い女の人たちに聞くと、「上げる」とか「ゆるす」とか全く言葉の上の遊びでしかないのですよね。積極的に男性と同じような立場で私はやっちゃうって言うんですよ。余り歌詞にはこだわらないとか。

D　言葉としてとらえていて、意識として根付いていないと言う意見はそれは違うと思う。身の上相談しているせいで、真夜中でも見知らぬ女の人から電話で「上げてよかった」っていってくる。同じ人間が二ケ月くらいたつと「だまされた」ってかけてくる。上げてよかったというのがどこからくるかといえば、結婚の約束とりつけた時にね、上げてよかったとなる。結婚の約束が遠く消え去った時に同じ行為が「だまされた」と変わってきている。一人や二人でなく、手紙でも非常に画一化された同じ表現で同じ情況を伝えてくる。だから、適令期の若い人、つまり、何となく自分一人で生きていけるような錯覚起こしている人と、やっぱり一人では生きられないってことわかった時点では、女の性のありようは、それほど昔と今と大きく変わってはいないと思う。結婚に追いこまれていく女の情況考えると、やっぱり意識しないようでいてもその深層部に滲透したもので、それらしくふるまったりして身を処してゆくというのが現実ではないかしら。

E　ポルトガルのファドや、フランスのシャンソンと比べると日本の演歌は生理的にいやで耐えられない。男が生殖と性の快楽を分けるのに一役かって、片方で種つけ用の女をおいていて、片方で芸者や妾をかこうという性のとらえ方が、そのまま演歌に流れている。日本の体質というか、日本の文化をその辺から変えていかないと。

F　（男にすがらないでも生きる女と、すがらなきゃ生きられない女がいるという作詞家の考えに対し）全然両方いないんですね。多様な生き方があるっていうのならそれでもいいのだけれど、全然多様でなくて、一方的なものが多い。そうでないのは例外的存在でみられる。多様ならいいけれど、一方しかなくてチョッピリ出てきたのが異端子扱いされるなら、そういう論争て全くおかしい。もう一つ。なかなかこの愛と性の問題だけで解決できないものが、日本の風土としてあるでしょう。女だけでなく、男の人は性や愛の問題でなくて労働の場でこれと全く同じ条件持ってるでしょう。男の終身雇用と女の終身就職と、これは全く同じでね。いったん就職したら、或はいったん結婚したら、一生安楽なかわりに絶対服従強いられるというような日本全体のタテ社会、主従関係みたいなものが全体にかかわっているから、愛だ恋だという所だけやってもどうしようもない感じ。労働のあり方というのはよく家族主義的って言われますけれど、近代社会の労働ではないと思う。だから性と愛の問題と同時に、雇用関係でもって主従関係強いられる男性が、男女関係の中で女性が服従しているのを全くあたりまえにとらえてて、大変救いのない感じがしますね。

D　歌詞の問題ですが、本当にその中に沢山でてきている性そのものを暗示する言葉。それが、あげるとか許すとか形の言葉ででてくるわけだけれど、性をテーマにしてものを書く場合一番困るのは、私たちが考えている性というものを表現する言葉が今の日本にはないということ。これは単に歌謡曲だけでなく、小説の中にでも性描写がありますけれど、これは日本の伝統的な女の人が性というものを商品化して、たとえば妻の座というものを、それを提供することによって生きていると、男との性の関りというものは、全く平等のものではなくて、それをささげるということによって何かを得ていくという収奪の性みたいな、恩恵の性みたいな歴史が今もなお連綿とくりひろげられているわけで、やはり私たちですら、性はコミュニケーションの手段だというものの、非常に表現法に困っているのは事実なのです。一方的に性について書くことができた人間は誰かというと、それは長年にわたって男だったということは事実だと思います。日本の女の人が性について、自分たちの性はこうなんだと女の方から語っていく歴史が余りにも短かすぎるため、表現法という問題、一つの大きな課題になっていると思います。もっと私たちの感性で、性という事は感性が必要であって、その感性がひっかき傷つくられない表現というものに懸命に取り組んでいかなくてはならないという気がします。

G　あげるとか、許すという言葉に非常に抵抗感じたのは、その先に自分自身の性の経験があって、そういう言葉とは全然結びつかないということがあるわけです。じゃあ自分がどういう表現しようかと迷っている間に男の方から、それは「あげる」というんだみたいな形で与えられてきてるわけです。自分たちがどう表現しようかと自分にふさわしい表現を求めているみたいな、ちょっとまどっている内、男の方から「ゆるす」とか「あげる」とかつくってきちゃって、それが一つの枠になっているからそれをもう一度つきくずして、女の側から文化をつくらなければいけない。小説などの性描写にしても一つのパターンがあって、「女とはそういうものだ」と、強制になってしまっているのですね。

H　男と女の性に対するかかわり方が違っていて、お互いに意識のズレがあるという気がします。女がわりにまじめで、男が不真面目とか、もっとお互いに互いを大切にする気持がなければ駄目なんじゃないかと思います。また、子守歌にしても、「坊やよい子だねんねしな」で、私のは、女の子だから非常に苦労して、名前を呼んだりしました。やはり小さい時の歌でも男が大切にされてますね。

I　性に対して、女が真面目かというと、打算、結婚してもらえないかということが入ってきたらまじめじゃないのじゃないかしら。むしろ額面通りそうとは思わないけれど、男は直接、結婚とか経済的打算とかを結びつけないという点では、純粋かもしれない。女というものは、経済的なものと結びつけないとそういうことができなくなっていること自体が問題なのではないかしら。

J　私、子供の時に新宿のカフェのわきで育って、その時、耳に入ってきた流行歌は、「……誰に踏んづけられようと風に吹かれて散ろうと咲こうといらぬお世話よほっときな　すねた世間を舌打ちで渡る私がなぜ悪い……」というようなのを子供心に覚えたわけです。淡谷のり子さんの「雨よ降れ降れ」と、女の人がさめざめと泣く歌がありましたけれど、「あげる」とか「ゆるす」とかいう言葉はなかった。歌は世につれ、世は歌につれといいますが、今、どんどんこういう歌がでてくるってこと、情勢がどう変わってるかを、我々はどう把握するかですね。

D　性と愛というものが、必ずくっつくものかなと考えることがあります。たとえば、四十才以上の女は三人に一人が未亡人とさえいわれて、その人たちにもやはり性があるわけです。必ずしも愛というより、むしろ孤独感から、それを何か肉体のぬくもりの中で、愛としてよりも、コミュニケーションの手段としての性を欲求している女の人たちもいるのですね。性というものを愛と結びつけてしまった場合にそこからこぼれてしまったものはどうなっていくのか。未亡人とか、離婚してしまった女の人、一人暮らしできた女の人、その人たちの性というものが、どこかで否定されてしまうおそれがあるのではないか。だから、一体、性とは何だろうかということを、私たちの言葉でもっと煮つめていく必要があると思います。

K　私は習慣というのは、絶対本質に近くなると思ってます。小さい時からずっとこういう歌をうたっていると、いつのまにか、女って受身で、いつも従っているもので、あくまで男の側からの都合でいわれるものを、習慣として植えつけられ、それが段々本質になっていく。それがおそろしい。

L　幼児の歌も、お母さんは美しいとかやさしいとか、お父さんは強いとか、子供は選択の余地がありませんからね。大人は作る責任ある人ですから、好きだとか、作る自由があるとかじゃなくて、責任のある側として幼児の歌にも神経使った方がいいのじゃないかと思います。

D　提案ですが、今度は童謡も点検する必要があるんじゃないか。非常に真面目でありながら、不真面目である。そういう文化というものも掘り起こしてみて、また、性の表現性の問題も掘り進めていかなくてはと思う。

お知らせ

☆討論会

4月13日(火)午後一時より九時まで
千駄ヶ谷区民会館
(昼の部・夜の部とも保育を行いますが、和室での会議のため子供さんを一緒にみることになります。)

テーマ
「夫の給料は誰のものか」
—夫婦財産の共有制・別産制をめぐって—
これをきっかけとして、「主婦とは何か」「主婦のおかれている現状」などについて、トコトン話しあいたいと思います。

☆次回五月の定例会は、5月13日(夜)婦選会館になる予定です。

☆「ヤングレディ裁判」は、3月30日ストのため、5月18日に延期になりました。

☆各分科会

<教育>　4月26日(月)　会事務局
<マスコミ>　4月12日(月)　会事務局
<離婚>　4月11日(日)　永岡宅　連絡　伊藤　TEL(315)[redacted]
<売春>　連絡　古川　TEL 0425(75)[redacted]
<主婦>　連絡　古武　TEL(昼)0422(51)[redacted]
<労働>　連絡　大本　TEL(夜)0425(61)[redacted]

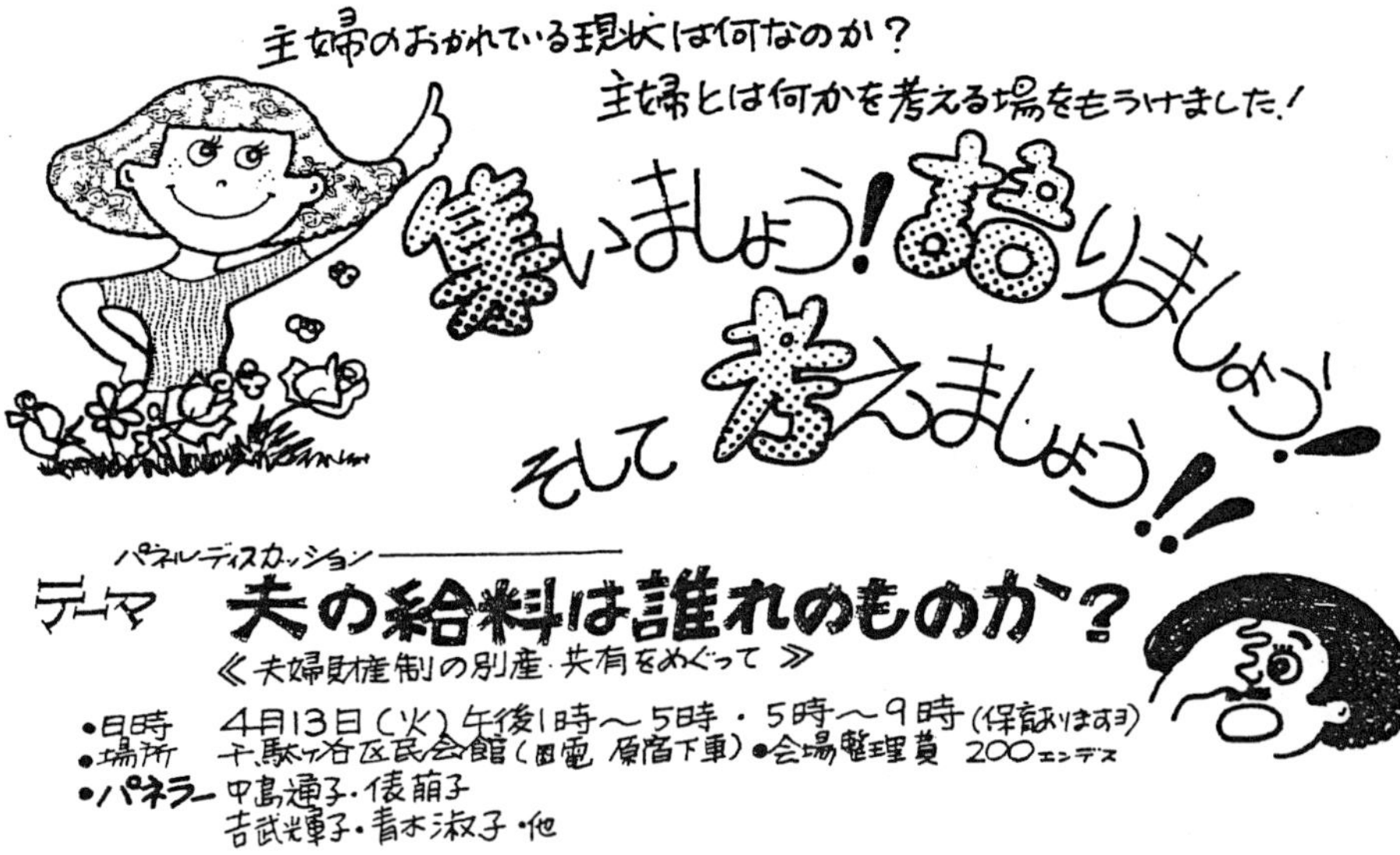

国際婦人年をきっかけとして
行動を起こす女たちの会

1976年 4月
活　動　報　告

事務局
〒160 新宿区新宿１－９－４
御苑グリーンハイツ806
中島法律事務所内
TEL 352－7010
郵便振替 東京０－44014

主婦問題特集 その(1)

パネル・ディスカッション
ー夫の給料は誰のものかー

四月十三日 昼の部
司会 樋口、金谷、渋谷

八時間にわたる長時間討論をここに報告いたしますが、紙面の都合上、今回は昼の部のみを取りあげました。次回に夜の部を掲載いたします。なお、発言を要約し一部割愛いたしました。

＊　＊　＊　＊

司会 「夫の給料は誰のものか」が今日のテーマですが、主婦の問題は婦人問題の大きなポイントです。主婦であろうと、独身であろうと日本の女はみんな主婦というのを一つの軸にして回転させられていると思うのです。

財産は共有制か別産制かということを含めて夫の給料は誰のものかという側面から主婦の地位、問題点を浮かび上がらせていきたいと思います。

主婦の立場にいらっしゃる平岡、有賀、伊藤、竹内の四人の方から問題提起をして頂きます。

平岡　家事は女のみでなく夫も子どももやったとしても、誰かがやらなければならないし、誰がやっても無償の労働です。

　最近家事が見直され、評価が高くなっていますが、それは女を家に閉じこめるための策と思うのですが、一方で人間が生活していく上で食べたり、着たりの労働を見直さなければならないのではないでしょうか。社会的にこれらの労働が評価されても、経済的裏づけが無ければ切り捨てられた労働となります。家事とはそんなに社会的な労働ではないのでしょうか。育児、老人の世話など主婦が社会の代行をしているのではないでしょうか。主婦と働く女性などという言葉があるように、主婦は働いてないかの様な印象ですが、これは差別の感じがします。働いている主婦を働いていると見なさない社会の責任です。主婦が経済的に独立出来ないのは主婦の責任ではなく家事労働を0としか評価しない社会の責任なのです。

　今、家事労働や育児を労働力と評価する経済学者はほとんどいません。家事労働は利潤をうまないからと―果たしてそうでしょうか。切り捨てた理論の様だし、むしろ家事労働を利潤として丸々吸い取られている感じがするのです。

　日本の賃金は出稼ぎ賃金型で農村の自給自足の経済にのっかり、食べたり飲んだり、生活したりにのっかってそれが低賃金の理由と言う人もいますが、都市労働者は自給自足が出来ないし、時代的にもそれは無理なのです。そして賃金からカットされた部分を家事労働で補っているのです。労働力の再生産はお金がかかる。企業にしても採算がとれない。社会化しても膨大な費用がかかる。社会主義国家でも家事の大半は家庭にゆだねて年金や社会保障で女性の家事労働の経済的保証をしているそうです。家事労働は一方的な都合で切り捨てられています。

　女性が職場に出ると低賃金なのはタダ働きをする女の労働だからなのです。タダ働きだけど養ってやるという発想があるからなのです。女の労働に対する正当な評価を求めて、女を家においても決して安くはつかないのだということを社会に認めさせたいものです。

　働く女と主婦は対立するようですが、家事労働の対価を要求することは、働く人の足を引っ張る事ではなく、女の労働の経済的価値を高めることになると思いますのでここで両者は連帯できると思うのです。

　実際にどの様に換算するかということより家事労働組合でも作り換算法でも研究してもらいたい。労働としてさえも認められていない家事労働の対価をどうして手に入れられるか、経済力が無いという事で主婦を婦人解放から切り捨ててしまったら片手落ちと思うのです。

有賀　子供が二才と五才で今日も連れて来ています。共有制か別産制かということでは現在迷っているというのが本音です。私は個人的には別産制に賛成で、子供を保育園に入れて働き出しましたが、満足のできる仕事に巡りあうことはできませんでした。結局私自身手おくれであり、準備不足であることも痛感しました。私が育てられる時は「お嫁さんに出す」というのが両親の最終目標で、結婚したので親はヤレヤレという状態でした。

　そういうわけで、意識の面でも、資格の点でも、自立するための教育を受けませんでした。

　主婦になってから四苦八苦して子供を保育園にやり、勤めに出た結論が前述の通りなのです。仕事をやめ、子供を保育園から幼稚園に移しました。

　私も共有制が良いとは思っていませんが、

準備不足の人は別産制といっても「産」が無いのです。将来娘でもできたら「産」の出来る子にしたいし、私自身も準備ができていれば、別産制が良いと思います。

　私も洋服一つ買ったり、何をしたりするにも夫に相談してないし、それに財産も無いのでどちらのものか考える必要もありません。私の友人も同じ様なことを言っております。

　名義を税金の関係でアッチコッチ移したりしているが、それを撤廃して夫から妻へのものの税金を無くしてほしいと思います。

　保護者はみんな夫の名前を書くのも変だと思います。

　電話帳の名前を妻の私の名義にしましたら、話の相手の十人が十人驚いて「よく離婚されなかったわね。」といわれました。女性自身がいろいろ考えていれば、これほど女が不利な立場にやられることは無かったのではないでしょうか。

　別産の場合の問題は育児と家事だと思うのですが、夫に家事や育児を押しつけても、自分でやった方が良くてつい手や口を出してしまうのですが、こういう夫を育てたのは母であり、妻である女性なので、今すぐに変えようと思うのは無理じゃないでしょうか。徐々に女性が変わり、男性もかわり、子供もかわると思うのです。育児についても男性と女性では違うようです。

　女性が男性のまねをしても成功しない。平等というから男性的にならねばならないということではなく、自分を生かしていくということだと今までの経験で思いました。

　家事もいやな時は本当にいや、気分にのっている時は楽しい、家事育児を二分の一にし別産にして、男女が働きに出て、それで家庭がどうなるのでしょう。主婦の問題を考える時、家庭の事が問題になるのですが、これは女性だけのものではないようです。

伊藤　結婚歴十三年になる専業主婦です。小学校四年と一年の女の子がいます。今日は私の体験を通して問題提起をしたいと思います。
　一昨年、夫から突然他に女の人ができたので離婚して欲しいと言われました。それまでごく平凡な主婦として、家事や育児などの平和な毎日だったので本当にびっくりしました。夫は家を出ていき、別居生活を二年ほど続けましたが、その途中生活費などの送金が半分になってしまいました。「自分の食べる分は自分で稼げ」と夫が言ってきたのです。私は急拠職を探し、何回も職をかえ、家の中は掃除もゆき届かず大混乱になってしまいました。夫から私達母子の住んでいる家を売りたいと連絡がありました。それは四年前に夫名義のローンで買ったのですが、これから十一年間、月八万五千円余り支払わないと正式に夫のものにはならないのです。私がいくら働いても月八万円ぐらい、夫が八万円送ってくれたとしてもどうしようもないのです。今の家は環境も良いし、近所づきあいもありますからどうしても動きたくありません。子供も同じ気持なのです。それで二階を間貸ししようと思っているのですが、今まで法律にあまりにもうとかったのが腹立たしい気持です。誰しもがいつこの様な窮地に追いやられるかもわかりません。女性は猛勉強をすべきだと訴えたい心境です。

竹内　現在は働いていますが、専業の主婦と働いている状態とを自分の意志にかかわらず経ています。子供は二才の子が一人です。結論からいいますと、家事労働、内助の功を評価した形で共有制になるのは反対です。なぜならば、家事というのは各々に帰属すべきで、それが及ばない部分に関しては社会的に保障していくべきだと思うのです。
　夫は外で働き、妻は家で家事をやるとい

う役割分業制度そのものが人間疎外をもたらすと思います。平岡さんは家事労働は有償であるべきとおっしゃいましたが、家事労働は各々に帰属すべきなので、自分のためにやる労働に社会的金銭価値を生ずるのは無理と思います。なぜならば、財産家の妻には大きな対価が支払われるが、貧乏人の妻には対価が得られない。障害のある女性は働けないので財産を得られないという不合理をうむからです。

自分の食いぶちは、自分で稼ぐのが当り前。それでなければ経済的、精神的に自立した人間の結合はありえないと思うのです。

主婦の無償労働、夫婦の収入の不平等は夫婦財産制の法律のわく内で考えるのではなく、社会的に考えて、今、男女の平等は無いのだという事を見すえていくべきだと思うのです。さもないと女はいつも依存した性というのにおとしめられていくと私は思うのです。

専業主婦を経験した中で考えたのは、私はグータラ主婦で、ステレオタイプ化すると、三食昼寝つきでブラウン管の前でグチャッとしているアレなのです。それで夫に財産を半分要求するのは申しわけないし、夫もそれではわりがあわないと思うと思うのネ。

それでも家事労働の対価としては求められないけど、閉息された状態、コンクリートジャングルの壁の中に押し込められた重たさに対する代償だとしたら、それは半分貰ってもあわないとその時思ったのです。慰謝料とか代償を貰ったって女の立場は変わらないし、妻の地位向上にもならない。生活を依存的に保障させるのではなく、自立の条件の保障として勝ちとっていかなければならない――。あくまで具体的な考えで、具体的に現在の主婦の立場をどうしてくれるっていわれたって困るけど、その中で解放の展望といったらオーバーだけど、生活者として社会的労働者としてトータルな型で、全人的な生き方で私達の展望はあると思うのです。それで労働時間の短縮なり何なりを求めていくとき、自分たちが労働の現場にいて、矛盾につきあたることなしに労働者、生活者としてトータルで生きていくことの展望は開けないと思うのです。

＊　＊　＊　＊

司会　問題提起者に御質問もあると思いますが、その前に中島さんから解説していただきたいと思います。

中島　皆様に夫婦財産制の問題を話していただく際、最低限知っておかねばならないことを交通整理のためにも説明していきます。

資料に女六法とありますが消して下さい。中から引き抜いてきたらしいです。一番後の方に夫婦財産契約の問題があって、日本でも契約すれば別の財産制度を設けることができるということです。これはあまり知られてなく、現実にはほとんど利用されていないのですが、そういうのがあるということだけは御承知おき下さい。

それで法定財産制―つまり何も決めない時にはこうなるというのが七六二条、この一項に①とありますが「夫婦の一方が婚姻前から有する財産及び婚姻中自己の名で得た財産はその特有財産とする。」これが今共有か別産か議論を起こしている問題の条文なのです。これは結婚する前の財産、あるいは結婚してから自分が稼いだお金は稼いだ人のものだとしているのです。だから夫が会社で稼いだお金は夫のものである。夫の給料をためて家を買っても、夫名義であれば夫のものであるということです。

世界でいろんな財産制度がありますが、これは典型的で純粋な別産制です。ただし共有的な要素も少しはありまして、これは二項の方でどっちの方かわからないものは共有とするということですが、これは家財道具みたいな日常的なものです。そのあとに財産分与の請求ができるとなっていますが、婚姻中の財産を精算するってことですから、潜在的な共有があるということです。ただ分与されるべきか否か、いくら分与すべきかという事は、明記されていませんので、各裁判所の裁判官の才量というと聞こえがよいのですが、主観で決められています。今の法律は大体この様なものですが、これが出来たのが終戦後です。いわゆる日本国憲法の精神、男女平等の精神に基づいて改訂された法律なのです。

民法というのは明治時代に出来たのですが、親族法だけは改訂されて他は全部そのままです。親族法だけは「家」制度廃止で終戦後改訂されました。それ以前は、妻は自分で自分の財産を維持できなかったのです。何をやるにも夫の許可が必要だったのです。子どもと同じ無能力者と見なされていたのです。その夫の許可というのも一度出た許可があとでいつでも取り消すことが出来たのです。財産については妻の財産も全て夫が管理していました。これは共有制です。今の別産制の民法は家制度に基づいた共有制から個人の自立を認めようとしたところから生まれたものです。

別産制の歴史で典型的なのはイギリスで十六世紀までは戦前の日本と同じ様に、夫婦は一体の人格で、妻の人格は夫の人格に吸収されるという考えです。だから妻の持参財産も夫が管理しました。これが歴史的にいえば共有制です。これは持参金の多い財産家の娘が不都合だと家の側から問題になり、十六世紀末に妻の特有財産を認めるようになりました。その後産業革命で女性が働く様になり、一八八二年既婚婦人財産法ができ、これは持参金だけでなく、自分で働いて得たお金は自分で処分できるのだという法律です。次に専業主婦といわれる女性を保護するために一九六四年、主婦を保護しようということで、別産制が修正されました。もともと別産制というのは、女性の自立のために生まれてきたのです。

各国の財産制を見ますと非常に複雑ですが、典型的なものをあげてみました。これは法定夫婦財産制とありますが、これは契約財産制でないということです。どこの国にも夫婦が別の財産制を選ぶという自由があるのです。何も契約をしない場合が法定財産制になります。

別産制で典型的なのはイギリスで、共有制ではカリフォルニア州があげられます。アメリカは州によって違いますが、八州だけが共有制をとっています。

スエーデンではすえおき共有制という型で説明されていますが、複合的な型で北欧諸国はみなこれです。イギリスでは別産制ですが、修正されたことにより妻がヘソくったものは夫婦共有のものです。家の居住権は妻にあり、先程伊藤さんから出たように日本では離婚の時に困るのですが、イギリスでは離婚の時、夫が出ていかなければなりません。借金に関しては当然夫のものは夫に、妻のものは妻に、離婚の時、家の居住権は妻に、その他の財産は裁判所の裁量で決めます。相続も八七五〇ポンド以内は全部無条件に妻にいきます。

それに対して共有性のカリフォルニアでは、どちらの名義であっても夫婦共有のものになります。処分権については自動車と銀行預金が単独名義の場合は名義人が処分してもよいことになっています。これは取り引きのことからきているのです。それ以外は全部相手の同意が必要です。

親の扶養の件ですが、カリフォルニアの場合は夫の親にしろ、妻の親にしろ、親の扶養は書面で同意しなければいけない。いくら共有財産といっても、親の仕送りにも相手の同意が無ければできない。離婚の時は共有で½ずつ、借金も共同責任、相続も½で、その残りは子供の数によって違う。離婚前の分割は共有なのでできない。夫婦でない場合は共有のものでも分けたり、自分の持分を処分できるが、夫婦の場合は離婚するまで片方だけのものはありえない。

次にスエーデンの別産制と共有制が混った複合形態の場合ですが、結婚している間は別産制で自分の給料は自分のものということになります。だから処分権もありますが、例外として共同使用の家を処分する時は相手の同意が必要です。借金は結婚中は別産ですから関係なく、離婚の時に共有になります。結婚している時はすえおかれていた共有制がここで現実的なものになり、お互いに相手に½ずつ請求できます。離婚前の分割ですが、離婚の時は相手に½を請求できるのですが、例えば離婚を目の前にして、夫がギャンブルにこったりして、財産が全然無くなってしまうという時などは、あらかじめ離婚前でも財産を半分分けて貰うことができます。

カリフォルニアの場合でも離婚原因がある場合は可能です。

大ざっぱですが、各国の典型的な財産制度です。

日本の夫婦財産制は専業主婦にとって不十分で、もっと妻の座を高くということで、法制審議会でずっと夫婦財産は別産か共有かということで審議をしていますが、その中間的意見が去年の七月十五日に発表され、その資料が皆様のお手もとにあります。

それを見ていただくと分かりますけれども、純粋な共有、別産というのはないんです。それぞれが修正した形で出てきているわけです。特に別産制というのが、このままの状態では非常に不合理であるということで、修正意見が出ていますが、それの参考になっているのが外国の法定財産制です。別産制を維持すべきであると考えている人たちも外国の例にならって、なるべく妻の立場が保護されるようないろいろな保護処置をとらねばならない。その点では一致しています。具体的には、いろんな形で修正されています。（法制審議会・民法部会身分法小委員会中間報告の中で、特に次の点が注目される。）

『別産制の場合の検討すべき問題

2. 婚姻中における財産の処分

(1) 婚姻生活を継続するのに必要な居住家屋等の財産や、離婚の際の財産分与に充てるのに必要な財産であっても、名義人である一方の配偶者が単独で処分できることは問題であるから、諸外国ではこれを制限している例がある。

そこで我が国でも、これらの財産等について、他方の同意がなければ処分ができず、同意のない処分については取り消すことができるとするような制度を設けることが考えられる。

(2) 夫婦の居住家屋についても、諸外国の例にみられるように婚姻解消後の妻の居住権を保護することが考えられる。

4. 配偶者の潜在的共有持分の実現

(2) 離婚の際の財産分与について

（略）……また、民法第七六八条の表現を改めて、財産分与が財産分割の性質を持つものであることを明らかにし、更に、具体的な計算方法を示すということも考えられる。

(3) 相続の際には、配偶者の相続分を引きあげること（例えば、子と共同のとき½、父母と共同のとき¾又は⅔、兄弟姉妹には優先して全部等）が考えられる。また、西ドイツのように家財道具を先取分として妻に与えることも考えられる。

5. その他

(2) 配偶者の一方の親族に対する扶養義務については他方も連帯して責任を負うことも考えられる。』

修正された別産制と共有制の違いは、こういうことになります。

① あらゆる財産の処分に相手の同意が必要か否か。

共有制では必要だということになります。
② 借金が共同責任になるか否か。
この二点に限られてきました。

専業主婦の立場からみて、修正された別産制と共有制ではどちらが得かという問題。得かどうかという問題は、かなり本質的な問題になってきますので。一般的に共有制が専業主婦に得で、別産制が、共稼ぎには得だけれど、専業主婦に損だと言われ方をしていますので、こういう形で取り上げました。共有制と別産制は、現実的には違いがなくなってきていますが、ここが違うという点で、かなり大きな意味をもってくる。これは具体的には、結婚とは何なのかということの違いになってくる。ここで非常に重要な問題になってくる。共有制になると専業主婦にとっていいところは、夫が妻の同意なしにどんな財産も処分できないというところですね。どころがそれは短所にもなると思いますが。夫の給料を自分のためにも使うということですね。それが養ってもらっているという気分で使っているのが、当然の権利なんだということで、自分のことに夫の給料を使うことに同意させることができる。こういう面が専業主婦にとってある面では有利な点です。逆にこのことがどういうことになるかというと、自分のためにも勿論夫の同意なしにはできないわけです。そうすると、自分の財産というものがなく、常に夫婦の財産であるわけです。ですから、例えば、妻の親の扶養をする場合でも、夫の同意がなければ、親にお金を送ることはできません。今の税制でも、年間六十万円は税金がかかりませんから、毎月五万円、夫の給料から自分のものとしてとって、貯金をすることは可能なんです。共有制になったらそれはできない。これは重要な事実として指摘できる。それから借金も共に背負う。ここから出てくる現実の違いが、結婚というものをどう考えるかにつながってくるわけです。

＊　＊　＊　＊

司会　問題提起者、解説者に対する質問及び討論してほしい問題点について御発言を。

A　会社で一生懸命に働き、夜、どんなに急いでも七時〜八時の帰宅になる夫に、私が仕事をもっているからと、すぐに家事を共同ですれば、疲れ果てている夫は病気になり、家族みんなが忙しくなる。男女平等、婦人の社会参加をいう前に、通住接近、ラッシュの緩和も考え、それと共に家事労働を評価するべきではないか。

司会　どんな評価を望むか。

A　不勉強なので、法律も勉強したいと思っている。企業とか職場がもってくれたらと夫に言ったが、現状では無理だろうと言われた。どこへもっていったらよいのかわからない。

司会　今の御意見を含めて、主婦の側から不満点を、家事労働は、このように評価されるべきだとのお考えをお持ちの方へ。

B　竹内さんの問題提起に疑問をもつ。自立した人間の複合になるには、食べる分は自分で働いてとれと言われるが、たとえば、病気になった時はどこへ問題を持っていったらよいか？

主人は何かというと『お前の子供ではないか』と言う。子供が学生運動に入り、私は健康を害したが、その時もそう言われた。子供は両方のものではないか。そういう事から真剣に悩み、勉強したいと思ってここへ来た。

司会　そう言われた時何と答えるか。『すみません』ですか？

B　『両方の子だ』と反発する。大正の男だから、内面悪く外面良いのだろう。

司会　前半と後半と異ったように思う。前半に対して、竹内さんどうぞ。

竹内　私は、八時間労働は男であっても長過ぎ、共稼ぎならば、なおさらのこと、基本的には労働時間の短縮に持っていくべきだと思っている。（コダマ・サカヤ著〃ガン病棟の99日〃を例に）　この場合、妻が働いていたら『ちょっとあなた、病院へ行っていらっしゃい。私が居るから』と言えたろう。そうしたらもっと保ったのではないか？　そういう意味での自立をいったのだが…。健康の問題は女だけではなく、男の側にもあると思うのだが。

C　夫は自家営業、弟は勤務。結婚したら扶養手当がつくが、それは妻を養える額ではない。その額、扶養手当のあり方は財産制のあり方に関係あると思うが、いかが。

中島　扶養手当は、今一万何千円が大分ある。扶養手当を考える時にどうしても考えねばならない事は、賃金差別の要因は、分業（男女）の問題になる。具体的に金額として差別されるのは扶養手当である。男には扶養手当がつくが、女が働いても、たとえ夫が病気でも扶養手当はつかない。扶養手当、住宅手当等で低賃金の中でもさらに差別している。今の体系は家族ワンセットであり家族を完成化するために夫が働くことになっている。

平岡　主婦は扶養されているわけではないと思う。家事労働分として渡してほしい。その額の定め方は、また後ほど。扶養手当の撤廃から問題をだしていくと、非常にすっきりすると思う。

D　夫の父親と同居。種々の労苦、経済面も皆長男にかかる。財産は子に平等に分ける事は知っているが。

中島　相続・扶養の義務は全く平等である。長男だけが負わなくてはならない事はないが、現実には難しい。

D　誰が言い出せばよいか？

中島　扶養義務を負っている人が申出て、それができなければ、家裁へ。

E　家事労働の評価は難しいという点について、その家族構成によって、または性格によって差があるが、定めるのに客観的な基準があるか？

F　グループでボランティア活動をするについて、婦人問題との関係及び位置づけを。

司会　今日のテーマとは違うので、地域問題を支えているのに、どうして社会的・経済的に評価されないのかと解釈してよいか。

F　結構です。

G　男女の愛情からいうと別産制が良いと思う。共有制だと男女間・夫婦間・親子間についてどうなるのだろうか。

H　別産制がよいとなると、何を目的としていうのか。

I　専業主婦として、共有と別産のどちらが得かの討論になるとおかしい。男女共に利がなくては。

中島　共有になると妻が得という考えが強い。正しく理解してもらうために、私は全く評価を加えないで話している。問題点をこれだけに絞る気はない。

J　現在の共有制は長い眼でみた生き方を目標として考える必要があるのではないか。

＊　＊　＊　＊

以下、昼の部は、三人のパネラーからの問題提起と、前半の質疑応答をふまえての討論が行なわれました。これは次号に掲載いたします。

お知らせ

☆討論会

5月13日(木)　夜6時～8時半

婦選会館（保育用の特別室がないため、カーテン仕切りの傍の部屋で保母さんと一緒にみることになります。）

テーマ　―〃離婚〃を考える―

「離婚」は、現在なお女にとって社会的マイナスイメージでみられがちである。離婚によって、多くの女は、また経済的にも不利な立場に立たされる。本来、人間としての多様な生き方の一つの選択であるはずの「離婚」、今回は、これをテーマにいろいろな角度からとらえかえしてみましょう。

☆6月14日(月)夜6時半より、千駄ケ谷区民会館・テーマ〃女と福祉〃(予定)

☆法制審議会中間報告コピー残部、送料＋カンパ20円でお分けします。事務局まで。

国際婦人年をきっかけとして
行動を起こす女たちの会

1976年5月
活　動　報　告

事務局
〒160 新宿区新宿１－９－４
御苑グリーンハイツ８０６
中島法律事務所内
TEL　352－7010
郵便振替　東京０－44014

主婦問題特集　その(2)
パネル・ディスカッション
ー夫の給料は誰のものかー

四月十三日　昼の部後半
司会　樋口、金谷、淡谷

先号に引き続き、夫婦財産の別産、共有制をめぐる討論を掲載します。夜の部は次号になります。

＊　＊　＊　＊

パネラーによる問題提起

青木淑子 ―共有制の立場から―

民法七六二条は主婦に大変なしわ寄せをしているということ。もう一つは家事労働をぜひ評価してもらいたい。そのためにはどういう理論を展開したら良いだろうかという、そのための一つの提案を話してみたいと思います。

私は生活経済の面から家計診断したり相談を受けたりという立場の人間ですが、このないだＮＨＫで「となりの芝生」という番組で私が一番腹が立ったのは、お姑さんが来て、「息子はエライ、よくもこんな家を一人で建てた。」と息子をベタほめする。亭主の方も「お前が欲しいというから俺が建ててやった。あとのやりくりは適当にせい。」という態度。そこに現在の家庭のもっている問題点があるのではないか。夫が働き、妻は以然として扶養家族的存在。あの家は自分も一生懸命働いて、半分自分も建てたのだから権利があると考えていたのに、あにはからんや、そうではない。

七六二条を見ながら思うのは、妻の基本的人権が認められていないのではないかということ。今の民法では守られていなすぎるから主婦が評価されるような改正がぜひほしい。民法七六二条及びそれから派生した問題は、日常生活の中でいろいろな問題が起きてくるということです。

たとえば交通事故の主婦の命の値段が安くなっている。公害病の補償の算定規準。パートや内職の低賃金。妻の働きでマイ・ホームを建てても専業主婦であれば、夫の名義にしかできない。夫を亡くした老婦人が株をやっていたが、夫が亡くなった時、妻名義であったため生前贈与税にかけられた。遺産相続で三分の一、老後の暮らしに必要なのに三分の二は、働きざかりの子どもに行ってしまう場合もある。離婚の際の不利。財産分与の請求権をバクゼンとでなくはっきりうたってほしい。また別産のゆえに夫が勝手に財産を処分できる。共有制になれば合意がなければ処分できない。所得税には配偶者控除があっても低い。年金の中で妻分として二四〇〇円の下級年金しか認められていない。そういうところから、妻の基本的人権を認めるところまで改正してほしい。

家事労働を評価したいということ。最近は皆が出口を求めて殺到することが男女平等の根源であるような錯覚さえ覚える。現在、能力があって働く意欲があっても実際働ける職場が少ない。また働ける環境が少ない。女が産む性であるという前提で、育児や親の看護など社会化される必要があるし、社会福祉や社会環境が整備されるために女のエネルギーを注がれるべきだと思う。しかし現在、すべての主婦が出口に出られない。出口から出られる主婦が出ていいのではないか。独立して働ける人、家事と両立させながら働く人、働きたくても手足をとられてどうしようもないという人、そういう人もあるということを、これからの運動の中で認識していただきたい。

もはや主婦は扶養家族ではない。内助の功などということで評価してほしくない。主婦労働を社会的労働とする理論付けとして、ある経済学者の説を。

「家庭経営体論。家庭は営利を目的としない経営体で、家庭の構成員が生命を維持、再生産している場」これはどの組織体よりも価値のあるもの。この組織が生活していくためにはお金がいる。誰が稼いできてもいいが、夫の稼いできたものは夫のものじゃない。妻の場合もまた然り。稼いできたものは家庭のものなのだ。だから家庭のために一番いい使い方をするのが良いこと。多くの場合夫が稼いできて、妻は夫の労働力というものを家の中でたくわえている。そういう形で評価していいのではないか。ですから夫の労働力の原価の中に妻の家事労働分というのが当然評価されている。今評価されていなくて見失われているわけですね。企業から妻の家事労働分が評価されるのが一番良い。共有制をその理論付けのためにとりたい。妻が評価されるような方向へ、今後とも自分の力を出しきっていきたい。

―選択制の立場から―

俵萌子

青木さんが現状に不満をもっていることに対し共鳴し、理解しましたが、青木さんがおっしゃったことは、必ずしも共有制でなくても別産制を改革することによっても解決できる部分がほとんどであると感じていたわけです。たとえば、株をふやしても夫の元金であったから妻のものにならなかった話にしても、現在月五万円は妻の名義で貯金して妻のものとすることができますし、家の名義については、居住権という形で改正していけば、別産制でも解決できると思いましたし、別産制を改正していこう、共有制にしていこうというものの最後の姿というものは、あまり変わらないというのが私の感想です。

いったい共有制と別産制では、どこが一番違うかといいますと、それは気分の問題だろうと思うわけです。今までは「お前は一体誰に食わしてもらっているんだ。」という男がいるわけですが、共有制になるとこれだけは言えなくなるということなんです。夫が勝手なことをしようとしたら「あなた一人の財産じゃないんだからできないわよ。」と言えるし、家事労働についてのうっぷんがおきてきたら、これは財産制において評価されているんだと、気分的にすっきりするという程度のものではないかと思うわけです。

私はこの気分の問題も大事にしたいと思います。どうしても家事労働を専門に引き受けなければならないのが男であるか女であるかは別として、家庭というものは必ず存在すると考えます。社会化されても、年をとった親を人情として手元でみたいという人や、小さい子の成長を毎日見つめていたいという人がいて、そういう女の自由も認めたい。女の生き方について「私の生き方」はあっても、女の生き方は無いという世の中にしたいというのが願いですが、自分の生き方を自由に選べる社会というのが私の目指している社会です。その社会になっていくために私たちがふまえなければならないのは、自分の生き方に干渉してもらいたくないが、他人の生き方にも干渉してはならないということをはっきりおさえたい。たとえば家庭で、子どもの成長を見守りたいというのが男であっても良いが、そういう人がいるならそうして良いが、財産の面で不利益にならないようにしたい。一方で、子供を保育所に預けて、男と同じ密度と量で働きたい女性に対し、それは女のわがままだなどという干渉をしてもらいたくない。そうした自由を認めるということになると財産制の形も選択ということにいきつくわけです。

自由選択制を言うのは、長い人生の中で状況の変化に応じて自分に有利な財産形態の選択の変更が可能であるというふうにできればいいなと思うわけです。それには女性がしっかりと法律的知識をもっていなければならない。そこが非現実的なんですが……。共有制を認める場合に一つ不安なことがあるんです。たとえば今年の女子大生のような就職難の時に、企業の人事課あたりがいうことが眼にみえるわけです。「いいじゃないか。どうせ結婚すれば亭主の月給の半分はあなたのものだ。甲斐性のある男をみつけた方がお得だよ。」というかもしれない。また、主婦が社会へ出ようとすると、夫から反対の口実にされかねない。そういう点をどう防止していくか、重大な論争点になっていくと思います。

☆　☆　☆　☆　☆

吉武輝子 ― 別産制の立場から

夫婦財産制の基本は、やはり別産制でなければならないと考えている人間です。前もってお断りしておきますが、この問題は大変難しくて、すべて考えつくしているわけではございませんので、今日の私の意見は中間発表的なところがあり、多々言葉の足らないところがあると思いますが、混乱しつつも、基本は別産制でなければならないという立場です。

なぜ別産制をとらねばならないかは、別産、共有の問題は単に気分の問題ではないというふうに考えているからです。法律が定められて、あらゆる人間の生き方を規定してくる、その法の背後には必ずイデオロギーがあると考えています。例えば別産制のイデオロギーというのは、戦前、日本の女は民法で半人前という規定をうけていて、結婚したあとでは、半人前の女が一人前の夫に保護され養われるんだという形での法規定があった。敗戦後民法が改正されて、夫婦財産制でも夫と妻は一対一の人格をもった人間だと宣言され別産制がとられた。その歴史をみても、法の背後のイデオロギーというものを見逃してはならない点だと思います。共有制の動きがいろんな形で出はじめている現在の日本が、どういう状況にあるのかを考えていただきたい。

たとえば三木総理が有志者を集めて、日本人のライフ・サイクル論をつくりあげていますが、結婚する前は働き、二十四、五才で結婚、子供を産み育て、手が離れたら社会参加するという女のライフ・サイクルをうち出している。日本人という言葉を使ってはいても、実は労働力としてのライフ・サイクル論であると私はみています。この中でも男と女の分業のあり方を固定していこうとする主張が出ている。老人問題をとりあげてみても、家庭の中で誰がみるかといえば当然妻がみる。そういう形で福祉見直し論が出てきて、すべてを家庭の中で始末していくその中での分業の必要性が書かれています。また、現状をみれば大変な不況の中で、主婦パートの三分の二が首になり、女子大生の就職の門戸が閉ざされてしまっている。そういう形で今までのように女の人が大量に進出してもらっては困るという一つの状況が出てきている一方、低成長時代に入ってしまったが故に、あれほど大きく打ち上げてきた福祉というものを後退せざるをえなくなってきた時に、長い間の伝統であった福祉は女が支えるという方式を何とかとっていかねばならないという二つの日本の社会状況の中で出てきたものが共有制の問題ではなかろうかと考えるわけです。共有制は、ある意味で主婦の座を高めると言われているけれど、横のつながりを見ていくと、結局はそうでない。むしろ男は男で女は女という役割分業の生活をするということ、そういう生活をする人間を法的に保障していくという形におし進められていくのではないか。ですから、共有制の背後のイデオロギーというものは、男と女が人間として解放されなければならないという私たちの主張とは全く別個な労働力として非常に使いやすい人間を作っていく人作りに利用されていくことの方がはるかに強いのではないかと思います。一見主婦の座が高まるようにみえても、もっと大きな人間としてみていった場合には、最初から作られた財産を半分にせよという決め方は、むしろ主婦の座を固定化する傾向が強まると私はみています。妻は夫のサラリーの二分の一を当然獲得するという言い方をされてしまうと年間何億と稼いでいる人は、五千万近いお金をとることができるわけですし、零細企業に勤めている夫の場合は、夢中で働いて、奥さんも内助の功に励みに励んで、夫が八万なり十万なりのお金しか得られなければ、奥さんの労働対価として得られる二分の一の所得は五万円にしかすぎないわけです。同じ妻という立場にありながら、階級分化というものが夫と共に進んでいくわけですから、やはり稼ぎ手のいい夫を選ばねばならないという、夫を稼ぎ手としてみていく男と女の一つのつながりが、強化されていく怖れがあるだろうと思うわけなのです。共有制の問題は、人間をどうみていくかという点からとらえていかないと、眼先の損得だけで、そして今のムード的な妻の座が上がりますよということに加担してうっかり共有制にしてしまうと、分業制の中の性差別をより拡大化していくことの加担者になってしまうのではないか。どんな場合にも法を作る場合には、人間がどう生きていくかという理念が必要で、その理念に反するものが出てくるような場合には、たとえ現実的に守られるような時であっても、これは決して究極的には守っていくものではないのだというそういう視点でこの問題をみていただきたい。

俵さんが両方選べばいいということをおっしゃったんですが、普通男と女が一緒になってどちらを選ぶかという関係をつくっていくのは、全く対等な人格をもった平等な人間としての立場というものが男と女の中に存在していなければ、選択できないということなのですね。ですから別産制というものがそういう立場で作られてきたものである以上、法律の基本的な精神にのっとった男女関係の中で、夫婦間の契約関係というものが認められているわけです。一対一の平等な人間であったらはじめて契約の権利が、夫婦の結婚の時に確保できるのであって、その中で僕たちは共有制にしていこうという契約があってしかるべきではないだろうかと考えます。基本的なものを動かしたところで選択は成りたたないと私は考えています。私自身は身障児を抱え、夫の両親を抱えていますが、なおかつ別産制を叫ぶのはなぜかといいますと、家事労働の評価についていささか違った考えをもっているんです。

本来家事労働というものは人間の根源的な生きるということに付随する労働であって、これを無理に経済的に評価しようとした時には、労働力の再生産という言葉で全部集約されてしまうということ。そのことが本当に人間の命の営みとしての働きを歪めてきていると思うわけなのです。なぜ歪められているかといいますと、性別分業制度の中で、男は外、女は全て命の営みを行う仕事をするものと分けてしまった時から、命の営みを行う仕事というものが、完全に労働力の再生産という、つまり経済主義の中に全部吸収されていった中で、本来の人間性探究という大きな仕事が、疎外される形になってきているということ。そういった人間の生きるという営みの仕事というものは、勿論個人の仕事でもあるし、やはり社会で保障していくという一つの形態をとっていく必要がある。体の悪い人、病弱になった人たち、そういう人たちの生存権というものは、その中で認められていく形で語られていかなければならないのではないかと考えています。

＊＊＊＊

司会　立場の違いがはっきりしてきたと思いますが、最初の方のパネラーで、あとの方でおっしゃった人に反論したい点を。

青木　私は一方的に共有制の賛成の立場でしゃべったわけですが、現在の主婦の置かれている非常にみじめな不当な立場を、底のレベルアップした段階で、共有制をとるなら共有制、別産制なら別産制をとるという選択の自由を主婦に与えてもらって、その一応レベルアップした段階で、夫と妻の本当の平等の立場で生活も生き方も考えられるのではないかと考えます。

俵　私が共有制は気分のものでしかないといったのは、共有制の中で暮らす妻の立場から言ったんであって、法改正を出してくる立場とはまた違うわけです。法改正を出してくる立場は、彼女の言うように異常の時をふまえて出してくるけれども、共有制の中で満たされる場合の妻の心理の中にあるのは気分的なものであると、法改正をする側が気分的な問題で言ってきているわけでは別にないわけですから、そこを誤解しないでいただきたい。

吉武　一つ抜かしましたが、主婦の地位の現実にある問題点というものを、これをはっきり解消しなければならないので、それはたとえばイギリスのように別個に一つの条項をつくってきめこまかい処置をとっていくということ、これは可能なかぎりやっていかなければならない問題であるというふうに受けとめています。

青木　共有制にはできない時でも、たとえば税法にしろいろんな立場で修正していくという論も考えていますので念のため。

中島　前半部分で説明したことで、損か得かで歪少化しているんじゃないかという御意見がありましたが、損か得かの問題は、夫婦とは何なのかという問題そのものずばりなんです。

青木さんの御意見が共有論ですが、家というのは一つの組織体である。誰が稼いできても個人のものでなく、家のもの。こういう夫婦の一つのあり方、夫婦共同体論ということが最近あるわけです。妻と夫が別々の人間で、各々の自立性を確保して協力しあうのを夫婦とみるか、それとも、当然に一体であるとみるか、夫婦がどういうものであるべきかという根底の問題を討論していただきたい。

俵さんが選択制と言ってらっしゃる、その選択の条件、女がどっちも選択できるようになるというにはどういう条件が必要になるか。そのことを考える場合、最初の平岡さんの御意見で、家事労働の評価を高めていくことによって働く女の賃金が高くなって女全体の地位が向上するとおっしゃっています。働く女の賃金を高めて地位を高くしていくことで、家庭における女の人の労働も高くなるのだという二つの違った立場の意見についてもぜひ討論してほしい。

＊　＊　＊　＊

討論

A　俵さんがおっしゃった子供を育てたい人にも、主婦専業を選択しても不利にならない社会というのは、どういう経済体制のもとに可能なのか、現在の社会の中で可能なのか。

俵　今申しあげたのは夫婦財産制の中だけの話です。あなたのおっしゃっていることはもっと全体的な、家事、育児労働が評価されていない社会の中で、夫婦財産制というそんなことを認めたって家事、育児に専念している人は地位が低いのではないかという御質問でしょう？

A　例えばですね、実際に子どもを三年間育てる、それから社会的労働をしていくことを、不利にならないように選択できるといっても、現実には不利なんです。三年間子育てやってしまうと再就職できない。それが可能としておっしゃっているのか、それとも現在の体制の中ではできないという前提のもとに言ってらしたのか。

俵　現在の社会の中ではそうしたら不利だと思います。個人として別産をとるのはそういう意味から、しかし損になってもやりたいという人がいれば、それはいけませんと言えないのは、私が自由というものを前提にして物を考える時の一結論になってしまう。職業の世界と家事、育児を自由に行き来する選択の自由は、今の社会には無いと思っています。私がいうのは理想の社会の中での理想の形としての財産制を申しあげたんであって、ここで討議することは、いかにしたら自由選択をしても不利益をこうむらない社会構造をつくりあげるかということでなければならないんではないかと思っているんです。

B　共有制で妻の財産の権利が大きくなった場合に、半分もらえるんだからいいじゃないかということで非常にきくんですが、実感としてそう感じない。身障者の問題、老人の問題、育児の問題など女が全部ひっかぶっているんですね。それが女の自立をさまたげるものとしてあるんですが、女がそれを引きうける前に男がそういう目にあったらどうなるのか。共有といわず、私的に一人の労働を閉じこめて使ってしまうのは非常に金がかかるんだということになれば、男が重くてならないこういう問題にのりだしてくるのではないか。妻が働く方が非常に有利で、妻を働かせないで個人的な労働に従事させれば、非常に損だという形をつくったら私たちの解放に前進になる面があるんじゃないかと思うんです。

中島　離婚の時に、離婚したら男は妻をずっと養わなければならないということをもっと実行させねばならないと思うんです。共有制になってもみじめな女の状態というのはどうにもならない。離婚の相談が非常に多いが、その八割以上は財産なんて無いですね。夫婦財産が共有になっても助からない。財産分与の問題を明確にするということの他に離婚後の扶養というのがあるんです。アメリカでは離婚後、生活に困る配偶者をその死亡または再婚まで、毎月半分の給料を送り続けるんです。私はこれをやらせなきゃいけないと強く主張しています。だって男の人が女を家に閉じこめてしまったわけですね。結婚によって女は自分で働いて収入を得る能力を失ってしまったわけです。うばった結婚、利用した夫が離婚したあとでも全部払い続けなければいけない。今全然そういうのがない。三分の一位扶養させなければならないと主張しています。けれど扶養されなければならない状態をやがて否定していくのだという視点をもちながら、現状のみじめな妻の問題を解決していく。これは共有とは違うと思います。

俵　共有制を非常に専業主婦に有利な形にすれば、男が損をして、これはエライことだから女房を働きに出そうというそういう共有制を考えているわけですね。ええ目的でなく手段としての共有を。

　去年面白かったのは、二人の男性がウーマンリブに両手をあげて賛成という。アメリカ人とイギリス人の男で、どちらも離婚者で、妻が死ぬまで扶養料を払わなければならない。食っていけないくらい大変なんだ。だから、女性を経済的に独立させる運動には全々賛成していくことにしているという。一つの手段としての方法論も考える余地はあると思います。

C　昨年、小さい家を購入して私も働いていましたから共有名義にしたんです。つい最近税務署から、今、私八ヶ月ばかり専業主婦でいますので、あなたは今家を買ったというが専業なので贈与の対象になるという書類を受け取りました。仕事をしている間は、男、女ということを意識せずに来たが、その時、主婦というのを特別にみられたようでびっくりしたんです。

　財産は共有制ということになると精神的に束縛されるような気がします。生きるということは自分自身のために生きなきゃいけないんじゃないかと切実に思う。今扶養されている身で、海外へ出かけようと思っていても、悪いんじゃないかなと、きゅうくつな感じがします。これから経済力が自分に無いということが、物を考える妨げになるのではないか。第一に妻、母としての立場でしか考えられなくなるのではないか。一人の人間として考え行っていきたいと思っているんですが。

中島　原則として選択制ではない国はスペインを除いて無いんです。夫婦が選択しない場合にどうなるかというのが、法定財産制なのですね。さっき夫婦のあり方の問題だという話をしましたが。共同体論を具体的に話しますと、結婚には二種類あるという。主婦婚と共働き婚。主婦婚は、妻は家庭の中で家事育児に専念、夫は外に働きに行く。共働き婚は、両方働いて両方協力する。共有論の人がいうのは、主婦婚が自然な結婚の形ではないかという、結婚のあり方に根ざした議論であるわけです。

D　結婚のあり方を人口問題をからませてみると、子どもは二人以上産んではいけない感じですから、三十代半ば頃から外へ出る方がいいと思います。自分たちと同じテツを踏まないために、学校教育の中で、受験戦争ですね。それよりも職業教育をやった方が結婚生活にも、ライフワークとして仕事をする上にも良いと思う。問題は深く主婦としての自分の立場ばかりでなく、これから続く女性のため、それと生活を共にする男性のため母親として考えなければならない問題ができますから、財産の共有、別産だけを論じていたんでは片手落ちという感じがしますけれど。

姉がいますが、ずっと働いて恩給がついている。私は年老いた親がいたりして、外で働いていなかったが、今に至り、何もしなかったわけでないのに何も残らない。その差を一体どこへもっていったらよいのか。

司会　個人としての発言を。一つは、共有制を主張なさる方が、家事労働の価値を認めていくことは主婦の地位を上げるだけでなく、働く女の足を引っぱるものではないとおっしゃいましたが、本当にそうなのだろうか。私は矛盾するものだと思います。家事労働を認めていくとすると、共働きの女は、家事をしていないかというとしているわけです。夫もそれなりにやっている。これを認めていくと、妻分として家事労働分を、あるいは夫分の家事労働分を払うことになると、低賃金を上げるのと結局同じになっていくのではないかという疑問。具体的な賃金の払い方とすると、妻をもっている夫にだけ家事労働分として払うということだけなのであろうか。だとすると、結局職場で雇用されている女の地位を上げる事にはならないのではないかという、その辺を論議したい。

別産制を主張する立場が踏まえなければならないことを一つ。不利でもいいから選ぶという女がいるだろうと俵さんはおっしゃいましたが、現実には選んではいないんだと思う。否応なく主婦に追い込まれている人の具体的な、失っているもの奪われているものをどう補償していくかという手段と展望をもたない中では女の解放のために別産制にせよというだけでは、説得力をもたないのではないか。夜の部では、男女、夫婦、家庭のあり方を論議しますが、共有制、別産制の中で受けとめながら、具体的なものを通して考えていきたい。

離婚を考える

五月十三日　討論会
司会　盛生、井上

司会　今まで離婚というと、一方的に悪いこと、恥ずかしいこと、不幸なことというイメージだけで扱われてきました。その悲惨は大部分女にかかってきました。はたしてそれが評価通りのものか。また不幸につながらないようにもっていくにはどうしたらよいか、そのようなことを討論していただきたい。まず四人の方に問題提起してもらいたい。

―家裁の調停について―

杉山　かなり前、自分の離婚で家裁に世話になったが、何年もその時の悲しい思いを誰にも話さずに来た。K子さん事件の時に、彼女が家裁で話を聞いてもらえると思っていった所、すべてそれが裏目に出たということを聞いて、私一人じゃなかったのだなと思い、それから話をするようになった。

結婚してまもなく子どもができ、その子が十ケ月の時に、私の「別れたい」という言葉をとらえて、夫が家を出た。あとで考えると夫は早く別れたいということで、私からそれを言わせようと画策していたのです。私は別れるのは良しとして、養育費の件で家裁へ行ったところ、男は離婚届を取り揃えて、口では別れたくないのだと言って調停にやってきた。調停委は白髪の太った六十位のおじいさんと四十位の女の人で、男の人をたてるように寄り添って無口でした。男はかけひきがうまく、勝手に離婚届をしていながら、やり直したいとしおらしく言う。私が別れたいと言うと調停委はなぜかと問うので、精神的虐待、例えば友だちなどの手紙は破り捨てられ、過去と断絶したところで生きようというようなことを話しても、それが何ですかといわれる。女ならそうしたことを我慢するのが当り前と言われる。こんなつらい思いをするなら別れてやり直したいと必死に決心したことは、調停委にとっては悪いことだったのです。彼らは形式ばかり気にして、仲人や結納や結婚式やらそういうことをしてもらって、何か不足かと言われる。

養育費の件に話が及ぶと、男は私がバージンでなかったから子どもは自分の子ではないかもしれないと言う。そうしたことが調停委にはそのまま通るのです。で、私の言い分は一切わかってもらえず、私は養育費の件もとり下げてしまったんです。そのような思いをしましたが、今でもそのようなことは変わっていないようです。

―その時子どもは―

伊藤　結婚歴十二年。別居してから二年。夫が一方的にそのような行動に出た。他に好きな女ができたから。災難にあったような気分でした。夫の存在は、心身共に私の依り所であったので、言葉に尽くせないほどの苦痛でした。放心状態で二人の子どもを世話していました。昨年春ノイローゼになりそうになり、夫に子どもを預かってほしいといって預けた。夫は子どもを連れていったが、帰さないといってきた。私にとって子どもを失うことは夫を失うことよりつらいことで、結局実力行使に出て、学校から子どもを家へ連れ帰った。夫は怒って生活費は、子どもの分しか払わないと言ってきた。がんぜない子供に対し、あとで心の痛手となるような経験をさせたことに、私が至らなかったと思う。今、戸籍の関係で子どもと違う姓だと子どもに不都合なことがあると思い、民法の改正で離婚後も夫の姓が使えるようになるまで夫の要求を入れないでおこうと思う。

―離婚についての社会評価―

俵　離婚によって経済が不安になることは、痛手は精神的なものだけに限られた。私の場合、不得定多数を相手とした人気稼業的なもので、その人気は何かといえば、職業と家庭を両立させる俵さんという神話ができつつあった。でも結婚は変質するもので、問題を感じはじめた時は、離婚の六年前、夫が他の女の人を愛しはじめた時に、もうこれで終りと感じました。

離婚すると、全くあらゆることを書かれるので、私としてもマス・コミ対策として一誌だけに話してしまえばよいと思ったがそうはいかなかった。電話は鳴り続け、家を取りまかれる状態であったため、各社に同一の短いコメントを出しただけだったらかえってよくない結果で勝手に書かれた。

その時の記事に働く女が離婚したら、どういうことを言われるかがよくわかる。近所の主婦と偽って「俵さんは、派手な仕たくで外へ出るのが好きな人でした」と言わせたり、「あの人の台所には二日分の食器がうず高くつまれてました」とか、「一回何万円のテレビには出るが、PTA役員はやらない」と事実と違うことや、「それ見たことか、ざまぁみろやっぱりね」とか。

仕事の面については、直後にキャンセルが二つ。銀行に頼まれていた講演でした。ところがその年は収入が倍増しました。ということは、離婚が決定的ダメージではなかったということではなかったか。日本の社会の中での離婚の評価が変わっていったということ。講演などにいって感じるのは一般の主婦の方々が潜在的に離婚の欲求、興味があるのではないかということ。

離婚した女をどう呼ぶか、その呼び名がない。離婚婦人、離婚人でもおかしい。あるのは出戻り。社会的表現が無いことは、社会的存在の場がないということ。
原因が何であれ、女の方が悪かったととらえる。男に離婚された女といわれる。変わりつつあっても離婚に対する偏見はまだ根強い。

―夫との関係(かけこみ寺要望の必然性)―

須藤　一年ちょっと前、子どもを三人連れて着のみ着のまま家を出ました。どこへ行ったら良いか、かけこむ所がないのを承知で。夫の暴力が原因でした。初めての暴力は結婚後一年。その時この結婚は失敗と感じたが身ごもっていたため将来への不安から家庭にとどまってしまった。二十五才の時、保母の資格をとったが、たびたびの夫の暴力によって切迫流産し体をこわして、また家に入って十年たった。夫との話しもなく、閉ざされた生活の中で、自分を失ってしまったような状態でした。十年前二人の子どもを連れて家を出た時、婦人相談所に収容された。これは売防法による施設で、子どもは児童相談所に収容された。夫のやり直したいという言葉に折れ、暴力をふるわないことを条件にしてもどったが、相変わらず顔が変形するほどの暴力をうけました。書物を読むだけが与えられた自由の中で、女の置かれている抑圧の立場があって、その最たるものが、暴力として私にのしかかってきていると感じ、悲しいだけで何もしないでよいのかと考えた。ひどい暴力がきっかけで、逃げこんだのが婦選会館。日曜日だったので、どうしようもなく新宿リブセンターにとびこんだ。四年ほど前に慈愛寮を紹介されましたが、自分の意志通りにやれないような気がして行きませんでした。リブ新宿センターは女の弱い立場にたってやっているような気がしていましたが、思っていた通り手をひろげて迎えてくれた。一月ほどそこにいて、福祉事務所のアドバイスを受けて、練馬の母子寮にいくことができたわけです。
痛切に感じるのは、家を出たくても、どこへ出たらよいか、親戚やその他では連れ戻され意志通りにならない女性が、大勢いるということ。かけこみ所は、そういう女たちにとって本当に必要なものだということです。

＊　＊　＊　＊

討論は、「夫の暴力はなぜおこるか」「離婚してからの女の経済」「一夫一婦制への疑問」等について展開されましたが、短時間であったため、もう一度このテーマのもとに開こうということで終会しました。

お知らせ

☆公開討論会
集まろう!!
六月一八日(金)夜六時～八時半
婦選会館　(子どもさんもどうぞ)
テーマ
〃国内行動計画概案を検討する〃
ゲスト
総理府婦人問題担当室・久保田真苗氏他、婦人問題企画推進会議参与の方
(六月一四日予定の討論会はこれに切りかえました。間違えずにおこし下さい。)

☆七月一六日(金)夜六時半～九時半
〃女と福祉〃　スウェーデンの福祉見学報告と日本との比較など(予定)
千駄ヶ谷区民会館

☆夏合宿のお知らせは六月中に出す予定

国際婦人年をきっかけとして
行動を起こす女たちの会

1976年6月
活動報告

事務局
〒160 新宿区新宿1－9－4
御苑グリーンハイツ806
中島法律事務所内
TEL 352－7010
郵便振替 東京0－44014

公開討論会報告（六月十八日）
国内行動計画概案を検討する (1)

司会 古川、野並

★基本的考え方についての質疑応答
回答者 久保田真苗氏（総理府婦人問題担当室長）
影山裕子氏（婦人問題企画推進本部参与）
湯澤雍彦氏（同 参与）
質問者 中島通子・他

―女性の置かれている現状―

Q （基本的考え方） 二のところに、近年の経済社会が発展して、平均寿命が延びて、出生率が低下して、教育水準が向上して、それで余暇時間が増大したという四つのことの結果、婦人の能力と活用の可能性が著しく増大したとあります。企画推進本部としては婦人問題を考える上で、これが最も重要な要素であるというわけですか。

現在の日本の女性の問題を考える上ではこの四つのことに集約される女性の生活の変化ということが最も重要な問題だと考えていらっしゃるわけですね。

久 ちょっと理解が違うと思うんです。

Q 重要な問題であるということではよろしいのですね。

久 はい。

Q ところが、余暇時間が増大してもっと女の能力が活用できるにもかかわらず、まだ充分に活用できる社会的環境が形成されていない。これが今の日本の女性の問題として重要なものであるとお考えになっているわけですね。ハイ。

その確認の上に立ってお伺いしますが、女の能力をもっと活用するための社会環境をどういうものだとお考えになっていらっしゃいますか。

久 それはあとからでてきますが、五つの課題の中にあります。一つは法制上の問題、あらゆる分野の機会の問題、その基盤となる母性の保護の問題、そういうことだと思います。

Q 内容について入ってゆきたいと思います。概案でとらえられている四つの問題、四つの女性の生活変化の結果として、現実に働く女性が非常に増えているわけですね。余暇時間を活用する、女の能力を活用するという目的のもとに、働く女性が非常に増えていて、働く男性労働者二人に対し女の労働者一人の割で。これは今、指摘したような女性の生活の変化の結果として、女の能力を活用した結果であると、活用の一つの形であるとお考えになりますか。

久　はい。

Q　この点に関しては問題があるということではなくて、こういうことをもっと沢山活用できるようにするということになるわけですか。

久　はい。

Q　そうしますと女の労働者が非常に増えたといっても、いわゆるパートという形、賃金が非常に安い、首を切られるという形があると思いますが、このことも余暇時間を活用しているという点では能力の活用であって、そのこと自体は女性の地位の向上の一つの結果であって問題はないと考えるわけですか。

久　問題はありますけれども、女性の地位を向上せしめる原因をもっている現象だと思っています。

Q　そういうパートのような形で女性労働者が増えたということについて、それをもっと改善するための社会環境を形成する必要があるとお考えになりますか。そのことは考えているわけですね。

ー女は生き方を自由に選択できるかー

Q　次に婦人が生涯の生き方を選択できるようにすべきであるというのがでてきます。生き方を自由に選択するための条件はどういうことだと考えていらっしゃいますか。

久　さっき申しあげた五つの課題の中に含まれていることだと思います。

Q　生き方の選択というのをどういうふうにお考えになっているのかということなんですが、女性がどういう生き方でも選択できるようになるということですか。

久　生き方の選択というのは、基本的には個人の自由によって行うべきものであると思いますから、選択の自由が現実にあるということ、つまりそれは社会環境整備につながることだと思っていますけどね。

Q　今の話は抽象的で分からないのですが…女性の選択のためにはまず何よりも機会と責任の平等を現実のものとするため、婦人自身の普段の努力が要請されると書いてあるわけなんですけれども、女性自身が機会の平等を実現するというのは具体的にはどういうことなのですか。そのためには普段の努力をしなければならないというのは、ちょっと私どもピンとこないんですが、機会というのは与えられていないと思うんですが。

久　それは与えられるものですね。求めよさらば与えられんということですね。そうしなければ人が環境整備するだけではできないことですから、まず欲する自分がそれを求めるということが第一の条件だと思います。

Q　女性差別があるということは全然書いていなくて、まだ能力が余っているのにその能力が活用されていないということが、さっき確認した点ですが、その能力を活用するために何よりもまず女自身が求めなきゃいけないんだ、女が求めていないからその機会が与えられていないんだと、それが最大の問題であるとお考えになるわけですか。

久　求めているけれども与えられないんだという場合もあると思います。ですからそれは両方だと思います。求めていないから与えられないということだって、そりゃああると思います。

Q　物事には常に両面、あるいは異なる要素というのが必ず含まれていると思いますが、両方あるというのは一応お伺いいたしますけれども、しかし、どっちがより大きいと思いますか。女自身が求めていないから機会が与えられないのか、それとも社会なり企業なり国家なりが、機会を与えようとしていないのか。そのどちらがより大きいと思いますか。

久　大変むずかしい質問なんですけれど、分野によってかなり違うと思うんです私は。ですから例えば、教育の分野、労働の分野、いろいろありますけれど法制の分野といえば、これは国の責任だと思いますし、労働の分野というのは今の自由資本主義体制の中で、完全雇用というものの実現を保障するということは国の責任ですけれども、それを女性までをも含めたものとして保障するというような、そこまで現状がいっていないということにおいては国の責任であり、かつ個々の職場で差別があるということは多くは使用者の責任かもしれない。しかし現に今、違う条件をもっているものを絶対同じに使わなければいけないかということについては、いささか疑問が無いでもないわけです。

そういうことについてやっぱり皆で考えあっていかなければならないということが課題としてあるので、私は必ずしもそれが今までの与えられた条件に婦人が甘んじてきたということだけではないけれど、やっぱりここでもう一つ障害を除くためにどうするかということを婦人自身が、真っ先に考えなければならないんじゃないかと思います。

Q　異なる条件のものを平等に雇うということまで要求するのは困難であるというお話でしたけれども、それが男と女という条件の異なる違いですね。それによって雇用上の完全な均等扱いができなくても、つまり差別がつけられても、少くとも現状ではある程度やむをえないとお考えになるわけですか。

久　事柄によっては違うと思いますが、ものによってはそういう場合があると思います。

Q　具体的にはどういうことですか。

久　なぜ労基法の三条均等の待遇のところに性別がいれられないかということですね。それは結局、労働時間というものがあるからです。例えば労働時間の違いというものが、現にあるものを全く同じに扱えということは、使用者側に必ずしも要求できない問題として落ちてくるのではないかと思います。

Q　労働時間の問題で賃金その他に違いがでてくる、残業その他ですね。これは当然のことだとして労働時間で女に制限があるということは、使用者が雇用において差別する合理的な理由になるとお考えになるわけですか。

久　それ自体は差別する理由にならないと思います。ですが、職場の配置とかそういうところで区別せざるをえないということは起きると思います。

Q　今使用者が労働の場面では男女を非常に差別しているわけですけれども、差別の理由は主要にその労働時間、その他労基法上の制限のために行われているもので、その他の理由は主要でない原因であるとお考えになりますか。

久　いいえ、そんなことはないです。要するに女の能力適性といったことへの伝統的な偏見というのは、長いことあるわけですからそういうことでいろんなことが支配されているということは、一つ大きい基盤として最も根本的な問題としてあると思います。ですけれども偏見というものばかりでなくその他いろんなものがあると思いますね。

Q　偏見というとあいまいになってきますが、使用者がもうけるためには女よりも男の方がいい。女はもうけるためには必ずしも役に立たないから男と女を差別してもいいという考えで差別していると思われるかどうか、もし差別をしていると思われたらそれについてはどうお考えになるか。

久　もうけるために女を安く使うということがあるわけでして、そういう点無視できないと思うんです。

Q　もうけるために安い女を雇う。これははっきりしているわけですけれど、これはある程度やむをえないとみるわけですか。男と女の間には差別をした上で雇うわけなんですけれども、そういう差別についてはこれはある程度やむをえないとお考えになるわけですか。

久　思うわけないでしょう。

Q　今までのお答えですとそう聞こえてしまうのですが、ここで何よりも大事なのは、機会と責任の平等を現実のものとするための婦人の普段の努力ということになっていますが、今機会についてお伺いしましたので、責任の平等ですね。普段の努力とは具体的にどういうことをするのですか。

久　社会、職場、家庭においていろいろな面で責任の平等ということですから、それはやっぱり自分の生活を合理化するとか、家族と協力しあうとか、あるいは職場でもいろんな面で説得する、労働組合に参加して労働組合を動かすとか、そういった自分自身の努力という意味です。

Q　そういうことが何よりもまず第一に要請されることなんだというわけですか、それが事態を改善するという風にお考えになっているわけですね。

久　どっちが大事というわけでないですが。

Q　何よりも普段の努力となっていますので。

—男女の役割分担意識をどうするか—

Q　行動計画概案というものは昨年のメキシコの世界行動計画をもとに、日本の現状に必要なものを取りあげて発表したものだと伺っていますが、その世界行動計画の中の基本的な考えで、最も主要な、新しくうたわれている原理というものはどういうものだとお考えになりますか。

久　経済社会全体への参加、その枠組の中ですべての問題へのアプローチということ、やはり伝統的な男女の役割分業に対する考え方の変化、方法論になりますが、男女の機会と権利の平等を実現するための社会のあり方を追求するそういう点だと思います。

Q　二番めにおっしゃった伝統的な役割分担意識というものを考え直すということ、その点が基本的考え方の中には全然出ていないのですが、民間会議の中間意見書には、この伝統的な役割分担意識が差別の大きな要素になっているのだということが冒頭に書かれています。世界行動計画にも真っ先に来ている。それにもかかわらず、概案の基本的考え方で全く触れられていないのは、（後に一部分出てくるのは分かっていますが、後に出ているというお答えでなく）どういうことなのでしょう。

久　これは骨子案ですから組み立て方の筋書とあら筋を書いてあるわけです。基本的考え方としてあとから出てくるようなことは次の段階で……。

Q　日本の場合、基本的な考え方のあら筋の中に入るべき原理ではないとお考えですか。

久　そういう意味ではないんで。基本的考え方として中間意見なみに書くとしますと、いくつも書くことがあると思います。ですけど、今の段階ではこれを組み立てていくための筋書きを書いてあるわけです。

Q　そうしますと筋書に入らないと理解するほかないのですが、政府の企画推進本部の最も重要なことは、寿命が延びて子供が減って時間が余るようになった。それなのにそれが充分活用されていない、活用される能力が今いった原因の結果として現れているのにそれが活用されていない、だからそれをもっと活用する、これが企画推進本部の組みたての最も中心的な問題であるとうかがってよいわけですね。

久　推進会議の組み立てと少し違うわけです。そういうところへ出てくるべきスローガン的なものは、課題というものの中に内容的には含まれるわけですが、その課題の説明はまだしてないわけです。そういう段階だということです。

Q　これからの根本的な考えとしては、婦人の余暇時間を活用するのが中心的な問題であると、そういう風にしか読めないんですが、それでよろしいわけですか。

久　基本的考え方で一番強くみていただきたいのは五なんです。五には一切が含まれていると思います。なぜなら日本の憲法はかなり立派な憲法で、いろいろな国民的権利を男女平等の基礎に立ってやっていこうということが、考え方の枠組としてあるわけですから、その諸々のことも枠組の中で私は伝えたいと思うわけです。そこから派生してくるのがこの五つの課題で、その方法をセットし示していけたらということで、そういう組み立て方をしていますから、今分かりやすいように筋書が書いてありますけれども、次の段階ではこの中に含まれる考え方を出したいと思います。一番前には自分の行動計画を扱う場合の私どもの現状、どういうところに立っているかという解説をしたものにしたいと思います。

Q　今のお話では納得しにくい点が多いんですが、一のところで憲法がうたわれて、憲法の制定、その他法律の制定施行で、女性の地位が飛躍的に向上したということが、第一にきておりますね。ところが次に、しかし近年の経済社会の発展という変化は、と昭和三十年代以降の高度経済成長によってということになるんですが、女性の能力を活用する余地ができてきたがまだ充分に活用されていない。これを何とかしようというのが今度の問題だと思いますので、今のお話はちょっと矛盾していると思います。五で網羅しているということであれば、一と二は出てこないと思うんです。

久　そうおっしゃられますと私も飛躍して言葉が過ぎたかなと思います。ですけど法制上の婦人の地位が向上したということと、実質的な婦人の地位が向上したということの間に非常に大きなギャップが日本の場合ありまして、そういうものを埋める努力が必要だということ、なおかつ行政施行をやっていく場合に世界行動計画の内容を踏まえてやるんだということで、そういうところで御理解いただきたいと思うんですが。

―女の労働権を保障せよ―

Q　働く女性が非常に増えた結果として差別を生みだしていると考えるわけですが、その点について差別が増大しているとお考えにならないわけですね。

久　働く婦人が増えて差別が拡大したというのはどういう意味ですか。

Q　増えている働く女性というのはパートとか身分的な差別のあるもので、賃金が非常に安く不景気になったらやめてもらうという形です。家庭を基礎にして安く働かせているというのが非常に強いわけですね。余暇が増大したということと女性の能力を活用するという名の下に働く女性の差別はむしろ強化されている面があると思うんです。その点はいかがですか。

久　私はパートタイマーの問題については、確かに一割を越えていますから、比重として増えてきたことは否定しません。パートタイマーの身分的保障とか諸々の、今回首切りが沢山あったということなどパートタイマーの条件を緊急に整備することは非常に大事だと思います。ただパートタイマーを志願する婦人が多いことも事実だと思うんです。それはなぜかというと、やはり家庭生活との調和ということを考えて、十時から四時といった就業時間帯を希望する人が非常に多いこともまた事実なんです。ですから私は、パートタイム制度が悪いというよりは、パートタイマーの受け入れ手に問題があると思いますので、それは条件整備をしなければならない。つまりパートタイム制度の条件整備をするということ。しかし、パートタイム制そのものが悪いというようには直ちに思わないんです。

QA　単刀直入にお願いがあるんですが、その基本的考え方の一から三までの間にぜひ一つ固定的男女の役割分業制について入れていただきたい。そうでない限り、パートの問題も何も解決しないと思います。それが基本的な足かせになっていると思います。

久　分かりました。そのようにいたします。

QB　ただ今の久保田さんのお答えの中にパートを志願する婦人がいるからパートタイム制度を是正していかなければならないというのは本末転倒と思います。パートを志願せざるをえないような家事育児の負担、役割分業を是正するというのが、まず先決なのではないでしょうか。そういう姿勢のもとに施策がたてられる必要があるのではないでしょうか。

Q　関連質問で伺いますが、先ほどから出ています基本的考え方の二ですね。これに基いて能力を活用するということであれば、パートしかできないということではないいんですか。

影　できましたプロセスをいいますと国内行動計画の推進会議から提言がありまして、それを受けて婦人担当室の七人の侍がこれをお作りになって、我々も一応みせていただきまして、充分参画しなかったんですけれど基本的考え方はあくまで女が働くということは当然の権利であると、で現在男女の差別があるということはよろしくないと、これを是正して女性の能力が充分に発揮できるようなそういう社会を作るんだと、そのためには社会環境が整備されていないというのは問題があるので、それを直していかなければならないということだと思うんです。ただ書き方でそういう気持のことを書こうとするんだけれども、まぁこんな表現になったんで皆様からこれじゃ読めないという御指摘があれば、どうやったら一番いい形になるかということで考え方としては企画推進本部としてはそういう考え方だと思います。

役割分業というお話がございましたが、一番基本的な社会通念を打ち破っていくということですね。いわば職場というのは上部構造みたいなものですね。その下部構造といいますか最も伝統的な部分であり変わりにくい部分であり、それだからこそ十年の行動計画で破っていかなければならないものですから、やはり基本的考え方の中にばっちり入れておいた方が良いというのは確かに御指摘の通りだと思います。皆さんの方からこういう点は我々が期待していても読めないということをどんどんおっしゃっていただければ、読めるような具合に変えていくということです。

QC　一、二番のところに婦人の置かれている状況を述べるにしては、あまり差別の問題や現状に対しての認識がこれでは読みとれないと思います。婦人の置かれている状況の中で一番私たちが困っているということを具体的に書いていただかなければ、これを読んだだけでは日本の女の人というのは心がけが悪いからこういう状態になったとしか読みとれないと痛感しております。

QD　二番では状況のままを述べていて決して理想的な形を述べていないわけですね。これを裏返して言いまして、平均寿命が短かったら婦人の能力は伸ばせないのか、出生率が高かったら婦人の能力は埋もれたままなのか、教育水準が低ければそのままなのか、余暇時間がなければ家庭に埋もれているということなのか、そういうことにつながってくるわけですね。ですから決して今の状況を分析してそれを述べているのでなく、分析するんでしたら現状が誤っているんであるからこれについてはこうであるという風に述べていただかなければなんにもならないと思います。今までお答えいただいたのは決してお答えになっていらっしゃらないと思います。

久　大変理詰めのお話なんでそう言われると困るのですが、そんなことはないんで働いたり教育を受けたりは、国民の基本権だと思うわけです。こういうことを書くというのは結局世界行動計画にもありますけれど要するに婦人の地位向上というのは一つの社会の経済発展の枠組の中でとらえる重要性というものもまたあると思います。それがまたいろいろな国民層を納得させる一つの武器でもあると思うんです。そういう意味で私は現状分析というものは必要だと思うんです。

Q　現状分析というのを肯定的になさっているのか否定的になさっているのか、それとも否定的にされなければならない現状として克服の中身が、時間が余った結果能力を開発するというやり方でいいという風に分析していらっしゃるのか、それとももっと根本的な基本的問題として女性の個人の権利の問題としてそういうことをお考えになっていらっしゃるのか。

久　権利の問題であることは言をまたないんですよ。我が日本国憲法に書いてあるんですからそういうことはもう。政府が何かする場合にその立場をはずすことはありえないわけですからね。

Q　基本的考え方にそれが全然出ていなくて世界行動計画にしろＩＬＯ総会決議にしろそこが最も繰り返しうたわれていることなのですね。個人の労働権にしろ性差別というのは基本的に不正なものであるということはですね。繰り返し書いてあるわけです。そういう原理が日本ではわざわざ言う必要がないくらい非常に明確に……

久　うたっているんですよ。国民としての勤労権、一切の国民的権利を真に等しく享受し、というところに一応ね。ただ簡単ですから次の段階でもっと内容を詳しくしたいと思います。

影　どう書けば良いのですか。

Q　性差別撤廃宣言から始まった国際文章がありますね。それにうたわれているものが、ここには全然出ていないのですね。

QE　初めて出席しました。やはり日本では女性が働くのが当然だと思われていないのではないですか。そちらで働くのは当然だという立場から発言していらっしゃるのもいいのですが、大部分はこれを当然とみなしていないんですね。中島さんが言われたようにいろいろ諸条件ができたからそれじゃもうちょっとという感じが非常に強いんですね。女性の基本的権利として労働権とかそういうものが考えられなければならないという出だしでないのですごく残念な気がするのです。初心者の感想ですが、読まれる方は一般の方が読まれると思いますので、是非そういうところを書き直していただけないでしょうか。

久　先ほどから申しあげていますようにそれは憲法に定められた一切の国民的権利の内容なんですよね。生存権や勤労権は保障されていて男女問わずそれはやらなきゃならないのですから。一応概案の段階ではそこを組みこんでいるつもりです自分では。しかしもっと強い調子で分かるように書けとおっしゃるそのお気持は良く分かりますし、私どもも次の段階では書くつもりでございます。

QF　現在の社会における女性を考える場合に家庭というものを切り離しては論じられないと思うんですが、この概案を作られた場合に現在の社会における家庭の役割をどのようにお考えになったか。将来女性の地位を向上させていく場合にあるべき家庭というものをどういう風にお考えになったか。あるべき女性像を考える時にはあるべき社会像、あるべき人間像というものを前提として何らかの形で認識しておかねばならないとお考えになると思うのですが、やはりその場合に家庭の役割というものをいかに現状分析するか、いかなる単位として家庭をとらえるかということなんです。現状分析と将来の展望についてお答えいただきたい。

久　公的な考えとしては将来の家庭がいかにあるべきかということは、ここでは考えられていません。正直な話、家庭は重要であると思いますが、家庭の行きつく先がどこであるかについては政府が決めるようなことではないと思うんです。ただ政府は現に起こっている家庭の問題でいろいろ政府が手を出さなければいけないというところについてみていく責任があるということだと思います。私どもが概案を作るアプローチとしては、婦人の問題、そういう点にことをしぼっています。ですから五のところにあります一切の国民的権利を男女両性が本当に等しく享受して国民生活のあらゆる領域に両性が参加し、貢献していくことが、国の立場で必要なんだという基本的考え方にたってそうなっていないところをそうするように手当をするという立場で書かれていますので、あるべき社会像という点から言いますと、やはり婦人の問題を中心に考えているわけですね。ですから強いて言うならばあるべき社会像はこの側面からはこれだということになります。

QF　それ以前に現状分析として現代の社会における家庭の役割あるいは、家庭というのは、現在の社会においていかなる機能を果たしているのかと分析なすったんでしょうか。

久　お察しはつくと思いますが、家庭生活を健全に維持しているということに対し、婦人の貢献を評価するということで、家庭生活は社会の基盤として重要な役割を果たしていると評価しているわけです。

QF　社会の基盤として重要な役割を果たしているというのは具体的にはどういうことか。

湯　概案にはほとんど触れられていないのですね。推進会議の中間意見の方では五つの項目にまとめられて出ていくわけです。抽象的に言えば現在の各国の家庭が存在する機能をもっていることは確かですね。それが縮小されてきまして、子どもの社会化と成熟した大人の情緒的安定のスタビリゼーションの機能をもっているぐらいでしかないんだという点まで縮小されていることは確かですけれども、不要なものだと捨てる社会はないわけですね。現在女性の社会進出が多くなっている地域におきましては、正直なところ言いまして、伝統的な形の家族、家庭の維持は非常に困難になってきているわけです。それは老人をどうするかということと、幼児の養育をどうするかということで、どこの社会もうまくは整理できないできているわけで、この種の問題に置きましても女性の社会生活という形で、それを推進していった時、少くとも従来の家庭の固持は困難であって役割の相互交換であるとか分担制であるとかを考慮して処理していかなければならないのは確かでしょうけれども、それでどの程度うまくいくかどうかはちょっと分からないのではないでしょうか。世界行動計画の中でもそれについては矛盾的な点が右と左にいっぱい出てきまして、家庭生活は重大であるということは言っているわけですが、従来のような家庭に専念するような女性も描いていないわけですから、その点をどうするかは実践的な展望に待つほかないようです。

★ 各論にあたる基本的施策の方向についての質疑応答は次号に掲載します。国内行動計画概案、推進会議中間意見資料は事務局にありますので御注文ください。

お知らせ (1)

☆ 六月の世話人会で財政担当者を決めました。カンパ、会費などについて検討し起案していただきます。

山屋光子　兼松千恵　能勢南穂美

郵便料金値上がり、紙代その他の値上がりのため会運営が苦しくなっております。近く会費値上げの予定です。

主婦問題特集 その(3)

パネル・ディスカッション
―夫の給料は誰のものか―

四月十三日　夜の部

司会　樋口、金谷、淡谷

司会　昼の部で基本的に一致しているのは、現在の女性が不利な立場に置かれているという認識。その状況を改善していく場合に、一つには専業主婦の場合にはその状態で不利にならないような、主婦であって一つの自立した人間でありうる立場、制度を確立できるのではないかという考えと、主婦という形では独立はありえない、やはり労働者として働く人間としての立場でしか独立した人間としてありえないという見解との二つの立場が出てきたと思います。夜の部では、その点をふまえて、各々の踏まえている条件の違いと、働く側は主婦の立場に立って、主婦の側は働く立場に立ちつつこの問題に対する見解を討論していきたい。

中島　労働分科会で労働省に要望を出しましたが、その中に母性の社会的保障というのがあります。労働と母性は矛盾するのですが、母性は社会的機能であるから社会的に保障しなければならないと考えます。日本の労働条件の中で、母性機能を破壊するならば、母性機能の保障として社会が保障していく。そのことが男女不平等の理由となってはならないという考えです。昼間の発言で平岡さん、青木さんが家庭の中での主婦の労働は、社会がやるべきことを妻が家庭の中でやっているのだ。妻がしわ寄せさせられているのだから、結婚している妻の当然の権利として保障していくべきという御意見だったと思いますが、現在の共有か別産かの議論の中で、共有論を主張していらっしゃる方には、こういう言い方が多い。保護でなく妻の当然の権利として保障するということ。これは先ほどの社会的労働の場で労働と母性の矛盾を女にしわ寄せしないで、社会的に保障していくことが女全体の地位向上につながるという主張と、家事労働を女にしわ寄せしないで保障していくことが、女の全体の向上につながるということの点の議論が、むずかしいけれど基本的でかなり重要だと思います。青木さんにお伺いしたいのは、家事労働の評価というのが家庭の主婦の地位向上が、どういう意味で働く女の地位の向上に結びつくのかということです。ひいては女性全体の地位の向上に結びついていくのか御説明をお願いします。

青木　家事労働の評価が働く婦人の評価をどう高めるかといいますと、共働きの場合であったら二重の負担、一人前に働いていて帰ってからも家事労働をするということなので、現在、税法においても勤労者としてしか考慮されていないのだけれども、配偶者控除を認められていいのではないか。家事労働を評価されて、労働賃金が上がると働く賃金もあげられるのではないか。

中島　そこが少し分からないのですが。

青木　企業に対して労働力を売った場合、家事労働があって労働力が一人前に発揮されるのであるから、家庭に対し家事労働の評価はされていかなければならない。その時に専業主婦の場合夫が評価されていき、共働きの場合であっても評価されていいと思います。共働きの場合でも妻なら二人前の労働をしているということで、賃金としてプラスされるか所得控除でプラスされるか分かりませんが、何らかの形で控除されて然るべきだと思います。

A　共働きの場合に女の人が両方二人分とおっしゃったんですが、男の人も二人分ということになりますね。

青木　一人前の家事労働を二人が協力してやったということですと、一・五人分づつでいいと思います。

A　家事労働を認めさせることと、働く女性の地位向上の結びつきというのは？

青木　労賃を上げれば解決するのではないかというお話も出ましたが、私は意識として家事労働でしかいられない主婦もいますし、老人、子どもの世話とか社会化されていくまでに現実にやらねばならないのが、ここしばらくの主婦像ではないか。それを眺めた時にあまりに不平等なのではないか。ともかく主婦は、やむなく家庭にある場合でも、評価すべきだと考えるわけです。

B　青木さんの御意見の支持者は圧倒的に主婦であると思います。主婦の九割九分は共有制支持ではないかと感触としてとらえている。共有制支持の根拠というのは、結婚のあり方として夫婦一体が原則というのがそれではないか。夫婦は運命共同体という考え方からすれば、共有制の長所、短所というとらえ方の短所すら長所になっていくわけです。短所の「自分の財産を作ることが不可能、処分には夫の同意が必要」、それこそまさに真の夫婦ということになる。夫婦もろともにという家庭観、価値観を変えさせるのは非常にむずかしい。どういう形でそうでないんだといえるのか大変むずかしいのですが、考えていかなければならないのではないかと思います。

C　私は今まで主婦の座にいたことがない。自分も働き夫も働いて、夫婦のあり方としては夫と私はまるきり別の人間、別の価値観をもって、ただ一緒にいれば嬉しいこともあるから一緒にいるという感じなんですね。家事というのは子どもが産まれたり、病気したりという段階になって家事労働の重さをずっしりと感じたわけです。その時の家事労働、これを家事労働という名前で呼ばないようにしたいと思っている。人間が一人で働いて一人で身の周りのことをするのは個人が個として自立する上に当然のことなんですが、個として自立できない人、たとえば老人がそうだし身障のお子さんもそうだし、まだ幼い子もそう。そういう人のための労働は今は私的労働になっているけれども、本来は社会的労働でなくてはいけないんではないでしょうか。人は個として自立する時、経済的に自立すると同時に生活的に自立する。自立できない人のための労働を社会的労働としてとらえていく方向を出すために、混乱しやすい家事労働という言葉をやめたらいいと思う。自分のためでない労働には私的にひっくるめた家事労働という妙な言い方ではないものに考えを整理していったらどうかと思う。

司会　何ゆえに家事労働は社会性をもたないのか。

俵　どこから金をもらうのか、どこからどう評価してもらうのか、もっと具体的に。

C　私も保育所に子どもを入れてほしい時に入れてくれなかった。その時育児休業制案が出てきた。賃金を払えと教組が要求した。企業に払えといっても払うはずがない。子どもというのは本来社会的なもので、社会的に保障していかなければならない。保育所もそのためにある。本来婦人労働者のみのための保育所ではなく、保育所のお金というのは子どものために出すお金です。それを自分が利用できないなら子どものためのお金をどこかからとってもいいではないか。そのお金は企業は出すはずないから、子ども保障のような形で、母子保障基金のようなところから、働いている母には保育所を保障する。入れない子どもの母には所得を保障する。子どもへの保障金という形で国が出すような福祉の方向が出ないかと思ったのです。

老人なんかもそうです。老人を介護している家庭というのは、非常な負担を背負っていて経済的にも重たいわけです。老人というのは社会的に働いてきた人たち、その老後を保障する。誰が保障するかといえば私たちです。そのお金は税金という形で国におさめて老人に環元していくという形ならば、自分が私的に自分の家の老人にお金をつぎこんでいるという私的な保障の仕方とは違うんじゃないか。現実には今日本の社会の中では非常にむずかしいけれども、保障の方向、福祉の方向というのは、自立できない人には皆がお金を出しあって、そこへ環元していくんだ。個人のお金であるけれども、いったん税という形にプールされたお金は私的なものでなく公的な形で、皆が平等に保障を受けられるようにしていく方向というのを、日本ではまだ全然考えられていませんけれど、方向性としてあるのではないか。

吉武　スウェーデンの福祉財政はどうなっているのかというのを調べていたら、国の収入の四十五％が国民の年金基金になっていて、それを社会サービスという形でどんどん環元していくという形で、私的にはカバーできない部分を社会的にカバーしていっているわけです。その時のものの考え方は何かというと、やはり男にしても、例えば日本の場合、自立しているかというと、生活的な能力というのは全く女房の方にあずけているわけですから、人間として自立しているわけではない。女の方は生活能力はもっているわけであるけれども経済能力はないということで、どちらも半自立の関係の中での夫婦というものがあって、その中で足らざる方の役割をお互い分担しながら家庭を築いていく形の中では、全部社会サービスとしての部分も、家庭で切り盛りしていく奥さんへ負担させていくという形で発展していくわけなので、社会性のある老人問題、子育て、身障者問題は社会サービスとして発展していかないのではないか。財産制についていえば共有制になるのが、その部分で非常にこわいということなのです。

D　女性の労働権ということについて今の社会で女性が労働についた場合に、それが人間的な労働になるのかという点ですが、家事が社会化された場合に、その条件が整っていないとまずいと思うが、その時に公害の問題がでてくる。今まで女性が社会的に進出する場合、つねに企業に有利な形でしか運んでこなかった。電化やインスタント食品など女性の家事労働負担が減った割には公害が進んできたという感じがします。女性が社会に出る以前に考えておかなければならない問題があるように思います。

E　私は民間企業に八年いて今度公務員になったんですが、非人間的労働を男にだけさせておいていいのかどうかを常に感じてきました。二人で働くことによってその負担を分担し、時間短縮という形で人間的労働をうみ出す条件ができてくるし、公害問題でも女だけがたずさわっていたのではかなり弱いし、保育所闘争なんかについてもいつも感じていたんです。夫側が公害を出す側にいて妻の方がなくす運動にたずさわっていてもどうしようもないのではないか。二人で生活の場と会社の現場をみることによって、その不自然さを感じられるのではないか。

私はこれからタテ型の社会というのを考えるのですが、夫婦二人が働いて老人と二人の子どものめんどうをみる。夫が一人で二人の生活をみていくのはとうてい不可能ではないか。働ける状態の大人が二人以上働いて子ども、障害者、老人を含めた相互扶養の社会をつくっていきたい。それには今専業主婦になっていてにっちもさっちもいかない人は、例えば自分の問題の中で障害児を抱えていたら、障害者の社会保障を求める立場から告発運動をしていく。老人問題を抱えていたらその点からやっていく。その中から働く女との連帯がつかめるのではないかと思います。

以上

（発言の一部を割愛いたしました。）

お知らせ (2)

一、夏合宿へ参加しよう!!

☆とき　8月8日(日)・9日(月)・10日(火)
（8日三時までに現地集合・10日朝食後解散）

☆ところ　秋川渓谷　国民宿舎止水荘
都下西多摩郡五日市町山田九七〇
℡ 0425196l0387

☆費用　六五五〇円（二泊料金＋広間使用料）

☆交通　交通費別・子ども料金別
五日市線武蔵増戸駅下車徒歩一〇分
東京から一時間三五分

☆申込　予約金千円、切手でも可。
事務局へ手紙でおねがいします。

☆〆切　7月31日
8月9日当日参加も可

☆9日のディスカッションテーマ
〃性〃を語ろう
水泳・キャンプファイヤー
フリートーキング・他

二、7月16日討論会
〃スウェーデンの福祉見学報告と日本の福祉を考える〃
（千駄ヶ谷区民会館　午后六時半　託児有）

三、カンパのおねがい
会の運営費安定のため多くの方のカンパをおねがいします。切手でもけっこうです。

1976年7月 活動報告

国際婦人年をきっかけとして
行動を起こす女たちの会

事務局
〒160 新宿区新宿1－9－4
御苑グリーンハイツ806
中島法律事務所内
TEL　352–7010
郵便振替　東京0－44014

公開討論会報告（六月十八日）

国内行動計画概案を検討する (2)

司会　古川、野並

☆基本的施策の方向についての質疑応答

回答者　久保田真苗氏（総理府婦人問題担当室長）
影山裕子氏（婦人問題企画推進本部参与）
湯沢雍彦氏（同　参与）

質問者　各分科会代表者

―女性の置かれている現状―

Q　最初にお願いしたいのは、概案を見ると全体的な感じとして民間会議の答申の方がいろいろ言いたいことはあるものの感覚的には心情的にピッタリくるし、現状分析も問題のたて方も違う。推進本部の方は解りきったこととして書かなかったかも知れないが、民間会議の方に載っていることは少なくとも落とさない形で本案に取りあげていただきたい。

教育に関して聞くが、施策の方向はあまりに抽象的で具体的に聞かないと解らないものが多い。「従来の男女の役割分担意識にとらわれない教育訓練を推進する」とあるが、それでは今ある悪い点というのはどうで、これからどう変えようとしているのか。

久保田　私たちの認識としては、教育については経育基本法に定めてあるといって、男女共学も一応基本的には達成されていると理解している。残された問題は、家庭科の問題をどう考えるかということから、女子の高等・専門教育の偏りが非常に多いこと。それについては、例えば進路指導などの点でもっと積極的に女子に生涯を見通した進路選択をしてもらうような教師や職業安定所の働きが必要であろうし、それ以前においても非常に科目に偏りがあり、かつ女子の参加が学校教育よりもずっと低率であるから、そういうところの改善が必要だ。原則の上には立っているが教育の巾において非常に不満があるということを是正するというふうに感じる。

Q　その点では私たちの感じ方と非常に一致しているが、次回の本案では具体的な形で取り上げてもらえると理解してよいか。

久　できるだけ取りあげる。ただ取りあげ方としては、私はあまりに細かい総花主義的なのはむしろ効果的ではないという気持があり、何から何まで盛り込むということは私自身はあまり賛成ではない。ただし、各官庁の希望もあるので、それを交通整理していかなければならない。今言ったことは載せたいと思う。

Q　もう一つは、教科書の内容であるが、以前文部省と話し合いをした際に、文部省が教科書を作るわけではないと言われたが、役割分業意識を強化する形で作られている教科書に対し、政府の姿勢としてこういう問題を強調し現状を変えていくというような方向を出してほしいがどうか。

久　それについては私はあまり多くを語れない。なぜなら教科書を選択するのは文部省ではなく、国民の権利であるからで、文部省の点検の巾は広くなくてはならないと思う。だから隅々に至るまで役割分担がどうのこうのというような指図は役所の側ではできないだろう。国民の側で大いにやってもらうことだと思う。

Q　以前、教科書会社数社と話し合いをした際、「検定を気にせずに変えられるということに気が付かなかったのだ」と言ったが検定制度のもつ拘束性についてはかなり神経質であり、その意味では私たちも検定による拘束性は弱いほど良いとは思うが、こういう配慮をぜひしてほしいという要望なりは政府が当然しなければならないごとと思う。

久　私は疑問です。その辺は。

司会者　業者側では検定がどうのと言い、政府側では国民がどうのという。どういうことか。

湯沢　私共タッチしたことがないのでよく解らないが、教科書は活字になって残るし眼に触れるので検討され易い。しかし実際に先生や生徒に話しを聞くと、教科書通りというのは半分もいない。良い意味でも悪い意味でもかなり担当の先生によって変えられている。昨日私共の学生が、家庭科の教科書を検討するゼミナールをしたが、全部の目次を見て初めてこんなことも書いてあるのかと解ったり、教科書を見たことがなく実習ばかりやらされている例などあったが、実際の担当教官による影響が非常に大きい。だからといって教科書がどうでもいいわけでは勿論ないが、今私の知っている教科書では中身よりも、中表紙とか、女の子がスカートにかえて出てくるとか、理想的な台所とか、女性を中心にしたファミリースタイルの図ばかり出てくるとか、ああいう風なイメージの方が強い影響を与えるように思う。

影山　私はこの点では久保田さんとちょっと意見が違うのであとで調整しなければならないが、教科書検定のことは詳しく知らなかったが、個々に検定をやるということではなく、男女の役割分業見直しが今後の非常に大きな方向なのだから、その方針で教科書を作ってほしいということを文部省が教科書編集者の方にお願いすることは必要だと思う。国内行動計画にはっきり役割分業のことについて書き、国の方針としてこれに添うような教科書を書いてほしいと基本的な姿勢を示し、個々の具体的な問題については、国民の側からの問題提起がされていくのが良いと思う。

Q　制度としては基本法に共学がうたわれているが、実際には高校では公立でも別学が多く、特に関東・東北に多いが、この問題は行政指導の範疇では考えられないのか。

久　私、文部省ではないのではっきりしたことは言えないが、おそらく男女共学については基本的には守られているという考え方だと思う。

Q　今のことも含めて、国内行動計画ができたら各省に向ってこの線に添ってやってほしいという姿勢を出すのは当然だと思うが、そういった指導・要請については具体的にどんな方法でなされるのか。

久　教育の機会均等が仮に妨げられているというような事実があれば、文部省が教育委員会の方に通告するという形で行われると思う。

Q　それは現在でもそういう形だと文部省も答えているが、各省に知らせ、さらに各省の諸各部への伝えていくということを強力にしてもらわないと国内行動計画が出される意味がない。例えば、私は教育の現場にいるが、この概案が出されたときこの問題がついぞ話題になったこともなく、教育委員会その他から今後この問題についてやるということを聞いたこともない。本案が出されたとき沢山の文書が現場の学校まで下りてくるかは大変心配である。「この前新聞に出たではないか、知らないのが悪いのだ」では現状を変える力にならないと思う。

久　それは当然上官庁から各々の傘下の機関に通達がいくはず。今の段階ではいっていないかも知れないが、主なところへは流してもらっているはずで大分増刷させられている。現場の学校まではいっていないかもしれないが、そのかわり、「社会教育」という雑誌に両方の全文を載せてもらっているのでかなり見ていると思う。

影　今指摘されたように、必ずしも各省をゆさぶり動かすところまでなかなかいっていないと思う。これは今後さらに努力しなければならない。先程の別学の問題は私も関心があるが、公立高校の何％かが別学であり、国立のお茶の水女子大や奈良女子大などはなぜ女子大なのか、男が入れないというのは男女差別なわけで、例えばそういうものを無くすなど具体的な形で作らなければならないと思う。でも各省が抵抗するので、推進本部と参与と担当室最の間で葛藤が起っている。その結果どんな形になるか解らないが、私は具体的に何かこう無くすとか、これはこうするとか、いつまでに審議会の委員は何割までもっていくとかという形で基本は作られるべきでそういう線を声を大にして言っていただきたい。

Q　私たちも度重ねて皆さんにお願いに参りますが、ぜひそういう方向でお願いしたい。もう一つ、教育に直接関係ないようにみえるが、この概案にはマス・メディアの問題が一つも出てこない。教育には制度や社会教育の部分だけではなく、人々の意識に大きな影を与えるマス・メディアの問題がある。世界行動計画では一章を費やしているが、載せなかったというのはなぜか。どう考えているのか。

久　マス・メディアを除いているつもりはない。いろいろな公的機関・民間機関・団体という中にそれを含めており、一つ一つの機関の名前で、どれをあげてどれをあげないということは今やる段階ではないので次の段階でやる。

影　というより、マス・メディアというのは何かをやると言論統制とかという問題が起り非常に難しいわけで、それに対してはマス・メディア自体に反省してもらうということです。上官とマス・メディア幹部の方で懇談会をもちこういう世界行動計画が出ているので考えて下さいという会を久保田さんの方で企画されて、実行されていないが、とかく政府がという形で出すと非常に難かしくなると思う。むしろ皆さんとしてはどう考えるのか。

Q　私としては、指導とか規制という形ではなく、人々の意識に影響を与えるマス・メディアの責任の重大さをどこかにうたってもらわないと片手落ちではないかと思う。

A　憲法や教育基本法を言い、それを遵守していくから心配ないと言っているが、あくまで建前論であり非常に不安である。具体論では、検定については本来は字句の誤りなどのはずが現在は内容にまでタッチしているし、出版社への指導などは考え方としておかしい。それぞれの出版社の企画で出版された本を国民全体が選んでいくという形でもっていってほしい。政府による言論統制ということに結びつかないよう充分承知の上で検討してほしい。

久　国の権限の範囲を越えないところでやるというのは政府の行動計画としては当然のことでいうまでもないと思う。

――労働分科会より質問――

Q　労働権についての確認であるが、ＩＬＯでは女性の働く権利について繰り返し奪うことのできない権利であると述べているが、先ほどの答弁でもそれは当然のことであるといっていたし次回の本案にはそのことがきちんと文章化されるのか確認したい。

久　今でも文章化されている。すべての国民は勤労の権利を有し、義務を負うということがあるわけで、国民の基本権である。その筋書の中にＩＬＯに言われなくてもあるのだが、ただし現実のものになっていない。それは社会経済の枠組みが小さいとか、あるいは偏見とかその他もろもろのことがありそういう事実があるのでそれを強く書くということについては私はやりたいと思っている。

Q　ぜひお願いしたい。というのは、不況になってくると、有夫の婦、つまり配偶者のいる女の首切りが合理的な理由とされたり職場でも男の賛同を得て組合が認めるということがあちこちで聞かれる。それに対処するためにもはっきりとうたっていく必要があると思う。そういう現象に対し、具体的にはどう対処しようとしているか。

久　雇用職業に関する機会と待遇の男女平等の確得のため、配偶関係あるいは女子の差別停年制などの是正に努め、必要な法令制度のあり方を検討するということである。今、現に裁判の判例などで積みあげられたものの上にのって民法九十条の援用などによる行政指導が行われているがさらにこれを強化する。そして今の法制で不足の面がどうしてもあるので、特に労働の面では、雇用の平等を確得するだけの法制が日本ではまだないのでそれについて検討をしできるだけ立法化への努力をする。

Q　ではそのための阻害要因の除去云々とあるが現実には何であるか。

久　沢山ある。若年停年、結婚退職、昇進昇格の差別、あるいは採用時の差別、男女同一賃金になっていないこと、パートの首切りなど、女子が限界労働力の範疇にあって一般の当然受けるべき保護がその面では欠如していることなどすべて。

Q　それらは阻害要因ではなくむしろ現象だと思う。例えば家庭での男女役割分担などが阻害要因としてあるためというようなことが一つもでていない。

久　この場合、私は、職場において男女の役割分業意識があるからとか、女は腰かけだとかそういう意識は確かにその中に入ると思う。

Q　公務員については平等の取り扱いの原則に基き、採用、登用とを充分に配慮するとなっているが民間については具体的にかかげられているのは諸々の阻害要因ということになるがどういうことか。

久　当然、公務員でも民間でも同じ原則が働くべきだと思う。ただし、公務員の場合には国家公務員法二十七条、地方公務員法十三条ですでに権利の差別を禁止する規定が書いてあるが、民間の場合は例えば労基法なりその他の立法によって賃金以外については命文化されていない。だから命文化する努力がまず必要。片やすでにある原則についてやり、片や必要な法令制度のあり方を検討するという表現にならざるをえない。

Q　母性保護の問題に関し、ＩＬＯ決議の中でも社会保障をしていくことがうたわれているが、保障ということに対してはどう考えているか。

久　所得保障については、母性給付の水準についてと書いてある。母性給付とは医療給付と所得給付を両方含んでいる。

B　労基法三条に性別を入れるにはいろいろ問題があり簡単にはいえないということであるが、具体的にはどういう理由で性差別禁止をうたえないのか。

久　労基法に入れるのは一番手っ取り早くしかも、監督制度にのっかれるという点で現実的に良い方法だと思うが、ただ三条の中には賃金労働問題、その他の労働条件について差別してはならないという書き方がしてある。すると、労働時間については現に違いがあるわけで。

B　その点については、ただし書きとして六章については除くというように一行つけ加えればいいだけの話しで立法技術的には問題がないわけで、ほかにもっと総合的な立法が必要であるということは別にして、というのは非常に時間がかかるので。労基法三条の改善はすぐにできると思う。

久　労基法六章というのは母性保護に限らない。あれは女子保護である。とすると、時間外労働及び深夜業の制限というのが相当大巾にあるわけだから、それをそのままにしておいてはたして労働時間について男女の差別がないということが言えるかという解釈については、立法当時の過程で性別を入れたかったがそうはしなかったという経緯があると思う。だからその解釈についてその当時と違う解釈ができるといえるかどうか。法律について解釈は時代によってさまざま変遷するだろうが、当時入れられなかった事情が今なぜ言えるのか、そこまで究明しなければ必ずしもあの中に入れられると断言はできないと思う。

（以下、主婦・離婚・売春分科会と続きますが、紙面の都合上次号に掲載します。なお文中敬称略。又、文章表現の上で大巾に簡略化しております。）

定例会報告その２（七月十六日）

〝スウェーデンの福祉見学報告〟

報告者　淡谷まり子、山屋光子、神子島妙子

男女平等において、福祉において注目すべきスウェーデン。そこへいろんな女が男女平等の源をさぐる旅へと出かけました。その有志による報告会の第一回が開かれました。

「人間は他人によって扶養されない」「結婚は経済の手段であってはならない」「男女とも、社会と家庭の二つの役割を果すべきである」という基本理念に裏打ちされた、さまざまなすぐれた政策を、国全体で推進していることに感嘆するとともに、いかに日本が男女平等において福祉において後進国であるかを思い知らされたのです。しかしそのスウェーデンも三十年前は日本と同じであった事を知り、私たちは勇気を奮い起こし、ガンバラネバと改めて思いました。

時間が足りなく質疑応答があまりできなかったため、次回の定例会で再度話し合いをします。また、詳しくは次回の定例会報告とあわせて紹介します。

女の人権を無視する裁判官に裁かれるのはごめんだ!!

「男が生命をかける司法界に進出するのは許せない」「女が職業を持つのは当然だと考える奴はいじめてやる」「日本民族の血を受け継ぐ事は重要なことだ」「女が裁判官になると生理休暇などでまわりに迷惑をかけることになる。弁護士も同じだ」

これらの発言は一体誰が言ったことだと思いますか。驚くなかれ、次期の法曹を育てる司法研修所の事務局長であり、教官たちなのです。しかも彼らは裁判官でもあるのです。

法を遵守し人権を保護すべき裁判官が、司法修習生に対して行ったこれらの差別発言を私たちは断じて許すことはできません。

性差別に対し闘う私たちがこの事を見過ごすことは、みずから人権を放棄し、差別を助長することです。私たちは強い怒りとともに早速抗議行動を開始しました。

七月

二十一日　地裁・高裁前座り込み及び道交法にひっかからないデモ。

二十二日　最高裁前座り込み及び会見要求、抗議文手渡し。

二十三日　司法研修所前座り込み及び会見要求、抗議文手渡し。

二十四日　読売新聞社〃編集手帳〃に対する抗議のための会見要求。

ロッキード汚職反対デモに合流。

二十五日　街頭でのビラマキ署名集め。

今後も裁判官罷免を要求して、訴追の申立てや署名活動をしていきます。時代に逆行する司法界から女性差別を撤廃するためにあなたも参加して下さい。

抗議文

法の番人を育てる司法研修所の川崎義徳事務局長をはじめとする多くの教官が女子修習生に対し、「男が生命をかける司法界に女の進出を許してたまるか」などの露骨な女性差別を行っていることが、新聞報道によって明らかにされました。

これらの暴言は、単に女性法律家に対する差別を意味するだけでなく、法によって規制されているすべての女たちの人権を踏みにじるものだ、と私たちは受けとめています。

戦前、日本の女たちは、法によって人権のすべてをうばわれていました。物のように親や夫によって、国の許した売春地帯に売られたり、一方的に妻の座を追われ続けた女たち……こうした屈辱と涙の女の歴史は、一九四五年八月十五日を境にぬりかえられ、憲法によって男女の平等がうたわれ、ようやく私たちは法的に人権を得たのです。私たちは基本的人権を守る日本国憲法を誇りとし、ひいてはその番人である裁判所を信頼してきました。にもかかわらず、法を執行する男たちが今もなお、女の人権を無視した戦前の意識をもち続けている、という事実がいかにおそろしいものであるか――私たちはこうした男たちによって裁かれ、時には死刑さえも宣告されなければならないのです。私たちは自らの体を張っても、こうした男たちに裁かれる女の歴史に終止符を打たなければならないと思います。

司法界に当然のこととしてまかり通っているこうした人権無視の事実に、もし女たちが怒り立ちあがらなければ、私たちは永久に人間としての権利を自ら放棄したことになるのです。

私たちは、法の番人を育てる司法研修所の事務局長、教官が差別と偏見にみち人権意識の欠如していることに恐怖と怒りを感じます。このような人々が、現在まで裁判官であり教育者でありつづけてきたことに改めて抗議し、直ちに罷免することを要求し、憲法を守り国民の信頼にこたえる裁判所であることを立証するよう要求します。

〝会費値上げせざるを得ません〟

運動はいつの間にか誰かがやってくれるものと思っている人はいませんか。いうまでもなく、この会はあなた自身が考え、動き、仲間を集め、創り上げなければならないことを確認していただきたい。というのは、現在六〇〇人の会員の内会費納入者は四〇〇人に満たない状態で、しかも会員の諸状況を考え最低額を低く押さえる一人何口以上という形ではその八〇%が一口のみという状態。

次表に見る如く一月の必要経費に会費収入では追いつかず、個人的篤志から大口カンパをしてくださる少数の方にたよりどうにかやっている状態です。

しかも郵便料金を始めとする諸物価の値上がりは当然支出を増やし、また活動すればするほど、お金は必要になります。値上がりを見込んで、月十五万の収入を確保しなければなりません。それには四百人として一月四百円が、五百人として三百円の会費が必要なのです。今の状態では会の運営は難かしく、値上げせざるを得なくなりました。

また、会員の皆さんが全員納入して下さるら問題はないのですが、それも望めない今、苦肉の策として、定期カンパという方式を新しく始めます。毎月一回、一口、五百円のカンパを継続して下さる方を募っています。あなたの月五百円のカンパが、今の活動をより大きく発展させ、女性解放のための運動の輪をさらに拡げるのです。

一人の何十万より、何百人の五百円の方がどんなにか価値あることでしょう。

皆さんの納入をお待ちしています。

○新会費　一カ月、一口、三百円
○定期カンパ　一口　五百円（毎月一回）

できるだけ何カ月分かまとめて納入下さると事務処理上助かります。納入は、会費かカンパの別を明記の上、同封の振替用紙をお使い下さるか、又は現金書留でお送り下さい。

財政の窮乏をお考えいただき、よろしくお願いします。

1976年1～5月決算報告

○収入の部

会費	244,650
カンパ	108,430
参加費	64,000
資料代	23,200
電話料	6,500
その他	570
計	447,350

○支出の部

事務用品費	25,524
通信費	147,589
印刷費	90,090
謝礼等	23,200
交通費	22,250
専従手当	190,000
会場費	14,150
雑費	5,650
計	447,350

前年度繰越し	118,157
収入	447,350
支出	518,453
残高	47,054

○平均値試算

会費収入平均値	48,930
支出平均値	103,690

お知らせ

○シンポジウム
〃家庭科はいつまで女だけ？〃
時　九月十一日(土)P.M一時〜四時半
所　婦選会館
パネラー　前田武彦、吉武輝子、家教連代表者、他
共催　行動を起す会
家庭科の男女共修をすすめる会
NGOの各団体

今後十年間の家庭科教育が決定される新教育課程に、女子のみ必修が答申されようとしています。世界行動計画が出されたこの時に、時代錯誤ともいえるこの方針を許さないために皆で反対しましょう。

○九月定例会
〃スウェーデンにおける男女平等の源〃
時　九月十三日(月)P.M六時半〜九時
所　千駄ケ谷区民会館
前回に引きつづき、スウェーデン視察旅行に行った方から、スウェーデンにおける男女平等の実態を報告していただきます。質疑応答の時間をなるべく多く取りますので、ぜひご参加下さい。

分科会ニュース

○労働分科会
〃賃金論について〃
時　八月十二日(木)
所　未定
出席　総評関係者(予定)

○教育分科会
〃家庭科共修についての要望書の作成他〃
時　八月二十五日(火)P.M六時半
所　中島法律事務所

○家庭生活・主婦問題分科会
〃主婦の再就職〃
時　八月二十九日(日)P.M一時〜四時
所　恵比寿区民会館
保育料　百円、会場費　三百円

○離婚分科会
〃離婚の母の家設立にむけて、具体的運営方法の検討〃
時　八月二十九日(日)P.M一時〜五時半
所　あごら

○手伝って下さる方いませんか
和文タイプのできる方、テープ起こしをして下さる方、ハンコ押し、封筒のあて名書き、発送、ガリ切りのできる方、その他色々と手伝って下さる方はいませんか？

自宅でできることもあります。ぜひ事務局まで御一報下さい。

○お手紙お待ちしてます
会員の声の欄を作りたいと思います。ぜひ御意見や御批判をおよせ下さい。

編集後記

始めまして！出産をひかえた井上さんよりバトンタッチ。事務局を担当した私、当年とって二十八才、花のニッパチ花ざかり。慣れぬ仕事にもたつきながらも、ようやくどうやら一ケ月。連日連夜のよせては返す仕事の波に追いまくられてきつかわれて(？)ガンバルゾ！の意気込みも何のこと。肉体的限界には勝てず、最近はどうやって休日を確保すべきかに悩んでいるこの頃です。

ともあれ、できる限りガンバリますのでどうぞよろしく。

(野口)

国際婦人年をきっかけとして

行動を起こす女たちの会

1976年8月

活　動　報　告

事務局
〒160 新宿区新宿1−9−4
御苑グリーンハイツ806
中島法律事務所内
TEL　　352−7010
郵便振替　東京0−44014

GGGGGGGGGGGGG
GGGGGGGGGGGGG

公開討論会報告（六月十八日）(3)

国内行動計画概案を検討する

司会　古川、野並

GGGGGGGGGGGGG
GGGGGGGGGGGGG

☆基本的な施策の方向についての質疑応答

回答者　久保田真苗氏（総理府婦人問題担当室長）

影山裕子氏（婦人問題企画推進本部参与）

湯沢雍彦氏（同　参与）

質問者　各分科会代表者

—家庭生活・主婦問題分科会より質問—

Q 施策の基本的方向の(2)で、「固定的な男女の役割分担意識を見直すとともに、婦人に対する不平等な慣行を是正し、婦人がその能力を十分に発揮することができるような社会環境を整備することが必要である」となっているが、女が家事をするということをどういう形で是正するのか。

久 不平等な慣行そのものを政府が直接やめさせる。例えば、何らかの法律で強制的にやめさせる。あるいは勧告・助言による、なんとなく啓発する。あるいは段階があると思うが、家事育児を女がやるという社会慣行について行っているのは啓発で、私はその面については調査とかいろいろな方法があると思うが、政府がこのようなことについて見直すことが必要だという態度を表明すること以外にはあまり強い姿勢は出せないと思う。

Q そうすると、意識を啓発して、家庭の中で男女が共同で家事育児を行う男女協業ということだけを考えるのか。社会的なサービス機関をこの中で考えてはいないのか。

久 家事育児に対する社会環境を整備するということは当然入ると思う。

Q そう解釈するが、同じく(2)に、「同時に家庭生活の健全な維持に対する婦人の寄与と家業における婦人の労働に対して正当な評価が与えられるべきである。」というのがある。前者の婦人の寄与ということになると、つまり家事育児は女のものということを認め、それを前提に正当な評価をするというように受け取れるが。

久 別にそんなことはない。ただ世界行動計画にもあるが、婦人が現実に家庭内の役割を担い、そういう形で家庭生活をやってき

— 1 —

て年もとったという現状はある。そして、私が思うには固定的な男女の役割分担を見直すということをお勧めすることは政府としてできるが、個々の家庭に対して分業してはいけないんだという権利はないし、そんな事をする必要もないと思う。現に夫婦がお互いの約束事で仕事をしてきたということは歴史的な事実ですし、また、そうやって夫婦が互いに良いと判断してやっている場合に、婦人が家庭生活の面を多く受け持ったということに対して、そこにある価値というものを家庭の枠内で認め、それに対する経済的な報いを得さしめるということは、民法がその機能をもっている以上、民法として当然やるべきだと思う。

Q　ということは、性別役割分業体制の中で女が家事育児をやってきたこれまでの事実に対して正当な評価が与えられるべきであるというふうに……。

久　そうではなくて、家庭の枠の中で各々が受け持ってきた約束事に対して、片方がすべてのものを得て、片方が経済的なものを得ないということが駄目なんで、要するにこれは妻の働きに対して、働きの分を分けるべきだと思う。

Q　ここで特に婦人の寄与となっているが、これは別に婦人でなくてもいいわけですね。

久　そうですね。

Q　夫が内助の夫であるときも家事労働を正当に評価していくということになるわけですね。

久　そうです。

Q　そうすると、前に出た基本的考え方と矛盾することにならないか。

久　別にそうではないと思う。そういう社会環境を形成するという考え方があって、だけれども家庭生活の中で今までやってきたことが無視されていいということにはならないわけで、民法の中で財産のことまで規定しているが、その規定が偏っているということは前の基本的考え方にすぐに係わりあることではないと思う。

Q　女の側だけが主婦であること、あるいは主婦でないことを選択できるという方向で主婦の問題を解決したいと思う。

　雇用における平等というかたちには、今働いていない女の雇用の機会の平等をいっているのだと、例えば女子学生など、これから社会に入ろうとしている女、あるいはすでに持っていた労働権を失ってしまった女、つまり主婦の労働権の回復も含めて考えていいのか。

影山　再就職みたいなものですか。

Q　そうです。一旦労働権を失ったら二度と手に入れることができないという意味で主婦の再就職ができない国として世界に冠たる国ではないかと思う。既婚・子持ち・中年などであることで就職に差別がないようにしていただきたい。

　もう一つ、農村婦人の問題であるが、農村においては婦人だけが「生産と生活の調和をする」ということで問題が解決すると考えているのか。

久　そういうことではないが、この場合に強く意識にあることは、今女の方に農業が強くかかっているという現状がある。つまり女だけが家の回りのことや一切の農業を背負っているということを強調するのだということです。

Q　夫が出稼ぎ等で不在であるといった中でいろいろな問題が出てくるわけで、婦人問題だけでとらえられない側面があり、農業問題として基本的なあり方を変えることなしには解決のつかないものがあると思う。企画推進本部の本部員として、農林省の人が入っているかどうかわからないが、有機的連携というかそういう形で問題解決にあたってほしい。

さらに、保育の問題であるが、要保護児童とあるがこれは現在働いている親の子どもだけなのか。

久　そんなことはない。現実にはいろいろな事情で優先順位をつけということがあると思うが、働く親の子どもだけではないと思う。

Q　現実には働いていない母親の子どもは預けられないとなっているので、社会参加を希望する婦人の再教育・再訓練ということにも係ってくるが、そういうものを希望する母親の子どもも要保護児童としてみていただきたい。また、労働権ということだけではなくあらゆる社会参加のためにという視点でみていただきたい。

まだ、いろいろ問題はあるが時間がないので年金の問題だけにしぼるが、妻として被扶養者としてということになっているが個人年金権の確立ということでもっていっていただきたい。

(白熱した論議の内に会場の使用期限は迫り、実に残念ではあったのですが、以後の分科会による質問は要望という形で打ち切らざるを得ませんでした。

—性の問題を考える分科会より質問—

Q　トルコ風呂について、野党婦人議員より何年にも渡って提案されている公衆浴場法改正案についてですが、概案にも、民間会議の答申にも、売春問題については一言半句触れられていない。これは婦人問題の中でも非常に大きな問題であって、集約された女性差別だと思うわけですが、このことについて取り上げる意志があるか。

久　実際問題として、政府の方も民間会議の方もそこまでいっていない。推進会議の方では、まだこれからも内容の検討というのをやりますので、そこにでてくるというのも考えられます。

Q　民間会議のメンバーをみても、今まで売春問題にタッチして運動してきた人たちが含まれていないというのは問題であり疑問である。メンバーについて考えられるか。またトルコ風呂について検討されるのか。

久　推進会議のメンバーでは、専門委員とか参考委員とかいう形で追加されることがありえます。それから、野党議員の出しているトルコ風呂の廃止については、この行動計画が煮つまるまでには政府の方針が決まるだろうとは、私は当底思えません。

—離婚分科会—

Q　「母子家庭等の生活の自立と安定を図るため、就業の促進をはじめとする各種の施策を強化する必要がある。」とあるが、生活の自立とは、経済的・精神的自立を意味すると思うが、実際問題として、生活保護を受けているときなど、最低生活を保障するに足りるものではない。それを補うために内職あるいはパートなどをした場合にはその収入の分だけ先にのばされてしまうということなどがあるわけです。外に出て働くというのは自立精神そのものなのですがそれを削いでしまうといっても過言ではないようなことが実際にある。人それぞれに生き方や選択があるとは思うが、制度的にもう少し考えてほしい。

もう一つ、就業の促進といっても、実際に就労していなければ保育所に入れない、しかし保育所へ入れなければ就職できないという悪循環があるわけで、母子福祉とか児童福祉を考える場合に、そうした実際的な細かい視点をもって施策をしていただきたい。

(時間が圧倒的に足りないこともあり、概案に対しては各分科会で検討の上、再度要望書を提出することになりました。)

夏合宿に参加して

性を語って……

古川雅子

二夜もかけて存分に語り明かそう―としたら、「性」程につきぬ話題はないのではなかろうか？女性差別の根をなすテーマとしていつかは取り上げたいと思っていた。しかし「性」とは余りに広く多面でありどう取りかかったらよいのか係としても途方にくれた。実際、問題点を挙げて行くとかなりな数になる。逆に考えるとテーマで規定すればその件について関心のある人だけの合宿になる可能性さえある。フト、「性」について第一に問題であると常々感じていたのは、一般にまだまだそれが「タブー」としてあらゆる場面に、又個人の心の底にこだわりのし掛っていることである。そうだそれこそをテーマにしよう。各々の口に出せなかった疑問、本当に欲しかった情報、或は、体験を話し出すことの中から自身で自分の問題点と出会うかも知れない。思い切って恥かしいことや、性の言葉を話すと言う行動そのものが、こだわりをこわす力となれば合宿の収獲になるのではなかろうか。

参加者40人、内男性二人（アメリカ人一名）16才から53才、専業主婦、職業持ち、子供連れ、学生。離婚した人独身を通した人。妊娠中の人流産したばかりの人。夫が亡くなった人入籍拒否している人。母と娘。教師と生徒。これぱかしの人数でまことに多様なものだ。だから立場の違う人の話には実に思いがけなかったと感じた幾つかが各々にあったようだ。思うように口が開かないのでは、こだわりがほぐれないのではと案じた係の不安は忽ち消える程、ともかく語ろう聞こうとする態度はあった様だ。話はとりとめなくなったり、同じ所をグルグル廻ったりするようなこともあったが、終りに近づくにつれて調子づきおよそ明けすけな話が猥せつ感も嫌悪感もなく楽しんで進んだ。未だセックスの体験を経てない人達は唖然としている場面もあったが、それはそれ、年長の人の話に依り全然無知の状態で、結婚の初夜に突出された時の話を聞けば、その内キットいつか思い当ることがあるだろうと思う。

数ある話の中から直ぐにも活動に取り掛りたいと思われたのは、「性器」に付けられている言葉にまつわる暗い汚れた印象をぬぐい去る為に、又よい表現を生み出す為に何かしたい。若い人達にとって避妊中絶が切実な問題であり乍ら、まだまだその方法そのものすらも女の手で開発されていないことを改めて考えさせられた。少くとも今手持である情報についてはそれを充分交換したいものである。

話の合間に「体の学校」からの参加者からヨガ体操のコーチがあったり、男性の参加者が大変上手な保父さんぶりを発揮する等、予定以外のこともあった。

宿泊した国民宿舎の浴室が、男ブロに比較し、女ブロが半分の広さという差別を発見し、申し入れをしたのち、帰途についた。

合宿の反省

吉田真理

合宿についての反省をあげてみると、まず話し合いが分散的になりがちだったという事が全体的な問題だったと思います。

個人の体験談ばかりにかたより、疑問を感じていたのですが、この目的・予定が参加者全員に把握されていなかったのではないかと思う。レポーターをおくとか時間のけじめをもっとつけるなどすれば話し合いの時間も集中的で能率的になったのではないでしょうか。
最後までよくわからなかったのは、あの合宿が、誰を対象として行なっているのかということでした。「国際婦人年をきっかけに行動を起こす女たちの会」だから〝女〟であれば、十代でも二十代でも、どんなに年の多い人でも参加でき、勉強できる合宿ではないのでしょうか。今回の合宿では、〝性〟という生物全体に共通なテーマだったから私でも参加しえると思って参加しました。けれども実感としては、傍観者的な感覚が自分であったのです。それは恐らくは、参加者のほとんどの方が所帯持ちであり、性生活を営む方々で、私たち高校生などとは経験の量にも相当な差があったことなどが理由としてあげられるでしょう。参加者の年令層がもっと広がって、学生ももっと参加したらまた話し合いの内容も変わっていたかもしれません。夏休み中のせっかくの合宿なのだから以上のことなどの問題点はうまく克服してメリットの多い合宿にしたかったと思いました。

訂正とお詫び（七月号）

1P　女性の置かれている現状↓教育分科会より質問

7P　支出計　447350↓518453

訴追請求に参加を！

活動報告七月号でもお知らせしましたが、司法研修所における、事務局長や教官による露骨な女性差別発言に対し、どう対処すべきかを検討しました。

彼らが、法を遵守すべき裁判官、弁護士、検事など、次代の法曹を教育する人間であり同時に現職の裁判官であることを考えるとき私達は恐怖に似たものをおぼえます。「女は生理休暇などで迷惑をかけるから、職業を持つべきでなく、家庭にあって日本民族の血を受け継ぐべきだ」などというあきれかえる差別思想の持主に、私達は裁かれ続け、これに歯止めをしない限り今後もこういった男達に裁れることになります。裁かれることのない人間が人を裁くことの恐しさ、そしてその人間が差別思想の持主であったとき裁かれる側の、差別される側の告発以外に道はありません。

私達は、こうした、女性の基本的人権を踏みにじる発言をするような裁判官の存在を許さないために、罷免の要求をし、訴追の申立てをします。

訴追とは、罷免（職務をやめさせる）を求める手続きのことで、裁判官は憲法上独立した身分が保障されており、罷免の権限は国会に設置されている弾劾裁判所のみに与えられてます。そこに罷免の請求を行うのがやはり国会議員で構成される訴追委員会であり、国民からの申立に対し、その理由を審査し、訴追相当と認めた場合に訴追手続きをとるのです。私が今回しようとしているのは、この訴追委員会に対し、裁判官をやめさせるために訴追請求手続をとるよう申立てることです。この申立ては、公務員の選定罷免権行使の一形態として、誰でもが行うことができるものです。

しかし実際には、戦後、二回しか弾劾裁判所は開かれておらず、それをするためには、多くの方の意志の結集が必要です。あなたもできる限り多くの人に呼びかけて請求人を集めて下さい。〆切り厳守。

「以前お願いした「ハレンチ裁判官を弾する」という署名とは別種のものです。）

お知らせ

○シンポジウム

〃家庭科はいつまで女だけ？〃

時　九月十一日（土）pm一時～四時半

所　婦選会館

パネラー　前田武彦、吉武輝子、家教連代表者、他

共催　行動を起す会
　家庭科の男女共修をすすめる会
　NGOの各団体

今後十年間の家庭科教育が決定される新教育課程に、女子のみ必修が答申されようとしています。世界行動計画が出されたこの時に、時代錯誤ともいえるこの方針を許さないために皆で反対しましょう。

○九月定例会

〃スウェーデンにおける男女平等の源〃

時　九月十三日（月）pm六時半～九時

所　千駄ヶ谷区民会館

前回に引きつづき、スウェーデン視察旅行に行った方から、スウェーデンにおける男女平等の実態を報告していただきます。質疑応答の時間をなるべく多く取りますので、ぜひご参加下さい。

分科会ニュース

○労働分科会

〃戦後日本の労働政策〃

時　九月十日（金）pm六時半～

所　中島法律事務所

出席　柴山恵美子

○教育分科会

上記シンポジウム

○離婚・調停・裁判分科会

〃離婚の母の家運営についての検討〃

時　九月十二日（日）pm一時～五時

所　あごら

○家庭生活・主婦問題分科会

〃国内行動計画案の再検討と要望書作製〃

時　九月十四日（火）pm一時～四時

所　千駄ヶ谷区民会館

保育料　百円、会員外参加費　三百円

○独身女性問題分科会

〃独身者の税金問題〃

詳細は、0427－42－3552

必読！

記録集「女の分断を連帯に」
－一年目の記録－

○明日を紡ぐ女たち－運動論
○諸外国にみる女性の実情
○マスコミへの公開質問状
○各分科会報告

などなど盛りだくさんの内容です。

発売予定九月十日。価格は七百円の予定。

必ず読むこと。まわりの人にも呼びかけて連帯の輪を広げよう！

編集後記

一月ぶりにコンニチワ。会費値上げの記事に、早速三十人ぐらいの方から、会費とカンパが入りました。うれしくて、通知が入るたびにニコニコしてたら、ある人いわく、「あなたは、お金が入るたびに喜ぶんだね、守銭奴みたい」ですと。失礼しちゃう！

（野口）

国際婦人年をきっかけとして

行動を起こす女たちの会

1976年9月
活動報告

事務局
〒160　新宿区新宿1－9－4
御苑グリーンハイツ806
中島法律事務所内
TEL　352－7010
郵便振替　東京0－44014

定例会報告
（九月十三日）
千駄ヶ谷区民会館
司会　盛生・高木

スェーデンにおける男女平等

ヤンソン・由美子

九月度の定例会では、八月に引きつづき、〝スェーデンにおける男女平等〟と題して、ヤンソン由美子さんのお話を中心に開かれました。台風十七号の影響で参加者はいつもより少なめでしたが、ヤンソン由美子さんの生活実感を通しての〝平等〟に、ためいきや感嘆の言葉を交しながら、なごやかに行われました。

今回の報告は、ヤンソン由美子さんのお話を中心にまとめてみました。

＊　＊　＊　＊

日本で生まれ、育ち、日本の大学を出たピュアな日本人として、今のつれ合い（スェーデン人）に会った。彼は日本の大学の文学部に聴講にきていた。私は大学四年で英語を専攻していたとき。それまでの私は、囲りとあまりにも疎外感があった。

それは、私の郷里が岩手県一の関市で、かなり因習の深い土地柄であったからだ。

「あの子は生意気だ、出しゃばりだ」とよくいわれ、友だちができにくかった。特に男の子の友だちからは嫌われていた。

それはなぜか？　私がけして黙らなかったから。小学校のときから、また高校は受験校を選んだので、大半が男子の中でもその姿勢は変らなかった。いかなるときもギブアップしなかった。

女はしゃべるべきではない――こういう発想が根づいているから、異色とみなされて、周りは私のことを単一化しようとしたのではないかと思う。

私は、自分の姿勢や生き方がけしてまちがっていると思わなかった。むしろ当然だと思った。

これで私はスェーデンに興味をもち、スェーデン語を学んだのである。今から八年前のこと。そしてつれ合いと共にスェーデンで四年近くすごした。

今だに初めてスェーデンで経験したことが衝撃として残っている。

それは、つれ合いと対等に話ができること、これがスェーデンに行ったとき、彼が例外ではないということがわかったからだ。私が会ったスェーデン人はみな私のつれ合いと同じだった。

一九六八年に行ったとき、彼の父母は六十代であったが、二人共台所に立つし、パパが買物にも行く。食卓にお皿を並べるのは父親で、洗うのは母親だ。六十代の人がやっている。

夫の両親は教育がよかったので、社会の風潮を受け入れやすかったのかもしれない。しかし、労働者の家庭では役割分業がはっきりしていたことも事実。スェーデン社会でも多元的であった。

ここでスェーデン社会の気風について。それは実にオープンである。報道機関が取り上げると、社会全体がすぐディスカッションをする。そういう体質がスェーデンにはある。〃男女平等〃もそういう体質が大いに役立っているのではないかと思われる。

私にとってスェーデンという国は、おもしろい国であるとともに、実験国であると思う。

ここで男女平等の歩みにふれてみたい。一九六八年に男女平等を実現する委員会ができたが、動きとしては一九五八年頃からあった。

一九〇〇年の初め、スェーデン人の八五%が農業に従事。その後工業という国策に切りかえられたため、地方から都市へ移ってきた。農家では男も女も共に働いていた。

次のような調査が六四年にあった。労働状況実態調査、これによると、専業主婦から職業人になった女の人の労働は、四五＋二五（育児・子の世話・そうじ）で七〇時間になる。この数字をもとにして、Stop helping mother with housewives というキャンペーンをした。つまり、自分のできることは自分でしよう！　この主催をしたのは、労働団体・消費者団体であった。

専業主婦の家庭の夫は十二%しか手伝わず、職業をもつ婦人の家庭では、二九%夫が家事を手伝っていた。

一人の人間が職業人であり、生活人である、ということを考えようとする動きはそれほど早くはなかった。オフィシャルには六八年になってからだ。しかし、スェーデンの人々の中に現実があり、それを政府が取り上げたという点がある。

一八〇〇年の末から、女性解放Gが出るが、一八五八年にはスェーデンで一番古い女性解放Gが生れている。彼女たちは

女性はもっと社会に出なくてはならない、と。

スェーデンにフレデリカ・ブレーメンという人がいる。彼女は次のようなスローガンを作った。男性の嫌悪からの解放と、過剰保護からの解放。家族生活、社会生活から隔絶しないこと、等。

国際婦人年を経、一九七六年の今日では、男との戦いではなく、男との共存の時代に入っている。男女同権が社会的興味の中心になっている。この同権思想は一八四〇年代に法律化しようという動きが出、四五年には立法化している。

一八七〇年代には師範学校、音楽学校等の女性用の専門学校ができている。一九二一年には婦人参政権、二三年には女性の職業選択の自由（軍人のぞく）。また二十年代には婚姻法が成立。一九七三年には新婚姻法。堕胎法、離婚法もすでに立法化している。

＊　＊　＊　＊

ヤンソンさんのお話のあと、会場から質問を受けた。その要旨をまとめました。

スェーデンは日本の一・二倍の広さでしかも人口は七百万人。外国人が七十万人いる。そのため女性が自己の才能を伸ばすというよりも、労働力として必要であるため、働く女性が多くなってくる。また、職業に従事している女性の立場は保障されている。

一人の人間が、自らを養うという意識がし

つかりしていて、結婚しているかしていないかということは問題外。個人を大事にするという意味。だんなを通して食べさせてもらうのは半人前である。

また一人の中に生活者と職業人の両方がある。しかし、三五才位前の人はよくわかっているが、四〇才以上の人間は古く、因習的な考えも持っている。

経済は資本主義体制をとっているが、仕組みは社会主義に近い。国の政策として、できる限り、女性を社会に出すようにしている。

政治家も公務員でしかなく、一院制をとっており、三百人位の定員で、女性議員は七〇人位だ。

男女平等委員会の役割は、内閣総理大臣の直属で、委員長は女性。委員も男女半数ずつになっている。ここでは、現状を公報し、不平等なことを摘発したり、かなり力をもっている。そして、すべての行政機関に対して意見をいうことができる。

ともかくスェーデンは法律等よりも教育がずっと先行しており、大切なものであるという意識が根づいている。またスェーデン語には男女差別をするような言葉がない。（日本語では主人とか嫁とか、の言葉があるが……）

（高木）

☆シンポジウム☆

（九月十一日）
婦選会館にて

パネラー　前田武彦・吉武輝子・家教連代表者・その他

「家庭科はいつまで女だけ？」というシンポジウムが行動する会、家庭科の男女共修をすすめる会など十二団体の共催で九月十一日東京代々木の婦選会館で開かれた（参加者は一五〇人で、小さな会場にハミ出さんばかり）。

家庭科は戦後、民主化教育の一環として、男子にも大きく門戸が開かれたが、高度経済成長下の労働政策——中教審答申の男女特性教育にそって女子のみ必修化が強化され、現在では、中学では技術・家庭科の男女二系列、高校では家庭科一般女子のみ四単位必修となっている。今後十年の家庭科が、「共修」か「女子のみ必修」か「選択」かが決められる教育課程審議会の中間答申が十月中にも出される見込みだが、現状維持（女子のみ必修）の可能性が大で（この線で家庭科教師らが大量の署名を集めている）、共修運動は、今や〃関ヵ原の合戦〃というところ。

シンポジウムではまず三人のパネラーの意見から——。

タレントの前田武彦さんは、男は仕事があるから、というヤツにかぎって人間的な仕事ができていないと体験的に語り、「家庭科という教科を通じて、男も〃生きた心のある人間性〃を養いたい」と発言。

現場の家庭科教師として和田典子さんは、人間の全面発達を阻害するものとして特性論による家庭科があると述べ「〃私、女ですもの〃〃女で勝負〃などといい出したトタンにその女生徒が全くダメになって行く。今の家庭科は何もたいしたことはできないけれど、こういう認識を与える点では大変有効な〃成果〃をあげている」と語る。また教育の荒廃は今や極限に達していることを指摘しながら「共修運動が国民的な合意を得るためには、女性解放運動の手段とするのはマイナスで、教育運動の一環として位置づける必要がある」と提案。女解放ナゾというとみんなアレルギーを起こして、男のみならず女教師の共感も得られないという共修運動の難しさが浮かび上がった。

また吉武輝子さんは、男は仕事、女は家庭という役割分業制度のために、男女ともに人生の〃軌道修正〃の自由がなく、人間総体として生きれていないことを指摘。この人間としてのあり方を改めるためには〃分業〃ではなく〃共業〃とすることが必要で、共修はその第一歩であると語った。

会場からある女高生が「中高校を通して家庭科は何とつまらない学科であったか。思いはそれしかない。〃理想的な住まい〃を学習するより、ナゼこんな狭い家に住まなければならないかを知りたい。教科書を何とかシロ！」と痛烈な批判（会場は一瞬シューン）。

これには自主的なカリキュラムを編成している現場の教師から「うちの学校では共働き家庭が多く、お母ちゃんは朝から晩まで働いてお父ちゃんの給料の半分ということから婦人問題、労働問題。家事労働の合理化にしても企業の利潤追及から出されたもので、そこから公害の問題も認識させる」といった実践報告がなされた。

またある男子学生は「女を抑圧する男自体自由ではない」と述べたあと「きのう台風が来て食堂がみんなしまっちゃったらどうしようと思った。男も生活の上で自立しなきゃあ」と切実な告白。

その他会場から身近に一人一人がやれる運動として「子どもたちに男女の区別なく経済的にも生活者としても自立できるように育てたい」「まず夫の再教育を」「お茶くみ闘争などで労働現場を変えて行く」などの発言が相次いだ。

最後に中・高校の家庭科を男女共修にすることを求める要望書を採択し、ひきつづき各方面にアピールして行くことが決議された。

教育は未来を指し示すもの、今後十年の教育は今後百年の社会のありようを決めるものです。一人一人が家庭で、学校で、地域で、また行政に向けて、男女共修（共業）を訴え、実践して行きましょう！

（竹内）

記録集完成!!

記録集「女の分断を連帯に」
—一年目の記録—

お待たせしました。一年前の今ごろから作ろうという話が持ち上り、やっとの思いで上梓をしました。

私たちの一年間の行動と、また目ざすものを少しでもまとめることができたら、という思いで着手。

作るにあたって出版カンパという形で力強い応援をして下さった方、またアンケートを寄せて下さった方、そして御多忙のなか原稿を執筆して下さった方、本当にありがとうございました。

整理・校正も素人に近い者が担当したため不備なところが多々あると思います。お許し下さい。

グラビアも入れたかったし、また表紙も多色刷りにしたかったのですが、物価上昇等ですべてボツになりました。また予約価よりも高くなってしまったことも、お許し下さい。

＊　＊　＊

前置きがくどくなりました。記録集の中身にふれたいと思います。ピンクとブルーの表紙で、そのうらには、私たちの会の宣言文等が掲っています。

そしてトップにもってきたのが、運動論〃明日をつむぐ女たち〃

編集委員と何人かの有志で、のべ十数時間話し合ったものをまとめました。

1. 戦後三十年の運動をたどる
2. 手さぐりの中から

と二章にわけて、女性解放運動の総括と展望をさぐってみました。

これはあくまでも叩き台です。どうぞ、分

科会やいろいろな所でお話し合いをして下さい。

次はマスメディア。NHK問題と、ハウスCM、そしてヤングレディ裁判がくわしく掲っています。

分科会からは、男女別学について、働く女性の相談室開設までのいきさつ、離婚の母の家設立の、これまたいきさつ。

ずいひつは、〝金どヒマ〟〝差別の言葉〟等。座談会は、在日朝鮮女性の証言。

諸外国にみる女性解放では、スェーデン、中国、フランス、イギリス、イタリア、アメリカ、ラテンアメリカ、すばらしい論文ですよ。

加えて、女性の問題に関する公開質問状もばっちりのっています。

※　一冊の値段は、六五〇円です。事務局へ申し込まれる場合は、送料一二〇円（一冊につき）を加えて下さいね。

どうぞ、宣伝をよろしくお願いします。

（高木）

〝訴追申立〆切りのばしました〟

差別裁判官訴追請求申立に参加いただきありがとうございました。緊急な呼びかけにもかかわらず、九月二十五日現在一千名を越す申立書が集まり、その集計に追われてうれしい悲鳴をあげています。

のちほど会計報告をいたしますが、カンパも二十万円近くが寄せられ、とても助かりました。これで心おきなく（？）さらに広く呼びかけやご連絡ができます（なにしろ行動するたびにそのやりくりに四苦八苦しております）。一人一人の方にお礼を申し上げなければならないところですが、ままならず紙面を借りてお礼申し上げます。ありがとうございました。

なお、九月二十五日〆切りとしておりましたが、たくさんの方から「期間が短かすぎて、もっと呼びかけたいのにできない」「用紙が足りないので送って」という熱心な要望や批判があり、〆切りを若干のばしました。

第一次〆切り　九月二十五日

第二次〆切り　十月五日

第三次〆切り　十月中旬（未定）

それ以後も、申立書が届き次第訴追委員会へ送りつけるという形にしますので、今後もどんどんお送り下さい。用紙の足りない方はお申出くだされば早速郵送致しますが、コピーをしていただいても結構です。また印鑑を持ちあわせない場合は、拇印でもかまいません。日付欄は申立日付ですので書き入れないように、すでにお書きになった方は訂正印を押印の上お送りください。

別紙申立理由書については、なにぶん、B4サイズで何枚にもわたるため、一人一人の方にお送りできませんでした。財政の許すかぎり印刷し、お送りしたいと思いますができない場合もありますので、どうしてもという方はお申出ください。

これまでの若干の経過報告をしますと、差別発言が新聞報道等で明らかになってから、「行動する会」のメンバーを中心に他の団体や個人に呼びかけ「女の人権を無視する司法界を弾劾する会」が結成され、抗議行動をしてきたのですが、訴追に関してはさらに多くの人に呼びかけ「差別裁判官訴追実行委員会」を作り皆さんに呼びかけてきました。この件に関しては「非常に怒っている」から「思想統制だ」までさまざまな反応がありました。批判的意見に接するたびに、差別の中でも女性差別に関してはその理解の低さに、撤廃への道のりの遠さを痛感したのですが、次回の報告集会にはぜひおいで下さい。（野口）

☆　☆　☆　☆

お知らせ

☆定例会

〝司法界の女性差別を告発する！〟

時　十月八日（金）　PM六時〜九時半

所　千駄ヶ谷区民会館

構成　経過報告

事実関係調査報告

裁かれる側から──裁判の実際

と差別的判決を告発する

アピール採択

共催　行動する会

差別裁判官訴追実行委員会

司法研修所の教官らによる女性差別発言をきっかけとして、私達は司法界における女性差別撤廃に向けて、さまざまな抗議行動や裁判官訴追請求申立等をしてきました。これまでの経過報告、紙面の都合で紹介できなかった事実関係の報告、実際の裁判の中での差別的判例の洗い出し等を含めて皆で討論をしたいと思います。

司法界のみならず、差別への反撃をしましょう。

ぜひご参加下さい。

分科会ニュース

☆家庭生活・主婦問題分科会

（世話人会）

〝今後の方針検討〟

時　十月一日（金）PM一時〜

所　千駄ヶ谷区民会館

（定例会）

時　十月十七日（日）PM一時

所　千駄ヶ谷区民会館

☆離婚・調停・裁判分科会

（定例会）

〝今後の方針検討〟

時　十月三日（日）PM二時〜五時

所　あごら

（学習会）

〝スェーデンの婚姻法・離婚法〟

時　十月十三日（水）PM七時半〜十時

所　あごら

☆労働分科会

〝賃金問題シンポジウムに向けて〟

時　①十月　五日（火）PM六時半〜

②十月十八日（月）PM六時半〜

所　中島法律事務所

☆性の問題を考える分科会

〝性の言葉を洗おう〟第2回

時　十月二十三日（土）PM六時〜

所　ホーキ星

ー訂正とお詫びー（八月号）

2P、2段、16行目

したいと思う→したくないと思う

編集後記

すっかり秋らしくなりましたね。今月の活動報告をお届けします。スェーデンのお話、私たちにとってはとても参考になりました。また家庭科の男女共修のシンポジウムも、行動の一助にして下されば幸いです。訴追の件も、〝記録集〟のことも、お読みになってから、たくさんの方に宣伝して下さい。分断から連帯のためにも……。

活動報告編集は今回より持ち回りにしました。編集をしたい方はぜひお申出下さい。

（高木）

国際婦人年をきっかけとして
行動を起こす女たちの会

1976年10月

活動報告

事務局
〒160　新宿区新宿1－9－4
御苑グリーンハイツ806
中島法律事務所内
TEL　(03) 352－7010
郵便振替　東京0－44014

定例会報告（十月八日）

〝司法界の女性差別を告発する〟

司会　淡谷・樋口

司法研修所での女性差別発言に対し、これまで、行動する会のメンバーを中心に広く呼びかけて、いろいろな抗議行動を重ねてきました。四裁判に対する罷免の訴追請求申立も多くの方々の支援と協力により、十月八日時点で一六二九名（その後さらに増えつづけています）の申立人が集まり、同日、第一次申立分として、訴追委員会へ申立に行きました。

国会の解散を目の前にし、流動的な中で委員会が開かれるメドも立たない今、かなり長期的な活動が必要であり、運動を広げるためにも一度この件に関して集会を開こうということになりました。差別裁判官訴追実行委員会と共催で、七十名を超す参加者により集会が開かれました。

まず淡谷まり子弁護士より、事実の報告も含めてこれまでの経過報告がなされました。

☆　☆　☆

＜経過報告＞

淡谷　まり子

七月十三日、この問題が新聞報道されてから、私達は見過ごしてはならないと積極的に取り組み、他の団体や個人に呼びかけ、「女の人権を無視する司法界を弾劾する会」を結成し、七月二十一日からの連続五日間の、最高裁や研修所への座り込みやビラマキ等、抗議行動をしてきた。

この問題に関しては、衆議院の法務委員会で質疑が行われ、現在なお継続審議中となっている他、日本弁護士連合会の「女性の権利に関する特別委員会」でも事実の調査が行われている。その結果明らかになったのは、新聞等で報じられた発言がすべて事実であったというばかりでなく、差別発言を行った当の裁判官たちが、これを正当化するような「弁明」を行っているということだった。彼らの弁明はすべて「男は社会に、女は家庭に」という男女の役割分業意識がそのまま貫かれており、夫のため、子供のためには女性の労働権は無視してもかまわないというものである。

そこで単に抗議だけではなく、これらの教官等が、現職の裁判官であることを重視し、女性を差別する裁判官には裁かれたくないという思いから、その罷免を求める訴追請求の準備に入り、呼びかけ文にあるように十二人の呼びかけ人を中心に広く一般にも呼びかけ、賛同者を募り、差別裁判官訴追実行委員会を作り活動してきた。

その中での一般的反応を紹介すると、賛同者の多くは同じ思いだと思うが、「こんなひどい裁判官が実際にいるのか。」という驚きと怒りである。それに対し昨年の行動する会のマスコミ・チェックに対する反応と同じように、揶揄と嘲笑をまじえた批判的反応も多かった。例えば七月十四日付読売新聞「編集手帳」に端的に示されるように、「私的な発言をとらえてヒステリックに叫ぶから女はますますバカにされるのだ」「ホンネをちょっと漏らしただけなのに、こんなことで罷免するのは思想統制につながる」「こういう勇気ある発言をする人間も世の中にいた方が反面教師として意味ある」などなど。全くあきれるが、現在の裁判制度の中の、裁判官の位置に対する認識に欠け、その立場の責任の重大さを知らない。身分を保障された裁判官が一人の人間に対して持っている権力は絶対なものである。人間の精神から身体に至るまで、その拘束性は、一般の人の力とは比較にならない。現実に、一人の人間の一生を左右し、時には死刑をも宣告する力を与えられているのである。「裁判官にも思想の自由がある」というが、個人としては自由であろうと、その立場の重大さを考えるなら、公正であるべき裁判官が、いやしくも差別や偏見の思想を持つことは許されることではない。

思想統制というのは、あくまで上からの統制、権力を持つ側からの抑圧を言うのであって、しいたげられ、差別され、権力を持たない側からの異議申立を何故に思想統制というのであろうか。ジャーナリストの資格を疑がわれるような批判である。

差別の問題に関してはタテマエは認めるがホンネは違うということが良く言われる。しかしそれは、まさにタテマエそのものを否定することに他ならない。差別に対する闘いはホンネを変えていく闘いである。それを変えることなくして差別はなくならないのは自明の理である。しかも憲法を守るべき裁判官のホンネだとするなら、憲法に保障された男女平等はタテマエをも否定するものであり、ひいては憲法を否定するものと考えざるを得ない。法律家としても失格である。

司法の独立はあくまで、行政権力などからの独立であり、国民のコントロールから自由であったり、優越するものではない。裁判への中立性に対する要求が強ければ強いほど、国民によるコントロールが必要である。

しかも、今回の発言は、人間が人間として生きるための基本的人権である労働権を、女性であるということだけで否定するものであり、明らかな違法行為である。そのような行為をする裁判官に、公正中立な裁判が可能であろうか。

その上、仲間うちの冗談等ではなく公式日程の中で、本来は教官として未来の法曹を指導する立場にありながら、個々の修習生に対し、その優位な立場を利用し、おのが差別や偏見をおしつけるという、許しがたい具体的な事実があったのである。

研修所内での厳重注意処分が出されたが、私たちは上からの統制を厳しくするということは望んではいない。国民によるコントロールという視点から訴追の請求を行ったのだ。理由書はこの観点から書かれている。

実際には毎月何十件の訴追の申立があるが事実調査に至るのは年間二〜三件しかない。今後さらに広く呼びかけ、強力に運動を進める必要がある。

第二次、第三次と引きつづき申立をしていくので、できるだけ多くの人の賛同を得たい。

《実際の裁判の中から》

K子さん裁判の中で

駒野陽子

幼稚園の保母として働くK子さんが未婚の母として出産後、相手の男（既婚）が子供を奪い偽って全く他人の夫婦に養子として預けてしまったケース。子供を取り戻すべく親権を認めさせた後、人身保護請求をし、二年半に及ぶ裁判の後、敗訴。理由は働く母親の子供は保育に欠ける上、未婚の身で子供を生むなどもってのほか、母親の資格なしである。

他人といえども両親がそろった家庭で母親の育児のもとに育てるのが子供にとって幸せであるから養父母のもとで育てよというもの。ここには、女が、生き方を自ら選択し、社会的に進出するのを妨げ、婚姻制度からはずれるのは国家的立場から許せないという考え方がはっきりと出ている。働く母・未婚の母に対する偏見と差別を判例の中に明確に打ち出した顕著な例である。

その後、K子さんは実力で子供を奪い返したが、養父母からの人権保護請求でも敗訴。養父母や相手の男の妻に対する養育料や慰藉料等二百万円を支払って示談とし、ようやく自分の子供と一緒に住めた。一裁判官の思想により、裁かれる女の人権が著しく侵害されることに恐怖をおぼえる。

裁判の当事者として

須藤昌子

夫によるあまりにひどい暴力が（三輪車でなぐられるなど……）自分のみならず子供にまで及び、忍耐のすえ、たまりかねて子供を連れて家を出た。離婚の調停に夫が出てこず不調に終わり、裁判で争うこととなる。法律は公正であり、いわれなき暴力から守ってくれ、私達弱い立場の人間を守るものだと思っていたが、裁判の中で、裁判官に「そんなことはざらにあることですよ」と言われガクゼンとする。夫にしいたげられ、追いつめられた女が、最終的に頼らざるを得ない裁判所で夫からの暴力はあたりまえで、女が忍耐しなければならぬなどと言われるとは思わなかった。夫の暴力やひどい仕打ちに耐えかね、家を出ざるを得ない状況にある女に対して、このような裁判官の考え方が判決にむすびついていくとしたら、その結論はあまりにも恐ろしい。

定年差別に抗して

中本ミヨ

プリンス自動車に永年勤務する中で日産自動車に吸収合併される。出産や育児と労働を中断せざるを得ない二十〜三十代をのりこえようやく自分のためせいいっぱい働けると思い、はりきっていた矢先に「女は五十代、男は五十五才で定年」が持ち込まれ、定年を言い渡される。女であるという理由だけで、何故五才の差別があるのかと提訴。

憲法に保障された男女平等などないかの如き、まわりの風当りの強さに驚く。「若くてピチピチした女は価値があるが、おばさんはもうそろそろやめても良いのでは」「五才なんて大した違いじゃないよ」という一般的反応に、企業はそれを最大限利用する中で、四十八年、高裁は、労働省発表の目的の違う生理能力に関する数値を、作成の課程も調査せずうのみにし、かの有名な「女五十五才の労働能力は男の七十才に相当する。平均的にも男女に五才程度の差があるのは当然であり、合理的である」とする判決を出す。その直後、本訴一審判決では正反対の結論が出され、現在会社側が控訴中である。こんな女性差別を許さないために、あくまで闘うつもりである。

弁護活動の中で

中島道子

裁判の実際は、裁判官の価値観が決定するといっても過言ではない。例えば中本さんのように、企業の中で女性差別があると訴えたとき、裁判官は、公序良俗に反するか否かで判断する。それはまさに裁判官の価値観に他ならない。最近、労働事件などで、企業が強く主張するのは、「男は一家の大黒柱で、女は家庭にあって扶養される性である。女の労働は、あくまで家計の補助の意味しかもたない。母親が働くと子供に悪影響を及ぼし非行化するから家庭に入る方が良いので、その差別は合理的だ」ということ。訴追しようとしている裁判官が、このような場合にいかなる判決を下すかは明白である。その判決は、中本さんなど何十年も闘ってきた一人の人間のこれまでの人生を否定するのみならず、現実に差別の中で働く、あらゆる女の上にのしかかっていく。

また離婚に際して子供の親権をめぐる問題でも、母親が自立し、働きながら子供を保育所に預けて生活するなどの場合「それは好ましいものではない、実家へ帰ったり、再婚したりして、普通の家庭に入り育児を母親がするのでなければ母親の資格はない。親権は父親に」とするケースはたくさんある。

私が今実際に担当している事件の中にも、大学院生で働かない夫のために、教師として働き、生活費のすべてを出し、さらに家事・育児もすべて果すために努力をしてきた母親に対し、夫は暴力を始めとし、あらゆるひどい仕打ちを加えた。たまりかね、子供のためにもと子供を連れて別居したが、夫は子供を奪い、育児ができないため自分の両親のもとに連れ帰ってしまった。親権と離婚の調停をしたが、調停員の保育所や働く母親への偏見がいちじるしく、不調に終わり、いくらなんでも裁判官は公正であるだろうと裁判に持ち込み、人身保護請求を出した。しかし非公式の発言の中で同じような偏見と差別にもとずく考え方を示された。この時の裁判官が川嵜義徳裁判官であった。研修所へ行ったため途中で変わったが、その裁判官も同じく非公式な場ではあったが「男が悪いというが、そんなことをほじくり出したら、僕にもそんなことはあるかも……」という発言までする。結果は完全敗訴であった。一年間思いあまったすえ、彼女はK子さんと同じように実力で子供を取り返し、私も全く知らない所でかくれ住んでいる状態である。こうした考え方は一人二人の裁判官のみならずきわめて多いし、こういった判決は紹介しきれないほどいっぱいある。

一人の裁判官の価値観により決定される判例が、又さらに秩序を作っていくということに恐ろしさを痛感する。

(今現在、こうした裁判が行なわれています。一人でも多くの方の傍聴をお勧めします。裁判日程は事務局までお問い合せ下さい。)

◇　◇　◇

その後、賛同者からのアピールと続き、弁護士の弘中惇一郎氏の「憲法を守らぬ裁判官は全くその資格がなく罷免を強く求める」とする力強い発言や、東京農工大助教授・福富節男氏による「これらの発言は皆、天皇制につながっていく。他国侵略を続けた戦犯による政治や天皇制文化を許さない。差別の問題は意識的に告発しつづけなければ」という発言や、会員の山屋光子さんによる、「女性差別をなくすために、執拗にがんばる。」また吉武輝子さんからの「レイプの事件に見られるように、裁判の中での女性の不利益は許せない。今回の問題は修習生のみならず、すべての裁かれる女に加えられた攻撃である。怒りをもって闘かう」という発言が続いた。

その後、皆で質疑も含めて討論に入り、これを広げていくためにはどうしていくかを検討した。また、今離婚裁判をしている女の人の切実な発言や、私達の税金で食べている裁判官がこんな発言をするなんて許せないという発言が続きました。

また、罷免の請求をするだけでなく、四人の裁判官に対して、個々その発言の誤りを正す抗議文を出すこととし、集会に参加した全員による〃宣言文〃を、樋口恵子さんに読みあげてもらい、拍手をもって採択、熱気につつまれた中で閉会としました。

その後、これまで集まった二千名近くの抗議署名「ハレンチ裁判官を弾劾する」を最高裁長官、司法研修所所長宛に送付しました。

◇　◇　◇

ひきつづき申立書が集まり次第、第二次、第三次と、訴追委員会へ申立てにまいりますので、今後もどんどん申立書をお送り下さい。申立用紙が足りない場合はご一報下さればお送りいたします。

なお、申立理由書全文をご覧になりたい方は、一部五〇円で販売いたしておりますので事務局へお申込み下さい。

（野口）

企画推進本部へ〃意見書〃を提出

＜駒野＞

四月に出された、総理府婦人問題企画推進本部の国内行動計画概案を、半年間じっくり検討して、十月十日私たちは、概案批判と私たちの基本的な考え方をまとめた意見書を提出した。

更に、十八日には、国内行動計画成案に具体的に盛りこんでほしい諸施策を、分科会、有志グループでまとめて「提言」として送付。十一月末に出される成案の中に、私たちの意見がどれくらい取り上げられるかを見守っている段階である。

概案批判は、①性差別の実状についての認識不足②女性の労働権の保障という考え方の欠如③性別役割の固定化を排除する姿勢の乏しさ④家事、家業労働の分析のあいまいさと、社会福祉の視点のなさ⑤母性の社会的保障の観点の弱さ⑥具体的施策の不足の六つにまとめ、それぞれに私達の考え方を付記した。提言は、その基本的理念に基づいた具体的な施策を分野毎に網羅したつもりである。（意見書及び提言パンフ、各50円、事務局へ申込を）

〃記録集〃委員会より

九月号の活動報告に引きつづき、再び〃記録集〃について、皆様にお願い！

毎日新聞、時事通信、そして各地方紙において、私たちの会の一年目の記録集が報道されました。連日、事務局へ手紙や電話で問い合わせが殺到し、うれしい悲鳴をあげています。

北は北海道から、南は沖縄まで――。このささやかな記録集を〃きっかけ〃にして、新しく会員になった方もたくさんいます。そしてその際に、いろいろなご意見・感想を寄せて下さっています。

――行動を起こす女たちの会の〃まじめな〃戦いぶりを再認識しました、とか、手をつなぐ女たちがこんなにいたことを知って力強く思った、とか。

女の分断を連帯に、のタイトル通り、明日をつむぐ女たちが各地で立ち上っているんですね。

まだ事務局には在庫があります。多くの女たち（だけではなく男たちにも）と手を取り合うためにも、どうぞ宣伝して下さい。一冊六五〇円（送料一二〇円）

ボクもワタシも作る人食べる人

男女の役割分担を固定化する女だけの家庭科をただちにやめさせましょう！

十月七日に新聞発表された教育課程審議会の総まとめによると、家庭科は中学では男女それぞれ学ぶ領域が指定されており、男子には、木材加工、金属加工、機械、電気、栽培が指定されており、女子には、被服、食物、住居、保育が指定されている。

高校では、家庭一般については「現行どおり女子のみとする」と発表された。九・一一のシンポジウムを上廻る力で抗議行動と抗議集会を開き、この案を変えさせたい。

今回発表された総まとめの中で、「教育課程の基準の改善のねらい」としては、㈠人間性豊かな児童生徒を育てること。㈡ゆとりのあるしかも充実した学校生活が送れるようにすること。㈢国民として必要とされる基礎的、基本的な内容を重視するとともに児童生徒の個性や能力に応じた教育が行われるようにすることがあげられているが、こうした大前提も、家庭科に関してはほとんど生かされていなく、お題目で終わっている。人間性豊かな児童生徒を育てるということと家庭の仕事は女がすべきことという中学、高校の教育はどのようにつながるのであろうか。食物や保育、被服等は、女の領域、男の領域は、電気や機械、栽培などと教えていて、どうして人間性豊かな――即ち人間を差別しない――児童、生徒が育つというのであろうか。教課審のメンバーは、国内行動計画概案の「従来の男女の役割分担意識にとらわれない教育、訓練を推進する」という方針や、婦人問題企画推進会議の中間意見の「家庭運営の責任が男女双方にあるという立場から検討されなければならない。」という同じ日本の役所が出している考え方をどう受けとめているのであろうか。

新聞発表された日、共修をすすめる会のメンバー数名が、文部省の奥田審議官に、抗議に行ったが、その際、教課審の発足は三年前だが、国際婦人年は昨年であり、国際婦人年の世界行動計画やら、国内行動計画概案が反映されていなくても仕方のないことだという居直りをしたとか。新しい人間像に対して最も敏感であるべき文部省が他の省にくらべて数段も認識がお粗末なのは、許せぬことである。しかも今回発表された改善案は、中学では昭和五十六年から実施であり、高校では五十七年から実施であり、それから約十年間、中学では男女違った領域の家庭科を、高校では女子のみが家庭科をすることになる。実に今年生まれた赤ちゃんが高校生になっても、女子のみであり、今三〇才の人が四六才になっても学校教育の中の男女差別はなくならないということである。あなたはこの状態を許せますか。断固抗議し、撤回させましょう。

◎十月三十日、文部省前でビラマキ、署名集め等の抗議行動を行ない、三十名余が参加。

▽ **抗議集会**

時　十一月六日㈯午後一時半～四時半

所　婦選会館（新宿駅南口下車・徒歩七分）

℡（三七〇）〇二三八番

「総まとめ」の中の家庭科の部分について検討、批判。各界、各団体よりの「女だけの家庭科に反対する」アピール――俵萠子氏、増野潔氏、中山千夏氏、山根英之氏、女子高校生、保父さん、産休をとった男性等

（中嶋）

総括集会のおしらせ

12月3日㈮　午後6〜9時
4日㈯　午後1〜9時
渋谷区新橋区民会館にて

国際婦人年二年目もおしまいに近ずいてきました。婦人年だった昨年と違って、マスコミの取りあげも少ない中で、司法研修所の差別発言問題や、家庭科の女子のみ必修を含んだ新教育課程のまとめや、国内行動計画成案などなど、私達女性にとって重大な問題が山積みとなった一年でした。一人一人の力を結集してできる限りのさまざまな行動をしつづけてきたわけですが、これらをふまえて、さらに国際婦人年三年目に向って歩んでいくために、今年一年間のまとめをすると同時に、来年の展望を打ち出していきたいと思います。

そこで、次のような日程で、今年の活動の締めくくりの集会を開くことにしました。

☆テーマ

「行動する女達が明日をひらく」

――男女平等はあなた自身の手で――

性差別にみちた世の中も、それを支えてしまっている私達の意識も、やっぱり、自分達一人一人が行動していく中でしか変わってはいかないと思います。

極めて少ない時間と金の制限の中で、どれくらい大きな運動ができるか、運動の障害になるものは何なのか、行政機関に何をやらせていくのかなどなど、お互いの成長のためにきびしい批判も忘れずに討論をすすめていきましょう。

☆十二月三日㈮午後六時〜九時

分散討論会「女の生き方を変えるには」

第一テーマ「家庭・学校・職場等の日常生活の中で変えるために」

第二テーマ「社会通念を変えるために、マスコミ・教育をどうするか」

第三テーマ「男女平等を実現するために政治構造をどう変えたらよいか」

☆十二月四日㈯午後一時〜九時

各分科会報告、分散会討論報告の上で、これからの運動をどう切りひらくか討論したいと思います。

☆場所　渋谷区新橋区民会館

（渋谷区恵比寿一－二七－一〇

℡（〇三）四四四－〇四六一番

☆楽しい催しや、飲み食べながらのダベリングなども企画中。人手が足りないので一緒にやって下さる人いませんか。（実行委員会）

公開質問状グループから

第三次公開質問状は、五月二十八日、総合雑誌、婦人・生活誌計二十九誌の編集人に向けて発送。六月十五日〆切のところ、九月まで催促を続けて、回答はわずかに五誌。内容は改めてご紹介します。

（梶谷）

××××××××××××

皆様の御支援を！

××××××××××××××××××

行動を起こす女たちの会は、あなた自身が考え、行動し、仲間を集め、創り上げていく、これが原点になっています。運動はいつの間にか誰かがやってくれるものではありません。

会計事務、活動報告の編集、印刷、発送、例会や行事の準備など、事務局とそこにたずさわる方の負担は大変なものです。まさに不眠不休で支えて下さっています。

〃何かできることがあったらお手伝いしたい〃方をお待ちしています。また先立つ〃お金〃についてもよろしくお願いします。

会費は一カ月　一口　三〇〇円。

定期カンパは　一口　五〇〇円です。

お知らせ

◇十一月定例会

〃女が食えない賃金のカラクリ〃

時　十一月十五日(月)午後六時～九時半

所　千駄ケ谷区民会館

構成

問題提起者　駒野陽子

助言者　賃金問題専門家

実態報告

＊男女のライフサイクルによる差別

＊昇進・昇格の機会による差別

＊職務・職能による差別

＊手当による差別

＊雇用形態による差別　などなど

女の平均賃金は男の半分。どうしてこんなに安いのか。職場の具体的な実態報告を通してそのカラクリをあばき、女の労働を一人前とみなさない現状に切り込むために、専門家の意見も聞きながら、問題点を討論し、女が自立するのに必要な賃金のあり方を打ち出していきましょう。

女の賃金っておかしいなと感じたことのある人、ぜひ集って討論に参加して下さい。

分科会ニュース

◇労働分科会

〃上記シンポジウムに向けて〃

時　十一月四日(木)午後六時半～

所　中島法律事務所

◇離婚・調停・裁判分科会

（定例会）

〃今後の運動方針〃

時　十一月十四日(日)午後二時～五時

所　あごら

（学習会）

テーマ・未定

時　十一月二十七日(土)午後七時半～十時

所　あごら

問い合せ（九二五）[redacted]　落合トア子

◇家庭生活・主婦問題分科会

〃男女ともに労働時間短縮をするために〃

出席　労組関係者

時・所　未定

問い合せ（三九六）[redacted]　望月早苗

◇マスコミ分科会

〃今後の活動計画〃

時　十一月八日(月)午後六時半～

所　中島法律事務所

この他にも、臨時に開くこともあります。くわしくは事務局までお問い合わせ下さい。このごろ、集まる人の顔ぶれが固定化しがちだそうです。他の分科会にもどんどん参加して、新風を吹き込みましょう。

編集後記

☆とにかく忙がしい一ケ月間でした。国内行動計画成案に対する意見書の提出，就業における男女平等問題研究会議による答申に対する批判。教育課程審議会の答申への抗議。司法研修所四教官の訴追申立て及び抗議などなど。やらなければならないことばかり。矢つぎばやに出てくる問題に対応するだけで精いっぱい。できるだけのことはしたいと思うけど、身体は一つ。皆さんなるべく参加して下さいね。

☆前事務局員井上節子さんが無事女の子を出産、おめでとう。

（高木）

国際婦人年をきっかけとして
行動を起こす女たちの会

1976年11月

活動報告

事務局
〒160　新宿区新宿1−9−4
御苑グリーンハイツ806
中島法律事務所内
TEL　(03)　352−7010
郵便振替　東京0−44014

定例会報告（十一月十五日　午後六時〜九時半）

〃女が食えない賃金のカラクリ〃

司会　中島、水沢　於・千駄谷区民会館

第一部は賃金差別の具体例を表にして説明。

＊三共製薬の賃金体系

一般職（一〜六級）と専門職（一〜四級）に分かれており、男子は階級を一歩一歩昇りつめていくけれども、女子はどんなに逆立ちしても専門職にはなれない。その階級の数の差に伴って、年々賃金格差が顕著になってきます。その昇任昇給の判断の基準になる査定はあいまいです。級にしても男子が一級昇るのに二〜三年であるのに対し、女子は一〇年もかかります。それに加えて、既婚男子に支給されて、既婚女子にはほとんど支給されないものに扶養手当、住宅手当の月額合計二五万円があります。

＊海員組合のライフサイクル論

組合が打ち出した〃理想〃賃金体系です。組合は女性とはすべて扶養されるべき者と規定しています。女子が勤めているのは好き勝手で勤めているのだから自分だけが食べていけるだけの賃金を取ればいいのだそうです。男子の賃金は二七歳にして妻をめとり、三二歳では第三子が誕生するだろうとの予測により、加算されていき、三二歳では男女に月額一〇万の差がでています。

＊フジTVの場合

賃金体系は、主務職と実務職に分かれており、男子は高校卒でも少なくとも三年勤めれば主務職に昇格するのに比し、女子は四年制大卒であっても、主務職になる可能性はほとんどありません。会社側は、主務職に耐え得る女性のみ主務職体系にのせると説明していますが、経営者側の特別の縁故でないかぎり、その実例がありません。この職務給、能力給に加えて、同額の調整給による差別があります。

現在、大卒女子正社員の最年長者は三一歳（六年前までは二五歳女子定年制であった）ですが、最近、女子にはすべて短期嘱託雇用制度を採用しているので、正社員である少数の女性は孤立分断化されようとしているわけです。

＊小学館の場合

正規従業員、技能社員（電話交換手、運転手、タイピスト等）、特別嘱託（五〇歳以上六〇歳までの一年契約)、学卒臨時（大卒女子のみで二カ月契約と一カ月契約がある)、学生臨時、原稿料雇いに分かれています。一見雇用形態差別にみえますが、実質は男女差別体系です。実力ある大卒女子を効率よい労働力として短期間に使い捨てにしようという意図が見えます。

＊看護婦の場合

昭和四五年に私立病院で働きながら勉強していました。朝七時起床、外来と病棟の掃除をすませ朝食をとり、八時半〜一二時半まで仕事ですが、患者が多ければ長びきます。一時から勉強が始まるので、そんな時は昼食をとれない。夕方五時〜六時まで仕事。時間外延長はよくありますが、学生であったため手当はつきません。給料は一年間通して、月額一万九千円でした（その当時の高卒初任給は二万八千円位)。

三年後昭和四八年に准看になっても、注射と責任を持たされただけで四万円位でした。

現在は国立病院に勤めており、受け持ちは四七床を看護婦三、准看三、婦長一、助手一で三交替制。〇時〜九時二名、八時半〜一七時三名、一六時半〜一時一名となっています。夜中に見回っても重症の患者がいれば、他の患者には手が回らない状態になります。

夜勤は月に一〇〜一二日位。現在の手取り額は、夜勤手当も含めて一〇万三千円位です。

＊筑摩書房の場合

同一年令同一賃金型になっています。社員数二〇〇名、内組合員一七〇名（女子五〇名）です。現在は二一歳から五五歳まで比例直線型の年令給となっています。これは当初からの方向づけでは全くありませんでした。種々の差別を封じ込めていった結果がこうなったわけです。

一〇年前の一九六六年の時点では、身分差別（正社員・少年社員、長期アルバイト、嘱託等)、職能差別（編集、校正)、中途採用及び女性差別等あらゆる差別がありました。

同一年令同一賃金も最初は、同一年令層の賃金の平均値に達していない者を名指しして個別交渉し、平均値まで賃上げさせ、次には同一年令の最高値までひきあげさせるようにしました。個人の実情（遺産相続、多額所得の妻持者、四〇歳の独身男性等）は意にとめず、全体的把握をしました。昇格昇任、適応職務については経営側が一方的に決定を下すのであって、労働者が介入できる余地がないからです。本人が選択できない要件による差別はいっさい認めない立場をとり、現在のところ、大多数の人間が生活の必要に応じた賃金を得られればよいという見解に立っています。

＊スウェーデンの賃金に対する考え方

スウェーデンでは人間はだれによっても扶養されてはならない、男女とも働くべしという見解に立っています。扶養控除は一切ありません。個人の事情による賃金格差の是正については、最低の生活必要費は、個々の人間に対する手当として国が保障します。もちろん配偶者手当は一切ありません。これらは、児童手当、出産費用、住宅手当、片親手当、弱者手当等、国の保障が整っているために実現されているものです。

差別されない賃金体系をつくるために

駒野陽子

差別を生み出すしくみ（整理）

① 〃女むきの仕事〃という固定観念や雇用の習慣によるもの。

・単純労働、補助労働、雑務的労働などが、〃女むきの仕事〃とされ、職務評価が低い。

・看護婦さんや保母さんのように専門職知識や経験が必要で十分にそれを生かしているにもかかわらず、女性だけが占有している職種であるために評価が低い。

② 生活の中の役割分業を口実として利用し

たもの。
・生活手当（住宅・扶養手当など）による男女の賃金差。
・男女のライフサイクルの違いを根拠とする賃金体系。
・結婚、出産などによる退職を予想して期待度による評価を加えた賃金体系。

③　雇用、昇進・昇格の機会の差別によるもの。
・仕事の上で〝男の仕事〟〝女の仕事〟という差をもうけ、男は仕事人間だが女は仕事は片手間で良いとする生活面での役割分業を理由とする。

④　雇用形態による差別
・M型雇用を利用し、若年低賃金と中高年の低賃金をともに女性におしつける。
・臨時・パートなどの短期、不安定な仕事に女性を雇う。
・同じ仕事をしていても、嘱託、原稿料雇などと身分の差をつけ、一般賃金体系の枠外におく。
・仕事、生活両面の性別役割を根拠とし、雇用市場が形成されている。

以上のようなつくられた差別をうちこわすために六つの提起をしてみたい。この提起は行政に向けてももちろんだが、労働組合に是非是非聞いてもらいたい。というのは、労働組合は労働者を守るための組織でありながら、こと女の問題に関しては決して女の味方とならないケースがあまりに多いからである。その意味で労働組合に向かって以下の提起を積極的にその運動に取り入れるよう要望していかなければならない。

提　起

①　性別役割分業（仕事、生活の両面で）の社会通念を変える。
・教育、マスコミの中で人間の意識はつくられるのだから、性別役割分業を固定化する記事や、教科書内容を指摘し、是正させる。
・行政機関（特に企画推進本部）に社会通念を変えるための積極的なキャンペインを行うように働きかける。
・労働組合へ向けて要求をつきつけて行く。

②　雇用、昇進、昇格の機会、賃金の不平等をなくすための方策。
・職場に不平等をみつけ、その解決をはかる平等委員会などの組織を組合の中でつくっていく。
・平等化促進のための行政機関を設置させる。職場でのあらゆる差別を監視、調査、救済できる権限を持つ機関。例えば不当労働行為における労働委員会やイギリス、アメリカの雇用平等委員会のようなもの。
・再教育、再訓練の機会と機関の要求。
・雇用平等法のような差別を禁止する総合的な立法を要求する。
・民間にも苦情処理、相談などの機関を自主的につくっていく。

③　社会保障の充実により、賃金の中に含まれる社会保障的な部分を賃金の枠外に出していく。
・母性保障はすべて社会保障で行う。
・住宅手当、扶養手当などのすべてを社会保障の中に位置づけ、賃金は同一労働同一賃金の原則がつらぬかれるようにする。
・過渡的には年令別賃金で男女を全く平等とする。

④　職務評価の基準を再検討する。将来は能率主義・能力主義的な職務評価を再検討し、労働の価値に上下をつけない考え方を確立すべきだが過渡的には、
・〝女むきの仕事〟というだけで低い評価をされている仕事の再評価。
・ダーティ・ジョブ、単純だが緊張を伴う仕事、単調さに耐えなければならない仕事の評価を上げる。
・補助、雑務的労働を女性に固定化せず、順番に皆で行う。

・勤務評価の基準を明確にし、評価の段階を少くし理由をはっきりさせる。

⑤ 雇用形態の差別をなくすために雇用構造を変えていく。

・雇用形態・身分による差別を最低賃金制・同一価値労働・同一賃金・労働条件の一率化などで防ぐ。

・雑用、ダーティ・ジョブなどの下請け化の方向、下請け企業に女子が集中する方向などに歯止めをかけるためにも、上記のことが進められなければならない。

⑥ 男性の労働条件の向上

・時間短縮、時間外労働の制度、必要不可欠な職種以外の深夜勤務制限など、男性の労働条件を現行の女性の条件まで引きあげ、保護が差別の口実にならないようにする。

真の同一賃金とは？

慶応大学教授　佐野陽子氏

経済学はまだ男女差別あるいは賃金格差の解明にはほとんど解答を出すに至っていない。労働市場の問題については経済分析である程度これまでにわかっていることがあるので、その点から感じていることを述べてみたい。

今までの話は働くものの立場から出てきた話である。

人を雇う場合、雇い主は「その人がいなくなったらどれ位他の人でその人の仕事を代替できるか、もっと安く働いて同じ能力を発揮してくれる人が他にいるのではないか」、という比較をする。ですから労働市場で低賃金でその仕事をしてくれる人がいるかいないかは雇い主の立場からみても、働くものの立場からみても気を付けなければならない問題だ。男女の問題については単純に考えて何となくおかしいと思うことが一番重要なのではないか。年功序列がどうの、雇用形態がどうのと言い出すと段々話がむずかしくなり、そういうことを全て勉強してからでないと何もいえないように封じ込められた形になってしまう。やはり一番おかしいのは、同じ働きがあるのに賃金に差があることで、その意味からいうと同一労働同一賃金というのは労働運動の鉄則であると同時に経済学では同じものは一つの価格きり成立しないという一大鉄則でもある。同一労働同一賃金とすれば、男女の差だけ解消するわけではなく、賃金体系全部の原則が変らなければならない。私のいうのは同じ職場に同時に入った男女は同じ様な待遇を受け同じ様な訓練をうけて同じような配置転換を経験して同じように昇進するというものまで含めた同一労働同一賃金である。

以上の報告・提案に基づいて討論に移り、次のような意見が出された。

Ⓐ 男子は学歴格差があるが女子はほとんど年令給と変りない。女子の年令給的賃金体系を男性にも適用させる運動をしよう。

Ⓑ 51才（28年勤続）で一一万九八五〇円、男子は三七才位で一七・八万円位。賃金差別を一〇年間調べて来て今回、労働基準監督署に訴えた。（日産自動車勤務）

Ⓒ 一年契約の女子の採用を女子全員の話し合いと署名により正規職員とさせた。女子の問題は女子が立ち上がらなければダメ。

佐野陽子氏

賃金差別を一企業内だけでなくす運動をしていてもだめである。今、雇われている人は平等であっても、採算の合わない仕事を企業は必ず下請けに回わす。組合の力の届かない所で企業は人を働かせて行く。

以上のような意見や運動の報告が活発に展開されましたが時間が短く、参加者からの提案により、この賃金シンポジウムを来年も引きつづき開くことを確認しました。

来年も参加して下さい。(参加者は約九〇名)

（大久保・斉藤）

四裁判官の調査開始決定！

—意見書を募集中—

うれしいニュースです。十二月二日の訴追委員会において、私たちの訴追申立を受け、四裁判官に対する調査開始の決定がなされました。

年間二〇〇件近くの訴追請求に対し、調査開始に到るのはわずか年間二〜三件、弾劾裁判所が開かれ罷免に到った件数は戦後二件という現状では、まずは第一関門突破というところです。

四裁判官による差別発言の後を追うかのように鬼頭判事補によるニセ電話事件、そして国会をあざけるが如き宣誓拒否に、私達の訴追申立に対しては若干の揶揄と嘲笑をまじえた報道をしたマスコミも、連日の日も夜も明けぬ報道をし、現職裁判官の権威の失墜をものの見事に体現いただき（その余波を受けたかどうかは知らないけれど、そうだとすれば感謝状ものかしら……。冗談）、現在の司法界に対する国民の失望と疑惑は一層強まりました。最高裁はあいつぐ身内の失態に、彼らはあくまで特殊であり、例外的存在であるとして、司法の権威をとり戻すべく大わらわ。

しかし、司法試験に合格するためにはＴＶも見ず新聞も見ないで、条文の解釈と技術習得にのみ励まなければ合格できない現状や、法曹教育の中で、堂々と憲法違反の言動がまかり通り、これまでの判例を無批判に受け入れ技術習得にのみ重きを置く指導がなされ、松岡英夫氏が奇しくも〝近親結婚の世界〟と（サンデー毎日十一月十四日号）表現したように、司法界に於ける仲間意識とその閉鎖的社会の特殊さ、しかも外部からの批判にさらされることのない世界からはこのような裁判官が生まれるのもまた当然と言えるでしょう。二つの事件は同じ根から生まれています。このような世界の人間が豊かな見識と高潔な人格を要求される裁判官になり得るでしょうか。人を裁くことの意味も忘れ、人権感覚も鈍摩した裁判官を拒否し、真に国民の人権を擁護する司法界にするためにも私達は批判をしつづける必要があるでしょう。

十一月五日、訴追委員会に、第二次申立者九二三名の申立書を提出し、訴追理由の説明をしてきました。

現在閉会中のため調査は行われず、十二月五日の総選挙の後に、新たに訴追委員が決定され、実質的には来年から調査が開始になる予定です。

（なお、国民の関心度が高いという理由により、鬼頭判事補の件が先に調査に入ります。）

提出資料として国民各階層からの意見書を提出できることになりました。彼らの言動が、いかに不当なものであるか、何故に罷免を要求するのかをまとめた意見書を皆さんから募集します。最終的に十人位の方にしぼらなければなりませんが、できるだけ多くの方の意見書をお待ちしています。枚数は制限なしです。書きたいことを書いて下さい。

申立書は、訴追が決定されるまで送りつづけます。

今後もより多くの方々の賛同を得るためにどんどん呼びかけて、申立書をお送り下さい。

（野口）

◎「申立理由書」一部　五〇円

事務局にありますので、現金書留にて申込んで下さればお送りします。

女子だけの家庭科必修は憲法違反だ！

〝ボクもワタシも作る人、食べる人〟実現をめざし抗議集会開く

十一月六日午後　於・婦選会館

はじめに共修をすすめる会の半田氏が、教課審の「総まとめ」の中で家庭科がどう扱われているかについて分析、批判をした。小学校では従来の内容から「家庭」の領域が消され、「被服・食物・住居」の三領域になってしまい、中学では「男子の領域」と「女子の領域」が明確に区別され、さらに高校では、「家庭科は現行のみ」ということばで締めくくられている始末。この教育課程が実施されれば、なんと今年生まれた赤ちゃんが高校生になってもまだ女子のみという恐るべき事態になるわけである。続いて塚本氏の方から、さきごろ発表された内閣広報室の「婦人に関する世論調査」に基づいて「家庭科教育を現状通り女のみでいいとするのはたった26％である」という指摘がなされた。

次に、さまざまの立場の人から女子のみ必修に反対するアピールが発表された。中山千夏氏は実体験から話の紐を解き、男にも小さい時から自分のことは自分でやるという「覚悟」を持たせることが必要だと主張した。男の解放をさぐり合っているマン・リブの山根氏は、近く生まれてくる子のために何枚かのおしめを縫い自分も役に立つ人間であることのうれしさをかみしめたと言いながら、女子のみの家庭科は、やさしさを具体的に表現する術を男から奪ってゆくことになりかねないと述べた。「交流」編集部の増野潔氏は、病気の子をおいてゴルフに出掛けたり、妻が病気になっても残業したりしている日本男性の解放は、男が〞女化〃してゆくことからはじめられると提起。さらに、桐朋女子高校生から「差別教育をして高校生の意識を低下させてきた文部省は今こそ反省すべきだ」という意見や、俵萠子氏の息子さん（中一）からは「僕は製図なんか大嫌いなのに技術をやらされる。これは教育の差別です」、スウェーデン人を夫に持つヤンソン氏より、海外で一人で生活をしてみてはじめて生活不能力者だと気づく日本の男性が増えているという体験談などが話され、共感とため息がうずまいた。

外の異常寒波もなんのその。集まった約百名の参加者は、最後に文部大臣などへの抗議打電や他の抗議行動を提案し、会を閉じた。

主催は「家庭科の女子のみ必修に反対する連絡会。

（三井マリ子）

▽今月末発表予定の国内行動計画成案に向けて婦人問題企画推進会議より、三木首相に対し意見書が出されました。ご覧になりたい方は全文が事務局にありますのでおいで下さい。コピーは有料。（B４版十六枚分三二〇円）

▽「婦人に関する世論調査」結果が総理府より発表されました。対象は全国二〇才以上の女性五〇〇〇名（回収四一三四名）

内容は、

* 「男は社会、女は家庭」という考え方に対する意識
* 女性の地位向上と職業
* 再就職の意思
* 夫婦別姓を認めることに対する意識
* 高校での家庭科教育
* 子供のしつけ
* 女性意見が政策に充分反映するようになるための条件

などなど。「男は社会、女は家庭」という考え方に対しては東京都区部では「同感しない」が「同感する」を上回るなど、女性の意識の変革が表われています。（コピー四四〇円）

財政と運営について会員の皆さんへ

――会を存続させるには――

一年目の記録が出たと思ったら、もう二年目が暮れようとしています。今年はほんとに忙がしかったですね。

さて、忙がしさはともかくとして、実はもう一つ大変なことがあるのです。

活動すればするほど増える事務量と財政の負担、そしてただで事務局を置かせてもらっている中島法律事務所の移転問題……と会の存続を左右するような重大な問題が私達にのしかかっているのです。記録集でも問題提起をしましたが、今やその懸念が現実のものになってしまいました。

まず、事務量。日々、数十件に及ぶ、マスコミや政府機関、他団体、会員等からの問い合わせや連絡など、電話の応待や、手紙の発送だけで一日は暮れてしまいます。その他毎月の活動報告の編集、原稿、発送、会費やカンパなどの会計事務、名簿の整理や、資料の整理、印刷所への往復などなど、とても一人二人の仕事量ではありません。

しかも、この事務所は「行動する会」ばかりではなく、「刑法改悪に反対する婦人会議」「企業秘密漏示罪を許さない連絡会」そしてつい先頃作った「差別裁判官訴追実行委員会」などの事務局となっており、それをたった一人の事務局員が兼任しているのです。その事務量たるや大変なものです。そして実質的には、「行動する会」の増大する一方の事務量に他の団体の仕事は何もできない状態です。

連日、事務所に泊り込み、徹夜もしばしばの状態でまさに私生活も許されない二十四時間拘束の状態でありながら月額四万円の専従費しか払っていないのです。

また、軒を借りているはずの中島法律事務所は、わが会の資料や書類に占拠され、会の活動でごった返し、中島さんの弁護士活動をストップさせてしまうような状態でした。

申し訳ないと思っているうちに、この事務所の持主の事情でたちのかなければならなくなり、来年には移転しなければなりません。

財政は、会費を値上げしたものの、納入者は四〇〇人に満たず、月十万円の収入しかありません。今でも月額十五万円の経常支出があり、月五万円の赤字なのです。その上、記録集の印刷費が残っており、売り切らなければそれも払えない状態です。

この危機を打開するために、十月十六日、拡大世話人会を開き検討した結果、次のことが決められました。

① ともかく事務局にかかっている負担を少しでも軽くするために、総括集会を終えるまでの二ケ月間だけでも、もう一人専従を入れる。

② 中島弁護士への甘えを反省し、事務所費を支払う。

③ 財政問題を深刻に受けとめ、今後の会のあり方を考える。

①については会員の一人が月額八万円で二ケ月間だけ来てくれることになりました。

しかし、これもあくまで当面の対策でしかありません。専従費を値上げし、事務局を二人にし、事務所費を支払い、そして今後ますます増えるであろう活動費をまかなうためには月額三十万円近くのお金が必要になります。会費収入との二十万円近くのギャップをどうしたらいいのでしょう。今のままでは、事務局員は皆無です。まだ財政の見通しは専従を置かないで活動を縮少することしか考えられません。それでこの会は存続できるでしょうか。今分科会ごとに対策が協議されているはずです。会を無くさないために会員一人一人がどうしたらよいのかを真剣に考え、前向きの対策を練らなければならないと思う。

お知らせ

◎1976年総括集会

☆12月3日㈮　午後6～9時

分散討論会「女の生き方を変えるには」

第一テーマ　身の廻りをどう変えてゆくか

第二テーマ　「男は仕事・女は家庭」という社会通念をどう変えてゆくか

第三テーマ　地方や国の行政等をふくめて政治のあり方をどう変えてゆくか

☆12月4日㈯　午後1～9時

総括討論会「女の生き方を変えるには」

行動を起こす女たちの会、各分科会の総括と展望

分散会報告

問題提起『禁区に向って進軍せよ』―中国女性の生き方――松井やより

場所　渋谷区新橋区民会館

（渋谷区恵比寿一―二七―一〇
℡（四四四）〇四六一番）

参加費　一日四〇〇円

保育室を用意しています。（保母・保父さんを募ります。

家庭で職場で社会全体の中で、男女差別をなくすために今年何をしてきたでしょうか。一年をふり返り、来年の運動の方向を具体的に考えていきましょう。友人、知人も誘い合ってぜひ参加して下さい。

◎忘年会をしましょう

コミュニケーションが不足しています。今年一年をふり返り、来年度の新たな出発のために皆で飲みながら、楽しくダベりましょう。どなたでも参加できます。参加したい人は、十二月十日までに事務局へお申込み下さい。

時　十二月二〇日㈪　午後7時～

所　未　定

参加費　三〇〇〇円位

◎七六年の活動記録集の編集委員会を作ります。

記録集ができるまでには、企画、編集、交渉、校正、印刷などなど、大変な仕事がいっぱいあります。だれでもできますので、どんどんお申出下さい。本づくり初めての方も、勉強のためにもご参加下さい。

◎―一年目の記録―「女の分断を連帯に」の合評会を開きます。

来年早々になる予定ですが、いろんな意見を出しあって、二年目の記録集をもっといいものにしたいと思います。出席できない方はお手紙等でお寄せ下さい。

分科会ニュース

◎教育分科会

〃総括集会に向けて〃

時　十一月二十五日（木）午後6時～

所　中島法律事務所

◎労働分科会

一年間の反省

時　十二月九日（木）午後6時～

所　中島法律事務所

編集後記

今月号は、十二月三～四日、総括集会のお知らせのため、発行を早めました。必ず参加して下さいね。

国内行動計画成案がもうすぐ発表されるはずです。私達の意見が反映されたかどうか、目をさらにして（?）検討しましょう。

寒くなりました。カゼなど引かないように皆さん気を付けて……。

（野口）

1976年12月
1977年 1月 合併号

活動報告

国際婦人年をきっかけとして
行動を起こす女たちの会

事務局
〒160　新宿区新宿1－9－4
御苑グリーンハイツ806
中島法律事務所内
TEL　(03)　352－7010
郵便振替　東京0－44014

76年総括集会

行動する女たちが明日をひらく

十二月三日〜四日
渋谷区新橋区民会館

私たちは家庭で職場で社会全体の中で男女差別をなくすために今年何をしてきたでしょうか。この一年を振り返り、来年の運動の方向を具体的に考えていきましょう―と、二日間に渡って、のべ二五〇人余りの方々の参加により総括集会が開かれました。紙面の都合により概略をお伝えします。（詳細は二年目の記録に掲載予定）

第一日

〔第一分散会〕

〃身の廻りをどう変えてゆくか〃

身の廻りを家庭・地域・職場の三つに分け、制度的な面よりも意識の面を重点に、それぞれ体験を語りあった。

「家庭」においては、夫の非人間的なあつかいに耐えかねて二児を置いて離婚、自立の後に再婚したSさんは、外国の例などをまじえて、家族が自分のことは自分でやるようにするための工夫と実行を語った。

「地域」では、新座市の婦人議員Fさんが、保育所作り運動の中から婦人達の力で市会議員になったいきさつと、その選挙運動のなかで、一人の仲間が夫の中の妻でしかない主婦というものを見すえた話。そして、女の自立の根源は婚姻制度の否定だと語る。

「職場」に関して、都職労のSさんは、一年ごしのお茶くみ反対斗争について、意識調査、実態調査をふまえて学習会も開き、その結果全職場の三〜四割が変った。しかし、なれ切っている同性が非難し足をひっぱること。そして組合執行部が男を敵とするとか、全体の理解がなければ不可とかを理由に、攻撃することを歎いた。同じく男性のIさんは、斗争の本質は性差別を許さないことにある。今後はこの斗争から仕事の配分、人事、職制の面まで問題にしてゆきたい。これは政治を改めることにつながってゆくだろう。残念なのは婦人の主体性が十分に発揮されていないことだと語った。

これらの報告をうけて討議に入り、まず女子高校生の「文化祭で女性問題をとり上げてから、母親をみて苦しい、先づ母自身に時間をあげるために家族で協力することにした。学校で女性のおかれた立場について友達に話すと夢をこわすと言われ、先生も一人一人の個性だからと言って問題をみてくれない」と言う若い世代の発言に、次々とはげましの声があがった。夫の転職のため職をすて再就職した女性は、女は使いすて労働者という考えの背景としての役割分業をつく。

都職労十二万人中五万人が婦人なのに中央執行委員三千名は全員男性。組合活動さえも役割分業のふみ台の上に成立っている、女だけの組合を作らなければ…の声。

高校生をはじめ、多くの人から出たのが友達や隣近所など身近を変えるのが一番大変だし、やりにくいという言葉だった。

これに対し「それぞれが生きざまをさらけ出すことだ」「自分で自分を追込まなければ」「専業主婦は子供には良い対応をしても夫には隷属的だ」「拒否されないために共通点をさぐって階級的に働きかけよう」「テクニックは使いたくなかった。人間としての愛情がなければ…」等々　実にさまざまの意見が出たが、学生運動をしている大学生の「小さい時には差別を感じなかったが学生運動の中で〝どうせ女なんか〟という差別を知って、女のグループを作った。異端者とみられているまわりの目を感じるが、やっていく中で自分が変っていった。だんだん構造が見えて来て、構造的なものだとわかると、いちいち頭に来なくなって、一緒にやっていこうという対応が出来るようになった」という言葉は、印象的だった。

（盛生高子）

〔第二分散会〕

〝「男は仕事、女は家庭」という社会通念をどう変えていくか〟

放送、新聞、雑誌、児童文化、教育など私たちが毎日接するいわゆる〝文化〟的媒体の全てに「男は仕事、女は家庭」という社会通念がくまなく浸透している。目に見えない社会通念という怪物を退治するためには、目に見えるその媒体をひとつひとつ丹念につぶしてゆくより方法がない。

さてその基本線に添って、第二分散会ではどういう行動を今行なったら怪物退治ができるかを討議する材料として、まずマスコミと教育関係から問題提起をしてもらった。長年マスコミ界で「女性差別を痛いほど味わってきた」吉武輝子さんは、幼児の頃から性別役割分業観を固定化させる〝電波公害〟のひとつとして「私作る人、僕食べる人」（ハウス食品）「でかした、また男か！」（三和銀行）などのCMをヤリ玉にあげた。さらに新聞や雑誌に見られる、女の分断を促進させるためにのみあるようなキャッチフレーズや、見出しの例もあげ、これらの現象は、CMのコピーライターも、新聞記者も、週刊誌の編集者も皆男のみであることからおこってくる。受け手である私たちは、男たちの作った〝文化〟の中でイメージ化される「男らしさ・女らしさ」をからだで感じとり、その〝文化〟に迎合しないとこの世の中を生きてゆけないのではないか、という気持を持たせられてしまう。だが、その〝文化〟製作に携わる人は、女の痛みなど全く感じることなく生きてきた男たちばかりであるから、悪気もなく、ごくあたり前のように性別分業意識を植えつけているのである。ゆえに、差別を感じたらただちにCMや記事に対してきちんと抗議してゆくことが一番大事な行動ではないか―と結んだ。

高校教師の方から提起された例は、教科書の中に表われてくる性差別の実態や、職場内でしらずしらずのうちに固定化されている女教師・男教師の仕事の分担などである。次の時代の担い手となる子どもを対象としている学校教育の場で、教科書をはじめ、教師間の男意識・女意識などが、どんなに悪影響を及ぼすかを訴え、教科書会社へ差別表現を抗議することや、「父兄」「女の子なんでしょ！」「お嫁にゆけないョ」などの日常語をなくすこと、さらに労組活動やスポーツクラブ顧問などへの積極的参加を具体的行動としてあげた。

討論に移ると、その他いろいろな差別の実態が、会場からあがった。ある医師からは「産院では生まれた新生児を男は青、女はピンクのテープで区別する。あえて区別する必要のないところで区別があり、その区別が差別を助長してゆく。つまり個人差が男女の差でひっくるめられてしまう」という発言や、「学校の出席簿がなぜどこでも男の子が先で女の子が後に来るのだろうか」などなど。

我々の会の特徴として、終りに近づくにつれて熱気が出てくるのだが、佳境にはいったところで閉会時間となってしまったのは、いつものこととは言え誠に残念であった。

（三井マリ子）

〔第三分散会〕

〝国や地方の行政等を含めて
政治のあり方をどう変えていくか〟

このテーマのもとに、三人の問題提起者からの発言を受けた。

目黒区議会議員の宮本なおみさんは「行政が税金をどのように使っていくかを決める長期計画審議会には、七〇年には女性が一人もいなかったが、働きかけによって昨年ようやく三〇名中六名を女性にした。しかし婦人のための施策としての保育所や消費生活・福祉などの諸問題のどれ一つをとっても女性解放の視点から外れている所があり、各審議会に更に女性の数を増やすよう働きかけているが、行政側の意識の立ち遅れを痛感する。また、女性解放との接点では、地方自治体の力としては、国政レベルの制度との関連もあり、問題は多い」と語り、浦和市議会議員の小沢遼子さんは「中年主婦の再就職の場として、周囲の人に薦されて当選したが、議員は制度的身分的には全く男女平等である。当初は偏見や妨害も多々あったが、形式主義にはびこった差別を振り払った時から、一人の自立した人間としての位置づけを相手側に納得させるに至った。議員生活の中で強く感じるのは、行政の立ち遅れは、すべて為政者に理念が欠如していることに起因するのではないかということ。スウェーデンのように、みんなのためにとか、みんなが望んでいるからといった理念・理想に基づいた発想を行政の中で見聞したことが一度も無い。保育所の問題など、九つしかなかったのを現在二〇に増やしたが度重なる討論の中で貧民救済の論理ではもう時世に合わないことを解らせるまで四年もかかった」と語る。

会員の中嶋里美さんは「会の運動をしていく中で、男女平等の理念が役人の中で欠如していることを強く感じてきたが、やはり、私達が構想を持ち行政に働きかけていくことが必要ではないか。さまざまな政策決定機関に於いて女性はゼロに等しい現状であり、女性をもっと入れろ！と市民段階で働きかけるとともに、議員や政治のレベルでも発言していくことが大切である。同和行政のように、国や地方自治体に男女平等委員会や担当機関を作るよう運動することも必要ではないか。」との発言を受け、スウェーデンにおける男女平等委員会の説明があり、日本での国内行動計画において推進委員会のみで具体的な実行委員会が無く、責任と権限を与えられた機関が無いなどその無力さや不備が指摘された。

討論に移り、政治をどう変えていくかということで、さまざまな選挙の際に女性議員を増やすための取り組みなど、政治の構造の変革の問題から、身近な所で、一人一人が同性異性を問わず、意識を変えていくことがすなわち政治を変えていくということまで巾広い討論がなされた。

最後に、会員からの提案があり、この分散会を契機に政策決定の場に私達の意見を反映させるための方法などを検討する分科会を新たに作ろうということになり、今、スタートしたところである。

（須藤昌子）

第二日　昼の部

問題提起………　「禁区に向って進軍せよ」

松井やより

初めに前日の分散討論会の報告が行われた。そのあと、一年余り中国に滞在し最近帰国された松井やよりさんから、『禁区に向って進軍せよ』と題して中国の女性の現状について話していただいた。

「中国では今まで女は入るべからず、と禁区になっていた所に女性が入っていっている。日本で想像する以上にあらゆる仕事に女性が進出している。電気工事、ブルドーザー運転、大木の伐採、バス運転手、パイロット、漁船船長、校長等女性のやっていない仕事は無い程だ。また幹部にも女性が多く、農業の模範とされる大寨のリーダーは二十代の女性だった。幹部学校でも半数位は女性である。

家庭の中での様子もかなり変ってきている。男性も自発的に買物もするし食事も作る。家事の分担は当り前の事で、日本での女子のみの家庭科は理解に苦しむと言われた。しかし、儒教による男尊女卑の考えがしみついていた国でこのように変ったのは、つい三年前の批林批孔運動からである。

とにかく中国の女は強い。文化大革命後は男女の別なく労働しているので鍛えられている。中国では今や強くてたくましい女性でなければ男性にもてない。このように肉体的にも美的感覚の面でも変ってきている。社会全体も能率よりも全体の利益を重んじ、のんびりしているので弱者や女にとって住みやすいのではないか。

教思想は日本でも分業思想の根にあると思う。中国では男性はまじめに女性問題を考えているが、日本では批男批孔が必要なのではないか。中国は政治闘争が主でその中で女の解放も行われるという考えだ。アメリカでの、個の意識変革が中心で社会体制変革には関心がない、というのと違う。しかし最近、アメリカのやり方には行きづまりがあると言われる。一方中国では一夫一婦制が守られていて性の自由というものがない。

日本の運動は中国型、アメリカ型の両方を総合し、やはり社会全体を変えていくような方向にいくべきではないか。社会全体を変えないかぎり、男女平等は実現しないと思う。」

このあと質疑応答が行われたが、最後に中国に一番見習うべき点は何か、との問いに対して「まず誰かに頼るような生き方を日本人はやめるべきだ。経済的自立が第一で、そのために女性の労働権獲得から始めなければならない。」との事であった。

討論・女の生き方を変えるには

一般討論に入ってからは、労働時間短縮に関連する話が多く出た。スウェーデンの様子や、若い女達が母親の短縮の運動に冷淡な実情が話されたが、それに対し「労働時間短縮の為には労働組合を変えねばならない」「主婦分科会でも出口作りのために今後その問題を取上げていきたい」との意見が出た。また同時に「家庭の役割分担を変えねばだめだ」という発言も出た。

女性の職業意識の低さに関して「まず自分が責任持って仕事をやり切っていかねば信頼も得られないしまわりを変えていく事もできない」という意見と同時に、「男並みに仕事をこなすのではなく、男女共に育児時間を獲得するようにしなければ」という意見も出た。

また「女が男並みに体制側で出世めざして

働くのがいいとは思えない」という発言があったが、「私達には『一人で生きる事を恐れない』事が必要でその為にはお金が要る。働く中でも世の中を変える事はできる」「女性労働者階級の輪をもっと広げなければ」という反論が出された。最後に「ともかくいかに行動していくか、が大切だ」という意見で討論がしめくくられた。その後各分科会の報告を行い、午後の部を終った。（守屋和子）

第二日 夜の部

「運動の総括と展望」

報告者 駒野陽子

戦後三十年の女性解放運動（労働組合運動・政党の婦人運動・リブの運動・市民運動）を土台として、私たちは、①女自身の主体的な運動を②外を変える運動と同時に意識を変える運動を③行動を起こすことで意識を変える④中年や結婚している女など女の一生の問題を包括できる運動を⑤運動の中の性別役割分業の否定等々を目指して行動してきた。その中で、具体的な成果として、離婚の母の家の実現、差別的なコマーシャルの中止、働く女性の相談室による職場の問題の解決、司法研修所差別裁判官訴追運動によって訴追委員会の調査開始が決定されたことなどがあり、問題を投げかけたこととしては、毎月の定例会や分科会での研究や討論、婦人問題企画推進本部への政策要求や提言、家庭科の男女共修を進めるための教課審への要求や抗議行動など多くの活動があげられる。これらの運動の中で他の団体との連携も進んできた。思うようにいかなかった点としてはマスコミの是正がまだ不充分であることであり、三年目にこそ取り組まなければならない。

これからは、昨年の総括集会の宣言を引き続き実行すると同時に、会の外の人との連帯、国際的な連帯を強め、男性にも伝えていく運動も進め、さらに身近かな問題から政治の問題にまで行動の場を広げ、政策決定に対しても積極的な要求をする必要がある。その点で今度の総括集会では、この会への批判をもつ人びととの討論の場ができはじめていること、政策決定に関しての新しい取り組みの動きが出て来たことなどに期待し、今後これらをどう進めていくかみんなで考えていきたい。

最後に組織の問題として、分科会同士の連帯が弱まっていること、行動しない人の問題、世話人会の機能、事務局の問題を今後どうするか検討してほしい。

以上の報告に続く討論の中では、会の外の人から多くの意見が出されたが、とくに離婚の母の家設立をめぐって、「会の中には売春婦といわれる人たちに対する差別意識があるのではないか、しかし主婦と売春婦は同じ立場であり、その区別は男によって作られたものであるから、この分断を連帯に変えていくべきではないか」という批判が出され、これに対して活発な討議が行なわれた。この問題については、今後会内部でも、また外の人たちともさらに討議を深め、行動を共にしていく必要が確認された。また男性の発言も多く、女性から要求されてお茶をいれる中で「男が本当に解放されるためには女が解放されなければならないのだな」と思うようになったという発言、労働組合の中の差別意識の鈍感さをどのように変えていったかなどという具体的な発言が拍手をあびた。その他学生や非常勤の公務員、主婦などさまざまな立場の女たちから、自分のおかれている現実の中での行動とそれを他の人びとの行動とつなげていく方法について発言された。

最後に総括集会実行委員の中嶋里美さんから、「かつて女性解放を主張した女性たちは死刑を含む厳しい弾圧を受けてきた。現在私たちは憲法によって認められている権利を最大限生かして闘かっているだろうか。政策決定への参加を含めて来年はもっと積極的に私たちの力を生かしていこう。また、売春をした人やさまざまの生活をしている女たちがどんどん入って話し合えるような会にし、運動の巾を広げていこう」という結びのことばが述べられた。

（中島通子）

〈高校長協会家庭部会決議・見解 〃家庭科女子のみ必修〃に抗議!!〉

アーアー　オドロイタ　オドロイタ
コノ世ノ中ハ　ウシロムキ……

とうたい出したくなるのが、全国高等学校長協会家庭部会が家庭科男女共修問題について示した見解。

昨年十一月十八日の総会の決議と、同じ日に発表された資料『「家庭一般」女子必修についての考え』『いわゆる男女共修論の類型とその問題点』なるもの、それに家庭部会の機関誌たる『家庭部会報第48号（昭和51年10月）』にのっている白鷗高校長佐田彊氏の論文を読んでご覧じろ。（事務局にあり）えゝと、今昭和何年だっけ、国際婦人年なんてものがあったんだっけ、こっちの頭まで混乱しそう。

高校でやってる『家庭一般』は「結婚適齢期を控えた」「母性としての自覚と使命にめざめる」高等学校の女子生徒に「最も適当するもの」で、「平面的な男女平等観念から」「男子生徒にもむりに家庭科を必修させようとする」なら「男子の水準に合わせることから」「程度の低い」ものとなり、「母性教育としての実質を失うことに」なるそうな。

今の家庭一般の中に、そんなに実質的な「母性教育」がありましたっけ。「母性教育」なんてちょっと新しそうな言い方をしながら、実は古い母親像を念頭に置いて、良妻賢母主義的家事技術教育を女の子には押しつけようというだけのこと。自分が無能だからといって男の子は水準が低いときめつけるなんて全くナンセンス。

文章を読んで笑っているうちはいいけれど、日本の教育がこういう考え方で動かされていると思うとゾッとするじゃありませんか。

こういう先生方をどうしたらいいか、皆さん考えて下さい！

（梶谷典子）

◇◇◇◇ 東京都へ要望開始 ◇◇◇◇

これまで、国内行動計画に対して積極的な動きかけをしてきましたが、東京都でも行動計画を作成する動きがあることを知り、これは見のがせないと、急拠、都への要望を開始しました。分科会毎に要望書を作成し、会見することとし、第一回として十二月十三日教育分科会、並びに主婦問題分科会の合同で会見がなされ、引き続き、労働、独身女性、離婚の各分科会が予定されています。要望に盛り込んでほしいことを各分科会へお寄せ下さい。また、東京都のみならず、会員が自分の居住する地方自治体に対して要求をつきつけていってほしいと思います。（要望書は事務局にあります。）

（野口幸子）

全国に行動する会を！

運動が東京周辺に片寄りがちです。全国到る所にいる会員同士が連帯し、さまざまな行動をしていくために、各地域に住んでいる方が〃近くに住んでいる人、この指とまれ！〃と名乗り出ませんか？

会員名簿の公開は、各人に事情があり問題がありますので、地域で運動をしたいと思う人が、事務局までご連絡下さい。毎月の活動報告にのせたいと思います。

（野口幸子）

国際分科会

国際分科会は七七年一月発足。現在メンバーは二十四名です。発足のきっかけは、今まで個人が持っていた外国のリブの運動の情報を行動する会の中に一つの組織をつくってまとめようということ。十二月の忙しい時、十人ほどの人が集まって、活動目的を話合った。その結果、今年の我々の活動は、国際婦人年以降、メキシコ宣言に賛同した国々が、実際に男女平等実現のためにいかなる政治を行なってきたかを調査しようということに決った。現在、そのための質問状グループ（英文で在日大使館に送るもの）と、行動する会の紹介文作成グループに分かれて作業している。我々を紹介するにあたり、各分科会に要請したいことがある。行動する会一年目の記録集の中の分科会紹介を更に簡単にした形で、分科会を紹介し、これからしたいことも加えて、原稿用紙一枚〜一枚半にまとめてほしい。これを二月の世話人会（二月七日）に是非提出してもらいたい。これは英訳し、英文の質問状といっしょに各国大使館に提出する。更に行動する会を紹介するに際し、これは是非いれてほしいということがあったらヤンソンまで申し出て下さい。その他に毎月一回、外国の女性達の地位について現状報告のような形で外国人、あるいは日本人を講師に招きレクチャーを組みますので乞御期待。日時場所は会報にのせます。他の分科会からの参加大いに歓迎。世話人は淡谷まり子、ヤンソン由実子。会計は兼松千恵。分科会費一カ月三百円。集会日はそのつど会報にて知らせます。多数参加を期待します。

（ヤンソン由実子）

新分科会誕生

政治分科会

実質的な男女平等をすすめていくためには、私達自身があらゆる差別を告発し、運動を起すと同時に、男女不平等を許さない政府を作っていくことしかない。

憲法には、男女平等規定はあるが、それとて、「男女の特性」という社会通念や、それらを利用した企業利潤の壁の前で道をふさがれている。

終局的には「男女不平等を許さない政府」を作っていくためには、今私達は何が出来、何をしなくてはならないのか、こうした問題を考え、行動していくためにこの分科会を誕生させた。初会合は一月一六日で、方針は序々に練っていくつもりだが、今出されている考えには次のようなものがある。

○国会や地方議員が圧倒的に男達に占有されているが、これをどうするか。

○あらゆる立候補者に男女平等のために何をするかを問い投票の際の基準にする。

○国の政策を決めるあらゆる審議会、委員会に男女平等のために奮斗する女たちを送るためにはどうするか。

○男女不平等を推進する議員や、行政官や司法官にはどのように対処するか。

○各地方自治体に「男女平等委員会」を置き、教育を通じて意識変革をさせるにはどうしたらよいか。

○男女平等問題担当者や担当大臣は？

多くの方々がこの分科会に参加し、この分科会を大きくしていっていただきたい。

（中嶋里美）

お知らせ

◎ 一月定例会

〃差別裁判官を裁く

ー女が自由に生きるためにー〃

時　一月二十九日（土）PM一時〜五時

所　千駄ヶ谷区民会館

出席者（予定）

淡谷まり子氏（弁護士）

菊本治男氏（〃）

西岡武夫氏（衆議院議員）

松岡英夫氏（評論家）

吉武輝子氏（行動する会）ほか

参加費　三〇〇円

主催　差別裁判官訴追実行委員会

行動する会

差別裁判官らの罷免を勝ち取るために、そして司法界のみならず女性差別をなくすために皆で討論しましょう。多数のご参加を！

◎ 二月定例会

〃記録集合評会〃

時　二月十四日（月）PM六時〜

所　千駄ヶ谷区民会館

一年目の記録集「女の分断を連帯に」の合評会をしましょう。二年目の記録集をもっと良いものにするために‥‥。

◎ 三月定例会

〃女が食えない賃金のカラクリー②〃

時　三月十一日（金）PM六時〜

所　千駄ヶ谷区民会館

参加費　三〇〇円

昨年の集会に引き続き、女の賃金はなぜこんなに安いのか、そのカラクリをあばき、女が自立するために必要な賃金のあり方を打ち出していきましょう。

分科会ニュース

◎ 労働分科会

〃男女雇用平等法（仮称）案について〃

時　一月十三日（木）午後六時〜

報告者　田中寿美子氏

〃第二回賃金シンポ〃の企画

時　二月三日（木）

〃男女雇用差別禁止事項（ガイド・ライン）の検討〃

時　二月十七日（木）

場所はいずれも中島法律事務所

◎ 教育分科会

時　一月二〇日（木）PM六時半〜

所　中島法律事務所

◎ 国際分科会

〃講演会〃

時　二月三日（木）PM六時半〜

所　ホーキ星

出席　オーストラリアのケースワーカー

〃行動する会英文パンフレット作成〃

時　二月十日（木）PM六時〜

所　中島法律事務所

◎ 公開質問状グループ

第四次公開質問状の対象は新閣僚と新衆議院議員。一月いっぱいを回答期限としているのでなるべく二月中に結果を発表する予定。

編集後記

新年を迎え、行動する会も三年目。これからがほんとうのほんもの（?）と決意を新たにしています。今年もがんばりましょう！

都合により、十二月・一月号は合併としました。事務局へは気軽に来て下さい。

（野口）

1977年2月

活 動 報 告

国際婦人年をきっかけとして
行動を起こす女たちの会

事務局
〒160　新宿区新宿1－9－4
御苑グリーンハイツ806
中島法律事務所内
TEL　(03)　352－7010
郵便振替　東京0－44014

定例会報告（一月二十九日　午後一時～五時）

差別裁判官を裁く！

差別裁判官に裁かれるのはゴメンダ！という私達の訴追請求は昨年十一月二日の訴追委員会で調査開始の決定がなされた。一切の組織にたよらず、一人が一人に呼びかけたこの運動も、現在四千名近くの申立者が結集しており、今後も増え続ける見込みであるが、このような中で第二回目のシンポジウムが開かれた。

様々な立場からの意見を聞こうと、五人のパネラーを迎え、活発な討論が交された。以下にその概要を紹介します。

労働権の否定である

淡谷まり子（弁護士）

訴追申立の理由は、まず女性の基本的人権である労働権を否定していることによる。憲法では両性の基本的平等、すべての人への労働権の保障をうたっている。しかし、企業によって、または社会状況の中で様々の差別があり、女が働き続けたくてもそれが出来ない現実がある。これを訴えていく最後のよりどころが裁判である。その裁判官が「女は家庭に居るのが当り前」という意識をもっていたのでは、女が働く権利はどうなるのだ、ということが根本のところである。

次に、現実の裁判というのは裁判官のパーソナリティに影響されることが非常に多い。差別意識をもった裁判官では、良心に恥じないで差別定年当り前などという判決となり、働きにくい状況を変えていく、あるいは女性の権利を守るということは出来ない。こういう裁判官は資格がない、というのが訴追申立の骨子である。

「差別」と「区別」を区別して

刀禰館正也（衆議院議員）

まず二つの提案をしたいと思う。一つは言葉の概念規定をはっきりしたい。差別とは、人間や物事の本質に関係のない予見や偏見に基いた不当な扱いであり、区別とは、本質に関係のない機能、能力、特性等によって場合によっては違う扱いをすることである。

二つ目は問題をおし進めて行く場合、外部からどんなに条件を整えても駄目で、内部条件を整えなければならない、ということである。婦人自身が婦人ということで甘えたり、仕事の質を低下させたりしない。また、母親が女教師を忌避したりという現実を見極めて運動をすすめなければいけない。

この二つのことを踏まえ、新自由クラブは、今日は二つの政策を述べておきたい。①育児休暇を広範に進め、制度として確定すると同時に選択制でとれるようにする。②幼稚園と保育園の一元化を計り幼児教育施設を拡大していく。以上である。

訴追については、あのような裁判官は、言語道断、ナンセンスであり、自ら責任をとって欲しいと思う。

著しい裁判官の職務違反行為

菊本治男（弁護士）

裁判官も一人の人間としては思想の自由は保障されるべきである。しかし、近代的文化国家の中で法律の番人、口を利く法律である裁判官の行動にはくつわがはめられなければならない。罷免する場合の行動とは、①著しい職務違反行為、②威信を落す著しい非行、③著しい職務の怠りがあった時の三つに限られる。旧民法では夫は外で働き、妻は家内労働という前提のもとに妻の働く自由、経済権を奪っていた。このような制度を法は反省し、新憲法の個人の尊重、男女平等の理念にのっとって、親族法は夫婦は協力し合わなければならない制度になった。

裁判官の職務は憲法と法律のみに拘束される。法がこのように反省したら、裁判官も当然それに従って反省しなければならない。それをしなかった裁判官は、理由③の著しい職務違反行為によって罷免されるべきである。

社会の進歩・改革への罪

松岡英夫（評論家）

あのような裁判官が存在する理由には二つある。一つは、報道の自由が締め出され、あつい身分保障のある閉鎖社会の中で、各自が勉強し意識、人格を高めなければ今回のような裁判官ができることになる。もう一つは、裁判官の出世の道が原因である。最高裁は若い裁判官を４ランクに分け、成績の良い者は大都会、劣等の者は地方に任官させる。成績の判定は能力が良いことと、思想検査による。体制的というか〈穏健〉な思想のエリートが、一歩あやまると差別思想を持った教官になるという具合である。差別裁判官の行動は、憲法違反の間違った判断による裁判が行われるという裁判不信の法律的損害がある。

この世は男と女であり、教育も同じに受け能力に差がある訳ではない。差別意識は社会の進歩改革にとって大きな罪である。法律的損害、社会的損害の二重の意味において、差別裁判官の行動は反社会的行動である。

差別を正常化していく論理

吉武輝子（行動する会）

働き続けたいと法廷に持ち込んだ女に、五才の定年差別を合憲とする判決があった。それが人間の本質とは関係のない資本の「女を使い捨てにしたい」という論理を肯定したものであるのは、裁判官に「女は家庭」という前提があったからである。

男と女の本質的な違いは何か。これまで役割をてんでに分断された文化の中でつくられた後天的なものをはっきり見極めた上でないと差別と区別は、はっきりさせられない。

今年は７割の女子学生に就職の門戸が開かれていない。就職がないからお見合いして結婚するという女学生の言葉は、食べるため、生活のためそれしかないのであって、女の側の選択の問題ではない。選択の自由さえあれば、能力に応じて仕事か家庭を選べばよいという理論は、差別を根底のところで消していく、差別を正常化していくことでしかない。

以上のパネラーの発言の後に、参加者全員による討論に移った。

（高木澄子）

まず、刀称館さんの発言に対する質問と意見が会場から集中した。「区別を生むことが差別をつくる原因であり、女が看護婦に向いているという事自体が男向き、女向きの職業をつくる結果となっているし「育児休業を女にだけ適用しようとする根拠は」「妻の地位向上は女を家庭に縛りつけることになる。働く女の地位向上を考えないのか」「研修内容は憲法を重視してない。この差別発言が最高裁の反動化の中でなされたことを考えなくてはならない。又、この集会で差別と区別を区別することを誰も問題としてない中であえて発言することの意味は何か」等々に対し刀称館さんは「問題点を明確にしておかないと運動を進めていく上で障害が出てくる。確かに世の中に差別が蔓延している時、区別がいつの間にか差別に変る危険性はあると思う。だからといって区別があるのはおかしい。全部が差別であるというのに僕は納得できない。老人と若者、子供と大人の区別はしかるべき。電車の中で年寄に座ってもらうことは当然であって差別ではない。看護の仕事はどちらかといえば女性に向いている。世の中に自然と定着していること迄否定する必要はないのではないか。育児休業は母性保護もからめて今の所御婦人に適用するものと考えている。妻の地位向上は婦人の地位向上ということで申し上げた。」と答えた。

それに対し、パネラーの淡谷さんの「裁判官はけしからんと言っているが先程からの話では何故けしからんのかわからない。人間には向き不向きがあり、男にも女にも適性があるから適性に向いた方向に進んで行けば良いという発言は裁判官の言ってる事と同じ。何故けしからんと思うのか」という問には「憲法を無視し法に反する考え方を体質的に持っているのだから、自ら職をしりぞき責任を明らかにすべきと思う。訴追で世論を高め、婦人問題だけでなくあらゆる差別について国民が考え追求して行く事が大切」と答えた。

会場から、男性パネラーに対し「女が自由に生きるためには経済力を持たねばならないと思うがどうか」との質問には、松岡さんは「男女差別が解決して行けば女性の経済的地位は上る。経済的地位の向上を第一に唱えるのでは順序が逆。男がもっと理解をし、女の努力と男の協力が必要」（それこそ順序が逆なのでは…）、菊本さん「観念だけで男女平等となることには疑問、経済力がつかないと観念はついてこない。女が自分の足で立ち嫌な男にくっつかなくても済む現実が必要」、刀称館さん「女性の地位向上のためには確固たる経済力が必要。そのために新自由クラブは共働きの場合別々に税がかかっている現実を改めたい。年金も夫婦別々とし、教育はいつでもどこでも誰でも学べる制度をつくって行きたい」と全員が女が経済力をもつことの必要性を主張していた。又、「育児休業を女にだけ適用させるのはより一層性別役割分業を進めるものだ」「教育現場からは男も育休が欲しいという声も出てきている。現実は変りつつある」「家庭科女子のみ必修についてはどう思うか」との問に刀称館さんは「物事には順序がある。誤れる完全主義に陥ると運動は進展しない。運動は一つ一つ積み上げていくもの。育休制度が役割分業固定化を促進するというような意味をもつとは考えない。家庭科については女子単独必修はきわめて時代性を無視した誤った考えで反動的であると思う」と答えた。

討論は裁判官の問題へと移り、離婚を申し出た場合の裁判官の意識は男に有利に働くかという問には、菊本さん「女だからといって不利に扱われた例を弁護したことはない。女の方に同情的な男の裁判官がいたことはあったが」という。‥‥（弱々しい女には同情的なのかな）‥‥

又、思想は裁けないという菊本さんあるい

は会場からの発言に、淡谷さん「私たちは日々女というだけで裁れつづけている。女だから家庭にいなさい、女だから子供を育てなさい、という形で。差別発言をした四人の裁判官は裁判官の枠をはみだす行動をしたから現在の社会システムのルールに乗っ取った形で問題点を告発していく形をとったが、そうでない人間にも我々の力が及ぶ限り裁いていかねばならない」と、会場から「現在の法律からいけば思想は裁けない。だから私たちは法律に安住してはならない。その中で女は憲法理念を武器としつつ理論斗争をしていかねばならない」という意見が加えられた。

　終りにパネラーの人達から一言ずつ感想を。淡谷さん「思想は裁けない、思想の自由を守らなければならない、というのは女性の労働権が守られていない時には何ら問題解決にならない。現在の状況の中ではあえて思想は裁いていかねばならない。告発していかねばならない」、刀称館さん「四人の裁判官を訴追すると同時に私は自分の内なる差別を訴追していきたい。国民のみなさんもそういう内なる差別との斗いをすすめていくことがこの運動の担いであると思う」、菊本さん「訴追というのは一つの制度にたよって何かをしようというもの。だから制度の限界迄出来ることをやろうと考えるのが必要」、松岡さん「日本の社会は思想的に非常に遅れている。四人の裁判官の発言がなされた時、裁判官の社会だけが遅れているというのではなく社会全般的に遅れていると思った。思想の遅れているものを我々はとり返していく運動をして行きたいと思う」、吉武さん「同じ平等ということとばを使い、差別ということばを使っても男と女の何と遠くかけはなれていることよ、という想いをしつつ悪意なき差別というものが差別構造をささえているのだと改めて感じつつ又、奮いたって差別の斗いをすすめていきたい」

　次に、訴追実行委員の中島通子さんよりこの集会で討議された内容をもとに決議文をつくり訴追委員会に提出する旨の報告があり、要点を参加者全員で確認しあい、文章については実行委員会にまかせる形をとった。

　その要点は「一つは女性の労働権の問題。これは既に提出済の訴追理由書の根幹をなすものであるが、四人の裁判官が裁判官として適格性が欠ける理由の一つはこれらの裁判官の発言が女性の労働権を否定するものであるから許せない。又、女性の労働権を認めることは、男は社会、女は家庭という性別役割分業意識を変えることなしには実現しないことを強調する。二つは四裁判官の著しい職務違反があげられる。戦前は男女の役割分業が法律によって制度化されていた。戦後この制度は民法改正によって改められた。法律自身が反省したこの改められた法律にこの裁判官たちは著しく違反している。三つはこのような裁判官を生みだした司法界に問題があり、最高裁による裁判官への思想統制と支配は裁かれる側全体の問題であること。これら三つの点から考え、四人の裁判官は裁判官としての資格がないという点で一致できた」というもの。加えて「調査決定という形で第一関門を突破したとはいえ訴追決定になる迄はまだまだ厚い壁がある。訴追決定まで運動を広め且つ強めて行きましょう」との発言がなされ、参加者全員で確認しあった。

　最後に、中嶋里美さんより「男は一歩外に出れば七人の敵があるという。それを基準としたら女は七〇〜七〇〇人の敵があることになるから、男の一〇〜一〇〇倍敵に対する方法を学び、差別させない運動を広めていかねばならない。身近な人を含めて、あらゆる男を変えていく運動の一つとしてこの訴追の斗いがある。私たちが日常的にどう斗うか結びつけた運動をもっと広げて行きましょう」との発言で集会が閉じられた。

（斎藤幸枝）

女の分断を連帯に

記録集合評会

皆様の暖かい応援によって昨年九月に出した〝女の分断を連帯に〟 ― 一年目の記録。作ることから売ることまで、応援なしでは考えられませんでした。本当にありがとうございました。編集スタッフ一同感謝と御礼の念でいっぱいです。

二月十四日、六時半から、千駄ヶ谷区民会館に於て、一年目の記録集の合評会が開かれましたので、その模様と、二年目の記録への予告を ―。合評会での御意見を紹介しますと。

・諸外国にみる女性解放が参考になった
・運動論「明日を紡ぐ女たち」をタタキ台にして、運動の今後をさぐりたい
・一年目の記録を読んで、自分の日頃考えていることが載っていたので入会し、いっしょに行動していきたい（ウレシイデスネ）
・CM・働く女性の相談室、裁判など、今後の進展状況を見守りたい
・保守・反動化が目立つ若い世代への提言が少ないように思う
・〝婦人年〟が終り、国連の定めた〝婦人の十年〟の二年めだというのに、男性の、社会の関心は低すぎる、また女への風当りも強い。でも、運動はしたたかに、小まわり効かせてやり続けなければならない ―

などなど。

このあとは、二年目の記録のプラン会議。

二年目の活動、例えば家庭科女子のみ必修の問題点、司法修習生への差別的発言、国内行動計画への提言、今後の運動のあり方とビジョンなど建設的な意見が出されました。

これらの意見を生かし、二年目の記録集をもっともっと良いものにしていきたいと思っています。そこで、ただいま、記録集編集委員を募集中。

本づくり始めての方も、プロの方も、どんどん参加してほしいのです。女たちによる、女たちのための本を作りたい方、ぜひぜひ、名乗り出て下さい。皆、最初は素人です。企画、編集、原稿依頼、校正、印刷、その他、仕事は山ほどあります。連絡をお待ちしています。

二年目の記録のタイトルは決まりました。

― 行動する女たちが
明日を拓く ―

編集会議は遂一開き、内容を詰めていきます。発刊予定は、メキシコ会議の開かれた六月下旬をメドにしています。

一方的な報告に終始しましたが、これからが本題になります。

この二年目の記録には、一年目の中にもあったアンケート（皆様からの）を充実させたものを取り入れます。ふるって御執筆下さい。テーマは設けず、自由に、思っていること、感じていること、行動していることを執筆して下さい。

私からあなたへ、といったレター形式でも可。詩でも散文でもどうぞ。もちろんイラストも ―。

女も男も人間らしく生きられる社会を作りたいために、どうぞ執筆して下さいネ。

◎ 四百字詰め原稿用紙を、タテに使って下さると整理に楽なので、よろしく。

◎ イラストは必ず黒を使って下さい。

送り先は、〒160 新宿区新宿一の九の四
御苑Gハイツ八〇六
中島法律事務所気付『二年目の記録集係』

（高木アイ子）

国内行動計画に抗議！

―こんなものが10年間の目標か―

あまり期待はできない、と覚悟はしていたものの、二月一日、政府の婦人問題企画推進本部が発表した国内行動計画は、予想を上まわるひどさであった。

私たちの会は概案発表の段階から、企画担当室の久保田真苗氏ほか参与の方々を招いて質問・要望をしたし、批判の意見書も出し、更に、ぜひもりこんでほしい具体策をまとめて提言もしてきた。いさゝかでも概案より前進した形がでれば……という願いも空しく、基本線では概案を一歩も超えず、具体的な施策がいくらかつけくわえられただけに、政府の本音が更にはっきり見えてきて、怒りのやり場もない思いだ。

部分的には、企画推進会議の意見や、私たちの提言の一部さえ取り入れたように見えるところもあるが、自主的市民活動の推進、生涯教育、中高年パート対策、育児休業、看護婦、保母の研修、生活改善など、おしきせのライフ・サイクル論や、勤労婦人福祉法にみられる中断・再就職型の婦人労働政策にあわせたものばかり。

社会に必要なところでは女性にも働いてもらうが、出産・育児は女性の天職、やがて手があいたら社会活動なり、学習なり、再就職をどうぞ…という政府の期待する「性別役割に従順な女性像」がミエミエではないか。

「そう一足とびにはできない。段階的に…」という弁明ですむ問題ではない。何しろ、これは私たちの十年後の姿を示すものなのだから。

まず、私たちは、この行動計画に国連や、ILOではっきり示されている「女性に対する差別は基本的に不正であり、人間の尊厳を侵す」ものであるという認識がほとんど見られず、差別の存在をすら認めたがらない基本姿勢を許すことはできない。メキシコで採択された世界行動計画の基本理念をすりかえて、現実手直しでお茶をにごすのは、まさに裏切り行為である。

特に、女性の労働権を保障しなければならない、という理念が全く欠けていて、もっとも緊急な課題である雇用機会の差別、賃金や待遇の不平等などについて何ひとつ具体策を示していない。概案ではともかく示されていた「男女差別定年・結婚退職制などのすみやかな是正」「男女平等確保のために必要な法令の検討」のところから、差別定年制がはずされ、「労働関係法令の問題点の検討」と書き改められている。

男女定年差別の三年や五年はやむを得ない、ということなのか。男女平等確保のための実効ある新しい法律など検討する必要はない。現行労働基準法の婦人の特別保護を絶滅していけば、あとは行政指導だけで平等が実現する、とでも思っているのか。これでは、あの生ぬるい概案より更に後退したとしか言いようがない。

性別役割分業にとらわれないで…と言いながら、女性の労働権を認めず、性別役割分業意識をなくすための具体的施策を示さずに、どうしてその理念が実現できよう。

「婦人自身の不断の努力」や「積極的行動」をしきりに強調しているが、私たちにとってはいうまでもないこと。私たちは行政に、個人の力ではどうにもできない問題を、実効ある施策で解決することを要求しているのだ。私たちは、女性たちの期待をふみにじった政府への怒りを、以下のような抗議文にまとめて、今後の私たちの姿勢を明らかにした。

あて先は次の通り。

「婦人問題企画推進本部長、福田赳夫　殿」

「総理府婦人問題担当室長、久保田真苗殿」

「労働大臣　　　　　石田博英　殿」

（駒野陽子）

なお、この行動計画を、各分科会ごとに検討中です。その結果を持ち寄り、詳細な検討結果を作る予定です。

また、このことをテーマに集会を開こうということになりました。

◎　四月定例会

〝国内行動計画について〟

時　四月十三日（水）PM六時～

所　千駄ヶ谷区民会館

皆で討議しましょう！

東京都行動計画に要望第二弾！

二月七日、労働分科会及び独身女性分科会が都に要望書を提出。二時間に渡って会見を行ないました。今後要望書をまとめ、各局ごとに再度しつこく要望する予定。都のみならず、自分の住んでいる地方自治体に対し、強く要求していきましょう。

抗議声明

世界行動計画及び第六〇回ＩＬＯ総会決議は、性差別を許されない罪悪としてとらえ、奪うことのできない基本的権利として女性の労働権を保障し、性別役割の個定化を排除することを、国際婦人年の基本理念として強く打出している。

私たちが、今、最も苦しんでいる雇用機会の不平等、就業上の差別、家庭と職業の二重負担を解消するために、この基本的方向は不可欠である。

ところが、今回出された国内行動計画には婦人問題の要である女性の労働権の保障という基本原則と、平等を実現させようとする積極的姿勢が欠落している。

女性の労働は、ライフ・サイクルにあわせた社会参加の一形態、社会発展のための活用すべき能力としてしかとらえられていない。就職の機会や職業の選択の自由を奪われ、差別の中で甘んじて働き、女だからと定年を早められ、解雇の第一対象とされている女性の実態に目をそむけ、平等の実現の具体策としては、婦人の保護の軽減のみをうたい、平等を保障するための実効ある方策を何一つ打出さず、現実の対応に終始している。

働く女性はもとより、家庭婦人、自営業の女性にとっても労働の権利が認められなければ性別役割分担の現状を変えることは不可能であり、行動計画に盛られている部分的な改善策も、差別を許さないという基本姿勢なしには、慈善的恩恵に過ぎない。

世界行動計画の理念の実現を目指す国内行動計画だと思えばこそ、私達はこれまで提言という形で政府への期待をつないできた。

しかし政府の示す日本の女性の今後の十年が、このような形でしかないのなら、私達は今や、行政に対して対決の姿勢で立ちむかわざるを得ない。

世界行動計画に賛成の票を投じながら、日本政府がその基本理念を無視したことは、日本の全女性に対する裏切りであり、断じて許すことはできない。

日本の全女性の名において、この国内行動計画に対し断呼抗議する。

一九七七年二月一日

国際婦人年をきっかけとして行動を起こす女たちの会

パタパタママに抗議！

―主婦の日常をチャカすなんて―

主婦分科会

1パタパタママ　パタパタママ　パタパタ
6じ　あまど　パタパタ　うるさいな
7じ　おなべ　ケロケロ　だいどころ
8じ　パパのくつをピカピカ　くつみがき
9じ　おそうじスイスイ　ぼくじゃまさ
10じ　せんたくボイボイ　スイッチオン
11じ　おふとん　ポカポカふとんほし
12じ　おけしょうパタパタママきれいだよ

2パクパクママパクパクママ　パクパク
1じ　おかしパクパク　つまみぐい
2じ　テレビ　チラチラ　いねむりさ
3じ　となりのママと　ペチャクチャ
　ベランダで
4じ　かいものブラブラ　ぼくいっしょ
5じ　おふろを　ピュクピュクわかしすぎ
6じ　パパを　うきうきおでむかえ
7じ　ゆうしょく　パクパク
　ママよくたべる
パタパタママ　パタパタママ　もう8じ
そろそろぼくパジャマをきておやすみさ

この詞を見てムカッとしない女がこの会にいるだろうか。タイ焼きくんで有名なフジTVのポンキッキという番組で、この歌が朝夕歌われたのである。

分科会として制作担当者に文句を言いに行くことはすぐ決ったが「会いたい！」「会わない！」の押し問答を三ケ月近くしたあげくやっと担当の人をつかまえた。

二月二日、フジTVにて、担当者に対し、抗議と要望を申し入れた。

「望んでも出口のない主婦の日常をチャカすとは主婦の痛みを知らなさすぎる。」

「幼児期に、男女差別の根源である性別役割分業意識をたたき込んでいる。」

「番組全体を通じて、母親イコール主婦を改め、働く母親も映すべきである。」

「男の子は〝強い〞。女の子は〝やさしい〞〝かわいい〞と個定的に形容するのは困る。」

「色彩の使い方も男女の別で個定化されている。」等の問題を指摘し、今後、番組の企画制作者に、とりわけ母親を入れてほしいと要望した。その後、番組をさらに監視し、文書回答をしてもらう予定。パタパタママはその後放映されていないようだが、この番組は七六年度テレビ大賞、優秀番組賞を受賞したんだそうな。

（谷合規子）

◎公開質問状グループより

閣僚二一名、新衆議院議員一二六名を対象とする第四次公開質問状に対して、二月二一日現在、新議院五二名から回答があり、閣僚からはまとめて「国内行動計画に示されているところによってご理解下さい」との返事が来ている。

◎全国に行動する会を！

近くの方、ご連絡下さい。

〒520　大津市[redacted]　横田陽子

〒124　葛飾区[redacted]　飯島恵子

〒770　徳島市[redacted]　林　令子

◎ステッカー標語募集！

私たちの合い言葉をステッカーにして色んな所にペタペタ張ってみませんか？今、楽しい合い言葉を募集中。お手紙で事務局まで。

◎活動報告編集委員募集！

活動報告をあなたの手で作ってみませんか。企画、割付、校正など色々仕事がありますが、誰でもできますよ。やってみたいなあと思う人は事務局へ連絡を。その他、ひまのある人手伝って！

英文パンフレット完成まじか

国際分科会

まず二月の報告から。二月一日、行動する会の英文パンフレット作成グループ集まる。すでに半分は完成。残るは日本の女の歴史的状況と現況の紹介文。これも二月中には完成の予定。三月には行動する会の事務局に英文パンフレットが置けそうです。乞う御期待！さて、パンフレットは一つは三、四枚の紹介文、もう一つは行動する会の組織—各分科会の紹介をもっとくわしく紹介するものというように二種類作成することに決定した。二月三日。オーストラリア人のソーシャル・ケースワーカー、リビー・ロビンさんを迎えて外国の女たちシリーズ第一回を開催。ホーキ星の英語勉強グループと合併したせいもあって参加者も三十一名と大成功。オーストラリアのウーマン・リブの動きを中心に現在のオーストラリアの女性解放運動の現状を話して頂いた。リビーさんがソーシャル・ケースワーカーであるせいもあって父親不在の家庭教育や、まだまだ男が家事育児をすることに偏見があることなど実例をあげて話してくれた。オーストラリアには六年ほど前から全国六州に「ウイメンス・エレクトロ・ロビー」という婦人問題のみをとりあげ各州議会に法案をつくらせたり差別を禁止させたりする政治圧力団体ができた。これは全国的規模で年に一回大会を開き意見を交換する。さらに総理府には婦人問題アドバイザーが設けられ、婦人問題の解決に努めたが残念なことに現在の自由党内閣になってからは保守的になりすっかりなりをひそめている。リビーさんの話は文章におこし、シリーズにまとめることになっていますのでこの話はこの辺で。二月十日。定例会、行動する会の英語名は INTERNATIONAL WOMEN'S YEAR ACTION GROUP, JAPAN と決定、二月一日と三日の報告、及び行動する会の経済問題を討論。

三月の予定

三月九日（水）　定例会と兼ねて外国の女たちシリーズ第二回、ニューヨークのタクシードライバーをしていて、二年前に来日したアメリカ女性、シーラ・マイケルズさんに女の運動と政治について話して頂く予定。六時から定例会、七時から講演会。他の分科会の方もどうぞ参加して下さい。通訳つき。入場料百円です。

（ヤンソン由実子）

財政についてお願い

先月お伝えしたように、緊迫した財政をどう支えていくかを、二月二十一日、臨時世話人会を開き検討しました。

基本的には会の活動を縮小することは考えず、現在の活動を維持していくための方策を考えようとの合意の上で、そのための意見を出し合いました。さまざまな議論の結果、次のような案にまとまっております。

①会員一人一人が会を支えていくという原則に立ち、活動を維持していくためには、会費の値上げはやむを得ない。しかし、支出を会員数で頭割りという形では一月千円以上にもなってしまうし、会費はなるべく低額におさえたいということから、口制を廃止し、一ケ月、一律、五〇〇円とする。

②現在、それでも会費収入では支出に満たないので、会費の他にある定期カンパは現行通りとし、この数をもっと増やし、不足分を補っていく。

以上の案に対し、会員の皆様のご意見をお伺いしたいと思います。ご意見は、文書にて事務局までお寄せ下さい。（野口）

お知らせ

◎ 三月定例会

〝女が食えない賃金のカラクリーその(2)〟

ー この現実を変えるために ー

時　三月十一日（金）PM六時～

所　千駄ヶ谷区民会館

内容及び出席

○前会のまとめと私たちの考え方　駒野陽子

○組合は女性の賃金差別の実態をどう考えているのか

○差別をなくすためにどう取り組んでいるか

総評　未定

同盟　小宮源次郎

参加費　三〇〇円

昨年11月に開いた賃金シンポジウムの討論をふまえて、現実を変えてゆくために私たちはまず何ができるか、組合には何をしてほしいかを出し合っていきたいと思います。

自分の問題、組合の問題などをもちよって実りある話し合いを進めていきましょう。ぜひ参加して下さい。

分科会ニュース

◎ 教育分科会

時　二月二十二日（火）PM六時半～

所　中島事務所

◎ 政治分科会

時　二月二十四日（木）PM六時半～

所　中島事務所

〝公職選挙法勉強会〟

◎ 家庭生活・主婦問題分科会

時　二月二十七日（日）PM一時～

所　婦民ホール

TEL（四〇二）三二三八

〝国内行動計画の検討〟

◎ 公開質問状グループ

時　三月二日（水）PM二時～

所　中島事務所

◎ 労働分科会

時　三月四日（金）PM六時～

所　中島事務所

〝賃金シンポジウム検討、他〟

◎ 独身女性分科会

時　三月四日（金）PM六時～

所　渋谷茜事務所

TEL（四〇九）[redacted]

◎ 国際分科会

時　三月九日（水）PM六時～

所　ホーキ星

参加費　一〇〇円

〝諸外国の女性の現状を聞く〟

◎ 離婚・調停・裁判分科会

時　三月十三日（日）PM一時～

所　あごら

TEL（三五四）九〇一四

この他は事務局までお問い合わせ下さい。

編集後記

やってもやっても出てくる仕事の山に追われっぱなしの毎日で、目がつり上ってくるのに自己嫌悪。アーア。

どなたか手伝って下さる方いないかなあ。救いの手を待っています。

（野口）

国際婦人年をきっかけとして
行動を起こす女たちの会

1977年3月

活動報告

事務局
〒160 新宿区新宿1－9－4
御苑グリーンハイツ806
中島法律事務所内
TEL (03) 352－7010
郵便振替 東京0－44014

定例会報告（三月十一日午後六時～九時）

女が食えない賃金のカラクリ その2
―この現実を変えるために―

司会・中島（通）、斎藤（幸）

前回11月のシンポジウムでは婦人労働者に対する賃金差別の現状とその構造が明らかにされたが、今回は総評と同盟の各代表を招き、私たちの提起した問題について意見をうかがい、労働組合に何をして欲しいか、また私たちに何ができるか、さらに討議を深めた。

☆ ☆ ☆

△**前回の総括と問題提起**／女にとって望ましい賃金とは？（11月活動報告参照）駒野陽子

前回討論とその後労働分科会ですすめてきた討議の中で考えられたことを含めて女性の賃金の今後を考える前提として①母性に対する保障は賃金に含むのではなく社会保障で行わなければならないこと、②賃金は個人に支払われるものだから、世帯単位の手当などライフサイクルにあわせた部分は社会保障として賃金からきり離していくべきこと、③職務の評価は、働く者自身で行わなければならないこと、が再確認された。

賃金の男女格差撤廃の賃金方式としては、①年令別賃金（同一年令同一賃金）―職務内容、性、学歴を問わず年令別ということで、年功序列賃金体系になじみやすい、査定の余地を残さないという利点はあるが、採用差別や下請化を招く危険がある。労働者自身の意識変革をしなければ不満が生じる心配がある。そして年令による賃金差の幅を狭めていく努力も必要である。

②同一（価値）労働同一賃金―雇用形態、職務選択の自由を保障し、誰もが嫌がる仕事は交替制を考えるなどの条件のもとに行う。同一労働同一賃金の考えは資本主義社会では合理的で、労働者も現実の不満をテコに闘いやすいが、職務評価の決定権をにぎる闘いや職務評価の合理的基準作成が困難で、能力主義の考え方が入りこみやすい難点がある。職務間賃金差の幅を狭めていくこと、評価段階を大きくくくることの必要もある。

この二つの方向が考えられるが、どちらで闘いをすすめても、究極的には両者の形態は似たものになり「必要に応じた賃金」に近づいてくるはずである。女が何を望んでいるか

(1)

をまず労働組合に知ってもらう必要がある。

・総評、同盟に対する質問

①現状の差別に対してどう考えているか。

②労働現場の女性差別徹廃のためにどう闘ってきたか、今後どうとりくむのか、今春闘の中でどういう要求を出し闘うのか。

③私たちの問題提起に対してどう考えるのか。

▲普遍性、一般性を高めた視点を

総評　高橋弘志

女性の賃金差別の状況はたしかに存在する。これは労働市場の論理から生まれるものであるから、性別にかかわりなく、労働者を守るという「組合機能」の原点からいって当然問題にすべきだ。

現在の労働組合の問題点としては、本来の組合機能に沿ってこれを伸ばしていこうとするいき方、つまり採用する労働者の質、つくる仕事の種類、量の決定に労働組合が参加しようとする方向と、外へ向かって闘争の範囲を拡大して、家庭生活の感覚や観念の変革から社会制度上の技能形成チャンスの差別や教育制度の男女別差別等の様々の差別を追究するいき方がある。タテマエとしては両者が共にはかられてこそ総体としての労働組合といえるが、後者は実際上難しく、特に女性の問題をモロにぶつけるやり方では一般的労働問題の視点が希薄で、感情的になりがちなので運動となりにくい。一女性の具体的で深刻な差別を一般的賃金差別として労働者をまもる組合機能を働かせて闘うべきだ。また賃金を考える認識の土台に労働市場メカニズムの歴史的客観的分析が必要だ。

さらに現不況下では従来の大企業男子組織労働者の賃金を一〇〇とし、引算していく牽引力型の闘争では底あげできない状況となり、不熟練女子労働者を一〇〇とし、積みあげてゆく「最賃制」確立の必要がある。賃金差別問題は最賃制確立を出発点と考える。これを共に堂々闘う中で女性が組合機能を拡大し、賃金意識そのものの変革をになってゆく存在となるべきだと思う。総評はこの意味で最賃制に力をいれて闘っている。

▲慎重に、まずタテマエを整えることから

同盟　小宮源次郎

女性の賃金差別は撤廃しなければならない。年功序列賃金体系がなぜけしからんかというと、これは性だけでなく年令、学歴、貢献度、忠勤度、企業規模（大企業と中小企業）、採用身分（本採用と臨時やとい）等あらゆる差別で労働者を分断する賃金だからで年令別同一賃金制が年功賃金となじみやすいというとき十分考える必要がある。また年功賃金は労働力の再生産をまかなうものでなければならない原則からライフサイクルで食うにギリギリの賃金であり、世帯賃金といえるから扶養者を持たない女性も同じにすると生活水準格差を招く心配がある。賃金水準の向上と社会保障体制の充実を必須条件として同一労働同一賃金で闘うのがスジだと思う。

職務評価のやり方については従来からの日本の企業内労働組合のワクを打ち破って横断的立場で例えば同一産業同一職務同一賃金というようなモノサシを求めなければ決して基本的解決になり得ない。今の差別状況を具体的に克服するために同盟は婦人労働条件小委員会を作って実態調査やヒヤリングを続けている。そこで明らかになりつつあるものの中から当面①初任給格差撤廃、②男女差別停年制撤廃、③教育訓練機会の平等化の3点を問題として闘っていくことになっている。

この3点は実にあたり前のことのはずだが実現していない。いきなり差別だと声をとがらせてもうまくいかないので、まず誰にも反対できないタテマエを整えてから実態をくっつけていこうという戦術である。

（波多野律子）

(2)

〔討　論〕

中島　討論を具体的に進めるために、高橋氏から不熟練女子労働者の賃金を一〇〇として、他の要素をプラスしていくのが正しいのではないかという考えが出されたが、現実的に今どうするか、将来の見通しとしてどういう方向をもつのか、この二つの視点から説明してもらいたい。

高橋　これは社会的な賃金意識の変革というレベルで、我々労働者階級が最賃制のような具体的な運動をやる過程で、同時平行的におこる頭の中の変化だろうという意味で言った。その上で、今の賃金体系の具体的問題をどう闘うかという中にしかこのプラス要素の要因はでてこない。この場合職務給に対する闘いが展開され実現されたとしても問題があり、結局賃金を考える基準は企業の外に求める以外にない。例えば、ヨーロッパの場合にみられる　①プラントの生産性　②汚なさ　③危険度　④技能度（①に関係する）である。④に対して年令別賃金の考え方は筋が通っているが、異種労働の場合には逆に差が出てくるという矛盾を抱えている。これを世帯賃金としてみても問題があり、あくまでも年令で解消すべきだ。

中島　ご質問、ご意見をどうぞ

Ⓐ　今の二人の話の中で、不熟練女子労働者が最低であることには関心がない、なぜ女子が最低なのかということに不信を持っていない。同盟の方に、性別役割分業の意識があり、そのことに矛盾も、不当であるという考えも見られない。これでは女性の賃金、労働条件などすべてが解決される場所がない。

Ⓑ　総評の方の話から、私たちは資本からも、組合からも差別されているというのが基本認識だ。例えば、組合大会の代議員にも選ばれないし、提起する場すら与えられない。総評も同盟もこの現状をどう改革していくのか、どの程度やってきたのか言ってほしい。

中島　高橋氏は普遍性、一般性という言葉を使い、小宮氏は誰にも反対できないことを確認させてゆくことから問題提起していかなければならないと言っている。男女の賃金格差を是正するという問題にしぼると、具体的にどのようにしたらいいと考えているのか。

小宮　同盟では具体的に、教育訓練、初任給格差撤廃、停年男女差別撤廃の問題だ。この三点については組織内部で確認済みで、これに反する実態には立前を整えていくという戦術である。

中島　職種により初任給が違うことが前提となっているのか。同じ職種の基本給（普通初任給には手当を含まない）は同一にせよということ以上のことを言っているのか。

小宮　事務職か、現業職かという分け方で、同じ事務職で同学歴なら男女差があるのはけしからんという範囲である。

高橋　あまり変わらない。例えば、最近の不況下ではパートタイマーで採用されても同じ仕事につき、本採用の職を奪っている。だから自分達と同じ身分でなければならないという規制ができる。パートはたまたま女性だから、女性差別撤廃の機能をもつかもしれないが、組合は、男とか女とかにかかわらず差別された雇用を許さないという立場をとる。

Ⓒ　同盟傘下では同一労働同一賃金を出発点としているが、未組織労働者に対してはどうするのか。世帯賃金を中心に考え、そこを上げるのが先決だと言うが、一人で生活する女性についてはどう考えているのか。

小宮　最賃制をベースに組織労働者の男女差別撤廃の状況を未組織労働者にも波及させることだが、実際上はむずかしく組織化していく以外にない。年令別賃金の所で、女は養われていればいいという認識は絶対にない。しかし現状では生活単位の世帯を考え、その収入はどうかと考えざるを得ない。その意味では、男女の賃金差別をなくす場合には、同一

(3)

労働同一賃金という形で実現する以外にない。

高橋　先程のⒶに対し、少し誤解があるのでもう少し説明したい。まず実態がそうだということで、決して水準を言っているのではない。年功賃金という日本特有の賃金体系で、男子労働者を一〇〇とした時のマイナス方式から、我々はあるミニマムからあげてゆく、差別を生まない基準を議論する必要がある。先程四つあげたが、欧州で伝統的に解決しているのは国家試験制度だ。もうひとつは、一〇〇の中身は女で最低だという実態から、積み上げていく基準を再編成し、明確で客観性をもつものにすべきだ。さらに水準の問題で、我々が結集して産別賃金、地域別賃金が提起されていく過程で、全国一律最賃制の立法化という闘いになってきている。

中島　実態（最低が不熟練女子労働者）は考えるべきだが、問題はそこに上積みしていく要素をどう考えるのか。高橋氏の言う、一般的、普遍的な形で提起して（女の問題としては提起しない）、果して現実の男女格差はなくなるのか。今まで職場で賃金闘争をしてきた人たちの報告を聞きたい。

＊日本信託の場合

一昨年組合間差別をなくす闘いの中で、男女差別賃金撤廃を掲げ成果をあげた。闘いの中でとかく男女が敵対しがちなのは、男の生活も苦しいからだが、最低の女の賃金をあげないと男の賃金もあがらないのだという認識をしてもらわないと困る。女は組合活動に不熱心というが、女の問題に組合が協力してくれれば、女も信頼をもち協力するものだ。

＊三和銀行の場合

四九年の賃上げで、資格級制度でありながら、二二才で五〇〇〇円、二三才で八〇〇〇円の差が男と女にあった。労働基準局へ訴え、労基法違反ということで勝ちとってきた。この問題は組合にも取り上げられず、結局二四名の女性達だけで勝ちとった。

中島　今のは成功例だが、失敗例は？

＊海運組合の場合

七〇年会社設立当時は男女の賃金格差はなかった。七三年にライフサイクル論が全海運で採用され、賃金は労働に対してだけでなく生活給全体としてみて支払うべきだとされた。男には世帯賃金が支払われ、三二才では男女に月額一〇万円の差がある。女は反対したが、男は役割分業論を出し、押し切られた。

＊全弁護士労組の場合

男も女も、年上も年下でも共に闘えるという発想から、年令別生活給を出した。ただ現実には、家庭をもった時の生活手当とか、能力というものが全面に出てきてそれにどう対処するか問題になっている。

(4)

中島　先程出した積み上げていく基準を一般化、普遍化していいのか。総評、同盟の方々に対する意見とともに出して下さい。

Ⓓ　結婚したら根底として、世帯単位で生活給を考えているが、男と女が働いていれば、男が養う必要はない。この根底をひっくりかえしてほしい。総評、同盟の方は共働きか。

小宮　共働きです。家事も分担している。そうしないと生活していけない。

高橋　共働きだが、家事はやっていない。何でも半分というのが平等だとは思わないし、その問題には個人的世界が入り、分けて考えないと感情的になってしまう。

Ⓔ　出版社で、十四年前から年令別賃金をとり男女格差はないが、同一賃金になって女を採用しないという状況が生まれた。男から妻子を養っているのに、お茶くみでも同じ賃金だと不満が出る。女は働き続けて来た人でも家事、育児を押しつけられる為、女に倍の負担がかかり仕事をする上にも響いてくる。結局、同一賃金なら戦力にならない女より男の方を雇った方が得だとなる。役割分業を個人的問題だと簡単に処理できない部分がある。

Ⓕ　社会的背景ぬきには賃金は決まらない。

これからの組合運動としては、社会のあり方をどうするかということからあらゆる人の労働権を保障していくことに積極的に取り組まねば前進できない状況になっているのでは。

(司)　初任給は同学歴で同じだが中高年になってくると格差が広がってくる。最賃制の確立で男女格差がなくなるのか。

高橋　社会的に企業から追い出されたら賃金が半分になるという観念があって、始めて企業内に具体的差別がある。つまり女はいくらでもかわりがあるという社会的強制力があって、これが組合をも打ち破っているため、低く押えられている。これに歯止めをかけるには、市場の売り買いに任せるのではなく、パートタイマーの水準をあげれば、本工の中高年婦人労働者の要求も貫徹しやすくなり、賃金も相対的に上ってゆくと考える。

小宮　男女同一年令同一賃金では、労働市場論から採用されないで排除されるという状況を生み出してくる。これからの運動の展望としては、同一労働同一賃金で押し進めた方が良いと思う。そうは言っても、企業内問題や労働市場の圧力があり、同一労働をしようとしても排除されるという現状がある。同盟が、その突破口とする所は、会社側の同一労働ではないとする理由を具体的にはずしていくことだ。それには次のような要求、すなわち

①教育、訓練を平等に受けてない
　↓平等に受けさせろ
②責任度が女は低い
　↓同じ責任をもつ機会を平等にせよと

女が具体的に闘っていく中で、職場を確保し、熟練・技能を自分のものとしていくことが、すなわち男子主導型の組合に女の要求を組み込む日常的ベースとなっていく。

まとめ

駒野陽子

総評の巨視的見方にも教えられる所はあったが、一般的・普遍的問題として解決できるという意見には説得され難い。労働現場で、女自身が最低の所にいるから、女自身の問題としてやっていく所に元気づけられ、組合に積極的に働きかける力ともなる。組合の男性にこの声が吸い上げられなければ、組合離れをおこす。

世帯賃金という考え方には疑問がある。女は家事育児をひきうけ、職場では働き続ける意欲を失う環境にあるという悪循環、この生活の中での側面を無視できない。女と男の社会でのあり方について、組合も関心を向けなければ、女と男は連帯できないのではないか。

(安部伊津代)

ステッカーにアイディアを！

国際分科会

前回世話人会で採択された男女差別を摘発するステッカー作成の件は、国際分科会が具体的に案を進めることになった。そこで、性差別に反対するスローガンとデザインを広く会員の皆さんから募集する。

ただで（！）デザインをして下さるという専門のグラフィックデザイナーの人がいる。彼女に仕事を依頼する前に、アイディアを具体的にしたいので、スローガンと図案、或いはスローガンだけ、或いは図案だけでもよい。どんどんアイディアをお寄ぜ下さい。

サイズははがきの半分の大きさのと、さらに小さいシール型をそろえたい。

今までのところ、スローガンは〝男女差別反対〟〝女権拡張！〟〝女よ立ち上がろう〟等

どしどし御応募下さい。事務局又はヤンソン迄。

(ヤンソン由美子)

参加者の声・こえ・声

司会者として

中島通子

「男と女の間には、深くて暗い河がある」とかいう歌の文句が、胸いっぱいに拡がって本当に困ってしまいました。「いいですか。女性差別は、女性の問題としてではなく、一般的、普遍的な問題として提起しなければいけません。そうでなければ、一部のヒステリックな女性の問題で終ってしまいます」「だれも反対できないようなことの確認からはじめなくては」等々と力説する総評・同盟の専門委員の方の前に、白けきった顔々。さてこの挑発的問題提起をどうやって具体的な討論にもっていくか。一回目の賃金シンポジウムが、現状報告に終わって議論が深まらなかったために開かれた二回目のシンポであるだけに、何とか議論をかみ合わせなくてはと、彼らの「観念」と会場の女性たちの「思い」を「ことば」でつなぐために、必死に問題を整理したのですが……。しかし問題を整理すればするほど、会場からは二〜三の人の感情的反発が出るだけで、大多数の参加者の顔にはうんざりして話すのもシンドイ、という色が浮かぶのでした。最後の方になってわが労働分科会のメンバーたちが具体的な反論を始めたところで時間切れ。せっかくおいで下さったナショナルセンターの男性方は、ほとんど何ごとも理解できずに、女たちはどうしてこう分らないのだろうという感想だけを土産にお帰りになったと思います。その夜の二次会で、「問題を整理しすぎたから発言しにくかった」「もっと自由に感じていることを言えるようにした方がよかった」という批判を受けました。本当にそうなんだろうな、と思います。整理するということは、何かを捨てるということなのですから。しかも、大労組の男性幹部たちの「一般的観念」とつなぐための整理は、ともすればあまりにも貴重な部分を捨てることになりかねないし、整理とか、ことばとかにこだわっていると、この世を動かすエネルギーを涸らしてしまうということも、私は切に感じています。このことを百回ぐらい認めた上で、やっぱり一回だけ言いたいと思うのは、仲間うちで思いを吐き出すことが、それだけで充分に意味をもっていた時期は過ぎたのでは？　それと同時に他者にぶつかっていく必要があるのでは？　その為には「ことば」がなくては困るのでは？　ということです。駒野さんが提起した今後の方向は、議論が深まらなくて残念でしたが、画期的なものだと自負していますのでぜひご検討を!!

わかっちゃいない労組幹部

中嶋里美

当日もらった資料、総評の「七七国民春闘婦人討論集会討議資料」及び同盟の「婦人の地位向上をめざす同盟十ケ年行動計画」を再び克明に読んでみた。二つの資料とも婦人の現状及び今後の方向についてかなり良い内容で書かれている。同盟の方のは十ケ年計画でもあるせいかかなり緻密にもうらされている「雇用」の項目の中には、「女性をまとめて呼ぶときの呼び方として一般に使われている『女の子』等は改めること」なども入っており、日常の中の差別の点検の姿勢がみられる。

あの日のシンポジウムは、駒野氏の問題提起、総評、同盟からの二人の男性にそれぞれの賃金に対する考え方を話してもらい、駒野氏のまとめで終ったのだが、何ともスッキリしない後味の悪さが残った。

同盟の小宮氏の説明は比較的わかりやすく、同盟が男女差別に対してどのように対処していくつもりかの説明もありよかったが、総評の高橋氏の説明にはかなり怒りがこみあげてきた。氏はことさら、女の賃金……とさわぐのではなくもっと普遍性のあるいい方、組織のすべての人のコンセンサスを得られる方法で呈示しろということを言っておられた。私はこの発想法こそおかしいと思った。働いている一人一人は、先ず具体的な問題にぶつかるのである。総評の資料にも、女子の平均賃金が男子の半分であることがはっきりとのっているではないか。先ずそれをどうするのかについて何らはっきりと述べることはしなかった。私自身は氏の言う所の普遍性だの、すべての人のコンセンサスという言葉の元に、いつも女の低賃金の問題が切捨てられてきたり、又いまも多くの組合でその状態であるのを知っている。総評の賃金部長というエライ地位にいながら、女子労働者が何に怒りを感じているか全くご存じないようである。

この会を終えて、私自身ももっと賃金問題については勉強しなくてはと思った。しかし賃金にしぼる以前に、「日本の女たちにとって労働組合とは何であったのか」の総括をしてみたかった。これからでもおそくないので是非一度やってほしい。その時こそ各組織の労組委員長を並べておきたい。

日本信託の人が言っていた「自分達の要求が実現しない組合には魅力がない」という言葉をかみしめていきたいと思う。

民主主義を謳歌する幹部さんたちへ

富沢由子

闘う頼もしげな「総評」さんと、柔軟、堅実なる「同盟」さんの女性の賃金差別撤廃のための取り組みぶりを一丁聞いてみようかという人達で会場は埋まり熱気に満ちていたなあと思いかえす。

しかし、終わった時にはそれぞれがさめきった表情で散っていったからといって、何も私達が過度の期待と依頼心から、この現実を変革する処方箋を安易に頂だいしようと集まって、その夢破れて不満顔をしたなどと誤解しないでいただきたい。私達はむしろここで、労働運動のリーダーといえどもやはり男性にとって、女性の労働条件の改正がネックであることを見せつけられ、聞かせつけられて、ふるい立たねばならない自身の位置を確認し、身をひきしめ合う結果を得たのであった。

どうして私たちが、男だからといって労働者をせめましょう。ただ、「女性問題なんて過渡的なもんだ。末梢的だ。」と大業な事を言って革命家面をし、しかし現実には女性の低賃金からプールされる部分を分配し労働貴族化している現状に支えられた「創られた男性」を問題にするのです。彼らは互いを規定し合って「男たるもの」をつくり上げている。職業倫理を持ち出す必要もなく、仕事(実は金もうけなのだが)は「男」の本分よと、こらえ、がんばり、励み続ける。

「同一労働同一賃金、ウン、それはそれでいい。しかし女性の意識と能力が低くて実際には同じだけ働けないではないか。」と「男」を自負する男たち。それで本当にいいと思っているのかしら。男も女も労働量を公平に担って、まず労働時間を短縮し、この人間性を消耗させる生産の歯車から、共に時間をとりもどしませんか。女が自立するだけの労働場と賃金を得た時が「創られた男性」をも解きはなつ第一歩だと気づきませんか。女が平等に従事することは、労働の質そのものを変えることでしかない。「男なみ」に働く女が増えることでなく、誰れもが自分で自身を養うという原点にこだわることだ。その根本的な所をこだわらないで、妻を家事労働に縛りつけたうえで、自分の労働の質を問わないで、何がベースアップだというのでしょう。女性の労働権を現実の場に確立すること、これは社会の本質的転換を促す、もっとも切実な要求である。

民主主義の「民」の中に女性も入れてくれませんか。

新代議士の意識わかる？
―公開質問状その4―

新代議士を対象とした第四次公開質問状は三月一五日までで回答数五七。回答率四六％。政党別に回答率のよい順から並べると（質問状の配布のしかたに多少問題があったかもしれませんが）①公明党（八五％）②共産党（七五％）③民社党（七二・七％）④社会党（四六・四％）⑤自民党（二九・八％）⑥新自由クラブ（七・七％）無所属は一人だけなので一〇〇％の回答率。

回答態度は総じてまじめ。けれども、婦人問題に対する理解は十分とは言えないようです。

〃『求人広告に「男子」「女子」ということばを入れてはいけない』という主張についてどうお思いになりますか〃という問に対して賛成が多かったのは社会党だけ。ＩＬＯでも各国でも問題にされているということをご存じないようです。

〃「女性に対する労働保護は男女平等を妨げる」という意見についてどうお思いになりますか〃という問に対しては、各党とも単純な「反対」意見が圧倒的多数。

〃「夫婦の財産は共有にせよ」という主張についてどうお思いになりますか〃という問では、共産党だけは全員「反対」、公明党は殆んどが「どちらとも言えない」と回答、他は圧倒的多数が「賛成」。

〃一昨年、国際婦人年世界会議で採択された「世界行動計画」をお読みになりましたか〃ときくと、「全部読んだ」三五・一％―「新聞で全部読んだ」という不思議な回答がありましたが―「一部読んだ」二二・八％「読んでいない」四二・一％という結果でした。

回答の全文は今度の記録集に掲載する予定ですが、さしあたって数字だけまとめたもののリコピーが事務局にあります。Ｂ５七枚で五〇円です。

（公開質問状グループ）

会費がアップアップです

事務局

前号活動報告にて会費値上げの件を皆様にお計りしましたが「会は絶対に存続させたい若干の値上げもやむを得ない。」というご意見が多く、再度、世話人会で検討し、三月定例会で承認を受け、次のような会費カンパシステムに踏み切りました。

新会費制は、本年四月一日より実施することにし、既に会費を前納いただいている方は差額を納入する必要はなく、次に納入する月から、また未納となっている方は、未納の月までさか上って五〇〇円で納入していただきます。以後、お間違えのないようにお願い致します。

① 会費　一ケ月一律　五〇〇円
（何口制というのは廃止しました）

② 定期カンパ　一ケ月　一口　五〇〇円
（会費収入では足りないので、一ケ月一口以上の定期的なカンパをして下さる方を募ります。前納も可）

③ 一般カンパ　いつでもいくらでも

納入方法は次の通り

① 現金郵送
② 郵便振込（同封の振替用紙にて）
③ 事務局にて直接納入

なお、納入の際に内訳を書いて下さらない方が多いので、問い合わせのための手間とお金がもったいないのです。必ず、内訳を明記の上納入下さい。

行動するためには資金が必要です。会費とカンパだけで運営していくためには、より多くの女の支援なしにはできません。まわりの女たちに呼びかけて、会員を増やしていって下さい。また、資金を生み出すための良い方策がありましたらご連絡を。

（野口）

(8)

緊急避難の母子にも光が

離婚分科会

この四月、現代版「駆け込み寺」ともいうべき婦人保護施設が、その名も新しく「東京都婦人相談センター」として、新宿区に開設されることになった。今ある婦人相談所は売春防止法による一時保護施設で、それのいわば衣がえともいえる。分科会が当初から取りくんできた離婚の母子、特に夫の暴力から避難する母子と受け容れる公的施設は、皆無に等しく、まれに婦人相談所の機能の中で、母子が分離された形で代行されたにすぎないことを識った。私たちは、母子が共に駆け込める緊急避難所を早急に造って欲しいと東京都に要望した。以来、都側も耳を傾け、運営面・構造面についての話しあいが続けられ、晴れて開所の運びとなったのである。売防法に触れた女子に加えて、未婚の妊産婦・既婚の単身女子・既婚の母子等、あらゆる立場の女性が利用できることになった。施設を共にするということで、さまざまな角度から色々な見方があるかと思う。経てきた運動をふり返り総括の意味で、五月定例会は「駆け込み寺」に焦点をあて、それをとりまく問題点について話しあいます。多数ご参加を。（須藤）

理論分科会発足に当って

我々女性の身の廻りには矛盾ばかりです。全世界の女性に対する差別の原因を探るために、各国或は各地域、体制の国々の生産関係即ち経済構造を、又その上部構造としての法律、制度を又両者の間から生まれる社会意識としての道徳、倫理を歴史的に研究し女性べっ視の原因を探ります。

以上の勉強から我々女性が考える理想社会とはいかなる社会か、そこでの女、男の地位はどうあるのか、女、男はどんな労働をどの様にしているのか、を考え社会を長期的に展望して今後の方向と戦う方法を考えて行く。つまり、長期ビジョン作成と、現実の諸現象の矛盾に対して対策を打ち出して行く。

そのための政策、対策、立案の方法として

①、過去、現在の歴史、理論を勉強するには読書会形式をとる。

② 現実の対策は各分科会の活動状況及び一般社会情況から立案する。

③ この間、各人の意見を述べ合って討論しながら政策、対策を練っていく。

ご連絡は、岡田恒子あて。

電話〇四二三（八一）[redacted]番

記録集の原稿募集中

記録集編集委員会

一年目の記録集〃女の分断を連帯に〃は、本当に御協力ありがとうございました。

いよいよ二年目の記録集の編集にとりかかることになりました。さらに充実させた内容にしたいとスタッフ一同がんばっています。

そこで——。一年目、同様に皆様から原稿を募集しています。テーマは設けず、自由に、思いのままに、思っていること、感じていることを御執筆下さい。レター形式でも、問答形式でも、散文でも詩でも歓迎!!

またイラストにも大いに力を振るって下さい。その際に、二年目の記録集には、このようなプランを！といったアイディアもお待ちしています。

現在、どうしても入れたい、と思っているものは、会の記録ですから、家庭科の女子のみ必修の問題、司法修習生への差別的発言、国内行動計画への提言、そして、公開質問状の回答などです。

申し遅れましたが、二年目の記録集のタイトルは〃行動する女たちが明日を拓く〃

発刊予定は六月下旬です。原稿は事務局気付、『二年目の記録集』係へ。（高木ァ）

お知らせ

◎四月定例会
〃女たちが期待出来る政党は？〃
―各政党に男女平等政策をきく―
時　四月十六日（土）午后1時～5時
所　千駄ケ谷区民会館
出席者　各政党代表者他（交渉中）
参加費　三〇〇円
参議院選挙も近づき、男女平等を実現するためには、どの政党を選んでいったらよいかについて考えたいと思います。
各政党の代表者に男女平等に関するいくつかの質問状を前もって送り、当日回答してもらいます。日頃聞いてみたいと思っていた質問を持ち寄り、政党の考え方をたしかめましょう。
（前号活動報告にて四月定例会は、四月十三日とお知らせしましたが変更になりましたのでお間違えのないようにお願いします。）

○五月定例会（予定）
時　五月十四日（土）午后1時～5時
所　千駄ケ谷区民会館
テーマ　女の駆け込み寺はどうあるべきか

分科会ニュース

◎記録集編集委員会
時　三月二十四日（木）午后6時半～
所　事務局

◎教育分科会
時　三月二十五日（金）午后6時半～
所　事務局

◎主婦分科会
時　三月二十六日（土）午后1時半～
所　千駄ケ谷区民会館
〃スウェーデンの主婦は〃

◎労働分科会
時　三月二十八日（月）午后6時半～
所　事務局
〃賃金シンポジウム総括、他〃

◎世話人会（どなたでも参加できます）
時　四月四日（月）午后6時半～
所　事務局

◎国際分科会
①時　四月十二日（火）午后6時半
所　事務局
②時　四月十九日（火）午后6時半～
所　ホーキ星　電話（三四一）九三六四
〃諸外国の女講座シリーズ第3回
アメリカの新しい女流詩人たち〃
ゲストスピーカー　渥美育子

◎離婚分科会
時　四月二十四日（日）午后2時～
所　あごら

（なかなか分科会の予定が決定しないので、既に終ったものもお知らせしています。これ以外の予定は事務局までお問い合わせ下さい）

編集後記

原稿はまだ届かない？　わりつけはどうしたらいいの？　野口さんには手を出すなと大きなことを言ったけれど。やっぱり全面的にやってもらってしまった。

あーあ、もうやらね！　と思いつつも、誰からか、「とても良かった」なんて言われたらまたやってしまうのではないかと心配しているのです。

（高木ス・斎藤）

国際婦人年をきっかけとして
行動を起こす女たちの会

1977年4月

活動報告

事務局
〒160　新宿区新宿1－9－4
御苑グリーンハイツ806
中島法律事務所内
TEL　(03)　352－7010
郵便振替　東京0－44014

定例会報告（四月十六日午後一時～五時）

女たちが期待できる政党は？

―各政党に男女平等政策をきく―

司会　中嶋（里）、守屋

七月三日の参院選を前にして、私達は各党及び、新しく参院選に出る方々の男女平等政策を聞こうということになった。会の中に政治分科会が出来て以来の初仕事である。

これまでも男女平等推進のために、わずか数人ではあるが婦人議員が精力的に国会の中で活躍してくれている姿は目にしている。しかしいかんせん少数すぎる。私たちは、男女平等を一日も早く実現させるためにも、こうしたことに深い認識を持つ婦人議員を多数国会におくりこむことが必要だ。しかしこの参院選で議員数を男女半々にすることは不可能だ。何十年後に国会のみならず地方でも男女の議員数が同数になるであろうか。これはすべて私達の今日の行動と力量にかかっている。

来日したサッチャー保守党党首は、「女が女の代表であり、男が男の代表と思われては困る」と記者会見で語ったそうだが、これは党首としてよりも女というところに関心を置かれてしまう現実に抗議をしたものなのだろう。衆参合わせて婦人議員が三・三％の国日本と、女性党首を当然のことと認める英国、三〇〇人の国会議員中、七〇人の婦人議員だがこれでも少ない少ないといっているスェーデンとは、やはり雲泥の差があり、男女平等に関しては、最後進国である。

今こそこの最もおくれた国を下から大きくゆさぶりをかけなくてはならない。何十年か先に真の男女平等のすばらしさをゆっくりと味わうためにも、先ず今を変えていかなくてはならない。そういうわけで、今ある政党の男女平等政策及び、これから生まれようとしている党や会の政策を聞くことは、私達がどの党や人を選ぶかの基準になると判断した。

四月初め次の二〇項目にわたる質問状を自民、社会、公明、民社、共産、新自由クラブ、日本女性党、新しい連動を求める人々の会宛に送り出席を依頼した。自民党は再三の依頼にもかかわらず欠席、理由は選挙で忙しいとのこと、しかし安西愛子婦人部長に電話したところ党から連絡がないとのこと、新自由クラブは発表予定者の都合で欠席。現在の政治を動かす大きな権力を握った党からの出席がないこと自体が極めて象徴的である。（中嶋）

(1)

質問状

男女差別をなくすために

①世界行動計画の中に男女差別は罪悪であるとありますが、この考え方に同意しますか。

②各国では国内行動計画のための実行機関づくりがすすめられていますが、日本においても実行機関をつくるつもりがありますか。

政策決定について

③政策決定機関に多くの女性を登用するために、どのような措置を構じたらよいと思いますか。

教育について

④先般出された国内行動計画の中に、従来の男女の役割分業意識にとらわれない教育訓練を推進するとありますが、具体的にはどのようなものだとお考えですか。

⑤教育課程審議会は、再び女子のみの家庭科を答申しましたが、これをどう考えますか。

⑥男女別学の公立校がかなりありますが、これをどう考えますか。

⑦教科書等の教材は男子中心に記述されていますが、これをどう考えますか。

労働について

⑧労働における男女平等をはかるために、労働基準法の三、四条の改正及び総合的な男女平等法の制定をするつもりはありますか。又、その準備のための委員会はありますか。

⑨女性が働きつづけるために産休の延長、その間の所得保障など母性保障の基準のひきあげと産休あけ保育の促進、保育所の充足についてどのような施策をお持ちですか。

⑩現在、労働基準法上の時間外、深夜、危険有害業務の就業制限を撤廃することが平等を実現することになると思いますか。弊害があるとは思いませんか。又、男性の無制限な深夜労働や時間外労働についてどうお考えですか。

社会保障等について

⑪家事、育児の社会化をすすめるために、どのような施策をお持ちですか。

⑫老人、身障者、病人の介護は誰がどのようにすべきだと思いますか。それに対する社会的保障をどのようにすべきだと思いますか。

⑬女性が離婚した際年金権を喪失しますが、これをどのようにすべきだと思いますか。

⑭独身女性の税金は何ら控除されていませんが、その上ほとんど施策がなされていません。例えば中高年独身女性の住宅確保をどのようにお考えですか。また現行の厚生年金、又は国民年金による老後保障では、過去の低賃金に比例して年金額も少なく生活を維持することはむずかしいのですが、これに対する保障をどのようにお考えですか。

性について

⑮売春につながるトルコ風呂の規制をどのようにするお考えでしょうか。

⑯優性保護法の改正を再上程するつもりはおありでしょうか。

⑰避妊は現在女性の側の負担が多くなっていますが、男性側の避妊の開発についてどう思われますか。

婚姻について

⑱婚姻の際の別姓を認めることについてはどう思われますか。

マスメディアについて

⑲世界行動計画では、マス・メディアを通じて男女の役割分業の固定化をなくしていくよう、うたっていますが、具体的にどのようにしたらよいとお考えですか。

⑳マス・メディアの中で働く女性をふやすためには、どのような具体的な方法があるとお考えですか。

国際婦人年をきっかけとして
行動を起こす女たちの会

(2)

各代表者の回答要旨

公明党　鈴木　勝氏

1 素直に同意する。憲法にも保証されている。

2 当然作るべきだが、はじめから国でというのはむずかしいので、まず地方自治体から盛上げていくのがよい。

3 基本的には婦人議員をふやし、各種の審議会のメンバーにも婦人を登用していきたい。

4 一個の人間として、その能力、才能を最大に発揮できるようにする。家庭での男子優先をなおすべきだ。

5 中学の技術、家庭の一元化、高校のあり方もふくめて共修の方向を目指したい。

6 共学のメリット、デメリットもあろうが人格の完成、相互の理解のためにも共学が必要。

7 小学校国語教科書の主人公の男女比、著者の男女比をみても男子中心で、女性の立場が反映されていないのは改めるべきである。

8 三条の中に性別を入れる。採用時の待遇の均等をはかる。社会労働委員会や、婦人問題特別委員会で「公正平等法」の立案を考えている。

9 産前、産後十週の有給保証、出産費を健保の現物給付で、保育所設置のため国が地方自治体に財政援助する必要あり。

10 母性保護規定を変える気持は毛頭ない。母性は社会で守り、これを差別の理由にさせない。

11 男が家事をやっても当然の慣習が必要。労働時間の短縮、労働条件の改善が必要。

12 国、自治体の社会保障施設の拡充、保健婦の派遣、介護手当の増額、緊急一時保護制度、緊急に家政婦を派遣すること。

13 国民基本年金法を作りたい。

14 生活費に課税しない等の税の公平化の中で考えたい、今国会に住宅基本法の改善を提案、国民年金法第七条をすすめていきたい。

15 四党で公衆浴場法改正案を出す。

16 改正反対。

17 その通り、男の避妊の開発は必要。

18 別姓のメリット、デメリットはあるが、別姓の認められる方向が望ましい。

19 根本は男性支配と経営側の考え方が問題だ、啓発によって経営側を変えていく。

20 公共性の業種については雇用上の平等のために、一定の枠が必要。

民社党　新井田佳子氏

1 全くその通りである。

2 作るべきである。

3 各種審議会の中の女性の比率が現在は、二・六%であるが一割まで当面ふやしたい。

4 性別役割分業を排し、意欲と能力ある女性を積極的に受入れるよう社会の体制をととのえる。

5 現在の家庭科は技術的内容に傾いている家庭生活の基本を教え男女共修にする。

6 公立高校は原則として共学がよいが、地域の特殊性や父母の要求の強い所では共学でなくてもよい。

7 検討して正すべきである。

8 労基法を改正する。

9 母性保障基本法を一刻も早く制定すること、国会に何回も提案している

10 保護規定が不平等の原因になっている現実はあるが、撤廃が平等につながるとは言えない。母性機能を保障することを条件としてそれに関係のない法的保護を緩和する。

11 12 13 (差しかえた質問状が民社党にはついておらず、前の質問状であったため、この三項は抜けてしまった)

(3)

14 国や地方自治体の責任で中高年独身女性が、公営住宅に安心して入れるようにする。年金については賃金や、加入期間の長短にかかわらず、すべての人が一率五万円もらえるようにする。

15 規制の強化、今国会で公衆浴場法の一部改正案を出す。

16 ありません、母性保障基本法の制定を何よりも優先させる。

17 男女の区別なく開発する。

18 子供が父の名を名乗るか母の名を名乗るかによって、かえって男女の不平等が助長されることがあるので別姓には反対。

19 政府、自治体、各種婦人団体がテレビや新聞の広告を通じて男女の役割分業を変えていくことが必要。

20 マスメディアの経営者、管理者に女性の進出の重要性を認識させマスメディアで婦人問題を多く扱うようにさせる。

(社会党)　田中寿美子氏

1 男女差別は罪悪。

2 現在の企画推進本部をもっと強力にするためには、総理府の中ではなく、内閣直属にした方がよいのではないか。

3 審議会内の女性の増員はすぐできる。雇用平等法を提出しているが、その中でも中央と地方の委員会の三分の一以上は女としたい。

4 幼児から大学まで、共学にし、教育の機会を均等にし、教科書の内容を変える。

5 現段階では共修にすべきである。

6 共学にすべきである。

7 教科書が男子中心に作られていることは直していかなくてはならないが、教育の企業化が進み、こういう意識にぶらさがっている人たちも大きな問題である。

8 三条の中に性別を入れるべきだと考えてきたが、そうすると四条がきえてしまう恐れがあるので、三条はそのままにしておいて、四条に雇用、その他の労働条件を入れること等を検討中
男女雇用平等法案を作成、今国会に提出
採用、昇進、昇給等すべて平等に。

9 産前産後十週間とするより労基法の改正を提案している、六〇％の所得保障をする。ＩＬＯ一〇二号条約はすでに批准されているので当然出産は公費でまかなわれるべき。そのため健保法の改正、母子保健法の改正を今国会に提出。

10 制限を撤廃したからといって女子が登用されるわけではない、男女共に深夜業は良くない。

11 母と子のそして保育労働者の権利を守る保育が大切、保育所緊急措置法を提出。

12 ヘルパーをもっと多くする。

13 年金制度の改正、最低限一人六万円。

14 独身女性という差別的な名称で自らを呼ばなくてもよいように、誰でもが最低の生活費を与えられるべきである。

15 全野党で公衆浴場法の改正案を出したが廃案になった。

16 優生保護法の改正反対、刑法の中の堕胎罪の削除。

17 ピルも女の側が使うだけだが男の側の避妊をもっと考えるべきである。

18 自由選択にすべきである。

19 日本のマスメディアが役割分業を宣伝しているのは困ったものだ。どしどし抗議をすることが必要。

20 雇用平等法などで男女差別はどういうものかを具体的に示し、女性労働者の枠をもうける。

新しい運動を求める人々の会　吉武輝子

1 女性差別はすべての差別の根源になっていると考えている。

2 作っていかなくてはならない。具体案は

(4)

検討中。

3 国政、地方行政レベルに女性をどんどん出していく。会では無党派候補を立てる。

4 5、6、7を実現させること。

5 家庭科は技術のみを学ぶ教科ではなく、生活についての理念を学ぶ学科であるので小中高一貫して共修にするのがよい。

6 当然すべてを共学とする。

7 性差別を温存する教科書をなくすためには、国家の検定制度をなくし、小地域で自主的に選択することによって、こうした教科書をなくしていくことが出来る。

8 雇用平等法を制定する。募集の時、男のみ、女のみを廃止し、その他すべての条件が平等になるようにする。そしてこれに違反した場合は罰則の権限をもつ救済機関を作る。

9 完全に実施、ＩＬＯ条約にきめられたように母性保障はひきあげねばならない。

10 性別役割分業をそのままにして、保護規定をはずすことは、職場では従来の男並に働き、家に帰ってきて又家事育児をするということになるので、これについては男が家庭人としても生きる姿勢を先ず作ってからでなくてはだめだ。

11 保育所の充足、保育者の労働条件をあげていく。家事は男女共業にする。

12 介護が女性という考え方を撤廃し、さまざまな介護の選択が出来るようにする。

13 個人単位の年金制度を確立する。

14 独身の女性の方々に集まっていただいて検討中なので詳細は後ほどに。

15 トルコ風呂に限らず、女の性が商品化されることをなくしていきたい。女が経済的に自立出来る道を作るしかない。

16 なし、堕胎罪の削除の要求。

17 男性側の避妊を促進させていく、女は出産等には命をかけている。避妊も女だけでは差別が広がるばかりである。

18 民法七五〇条を改正して別姓がとれるようにする。

19 性別役割分業の番組を作るな、と政府がいうことは言論の弾圧になるので運動でかえていきたい。

20 雇用平等法が採択されることによってメディアの男女数が平等になっていく。

共産党　さかき利夫氏

1 当然であり、半世紀前からこうした考えをもっている。

2 企画推進本部が十分役割を果していけるようにする。

3 審議会委員の数を女性が一割をしめるようにすると政府は述べていたが、先ず各種審議会を民主化し、女性に深い関係のある審議会には多数の女性を送る。

4 教科書検定をなくし、憲法、教育基本法にもとずいた教育をする。

5 民主的な家庭生活に必要な知識は男女共に教えていくのが当然。

6 公立校は基本的に男女共学にすべき。

7 不平等な男女の役割を固定化する教科書を改め、学習指導要領の押付けを排除し教科書を民主的に採択することによって改まる。

8 四条の中に労働条件その他を入れて提案している。

9 産前産後八週間、健保から出ている出産手当は現在六割だが、これを八割にする0才保育所をふやしていく。

10 保護規定は権利として確保すべきであってなくすことが平等実現にはならない。男女平等は既得権の後退なしにすすめるべき、男の労働条件も改善すべき。

11 保育所の増設、充実に努力したい。

12 現在は多くは主婦の肩にかかっているが社会施設をふやし、ホームヘルパーや介護人をふやしていきたい、地域社会の民

(5)

主的発展も大切。

13 年金権をすべての人に確立する。離婚の自由を制限するような現行法を改め、妻の年金権を保障する。

14 安くてすみよい住宅をたくさん作り、独身者用も一定枠確保する、貸付けも不利にならないようにする、年金は積立て方式から付加方式にする。

15 公衆浴場法の一部を改正する。

16 優生保護法には反対、婦人は好んで中絶をするのではない、計画出産が望ましい。

17 当然必要なこと、保健所が啓蒙していくこと。

18 外国にも例があるので、検討したい。

19 婦人蔑視の番組みに抗議をしたり、NHKの番組み審議会に女性をふやす。

20 マスメディアの中の労働条件をかえて婦人が働きやすいようにする。

日本女性党　佐々木洋子氏

1 男女差別が罪悪であるかどうかはわからない、私達は女性優位の考え方である。

2 実行機関を作るつもりなし。

3 女性雇用促進法を作り、社長、重役に女性が半数以上いなければ税金徴収をする。

4 必要なことである。

5 女子は選択、男子が必修。

6 男女共学がのぞましい。

7 けしからんことだと思う。

8 労働についても男女平等ということについては考えていないので、そのための立法措置は考えていない。

9 産休も、保育所も女性の職場進出のためには必要であるのでどんどん作っていきたい。

10 深夜労働なども女性が選択するものであって法律できめるものではない。危険有害業務については女性が敢えて進んでやる必要もなし。

11 家事、育児の社会化も必要だが、男性がどんどんやることだから、そのための教育も考えている。子供の教育は男がやるべきものではないだろうか。

12 今はこうした仕事がほとんど女性にまわってきている。これはけしからんことだが、それに対しては社会的保障が必要。

13 けしからんことである。

14 女性の税金については、お茶汲み控除として一千万円の控除を考えている。また妻の立場の人は奥さま控除として、三百万円まで控除する。

15 売春のしくみをかえるには、女性の職場進出を考えるしかない。

16 やる気はない、もしこんなことをしたらただではすませない。

17 避妊、出産については国が無料で提供すべきである。女性が自分の身体のことを良く知ることは大切である。男性の避妊についてもどんどん開発すべきである。

18 結婚する時、別姓にするか同一姓にするかを選択すべきである。

19 マスメディアを女性達が独自に持つべきであるが、今はそうなっていないので、まあしょうがなく利用するしかないが、将来的には独自のメディアを持ちたい。

（中嶋）

訴追申立そろそろ開始

鬼頭判事補の件で停滞していた差別裁判官訴追申立請求ですが、訴追委員会での実質的調査がそろそろ開始となります。みなさんからの意見書を提出し終わり訴追委員会で事実調査や、私たちの証言が行なわれる予定ですが、スッポンのようなしつこさをもって更に強力な運動をしていかなければ危険です。詳しくは事務局まで。

討論に移って

司会　各代表の回答が終わりましたので、今から会場の皆さんに質問状1～7項目までから質問を出していただきます。

質A　国会議員に女性がわずかしかいない事は、女性問題の深刻さを端的に表わしている。各政党内の議員の男女比と婦人問題はどういうプロセスを経て党政策に取り入れられているか伺いたい。

社　党員中、女性は10％以下。婦人対策委員会では男性も参加して討議が行なわれる。現在雇用平等法を国会に上程することを進めている。女性がまだまだ少ないので、地方議員にも女性を増やしていきたい。

公　国、地方議員は30名で、比率では1％を占めるにすぎず、今後婦人議員を開発したい。

共　衆参議員39名のうち女性7名、2割で、地方議員も2割程度と思う。党員も半分、議員も女性半分を目標にしたい。

民　女性議員は1名で、組織局に青年婦人対策部があり、登用をはかっている。

運動　女性を増やすために運動している。ぜひ増やしたい。

共　初めて話すことだが、党の機関で働く女性は多く、皆賃金は男女平等でやっている。

（会場から「あたりまえだ」の声）

質B　男女別学のある現状に対して民社の父母の希望云々とはどういうことか。共産の「基本的には」共学にとは言下に別学を認めるように聞いたが、説明してほしい。

民　仙台で地域産業との関連で現実にその様な例があると聞いているが、詳しく知らないので、党に帰り検討する。

共　「基本的には」と言ったのは、共学にもってゆく方向だが、過渡的期間を設けるという意味からだ。

質C　質問状2、国内行動計画の実行機関づくりのために、国会の場で立法的設置を考えているか。私は国会内に女性特別委員会の設置の必要があると思うが、どうか。

社　実行していくために地方でも討議され、実が結びつつある。企画推進本部強化をするために、権限をもたせ、財政的裏づけを持たせる必要がある。

公　推進本部は男のみで構成されているのは疑問だ。過渡的には総理府に婦人局を設け、各省の婦人対策部を集中するのがいい。国会内に設置することについては党内の意見が調整されていない。

共　昨年行動計画について申し入れをした。行動の提起については党としてはまだだが、政府には期待が持てないので、是正していくために国会内外で運動を繰り広げる必要がある。

民　国会内で婦人議員が超党派で取り組んでいる。党としてはまだ進んでいない。

質D　男女平等実行委員会のようなものを設置し、実行・計画する機関の具体案はどの党もないのか。立法措置をぜひとってほしい。

共　政府の責任を果たせとせまっていく必要がある。

質C　今ある本部は法的権限がないので、各省庁の審議会の方が優先されてしまう。それではどうしようもないのだ。

共　今あるものがだめなので、第二の案を考え再提起する必要がある。

公　各省の婦人対策を一つにまとめることが党で決議されている。国会内に設置機関をつくることを党に報告します。

社　社労部会でも男を含めて話し合う必要もあるので、婦人委員会のあり方についても早急に党で検討したい。

司会　実際には企画推進本部というものがありながら法的な裏付けがないため、男女平等が思うように進まない。是非各党に持ち帰って検討をお願いしたい。次に質問状8～14の討論に移ります。

(7)

質E　社会党では雇用平等法案が具体的に出されており、大変期待しているが、他の党では何の取り組みもないのか。特に共産党は女性議員が多いと強調されたし、具体的にどうするのか伺いたい。

共　昨年7月に母性保護法強化の立法の際に男女平等原則の確立をうたい、労働基準法第四条の改正を提案した。現在の段階では、これ以上の事は考えていない。

質E　公明党は男女平等法案が具体的にあるといってましたが、いつ上程する予定か。

公　厚生平等法というもので、年令差別も含めて、案を考えていたが両方を一緒にすることは問題があるので、とりあえず男女差別だけでも国会に出したいという方向づけが昨日なされました。今国会の五月末までを考えているが社会党案に協賛する者も多いので共同提起することも考えている。

社　全労働者の問題として全国一律最低賃金制、男子を含めた雇用保障と並んで男女雇用平等法を考えている。できるならば超党派で取り組んでいきたい。先ほどの平等法の説明に付け加えると、企業内の職業訓練における男女差別をなくすことを明確に打ち出した。これは5月26日に国会に提出する予定だが、恐らく現状では廃案にされてしまうと思うので、各党並びに大衆レベルでの運動を起こしてもらいたい。

質F　主婦の家事労働評価について考えを聞きたい。

社　一般家庭での妻の家事労働評価は検討課題であると共に家事は女といった考えを打破していきたい。児童手当は中学まで出す、又自営業、農業では妻の働き分をきちんと控除すべきだ。共働きでは税金が不当に高いが保育料を必要経費として税金から控除すべきだ。

公　具体的にはないが今後検討していきたい。

共　家事労働の価値論の面からいろいろ議論はあるが、当然評価されなければならない。また家事労働の社会化が必要だ。

民　社会的に評価すべきだ。財産上では$\frac{1}{2}$が妻の財産として認めるよう民法の改正をはかっている。厚生年金を月額12万円位に上げ、遺族年金は5万円としたい。基本給の50%では低すぎ、80%に引き上げたい。母子世帯について、住宅の確保、年金の引上げ、特別児童手当など考えている。パートで働く婦人は収入70万円を越えると控除の対象外となるので、控除額を引き上げ、又乳幼児を抱える共働きに36万円の育児控除を考えている。

女党　離婚時には財産は$\frac{1}{2}$は妻のものとすることが、妻の家事労働の評価ということになる。未亡人になった場合は全部と考える。

社　相続は$\frac{1}{2}$を妻のものとし、相続税は無税とするよう考えている。

運動　命の営みにかかわる仕事はあらゆる社会的仕事に優先されるべきで、主婦のというように性別分業的に特別に保障する考えはない。年金の個別制、労働権の確立などにより自立の道を拓り開くことで両性が協業できるよう考えていきたい。

質E　共産党は先ほど進んだ労働組合では家事労働を賃金計算に入れているといったが、どういう意味か。

共　実際には家事労働の上に内職までやらなければ生活できない主婦がいるので、内職をしないでも食べていけるような賃金体系を作っていかなければいけない。

司会　内職をしなくてもいいというのは女の人が働かないで家に居て食べていけるという事か。

運動　女性の労働権をどう考えているか疑問に感じたので聞かせて欲しい。

共　男女共に労働権はある。中小企業レベルでは多くの労働者は経済的に追いつめられて主婦の内職に頼らざるを得ない実状を考えると、労働者が正当に働けば主婦が働かなくても良いようにしていかなければならない。主婦が働く事は自発性に基づいて、進出していくのはいい。
連動　男が働くのが当然、女は自由選択といっているのは女性の労働権の確立を認めていないことになる。
司会　労働権は男女共に確保されなければならないというのがここに集まった人達の考えなのですね。
共　それについては同感です。
質G　連動する会の「命の営みにかかわる仕事」とは家事労働と呼ばれている事と考えて良いのでしょうか。
連動　そうではない。女の賃金の差別は家事労働評価云々でなく、本来男の賃金で女が養われるのだという分業制に基づいている所からと考え、それをいかに是正していくかという事を主眼にしていきたい。
質H　社会党の雇用平等法に他の党は賛同するのかどうか。
共　出てきてから検討します。
民　党の基本政策にのっとって審議に参加したい。
司会　できる限り多くの党が一緒にやって行くことが強力だと思うのでお願いします。では最後に15～20までの質問項目に移ります。
質I　堕胎罪についてどう思うか。
社、公、共、民　削除すべきだ（と答えた）。
質I　女性党は男性側のピル使用についてどう考えるのか。
女党　男のピルも開発すべきで、男に開発させたい。
質I　マスコミでは女性の性が商品化されている。その上で映倫という存在がある訳だが問題が多い。各党はどう思うか。
共　性の商品化は女性の人権にかかわる問題である。国民的討論のもとで合意をつくり是正したい。
社　商業主義に支配されているのは問題だ。しかし、表現の自由弾圧の口実に使われる危険がある。
民　放置はできないが、表現、営業の自由との兼ねあいがあるので難かしい。
司会　以上で質問項目に関して順を追った討議を終わりたい。その他の質問に入るが、女性党に、女性優位の社会について更に詳しい展望を聞きたい。
女党　今は男女平等と言いながらも男性社会だ。一度女性優位の社会をつくらねば男女平等社会はありえない。原始社会は女性社会として始まり、男性社会はたかが数千年の短かい期間続いているにすぎない。女性は避妊ができず、子供を生む時期を選べなかったので一時停滞しなければならなかったが、それを乗り越える条件が現在はあるので、女性社会が来るのは当然だ。私達はその時期を早めようとしているにすぎない。
質D　女性社会にもどるのが当然なのだというのはナチの考えにも共通する危険を感じる。男女、民族、貧富にかかわりなく平等な社会を築くことが人間として必要だという考えからは、はずれている。
女党　階級闘争ととらえているので、男と手をつないで男女平等を実現することはできない。男が自ら進んで既得権を半分女性に譲ろうとはしない。闘争の中で、振り子を大きく逆の方向に向ける必要がある。
司会　議論は今後もつきないと思うが、予定の時間がきましたので、これで閉会します。

（記録　永田由利子・富沢由子）

> **女にとって時間短縮とは？**
> ――主婦・労働分科会合同例会――
> 残業時間を加えると一日の労働時間が一〇時間を超える男たちがザラ。
> 女も男も共に働ける労働時間の形態をあなたも参加して話しあいませんか。
> （分科会日程参照）

(9)

記録集編集委からのお願い

〃女の分断を連帯に〃（一年目の記録）に引き続き、二年目の記録〃行動する女たちが明日を拓く〃の編集にとりかかっています。一年目以上に、中身の濃い、充実したものにしたいと大ハリキリ。

でも、ちょっと原稿の集り具合がはかばかしくないのです。毎回お願いしています。皆様の原稿が——。

そこで、どうぞこの活動報告をごらんになったら、即ペンを持っていただきたいのです。思っていること、考えていること、行動していること、何でもOKです。形態は、詩や散文でも結構です。手紙形式などもステキですね。原稿枚数は四〇〇字詰めで三枚程度にお願いします。イラストの方が自信が、とおっしゃる方は黒インクか墨を使って描いて下さい。くれぐれもよろしくお願いします。

さて、ここで二年目の記録集の内容予告をしましょう。

七月三日の参院選に間に合うように出したいと思いますので、皆様の行動にバッチリ役立つものも企画しています。その一つは、昨年末に行われた衆院選で当選した新人議員に公開質問状を送りましたその回答ゼンブ——。

また〃女と政治〃と題した論文。

新しい運動の方向をさぐる座談会。加えて私たちの二年目の活動を報告するもの。例えば差別裁判官の問題、家庭科の男女共修をすすめる運動、離婚の母の家について、などなど。

一年目よりもぐっと幅広い内容を盛り込みました。

どうぞ期待していて下さい。その期待に応えるためにも、編集スタッフ一同、一生懸命すすめてまいります。また、色々仕事がありますので、ぜひぜひ力を貸して下さい。

そろそろ、活動報告を読み了られるころだと思います。紙とペンのご用意はできていますか。あっ、もう書き始めていらっしゃいますね。送り先は左記の通りです。

〒一六〇　新宿区新宿一ー九ー四
御苑グリーンハイツ　八〇六号
中島法律事務所内
行動を起こす女たちの会
〃二年目の記録〃編集係あて

（高木アイ子）

キャラバン始まる！

——主婦分科会——

主婦分科会では、外へ出にくい女たちとも連帯していこうと、キャラバン隊をつくり、各地を回ろうと企画し、その第一弾として、四月二十三日、埼玉県新座団地にて集会を開きました。

他の分科会からも応援をしてもらい、武田京子、ビヤネール多美子、前田敦子、古武敬子の四人にパネラーをお願いし、地元の女たちと討論をしましたが、地元の人たちの熱心な宣伝の協力もあって、八名の会員を含む六十五名もの参加がありました。こうしたキャラバンを今後も続ける予定ですが、歓迎してくださる地域がありましたら、ぜひご一報下さい。

（谷合規子）

◎国際分科会より

英文パンフレットもほぼ完成し、各国への質問状も発送までこぎつけました。

今月の外国の女シリーズはお休みをしかわりに吉武輝子さんの政治的ビジョンを聞く会を持ちます。多数ご参加を！

（ヤンソン由実子）

駆け込み施設がオープン！

離婚分科会

離婚分科会が都に対し、その設立を強く働きかけてきた駆け込み施設――「婦人相談センター」が、四月十五日よりオープンしました。「夫の暴力からのがれたい」「離婚などのため身を置く場所がない」などの理由による緊急の保護又は自立のための援助を必要とする女性が一時的に避難できる施設で、電話相談もしています。

二十八日に、センターオープン後の報告もかねた見学会があり、その時の所長の話しでは『オープン早々の十五日に、電話相談が五十件もあり、その後、一日平均三十件、二十八日まで総数三百三十六件もの電話相談があった。来所の相談は七十件、実際に宿泊した人は四十七人にものぼる。来所した人のどの人の話を聞いても、何度も家出をしながらもよくここまでがまんをしたと思える人たちばかりで、このようなセンターが民間の人たちの強い要望でできたことを本当に良かったと思う。駆け込む人たちの多くは、夫の暴力が原因で、夫の女性関係が加わった暴力もある。

中には、そのために血圧が二三〇もある人もいて、すぐ入院した人は二人。子供たちは児童相談所へ行った。他には、母子寮へ入った人、生家へ帰った人、保護施設へ入った人、夫のもとに帰った人、無断でセンターを出た人もいる。まだオープンして間もないのに、駆け込みの相談で、朝から晩まで多忙である。あまり繁昌しても困るが、それだけ問題を抱えた人が多いのでしょう』との話しでした。

この日は、風の強い雨模様の日でしたが、センターの中は採光も良く、センターの三階にある母子室の前のジュータンを敷いた廊下で子供たちが元気に遊んでいる姿が印象的でした。

離婚分科会では、このセンター設立までの経過や、センターの見学報告、諸外国の駆け込み施設との比較もかねて、五月に定例会を開きます。駆け込み施設をもっと増やし、そして女にとってより良い施設にしていくためにも、たくさんの女たちと話し合い、行政に働きかけていきたいと思います。ぜひご参加下さい。センターの電話は次の通りです。

東京都婦人相談センター

(代表)〇三(三五五)一五五一

ダイヤル相談　〇三(三五五)三一一〇

〃　(夜間)〇三(三五五)一五五一

(落合・野口)

(住所は入居者の保護のため発表しません)

事務局よりお願い

▽　前号活動報告でもお知らせした通り四月より会費が変わりました。お間違えのないようにお願いします。

なお、会費やカンパを納入下さる時は内訳がないと会計上処理できず、問い合わせの手数が大変ですので、必ず、くわしい内訳をお書きの上納入下さい。

会費及びカンパは次の通りです。

①会費　月額、一律　五〇〇円
②定期カンパ　月額　一口　五〇〇円
③一般カンパ　いつでもいくらでも

▽　活動報告にもっと会員の皆さんの声をのせていきたいと思います。ご意見やご希望、会員への呼びかけなど、どんどん活動報告を利用して下さい。お手紙でどうぞ。

▽　仕事が山ほどあります。一日、ほんの少しの時間をさいて下さる方はいませんか。一ケ月に一回でも一週間に一回でも小さな力を持ち寄ると大変な力になります。一人しかいない事務局員を長く生かしておきたい(?)と思う方ご連絡をお待ちしています。

(野口)

お知らせ

◇五月定例会

〝駆け込み寺のオープンをめぐって〟

時　五月十四日（土）午後一時～五時

所　婦選会館
　　渋谷区代々木二ー二
　　TEL（三七〇）〇二三八
　　（国電新宿駅徒歩五分）

出席者
　＊経過報告　河野貴代美
　　　　　　　永岡　富雄
　＊司会　　　俵　　萌子
　　ほか

参加費　三〇〇円
保育料　一〇〇円

四月十五日、駆け込み寺とも言うべき東京都婦人相談センターがオープンしました。これまでの経過や、センターの実際を紹介し、女にとっての駆け込み寺がどうあるべきかを皆さんとともに話しあってみたいと思います。
　ぜひ、ご参加を！

分科会ニュース

◎五月世話人会
時　五月六日（金）午后六時半～
所　事務局

◎記録集編集委員会
時　五月七日（土）午后四時半～
所　事務局
〝二年目の記録集の企画・打合わせ等〟

◎教育分科会
時　五月九日（月）午后六時半～
所　事務局
〝キャンパスの女性解放―②
和光大学の婦人問題講座設置過程を聞く〟

◎国際分科会
時　五月十日（火）午后一時～三時
所　ヤンソン由実子宅
　　TEL（四〇五）[redacted]
〝各国への質問状発送等〟

◎労働分科会
時　五月十九日（木）午后六時半～
所　事務局
〝雇用における差別撤廃のためのガイドライン作成〟

◎主婦問題・家庭生活分科会
　労働分科会　）合同例会
時　五月二十一日（土）午后一時～五時
所　千駄ヶ谷区民会館
〝労働時間の短縮について〟

◎国際分科会
時　五月二十一日（土）午后一時半～
所　あごら　TEL（三五四）三九四一
参加費　一〇〇円
〝吉武輝子さんを呼んで政策を聞く〟

編集後記

事務局の通称タコ部屋（？）から見える新宿御苑の新緑がとてもきれいです。
　こちらはあまり美しくもなくて相変らずのシッチャカ、メッチャカ。訴追委での調査開始、記録集発行等々と、ますます忙がしくなりそうで、身体を四つぐらいに増やす魔法があればなぁ……と夢見ています。（野口）

国際婦人年をきっかけとして
行動を起こす女たちの会

1977年5月

活動報告

事務局
〒160　新宿区新宿1－9－4
御苑グリーンハイツ806
中島法律事務所内
TEL　(03)　352－7010
郵便振替　東京0－44014

定例会報告（五月十四日　午後一時半〜五時）

〃勇気をもってかけ込もう〃

—「駆け込み寺」オープンをめぐって—

司会・俵、野並

昨年末行なわれた総括集会の際に、離婚・裁判・調停分科会が発表した年間報告の一部分「駆け込み寺」のことで差別問題が起こり、実際に離婚された方々の経験を基にしたものであっただけに、私たち同分科会の者はこの声を巡って愕然としたが、平静さを取戻すとともに、これを定例会にかけ、より多くの方方から意見を聞き、今後も此の運動を続けるにあたっての参考にしようと五月の定例会を私たちの分科会主催で持つことになった。

第一部は一時半から司会者俵萠子氏が、現在の裁判における男女平等性の可否、今日の調停方法のあり方、調停委の人選について疑問を投げかけ、女性にとっての離婚の自由の有無として、殆んどが男性名義になっている住宅、離婚婦人の年金、税金、子供の養育等をあげ、離婚婦人の歩む道の困難さを報告して、「この分科会は婦人問題のたまり場であると考えて行動して来た」と打ちあけ、「私たちの分科会メンバーの大多数は離婚者。男女ペアで生きるのも難しい世を、子供を抱え生きて行くきびしい条件の中で活動を続けても、問題はなお山積みし実際に動ける範囲は極めて限られており、何度か行き詰まってはまた皆で励ましあって来た。こうして苦しい中で運動を続けること発足以来二年四ヶ月めの昭和五二年四月十五日にようやく一つの実が結んだ。もちろん他婦人関係団体の協力、都民生局の方々の尽力も大きかった事もあるが、明治以来初の女性のための『駆け込み寺』が実現したのである。決して理想通りではないが、ささやかな戦後女性史に残る運動をして来た喜びを皆と頒合っている」と語った。

そしてこれで一段落ついたのではなく、この運動にあたって私たちが頭を抱えた問題として「現在の『駆け込み寺』の状態、この形が理想の形なのか、諸外国はどうなのか、これらの問題を卒直に話しあって、『駆け込み寺』の運動を進めていくのに、またもっと広く離婚の問題を真剣に考える私たちが、今後どういう事をテーマに考えて行くべきか、公開の席で皆様と一緒に考えて意見を交換して行きたい」と挨拶した。

分科会発足から今までの活動経過報告

須藤　昌子

行動する会発足と同時に他分科会と並行して誕生。会員の大半は離婚者、他は主婦、これから離婚する人から成り、次のような運動目標を根底にして活動を始める。

① 離婚に際しての法的機関の調査

② 未・既婚を問わず駆け込める施設を行政に要望。民間の緊急避難施設をつくる。

③ 既成施設の実態調査。学習活動。

②は取り組んだ運動のなかで最大のもの。

昭和五〇年四月の例会で、会員の発表から当時の参加者全員で提案され決まった。

同四月他分科会および会員外の方々にも至急お集まりいただき、実に細かく討議した結果、私たちの力では限界があるので、東京都民生局婦人部長清水氏に会い、当方十人位と約二時間にわたって懇談した。私たちは「駆け込み母子寮増設、母子寮の充実、離婚婦人に対する年金の考慮、生活保護を基にした共同住居をつくるのを認める、緊急相談の窓口の早急開設等」を口頭で申し入れた。都側は好意を持って聞いてくれた。「国レベルの問題なので都では限界がある。しかし何度も話合いを続けよう」との姿勢を示した。

毎月一回の例会では各々問題点を出し合い、その結果、都母子寮練馬・世田ケ谷を、母子寮がどのような状況下にあるかを知るべく実態調査を兼ねて見学（六月七日）。妻の財産分与の問題を学習し、永岡氏撮影のスライドでイギリスの駆け込み施設を勉強するなどして、十月十七日駆け込み施設理想図を文書で都に提出、都知事および民生局側多数が出席した。そののちも再三にわたって要望書を提出した。昭和五〇年暮れ、予算三七〇〇万円が計上され、旧婦人相談所を改築して設立することになった。

昭和五一年十二月着工、翌五二年三月完成、同四月開所、四月二十八日見学に至った。

「医者は女医も置く、法律専門家を置く等」要望の幾つかは実現していた。

「駆け込み寺」の実態報告

鈴木　祐子

福祉事務所で承認されるとセンターに入居できる。受付は原則として月曜～土曜・九時～十七時、日曜祝祭日は休日、緊急時はそれ以外でも受け付ける。スライドの説明では、人の居る所は写せない。六畳間は単身、それ以上は二人～四人部屋。食事は食堂でするがその時は壮観とのこと。児童遊戯室にオルガン一台、二階廊下隅に嬰児の寝具があった。

入居者内訳は単身者に年配者が多く、嬰児連れの若婦人もいる。二十八日までで母子十一件、単身二二件計四七名。状況はよく今日まで耐えられたと驚く。無傷は嬰児一人だけであった。子連れはほとんどが夫の暴力、他は父子相姦、暴力団、住所不定、一室に監禁低賃金で不当労働などが原因である。

相談は来所七〇件八六名、電話相談は初日五四件、以後一日平均三〇数件、所要時間四〇～五〇分。二人の職員は食事の暇もない。

（野並史子）

＜以下次号へ続く＞

女性解放意識を持つ教授リストを作ろう！

教育分科会

学校教育の場に女性問題講座を花咲かせるための一布石として、教育分科会では女解放・男女平等の視点にたって教えている講師、助・教授のリストを作成する予定です。今まであなたが出会った素敵な先生たちをどんどん教えて下さい。大学が終わったら中高にも手を広げるつもりです。資料集め担当は三井マリ子＜八王子市[redacted]℡〇四二六（七六）[redacted]＞　なお、男女別学調査も最後のまとめとしますのでこちらの方もご協力をよろしく（担当は牧と盛生）

(2)

マスメディアに怒りを！

◇四月二十九日毎日新聞朝刊「記者の目」の特集記事「みろ、ロッキーを」をお読みになりましたか？　関元という記者名入りの大特集で、今評判のアメリカ映画「ロッキー」を通して社会批評をしているものです。無名の落ちこぼれ人間ロッキーが、チャンスをつかんで功成り遂げるお話です。その主人公の陰には一人のガールフレンドがいるのですが、関元氏は「内気な三十娘エードリアンはウーマン・リブかぶれでも色情狂でもない、しっとりした女」ということばで彼女を描写しています。何をもってウーマン・リブかぶれなどという表現が出てくるのか、映画を実際に見てみたい気でいっぱいです。主人公ロッキーのように、体当たりで自分をためそうとしているのが（功成りとげようとは思わないけど）女だったら、その女は、きっと、ウーマン・リブなのではないでしょうか。マスコミからも、回りの男たちからも、主婦たちからも冷やかな目を向けられ、前人未踏の可能性に向かって闘っているのがウーマン・リブの女たちなのです。落ちこぼれにフレー！フレー！と声援を送っていますが、記者氏の「落ちこぼれ人間」の中には、女ははいっていません。私たちは女は落ちこぼれからも落ちこぼれているのです。「女だって人間だ！」と言い聞かせながら、さまざまな苦闘を重ねてゆく女性版ロッキーが、もし映画化されたら、彼はどんな評論を書くでしょう。おそらく「この映画は、ウーマン・リブかぶれのがさがさした女を描いたものです」とでも書くのでしょうか。

◇どろんこだらけの顔、日焼けした顔、顔、顔。

A君「僕は人を助ける仕事をしたい。そのためにはからだ作りが必要だからサッカーをしてます」

B君「僕は将来設計技師になりたい」

C君「僕は医者になるんだ」

そして、やっぱり最後にかわいらしい女の子が登場。

「私はマネージャー兼洗たく係。将来いいお嫁さんになれることまちがいなし！」

小学生のサッカー部員の顔が、この一人の女の子を取りまいてブラウン管いっぱいに拡がります。CMの文字がかぶさるように画面に表われ、いわく――「さまざまな芽を育てる東急グループ」

そうなのです。さまざまな芽が出るのは男の子という土壌からだけなのです。医者も、大臣も、警官も、会社員も、運動選手もみんな男の子。女の子はいつだってかわいいお嫁さんなのです。

でも、もうたくさん！　私たちだって人間です。百人百様の個性をもち、百通りの生き方ができる人間です。このさまざまな芽をつまないで！

＊　＊　＊

女性蔑視、女性差別のCMや文章を見たらすぐ葉書きや電報・電話で抗議しましょう。だまっていたら大きなワナにかかってしまいます。あなたの一枚が、あなたの娘の芽を大きく伸ばすのです。さあ、目を光らせ、ペンを取りましょう！

（M・M）

キャラバン隊員募集

次回は神奈川方面のキャラバンを予定していますので、お近くの方はお気軽にご連絡下さい。また各地域でご協力いただける方も募っていますので、竹内・谷合までどうぞ

主婦分科会

(3)

"フェミニスト・ヘルスセンター"（カリフォルニア）からのメッセージ

フェミニスト家宅侵入罪で逮捕される!

三月七日アメリカのフロリダ州にあるタラハセ病院の産科へ、予告なしの内状調査に踏み込んだフェミニスト・ウーマン・ヘルス・センター（ＦＷＨＣ）関係者キャロル・ドーナー・ジニー・キャシディー、リンダ・カーティスそれにフェミニスト情報出版のジャニス・コーヘンの四人が家宅侵入罪で逮捕された。四人は千ドルの保釈金で仮釈放され、五月十九日同州の法廷において裁判が行なわれることになっている。もし有罪の宣告をされると最高で一年間の禁固に千ドルの罰金が課せられることになっており、ＮＯＷを始めとするウーマンリブ団体の支援運動が起こっている。このタラハセ事件以前にも一九七二年に無免許医業経営罪で逮捕されたキャロル・ドーナー事件は、「女の身体は女で管理」の運動を広める女性解放運動への圧力の顕著な事件であった。キャロルは当時、膣の自己検査方法とヨーグルトを使っての、おりものによる感染炎の家庭治療方法を指導していた事が訴因となった。

ＦＷＨＣタラハセ支部は、これまでにも同市の公立病院の産婦人科に対して様々な告発運動をしてきており、その為に数々の圧力を受けてきている。ＦＷＨＣは、女の身体・出産・幼児の健康管理は女の手でという運動に対する医者・病院そして政府団体のいかなる圧力にも強く闘っていく決意を新たにしている。

（訳責／国際分科会・永田由利子）

政治の場へ女を送ろう!

行動する会の会員から、参議院選に三人出馬することになっていることはみなさんもごぞんじのことと思います。一人は現参議院議員（社会党）の田中寿美子さん、一人は吉武輝子さん、もう一人は俵萠子さんです。三人とも行動する会が産ぶ声をあげた時から、さまざまな形で参加・支援・行動してきたパリパリのリブです。田中さんと吉武さんは全国区から、俵さんは東京地方区から立候補する予定です。今こそ女の代表三人を国会へ送り、女がいきいきと生きられる世界を創るために協力しようではありませんか。今まで「誰に投票しようかな・・・」などと決めかねていた方も、政治には全く失望していた方も、政治を変える女たちの大きな動きの中にぜひはいってきて下さい。同封のビラは六月十日㈮に開かれる大演説会のお知らせです。お友だちをおさそい合わせの上ご参加を!

"なくせ性差別"のステッカーが出ます

国際分科会

国際分科会は、国際婦人年のあと各国がどう男女平等問題及び婦人の地位向上にとりくんできたかを知るため、三六ケ国の政府に八項目からなる質問を出すべく、三月以来作業してきました。やっと原稿が完成し、五月末に印刷へまわします。六月上旬には発送し、八月末に答を回収しようと思います。九月からは答えの整理に分科会の焦点をあわせようと思います。尚、行動する会の英文も（!）やっと原稿が完成し印刷へまわしました。六月中旬には出来上る予定です。英文パンフレットは事務局と国際分科会におきます。値段は未定。さて、皆さんお待ちかねのステッカー、これも六月初旬に完成します。あざやかなグリーンに"なくせ性差別"と黒字でくっきりかかれています。手のひら大と切手大です。値段はそれぞれ30円と10円です。係は石井さん（〇四五―五九三―[redacted]）です。

「記録集」完成せまる！

記録集編集委員会

「二年目の記録集」完成まぢかにして特集記事――〝女と政治〟をカットせざるをえなくなり、編集委員一同泣くに泣けない大打撃を受けています。理由は、参院選公示日と出版日との関係で、田中寿美子、吉武輝子、俵萠子、小沢遼子さんの大論文が公職選挙法にひっかかる危険性が濃厚になったためなのです。ご了承下さい。

でも、これらの論文がなくなっても、紅青論からマンガ論、差別と区別の違い、そしてさまざまな運動論など、たくましくてやさしき女たちの腕によりをかけた作品がギッシリつまっています。もちろん昨年の記録集よりは、質、量ともはるかにアップです。完成日は六月二十五日！　会員の方はネズミ講方式?!に一人せめて10冊ぐらいは売りさばきましょう。友だちに読んでもらい、買ってもらう中で、また女の運動の輪が拡がるはずです。売価は一冊六〇〇円の予定です。

なお、〝女と政治〟の論文は六月十日の大演説会の会場で討議資料として販売するほか、会員各位への配布を考えていますが、六月十七日の公示日をまぢかに控え、至急郵送するための人手不足に悩まされています。なるべく六月十日会場に出向いていただきたいのはもちろんのこと、ぜひとも各地の会員への発送にご協力いただきたく、日夜事務局にてお待ちしています。

（記録集編集委員会）

さらば一丁目九番地

事務局野口氏語る

事情により、事務局を移転せざるを得なくなりました。日時は未定ですが六月末ぐらいの予定です。ただしここにひとつ問題があります。つまり、転居にはお金がかかります。行動する会としては、引越しの際の運搬はもちろんのこと、内装工事に至るまで自分たちの手で頑張りたいところですが、それでもある程度のまとまった資金は必要です。行動する会の存命（!!）のためにも、移転資金のカンパを全国の会員各位にお願い致します。

〝移転カンパ〟とお書きの上、会費納入と同じ方法でお送り下さい。転居後、新住居はおってお知らせします。

＊　＊　＊

またしても財政の問題ですが、私たち自身の活動の場を失わないために、積極的に協力してゆきたいものですね。

（根本）

次号の活動報告から、みなさんのコラム欄を設けることになりました。これだけのスペースです。個人からのお知らせ、物々交換だより、求人申込み、各地の会員の声など・・・どんどんお寄せ下さい。ただし原稿用紙にね。（編集委員になると字数を数えるのにとっても苦労するのです）。あっ、それから、この欄にかかいいネームをつけて下さいね。

(5)

お知らせ

▽六月定例会

〃フリー・トーキング〃

時　六月二十五日（土）午後一時～五時

所　オリンピック青少年センター

（小田急線参宮橋下車）

参加費　四〇〇円（予定）

今回の定例会はとくにテーマを設けることをせず、普段自分たちが思っていること、感じていることを何でも話しあってみようとの試み。けれども堅苦しい討論会ではなく、それぞれお菓子を持ちあって、お茶を飲みながらの和気あいあいムードで楽しみたいですね。日頃は仕事や約束に追われ、ゆっくり婦人論を語り合うことのない「仲間」と、ひとときを過ごしませんか。

今回の定例会の実行委員は、芦谷、兼松、高木ァ、三井の四名です。詳細は二十日以降、各分科会の世話人、事務局、実行委員にお問い合わせ下さい。

梅雨の半ばの中休みのような一服の清涼剤になることでしょう。多数のご参加を楽しみにしています。ぜひどうぞ。

分科会ニュース

▽六月世話人会

時　六月十六日（金）午後六時半～

所　事務局

▽教育分科会

時　六月六日（月）午後六時半～

所　事務局

〃男女別学調査と教授リスト中間報告〃

▽国際分科会

時　六月六日（月）午後六時半～

所　あごら

〃各国宛質問状発送など〃

▽主婦分科会

時　六月二十八日（火）午後一時～

所　千駄ヶ谷区民会館

〃共同保育について〃

〃女と政治〃申込方法

〃女と政治〃の論文をご希望の方は、一部一〇〇円（送料一部六〇円）を小額切手または現金同封のうえ、「〃女と政治〃の論文を〇〇部希望」と明記して、至急事務局までお申し込み下さい。なお、これから七月にかけて事務局は大量の郵便物の発送に迫られており、通常の事務処理にもてんてこ舞いの忙しさです。週一時間でも助かります。事務局での会活動にご協力下さい。

編集後記

五月二十二日、日比谷野外音楽堂で魔女コンサートが行なわれ、行動する会も「女の本」のコーナーで、出版物を少々販売してきました。くもり空でときどき雨が降ってくるぐずついたお天気でしたが、楽しい雰囲気にあふれていましたよ。名古屋からは五〇名くらいの人が来ていたとか、そのエネルギッシュな姿勢には驚ろかされました。行動する会も中央集権にならぬ様みんなでがんばりましょうね。さて当日は駒野陽子氏と中嶋里美氏が出演したのですが、三人めの野口氏は体調整わず（けっして飲み過ぎのせいではありません）ステージに立てませんでした。そのこともあって活動報告は私がやりますと、かってでたのですが、疲れすぎて何も言えません。ひとえに三井さんのおかげです。ありがとうございました。

（根本）

国際婦人年をきっかけとして
行動を起こす女たちの会

1977年6月

活動報告

事務局
〒160　新宿区新宿1－9－4
御苑グリーンハイツ806
中島法律事務所内
TEL　(03)　352－7010
郵便振替　東京0－44014

梅雨も明けて、熱い太陽がジリジリと照りつける今日このごろです。七月一〇日を目指して、みなさんお忙しかったでしょう。

さてチラホラお耳に入っているかと思いますが、お待たせしていた記録集が出来上りました。一年目は「女の分断を連帯に」でしたが、二年目は「行動する女たちが明日をひらく」です。私たち行動する会の活発な行動を理解して下さったのでしょう（自画自賛かな）たくさんの方が執筆してくれました。感謝の念でいっぱいです。そのために一年目よりも約二〇ページ多くなりました。また当初　女と政治　を特集に組みましたが、公選法の関係ではずし、一冊のパンフレット（一〇〇円）にしました。

まず、トップにもってきたのがタイトルと同じ、座談会「行動する女たちが明日をひらく」。今後の運動を進めるために、これをタタキ台に大いに議論して下さい。特にこの座談会でも出されましたが、当世流行のニューファミリーについては、ぜひ御意見を――。

次は、実に興味溢れる論文がつづきます。

二年目の記録集

〃行動する女たちが明日をひらく〃

堂々完成!!

青木やよひさんが、日本的状況から見た性差別・女の甘え、男の甘え。渥美育子さんが、アメリカでベストセラーになったトータル・ウーマンという本を、バッサリ斬ってくれました。エリカジョング、ディアンシンプソンなどに直接インタヴューした記事も入っていますよ。

また女エロス編集委員の天野みちみさんが、エロスの行方と題して一文を。田中和子さんが、アメリカにおける女性社会学運動の進展を書いてくれました。さらに今後本気になって連帯していかなければならない第三世界の女たちとの関わりを北沢洋子さんが。そして、中山千夏さん、宮子あずさちゃんが、ピリッときれた一文を寄せてくれました。松井やよりさんの紅青論もいいですよ。その他もういっぱい、興味ある内容がつづきます。巻末には、第四次公開質問状もつきました。大いに宣伝と販売に御協力ください。一冊六〇〇円、送料一部一四〇円です。「二年目の記録集〇〇部希望」と明記して事務局にお申し込みください。

定例会報告（六月二五日午後一時～五時）

運動の輪を広げるために

ーフリー・トーキングー

於　オリンピック青少年センター

日頃、行動することに追われ、お互いどんな『想い』で会に参加しているのか、各自がどんな問題をかかえているのかなどを話す機会が少ないところから、今回は特にテーマを設けずに話し合うことになりました。

先ずはじめに参加者の自己紹介から始めたわけですが、行動する会の活動に加わるようになって日の浅い人が多かったことから、会についてわからない点や不満、感想などを出し合おうということと、自分の身の回り、すなわち近隣や家族との関係、職場での関係等でぶつかっている問題を出し合い、そうした関係を変えていくための手がかりを採ろうということで、話をすすめていきました。

「顔も知らない者同士で何かをやっていくことに、はじめは抵抗を感じ傍観的であったが、お互いをもっと知りたい、もっと話をしていきたいと思い、ふたたび参加するようになった」という新入会員の発言につづいて、「女の人は、自分が行動するのではなく、何か得られるのではないかという姿勢が強いが、実際に事務局に出入りしているうちに、この会の場合何か言われてやるのではなく、自分でやるしかないんだということがわかった。」という方向に発展しました。「行動する会を知るためには、定例会や分科会、事務局の会合などに参加する他はなく、そうした場を通して自分が見過ごしてきた問題に気づくこともできる。」し、行動することの必要性に確信をもてるようになるのだと思います。はじめは傍観的であってもいいから、ともかくいろいろな活動に積極的に関わってみることが大切でしょう。

近隣や家族、職場での人間関係など毎日顔を合わせる、生活の軸となる場で日常的に常識として見過ごされている女性差別にどのように取りくめばよいのかという問題は、女性解放を考えるとき、そこで過ごす時間が生活の上で中心となるだけに、運動の場に集まったときとの二重性という面でも、また運動の輪を広げていくための課題としても常に大きな問題としてあります。「女性差別を全く理解していない人に、どうやって語りかけていけばよいのかわからない。」という卒直な疑問に対して各自の体験を出し合ってみました。

「まっ向から性差別反対の言葉を出すと、自分は加害者ではないと言ってゆずらないヒステリー男が誕生してしまう。男の人が台所にひとりで立って料理や後片付けをしているとかわいそうだという意識があったが、それをがまんして実際にやらせるようにしてみると、意外と男の人自身の中にもそうした事をやりたいと思っている部分があってうまくいく。」「新しい職場でおもに女の人たちとおしゃべりをするようにしている。食事をしながら話したりすると結構うちとけた話ができる。女の人はどこかで差別を感じているものだと思う。」というソフトな作戦や、「あまりうまくやろうとしてもダメ。ある程度対立することも覚悟してやる必要がある。」という積極的な意見、具体的な行動としては、「自分の勤める高校のクラブ活動の中に、女性問題研究サークルを作るように働きかけ顧問になった。また黙っているとつまらない仕事を割りあてられるので、学校新聞の担当を自分で選んだ。」「組合の今年の運動方針に部落差別などばかりではなく、女性差別も入れるように働きかけ成功した。」「職場でお茶くみ問題を取りあげようと思い今方法を考えている。」など職場での実例が話されました。

また家族との関係では、「非常に理想的な夫で、子供が生まれるまでは家事をすべて平等に分担してきたが、サラリーマンで企業にからめとられているために子育てに参加したくてもできない。結局私が引き受けざるを得なくなっている。」という発言のように、男が仕事人間としてしか生かされていない社会構造があるために、女が運動をしていくとき、子供というのはどうしても行動を妨げるものとなるが、「だからと言って人間にとって自然な営みである子生み、子育てを切りすてたくはない。運動の中にもそうした状況の女を支えてゆく姿勢が必要なのではないか。」と考えられる。そのためには「どんな集まりにも子連れで参加できるようにしなくてはダメ。女の集まりだけではなく男の集まる場にも連れて行けるようにならなければおかしい。」が少なくとも「行動する会の集会には必ず保育室を設けるべきであり、今回準備しなかったのは実行委員の手落ちでした。」という反省がなされました。

子育ての問題では、「男が参加できない今の社会はもちろん問題だと思う。」し「男も女も共同して子育てができるように、もっと労働時間を短縮していく必要があると思います。」一方では役割分業を固定化するような子供の育て方は改めなければいけません。例えば「男の子にも女の子にも家の仕事を手伝わせるようにしていると言っても、男の子は重いものを運んだり、外の仕事を、女の子は台所を、という分担では役割分業は変わらない。」「小さなうちは、子供自身にやりたいことを選ばせると必ずしも男は外、女は内というふうにはわかれない。かえって母親自身がはじめからワクを作ってしまっているのではないだろうか。」これらの事はいま母親である女たちもこれから母親となる女たちも、もう一度問い直してみる必要がありそうです。

役割分業思想を改めていくためには文化の問題、現在のマスコミの在り方を切り捨てるわけにはいきません。「コマーシャル」に対しても『ボク食べる人、ワタシ作る人』以来何もしていない。あの時一時的に反響はあったが、その後のCMを見ているとけっして良くなっていないので継続的にやっていく必要があると思う。行動する会の中にはマスコミ分科会があるが活動していない状態なので立てなおしていきたいと思っている。ぜひ新しい会員の参加を望みたい」という要望がだされました。また批判をしていくだけではなく、小説、ドラマ、歌など広範囲にわたって「女による手作りの文化を創り出していく必要があるだろう。」という発言が活発に出されました。私たちは専門家にまかせればいいという現代の悪しき傾向に毒されてしまっているのではないでしょうか。「受け手」であることに甘んじていてはいけないと思います。具体的には「男が書いた『女の生き方』の本が氾濫しているので、女から男たちに呼びかける内容の本を書きたいと思っている。共同でまとめたいので多くの女に参加して欲しい。」という呼びかけがありました。その他のメディアも開拓していきましょう。

最後に話し合いの中で提起され、参加者全員で了承された具体的な行動を二つ報告しておきます。第一は週刊朝日に掲載された上智大学の渡部昇一氏の発言内容（最も知性の高い方が天皇であられるとか、女が家庭に入れば入る程文化の質が高くなる等）があまりにもひどいので女が三人で批判をしたところ、『渡部昇一の知的生活をめぐるかしましき風景』というタイトルをつけられたので名誉き損で慰謝料をとりたい、第二は名古屋市の教育委員会で出した指導方針が『男女の特性教育の推進』という前近代的な代物なので会として抗議文を出したいの二点です。（水沢）

(3)

五月定例会報告　その2

勇気をもってかけ込もう
―「駆け込み寺」オープンをめぐって―

五月一四日午後一時半～五時
（司会　俵・野並）

英国の避難センター

永岡　富雄

一九七五年二月までで二七ヶ所あり、八五の女性援助グループが全英で活動している。全部が民間施設。個人・団体からの寄附、国・自治体からの給付金を活動資金とし、女性援助グループメンバー、滞在者女性によって自主的に運営されている。

南ロンドン・ランバス避難所のスライドを見る。このスライドには滞在者の姿が顔ごと真正面から写っていた。七人の妻、二〇人の子が滞在、滞在期限は無い。五〇畳部屋は子供の雨天遊戯場。外からは見えないし、電話は子供は内からかけられないし、かかってきた場合も絶対に出さない。部屋割は一〇畳八人、八畳六人、六畳四人、十八才の子供まで入居でき、登校は集団でする。独身者は一〇畳に四人、炊事は各家庭単位で行ない、居間にはテレビがある。男はいっさい訪問できなく、医者は厳重にチェックされた後入れる。子供は暴力を常に見ていたせいか、性格に荒いところがある。入所者の状態は精神病、失明、骨折、刺傷などひどいものだが、子供の表情は明るい。モスリーブのボランティアがハイキングに連れて行ったときも、はじめは〃男〃ということで戸惑っていたがすぐなついた。しかし何しろ女性ばかりの所なので売春を疑われる。

諸費は市より五年間七〇〇万円の給付を受け、家を五年間借りる事になった。八五グループが金を出し合って情報交換を行ない、その施設に不足のものをうまく配分する。法律相談、職業斡旋も行なわれるが、社会福祉保障で優遇され、夫婦で苦労していた時よりは経済面では恵まれている。別居は夫の暴力を訴えればその家は妻の家になるし、公共住宅ならば交換できる。身のふり方としてはグループの援助で集団で家を建てたり、貰ったり、就職するなど自力でしようとする意欲が強い。

建物の所在、電話は極秘で女性援助グループ、福祉事務所、警察だけが知っており、妻子を連れ戻そうとする夫から守っている。

英国の避難センターから日本の「夫の暴力で苦しむ妻子」へ贈られたメッセージを紹介する。

活動方針決まる!!

理論分科会

今後次の諸点について理解を深めてゆくことになりました。

一、女性の労働権の確立について
二、家事、育児労働の賃金化
三、家事、育児労働の両性による負担の法制化

以上の勉強のなかで①遺産の相続の法制上の見直し、②婚姻後の別性主義、③女性のおしゃれ　④女子大の家政学部の存在目的などを話しあってゆきます。

◇第一回読書会

書名　エンゲルス「家族・私有財産・国家の起源」（岩波文庫ほか）
時　七月一六日（土）　午後二時～
所　千駄ヶ谷ジャパニーズ・ランゲージ・スクール　渋谷区千駄ケ谷3－13－20第七宮庭マンション三階305号
（山手線原宿駅の代々木寄り出口で下車、改札口前の地図板に明示してあります）

参加ご希望の方は、右図書をご持参の上どうぞ。お問い合わせは岡田（〇四二二－八一－[redacted]　午後七時以降）まで。

"私たちはひとりぼっちではない
We are not alone!!"

米国・ヨーロッパ主要国避難センター

河野貴代美

米国　一〇位あり、リブの意識改革の盛んな団体がやっている。セントポールのウーマンドハウスは居住者を含めて三四人。スタートは寄附金で運営していたが、現在は何%かを行政から貰っている。警備は四〇〇万円位で警報をつけたがパトカーが遅いので、窓に鉄枠を入れて外部を高照明で照らすようにした。居住期間は負担能力に応じた費用を払って三~四週間。アル中センターは地方公共団体から費用を出してもらう。

カナダ　一二ヶ所位で国から援助を受けている。入居には生活保護法を適用。カルガリー、オアシス、セントリオール等。

シドニー（オーストラリア）　リブが廃屋内を改装して施設作りをした。ロータリークラブ、企業等が寄附、医者は医者グループを通して入選。インターバルハウスに四ケ所。

コペンハーゲン（デンマーク）　一九七一年大学廃屋を改装。アル中専門。しかし人数は不明。

オランダ　一九七四年ソーシャルワーカー、社会福祉システム内から抜けていて、アムステルダム市から援助を受けている。

この他ドイツ・フランスにもあるが詳細は不明である。

今までにあげた施設の良い点はスタッフと入居者が平等、入居者グループの話し合いができる。食事は自分で作り、生活費は生活保護費、寄附等によって賄われ、レストランを併設し、そこで働いてセンターを運営する等だが、その反面財政難で地域社会から募金したり、ほとんどの施設は何らかの形で行政から援助を受けている。また一部屋に三~四人同居しているのでプライバシーは守られず、子供の教育は専門家ではなく、ボランティアがあたっているし、遊戯場・教材も不足している。滞在期間は三~四週間だが、自立の為の訓練、カウンセリングが無い所もあり、退所後の動向もつかめず、アフターケアは困難である。退所後の住宅確保については住宅局に圧力をかけているがうまくいかない。

このようにいくつかの重大な問題点はあるが、それにもかかわらず、入居者の表情は明るく再生の希望に燃えている人が多い。＜以下次号へ続く＞

（野並史子）

コラム欄

☆仙台市のM・Yさんから、コラム欄のネームにご応募がありましたのでご紹介します。「波―根気よく岸辺に打ち寄せる波のように、時には激しく時にはやさしく、みんなで行動を続けていきたいと思います。」多数のご応募（ハガキでも結構）をお待ちしています。

☆求む!!テレビ&カセットテープレコーダー　事務局では移転にともないテレビの設置を考えております。また定例会をはじめとする集会などの録音のために、持ち運びに便利な小型カセットテープレコーダーが必要です。いずれも不用品をタダでゆずっていただきたいのですが。ハガキでご一報下されば幸いです。

☆"なくせ性差別―女の解放は男の解放"ご存知ですか、ステッカーの合言葉です。切手大は10枚セット一〇〇円、大判は一枚三〇円、係は国際分科会の石井さん（〇四五ー五九三ー[redacted]）です。事務局にも常時おいてありますので、ぜひお買い求めいただいて、全国各地に"なくせ性差別"の声を届けましょう。

国際分科会例会

〃階級社会における女性解放〃

（フランスの場合）

六月四日

〃外国の女シリーズ〃第五回は、文部省留学生として一昨年フランスから来日し、現在京大で社会学―婦人問題―を勉強しているベラ・アンジェロニさんを招いて、最近のフランス女性の状況や、ベラさんの日本女性観など伺いながら、活発な意見の交換をしました。

＝フランスでの女性の進学状況は？＝

ベラ　男女差別より、まずフランスでは階級社会が問題だ。労働者や農民の子弟の大学進学はほんの二、三％で、大多数は高校を出てすぐ、病院やセールスなどの職につく。中産、上流社会の子弟の大学進学者数で男女の差はないが、女性は文学、語学の専攻が多い。法学部は授業料が非常に高いので、上流階級の子弟しか学べないが、男女ほぼ同数である。

＝就職の求人広告での男女差別はあるか＝

ベラ　ル・モンド紙は中立で、男とか女に分けていないが、フィガロ紙などは「求む・エンジニア、メイル（男）」などと書いてある。新聞により様々だ。

＝フランス女性の結婚観は？＝

ベラ　日本のように結婚が女性の社会的ステイタスにみなされる事は全くない。労働者の子弟は就業も早く、生活便宜上結婚も早い。中産、上流階級の子弟は、就職か結婚かの二者択一を迫られるような事はない。最近パリでは結婚前に同棲するのが一般的になっている。何年か後に結婚する者もいるし、未婚のまま子供を産み、又は子供の父親から養育費をもらって別居する等、形態は様々だ。要するに結婚は個人の問題であって社会の問題ではない。子供を育てながら仕事を続ける女性にとって、保育園は十分とはいえないが、高給をとっていればベビーシッターを雇うのは容易である。（月に六万円位）

＝憲法に男女平等がうたってあるか＝

ベラ　革命宣言には二百年前から記されてはいるが……。社会通念としては、三年前頃から女性が強くなってきた。ディスカール・デスタン大統領が選挙の時、共産党候補との相半ばする票を恐れて、デマゴジークな公約をした。即ち人工妊娠中絶を認める事（一九二〇年以来、三年前まで禁止されていた）、厚生大臣と女性問題大臣に女性を起用する事、この三つの公約は、彼の本心ではなかったと思うが、当選したいためとはいえ、結果は女性にとって良い事だった。そしてこの決定以来、社会的に様々な反応があった。国際婦人年をきっかけに、女性の作家、評論家の出版物がふえ、女性解放運動の記事が、以前に全くみられなかった流行雑誌にのるようになった。

＝ウーマン・リブ運動について＝

ベラ　一般の男性にはまだ理解されていないが、若い男性は関心をもってきた。だがフランスのウーマン・リブのグループは（一九六八年に出来た）あまりにも急進的な考え方をもっているので敬遠されている嫌いがある。つまり二千年来女性が差別されてきたのだから、今度は男性を差別するという考え方だが私はこの考え方には賛成できないので、グループには入らず、個人で運動している。

（兼松千恵）

主婦分科会例会

〃子育てをめぐって〃

六月二八日

「男と子育て」を中心に話がすすめられた。男が子供をみる場合、自分の子供であるにもかかわらず預かっているという意識が強いのではないか。特に赤ん坊のウンチに対しては、母親が帰ってくるまでとり替えないとか、とり替えたというだけで汚れ物の後始末はしない。ではだれが後始末をするのか―女である。女は女であるが故に汚物に対して抵抗力が強いとでも男は思っているのだろうか。

男の保育は、下の世話とかオムツの洗たく等、生活者としての子供を考えるとき当然出てくるいわゆる雑事には手を染めず、上澄みのよい部分だけを吸おうとするお客さんの保育ではないか。教育問題にしても日頃の積み重ねの部分は女にやらせ、教育方針とか進学とか一大事というときにはノコノコ出現し、非行とか問題があるときは母親が全部悪いということにしてしまう。

なぜこのような傍観者的保育になってしまうのだろう。考えられるのは①性別役割分業化 ②出産に対する男の接し方 ③男に後始末を教えない教育などである。①は今更いうまでもないことだが、今回は②と③について話し合った。

男と子供のかかわり合いは、もとをたどれば、生まれてくる以前からはじまっているはずなのに、現実は産院でガラスごしに名実ともに初対面となる。昔、生理・分べんという出産に伴うものは忌み嫌われ、地方によっては産屋を別にした程で、男子禁制だったという。しかし、今も男が出産に立ち合うケースはほとんどなく、分べん室という産屋の中で女一人孤軍奮闘することがあたり前とされている。出産を男からきり離し、神秘化することによって母性をクローズアップし、母と子供をワンパックとしてしまう。

最近ふえはじめた夫婦で受講する出産準備教室に参加した男たちによると、大きくなっていくお腹を傍観者としてみているのではなく、子供が生まれた時は一緒に生んだという気がしたと報告されている。生まれる以前から接触をもつことは、保育に対する姿勢を変えるのではないか。

最後に保父さんの認知によって、保育園に男女平等の思想が育つのではないかという我々の甘い期待に、元保父さんは「園児にたくましさ・賢こさが育つだろうと保父は期待された。後始末は保母に、知的な部分は保父にという性別役割分業化の危険が高い」と語った。

(古武敬子)

教育分科会ニュース

教育分科会では、昨年度から公立高校の別学状況を調査してきましたが、この夏をめどに、現在まとめの作業にとりかかっています。しかしながらまだ資料のない県があり、是非みなさんのご協力をお願い致します。ご協力いただきたい県は次の通りです。岩手、宮城、茨城、岐阜、愛知、和歌山、三重、奈良、滋賀、鳥取、島根、福岡、高知、沖縄、山口。

さらに大学の中にも女性解放の視点に立った教育・学問をということで、今実情調査を始めています。今のところ次のような情況がわかっておりますが、これも是非是非行動を起こす女たちにご協力を願いたいのです。

▽東洋大・神田道子▽上智大・野尻頼子▽精華女子短大・藤枝ミヨコ▽立教大・藤井治枝・半田たつ子▽和光・井上輝子・服部百合子▽茨城大・酒井はるみ▽法政大・駒尺喜美▽青山短大・エリザベスクラーク▽お茶大・島田とみ子▽女子聖学院短大・クレイラー。実情をつかんだ上で、もっと多くの講座をふやすため、女性解放、人間解放の視点にたった講座を担える人物を探すことも合わせてお願いします。連絡先は、中島法律事務所内行動を起こす女たちの会教育分科会。

もうひとつ、愛知県教育委員会は、『男性のたくましさ忍耐強さ冒険心、女性の人間的やさしさとしとやかさ等の特質をみがき育てる必要がある』等々の反動的内容を教師の手びきに書いています。これは世界行動計画、いやそれよりもずっと遅れた日本行動計画にさえ真向から反対の立場で教育をおし進めようという言語道断の行為です。断固とした抗議を教育委員会にたくさんプレゼントしましょう。宛先は、461名古屋市東区白壁町1の8愛知県教育委員会です。

(芦谷)

お知らせ

◎七月定例会

「アジアの女たちと女性解放」

映画〃They Will Never Forget〃（30分）

講演　松井やより氏

時　七月一四日（木）　午後六時～九時

所　渋谷勤労福祉会館

（渋谷駅徒歩五分　渋谷パルコ向い）

参加費　三〇〇円

アジアにおける女たちの現状と我われ日本人とのつながりを知り、女性解放はいかにあるべきかをさぐりましょう。お友だちをおさそい合わせのうえ、ぜひご参加下さい。

◎〃女と政治〃好評発売中

五月号でお知らせした〃女と政治〃の論文をもうお読みになりましたか。「私たちの願いを政治に反映してくれる女性の議員を一人でも多く国会に送りたい」という、昨年十二月の総括集会のときのアピールをもとに、ともかく、七月の参院選に向けて女たちが大きなゆさぶりをかけよう、というムードの中で〃女と政治〃の特集が組まれました。

選挙が終わっても、私たちは新たな想いでこの若草色の小冊子を読むことができるでしょう。なぜなら、「女の運動」はきょうもなお続いているからです。

〃女と政治〃は一冊一〇〇円（送料一部六〇円）です。「〃女と政治〃〇〇部希望」と明記のうえ、事務局までお申し込み下さい。

分科会ニュース

◎八月世話人会

時　八月一日（月）　午後六時半～

所　事務局

◎教育分科会

時　七月一二日（火）　午後六時半～

所　事務局

〃別学状況とキャンパスの女性解放講座〃

◎主婦・労働分科会合同例会

時　七月一六日（土）　午後一時半～

所　事務局

〃労働時間の短縮について〃

◎理論分科会

時　七月一六日（土）　午後二時～

〃読書会〃（詳細は四ページ参照）

◎離婚分科会

時　七月一七日（日）　午後二時～

所　あごら

◎労働分科会

時　七月二一日（木）　午後六時半～

所　事務局

◎国際分科会主催〃夏合宿〃

時　八月二八日（日）～二九日（月）

所　箱根芦ノ湖桃源台レイクホテル

宿泊費　三四〇〇円

交通費　一三〇〇円（バス片道）

新宿西口からバスで直行できます。お問い合わせは兼松千恵（四八九）[redacted]まで。

〆切は七月末です。

編集後記

あわただしく七月が訪れましたが、みなさんお元気ですか。予定どおり印刷へまわすために、学校のレポートを書くより何十倍もの熱心さで、原稿用紙とにらめっこでした。だれかバトンタッチして七月号を担当してくださいませんか。

（根本）

国際婦人年をきっかけとして
行動を起こす女たちの会

1977年7月

活動報告

事務局
〒160 新宿区新宿1－9－4
御苑グリーンハイツ806
中島法律事務所内
TEL (03) 352－7010
郵便振替 東京0－44014

七月定例会報告
アジアの女たちと女性解放

七月一四日 午後六時半～九時
於 渋谷勤労福祉会館

◎映画

〃They Will Never Forget〃―Hara worker's struggle & 3years of democracy in Thailand―

タイに歴史上初の民主政権が打ち立てられて三年目。軍部右派の巻き返しが強まり、昨年十月には軍事クーデターが勃発して、三年間の民主制は無残に崩壊した。その三年間には様々な労働者の戦いがあった。

その中の一つに〃ハラジーンズ工場の女子作業員自主管理闘争〃がある。労働条件、賃金などの改善を訴えてストライキに入った女工達が工場を閉鎖される中で編み出した自主生産・販売。彼女達を陰ながらバックアップする大学生たち。

字も書けない彼女たちが自らの運動の中で得たものは――競争する相手でしかなかった女たちが同志となり、そして共に文字の勉強をし、社会・政治問題の本まで読んでゆくようになる。

雨もりのする蒸し暑い作業場。働いても働いても一日三七〇円しかもらえず、休めば賃金カットされ、怪我をしても自己負担という日本では考えられないような条件下で働いていた彼女たちは、闘争の中で生まれて初めて友情を知り、生きがいを知ってゆく……。

しかし、右派の力が強まる中で工場不法占拠罪にとらわれ逮捕されてしまう。そして今は狭いオリの中に閉じ込められている。

（三井）

◎講演

松井やより氏

今年の五月、マレーシアのペナンでアジア女性フォーラムが開催された。これはアジア全体のキリスト教（プロテスタント）の教会の組織によるものだが、これに日本から出席された松井やより氏にアジアの女たちの実態及び日本の私たちとの関係についてお話いただいた。

◇ ◇ ◇

アジア女性フォーラムにはアジアの十四ケ国（オーストラリア、ニュージーランドを含む）、約百人が集まり、アジアにおいて女性は現在どの様な状況に置かれているのか——を討論し合った。そして国によって色々な現象は違っても、その基本的構造は同一である事を確認した。その中で日本という国の特殊性、異質な存在を身に泌みて感じた。それは、アジアの諸国は韓国をはじめ東南アジアの各国とも厳しい弾圧体制がひかれているが、日本は一応、言論の自由が保障されている事。次に日本の国のみが加害者的な立場にいるという事である。

このように他のアジアの女たちと日本の女たちが置かれている状況には、まさに対称的な相違がある。私達は一体これをどの様にしていったら良いのだろうか。

(1) 政治的弾圧

分科会の一つに抑圧（弾圧）システムについての討議があり、日本から一人の女性牧師が在日韓国人として日本でどの様に抑圧されているか、民族的差別、女性としての差別と二重の差別の状態を具体的データーを示して訴えた。これに呼応して、アメリカから来た韓国女性は「私達の同胞が日本で屈辱を受けていると聞いて胸が張り裂ける思いだ。これも私達の政府が悪いからだ。大国の都合によって朝鮮民族が二つに分断されてしまっている。私達は大国の犠牲になっている」と涙ながらのアピール。

続いて韓国から来た上流階級らしき婦人は、「私は大統領に、教会に訴えます」と発言。さらにもう一人、ソウルから来たという婦人はニコニコと、「とんでもない。韓国はそんなテリブルな国ではありません。私は何の不自由もないし、完全に自由です」

このように韓国の女性が一時間に四人四様の対応を見せ、却って韓国の現状が生々しく伝ってくるようだった。

二年前、デッチ上げの〃政治犯〃で八人の人が逮捕され、結局死刑の判決が下った。せめて死ぬ前に一目会いたいと、必死の思いで拘置所に辿着いた妻たち。しかし、夫は既に殺されていた。なんと死刑の判決の十数時間後にはもう処刑されてしまったのである。遺体には指という指がほとんどなく、ズタズタにされた傷だらけの身体は残虐な拷問のすさまじさを物語っていた……。

女性政治犯に対しての拷問はまた違ったヒドイものである。フィリピンではマニラ最大のスラムの指導者ヘレナ夫人がマルコス政権に逮捕され、歩行困難に陥るまでの電気拷問、性的拷問（乳房や性器に）を受けたという。このヘレナ夫人をはじめ、インドでもスリランカでもシンガポールでも獄中に沢山の女性がつながれている。そこで何とか救援の手続きを取ろうと計ったが結局は出来なかった。その背後には、もしこのフォーラムで〃政治犯を釈放せよ〃との態度を明示した事が洩れた場合、今度は自らが政治犯として投獄されてしまう——という厳しい状況が待ち受けているからであった。それはオープンに救援の声を結集するどころか、政治犯がいる事を発表する事すら出来ない程——なのである。

アジアの教会は貧しい人々の為に社会的な活動をしているが、そのクリスチャンの活動すら投獄につながるという。

マレーシアでは入国時に反体制者か否かのきびしいチェックがある。更に隣組制度を作り、一人でもコミュニストがいないか徹底的に捜す体制になっている。これはベトナム解放後、共産ゲリラや反体制者に対する弾圧が特に激しくなった為である。

インドネシアでは産児制限の技術指導を行う集会が開かれた。が、この主催は何と公安当局という。産児制限に名を借りて村々まで入りこみ、共産主義者や政府批判者はいないか、草の根を分けても捜し出す。これがスハルト政権下である。

シンガポールは強力な管理国家で現在、多数の人間が政治犯として捕えられている。

(2)

このように、タイ、フィリピン、マレーシア、インドネシア、シンガポール等々といかに現在、アジアというものが厳重な抑圧、弾圧体制にあるか……。アジアの女たちを考える時、その人達の生きている社会の独裁政権、政治的弾圧体制まで洞察していかなければ女たちの置かれている状況は理解出来得ないと思う。

(2) 性的侵略

日本人の世界各地に旅行する人の約七割が男性であると言われるが、売春観光のメッカと言われる地ほど男性率が高い。昨年の日本人の韓国旅行者は全体の九四パーセントが男であり、次に台湾で九三パーセント、第三位がフィリピンで約八五パーセントの男性率を記録している。これはセックスアニマルとして女を買いに行くと同時に、それらの国に工場を建設してある為にビジネスマンとして男が行く状況がある。男性率が高いのは日本がその様な国に対して影響力を持ち、加害的、侵略的立場にいる事を示す。日本が経済大国となり、エコノミックアニマルで稼いだ金を次にセックスアニマルとして他国の女を買いに行くという構造の集団買春観光は実に組織的に行われている。

日本の大手旅行会社は〝女〟が目的の男共を団体で送りこむ。ホテルは全部ツインを取る。一台のバスでキーセンパーティに行けば帰りは二台のバスで戻ってくるようになっている。日本男性が何の目的で来ているかは子どもでも知っている有様だ。

独裁政権のもとでは自国の貧しい娘達を外国人に売りとばす事を政策的にやっており、例えばタイでは外貨獲得の第三位にまでなっている。韓国では日本人に若い娘の身体を与える事で何億ドルもの外貨を獲得出来る為、朴大統領は大いに奨励している。

これらの性の搾取を日本がしている事を私達はどう考えるべきか。性侵略については第一にアジアの極端なる貧困がバックにある。経済的な力の違いが大きな原因の一つにあげられる。が一方、日本における男と女の関係、夫婦、結婚のあり方、女たちが許している状況等、深く問われる必要があろう。

(3) 経済侵略

アジアは貧しい。その貧しさはどの程度かと言うと、世界の人口の半分はアジアに住んでいるにもかかわらず、僅か六・三パーセントの富しかない（日本を除く）。しかも中国を別とすると三〇パーセントの人口が中国以外のアジアに住み、その富はなんと二パーセントしかない。更にこの僅少な富を一握りの金持ちが独占している状態である。ほとんどの人々がいかに貧しいか、飢えている以上にただ生きているといった人口がいかに多いかは統計的にも言える。

これに対し日本はどのような関係になっているのかと言うと、それはヒドイ経済侵略を行っているのである。東洋レーヨン、カネボウ、日立、農薬工場、アルミ精錬、製鉄所等々、進出はめざましい。が、無計画な企業進出により、農村の崩壊、都会のスラム化等の社会問題。公害による漁村の被害。天然資源の無謀な収奪による自然破壊。有害食品の普及。日本の繊維企業の上陸による伝統的民族産業の崩壊。低賃金による労働力の搾取。民衆を抑圧している独裁政権を日本政府及びこれらの多国籍企業が支援しているという事。

政治的弾圧の問題、性侵略の問題、経済侵略の問題など全てに関して日本がアジアに対して加害者的立場にいるという現実がある。それらの国に対してこそ、日本はかつて軍事的に侵略をし攻め込んでいったのだ。住民を残虐に殺した、その同じ地に今は経済的侵略をし、工場を建て、公害をまいているという歴史のくりかえしがそこにある。

過去において日本の女性は戦争に対し結局は加担していったという苦い歴史がある。そして今、再び経済的侵略を黙って見過すならば、それは戦争中権力に協力していった事のくり返しになるのではないだろうか。

◇　◇　◇

アジアの暗い現状を聞くと女たちに対しても悲惨なイメージを持たれがちだが、とんでもない、アジアの女たちは実にたくましいという。フィリピンのシスターは言った。

「世界中で抑圧されている女たちはあなたの同情もいらない。涙もいらない。祈りもいらない。欲しいのはあなたたちに怒ってほしい。この不正に対して、この不公正に対して怒ってほしい」。

◇　◇　◇

東京都行動計画に私たちの声を！

野口　幸子

国内行動計画につづき、東京都でも行動計画が作られようとしています。

都では「計画を作るにあたって都民の皆さんからより多くのご意見を聞きたい」と対話集会〝婦人問題を考える〟と題した三回にわたる公聴会、そして婦人団体代表との研究集会などを開催しました。

集会では、日々差別に苦しみ、怒る女たちの生の声と要望が続出し、さらに発言を求める女たちに、時間が圧倒的に足りないほど。

前に居ならぶ都知事を始め各局長たち（全員男性）がこの女たちの声をどう受け止めどう解決しようとするかは行動計画が出されればわかるわけだが、「都民の声は聞いたが、結局実現できません」で終らせないために今後も厳しく監視しなければなりません。

女性差別をなくすための真に実効性のある行動計画を作らせるために、

集会に参加できなかった人も、都に対して要望や意見をどんどん送ってほしいのです。

送り先　〒100　千代田区丸の内三ー八ー一

東京都都民生活局参加推進部広聴課

℡（二一二）五一一一　内線二四三四

コラム　1

☆　活躍する〝ステッカー〟

七月十四～十九日、横浜西口有隣堂ギャラリーにて「集団立入り禁止展」というグループ展が開かれた。ここに性差別ステッカーを素朴に使ったWOMANと題するアピールが出現した。これは若き女性画家によるものだが、人々の反応は予想以上。これは何ですか？に始まって性差別について議論ふっとうするやら、即売用のステッカーは早々に売り切れるやらで、手応えあったり！の感。

（国際分科会・石井）

☆　連絡されたし

横浜地域にぜひ〝女の拠点〟が欲しい。そんな願いを持った女たちが連絡を取りはじめました。が、果して何から手をつけたら良いやら。具体的なプランはまさにこれからです。

横浜付近にお住いの方、一緒に計画を練りませんか。

久松共子

連絡先　横浜市南区[redacted]

[redacted]マンション　鈴木方

℡（〇四五）七一三ー[redacted]番

五月定例会　その3

勇気をもってかけ込もう
―「駆け込み寺」オープンをめぐって―

五月一四日午後一時半〜五時
（司会　俵・野並）

T　この運動を進めてくる過程で様々な問題にぶつかった。私自身もご報告したい事がたくさんあるが、これは私達だけの問題でなく婦人問題だと思うので共に考えていただきたいと思う。

問題提起

落合トア子

予算がとれたと聞いた時、要望通りのものと思ったが売防法によるものであった。売防法の宿泊施設と併設される駆け込みセンター……。売春、売防法に不勉強の為、「共に」には抵抗を感じたが、差別だと他分科会・他団体より非難されたので、離婚分科会で再度この問題について話合ったが意見がわかれた。そこで問題を整理し次の点について皆と考えたい。一、センターの単独性。二、駆け込み女は売春女と同一視され差別される。三、経済力のない女は社会から差別される。センターを出た後の生活についても差別の問題とつなげなければ解決しないだろう。

T　これに少し補足したい。私達は駆け込み寺のイメージとして、法的にも予算面でも独立し、先程の永岡氏のスライド説明にもあったように、真正面から写真をとらせられるような明るいものを考えた。なぜ日本では悪い事もしないのに後姿しか写せないのだろう。そして、結婚から離れてから第二の人生スタートまできちっとケアー出来るものを描いていた。ところが事前説明なしに売防法による予算、同一の建物と告知され、都側と会談したが通らず、私達は困惑し混乱した。かつて私は仕事で売春婦と同居したことがあるが、性病の伝染が気になり、お風呂にはとうとう一緒に入れなかった。実社会に売春婦に対する差別が存在している以上、駆け込もうとする婦人はためらうのではないか、子供にどんな影響を及ぼすのだろうか、婦人相談所に居ただけで離婚問題処理時に、家裁、調停、裁判でイヤ味を言われた等、実際に離婚した人達の経験を活かして私達は要望書をまとめた。偏見は就職の上にも就職難として表われている。離婚女性にさらにハンディを負わせない為にも現実にあるこの差別を一つ一つつめざるを得ない。私達が要望した売防法によらない施設等の事柄を、都との会談にロクに出席しなかった或団体がひじょうに不正確な報告として外部へ流した。この分科会が、同じ女性でいながら売春婦を差別している等の下品、無鉄砲な記事に対する怒り、抽象論に切り換えられたやり切れなさ。これらの問題は決して抽象論として終らせてはならない大切な事なので、自分の問題として捉え、お考えをのべていただきたい。

A　Tさんとは意見が異なるが婦人保護法に売春婦、未婚女性も入る。詳細な青写真がないが、この法内の社会福祉の中で一貫した行政改革をしなければいけない。

T　終局的には同じ。事実に基いて現時点の考え方について悩んだ事を話した。Aさんのようになれば離婚への偏見は失くなり大変に結構である。

A　更に現実面として売防法、婦人相談所、婦人保護施設があり、売春婦と離婚女性に限り、離婚女性もいつ売春女性にならぬとも限らぬ。故に今は現在の制度で行ない、次に法改正し、売春問題の立場から売防法を変えようと思っている。

B男　現在、家裁調停員をしている。宇都宮裁判所調査官、各府県の社会福祉係、母子寮等に関った。宇都宮裁判所のある人が売防法婦人運動に力を入れ、偕行社跡を売春婦人相談所にしたが市民の蔑視観はない。同福祉施設を見る目に劣等差別があるが、同和事業、離婚婦人に対するのと同じ。これを失くすには人間心理の思想改造が必要。売防法は転落婦人の救済、それの予防対策であり、これ等を含め国から予算が出ている。皆さんの運動は後者にウェイトを置き、余計に貰っているとお思いになればこの論争はないだろう。

C　勉強の一端として、駆け込み寺の事を一応見学したいと思ってきた。センターの事は抽象的すぎる。保育所、幼稚園をたくさん作り、立直るまで何ケ月もただで生活を見よ。

T　四月二八日センターを見学した。性病患者と健康者の為に風呂二槽、検診は希望制だが今までに希望者なし。性病は現代では主婦にもある場合があり、銭湯でも罹る。こういう形で発足したセンターに今後どのような問題が起こるか予測はつかない。婦人相談所は母子別、センターは母子一緒。売防法による施設故に入らないと離婚を諦める人の有無、所内で知り合った売防法女性の紹介で、出所後売春する者の有無について行政側は調査すべきである。両女性が何の差別なく社会からの偏見もなしに、今後同じ形で運動を進めれば良いと思う。要望書は二年間考えた揚句の結論みたいなもの。

D　新聞で見たが、売防法と一緒の問題はこのままにした方がよい。一般の婦人が自立の為に駆け込んで来る現状をプラスとして新しい問題をすすめて行き、何年後かの現状調査によって考えて行けば良い。夫が暴力を振う原因を考え、人がどこまで自立して行くかに主眼をおいて考えたらどうだろう。

N　売防法施設と併立する事により社会的偏見が増幅されないか。一時的に接する事により何かマイナスがないか。生きる女同志が理解し合う事が大切だと思うが、元売春婦と駆け込んだ女達の関係をどう考えるか。

T　収容人数五〇名中八名が売防法による人なので、かなりこの心配は失くなった。駆け込みにウェイトを置いていると見ている。現実の中でイメージが変って来ているので論ずる必要はないだろう。

E　売春問題に限らなければ男の暴力はアル中と関係がある。女性をセンターに隔離した場合、男一人で生活出来るか。売春問題は不要である。

T　売春問題は駆け込み寺をはなれて大問題。この運動を通じて、殺すか殺されるかのぎりぎりの所でようやく人間として生きたいと願う女性の居る事をはじめて知った。女性が人間として自立出来るようになってはじめて、男性の獣性、アル中傾向等血みどろの男女関係から解放されるのではないか。駆け込み寺の問題は運営面だけでなくそこから出て来る無限の婦人問題として捉えている。

U　未婚の母の子は親権が母にあるが、駆け込んだ女達の子の親権は未定の為、種々な問題がある。

　この後、関口市子氏が自らの離婚経験から、センターの出来た喜びを涙と共に述べ、センターの今後のあり方について問題を提起――センターを出た人々の追跡調査、自立する為の職業訓練の場所造り、地方にもたくさんの駆け込み施設を、あらゆる情報を交換し改善をすすめる等の案が出された。

　しかし話題は〃夫の暴力〃に集中しがちであった。高年男性は「男が暴力を振うのは女が悪いから」「酒を飲むとつい」。女性からは「女は感情に走り相手の痛いことを言うから(男が暴力をふるう)。」これに対して男性側から「口に対しては口でやり返せ」「酒のせいにするのは言い訳だ」。女性からは「女性も理論に強くなるよう学ぶべき」等活発に議論された。男の暴力に対する関心の強さを見せつけられたと共に、〃売春女性と差別〃についてはほとんど発言がなく、差別問題の難しさをひしひしと感じさせられた。＝完＝

（文責　野並・植村）

分科会報告

労働時間の短縮のために

主婦分科会と労働分科会は合同で、五月と七月との二回、労働時間短縮の形態をどのように、どう導き出してゆくべきかについて話し合い、今後も二月に一度の間隔で集まり、この問題を考えてゆくことにしている。

今日の日本における標準労働時間とは、所定労働時間（基準法32条定める八時間）＋恒常的残業時間（基準法36条にもとづく労組との協定で定める残業）と考えられる。従来、労働問題研究上、労働時間に関する考察はひどく立ち遅れた部分であり、また労組においても、他の取り組みに比してさえ全般に受身でしか労働時間をとらえられなかった。本来、労使の力関係によって決められる労働時間の長さも、学問的には労働力再生産のための生活時間構造を前提として科学的に分析がなされる。そして賃金と労働時間は、どちらかを選択するというよりも、ともに歴史的社会的に規定されているとみるべきで、一般に日本の賃金水準と標準労働時間は「所定内賃金＋恒常的残業手当」と「所定内労働時間＋恒常的残業時間」として存在しているので、賃金が低いから残業する、というような選択があるのではない。

この労働時間は、資本の蓄積過程で企業側による主導権のもとに、交替制による深夜労働の一般化、就業時間中の実作業時間の増大をもたらし、利潤は設備投資にまわされてきた。こうした中で、家庭内においては家事、育児という営みいっさいがっさいは「労働者の妻」にゆだねられ、生活構造そのものが女を家庭内にしばりつけることを規定して成り立ってきた。企業は労働者の生活時間をまるがかえすることによって、配偶者の生活時間までも抱え込む。労働時間短縮の要求に対する主婦分科会の切実な問題意識はここにある。

労働時間の短縮は、所定労働時間の短縮及び、残業の規制、休暇の増加、という三本で考えられなければならない。この問題を生活構造の変革を志向しつつ引き出すために、企業に、政府に、職場の人間に、どのように働きかけてゆくことが必要か。二つの分科会は大層大きな問題をひっかかえて、ただ今奮闘中であります。　（労働分科会　富沢）

訂正とお詫び（六月号）

1頁　3段目　紅青論→江青論
3頁　3段目　名古屋市→愛知県

コラム　2

☆ 自分の通う学校や職場の現状報告、自分の住む町の婦人会やPTAの意識問題、地方紙や地方版に見る婦人問題など、男女平等に関するあらゆる角度からの、客観的な考察が必要なときではないでしょうか。あなたがささやかと思われている情報についても、ハガキで結構ですから〝コラム欄〟宛どしどしお寄せ下さい。お待ちしています。

☆ 最近五年間に三回も妻に去られ、今四人目の妻と暮らしている男がいるのです。三度目の妻に逃げられてまもなく、彼は戸籍を移してきれいにし、何喰わぬ顔で四度目の妻を迎えました。戸籍を移すと最初の妻と子供については記録が残りますが、二度目、三度目の離婚は謄本から抹消されてしまうのですね。男であるがゆえに何度結婚しても姓は変わらず、社会的地位 ―― 私立医大教授 ―― も保ち続けていられるというわけなのです。

（M子）

サンデー毎日

〃女の先生はやっぱりダメだ！〃に抗議!!　（その1）

〃女の先生はやっぱりダメだ！〃サンデー毎日七月三一日号の目玉記事の広告である。電車に乗る。ブラブラ下がっている車内広告が私の目につきささる。

女の先生はやっぱりダメだ！

女の先生はやっぱりダメだ！

たて続けに女教師の不祥事が新聞を賑わしていたので、どこからかまた女性差別の声が出てくるのではないかと内心心配していた。やっぱり来るべきものが来た。それも教育記事で売っている毎日系の週刊誌からである。猛烈に忙しい学期末だったが、何とか仕事にけりをつけて教育分科会二名と他の会員三名で毎日新聞社へ抗議に出かけた。

皇居のお堀が目前に拡がるすばらしい眺めの応接室で、編集長の八木亜夫氏と私たちがかわした話し合いの一部を紹介する。

（教育分科会）

八木　あんたらに何の権利があって交渉するのかね。交渉権なんかあんたらにはないヨ。

A　交渉でなくて、話し合いでもけっこうです。とにかく私たちの言い分を聞いて下さい。

八木　そりゃ何だね、（テープレコーダーを見て）テープを取ろうっていうの？　何で録音なんかしなきゃならんの。テープがあるなら僕は話さんヨ。

B　私たちの会はたくさん会員がいるものですから、後でこの話し合いを伝える時不正確になってはいけないと思い、参考までにとらせていただきたいのです。

八木　何の権利があってそんなことできるの。こっちがいやだと言ったらあんたらにはテープを取る権利はないはずだヨ。

C　わかりました。それではメモを取らせていただきます。

D　まずおうかがいしたいのは、なぜ〃女の先生はやっぱりダメだ！〃という見出しをつけたのですか。

八木　なんで理由を言う必要があるの。

D　私は教師ですが、女の人はそうでなくてもちょっとしたことで〃女のくせに〃とか、〃やはり女は〃と言われることが多いわけなんです。その社会通念と闘って日々努力している女教師にとってこんなふうに大マスコミで〃女の先生はやっぱりダメだ！〃と決めつけられることは何よりも大きな痛手となります。以前産休をとった女教師がその後父母たちとの関係がうまくゆかず自殺した例がありますが、その女教師を自殺まで持っていった背後にはこのような社会通念が拡がっているからなのです。

八木　そりゃ論理の飛躍だよ。どうしてその自殺とこの見出しが関係あるの？

A　女性が今でも差別されているとはお認めになりませんか？

八木　差別？　この定義づけは難しいね。

A　それでは、女の人が男の人よりも働きにくい世の中だということはどうですか？

八木　そりゃ認めるよ。

B　その働きにくい世の中をさらにこの見出しは助長しているんです。女性差別を上塗りするものなのです。

八木　あんたら、僕らにこの記事は女性差別だと言わせたいの？　そのために来たの？

E　私たちが申しあげたいのは、四人の女の先生がたまたま不祥事を起こしたから、なぜ即〃女の先生はやっぱりダメだ！〃という言葉になるのかということをお聞きしたいのです。男の先生だっていろいろな事件を起こしているではありませんか。むしろ男性の方が多いですョ。それなのになぜ女性の場合だとこんなふうに〃オンナ〃全体で表現されるのですか。

八木　女の先生はそれだけ神聖視されているということになるかな。男だったらまあそもそもヤクザな部分があるというような気持が世間に強いんだろうね。

D　この見出しを見た人がどう思うと思いますか。それでなくても女性が差別されている現代、この見出しを見た人は〃やっぱり女はダメだ〃と考えるとは思いませんか。

八木　そりゃ　あんた記事を最後まで読んでみればわかることですョ。見出しは単なる入口にすぎない。記事全体で判断してもらわないと。

C　雑誌を買わない人だってたくさんいるんです。この見出しは電車の中でも新聞でもいやでも目にはいってきます。それを見た人はどう思うと思いますか。

八木　そう読者をバカにしてはいけないョ。あんたらの言うように単純に考えない人も多いはずョ。

A　どうやって見出しをつけるんですか？この見出しはものすごく世間的に悪い影響を与えると思いますが、そんな社会性をお考えになった上でつけた見出しですか？黒人の先生はやっぱりダメだ！とか部落出身はやっぱりダメだ！とは決して言えませんでしょう？

八木　実際言って、ただのインスピレーションにすぎないョ。そんな会議をするわけがない。週刊誌っていうのは教科書とか道徳書ではないわけョ。こちらには売りたいという大前提があるんだョ。

E　あなたの娘さんが教職をめざしているとしたらどうですか。今でも女教師は教員試験に合格しても〃Aランクの女よりもBランクの男がまし〃と言われなかなか就職口が見つからないのです。この記事では女教師時代と言ってますが、中学ではまだ三割、高校では二割に満たないんです。男の人がなりたがらない小学校教師だけはようやく五割になりましたけど、まだまだ女教師時代には程遠い現実があるんです。いやしくも物を書く人間ならそういう差別があるということへの思いを少しでも持って欲しいと思います。

D　踏んだ人間は踏まれた人間の痛みがわからないと言いますが本当ですね。

八木　よく差別という時、そんな決まり文句を言うけどネ。

☆　☆　☆

こんな具合に一時間半にわたる話し合いは終始かみ合わずに終わってしまった。私たちの仲間の女教師には「そんな週刊誌のことなんかに腹を立てるからウーマン・リブはって悪評が立つのよ。私たちが日常活動でちゃんとやってゆくしかない」と言う人もいたが、やはり編集長に会ってよかったと思う。論理も哲学も思いやりもない男性が、週五〇万部という〃大〃サンデー毎日の編集長だということを目のあたりに見てきただけでも大きな成果だ。実際に会って話をするということは人を判断する際の基本的なことだ。八木氏の話の内容もさることながら、その態度、ことば使いなどが私たちの脳裏に焼きつき一生忘れないことと思う。

〔次号につづく〕

マス・メディアの影響力とは？

大衆社会化状況と呼ばれる今日、他人志向型の価値基準が人々の生活の中に浸透しています。マス・メディアの価値判断が個人の行為にストレートに反映する現代。量産され、全国に流通・分配されたキャッチフレーズだからこそ、私たちは抗議をすべきではないでしょうか。

（根本）

(9)

お知らせ

◎夏合宿（八月定例会）

〝性差別と政治〟

―女が政治にかかわるとき―

時　八月二〇日(土)午後二時～
　八月二一日(日)午後五時
所・東京わらび会館（練馬公会堂そば）
　練馬区豊玉中四―一四
　西武池袋線練馬駅より徒歩一〇分
　中野駅より練馬行バス〝豊玉小〟下車
費用　一泊二食付　大人三三〇〇円
　子供（四～一二才）二六〇〇円
　日帰り（食事なし）一〇〇〇円

会員の皆さまには既にハガキでお知らせしました通り、八月は恒例の夏合宿が行なわれます。今回のテーマは過日の参議院選挙を踏まえての〝性差別と政治〟卒直な意見や感想を述べあって、今後どう運動してゆくかをさぐりましょう。合宿のくつろいだ雰囲気のなかで、政治を身近な問題としてとらえ、自分自身のことばで日頃の想いを語ってみようではありませんか。宿泊・日帰りとも、ご希望の方は忘れずに予約してください。お待ちしています。ぜひご参加下さい。

◎九月定例会　大予告!!

〝マスコミのなかの女性差別〟（仮題）

―アクセス権を求めて―

サンデー毎日の〝女の先生はやっぱりダメだ!〟に対して行動する会の有志が抗議したところ、「大反論〝女の先生はダメだ!〟とは何だ」という記事ができあがりました。このことは皆さんも新聞や車内広告、または直接読んでご存知のことと思います。

わたくしたち行動する会では、ヤングレディ裁判をはじめとして、ハウスのCM〝僕食べる人ワタシ作る人〟、NHK〝となりの芝生〟、フジTV〝パタパタママ〟等マスコミにおける女性差別に対してそのつど抗議してきましたが、マスコミのなかの女性差別は一向にあとをたちません。この現状に対してわたくしたちは、いかに取り組んでゆくべきかを九月の定例会で話し合ってみたいと思います。日頃マスコミに対して興味をいだいている方、〝アクセス権〟〝女のアクセスを求める会〟等についての資料や情報をお持ちよりいただける方は、ぜひ実行委員会にご参加下さい。実行委の日程は次のとおりです。

時　八月十六日(火)　午後一時～
所　中島法律事務所

分科会ニュース

◎教育分科会
時　八月一〇日(水)　午後六時～
所　事務局

◎労働分科会
時　八月二五日(木)　午後六時半～
所　事務局

◎国際分科会　〝夏合宿〟
時　八月二八日(日)～八月二九日(月)
所　箱根芦ノ湖桃源台レイクホテル
問い合わせ先　兼松千恵（四八九）[redacted]
（八月一日現在事務局予定表より掲載）

編集後記

今月もまた登場とあいなりました。三ヶ月担当して、送り手と受け手が固定化していること、活動が東京に限られていることの二点がとても気になっています。〝活動報告〟という共通の場をもっと利用しましょう。暑さに負けないよう身体に気をつけてネ

（根本）

1977年8月

活動報告

国際婦人年をきっかけとして
行動を起こす女たちの会

事務局
〒160　新宿区新宿1－9－4
御苑グリーンハイツ806
中島法律事務所内
TEL　(03)　352－7010
郵便振替　東京0－44014

夏合宿特集

〝性差別と政治〟

女が政治にかかわる時

熱気とファイトの夏合宿

合宿実行委員会

行動する会恒例の夏行事である合宿が今年も大勢の女たち（プラス二名の男性）を集めて開かれた。八月二十日、二十一日のウィークエンド、しかも練馬駅から徒歩20分という都心で開かれたためか、仕事で多忙な人も合間をぬってかけつけてくれた。地方でやってみたいというささやかな願いも、人手不足（合宿準備などの）と、お金不足のためキャンセルになったが、都心には都心なりの便利さはあった。二十日には新しい運動を求める人々の会の小沢遼子さんが選挙を通じての人間のふれ合いやこれからの課題などを熱っぽく語った。狭い会場に六十名をこえる女たちがひしめき合い、議論は夕食まで延々四時間も続いた。夕食後はヘレン・レディの「わたしは女」を英語通訳、発音練習付きで合唱し、ほっと一息。その後合気道三段という鈴木じゅん子さんを講師に、護身術を勉強し、討論で疲れたからだをほぐし合った。八時すぎからまた討論にはいり、原則論、シコシコ論、戦術論などが次々と出、女の置かれている状況の多様さと現代社会の矛盾がかい間見られた。夜中はパジャマパーティならぬゆかた討論。ふとんの上に思い思いの格好で寝そべりビール片手に女の想いは最高潮に達した。

二十一日は田中寿美子さん（書面で）・吉武輝子さん、俵萌子さんの選挙総括が発表された。男社会の〝男っぽい選挙運動〟が根づいている中で斗った三人の話はそれぞれ皆聞く人をうならせた。なお地方議員として頑張っておられる太田博子、福田美代子両氏が参加して下さり、討論に一層深みが加わった。今私たちが何をしなければならないかを考える時、からだをはって生きている両氏の話は一人一人の胸にズシリとくるものがあった。なお保育は二日間とも教育分科会の男性が中心になってやってくれた。ありがとう!!　そして裏方の皆さんごくろう様。

合宿に参加して

高杉裕子

会員になってまだ日が浅く、分科会の選択にも迷っていた私は、まず全体の　囲気をつかむのが一番と、合宿参加を希望した。しかし当然ながら会員の誰一人として顔見知りの者はなく、いささかの不安と居心地の悪さを供ないながらの合宿初体験が始まった。

今回のテーマは「性差別と政治」で、主として参院選の内容と結果について話し合いが続いた。小沢遼子さんを迎えた頃から議論は白熱化していったが、私自身は参院選に関してはマスコミからの知識はあっても、直接選挙運動には関与しておらず、自分の経験や行動に基づいた意見は持ち合わせていない。その点、実際に行動した人々の意見には圧倒されるような迫力があり、たとえ微力でも自分の意思と力で行動する大切さを痛感した。出席者はそれぞれ個々に、何らかの行動を起こしている。自分でも何かやりたい、やらなくてはいけないと思いつつ、忙しさや時間の都合を理由にあげ、行動のきっかけをつかめないでいた私の生活態度を恥じると同時に、女たちの運動の広がりと力量を肌で感じた。

二日目の吉武さん、俵さんの話は、選挙運動の過程を目の当たりにするようで、大変興味深く聞かせていただいたが、特に座間市議の福田さんのユーモアをたっぷり含ませた独特の語り口には、彼女の人柄が感じられ、胸に迫るものがあった。その女のしたたかな生きざま、戦いぶりの経歴の中で特に心に残ったのは、女性解放運動には理論も大切だが、どろどろになってからだを張らなければだめだ、と言う言葉であった。吉武さんや俵さんも同様なことを言っておられ、これからの運動を示唆するものであろう。女性党についても話題にのぼったが、彼女らの言動の是非はともかく、女自身の力でぶつかっていった運動方法には、やはりそれなりの評価があってしかるべきだし、それを確かな方法論として確立し実践していくのは、今後の課題となるだろう。現在に至るあらゆる運動に必らずと言ってもよい程みうけられることは、理論の違いによる内部分裂と抗争、そして組織の権力構造化であるが、女自身の運動には、男の運動が成し得なかった新しい方法と方向があって然るべきだと思う。この「行動する会」がそうであるように、まず自分という確立した個があり、個の単位の運動が波及して一つの大きな運動に広がっていく。それこそ女の運動である。自分に出来ることを紙に書き出して始めようという意見は、まさに女の運動の在り方を端的に言い表わしていると思う。現在の金と力が支配する社会に立向うのは容易でないが、微力な女もたくさん集まれば一つの大きな力になれる。分断された女たちが連帯し、社会を揺り動かしていくことは歴史の必然と信じつつ、私も行動を開始しよう。

合宿をきっかけとして

磯田紀子

私が〃行動を起こす会〃に入ったのは、男女の賃金差をめぐる組合内部の葛藤で、男はあてにならないとはっきり認識したのがきっかけだが、あまり関心を持っていなかったパートの問題、保育所の問題、専業主婦との連帯の問題、その他諸々の問題全てが底でつながっているのだということが段々見えてきて、自分がその全てに関りを持つなどということは到底出来ないし、具体的には、自分が今一番問題としていることをしつこくやっていくしかないのだが、常に全体を心にひっかけていることは必要であり、そういった意見で、今回の参院選にはいつになく関心を持ち、やはり政治の場にもっと女を出していくしかなく、今後男には票を入れないなどと単純に思ったりもした。それでも女性党に対してはああいうのがいるから足を引っ張られて困ると思っていたが、合宿で地方から来た人から、あそこへ行けば何とかしてくれるのではというイメージがあったし、恥も外聞もない体当りの言動はむしろ小気味よいという意見が出て、確かにあのパワーは身につけなければと感じた。 更に座間市市議の福田さんの〝自分は観念論は嫌いだし、今自分の立っている所でそこをどんどん良くしていくしかない。〟という言葉に本当にズシンと来た。 自らの生き様に自信があればこそのあの大迫力なのであろう。

私達の組合は自由加入なので、女の場合むしろ非組合員の方が多く、何かと気まずいところがあったが、今度の参院選で休憩室にポスターを貼っていると〝田中すみ子さんてどういう人？〟などと聞いてきたり、カンパにも心良く応じてくれたりした。 自らの家庭を守ることにのみ専心して、女の解放など爪の垢程も考えず、賃上げの時だけ頭数として私達のことを思い出す男の組合員には見切りをつけて、組合という枠を取り外して、もっと会社の女全体に輪を広げていけるのではないかと考え始めた。 勿論中にいて非組の女を巻き込んで行ければよりいいのだが、そこまで私のエネルギーが持つかどうか不安だし、結局は毎年男の賃上げのために頭数だけで参加させられることになってしまう苛立たしさに参ってしまいそうな気がする。 それより、女全体がまずまとまり、私達の要求を遂次達成させる方が先が見易いような気がしてきた。

地方議員の人達の地に足のついた確かさ、私が一週間も旅行する時のような大荷物を抱て参加している母親達のたくましさ、彼女達はまさに行動する女。 私も今自分の立っている場所をしっかり固めて行動していこう。

いささか厳しかった合宿のスケジュールで頭と体は相当疲れてしまったものの、心はすっきりとまとまったような気がする。

女解放はどろんこどろどろ

筒井暁子

今月21・22日の2日間に渡って行なわれた合宿に日中通いながら感じた事は、やはり誰もが模索中なんだなということです。わざわざ地方から来ていた人や、初めてだという人もいて、今回の参院選をめぐって女と政治について考えてみたわけですが、結局は自分と女の解放—ひいては人間の解放—について改めて考えさせられました。そして、つくづく問題のとりとめのなさ、というのか根深さを感じました。政治と選挙というデーマは一見具体的にまとまりそうな感じでいて、実は生活全体根こそぎなのだなあと思いました。政治はそのまま生活とつながっていると思うのですが、という事はわたしたちがふだんやっていることであり女性解放は、どろんこどろどろなのではないでしょうか？ひとりひとりの女が様々の状態の中で様々に迷い、行動していると思います。主婦・職業婦人・売春婦等と呼ばれながら、家事にたずさわっていたり、会社にかかわっていたり、市民運動にかかわっていたり、芸術だったり、研究だったり、子供だったり成人だったり、連れあいがいたりいなかったり、子連れであったり、数えあげればきりがありません。当然一括なんかできないと思うし、そんな状況にあるという事実を忘れないことが大切なのではないかと思います。人間は、誰でも怒ったり泣いたりうらみつらみのしがらみにつきまとわれていると思うのです。わたしは、今学生で来年働こうとしていますが、抽象的な事ばかりで自分にいやけがさしてしまいます。ただ女性解放は特に、人間のしがらみ、生活のしがらみと深くからみついていて、あっちを見てもこっちを見てももどかしいことばかり、いやだと思いながらも、自分の出発点を問い直していきたいと思います。

今年になって女性問題に関する雑誌がどっと創刊になりました。あちらでもこちらでも女たちの達者な文筆ぶりが目立つようになり、素晴しいことだと拍手喝采をしています。でも弁ずれど行なう人少なし(!)と思っているのは事務局へ遠路はるばる切手はり、宛名書きにやってきている数名だけではありますまい。たいていいつも同じ顔ぶれが集まり「なぜみんな口だけ達者になったんだろうね」などと愚痴っています。毎月五百通もの活動報告の郵送事務、新聞記事切抜き、会費などの会計事務、電話応待など、事務局の専従ひとりでは絶対不可能なボーダイな事務量であり、会員のボランティアなしにはやってゆけない毎日です。運動とは地味なコトをコツコツやってこそ本物なのです。

そこで、おととしの総括集会で輝しく決定した私たちの行動計画をもう一度かみしめていただこうと、掲載してみました。

乞熟読玩味、即行動!!

☆　☆　☆

男社会の露骨な巻き返しにたじろぐことなく、性差別分業制度が完全に消滅する日まで執拗に戦いつづけることを、ここに宣言します。

私たちの行動計画

一、母性の社会的保障と、家庭責任の男女共同分担によって女性の労働権を確立します。

一、雇用差別の救済制度を確立させます。

一、マス・メディアの企画、製作に女性の参加を要求し実現させます。

おもいだそう
私たちの行動計画

一、マス・メディアにあらわれた男女差別を点検し、個別的に告発します。

一、女性の表現の自由を回復するために機関誌を出版します。

一、独身女性の税制上の不合理を撤廃させます。

一、独身女性が人間らしい生活のできる公営・公団住宅を設置させます。

一、離婚の母の家設立を実現します。

一、主婦の自立にむけて、一時託児施設を設置し、再就職の道を開かせます。

一、性教育教材の性差別を徹底的に排除し、同時に教材の自主製作をします。

一、男女別学、女子のみの家庭科必修の制度を廃止させます。

一、教科書・進路指導の中の性差別的内容を撤去させ、自主教材を作り出していきます。

一、買売春意識、性の商品化を告発します。

一、性差別と斗う他の女性グループと連帯し、個人の斗いを支援します。

一、離婚における平等のため、民法第七六七条と人事訴訟手続法第一条第一項を改正させます。

会員をふやしましょう

婦人年も三年目です。女の問題を考える会や雑誌が少しずつ増えていますが、一方では男社会へのノスタルジアをヒステリックに叫び続ける巻き返し作戦も後をたちません。できるところから一人でも反撃・抗議してゆく人をふやすために、入会のよびかけにご協力下さい。

運動してゆく中で得られる友情の素晴しさを語り伝え、お隣の方もぜひその輪に巻き込んで下さるようお願いします。

TBS出演記

「女の先生ではなぜダメ？」

仲野暢子

慙愧の念にかられています。みなさんの「チャンスを生かそう。」「現実をちゃんと知らせて！」の声援を生かせず、不覚にも肩すかしで土俵の外に追い落とされた次第です。

「サンデー毎日」の場合とちがって、「企画の段階からタッチさせる」とか、「人選（教師側の）は任せる」との好言にのせられて資料を集め、一週間見知らぬ方たちに紹介から紹介を辿って、「最も説得ある立場と実績」をもった方たちに出席してもらったのに、結果は「男の先生の方が信頼できると思う方」ヒナ段に並んだ五十人の母親がボタンを押す。カチャカチャ「三十五人ですね。では女の先生を信頼する人…ホウ、ゼロですか？」で始まり、「産休がなければ女の先生でもいい人…二十九ですか。」「女の先生は感情の起伏が激しく一度ニラマレるともうダメなどとよくいいますねエ、いかがですか？…二十五名、やっぱり…。」という鈴木治彦アナとスタジオ内の母親たちの筋書がどんどん進行していくわけです。

打ち合せは担当プロデューサーと延六時間にわたり、主観的には善意らしいヘンナ論理をどうにか軌道にのせたつもりで、こちらのいいたいことも前以てコピーを渡し、当日もらった台本もいっしょに目を通したのですが、蓋をあけてみたらこういうことでした。ただ、竹の塚団地の中継車に集まった人たちは無作為、偶然に寄った人たちの故か、冷静というか、客観的に「男性女性によらない。教育者としての人格だと思う。」「個々の先生がいい悪いというより、日本の教育に男性不在ということが問題」などの意見を述べる人が多かったのが、スタジオの「女の先生にいいたいことのある人」という募集による一種異様な雰囲気の集団と対照的でした。

不景気をきっかけにまた「婦人は家庭に帰れ」の声が大きくなっています。マスコミは直接の呼びかけでなく、たとえばこういう番組を見る層（時間的にも意識的にも）に媚びて視聴率を稼ぐとの名目で現状を肯定し、さらに後退させる働きをもなしているということを見すえ、対処しなければなりません。

ついでに教育学者なる佐藤弘毅氏の言を紹介すると「共済組合から女の先生のお産や何かにお金が出るというのは、男の先生の掛け金も入っているということですか？」

PTA全国協議会副会長氏は「失礼ながら、あなただって旦那さんの給料が十分なら、自分の子どもを放ってまで先生を続けたくはないでしょう。」

今度の経験で得たものを何かの形で記録して、新しい運動の一助にしなければ…！

ヤクルトの新聞広告「21世紀への手紙」三好京三より千尋へ（12才の娘）をお読みになりましたか？「…こわい二十一世紀的女人類とはならぬよう、読書、作文を大切にし匂いやさしい白百合のように気高くかしこくなって、伝統的日本女性の典型めざして、ひたすらわが欲望をおさえることにのみ精励してほしい。この春、女教師をやめ、お前とわたしに奉仕することだけを心がけているおかあさまが手本です。」という結びのことばでもおわかりのように、女は男に奉仕するためにだけ生まれてきているのだ！と叫んでいる恐しい文章です。すぐ抗議しましょう。抗議先（五七四）八九六〇　ヤクルト本社

西武新宿線野方駅前の野方ベビー保育園に五時にかならず〝かわゆい赤ちゃん〟を迎えに行ける人求む！　一週間に一、二回でけっこうです。その後も二、三時間赤ちゃんと遊んでいただけたらなおウレシイナ‼　時間給四百五十円。連絡先　小林 Tel（三五二）[redacted]

サンデー毎日

〃女の先生はやっぱりダメだ！〃に抗議　―その2―

七月二十日行動する会の五人がサンデー毎日に抗議に行き、〃燃える男さん〃（毎日のCM標語）の非論理性と非人間性をこの目でしっかりと見てきたことは先月の活動報告でお知らせしたとおりだ。

さて二日後、サンデー毎日から「あなたたちがいらしたからというわけでは決してありませんが〃女の先生がダメだとはなんだ！〃という特集を組みたいのでぜひ人選をしていただきたい」という電話がかかってきた。行動する会は去年の〃僕食べる人、私作る人〃抗議行動や、渡部昇一批判などをマスコミで茶化され、一部の人から「もっと大切な女性解放運動があるはずだ」などという悪評まで買ってしまった苦い経験をもっている。男が作る男に都合のよいマスコミ報道に対して、どんな対応をすべきかは行動する会内部でも依然として論議が尽されていないため、この件に関しても慎重派無視派の意見もあった。しかし〃女の先生はやっぱりダメだ！〃の記事の中で、免罪符的に記載されている女教師擁護論を提供した駒野さん自身、「取材の時と全然違う！　これに怒らずにはいられない」と言う。さらに、「部落の人はやっぱりダメだ！なんて言う人は今どこにもいない。部落問題がこれだけ徹底してきたことの背景には部落差別と斗う人たちが〃絶対許さない〃と抗議を続けてきたからだ。女であることのためにこれだけ差別されているのに女である私たち自身が糾弾しないで誰がやるのか」という発言。そして「いろいろな抗議行動はあるだろうが、マスコミにはマスコミという手段でこちらの意見を載せるという方法がまずある。その記事次第では、また次の抗議運動に拡がるだろうし、最終的にはマスコミの横暴は許さないという心構えでイキの長い斗いを続けてゆかなければいけないと思う」という中嶋さんの意見などが出、結局取材に応じることになった。

七月二十六日午後五時、皇居のお堀が眼下にひろがる例の素晴しい応接室で、小学校教師（入沢）、中学校教師（仲野、飯原）、高校教師（中嶋、三井）、教職をめざす学生（豊田）、母親（安江）そして記事提供者として駒野の計八名が、それぞれの立場から抗議と意見を述べた。サンデー毎日側は古吉氏と竹内氏二名が出た。次回の記事の運び方に関して問い質したところ「先回は世間の風潮である（？）〃女の先生はダメだ〃という意見を入口として、そのような意見を持っている人たちを中心に記事を組んだ。今度は反対に女の先生を擁護・支持する意見を入口として記事を組む」という管僚的答弁をくり返すのみ。サンデー毎日としての教育論や教育哲学はないのかという質問には全く答えず平行線をたどるばかりだった。見出しをつけ、イラストや写真をつけ、起承転結のある記事にするのは一〇〇％サンデー毎日側の意向でできるわけだから、こちら側が不利なのはもともとわかっていたことだ。それにしても七月三十一日号の最後の文でさも第三者的に「いずれにしろダメだ、ダメでないといいあっているのは親であり、教師である。子供は一切関係ない。子供の気持は、女の先生だろうが男の先生だろうが関係ない。どう、自分たちに接してくれるか、を〃いい先生〃の決め手にしているのである」としゃあしゃあと言っているが、あの女教師差別記事こそ女の先生不信感をつのらせ、母親や子どもたちに〃また女の先生か〃という先入観を持たせるのに何よりも効果があったということを全然反省していないのにはあきれてしまった。教師と生徒は信頼関係で成り立っている。教育に最も大切な人間同志の信頼関係をこっぱみじんに打ちくだくのに十分な材料を提供しているのだ。「売れればいい」のだと八木編集長は豪語していたけれど、人間としてギリギリやってはならないことがあるはずだ。黒人差別、身障者差別、部落民差別などをトップ記事にしてその号を特別増大号（ふつうは50万部だそうだが、七月三十一日号はそれ以上の部数を出した）とすることなどたとえ「売れればいい」としてもやるはずがない。私たちは女であることからのがれられない。そののがれられない属性を唯一の理由として否定的言辞を述べることが差別でなくてなんであろう。

　毎日新聞にはきょうも「問われる教師像」シリーズが8段抜きで論じられている。その下に「教育の新時代を拓く毎日新聞社の好評図書群!!」広告がわんさと掲載され、月刊雑誌「教育の森」には、平和と自由と平等を愛し、自主制のある生徒にするためには……などという記事がはんらんしている。これらの出版物を作っている人と同じフロアの同じ部屋でサンデー毎日は作られている。男社会の論理は教育でもなんでも食い物にするためにあるのだろうか？

◇　◇　◇

　もうとっくに八月十四日号は店頭に出まわり、会員諸姉もお手にとってご覧になったことだろう。行動する会会員の抗議した発言はマスコミ批判は案の状全てカットされたものの、他はほぼ間違いなく掲載された。七月三十一日号にズラリとあった醜い女の先生のイラストは消え、三枚の写真の下には「男だ、女だという前に教育者としての質が問われているのが今である」「女の先生もガンバらなければならない臨海学校」「結局『文部行政云々……』に話はいってしまうのだ」との説明書きがありなかなか好意的。ただ最後まで読んでゆくと、〃燃える男さん〃の本音がチラリチラリと出てくる。女校長秋山照子氏の発言から「子供の社会性を認めない」女教師、「家事と育児があるから教材研究が片手落ちになりがちな」女教師がどうしても多いのだという論のすすめ方をしている。「つまり、ダメにしているのは女の先生ばかりの責任ではなく、家事だ、育児だという女にまかせられた社会慣習がそうさせている部分もある、そうだ」と奥歯に物のはさまったような言いまわしでなんとか切り抜け、最後に「つまりは、世間の母親たちの〃ささやきごと〃である風潮は、女、男の問題でなく、〃先生〃としての質論争であるのかもしれない」と逃げている。増大号とまで名打って「女の先生はやっぱりダメだ！ますますひろがる女教師嫌い!!」という超ゴチックウルトラ大阪文字を全国各地に流布した責任をサラリと何食わぬ顔で他人のセイにしているところはさすがと言いたい。世間の母親たちの〃ささやきごと〃なら、ささやきごとのまゝそっとしておけばいいのだ。それを週五十万部という大マスコミでいっせいにギャアギャアと雄たけびも高く叫んだのは「サンデー毎日」ではないか。自分のやったことの仕末もできないで母親と女教師同志のけんかにすり変えて責任転稼をしようなどという品のなさには恐れいった。

　「でも、サンデー毎日にしてはずい分と気を使った記事じゃないの。さすがに抗議しただけのことはあったわよ」とは一会員のやさしき声でした。さて皆さんは、どうお読みになりましたか？

（教育分科会有志）

お知らせ

「マスコミの女性差別とどう斗うか」

時　九月十三日（火）午後六時～九時

所　千駄ヶ谷区民会館（国電原宿駅北口下車徒歩五分　Tel（四〇二）七三七七）

報告　中嶋里美
　　　中島通子

参加費　三百円

ＮＨＫへの要望やハウスＣＭ告発を茶化した週刊誌「ヤングレディ」を名誉毀損による謝罪広告・慰謝料請求で裁判斗争をしてからもうだいぶ月日がたちます。その間、ＮＨＫ〝となりの芝生〟、フジＴＶ〝パタパタママ〟最近のサンデー毎日「女の先生はやっぱりダメだ！」などにそのつど抗議をしてきました。抗議活動に関しては会員の中にもさまざまな反応があり、マスコミの女性差別についてじっくり考えなければならない時期にきています。大論争を展開しながら、どのようにしたら最も効果的な斗いができるかを皆で知恵を出し合いましょう。

分科会ニュース

◎九月世話人会
時　九月五日（月）午後六時半より事務局

◎離婚分科会
時　九月十一日（日）午後二時～
所　あごら
〝駆け込みセンターの今後のあり方〟

◎主婦分科会
時　九月十七日（土）午後一時半～
所　事務局

◎労働分科会
時　九月十九日（月）午後六時半～
所　事務局

◎教育分科会
時　九月二十七日（火）午後六時～
所　事務局

◎国際分科会
時　九月二十六日（月）午後一時～三時
所　県立社会福祉会館＝横浜駅西口歩八分
「新しい時代の女の生き方」＝スェーデン

〝男女共学をめざす小冊子編集作業〟
行動する会はひとりひとりの女たちの想いを大切にしつつ、ねばり強く地味に活動を続けている分科会こそが核です。あなたもかならずどこかの分科会に顔をみせて下さい。

緊急重要報告〇〇〇〇〇

この活動報告いくらで印刷できるかご存じですか？一部四十円かかっています。切手代五十円加算されると純粋の原価で毎月百円なのです。一年で千二百円です。会費未納の方いませんか？喫茶店でコーヒーを飲む回数を一ヶ月三回から一回に減らして、月五百円の活動資金作りをしましょう。あなたの五百円がこの会の存続を決めるのです。

編集後記

もう一度探し出したぞ。何を？　永遠を。とうたったのはランボー。あなたはこの夏何を探し出しましたか？　新涼の九月です。そろそろ引越もせねば。女たちの情熱のみが差別社会をくずすのです。義務でもなく苦でもなくただ熱き思いのみにて集う女たちよバ・ン・ザ・イ！

（三井）

国際婦人年をきっかけとして
行動を起こす女たちの会

1977年9月

活動報告

＜事務局＞
〒160　新宿区新宿1－31－4　リブル葵301
中島法律事務所内
TEL　（03）350－6082
郵便振替　東京0－44014

九月二四日 事務局移転!!
十月から住所・電話番号変わります

すがすがしい秋をいかがお過ごしですか。かねてからお知らせしておりました事務局の移転は、去る九月二四日（土）会員有志八名のご協力により無事終了しました。新事務所は、以前と同じ地下鉄丸の内線〃新宿御苑前駅〃から徒歩五分、にぎやかな柳通りに面した便利なところにあります。おおいにご利用いただきたいと思います。

〃移転〃に際し、九月の世話人会で次の事項を申しあわせましたので、会員各位のご了承をいただくとともに、〃今後〃についてのみなさまのご意見・ご希望をお待ちしております。

① 将来独立した事務所を持つ
② 当分は中島法律事務所の一部を借りる
③ 月額一定の事務所費を払う
④ 水道光熱費を相当分負担する

◇　◇　◇

お寄せいただきました移転カンパは、九月三〇日現在総額七〇、二二〇円になりました。ご協力ありがとうございます。支出は内装費、移転費など一六七、五九五円を支払い済みのほか、専用電話を購入するため費用などがまだ未払いになっています。毎月の経常収入は活動費や事務所費、専従費にあてるのが精一杯で、まだまだ移転カンパを募らなければ、赤字財政に追い込まれる危険性が高い状態です。なお一層のご協力をお願いいたします。

◇　◇　◇

八月なかばから専従も野口幸子さんから、根本に変わりました。〃運動〃に不慣れな24才の夜間大生ですがよろしくお願いします。なお、八月、九月は何かとあわただしく、ご不便をおかけしてしまったことと思います。十月からは新規一転、はりきって仕事をこなしてまいりますので、お問い合わせ中の方はいま少しお待ち下さいますようお願いいたします。

今後、兼松・野沢・筒井・安江さんたちが、事務局を手伝ってくださいますが、より広範な運動をすすめてゆくには、多数の会員の手による〃活動〃が必要です。ぜひ事務局にお立ち寄りいただき〃活動〃にご参加下さい。

◇　◇　◇

新住所・新電話番号は次のとおりです。

〒160
新宿区新宿一－三一－四　リブル葵三〇一
中島法律事務所内
TEL　〇三（三五〇）六〇八二　（AM 10:00～PM 6:00）

九月定例会報告

マスコミの性差別とどう戦うか

九月の定例会は、マスコミの性差別的報道、その備見に満ちた製作態度に対し、行動する会としてどう闘って行くべきかを討議した。以下定例会の様子をまとめてみる。

マスメディアは本来、教育とならんで性差別の意識、男女役割分業意識など男女観に決定的影響を与えるものとして見逃す事のできない、重要な役割を果すものである。だが今日、マスコミを通して私達の目に入るものは、あまりにもひどい女性蔑視、役割固定、男性からの一方的きめつけに満ちあふれている。世界行動計画の中に、特に一章、マスメディアを女性解放のための意識変革の一手段として使おうという章が設けられているのを見るまでもなく、テレビ、ラジオ、新聞は歪んだ女性像を直すのに有効なはずである。私達もそのためまず現実のゆがんだ報道に告発、抗議、異議申立をしてきた。だが、私達の狙いはいつもマスコミの製作者側によりはぐらかされ、抗議そのものがむこうの意図により骨抜きあるいは脚色されて報道されるを見ると、抗議の効果はあるのか、果して結果はこれでよかったのかという思いにかられることもある。反省もふくめてこれから私達が女性解放のためにマスコミとどう戦っていったらよいかを話し合おうという形で初めに司会の駒野さんから今回の定例会のテーマの主旨が説明された。続いて行動する会がマスコミの男女差別を是正するべく抗議を行ってきた具体例をとりあげ、それらを通して製作者側の態度を見、それに対する私達の対応の仕方を反省するという形で議論が展開された。

まず国際婦人年であった七五年、私達はNHKへ要望書を出した。当時、会の事務局で働いていた波田さんからまずそのころの模様の報告がされた。それによれば、この要望書は女性アナウンサーを増やし、報道内容を男女平等の精神にあうものを、さらに製作者スタッフにもっと女性をというものであった。同時期にラーメンのTVコマーシャル「私つくる人、僕食べる人」は男女の役割分業を助長するものであるとし抗議。この二つのマスコミ批判の態度は二年前、丁度、国際婦人年であったためか、新聞・テレビ・週間紙ではなばなしく取扱われた。

しかし、その扱い方はすべて嘲笑的で、一部リブかぶれの女たちの愚かしい行動という一方的きめつけで書かれた。しかし、CM抗議については男女役割分業―女は家事育児、男は外で稼いでくる―が不思議とも思っていなかった人々にこの問題を提起したという意味で行動の価値はあったといえる。

実例の二番目はNHKの連続ドラマ「隣りの芝生」に対する抗議である。中嶋里美さんの代理の守屋さんの報告によれば、このドラマは一見自立しようとする妻の〝家庭と自我〟の葛藤のように見えるのだが、結局は妻は家庭をないがしろにしてはならない、女にとって仕事よりも家庭の幸せが大事という結論で終っている。最後まで自立を奨励するのか、家庭にこもることをよしとするのかわからない状態でドラマを運び、最終回で、やはり女の場所は家庭にあるのだとした製作者側の態度に抗議を申入れたのである。製作者は全員男性で、私達の抗議に対する彼等の説明は現実生活では妻は家庭生活の枠内で仕事をしており、従って十時から四時までのパートタイムの仕事に携わっている主婦達が、結婚して・・・・・・家庭を守りながら働いている女性達の平均的現実像であるからそれを描いたというもの。それ以上の答えは得られなかったが、家庭を

2

第一とする女が最も望ましいとする理想の妻像を彼等たちが共通して持っていたことは間違いない。電波を通じてこんなに一方的な女のあるべき姿とやらを広げられては迷惑千万！　このように女を家庭に縛る有言無言の圧力が女を中腰でしか仕事が出来ない状態におとし入れている。結果として半人前の仕事しかできないことが、とりも直さず女の労働権を確立できなくしている。ゆえに、女の自立を目指すものにとって、国営放送であるＮＨＫが「隣りの芝生」のような〝女よ家庭に戻れ〟式の良妻賢母プロパガンダをすることは断じて許すことができない。抗議の主旨と製作者の反応は以上の通りであったが、これに対しては会員の中から批判的な意見もでた。文学やテレビドラマには反面教師的な面もあり、一がいに結末が女の自立を促すものではないからといって抗議するのはやりすぎではないかというもの。この結末でよしとする者もいるかもしれないが、物足りない、がっかりしたという視聴者もいるはず。そのような反応を促すこともあるからドラマにはあまり矛先を向けぬ方がいいのではないかという意見であった。しかし一般的にはＣＭ抗議もドラマ抗議も、今まで男女平等問題に関心のなかった人々、あるいは関心のある人々でもこのような抗議は本質的問題からはずれたものであるといって賛成しなかった人々の注意を集め、現象的には本末てん頭に見えても実は本質的に性別役割分業に抗議するものであり、さらに労働における男女差別に抗議するものであることを理解してもらうのに役立ったのではないかという意見であった。労働組合の婦人部などにも説明し、行動の主旨が納得されたのも、抗議が本質をはずしたものではないという一つの証拠である。

　さて、三番目の実例はこの夏のサンデー毎日の「女の先生はやっぱりダメだ！」という特集への抗議である。活動報告七・八月号にものっているが、教師と生徒は信頼関係で成立っている。だが女教師は実力がない、偏狭である、出産育児休暇をとるなどという偏見が世間にあり、就職時でさえ「女はいらない」という態度にあう。女教師は教師である前に女として見られている。このような現状を打破するため身を粉にして働いている女教師たちの努力を、一回五十万部も印刷するサンデー毎日はいとも簡単に踏みにじるのだ。夏がれてトピックがない時、たまたま女教師が三人それぞれ別の事件をおこしたというだけをもとでに「だから女の先生はだめ」という特集を組んだサンデー毎日の意図は何だろう。売れればよい、そのためには何でも載せるという態度（実際に八木編集長はそう豪語した）には抗議を申入れた全員が腹を立てた。とにかく抗議には一言の弁明もなく、こちらの抗議に対して、「お前ら、テープをとる権利などないぞ！」とわめき立てる編集長をはじめ編集スタッフ一同なんのための抗議かわからないという我関せずの態度。ところが二日後、抗議を受けたからというわけでは決してないと何度も断りながら、「女の先生はだめだとは何だ」という企画を次号に載せるから協力して欲しいと向う側から申入れてきた。むこうが勝手に脚色して編集してしまうのだからあぶないからもう乗るのはよそうとする慎重派もあったが、マスコミの横暴は許さぬという心構えで応じようという結論が出、取材に応じた。結果、肝心のマスコミ批判は記載されなかったが女教師擁護の意見はほぼそのまま掲載された。しかし前号に抗議しなかったならこの擁護論の方は出なかったにちがいないから行動の意味はあったが、あくまで編集側が最終的にうまく料理をするわけで結局協力してよかったのかどうかわからないという報告であった。

　これら三つの実例の他にも「21世紀への手紙」三好京三より千尋へという手紙ふうのお

そろしく時代がかった女の理想像をヤクルト新聞広告への抗議、フジテレビの児童番組ポンキッキの中で「パタパタママ」なども主婦の現実をこれまた恐しくのん気な目で見、外で働らかず、家でボクとパパのために何でもやってくれるママという印象を幼児に与えるとしての抗議も行なった。いずれにせよ、抗議の結果はヤクルトのように「まずいことをしてしまった」と早々に広告をとりはずすというすみやかな効果を生む場合と、「何のためにお前らそう怒っているのかわからない」（サンデー毎日・ポンキッキ、隣りの芝生）という冷笑的反応を受ける場合とに分けられる。後者の場合、製作者側の態度が世間一般の反応と同じである場合が往往にしてあるため、男女平等意識を一般の人々間に高めることが私達の目的であるとすれば、かえってこれら抗議行動が世間の男女平等問題に関する注意をそらすことになりはしないかという反省の声も出た。ここで討論は、マスコミへの抗議活動は（取材される場合も含めて）製作者あるいは編集者の都合のよいように料理されるだけでこちらに主導権がないのだから応じない方がよいとする意見と、正確に伝わらず抗議が不当に取り上げられても、これを恐れず抗議は続けなければならないという意見に分れた。

ある人は女教師問題でテレビ出演の申込みを受け意図が納得出来ず断わったら、代りにまったく問題を理解していない人々を登場させ、女の先生批難の番組を作ったテレビ局の例をあげ、すこしでも女教師が不公平に扱われているという実状を知らせるためには、たとえ企画者の意図と合わなくとも、全く意識のない人に代りに登場させて問題そのものをメチャクチャにしてしまうよりは自分がでるべきではなかったかと反省していると、対処の仕方もいちがいに不審な場合は断わるとはいいきれない複雑な面を指摘している。

またかつて新聞社で働いた経験のある一会員は、編集者は普通上から下へ主張する、下から上への主張を好まない。しかし読者の一人だといって女性偏見に満ちた記事を電話やハガキで抗議されるのには非常に弱い。実際にこれは多くの人が乱発的にすればかなりの効果を持つと指摘。なお、中島さんはヤングレディ裁判の弁護士という立場からも、市民としてメディアに物を言う姿勢をくずしてはならないし、不正な扱いを告発して行く権利を私達は持っていると主張。抗議は当然するべきで、問題はその方法である。マスコミを許さぬという毅然とした態度を持たぬと相手方になめられ問題をはぐらかされる。ヤングレディの件も三つほど向うが打開案を出してきたがすべて向うが記事の編集をするわけでこちら側に不利な条件なので拒否し、裁判に持込んだ。サンデー毎日の二回目の記事をみると、我々はマスコミのいい加減さを許しているのではないかと思う。もっとマスコミに対し強固な態度でのぞみ、主体的な態度を捨てずにマスメディアを利用しよう、さもなければ、マスメディアにのっても一時的効果しか得られぬとの意見を述べた。これに対し、女性解放という大きな目的達成のため、急がなければならぬ時、五十万、百万部出版という新聞週刊紙雑誌は何といっても大きな影響力を持つ。我々の行動目的にあわぬと取材をことわることは簡単だが、同時に大きなチャンスをのがすことになりはしないか、一時的効果のプラス面もあるのではないかという意見が出された。抗議のねらい、抗議の方法、抗議の説明と発表の仕方をあらかじめ十分に検討する必要がある事があらためて痛感された、また抗議した後の始末方法、これが一番の問題で、断固としてこちらの言い分を通すべしとするものと、究極目的のため多少の妥協はかまわず取材に応じるべきではないかとの意見に分れた。

議論は続いたが、会としてのマスコミへの対処の仕方はまとまらなかった。また新たに機会を設けて討論されなければならない。会の性格を決める最も重要な事であることがあらためて認識された意味で貴重な集会であった。

テープを聞いてこの記事をまとめたが、定例会に出席できなかった私としては最後に一つ提案したい。他人の企画した報道あるいはドラマ、CMに抗議し、あるいは取材に応じるといういわゆる二番手ではなく、こちらが行動する会を宣伝するのはどうでしょう。この点で私達はあの榎美佐子氏に見習うところがあるのでは？　世間には日本のウーマンリブは榎氏をもって終ったと本気で憂いているむきもあるのです。

（文責・ヤンソン由美子）

〃外国の女シリーズ〃

ポーランドの女

（七月十日）国際分科会

〃外国の女シリーズ〃第七回は、三年前にも一度来日したことがあり、現在はハンガリー大学でエスペラント学とハンガリー文学を勉強していて、今回はエスペラント国際青年交流合宿に参加するために来日したポーランドのアリチア・ミヘビッチさんを招いて最近のポーランド女性の状況や日本観を伺いました。

学制は初等教育が8年、中等教育或いは職業専門教育が4年の計12年間が義務教育で、後は大学が5〜6年制となっている。女性の進学率は非常に高く、法・文・医・建築等を専攻し、教育期間は女性の方が長い。男性は専門分野で早くから働いている。女性はあらゆる分野に進出しており、既婚者の七割が働き続けている。その為に産休は第一子出産時は16週間、第二子では18週間、双子の場合は26週間が100％有給で保障されている。更に、その後三年間は完全に職場復帰を保障された無給の休職期間を選択することもできる。子供は国家の子という考えから、子供の食費は保障されるし、医療費も全て無料である。保育園には誰でも入れるが、一年位は母親の手許で育てる方が望ましい。保育料は所得水準で決まるが非常に安い。子供の出産数が一人か二人で少ないことが働くことを可能にさせている。

又、家事の男女の共同分担が非常によく行なわれている。例えば、食料等の買物や保育園の送迎は男性が多く、家の中でも、男性が食器を並べたり後片付けなどをし、非常によく二分している。また、非常に安くおいしい食堂が沢山あることなど家事の社会化が進んでいる。

もし、夫婦の中で働いているのが男性だけでも、社会主義家族法の特徴である夫婦財産共有制なので離婚の場合は財産は二分される。

家事労働に関しては地位の向上も金銭的価値も、もたらさず、その社会的地位は低く、社会的生産活動ではないので無償が当然である。家事労働――これはある意味では〃楽しみ〃ではないのか。しかし、労働生産性が高まり高賃金が保障されれば家庭に入る女性はふえるかもしれない。しかし、働いている女性の方が夫のよいパートナーで、かつ子供のよい母親になりうると思うし、現在のポーランドでは男女共に働く事が自然で、国家もその為に配慮している。

最後に、日本男性は妻に贈物したり台所にたったりしてサービスする事を恥と感じているようだし、妻は家において一人で外で楽しんでいるようだ。それにもかかわらず、日本女性は家に入る結婚に夢を抱している点が興味深い。

（阿部・林）

（エスペラント語の先生をしている阿部さん、外部の林さんに通訳・まとめをして頂きました。）石井

地方にいる新会員からの便り

三井マリ子

7月31日から8月2日まで山形の上の山温泉で開かれた第二回全国高校女子教育問題研究会に参加した。北は北海道から南は沖縄まで、全国津々浦々から百名以上の女教師（主に高校）が集まり「労働と愛の意味と権利を正しく語りつぐために」というテーマの下、女性解放をめざす教育をどのように進めていったらいいかを話し合った。もろさわようこさんの熱のはいった講演、小テーマにわかれての活発な分散会、部屋に帰ってからの夜の集い。この夏の楽しい想い出となった。

私とずっと同じ分散会に出ていた古田励子さん（石川県七尾市の国語の教員　34才）からきのうこんな手紙がきた。

☆　☆　☆

（前略）先日婦人部の会合で講師に招かれた半田たつ子さんに会って「行動する会」に対する信頼をさらに深めてしまいました。そこへ今日のあなたのお手紙です。私の方からも出したいなあと思っていたのです。どうか私も行動する会へ加入させて下さい。加入の手続きを教えて下さい。教育分科会へも意見をよせるようがんばってみます。

朝日新聞への抗議文を一日かかって書きました。掲載されないかもしれませんので左に書きます。こうなってくると、労基法も勉強しなくちゃならないし、切り抜きも必要になってくるし、三人の幼い子の面倒も少しはみてやらなくちゃならないし、多忙で多忙で……けれど清々しい心でおります。

〃この人が最高裁判事か！〃

本紙八月二十四日付「ひと」欄の最高裁判事本山亨氏の発言について意見をのべます。

「ボロクソ判決を書いても笑うなよ」とは何たる言い草でしょう。ボロクソ判決を言い渡される当事者の人生はどうなるのでしょう。人を裁くことの恐しさを本山氏は知っていらっしゃらない。次に「生理休暇も取り上げ、深夜作業もさせるか」について。現在女性の生理休暇も深夜作業の禁止も労働基準法でうたわれています。私たちの調査では全国の小中高校生の母親に限っていえば九割弱が仕事に就いています。生理は女性が当事者です。その当事者である働く女性に何の相談もなく法の存廃を決めるというのです。当事者ぬきでものごとを決めるのは民主主義の原則を犯します。最高裁判事が取りあげる性質のものではありません。女性を人間としてみなしていない発言です。また「深夜作業をさせる」とは何事でしょう。毎日の家庭そろっての団らんがどんなに豊かな人間性を育むか、その価値を本山氏は知っていらっしゃらない。

日本の女子労働者が、夜も、生理痛のときも耐えて働いたって一般家庭は幸わせになりません。誰がそれによって得をするのでしょう。女性の健やかな生涯を妨げようとする本山氏、その彼を最高裁判事にさせた土壌は何か。厳しく問われねばならないと思います。

☆　☆　☆

中央に片寄りがちな行動する会だが、古田さんのような方が、地方での活動状況を報告して下されば「会報」を媒介に全会員に情報が流れ、地方と中央のコミュニケーションができる。そして時には定例会を地方会員の企画の下に地方で催すことができたらもっと輪が広がってゆくのではなかろうか。国際分科会があるため、海外の情報は割と手にはいるが、かえって国内事情にはうといという行動する会の特徴を改めるのに一役買うことになるかもしれない。

地方会員の皆さま、どしどし行動の記録を事務局宛に送って下さい。

国際分科会
夏期合宿

いつも集会や行事の時しか顔を合わせるひまがなく、各々がどのような考えを持って行動する会に参加しているのかを話し合うことをあとまわしにしているのではないかという反省から、夏の合宿が実現された。八月二十八、二十九日、会場は箱根レイクホテルで、税込二食付三千四百円。新しい国民宿舎で新宿から二時間。環境も空気もよく話もはずんだ。参加者十一名。分科会の三分の一の人数だ。国際分科会発足のいきさつ、一九七五年の国際婦人年以降各国の男女平等政策の変化を調べようという目的のもとで開始された作業グループの作業経過、その他今年一月から当分科会の行なってきた活動報告と反省を行った。行動する会への要望として地方会員のために定例会を時には東京以外の所で行ってほしいという声が出された。各分科会も御考慮のほどを。また参加者の一部から主婦を行動する会から締め出さないでほしい、現在の主婦という立場を変えずに自立する方法はないものかと模索して入会している人々もいるはずであるからという意見が出された。経済的自立なしに個人の行動の自由はないとする組とそれに反対あるいは疑問を持つ組に分れ、話し合いは妥協することなくしかも自由活発に行われた。行動する会を同意識者だけのものにするか、末広がりにいろいろな意識段階の人々もふくめて行くかという問題で、もう一度会員全体の統一目標を話し合う必要がある、その上で行動する会の存続が決定されるのではないかという話で合宿は終った。

(文責・ヤンソン)

一緒にやってみませんか
"活動報告編集"

八月号から活動報告の紙質を変えてみましたが、読み心地はいかがでしょう。今後、行動する会の最新活動を全国に伝える月刊ミニコミ紙として、各地の書店に並ぶ日を夢みて編集発行に励みたいと思っています。装幀、内容、割付など編集・出版に関することについて、ご興味、ご意見のある方はぜひ事務局に御連絡下さい。

≪これがほんものです!≫

同封のステッカーはSサイズの実物。十枚一組で一〇〇円、名刺サイズは一枚三〇円。会の活動資金の為、ご協力を!

波

(このコラム欄の名称を募集しましたところ、いの一番に寄せられた名前がこの"波"。今回よりあなたの元に打ち寄せ続けてまいりますので何卒よろしく)

☆ ベビーシッター求む

当方二児をかかえた教師。保育園と学校を行ったり来たりテンテコ舞いの毎日です。ご近所の方希望。　小林祐子

住所　調布市[redacted]

℡　〇四二四(八三)[redacted]

☆ 赤ちゃん授かります!

月二万五千円から三万円位

詳細は電話にて相談　志茂京子

住所　世田谷区[redacted]

℡　(四八二)[redacted]

☆ ご寄贈ありがとうございます

「フェミニストJAPAN」創刊号

(フェミニスト・¥三九〇)

「おんなの叛逆」No.17

(編集発行久野綾子・¥一八〇)

「女性解放へ―社会主義婦人運動論―」

山川菊栄著

(発行日本婦人会議・¥一五〇〇)

お知らせ

◎ 十月定例会

〃働くことと子育て〃

時　十月二二日（土）午後一時半～四時

所　オリンピック青少年センター
（小田急線参宮橋下車）

パネラー　芦谷　薫
渡辺照代
他予定

参加費　三〇〇円

女が働くときに子供をどう育てるかは、だれもが悩まされる問題です。働く意志をもちながら保育所に授けられなかったり、また授けた子供が保育所や学童保育に合わなかったり――。産休あけの育児時間の問題や、長時間保育（二重保育）の問題、家族との協力関係など、右を見ても左を見ても、働こうとする女にとっては困難な状況ばかりです。

各自の体験や実践報告をもち寄り、より具体的な作戦（？）を練りましょう。多くの立場の女たちの発言をお待ちしています。ぜひご参加下さい。

分科会ニュース

◎ 十一月世話人会

時　十一月七日（月）午後六時半～

所　事務局

各分科会の世話人は必ずご出席下さい。会員の方はどなたでも出席できます。

◎ 国際分科会

時　十月四日（火）午後一時～三時

所　ヤンソン宅

〃外国向公開質問状の回答文翻訳と集計〃

◎ 離婚分科会

時　十月一九日（水）午後四時半～

所　あごら

◎ 〃駆け込み寺〃にて懇談会

時　十月一九日（水）午後二時～四時

都職員・センター職員・婦人団体参加

問い合わせ先（九〇一）[redacted]　鈴木

◎ 十月定例会実行委員会

時　十月八日（土）午後四時～

所　事務局

横浜集会、盛会に終わる

九月二六日午後一時から、横浜地方の会員開拓を目指し、県立横浜社会福祉会館で開かれた集会は、四〇名余りの熱心な参加者を迎えました。朝日新聞神奈川版に〃お知らせ〃が掲載されたこともあって、茅ケ崎、藤沢、鎌倉、大和などかなり遠方からのご参加をいただきました。詳細は次号でお知らせいたします。

（国際分科会）

編集後記

昔、さぬのちがみのおとめは恋人を深く愛するあまり「君が行く道の長路（ながて）をくりたたね焼き亡ぼさん天の火もがも」と詠ったという……。私達の望む〃社会〃に到達するその日まで、その道は険しく、その道のりは遙かに遠い事を思うと、それこそ長き旅路をくりたたんで焼いてしまいたい気持になる。けれど、たんきはそんき。長く果しない旅路だからこそ、たゆまずコツコツ歩いて行くしかないのだ。それには何と言っても身体が第一。このところ過労で病いの床につく人が次々……心配しています。姉妹たちよ、くれぐれも御身ご自愛の程を……。（石井）

国際婦人年をきっかけとして
行動を起こす女たちの会

1977年10月

活動報告

<事務局>
〒160　新宿区新宿1－31－4　リブル葵301
中島法律事務所内
TEL　(03) 350－6082
郵便振替　東京0－44014

一〇月定例会

働くことと子育て
―何とかしよう保育行政―

一〇月二二日(土)午後二時～五時
於・オリンピック青少年センター

女が働くことと保育 ― 自立を考える女たちが出合うこの問題は、社会状況の変化とともにますます様々な方面の問題と絡りあって存在しています。すなわち女の労働権の問題として、男の労働状況と人間性疎外の問題として、子供の発達権の問題として等々の側面からとらえることは必要ですし、又法律、行政、教育等多方面への運動をくりひろげて行かなければならない問題です。今回は、保育問題にかかわってきたパネラーの話を基に、今後の行動・運動を探ろうということでした。

☆働いている母親の立場から

井上節子

公立保育園に入る条件は、一、母親が外勤。父子母子家庭。母親が身障1、2級者。二、自営業。母親が住込勤務又は内職8時間。三、これから働らこうとするもの。自営協力者ということで、母親が現在外で働らいているため、もしくは、保育を家庭で行うことが大変困難な状況だと認められなければ入所するのがむつかしい。実際、私が働らこうとした時妊娠中で仕事がみつからず、結局翻訳業となり、書類上は保育措置適者とされたが、生れた子供は家にいるということで、中の子は保育園に入所できなかった。このように、これから働きたい、働きつづけたい女の労働権を保障するという視点はほとんどない。又上の子の公立保育園では母親が家に居る以上早く迎えに来てくれとうるさく言われた。又、職を得るため三ケ月講習をうけたが、その時も保育園には内緒にせざるを得ず、そんなある日子供の発熱で保育園から呼び出しがあったのだが、家に居なかった為保母からおこられた。保育行政そのものはもちろん保育に携わる職員にも子供は家庭でみるのが当然という姿勢が見られる。又上の子は学童保育に行っているがここも入所難、指導員の数、保育内容施設等問題は多く、その上現在では三年生までの学童を対象としている為、来年四年生になった時の長い休みをどう過させるかが問題になっている。

☆現在の保育状況

三井マリ子

厚生白書から、母親の働いている未就学児数は約三百七〇万人でその内保育所に行けた

(1)

のは二十八%（約百三万人）、幼稚園に行っているのは約十七%（六十三万人）、残りは個人にあずけている（約六%）、家庭にいる（四十七%）という状況。母親が働く為に乳幼児の保育の保障がなされているのは、幼稚園も含め必要数の半分にも満たない状況—それも幼稚園にあずけた場合はおのずと母親の仕事は、パートあるいは内職といった割の悪い仕事に限られる——全く不充分である。年令別に見ると、三才までの子供は、保育所に入っている割合が十%未満と三才以上に比べて少ない。調べてみて、厚生白書に働く婦人と保育の記述が少なく、政府の姿勢が感じられるが、問題点として次の三つをあげたい。

*政府の女子労働観の古さ——女は家にいて子供を見るべきだ。

*女子労働者や家庭や子供のおかれている現状環境をきちんとみていない。

*どういう子供に育てたらよいかという保育観が不明確。児童福祉法によれば、今だに保育に欠ける子供のための保育としてしか考えていない。私達の考える女の労働権を保障するための保育所という観点もない。

☆長時間保育に反対し男女ともに育児時間を獲得する会より提言（代読）

保育の問題でいちばん切羽詰った問題として、長時間保育と病児保育の問題があるが、子供にとって長時間保育はどうなのかという視点から考えた時、長時間家庭より大きい集団の中に居ることは子供の緊張を強める。そのため子供が不安定になることが多い。そこで保育時間を短かくすると同時に、人間の自然の営みとしての保育に男女共に携われるよう労働時間短縮という方向で運動を考えている。しかしこの運動は、現実の労働状況の中ではかなりむつかしく観念的理想的と批判が有、なかなか浸透していない。

☆従来の保育に疑問をもち新しい保育を目ざして作られた認可私立保育園バオバブについて

芦谷　薫

妊娠したことがわかった時点で市役所に行ったが、生まれなければ話しにならないと言われ、女が働き続けることが保障されていないことに気づいた。これは同時にこれから働こうとする女への労働権をもうばっている。つまり現在仕事をもっている人間しか保育園の入所申請が出来ない現状である。そこでまだましである公立の保育園に入れない可能性も大きいとなると無認可ということになるが、それは保育内容設備等の点で不安があって結局仕事を止めた。その後子供が一才過ぎたころ大学時代の友人の誘いで、大学内の「乳児集団保育研究会」に子供と共に参加した。三才以上の子供の集団保育の教育的意義は学問的にも明らかにされているが、乳児についてはまだ追求がなされていない為発足したその会で、乳児の集団保育の意義を確めたいと思った。結果は現在のような都市化した市民社会の中では子供の全面発達のために集団保育のもつ大きな役割が確められた。そこの関係から子供に原点をおく保育園めざしたバォバブを知り子供と遊びに行く中で、親の方は保母の産休代替として働くことになり、子供の方は私的契約児として入園できた。そこでの経験の中で女子の労働権を保障する保育園が同時に子供の民主的な全面発達を保障することが出来ることをさらに深く確められた。バオバブでは、地域に開いた保育園、子供を管理するのではなく子供の空間と時間を保障する保育内容や施設を目ざして様々な試みと努力がなされてい、又同じ労働者として父母との交流や保母の労働時間や仕事の内容にも他園にない試みがなされていた。

このような経験の中から、第一に今の保育行政は女性の労働権を保障するという姿勢はなく、託児所といわれた時代の必要悪的な考え方と何ら変らない姿勢である。具体的な地方自治体の保育行政そのものと同時に、それ

(2)

が依ってたっている児童福祉法第三十九条第二十四条そして又、憲法の基本的人権の子供版である児童憲章第二条そのものにも問題がある。次に学問の世界では女の労働権の保障という視点に立つ、子供の発達権や集団保育の研究はほとんどなされていない。児童学、児童福祉、児童心理等の学問分野での保守性にも目を向けなければならないということを感じる。

◎ 討論

自己紹介と討論の中で働きつづけたい、これから働きたい女たちがぶつかる様々な具体例が出された。又今の保育内容への種々の不満や疑問が出されたが、その改善の為に保母や、当局との折衝の中で子供自身が不安定になり、自分が働くことと子供へのすまなさのジレンマをかかえる人の話も出されたが、『女の自立という自分の立場をつらぬかねば問題は進展しない。なぜ働くのか、女が働くことは何なのかをしっかり把えなければ、そこから出発しなければ、まわりの人にも説得できない』という核心をついた発言は強く皆の心にひびいた。そして地域やそれぞれの身辺で地方自治体レベルでの運動も大切でそれを行いつつ、国レベルへの要求も同時に行なわれなければならない。行動を起こす会としては国レベル、都レベルに要求していくこと、そして、つい見おとしがちである児童憲章、児童福祉法の誤っているところにも目を向け、改めさせることも必要だという方向が出された。今回をとっかかりとして次回には具体的に国レベルへの要求や児童福祉法等の検討と改善要求を考える機会を定例会で継続しておこなって行くことを確認した。

☆ 資料

＊児童憲章（昭和二十六年五月五日公布）

第二条 すべての児童は家庭で正しい愛情と知識をもって育てられ、家庭にめぐまれない児童にはこれに代わる環境が与えられる。

＊児童福祉法（昭和二十二年十二月十二日公布）

第三十九条①保育所は日日保護者の委託をうけて保育に欠けるその乳児又は幼児を保育することを目的とする施設とする。

②保育所は、前項の規定にかかわらず、特に必要があるときは、日日保護者の委託をうけて、保育に欠けるその他の児童を保育することができる。

第二十四条 市町村長は、保護者の労働又は疾病等の事由により、その監護すべき乳児、幼児又は第三十九条第二項に規定する児童の保育に欠けるところがあると認めるときは、それらの児童を保育所に入所させて保育しなければならない。但し、附近に保育所がない等やむを得ない事由があるときは、その他の適切な保護を加えなければならない。（芦谷　薫）

波

◇横浜周辺の皆さんへ 横浜での拠点づくりをめざし、左記のとおり集まりをもちますので、ぜひご参加下さい。

時 一一月一六日(水) 午前一〇時ヨリ

所 三越デパート二F 喫茶〝ロシェ〟

（横浜駅西口）

℡ 〇四五（七一三）[redacted]番

久松共子

◇〝記録集〟まだあります！

秋の学園祭や文化祭で、ぜひ売ってほしいと願っています。事務局までご連絡を。定価六〇〇円、送料一冊一四〇円。行動する会の財政難は相変わらず、ぜひ友人や知り合いにすすめて下さい。

◇和文タイプを習いませんか

週二回、二時間、一緒にやってみませんか。あなたの活動に少しでも役に立てればと考えています。詳しくは電話で。

（三五八）[redacted]（関根まで）

外国の女シリーズ（九月二五日）

〃新しい女性の生き方〃

──スェーデンと日本──

国際分科会

自分達の生活している地域でも運動を繰り広げたいという声が横浜でも盛り上り、今回初めて横浜に場所を移した。

ヤンソン由実子さんはおつれあいがスウェーデン人。日本文学を研究しているスウェーデン人のグニラ、和田、リンドベリイさんは、おつれあいが日本人ということで、二人とも両国を比較して四つ目の観察ができるという共通のベースから、お話を伺った。

＊　＊　＊

☆ヤンソン──国際結婚をしたという感覚がなく、同種類の人と出会ったのだが、やがて自分は日本で生れ育った為に日本文化の影響を受けてきたし、彼はスウェーデン文化の産物であることに気付いた。価値感、教育観念の相違等に、異文化の発見をした。異文化の人と暮すと当然という考えがない。日本の教育は調和性、秩序を大事にし、和を崩さない、集団に合う人間を創る集団主義。スウェーデンは自己主張できる個人主義である。具体的には、子供に自己を持った人に育ってほしいのに、日本の幼稚園では自己主張することが問題児扱いにされるという問題がある。

女は、まわりを立て自己主張しないことを強要されるが、たとえ経済的に自立していたとしても自己主張がなければ本当の自立はない。経済的自立と精神的自立は表裏一体で、真の自立した人間になるには、両方を平行してやって行かなければならない。日本では人間関係ができてくると女に対する足枷が、又、できてくる。スウェーデンでは、こういう状況は五、六十年前にあり、今は女も自立するのが当然という国民的合意をしたイデーができている。一方の社会では絶対でも、もう一方の社会では絶対ではない。女に対するイメージや価値も相対である。社会は個人の価値が沢山集っているものだと考えるべきだ。和を重んじるあらゆる所で和を壊し、自己主張していくことが個人主義を養成するものなら過渡期に少しは無理があっても仕方がない。

☆和田──スウェーデンと日本は、表面は似ていても価値観は随分違う。集団の調和に合わせては自由は得られない。自由、独立、自立には孤独も伴うものだ。

研究している源氏物語の女性に、いずれも上流社会が舞台だが、母、女房、出家の三つの生き方を見つけた。出家のみが自立している女だが、現代も職業人と家庭人が両立しないので、禁欲的にキャリアのみで生きるという女性に出家と似たものを感じる。家庭と仕事を同時に持っても豊かな生活ができると思う。国家は個人の為にあるべきものなのに、今の男女の役割は、国家・産業のものである。子供が成長し離れていき、仕事が定年になると後に何も残らないということは男女共に解放されてないことだ。又、女が自立していれば、男は妻子の為に仕事の内容より経済的に安定している方を選択することもない。

子供は将来を担う国家のもので親のものではない。自分とは違う個人である。

日本では、まだ性はタブーで、恥ずかしいものとされているが、性教育は、直接に女性の自立に結びついた大切なものである。

＊　＊　＊

講演の後、質問が続き、熱が入ってきた時に時間ぎれとなった。これをきっかけとして、横浜で活動を続けたいと思う。

私と同じ職場の人が、自己主張したところ、上司よりここは日本なんだからと釘をさされた。会社で和を崩すことは結果的に退職せざるを得なく、経済的におびやかされることとなる。会社以外の所での自己主張しか道がなく、その二重性を何とかしたいと思う。（鎌仲）

労働・主婦分科会合同例会（第三回）

〝時間短縮〟について

田辺照子明大教授に聞く

一〇月一日（土）

労働分科会・主婦分科会が目下とりくんでいる労働時間短縮の問題は、女が働き、男も家事・育児労働を共業して人間らしい生活をとり戻そうとする場合、今の労働時間はあまりにも長すぎるのではないかという問題提起だった。不況下、労働組合のいう時短の多くは週休二日制への方向であり、むしろ一日の労働時間が伸びて、保育所の迎えの時間にひっかかるなど新たな問題が起きている。

田辺さんはまず戦前の労働時間の歴史に触れ、労働災害は午後の三時以降に多発し、能率もおちてくることが次第に立証されて、八時間労働に向けて時短がなされてきたいきさつから話された。なかでも社会政策上の効果として有名なのは、アメリカのニューディール政策で、週四〇時間制をしくことで千三百万人の失業者を吸収したという。

戦前のこの時短への動きが逆行したのは、「お国のために肉体の続く限り」働いた戦中であり、戦後欧米では、復興までは長時間労働が続くが、その後積極的に時短問題がとりあげられ、週四〇時間が現在のすう勢となっているという。

一方日本は、戦後すぐに労働基準法により週四八時間から出発したものの、以後まったく進展していない。なぜ日本では時短が実現しないのか。労働組合もベースアップに執念を燃やすほど、労働時間は考えない。

欧米とのこの違いの理由を田辺さんは「意識と生活習慣の違いがあるのではないか」と指摘する。向こうでは、一家で夕食をともにし、食後散歩をするというのが日課になっている。時間外労働をすることは〝私的権利〟を奪われたに等しいというとらえ方をする。タイプを打ちかけでも、時間が来たらサッサと帰ってしまう。日本人はこれを無責任というが、あちらでは日本人のように残業することは考えられず、そんなに毎日残業していたら、離婚の原因になるというほど――。

日本の場合、家計の不足分は残業で補うというように、残業が予定化されて労働者のなかにしみ込んでしまっている。民放や新聞社などでは、残業は月一五〇～三〇〇時間ということもあり、それが男の生きがいになっている。

さらに、平均的日本の労働者の生活構造時間として労働、睡眠、休養を割りふると、休養は三時間しかとれず、女性の場合はこれも家事労働にとられ、睡眠時間にさえくい込んでいる。この上残業などは生理的限界であること、深夜労働も、男性を含めて反生理的な労働であることを指摘して、日本の平等論争の中にある、男と平等になるためには残業も夜業もという主張は、今のような家庭や労働状況では、むしろ一般の働く女性の首をしめるようなものだ、と保護撤廃の動きを批判。

最後に日本の労働時間短縮をどうすればよいかについては、①実質的賃金の低下を伴わないものにする、②全国一律最賃制の確立、③（協定による時間外労働を認めている）労基法三六条の撤廃、などを示した。

講演のあとの話し合いでは、働く会員から、現場での時短のとりくみには、「賃金があがるわけでなし」「家に早く帰ってもメシができてるわけでもなし」など、男性の間に大きな抵抗があることも報告され、八時間を割る方向での時短の難しさも語られた。しかし、田辺さんの話などからも、当面私たちが着手できる課題としては、「男女ともに残業をやらない」「有給休暇の完全消化」などが、まず考えられるのではないかと思った。

（文責　竹内みどり）

(5)

外国の女シリーズ（一〇月二七日）

〃韓国の女〃

――国際分科会――

今回は統一革命党在日韓国人連帯委員会の国際部長韓須美さんのお話を伺った。以下韓さんの言葉をそのままここに記載する。

△　△　△

今韓国は、全国民が囚人であり、全土が監獄となっている。朴政権は「反共法」「国家保安法」「社会安全法」「緊急措置九号」等数多くの悪法のもとに国民の自由と権利をはく奪し、南北対決と民族分裂を追求するファッショ暗黒の極致を成しており、維新憲法三二、五三、五四条は人権弾圧を合法化している。

毎年、米国の援助総額に匹敵する三億から四億ドルの予算を使い果す「中央情報部」は、見えざる第二の政府としてその権力は極大化し、いかなる成文法の制限も受けない。暴圧機構において、一平方キロメートルに四〇名、住民八名に一名のスパイが配置されている。

その民族が病める時、二重三重の苦しみをうけるのは常に女性である。今韓国では、愛する夫や子供がＫＣＩＡに突然連行されて、かたわ者や死体となって返されても訴えるところがない。米帝の軍事力と日本の経済力に支えられる朴政権下では、国民総所得の九〇％が、全国民の四％にあたる買弁資本家に集中しており、労働者の六〇％以上が最低生活費月収一万七千円以下であり、百五十万六千名の女性勤労者の月平均賃金は男性勤労者の半分にも満たない。この貧困の中で日本企業は安い労働力をむさぼっており、女工に対する酷使は言語に絶するものがある。最近は、キーセン観光にあきたと言って関連企業の女工に手を出し、誘惑に応じないといってＫＣＩＡに連れ去られ行方不明になっている女工が多いという。また馬山地域では、一ケ月三千七百五十ウォンの低賃金にあえぐ女工が、一晩四〇〇ウォン（日本円にして約二一一円）の売春を強要されているという。

また朴政権は、拷問に効果的に利用できる高性能の麻酔剤と化学設備、機械設備、電子装置を米国と日本から輸入している。ある女子大生は二五Kgもある大蛇が何匹も入っている部屋に入れられ、気絶すると性興奮剤の入った水をのませ、八名のＫＣＩＡ要員が輪姦して殺した。これはほんの一例にすぎない。

解放後、私たちは日帝にかわる米帝に強占され、「反共」を踏絵として分断を強要された。米・日当局者は中ソと握手をしながら、朴政権は反共だから支持すると言い、一家族が南北、海外にひきさかれた中で、統一のために同族同志が手を握りあうことが罪とされ、外勢に国と民族を売る輩が正当化されるこの不条理を、もうこれ以上がまんならぬというのが全韓国民の心情である。

解放後、北《共和国》の金日成主席は米帝の南半部占領下で、朝鮮人民の前に、反帝反封建民主主義革命遂行と、北半部に革命基地建設の課題を提起した。しかし、韓国の前衛「南朝鮮労働党」の朴憲永は、思想・理論・方法の全一的体系による革命思想がないため韓国革命の性格を規定できず戦略戦術もないまま、米帝を朝鮮民族の解放者とみなした。そしてその弱みを米帝に握ぎられ、極左冒険主義的に闘争を組織し、有利な情勢にもかかわらず敵前に革命力量を皆なさらしてしまった。そしてあの英雄的な四月革命も結果は米帝に利用され、「ＣＩＡ工作の中で最も安価に成功した事例である」とダレスをしていわしめた五・一六クーデターを許してしまったのである。

この血のにじむ歴史的教訓の中で韓国民衆は、チュチェ思想を指導理念とする「統一革命党」を闘いの蓄積のなかで、一九六九年創党した。「統革党」が大衆の中に深くはいり、

(6)

意識性と組織性を付与した結果、反帝反ファショ民主化闘争は正確な方向に着実に進行している。そして今、金芝河氏の母、金大中氏の夫人、全泰一氏の母をはじめとする多くの韓国の女性が闘争隊列の中で英雄的に闘っている。

朝鮮の統一問題は、本質において朝鮮民族の自主権を全土において回復する問題である。米・日当局が狡猾な形で二つの朝鮮をもくろんでいる今、歴史の車輪の片方を担う女性として、両国女性の連帯が今ほど切実に要求されている時はない。このことは韓国女性のみならず日本の女性の解放に連がる問題であると思う。

△　△　△

圧制と貧困から解放され、人間として真の自由と権利を勝ちとるために闘う韓国の人々の反朴民主化闘争は私たち日本人につきつけられている問題でもある。朴独裁政権を支えている日本の権力に対し、私たちは厳しい目でたち向って行かねばならないと思う。

（石井英子）

利用しようよ　国立婦人教育会館

井上節子

夏のはじめ、新聞の人物欄に縫田曄子さんの顔がのっていた。注意してみたら、今年の秋に開館する国立婦人教育会館々長に選ばれたという。文部省がそんなものを建築中とは少しも知らなかったし、一体どんな施設なのだろうかと、秋になって興味がわくことしきり。それで、一日を見学と決めこんだ。

池袋から東武東上線の急行「寄居」行で、約一時間。途中通過の二つ手前、「東松山駅」は、あの丸木俊、位里夫妻の美術館があるところ。「原爆の図」を見に訪れた人もいるだろう。「武蔵嵐山駅」で降り、なだらかな丘陵地帯を南へゆっくり歩いて十五分。ひなびた町の雰囲気には不つりあいな真新しい建物の一群があった。まだ工事用の車が出入りし、特に外側は未整備の感が強い。

一〇月二〇日の事業開始、一一月二日の開館式に備えて、二六名の職員がフル回転中。専門職員の木村さんに施設を案内していただいた。

研修・交流の機会の提供、情報収集が、この施設の三大機能。六一億のお金をかけただけあって中身は、なかなか立派。（利用するうちに欠陥が見えてくるにしても）三五〇人は宿泊可能で、料金は千円と格安。大食堂では一日二千円内で食事をセルフ・サービスできる。スナック、ティーラウンジ、美容室、視聴覚室、工芸室、画廊、料理室、そして医務室に託児室。この託児室は、二、三百人の団体を迎えた場合は、少し狭い感がする。保育内容については検討中ということなので、当分の間は利用団体が、保母を用意する必要がある。研修室についていえば、六百人収容の講堂、一五〇人の同時通訳室、大、中、小研修室があわせて一七室。ここまでがもう完成済み。来年、体育館、日本家屋を建設予定。

ともかく、研修プログラムを提出する必要があるものの、各種集会、研究会に利用できそう。すでに京都、福島などから利用申し込みが相次いでおり、一〇月二九、三〇日には「あごら」が全国大会を開く。これから、利用申込みは受付開始の六ケ月前にしないと、なかなか予約できなくなる恐れもある。来年の「行動を起こす会」の夏合宿は、ぜひここでやりませんか。

≪国立婦人教育会館≫
〒355-02　埼玉県比企郡嵐山町大字菅谷七二八
〇四九三六二―六七一一（代表）

(7)

お知らせ

◎一一月定例会
〃私の生きがい〃
—座間市で語ろう—

時　一一月一九日(土)午後二時～五時
所　座間児童館
小田急線新宿駅より急行で〃相模大野〃乗り換え。厚木方面の各駅停車で〃座間駅〃下車。(新宿より約一時間)
座間駅前郵便局の前を通り、〃しあわせの丘〃(洋菓子店)手前右入る。
℡　○四六二(五二)[redacted]
出席　ビヤネール多美子(評論家)
　　　福田美代子(座間市議)
参加費　一〇〇円

いつもいつも新宿周辺で行なわれていた定例会が、やっと郊外へ移動。今回は座間市で開かれます。「みんなで話そう女性の生きがいについて、ともに考えよう妻の、主婦の生きがいについて」ひとりひとりの参加が、行動する会の〃支え〃です。
ぜひお出かけ下さい。

分科会ニュース

◎労働分科会
時　一一月一〇日(木)　午後六時半～
所　事務局
〃ミズジャーナル掲載原稿打ち合わせ〃

◎教育分科会
時　一一月一四日(月)　午後六時半～
所　事務局
〃男女共学の一問一答集編集会議〃

◎公開質問状グループ
時　一一月二六日(土)　午後二時～
所　事務局
〃地方自治体宛て公開質問状の回答整理〃

◎主婦分科会
時　一一月二七日(日)　午後一時半～四時
所　事務局
〃女性雑誌を洗う〃

☆77総括集会は一二月三日(土)午後一時～八時、渋谷勤労福祉会館です。お忘れなく。

◇今月の雑感(後記にかえて)

〃女の本〃が次々に出版されているようだ。書店のコーナーに〃女の本〃が並んでいるのをよく見かけるようになった。やっとマスコミの流通機構にのったという感じ、有名書店でも欲しい本がすぐに手にはいるという程ではない。ましてミニコミは、販売・入手ともなかなか困難な状況であると思う。

行動する会も毎月の活動報告のほかに、一年ごとの〃記録集〃を編纂し発行している。また〃女性に関する公開質問状の回答全文〃や〃女と政治〃これから刊行される〃男女共学のための一問一答集〃などもある。これらの出版物をどう売るかは、運動の輪を広げるためにも重大な問題ではないだろうか。

ミニコミを作る人と買う人のための空間を維持している〈模索舎〉は、その「声明」のなかで「作ったミニコミの販売・流通の重要性に無自覚で、本当に読者とのコミュニケーションを目指しているとは思えない一部の製作者の問題点」を指摘しているが、うなづけるところがあるような気がする。会の刊行物の販売・流通ルートを開拓する〃行動グループ〃があってもよいのではないだろうか。とにかく〃二年目の記録集〃を頼みます!!(根)

国際婦人年をきっかけとして
行動を起こす女たちの会

1977年11.12月合併号

活動報告

＜事務局＞
〒160　新宿区新宿1－31－4　リブル葵301
中島法律事務所内
TEL　(03) 350－6082
郵便振替　東京0－44014

一二月三日(土)　速報　総括集会
(詳細は次号に掲載します)

暖かな土曜日の午後、渋谷勤労福祉会館で行なわれた一九七七年総括集会は、百五〇余名の人々が参加。主催者側としては、まあまあの盛況ぶりと納得しています。しかしながら、会員の参加が約半数の七〇名程だったことは、寂しい数字のような気がします。

今回のテーマは、打ち合わせのメンバーの顔ぶれが変わるごとに二転三転し、結極〝闘いつづける女たち〟というスローガンのもとに、前半は女子の労働問題、後半は運動論という二部形式になりました。低成長下のきびしさのなかで、女の働く権利がますますないがしろにされている現状を、舛本・赤坂・鍋島・盛生・井上・植村(発言順)の各氏が語り、多くの女たちが共感の拍手を贈っていました。このことは、翌々日一二月五日(月)の朝日新聞・家庭欄の記事(由里幸子記者)となり、全国のみなさんのお目にとまったことと思います。

運動論にはいり、中島通子氏が民間の女たちが手を結び「私たちの国内行動計画」をつくろうと提案。活発な討論がくり広げられ、今後の運動におけるおおくの課題が浮きぼりにされました。

休憩(夕食)をはさんだのち、行動する会の各分科会の一年間の活動と来年の展望が報告されました。各グループとも約束の三分間を大幅に超過し、熱心に自分たちの分科会について語っていたのが印象的でした。共通の悩みは活動メンバーが限られた少数であること。

この日理論分科会が欠席したことについては反省を求められていいのではないでしょうか。

つづいてヤンソン由実子氏が、行動する会が分科会形式で活動してゆくことは、エネルギーの拡散となり、衰退の原因になるのではないかと問題提起。活発な意見交換が続くなかで、そもそも行動する会の基本理念は何なのか――という発言がなされ、あらためて、行動する会のいままでの経緯と今後の運動方針について、内部討論する必要があることを痛感して集会は幕を閉じました。　(根本)

次回定例会のお知らせ

とき　一九七八年二月二四日(金)PM6:30～

この三年間をふりかえり、今後の行動する会の活動方針と運動論を討論する集会です。詳しくは、来年一・二月の活動報告をご覧ください。

(一二月五日・世話人会)

十一月定例会報告

私の生きがい

一一月一九日㈯1時30分～5時
於・座間児童館
（参加者七〇余名）

今回の定例会は、いくつかの点で意義深いものであった。まず東京から離れて座間で開かれたということ。世話人の三井さんより「今までの中央にかたよりがちな活動を反省し、地方の人たちと話し合って地域に根ざした問題をも考えて行こうという立場から、その手始めとして座間でやろうということになった」と説明された。

次に中央の人たちと地域で活躍している人々とが交流できたということ。東京へ出るのに最低二時間はかかるという座間において、中央の会には出られないけれど、日頃地域で現実の問題にぶっかってそこでがんばっている人たちとがふれ合うことができた。

第三に新聞に取りあげられたこともあって、座間近辺の人たちが集まり、このような会への出席ははじめてという人も含めて、多彩な顔ぶれになった。日頃いっしょに話をする機会のない人たちと多少ともつながりの持てるきっかけをつくったことになる。

さて、テーマは「私の生きがい」ということであったが、この意義ある会において、東京の人たちと座間の人たちとの交流を主眼にし、女の問題を何でも気軽に話し合おうという司会の福田さんの言葉でスタートした。全体的な討論の流れとしては、女性解放運動の歴史として日本より三〇～四〇年も進んでいるスウェーデンの例を参考にしながら考える方向で進んだ。スウェーデンでの生活経験の長いビャネール多美子さん、藤井恵美さんの話ははじめて聞く人にとっても、今まで聞くチャンスのあった人にもやはり貴重なものであったように思われる。

現在、この座間で現実の問題としてぶつかり運動しているお母さんたちのことが最初に報告された。目の前にある新しくできた分身校に行かせたくても、自治会の地域割で入学許可されない子を持つお母さんたちの運動である。そのお母さんたちの団結と熱意で何回かの会合や交渉を持ち、何とかなりそうなところまでこぎつけた。この四ケ月あまりの経過を見ると、お母さんたちが子どものことで仲良くなり、自分たちで行動するきっかけをつかみ自立してきた。やればできるところまで動かしてきたということであった。

これに対し、スウェーデンでは、通学に関する問題はあまりなく、一例をあげれば、団地作りをする場合、学校、商店、銀行その他サービス業も含めた総合計画をもとに許可がおりるという。

スウェーデンで今悩みとなっているのは、日本とは質の違いはあれ、やはり保育の問題であると言われる。自分の能力を社会において生かしたいという意向から働きたいと考える女性が多くなっている中で、そのような働く場も、女性たちの長年にわたる運動の結果開拓されて、以前は男性のみの職場だったところにも広がっている。それに伴ない、不足する保育園の解消策として保育ママの制度がある。これは申請して認められれば、保育園へ支払う料金で、家庭で預ってくれる人に頼める方法である。

座間の場合を見ると、無認可の保育園から公立化するという運動のもとで、かなり多くの公立保育園ができていると報告された。一般に日本の場合、自分の母親に子どもを見てもらって働くケースが多く、これは一生に二度も母親に保育をさせる犠牲のもとになっている。

このような個人的解決に頼らず、社会の問題としていかなければならないという意見が出された。

　次に再就職の問題であるが、ここにも日本とスウェーデンでは大きな違いがあることがわかった。夫を急な病気で亡くし、子供をかかえて急には働くところもないという現実の問題が出された。特に日本の場合、再就職と言っても本雇いになることはまずないし、同じ仕事をしても低賃金のパート扱いであることが大きな問題である。

　一方、スウェーデンでは、パートと言えば完全な時間短縮労働であって、時間給としては全く変らない、しかも自分の働きたい時間に合わせてこのパートが自由に取れる状況にあると言われる。一時的に育児のために仕事をやめたにしても、再就職すれば同一労働に対しては同一賃金である。このような状況のもとでは休暇のとり方も、何を生きがいとするかも違ってくる。

　最近のスウェーデンでは育児休暇をとる男性が増えており、家庭に入って「子供と一緒にいることがこんなにも楽しいことだったのか」という再発見がされつつあることも報告された。しかも子供の病気に対しても男性が休暇をとる場合が増えていると言う。

　これに対しては、二つのことが問題にされた。日本では、男性の中に、家庭のことを一生懸命やるのは恥であるという意識がある。まずこのような意識も変革していかなければならないということ。一方、見方をかえると働く意欲の面でスウェーデンでは弱くなるのではないかということ。これらについては、生きがいについての考え方の違いがあげられた。日本人には働くことを生きがいとする人が多いが、スウェーデンでは、家庭を持って生きていくことが生きがいであり、そのために働くのだということである。

　最後に、現実に日本の女たちが今、何をすべきかに進んだ。スウェーデンでの保育ママの制度は何とかまねできることではないか、スウェーデンがすばらしいと言ってもそれだけでは何もならない。家庭の中で女たちが甘えていないで男たちを変えていく努力をしていかなければならない。女の社会参加と言っても、女が家事一切をやり、専業主婦という状態を肯定した上でものを考えていたのではどうにもならないところまで来ている。

　とにかく自分が何をしたいのか、何をしなければならないのかという点で、個人としての生き様を大切にし、現実に自分がぶつかったところから、先を見て行動していかなければならない。思い悩んでいるだけでは動きが生まれない。人と人との出合いを大切にし、話をすることによって輪を広げていかなければ女のしあわせを追求する場はないのではないか。

　今、ここでの出合いをいかし、表面的なつながりでなく、自立の思いのある女たちの深いつながりでいざと言う時大きな力となるよう、いまこそが連帯の時ではないか。生活を通した自分の実感のこもった所から掘り下げて行くことが女たちに必要なのではないか。

　このような熱のこもった司会者の言葉で、座間での第一回の交流は、次回へ期待を寄せて閉じられた。

（前田美登里）


　師走は何かとご入り用なことが多いかと思いますが、行動する会の**会費や定期カンパの納入**もお忘れなきようお願いします。九月以来収入が激減しているので、来年早々の活動に支障をきたしそうです。**ボーナスカンパ・一般カンパ**も、ぜひとも行動する会宛てご送金下さい。

　なお記録集〃行動する女たちが明日をひらく〃は、六百部売れましたが、印刷費の半分にしかなりません。残りは一口一万円の貸付制度をとって支払いを済ませ、今後の販売活動に努めることを確認（12月5日世話人会）。ご協力を!!（根）

3

「不訴追」だが厳重注意
裁判官訴追委最終結論

〃女は家庭に入れ〃と女性差別発言をしていた四人の裁判官を罷免するための訴追請求(本誌七六年七月号参照)について、十一月八日、国会の裁判官訴追委員会は、不訴追の結論を出しました。ただし、四人の発言は「甚だ穏当を欠く」ということで与野党全委員の意見が一致し、不訴追としては異例の次のような決定文が発表されました。これは、四人の発言が、裁判官として、かつ教官として甚だ穏当を欠くとした点と、相互に意志を通じたかの如く行なわれたこと、つまり個人的偶然的な発言でないとした点で、昨年の最高裁の二裁判官に対する厳重注意より評価できますが、そうであるならば当然に裁判官としての資格が問われるべきです。四裁判官は辞任すべきではないでしょうか。今後も司法界の女性差別を撤廃する運動を執拗に続けていきたいと思います。皆さまの積極的なご参加をお待ちしています。

一九七七年一一月二五日

差別裁判官訴追実行委員会

裁判官訴追審査事案決定通知

裁判官川嵜義徳・中山善房・山本茂・大石忠生に対する訴追審査事案について、裁判官訴追委員会は昭和五十二年十一月八日の委員会において訴追しないことに決定しました。

よって、念のため同決定書の謄本を添えて通知します。

主文

各被審査裁判官らについては、いずれも罷免の訴追をしない。

理由

当委員会が調査した結果によると、被審査裁判官らは、いずれも東京地方裁判所所属の裁判官であり、かつ、川嵜裁判官は司法研修所事務局長として、その余の各裁判官は同研修所教官として、同研修所に勤務していたものであるが、昭和五一年四月二七日ころから同年六月二六日ころまでの間に、それぞれ各別に、当時同研修所において修習中の同年度採用第三〇期司法修習生に対して後記のように、表現上多少の強弱や相違はあるものの、等しく女子修習生の修習意欲を減殺させるような、しかも、女性に対する差別的発言と受

男女平等教育を考えるシリーズI
一問一答──共学をすすめるために

教育分科会が発足して以来シコシコとやってきたことが小さな本になります。真の男女平等・女性解放はまず教育から、そしてその広い教育という大海の中でも、手始めに学校教育現場から、という意志の下で、日本全国の公立高校の男女共学・別学状況を調べてみました。あるわ、あるわ、共学と名打っているのに現実は併学だったり、女子は元男子校系公立高を受験させられなかったり、四十校以上の公立高をかかえている県でたった二校しか共学校がなかったり。

そんな現状から一歩でも脱却し、近い将来(?)真の男女平等教育にさせんと、問答形式で約50ページの小冊子を作成しました。一問一答の他に、共学の歴史や、憲法と共学の関係、各地の公立高校別学状況の実態などが網羅されています。

どうぞ手にとってごらん下さい。そしてあなたも共学を勝ちとるために一緒に頑張りましょう。一冊二百円(送料一部百四十円)

＜教育分科会＞

4

け取られるおそれのある発言をしたことが認められる。右発言の場所、相手方、具体的内容等は、概ね次のとおりである。すなわち、(一)川嵜裁判官は、同研修所の公式行事である見学旅行の際開かれた懇親会二次会の席上、約一〇名の男子修習生に対して、「男が生命をかける司法界に女が進出するのは許せない」などと、(二)中山裁判官は、ソフトボール大会後のクラス懇親会の席上、一名の女子修習生に対して、「女性は修習を終了した後法曹の道を進むことなく家庭に入って堆肥としての役割を果すのがよい」などと、(三)山本裁判官は、前記見学旅行の際、往路の東京・沼津間の列車内において、三名の女子修習生を一名ずつ自席に招き、「修習生になって両親は愚痴をこぼさなかったか」「勉強好きの女性は理屈っぽいから嫌いだ」「法律家となるより家庭に入る方が女性の役割として大切であるから、それを勧める」などと、(四)六石裁判官は、女性を含む十数名の修習生が同裁判官宅を訪問した際「女性は産休などで他人に仕事上迷惑をかけるので同僚はよい顔をしない」などと発言したものである。

被審査裁判官らの右発言は、裁判官であり、かつ、司法修習生の教育・指導を担当する立場にある者の発言として甚だ穏当を欠くものといわなければならず、また、あたかも相互に意思を相通じたかの如く、一時期に集中して、同種内容の発言をしたことは重くみなければならないが、裁判官の身分保障の重要性にかんがみ、かつまた、裁判官弾劾法の規定に照らし、訴追請求人らが言うように、右各発言のゆえをもって直ちに同法の定める裁判官罷免事由に該当するものとは認められないので、被審査裁判官らについてはいずれも罷免の訴追をしないこととする。

なお、被審査裁判官らの前記各所為は、法の下の平等、職業選択の自由、生存権の保障、勤労の権利等憲法上の基本的人権にかかわる重大な発言であって、このような発言をしたことは、裁判官弾劾法二条にいう裁判官としての職務上の義務に著しく違反したとき、もしくは、裁判官としての威信を著しく失うべき非行があったときに該当するから、いずれも罷免の訴追をするのが相当である、との少数意見のあったことを附記する。

女が変われば政治が変わる

語ろう女たち!!

とき　一月二八日(土)午后1時〜7時
ところ　山手教会（東京都渋谷区）
前売　五〇〇円　　当日　六〇〇円
行動する会も大いに参加しましょう
主催　政治を変えたい女たちの会

波

◎出演者募集中　一月二八日に行なわれる〃語ろう女たち〃の集会は「全国に点在する各グループや個々の女たちとの交流をはかって、女たちの連帯の輪を広げてゆけたら……」と願って、〃政治を変えたい女たちの会〃が主催するものです。我が行動する会もさっそく参加を表明。各分科会ごとにアピールをするほか、会全体のアピールを構成しました。当日、舞台のうえで、思いのたけシュプレヒコールしてみたいとお考えのみなさん、ぜひ行動する会・演出班（斎藤幸枝、高木澄子・三井マリ子）までご連絡下さい。なおリハーサルを次のとおり行います。多数ご参加下さいますように。（根本）

一月一五日(日)　午後1時
中島法律事務所→新宿御苑（予定）
参加申し込みは事務局にて受付中です。

◎記録集編集委員募集中　三年めの記録集は、ぜひわたしのセンスを生かして、よりよいものをつくってみたいとお感じの方、至急、事務局までお電話下さい。

◎〇三（三五〇）六〇八二　行動する会

お知らせ

◎ 一九七七年〝忘年会〟
とき 一二月一九日(月)午后7時～9時
於 随園別館(新宿区新宿一ー一〇ー六)
　地下鉄・新宿御苑前より徒歩三分 旧事務所の二〇〇メートル先の中華飯店。
会費 三五〇〇円
申込み〆切 一二月一七日(土)

あなたにとって一九七七年はどんな一年でしたか。イヤなこと、くやしかったことをみんな忘れて、楽しい会談のひとときを一緒に過ごしてみませんか。とくに今年新しく入会なさった方、若い世代の方、日ごろ外へ出る機会が少ない方、ぜひぜひおいで下さい。

◎ 二月定例会
〝行動する会の活動方針と運動論〟
と き 二月二四日(金)午后6時30分～
ところ 只今未定
「行動する会・私の運動論(集)」を二月初旬にお送りします。新旧会員の数多くのご参加を望みます。

(一二・五世話人会)

◎ 一月世話人会
と き 一月九日(月)午后6時30分～
ところ 中島事務所
新しい年の最初の集いです。各分科会の世話人は必ず二名ご出席下さい。会員の方はどなたでも出席できますので、お気軽にお立ち寄り下さい。運動することの〝おもしろさ〟を味わえますヨ。

分科会ニュース

☆ 労働分科会
と き 一二月一二日(月)午后6時30分～
ところ 中島事務所
〝公的機関の雇用における男女差別・他〟
と き 一月一九日(木)午后6時30分～
ところ 中島事務所

☆ 主婦分科会・労働分科会合同例会
と き 一月二一日(土) 午后1時30分～
ところ 中島事務所
〝労働の時間短縮について〟

◎ その他の分科会の日時については、各世話人にお問い合わせ下さい。

カンパありがとうございました!!

一二・三総括集会会場においてご協力いただいた「ピース罐・日石・土田」事件の前林則子氏他三名「被告」の保釈金調達に対し、「一五、〇七一円」のカンパをいただきました。ありがとうございました。(古川)

活動報告《出版部》へのお誘い

今回の総括集会第二部で、活動報告に対するいくつかの不満や要望が出されました。実際、ふだんの仕事の合い間に、なるべく労力を使わないやり方で編集していますから、自慢できる出来ばえとは言えません。日ごろ、仕事で疲れた体でペンを持ち、深夜までかかってテープ起こしをし、原稿を書いてくださっている会員の方の熱意をもっと生かせる充実した紙面、できるだけ最新の情報を数多く共有するためのシステムづくり等、課題がいっぱいです。ぜひ新たな分科会活動のひとつとしてご参加下さい。

編集後記

今年の行事はあと忘年会を残すだけ!? 来年の活動のために会費を納入してから歳を越して下さいね。風邪にご用心!!(根本一枝)

国際婦人年をきっかけとして
行動を起こす女たちの会

1978年1月（号外）

活動報告

＜事務局＞
〒160　新宿区新宿1－31－4　リブル葵301
中島法律事務所内
TEL　(03) 350－6082
郵便振替　東京0－44014

今月のお知らせ

1・7　公開質問状担当グループ
1・9　一月世話人会
　記録集編集委員会
1・15　1・28集会参加リハーサル
　記録集編集委員会
1・17　教育分科会
1・19　労働分科会
1・20　国際分科会
1・21　主婦問題・労働分科会
　公開質問状担当グループ
1・22　離婚分科会
以上の活動がすでに行なわれました。
1・26　午後6時半　於・中島事務所
　1・28集会参加リハーサル
1・28　午後1時～8時　於・山手教会
「語ろう女たち」（集会）
――女が変われば政治が変わる――
女たちのグループアッピールに参加
午後4じ半頃出演予定ですので、会員のみなさまはぜひ舞台にあがりましょう。

2月のお知らせ

2・6（月）午後6時半　於・中島事務所
二月世話人会
（各分科会の世話人と会員の自由参加によって運営されています。会員の方はぜひ一度ご出席下さい）
2・15（水）　活動報告発送日
午前10時から夜までかかりますので、みなさま手伝いに来てください。
2・21（火）午後6時半　於・中島事務所
教育分科会
連絡先・芦谷薫　〇三（三〇七）九六二七
三月の世話人会も六日（月）、活動報告発送日一五日（水）ですのでお忘れなきように。

二月定例会

「行動する会・私の運動論」（仮題）
とき　二月二四日（金）午後6時半～
ところ　交渉中
今後の運動方針を話し合います。後日「私の運動論（集）」をお送りします。ぜひご参加下さい。

1977年 会計報告

事務局

収	入	支	出
会費	1,438,600	情宣費	281,460
定期カンパ	700,500	通信費	732,449
一般カンパ	695,890	交通費	74,620
移転カンパ	87,220	事務用品費	254,575
参加費	386,200	会場費	160,640
資料代	1,190,302	謝礼	39,650
資料代	100,000	什器備品費	244,295
雑益	158,706	専従費	1,137,875
仮受金	315,840	資料代	890,310
仮払金	0	資料代	140,668
借入金	0	雑費	108,781
事務所費（6月清算分）	50,000	水道光熱費	60,856
		事務所費	241,750
		分担金	0
		雑損	4,275
		仮受金	286,960
		仮払金	210,000
		借入金	0
計	5,123,258	計	4,869,164

前年度繰越	216,828
収入	5,123,258
支出	4,869,164
残高	470,922

一九七七年一月七日から一二月三〇日までの、「国際婦人年をきっかけとして行動を起こす女たちの会」の会計報告をします。一月～八月までを野口幸子さん、九月～一二月を根本一枝が担当しましたので、科目のふりわけが少々異なります。詳細は月別の会計報告をご覧下さい（希望の方は郵送します）。

九月より事務所費三万円（プラス・ビル管理費八、三五〇円）、専従費八万円になりました。ご不明・ご不審な点は何なりと事務局までお問い合わせ下さい。TEL・〇三（三五〇）六〇八二までお気軽にどうぞ。

◎ 会費納入にご協力下さい。

	会費	定期カンパ	一般・移転 カンパ	収入	支出	残高
1	151,200	49,000	290,472	1,462,432	1,219,412	459,848
2	163,800	70,000	19,590	303,780	182,453	581,175
3	99,900	71,500	19,118	286,839	388,650	479,364
4	95,600	38,000	29,370	296,180	221,890	553,654
5	116,300	75,000	33,050	261,450	230,884	584,220
6	85,500	73,500	35,090	253,380	361,345	476,255
7	132,500	42,000	37,430	268,860	375,155	369,960
8	189,300	124,000	92,070	737,775	570,179	537,556
9	140,000	47,000	34,500	363,470	424,919	476,107
10	83,500	26,000	9,410	194,900	301,482	369,525
11	60,000	46,500	31,500	237,202	262,674	344,053
12	121,000	38,000	151,510	456,990	330,121	470,922

1978年2月

活動報告

国際婦人年をきっかけとして
行動を起こす女たちの会

【事務局】
〒160　新宿区新宿1－31－4
リプル葵301
中島法律事務所内
TEL　(03) 350－6082
郵便振替　東京0－44014

二月定例会参考資料

私の運動論

その1　ひとりひとりを大事に

梶谷典子

女の解放を願う人はふえつつあり、解放への願いは強まりつつあります。けれども、解放のための行動に使える女たちのエネルギーは僅かです。女たちは、職場でも家庭でも厳しい条件のもとに置かれ、日々の営みに追われているのですから。

私たちは、その僅かなエネルギーを最も有効に使って、イキの長い行動をすすめたいと思います。

ひとりひとりに対する拘束が少く、全体的な集まりと分科会があり、その上随時有志が行動を起こせるという行動する会のあり方は、女たちのエネルギーを生かすには、かなりよいやり方だと言えましょう。

☆　☆　☆　☆

現状を維持しようとする人びとが一致しやすいのに較べて、現状を考えようとする人びとはどうしても足並みを揃えにくいものです。拘束のゆるい集団の中で、協力したいときに協力し会える「場」をつくれば、だんだんと力を集めて行くことができるでしょう。(この会をつくるときのそもそもの願いは、いろいろな立場の女たちの力をできるだけひとつに集めて、これまでできなかったような行動をしたいということだったのです）議決等によってひとりひとりを拘束することはなるべく少くし、ひとりひとりの自発性によって行動を続けたいと思います。

☆　☆　☆　☆

女の解放のために「やるべき」ことはたくさんありますが、本当に自分の「やりたい」ことでなければ、きびしい日々の営みの中で行動を続けることはできません。「やりたい」ことと「やっている」ことにズレを感じたひとは行動から離れて行きます。「やりたい」ことは「やりたい」ひとの数だけあるとも言えますけれど、ひとりひとりができるだけ「やりたい」ことに近いものが選べるよう、分科会やグループ活動を続けたいと思います。

☆　☆　☆

女の力を大きく集めるためには、集団は大きくなる方が望ましいのですが、ある程度以上の人数になった場合、極く積極的な一部の人びとによって集団が動かされることになりがちです。そうなると、他の人びとの参加感は薄れ、行動力は弱まってしまいます。ひとりひとりの参加感、行動力、そして自発性をたいせつにするために、少数の人と親しく接触できる分科会やグループ活動を続けたいと思います。

☆ ☆ ☆

整備された組織と強力な幹部を持った団体の運動には、それなりの効果があります。

少数の、行動力あふれる、意見の一致する人びとの運動にも、それなりの力があります。

けれども、行動する会はそのどちらでもないところに、独得の意味があるのではないでしょうか。誰でも参加できる、組織とも言えない女たちの集まり。行動したい女が、行動したい時に行動できる「場」。このかたちを大事にして行きたいと思います。

☆ ☆ ☆

イキが続かなくなった分科会は、解消してもいいし、もう一度エネルギーが蓄積されるまで休止してもいいでしょう。あるいは二人でも三人でも「やりたい」人があれば、細々と続けるのもよいのではないでしょうか。分科会に参加したくない人はムリに参加しなくてもよいでしょう。恰好をつけようと思わず、そしてあせらず、「やりたい」ことをムリせずにやって行きましょう。

（行動すること自体がムリですって？ そこまでは言わないこと！）

その2

行動する会の方向づけ

ヤンソン柳沢由実子

まず現状批判と状況改善のための具体的提案を述べます。全体的には会の活動を一つの目標に向けてできるだけ集中させることを提案します。

(1) 分科会の運動が行動する会の主な運動でいいのか。

現在ある分科会を恒常的なものとせずに例えば行動する会として一年の目標を定め、それを実現するための活動グループ（複数でもよい）をつくる方がよいのではないか。一年で目標が消化しきれぬ場合は総括集会にかけた上で継続する。

(2) 会の性格作りにもっと時間を！

- 私たちは何に向って行動するのか。
- 私たちの会は女性解放運動体と明言できるか。
- ならば、私たちのいう解放された女性の理想像は？
- その理想像は女の一生のあらゆる段階において終始一貫するものでなければならない。子供時代、少女時代、大人になってから、独身、共同生活、育児時代、離婚、子とのつきあい、夫とのつきあい、友人たちとのつきあい、老後、などそれぞれの時期にどう生きたいかを討論する必要がある。
- 解放された女性の理想像が皆の共有の認識とするためには？
- その実現をはばむものにはいかなる方法で対処するか？

  夫、子供、その他の家族
  仕事で関係する人達
  新聞、テレビなどマスコミ関係
  学校の教科書をはじめあらゆる教育書、
  国家、法律など差別のわくを作っているもの、等々に対して。
- 男たちとどうかかわりを持つか。

まだまだ、会をがっちりかためるためには話合い、情報交換、理論の発展のための作業が必要だと痛切に感じます。会のメンバーを分断するような現在の分科会組織に私は反対です。とくに、主婦、離婚、独身、といったような女の一生の一段階を分科会にしてしまうことに問題があると思います。教育、労働は女の一生の生き方に関係するので、これを会の勉強会あるいは運動の基盤にすることは意味があると思います。もう一度、会の組織ぐみを考え直すことから始めることを提案します。

その3

分科会活動を問う

水沢靖子

行動する会の分科会を並べてみて気付くことは、労働・教育・政治・マスコミといった社会的大テーマを掲げた分科会もあり、主婦問題、独身女性、離婚調停裁判といったある立場の女性（及びその状況）を対象とした分科会、その他国際・理論・公開質問状等の分科会やグループがある。対象としている内容から見て、単に並列的に考えることには無理があり、相互に関連してくる面もある。活動を充実するためには分科会相互の有機的なつながりが必要だと考えられるが、現状は個々の活動の間にあまり接点が見られない。多くのリブグループの点を結び線や面へと広がりを創りだす必要性が求められるのと同様に、行動する会の各分科会の構成について、より広がりのある活動ができるような方向で考えてゆく必要があると思う。

実際にそうした活動を創っていこうと考え、具体的に行動する人が居なければ成り立たないことは言うまでもないし、私としては現在の各分科会の活動内容を充分に把握しているとは言えないので、ここでは総合的な話はできないが、思いつくままにいくつか提案してみたい。

① マスコミ分科会について

マスコミ対策の重要性が言われつづけてきたにもかかわらず、充分な活動をしてきたとは言いがたい。これはマスコミ対策について他分科会と並列的に扱ってきたことに基本的な問題があると考える。これまでに集めた資料を活用し、現状改革の行動を起こし、また新聞・テレビ等を看視していく上でも、各分科会からの代表が構成メンバーに加わってはどうだろうか。また抗議行動以外の独自活動についてもマスコミ一般ではなく的をしぼらなければ行動に移せない。例えば我々が視聴料を払っている公共放送であるNHKと（奥様ご一緒にやニュースセンター9時等のような番組の制作担当者などがよいと思うが）定期的に話し合っていく場をつくるなど。「点」ではあっても長期的に働きかけていく形を考えてはどうだろう。

② 公開質問状グループについて

これまでの活動方法は小回りがきいて有効ではあるが、回答結果を個人的に利用することはできても、結果に基づいて新たな行動をつくることはむずかしい。グループ内で企画の大ワクが決まったら、関係する分科会と協力して質問項目を検討するなど、有機的なつながりをもつならば、結果をもっと活用できるのではないだろうか。各分科会から調査対象・内容等について希望をとってみるのも一案だと思う。

③ 地区グループをもっとふやそう

。昨年の座間における交流も、その後の交流について具体的な方法や計画を話し合わないままになっているようだが、小田急沿線会員に呼びかけて地域住民運動との交流を目的とした地区グループをつくろう。

。男女別賃金を定めている立川スプリングで労基法4条違反を訴えてきた男子4名が不当解雇された事件について。労働者の多くは中高年女性であり、直接関係する問題であるにもかかわらず、自ら立上る人がなく、会社側は罰金を払っても差額は支払わないという姿勢だということだ。職場の女性に働きかけ、会社側の態度を変えさせていくために、中央線沿線グループをつくろう。

。その他、地域の運動と結びついた活動単位として地区グループをつくろう。

この他にも検討を要する問題があると思うが、実際に活動可能で有効な方法をいろいろ検討してもらいたい。

その4

〝自発性〟と〝多様性〟を大切に

中島通子

ひとつひとつの星の輝きが集まって星雲を作るように、女たちが一人ひとり輝きながらより大きな光源を形作ること、これが「行動する会」の私のイメージでした。そして、人間が輝くのは、その人が一番やりたいことをやることによってであり、女があらゆるところで差別されている現在、自分を生かすためにその差別とたたかうことによってこそ女は輝くのだと、三年前に思っていたし、今もやっぱりそう思います。そのような女たちが、仲間を見つけたり、一緒に行動するために役に立つ組織が欲しい、この願いの中から「行動する会」が生れたのだと思います。だから会は、会員一人ひとりの自発的な行動を最も尊重し、それをやりやすくするためにあるのだし、差別はあらゆるところにさまざまな形で存在するのだから、一人ひとりがやりたいことも多様であって、それらの多様性をそのまま包みこむような柔軟な組織、つまり、〝自発性〟と〝多様性〟を最大限保障しながら、ひとつの大きな運動の母体となるような組織、これが念願でした。そのための具体的な方法論は、まずやりたい人がグループを作って、その責任で行動すること、次にその行動について全会員が自由な討論を行ない、共通の認識を作るよう努めることです。このようにして最初にいくつかの分科会ができました。しかしこの分科会は固定的なものではなく、いつでも、だれでも新しいことをやりたいと思う人は新しい分科会を作ってもよいし、分科会というようなある程度恒常的な組織としてではなく、一時的な行動のためのグループを作ってもよく、あるいは問題によっては会全体としてとりくんだり、いくつかの分科会の共同行動としてやってもよく、いずれにしても行動のやり方自体は、「言い出しっぺが中心になってその責任においてやる」という以外は特別のきまりはなかったのです。こうして、たとえばNHKに対する要望やCM批判は会全体の行動として、「隣の芝生」等番組への抗議は個人の呼びかけで集まったグループで、国内行動計画に関する要望書作りは各分科会共同の作業として、という具合にさまざまの形態で行動が行なわれてきました。このようなやり方はあいまいでなまぬるいでしょうか。〝自発性〟と〝多様性〟を最大限に尊重するという組織原則自体を変更する必要があるのかどうか、まずこの点についてぜひみんなで討論したいと思います。

しかし私も、会の現状に問題がないとか、最初の願いが実現しているとは思いません。現状の困難さには、女をとりまく状況が厳しくなったことと、会ができて四年目という条件などが大きく作用していると思いますが、それだけではなく、会の運動そのものについても考える必要があると思います。その点について私は次の二点を提案します。

1. 会員同士の討論の機会をもっと作り、各グループや個人のやっている行動について共通の認識を作っていく努力をすること。この点ではヤンソンさんの「会の性格作りにもっと時間を!」という提案に大賛成です。

2. 会員の行動をもっと多様化する。今ある分科会を固定するのではなく、新しいグループをもっと作っていく。とくに新しく入ってきた人たちが参加しやすいグループを。

ナンダ、最初に書いたことと同じじゃない、ということになってしまいますが、その上で各会員、各グループが一つの方向に力を集中する方法について考えたいと思います。言葉が足りないので、あとは当日しゃべらせて下さい。

その5

事務局からひと言

根本一枝

①　会員数と活動

新入・退会ともほぼ同数で現在約五〇〇人。会報を読むだけの参加がおおいのは、遠隔地の会員が増加しているため。各地で二人、三人、四人と行動する仲間が集まるとよいが、何をやりたいかが一致しなければ難しいだろう。公立高校の男女共学をすすめるために（教育）、都道府県の行動計画を推進させるために（公開質問状グループ）、地方公務員募集の男女差別をなくすために（労働）、それぞれの分科会ががんばっているが、その地に住む会員がさらに要望をかさねることができれば理想的とつくづく感じている。

②　会費と財政

月額五〇〇円の会費を支払ってくださる会員は約二〇〇名。会費未納の多数の幽霊会員にも、毎月活動報告を送っているが、読んでもらえているだろうかと心配である。会員名簿を整理して実数で運営してゆくとなると、「圧力団体」としての効力を失うという人もいるがどうすべきか。

事務局運営はカンパによりほぼ黒字だが、二年めの記録集の印刷費の一部（二七万円）を会員有志にたてかえてもらっているので、会全体としては、むこう一ケ月なんとかやっていける程度の二〇万円しかない。

③　分科会活動

あまり活動していない分科会について説明をもとめられると、事務局としては困ってしまう。それぞれに必要あって生まれたのだろうが、解散・休会についてもっとはっきりと宣言してもいいのではないかと思う。公開質問状担当グループはいつも二、三人でやっている。少人数でもやり方によっては「活動」できるはずである。分科会への多くの参加を望むが、運動の中味を規定される再編成ではますます参加が減るだろう。

④　相互コミュニケーション

私自身一年程前からの会員なので、設立当初と現在の比較はできない。ただし、事務局として現時点の会員相互の交流について二、三不満に感じていることがある。

まず第一に、他の分科会活動への協力が少ないこと。会員である以上、労働分科会の「働く女性の相談室」をいろいろなところで宣伝し、教育分科会の「男女共学をすすめる一問一答集」や「なくせ性差別」のステッカーを、ふだんご無沙汰している知人にも買い求めるようすすめるしたたかさがなければ、女性解放運動はなかなか広まらないと思う。その他世界行動計画・女性に関する——回答全文・記録集など、ひとりひとりの会員がその周囲に広めてゆくしかないのが現状だろう。

第二に、定例会・世話人会にはできる限り出席すべきである。タイムリーな運動をすすめるためにも、情報を有効に交換し、交流をふかめるためにも、あらかじめ予定された両日の会に出席することは必要である。せっかく確保した「場」をもっと大切にしてほしい。ただし、「交流の場」としての中味や方法については、もっとフランクなものを望む。

第三に、これはかなり個人的な見解ではあるが、豊かな人間コミュニケーションを求めることが不可欠ではないか。自主的な運動への参加はわかるが、それ以上に新たな、そして刺激的な人間関係を求めずにして、いつもエネルギッシュに問題にぶつかれるだろうか。

最後に、なかなか東京での活動に参加できない各地のみなさん、あなたの「活動報告」をお寄せいただきたい。他の会として運動したことにしろ、広く公開してゆくことが運動をさらにすすめる第一歩になるだろう。近況報告・お便り大いに歓迎である。

その6

各種ご案内

☆入会のおさそいと会費納入のおねがい

「国際婦人年をきっかけとして行動を起こす女たちの会」略称〝行動する会〟は、文字どおり、一九七五年の国際婦人年をひとつのきっかけとして、今まで分断されつづけてきた女たちが、その違いをのりこえて連帯し、男女差別を撤廃し、男女ともに自由に生きるための、さまざまな行動を起こしている会です。

問題別に分科会に分かれており、一九七七年四月現在、次のような11の分科会とひとつのグループがあります。

① 家庭生活・主婦問題分科会
② 教育分科会
③ 国際分科会
④ 児童文化分科会
⑤ 性の問題を考える分科会
(一九七七年一二月解散)↓
⑥ 政治分科会
⑦ 独身女性問題分科会
⑧ マスコミ分科会
⑨ 離婚・調停・裁判分科会
⑩ 理論分科会
⑪ 労働分科会
⑫ 公開質問状担当グループ

以上の分科会が独自に、自主的に企画・運営をしていますが、必要なときはいつでも一緒に行動します。

各分科会の例会の他、毎月一回全体で定例会(毎月中旬頃)が持たれ、夏には合宿、一二月には年間の総括をするための総括集会も開かれます。

また、各分科会より2名以上の世話人を互選し、毎月一回以上世話人会を開き(原則として第一月曜日)、全体の企画・運営をします。

以上の集会や行事は、いずれも公開とし誰れでもが参加できます。

活動するにはお金が必要です。会の活動資金は、会員が納入する会費やカンパによって成りたっています。また、会費納入をもって会員扱いとなり、毎月一回発行の活動報告やお知らせが送られます。

会費およびカンパは次のとおりです。

① 会費　月額　一律五〇〇円
(一九七七年四月より)
② 定期カンパ　月額　一律五〇〇円以上
(会費だけでは活動資金が足りません。毎月定期的に一口以上のカンパをして下さる方を募っています。)
③ 一般カンパ
いつでもいくらでもお待ちしています。

送金方法は次のとおりです
① 現金書留
② 五〇円切手
③ 郵便振替
(口座番号　東京〇―四四〇一四)

一人でも多くの女たちの結集を待ちのぞんでいます。

☆発行物・資料一覧

活動報告(バックナンバーあり)	¥五〇
記録集「女の分断を連帯に」	売　切
記録集「行動する女たちがあすをひらく」	¥六〇〇
女性の問題に関する公開質問状への回答全文	¥四〇〇
世界行動計画	¥二〇〇
第60回ILO総会決議案	¥一〇〇
国内行動計画成案に対する意見書・提言	各¥五〇
「女と政治」	¥一〇〇
男女平等の教育を考えるシリーズI 男女共学をすすめるために	¥二〇〇
他	

共に闘おう!!

鉄連の七人と共に性による仕事差別・賃金差別と闘う会

入会のおすすめ

日本鉄鋼連盟で働く七人の女性が、賃金の男女差別撤廃、不当配転、訓戒処分の撤回を求め提訴したこと（同封の黄色のチラシを参照してください）は、ニュースなどですでに知っていらっしゃることと思います。この七名のうち四名は現組合執行委員なのですが、彼女たちが立候補するまでには、こんな経緯《いきさつ》があるのです。

私たち労働分科会のメンバーが鉄連の女性たち十数人から初めて職場での斗いを聞いたのは、去年の五月でした。その頃、男女差別のある昇給率のまま妥結を計ろうとする男性組合役員に対して、執行委員をしていた佐々木元子さん達は、執行委員会の席上で常にこの賃金表の承認を拒否するよう主張していました。しかし、執行委員会での多数決に押し切られ、この年もまた差別昇給率が施行されました。その後改選の組合役員選挙では、定員十名に対して女性の立候補者を十名出し、男性の利益のみを守ろうとする組合員の考え方に対抗しようとしましたが、男性組合員は危機感を募らせ、十名中、五対五の男女比で執行委員を出そうと申し入れてきたそうです。ところが、候補締め切り間際に男性七名がでて、結果的には、男性六名、女性四名が選ばれました。なり振りかまわぬ男性組合員の擊って一丸となったその団結力は実は滑稽ですが、しかし同時に空恐ろしさを感じないでもありません。

こうした組合内での対立伯仲の様を、経営者が安穏とながめていたわけではなかったのです。違法な性による賃金差別から、「合理的」合法的な仕事別の賃金格差を検討し始めると共に、女性の職種点検を行って、女性は全て事務補助職に位置づけ直すことを進めようとしていました。司書職から一般事務補助職へという配転は、女性に対する仕事差別⇅低い賃金格付の正当化をはかる一ページでした。この配転を保留した佐々木さんが訓戒処分を受けたのです。

この鉄連の組合は、女性五二名、男性四三名で、人数としては女性が多い。しかし、女性の故に彼女たち七名に共感するとは限らないわけで、裁判にいたった思いに対し、無関心であったり批難する職場の同性も多いと聞きます（組合大会で裁判不支持の決議）。

女性の働く権利を実質的なものにするための、この裁判は性による仕事差別の不当性を争う、初めてのケースとして、大きな意味を持っています。裁判は長い年月を要しますが、その間、七人と一緒に、皆さんどうぞこの差別をなくすための斗いを荷なっていって下さい。闘う会の入会は、水沢靖子さん、根本さんが、受け付けています。

（文責　富沢）

定例会のお知らせ

○二月定例会

「行動する会・今後の運動方針」

とき　二月二四日㈮　午後6時半〜9時

ところ　渋谷勤労福祉会館

（渋谷パルコ向い、駅より徒歩五分）

参加費　三〇〇円

　総括集会第二部の話し合いを終え、さらに今後の運動論を論議しようということで、今回の定例会がもたれました。各分科会のメンバーはもとより、自分のやりたいことがうまくやれずにいる人、会報を読むだけではあきたらずにいる人、近頃とおのいている人、etc. 多数の会員の参加を望みます。司会は駒野陽子、高木澄子、三井マリ子の三名。一年目の記録集**「女の分断を連帯に」**を忘れずに持参してきて下さい。

○三月定例会

「主婦の失業宣言」

とき　三月二五日㈯　午後1時半〜5時

ところ　交渉中

　主婦分科会・労働分科会合同の「主婦は失業労働者である」宣言。乞うご期待。

2月のお知らせ

2・4　**公開質問状担当グループ**

2・6　**二月世話人会**

2・8　**鉄連の七人と共に性による仕事差別・賃金差別と闘う会（運営委）**

2・9　**鉄連の七人と共に性による仕事差別・賃金差別と闘う会（パンフ作成）**

　記録集編集委員会

2・12　**離婚分科会（予定）**

2・13　**労働分科会**

以上の活動がすでに行なわれました。

なお、一月の離婚分科会は流会でした。

2・21㈫　午後6時半　於・中島事務所

教育分科会

〝教科書チェックの検討〟

2・25㈯　午後2時　於・中島事務所

主婦分科会・労働分科会（合同）

〝「主婦の失業宣言」をめぐって〟

2・28㈫　午後3時　於・東京地方裁判所

ヤングレディ裁判（民事第35部）

　高橋副編集長の証人尋問

地下鉄丸の内線・霞ケ関下車徒歩一分

問い合わせ先　〇三（三五二）七〇一〇

3月のお知らせ

3・4㈯　午後6時　於・中島事務所

公開質問状担当グループ

〝教科書会社からの回答集計〟

3・6㈪　午後6時半　於・中島事務所

三月世話人会

3・15㈬　**活動報告発送日**

午前10時から夜までかかりますので、みなさんお手伝いに来て下さい。

3・17㈮　午後3時　於・東京地方裁判所

鉄連の仕事差別裁判（民事第6部）

　第一回口頭弁論

ぜひ傍聴に来て下さい。

編集後記

立春を過ぎて、あなたの住む地に春の便りは届きましたか。この春移転する方は、行動する会の事務局にも忘れずにご連絡下さい。また、地区グループ結成についての具体的な提案も、どしどしお寄せいただきたいと思います。冬もあと一ケ月余、香港カゼにもソ連カゼにも負けずにがんばりましょう。

（根本）

1978年3月

活動報告

国際婦人年をきっかけとして
行動を起こす女たちの会

【事務局】
〒160　新宿区新宿1−31−4
リプル葵301
中島法律事務所内
☎　(03) 350−6082
郵便振替　東京0−44014

二月定例会

（二月二四日午後六時半〜九時）

今後の運動方針

於・渋谷勤労福祉会館

司会　駒野・三井・高木（澄）

駒野　この会が発足してまる三年たった今、当初と現在とでは、いろいろギャップがあったりみんなの認識がまちまちであったりということがあるので、はじめに私たちがどういうつもりで発足し、どう組織をつくったかという確認からスタートしたいと思います。

この会の性格について確認できることは、会の名前が示すとおり、国際婦人年をひとつのきっかけとして、女性解放のために、性差別をなくすために行動してゆくという組織だということです。もちろん女性解放、性差別撤廃の路線で、具体的には「行動する」ということが私たちの会のいちばんはっきりした性格です。組織の問題については、ピラミッド型ではない、会員同士がそれぞれ対等な平場でいるという考え方によってスタートしました。事務局長はおかず、会員が交替制で専従の仕事を手伝ってゆく平場の組織にして行きたいと最初話し合われたのです。

こうして三年間やってきたのですが、いまある分科会というものの存在が、本当に会の性格とうまく噛みあって機能しているかどうかが、まず最初の問題だと思います。

（以下カッコ内は所属の分科会名）

盛生　家庭生活・主婦問題分科会は、専業主婦のことをとり扱う分科会というイメージがだいぶあってはいってきた方も多かったわけですが、活動している人たちみんなが専業主婦でなくなってしまったいま、主婦問題をとりあげてゆくのがしんどくなっています。

芦谷（教育）　学生の立場の参加が非常に少ない、というのは教師が多くて、若いエネルギーがキャンパスのなかに出てゆくということがなかなかできないのが問題です。

もくじ

二月定例会「今後の運動方針」　1
アンケート回答結果（'77・12）　4
都の行動計画・中間報告発表　5
意見広告掲載　5
波　5
資生堂新社長「子供以外、ものをつくるのは男の仕事」に抗議!!　6
資生堂ボイコット宣言　7
お知らせ　8

ヤンソン（国際） 外国と日本のリブ運動の情報交換をすることが主眼でつくられたものです。会の英文パンフレットをつくり、36ケ国に公開質問状を出しました。これは行動する会の情報宣伝活動の一部だと思っています。私は情報宣伝活動「部」があれば、（国際分科会は）そのなかに当然統合されるべき性質のものだと思っています。

高木ア（児童文化） 集まって何かをするというより、自分たちでそれぞれ調べています。

駒野 性の問題を考える分科会は解散。

野沢（独身婦人） まったく開店休業です。

能勢（マスコミ） ほとんどやっていません。マスコミというのはやることが多すぎて、ひとつの分科会でやるのではなく、全体的な問題としてとりあげたほうがいいと思います。

植村（離婚・裁判・調停） 駆け込み寺のことだけでなく離婚に関する本を出そうと、いま言っています。分科会として必ず世話人を二人出すというのは苦しい状態です。

駒野 理論分科会の方がいらしてないので、どなたか発足したときのことを……。

中島 岡田恒子さんがみんなもっと勉強をしなければいけないということで。

根本 いまは学習会が続いているようです。

斉藤（労働） 最初は研究が中心だったのですが、二年めは要望書をつくり行政に働きかけ「働く女性の相談室」を設け自分たちの行動の輪を広げていきました。そして三年めを経たいま、新しい人がはいりにくくなっている反面出てゆきやすい（笑）ようです。また昼間行動できる人が少ないのが悩みです。

根本 公開質問状グループもほぼ三名で、新しい人がはいらないようです。

駒野 政治分科会が発足したのはいつ頃？

中島 一昨年の総括集会。

ヤンソン 問題提起としては、私たちが行動したいと思っている熱意といまの分科会の項目があっているかを問い直したい。そして行動する会の方向づけをつくる必要があるのではないかと提案したい。梶谷さんの「どちらでもない」というのが行動する会の性格でしょうか。がっちりと固めないほうがよいのでしょうか。

中島 分科会のことについて言えば、分科会にしろグループにしろ、自主的な行動を何よりも大事にしてゆくというのがこの会の大原則だったと思います。

ヤンソン 行動する会の主な活動が分科会でいいのかと問いたい。分科会ではないほうがいいというのが私の意見です。

中島 当初考えていた分科会とは、いつでも変動可能なまったく自由なものです。ある人たちが作った分科会をそれがおかしいからやめなさいと、全体で決議することができるでしょうか。批判し合うことは必要だけれども。

ヤンソン 女性解放とは何かということを宣伝し仲間をふやすために、行動する会は情報宣伝活動を主軸にすべきであると思います。そして、現実の社会への働きかけとしてさまざまな作業グループが必要だと思います。やる熱意と他への働きかけを同時にまとめるために、一年間の重点目標が必要ではないかというのが提案です。定例会を重点目標に合わせればいいし、二ケ月に一回が限度だと思います。現状を批判すれば会の目標や理念がはっきりせず、会のなかの雰囲気にそれが生かされてない。定例会は行動に一貫性がなく分科会に無理があった。会の性格づくりのために定例会は内部討論とし、女性解放の情宣活動のための講演会と別にしたほうがいいと思います。

中島 分科会の存続などを決めるのはあくまでもその人たち自身で、全体で決める性質のものではないことを確認しておきたい。グループ活動について、こうあるべきこれが必要だからと作っても、いまよりもうまく行かないと思います。政治分科会のようにやるべきだということで作られた分科会はほとんど機能していない。日本の女性解放運動にとって何が必要であるかと、今年の目標をたててグループを作るというのではなく、それぞれの立場で問題をかかえている人が集まって行動し、それが横の連絡を作りひとつの大きな力を作りあげてゆくというのが私の発想。

ヤンソン　そのやり方が成功してきてない。

中島　ひとつは連絡がとれてなかった。もうひとつは多様性が足りないと思います。新しく入ってきた人たちがやりたいことを、古い人たちが手助けしてゆく多様性が必要。

梶谷　ヤンソンさんの言うように、上から割りあててきちっとやりたいという欲求はだれにでもあると思いますが実際にはできない。それぞれがやりたいことをやって、足りないことを埋めてゆくしかないと思います。

駒野　会員相互の意見交換の場として世話人会があり公開性ですが、規模が大きくなると事務的な打ち合わせができなくなります。そこで定例会を隔月内部討論に、という提案があったわけですが。

ヤンソン　解放された女性の理想像は何かを話し合うことが必要。

中島　なぜそれが内部だけなのか。

ヤンソン　会員のひとりひとりが、違う理想像をもっているのはどうでしょうか。たとえば堕胎、パート雇用、保育の問題などについて。想い入れのずれが出ているようです。

高木(澄)　主軸が情宣活動と限っていますが、私は労働分科会にはいって行動することが、情宣活動につながっていると思っています。また統一テーマのもとに定例会を計画との提案ですが、現在毎月タイムリーな問題をとりあげているところに行動する会の良さがあらわれているのではないでしょうか。

中島　情報活動であればりっぱな雑誌がでています。行動によってこそ意識が変革されるのではないでしょうか。

根本　それぞれ関心のあることが違うので、会員だからといってテーマのもとにひとつにまとめられてしまうのは恐い気がします。

盛生　有機的に活動するためにもっと情報交換が必要。それから主婦問題は人生の一時期の問題だけではないと思います。

林　以前の会員だからわかっているとか、新しい会員だからわからないというようなことではないと思います。

梶谷　考え方に巾があっていいと思います。イメージに差があっても、女性解放という点で一致していれば巾をもたせていいのでは。

駒野　事前・事後に報告し、軌道修正もありうるのです。内部の討論が、やったことの報告だとつまらなくなるのでテーマが必要だということですが。

梶谷　具体的な提案があればよいが。

林　地方自治体の採用における男女差別。だれもがおかしいと思うことですし。

駒野　行動計画や駆け込み寺などのように具体的な提案があればよいのですが。三年めは焦点がボケてしまったと感じています。とくに昨年の総括集会は準備不足でした。

☆　　☆　　☆

駒野　時間がないので、今後必要に応じて定例会を内部討論とすることをここで確認したいと思いますが。(賛成)　分科会の統廃合についてご意見を。

中島　隔週でいいから茶話会を。

三井　児童分科会は教育と一緒になりませんか。独身分科会は今後についてはっきり決めてほしい。マスコミは発展的解消として全体でやっていくべき。理論分科会については、いまのようでは行動する会としてはやめてもらったほうがいいのではないかというのが私の意見です。政治分科会もはっきりしてほしい。

守屋(政治)　開店休業でカッコをつけて名前を残したいけれど、名前だけで安心してしまうということがあります。

梶谷　新しい分科会をつくるのは自由だということをもっとはっきり述べたほうがいい。

☆　☆　☆

会員と会費納入の関係については、次のことが確認されました。「会費の納入をもって会員とみなす。」今後問い合わせの往復ハガキを郵送しますので、受けとられた方は必ずご連絡下さい。

紙面と時間の都合で、まとまりのないものになったことをお詫びします。今回の討論を踏まえて記録集編集委員会で更に討論を深めたものを「三年めの記録集」に収める予定です。今後の内部討論のためにも、ぜひご意見をお寄せ下さい。

（文責　根本一枝）

資生堂に抗議の
ハガキや電話をしましょう!!

《抗議先》
〒104　東京都中央区銀座七—五—五
資生堂社長　山本吉兵衛様
（または）資生堂広報室広報課御中
TEL　〇三（五七二）五一一一㈹

☆　詳しいことは六・七ページをどうぞ。

総括集会《77・12・3》
アンケート回答結果

回収数　32　（会員19、会員外13）

①あなたは行動する会において、いままで何の行動をしてきましたか。（会員のみ回答）

1. 分科会などの持続的な活動　…7名
2. 定例会活動（実行委員、受付販売毎回参加など）　…6名
3. デモや直接抗議行動　…6名
4. 電話、手紙などによる抗議　…6名
5. 署　名　…10名
6. 機関誌購読　…15名

②あなたは行動する会において、今後どのような活動をしてゆきたいですか。

1. 分科会などの活動　…11名
2. 定例会などの活動　…9名
3. デモや直接抗議行動　…6名
4. 電話、手紙などによる抗議　…5名
5. 署　名　…10名
6. 財政援助　…4名
7. その他（具体的には）

。「デモや直接」でない告発抗議行動
。社会福祉関係の女の問題を。
。女生徒に対する授業の工夫。
。会の事務局の手伝い。
。駆け込み寺に関する出版物の発行

③行動する会への批判と要望

◇情報の交換に工夫を（活動報告の内容検討、連絡網の整備、緊急議題以外の話合いの場をつくる）
◇活動報告分科会、機関誌販売分科会を作りたい。
◇定例会や分科会、その他の行動についての事前の詳報の必要。活動報告に分科会の活動と経過を詳しく。
◇マスコミの性差別をチェックし、全体活動として抗議行動を。
◇行動する会のPRをして仲間をふやす。
◇日本の女性差別の実態を世界に訴える。
◇行動するための具体的方法論の検討。
◇総括集会に年配者の参加が減ったのは何故か。

都の行動計画・中間報告発表

東京都行動計画策定にあたっての東京都婦人問題会議中間報告が二月二〇日に発表されました。基本的な考え方を日本国憲法におき「作られた」性別役割分業や「作られた」偏見を否定し、働く権利と義務は女性自身のものでもあるとしているなど、国内行動計画以上によいものと言えるでしょう。教育・労働・参加・家庭・健康・福祉の六領域について「理念と問題状況および提言」が述べられています。しかし曖昧な表現もおおく、行動計画そのものが骨抜きにされることも考えられます。ぜひとも皆さんの感想や要望を左記にお送り下さい。

〒160　千代田区大手町一—九—二
東京都都民生活局婦人少年部婦人計画課

なお、一般都民対象の対話集会が次のとおり開催されますので、行動計画に対する要望をぜひ述べていただきたいと思います。

◎四月三日(月)　午後六時半〜八時
於信濃町区民福祉会館（国電信濃町）

◎四月五日(水)　午後二時半〜四時
於小金井市農協（国電武蔵小金井）

行動する会
意見広告掲載!!

サンケイ新聞三月六日付夕刊および三月七日付朝刊に、会員・金谷千都子さんのお名前で、次のような意見広告が掲載されました。

女性も　もっと　社会に参加を

「亭主は丈夫で留守がよい」と言いますが、本当でしょうか。夫は月給運搬人、妻は留守番—それだけではお互いにあんまり淋しいではありませんか。夫と妻が協力し合ってこそ幸せな家庭が築けますし、妻も家にばかり閉じこもらないで社会的な仕事に参加してこそ、本当に人間らしく生きることができるのではないでしょうか。

みんなが人間らしく生きられるよう、男と女の役割についての古い考え方を改め、職場や家庭のあり方を変えて行きましょう。

国際婦人年をきっかけとして
行動を起こす女たちの会

波

☆新潟の黒岩秩子さん、茅ケ崎の赤坂美知子さん、茨城の星野まり子さんから、総括集会および二月の定例会についてのお手紙をいただきましたが、「資生堂」の飛び入り記事のため掲載できませんでした。ご了承下さい。

☆**アメリカ女性宣言と行動計画**

昨年十一月ヒューストンで開かれた全米女性会議における「女性宣言」と「行動計画」の全訳ができあがりました。

B5版24ページ。定価三〇〇円（送料六〇円）（訳・あごら編集部　発行・BOC）

「おんなの叛逆」　（発行久野綾子）
特集・喫煙と女らしさの周辺について

☆**世界行動と宣言**

外務省訳に衣替え。定価二五〇円

資生堂新社長
「子供以外、ものをつくることは男の仕事です」に抗議!!

経過報告

☆2月22日　朝日新聞朝刊〝ひと〟欄に、山本資生堂社長の女性差別発言の記事掲載。

☆2月24日　定例会の席上、差別発言の紹介と対応策協議。

☆2月25日　電話や葉書による抗議行動開始。

☆2月28日　山本社長あて、抗議並びに資生堂製品ボイコット決議の宣言文を郵送。

☆3月4日　資生堂から大野広報課長（男）、山内課長（女）来、事務局に集った会員十数名と話合う。資生堂側はひたすら社長発言の弁解と、男性のみ採用の記事の誤報を説明「行動する会」会員はマスコミによる訂正を要求、結論は資生堂の今後の出方まちに。

☆3月8日　資生堂広報室長丸茂勘次氏より、新聞記事について「取材対応への慎重さの不足から皆様の誤解を招き、ご不快、ご不信の念をおかけした」との手紙くる。

男はツライよ
ー資生堂会見記ー

まずテープをとらないで三〇分もめた。その理由がおもしろい。「朝日の記者に迷惑がかかる、真意が伝わらないと困る」等々。

「皆さんのお怒りはヨーク理解できます」と言えば言う程、その理解とやらのなさを証明するものはない。女たちの頭をナデナデしてツノを引っこませれば万事済む、という安易な姿勢でやってきたことは、当日出席した女たちが共通して感じたことである。

「記者の誘導尋問に引っかかってしまった。他紙のインタビューにはあんなこと一言も載っていない（といってそのコピーを全員に回す）」誘導尋問では、つい本音が出るものだし、他紙のインタビューは質問の角度がちがうのだ。「長年一緒にいて知っているが、社長はあんなことを本当に思っている人ではない」——栄作も角栄も個人的には〝よいおじさん〟だということと同じことなのだ。

外国の例をあげて世界からみた日本のマスコミの保守性と、世論がそのマスコミによって作られることの怖さ、だからこそ資生堂もいち早く動向をキャッチする必要性があるのだ、と少しもちあげた。突然何の脈略もなしに「うちでインウイというのを出していて〝女性の自由な生き方〟をとりあげています」と同行の人の顔をみる。「何ですソレ？ア！香水ネ自由の香りでもするんですか？」〝自由〟と名のつく商品を出している資生堂は女に理解がある、と私たちにわからせようとでもしたのか。そのいじらしい愛社精神に苦笑してしまった。

賃金については、ものすごい自信をもって「高卒大卒の差別は一切やっておりません」といい切った。「研究所の管理職三名の内、二人が女性、所長は時々雑誌に出ている〇〇です」と、目玉商品なのか何度もくり返していた。個別例では話にならないので、後日社員数の内訳とともに書面で回答をもらう約束をした。謝罪広告等の要求に対しては「やり方がむつかしい」を連発、「私たちも一緒に考えます」という申し出には「ボク困っちゃう」という顔でニコッ、「助けてー」という感じ。

（小林みち子・記）

資生堂ボイコット宣言

社長への手紙

前略

はじめてお手紙を差上げますが、私たちは国際婦人年をきっかけに性差別撤廃をめざしてさまざまの行動を行うために結成された千人近い女性たちのグループです。私たちは、二月二十二日付朝日新聞「ひと」欄に掲載されたあなたのご発言を、とても黙って見すごすことはできませんでした。同紙によれば、あなたは、本年貴社が大卒の男性だけ五十人を採用したことを誇らしげに語り、更に「子供をつくること以外、ものをつくるのは男の仕事です」と意見をのべておられます。

貴社でも、ものを作る工場部門の大部分は女性の従業員で占められており、事務、営業販売部門など、いたるところで女性が働いていることは周知の事実です。日本の雇用労働者の三分の一は女性。農林漁業をふくめればものを作り出す仕事の半分は女性が背負っているのです。にもかかわらず、平然とこのような発言をなさるとは、社長であるあなたのみならず、貴社が女性の労働の価値をみとめず、ただ使い捨ての労働力としか考えていないことを明らかに示しています。

以前から貴社では、多数の女性を雇用しながら、採用、労働条件、賃金などのあらゆる面で、性差別が多いと聞いておりましたが、このような女性に対する偏見をおもちの経営者をいただく以上、当然あり得ることと、改めて思いあたった次第です。

国際婦人年に国連で採択された世界行動計画は、「女性も男性と同じように労働権を認められなくてはならないこと」「男は仕事、女は家庭、という男女の役割分担を排除しなければならないこと」をうたっており、日本の政府もまた、この理念にもとづいて、女性の地位向上と社会参加の促進のための国内行動計画を策定しております。

私たちは、あなたならびに貴社のあまりに時代錯誤的な女性に対する姿勢に憤らずにはいられません。貴社は、女性を対象とする製品を製造し、多額の利益をあげていながら、女性を蔑視し、労働権を認めず、性差別を行っていることを恥じようともしません。私たちはそのような貴社の方針に対して大きな怒りを感じると共に、このような企業で生産される商品そのものに対しても、不信の念を禁じ得ません。貴社の製品の質や価格についても、すでにいくつかの消費者団体が問題点を指摘しております。私たちの会は、この際あなたの発言をきっかけとして、貴社の女性に対する蔑視と偏見と差別に抗議するために貴社の製品のボイコットを決議しました。

こんご、他の婦人団体、消費者団体にも働きかけて、不買運動の輪を拡げていくつもりです。女性の支持なしには決してなりたたない貴社が、速やかにこの誤った態度を改められるよう要望すると共に、貴社製品のボイコット運動の発足について、ひとことお知らせ申し上げます。

一九七八年二月二十八日

国際婦人年をきっかけとして
行動を起こす女たちの会

資生堂社長
山本吉兵衛　様

> ――化粧品会社に男の学生が就職したがりますか。
> 「殺到するので、大学に応募者をしぼってもらっている。ことしは男ばかり五十人の大卒を採用します。」
> ――男ばかりとは案外ですね。
> 「子供以外、ものをつくるのは男の仕事です。」（78・2・22「朝日」）

定例会のお知らせ

✿三月定例会

「主婦の失業者宣言」

とき　3月25日(土)　午後1時半〜5時

ところ　中野区東中野地域センター
　中野区東中野4−25−5
（国電東中野駅新宿寄り出口下車徒歩五分
東西線落合駅下車徒歩三分〝三越東中野マンション一階）

参加費　二〇〇円

既婚女性の二人に一人は専業主婦として、非労働人口とみなされています（総理府統計局「労働力調査」）。夫に養われるものという社会通念のもとに、実際には失業者である主婦の存在を、政府・経済学者・マスコミは無論のこと、労働組合さえ深刻に受けとめてきませんでした。また「有夫の女子」「満三〇才以上の女子」「出産した女子」等が人員整理や一時帰休の対象にされやすい最近です。私たちは、自立した一人の人間として生きたいすべての女性の働く権利が保障されるよう、一緒に話してみませんか。

今月のお知らせ

3・1　記録集編集委員会
3・2　鉄連の七人と共に性による仕事差別・賃金差別と闘う会（運営委）
3・3　七人と共に闘う会（パンフ作成）
3・4　七人と共に闘う会
　公開質問状担当グループ
3・6　世話人会
3・7　七人と共に闘う会
3・10　主婦・労働分科会（合同）
3・12　離婚分科会
3・13　労働分科会
3・14　記録集編集委員会
3・15　発送日
　七人と共に闘う会（パンフ作成）

以上の活動がすでに行なわれました。

3・17(金)　午後3時　於・東京地方裁判所
　鉄連の仕事差別裁判（民事二階6号）
　第一回口頭弁論
　ぜひ傍聴に来て下さい。
　地下鉄丸の内線・霞ケ関下車徒歩一分

3・18(土)　午後2時　於・中島事務所
　公開質問状担当グループ

3・20(月)　午後6時半　ところ未定
　マスコミ分科会
　Tel○四四（九六六）[redacted]　能勢

3・25(土)　午後1時半〜5時
　定例会「主婦の失業者宣言」

3・28(火)　午後6時半〜9時
　教育分科会

4・3(月)　午後6時〜8時半
　東京都行動計画・対話集会
　於・信濃区民福祉会館（国電信濃町）

4・5(水)　午後2時〜4時半
　東京都行動計画・対話集会
　於・小金井市農協

4・5(水)　午後2時半〜　於・中島事務所
　世話人会
　4月は5日です。おまちがいなく!!

4・15(土)　午前10時〜午後5時　於・事務所
　活動報告発送日
　ぜひ手伝いに来て下さい!!

編集後記

春の訪れとともに、女性解放運動も活発になってきたようで毎日ざわざわと忙しくなりました。事務局もいつも人であふれています。あなたも訪ねてきて下さい。（根本）

国際婦人年をきっかけとして
行動を起こす女たちの会

1978年4月

活動報告

【事務局】
〒160 新宿区新宿1－31－4
リプル葵301
中島法律事務所内
☎ (03) 350－6082
郵便振替 東京0－44014

三月定例会
（三月二五日午後二時～五時）

主婦の失業者宣言
―すべての女性に職場を―

司会 竹内・斉藤

行動する会の主婦問題分科会では、会の発足当初から〝主婦の出口づくり〟即ち主婦の再就職の問題をとりあげて活動をしてきました。その中で、夫が、妻が仕事を持つことを認めない、保育所がない、就職口がないなど主婦が再就職をしようとする時にぶつかるさまざまな障害に出会いました。

主婦は家事・育児、老人介護などで、家にいることを余儀なくされ、自立のための職を奪われているのに、「女は家にいるのが当り前」という役割分業的通念によって、社会は主婦を失業とはみなしません。

私たち主婦もひとりの人間として、自立して生きたいし、そのためには経済的基盤が必要であり、労働する権利が保障されなければなりません。

しかし、女性労働者は、常に景気の調節弁として扱われ、とりわけ既婚女性の失業状況については重大な社会問題となることもなく政府の発表する失業者数にも、大多数の既婚女性はもちろん含まれていません。「構造不況」の中でますます女性の就業の機会が狭められている現在、私たち主婦は失業者であることを宣言して、その存在を社会的に認めさせ、対策を迫っていくことが、全ての女性の働く権利を確立していく上で重要であると考えます。

この集会では、必死で仕事を探したにもかかわらず、出産の恐れがあるからと、二十二社すべて就職を拒否された若い主婦、不況を口実とした一方的な合理化で「二児の母親」であることを理由に解雇された女性など、既婚女性が職場から閉め出される実態が明らかにされました。

こうした不当な差別をなくし、すべての女性の労働権を確立するために、ひとりでもすぐに実行できることから、行政や労組に対する働きかけまで、巾広い運動を展開していくことを百名余りの参加者全員で確認しました。

☆レポート

「女性の雇用状況」

労働分科会 富沢由子

高度成長の頃には、一九六五年を境として単純反復労働は女性によって肩がわりされるようになり、特に中高年令層の主婦がパートや臨時という形で製造業を中心に大勢働くようになりました。しかし、女性がパートや臨時、あるいは常用雇いとなっても、経団連の「雇用調整は中高年女性、子持ち女性、中高年男性の順に行なうように」という通達から明らかなように、不況になればまっ先にクビになる不安定な雇用です。現在、完全失業者百二十六万人のうち女性は四十一万人といわれています。けれど、実態の多くは雇用保険もないので数の上では失業者とは見なされず家庭の主婦に復帰するという形をとるために完全失業者としては全く表われない、政府や企業にとって理想的な失業形態となっています。

一旦失業したときの再就職の状況を調べるため職安を回ってみましたのでその話をします。どんな仕事でも、どんなに賃金が安くてもよいのならば職はどうにかあるということで、企業が女性を求人してくるのは、安い賃金ですませるためだというのが現状です。また求人カード・求職カード共に、配偶者の有無をチェックする欄があり、女性に対しては配偶者なしを希望する企業が多いのに対して男性の場合管理的な職種については配偶者ありを希望する企業が目立ちました。これは、家庭を守る人が居た方が仕事に専念できるという考えによるものだと思われます。

募集の際、現在求人カードが男女別に分けられているために、まず企業は性別の指定をすることになります。唯一、飯田橋の職安では、一年前から試験的に、男子用、女子用の他に男女共用の求人カードをも使っているとのことですが、性別を問わないという求人は4件だけとのことでした。企業側の求人は性別を指定するものが圧倒的に多く、職安の指導にも限界があるようです。

また職安で「パートの手引き」というパンフレットを作成していますが、その中で求職者の心得として、家事や子供の保育の問題を解決した上で求職するように書かれています。保育が個人的解決に任されるなら、働きたくても身動きとれない多くの女の切実な求職という要求とは全くかけはなれたものでしかありません。仕事の斡旋が保育行政と結びついた形で運営される必要性を感じます。

☆**実情報告1**

「出産期だからと、22社全部ダメ」

麻生敏子

結婚を機会に引っ越したこともあって、それまで働いていた会社をやめ、いま就職先を探しています。新聞広告の中から『25才で既婚も可』の会社22社を受けてみたが、すべて拒否されました。

> 仲間にはいりませんか。
>
> 今後「主婦の失業者宣言」を軸とした女性の労働権確立の運動をともにやってみませんか。どなたでも参加できます。事務局までご連絡を。（主婦・労働）

ある会社では夫の給料を聞かれました。言う必要があるものか疑問を感じながらも答えた所「それは大変でしょう」と同情されましたが、結果はダメでした。

またすべての会社で出産の予定を聞かれました。いくら2・3年産むつもりはないと言ってもとりあってもらえません。就職しようとする時に子供を産むかどうか聞かれるのは非常に不自然な事だと思います。結局、結婚していることと、出産を間近に控えていることを理由として企業は私を不採用にしたのでしょう。嘘をついて独身だと言えば採用してくれる会社もあったのでは、と思います。

☆**実情報告2**

「働きたくても子持ち主婦に保育所なし」

香曽我部婦美子

学生結婚して五年、三才になる子供がいます。おととし、夫の家庭の事情で東京から大阪に移り、夫が家業をついだ商店の主婦として約一年間働きました。そこでは、嫁はただで使える労働力でしかなく、個人の人格などあるとさえ思ってもらえません。家族の中で私ひとりが他人という状況の中で次第に孤立し、結局昨年8月子供をつれて東京に出てきました。

夫との話合いの末、東京にアパートを借りて別居することになり、子供を保育園に入れるために福祉事務所に行きました。そこで実情を訴えても、申請者名欄には法律上の夫で父親の名前を書けとか、夫の所得証明を出せとか、親に預けたらどうかという対応。一応申請書は出したが、未だおとさたはありません。仕送りだけでは暮せないので、家でもできる予備校の答案採点のアルバイトをはじめました。

最近、夫から別居するならば大阪で別居しようという提案があり、東京で就職のメドも立たないのでは、大阪に帰っても店の仕事はしないという条件でアパートを探すことにはなったものの、独立はあきらめざるを得ないというのが現状です。

☆実情報告3

「不況時はまっ先に解雇」

梅 津 佳津美

中学卒業後13年間、板橋のカメラ部品の製造会社で働いてきましたが、不況のために74年の秋、先ずパートが全員解雇され、翌年には希望退職を拒否した女子職員のうち子供が2人以上の者の解雇を労組が協定で認めてしまいました。

社内には子供を産んで働き続ける女性がほとんどいませんが、私はずっと働き続けたいと思っていました。もとは電話の交換をしていたのに、一人目の子供の産休明けで出勤したら食堂に回され、4年後の二人目の出産では2人の子持ちであることを理由に解雇されたわけです。労働基準監督署に行っても、解雇予告手当を支払っているから違法ではないと言われ、やむなく裁判にもちこみ争っています。

たとえ労組があっても、労組幹部も不況時の人員整理はパートについで女性という企業の考え方を認めており、女の解雇をくい止める力にはなりませんでした。

☆　☆　☆

このあと、会場から実情報告を受けました。既婚であるというだけの理由で不況時に解雇された女性が解雇無効の訴えをおこしたが、裁判所は「既婚女性は通常夫と共稼ぎをしており、退職しても生活には困らない。これは太陽が東から昇り西に沈むのと同様に証拠調べをするまでもないことだ」という判断を下し、結局最高裁で敗訴した古河鉱業の例。岡

女・エロス10号刊行記念集会

わたしの エロス・革命

とき　4月29日(土)　午後6時〜9時

ところ　千駄ケ谷区民会館
(国電原宿駅下車・徒歩五分)

整理券　五〇〇円

◇講演　河野信子「エロス・革命」
—現代の媒介者の思想を問う—

◇パネルディスカッション
国沢静子・紫水十三子・末長蒼生
深江誠子・増野潔・渡辺文恵

◇パントマイム　ヨネヤマ・ママコ
(新作)

いま「女・エロス」はふたたびエロスを模索する。労働とエロス、対のエロス成熟のエロス、男と子供と共同体、つくられる母性等について語ろうとしている。わたしたちの革命は、エロスを産みつつ生きるところに見えてくる。ぜひ参加して下さい。

(吉清一江)

谷市の精密機械工場でパートの三分の二が抜きうち解雇され、会社に抗議したところ「家に帰れば夫の給料で食えるから失業ではない」と言われた例など、主婦が職をみつけたり働いたりすることがいかに困難であるかが報告され、主婦の失業状況が明らかになりました。

☆　☆　☆

☆問題提起1

「役割分業意識・50年前と全く同じ」

樋口恵子

十数年前、当時二才の子供をかかえて職探しをし、主婦が就職することの困難さを自ら体験しました。それでも当時は高度成長期だったのでなんとか就職できたが、今同じ立場に立ったらむずかしいでしょう。憲法27条で「勤労の権利」が保障されているが、この不況の中で女性については権利が後退する一方だと、今の話を聞いて痛感しました。

戦前・戦後を通して一番変わらないのが「主婦になった女は働かないのが当然だ」という考え方だと思います。昭和六年に東京で働く婦人の実態調査が行われていますが、当時、本質的に男は職業人、女は家庭人。男は家計全体を引き受け、女は家計補助と指摘しています。この意識は50年たった今でもまったく変わっていません。

失業者の定義も、大正六年には内務大臣が「日本の失業者は家制度の一員であって、都会で職業は失っても国へ帰り安定したくらしをしており、失業者ではない」と発言しています。かって次男・三男に言われたのと全く同じことが、生活形態が変わった結果、主婦に対してのみ言われるようになったわけです。

日本の主婦も社会的に失業しているという自覚と怒りを持った時、この状況を少しづつでも変えてゆくことができるのだと思います。

☆問題提起2

「主婦業という言葉はやめよう」

武田京子

私は「主婦業」という言い方をやめようと提案したい。主婦業というのは農業や商業のように職業を表わす言葉ではありません。職業欄に「主婦」と書くのはやめよう、主婦は無職なのです。

政府の労働力統計でも主婦は非労働力人口とみなされています。50年の労働力調査で、15才以上の既婚婦人のうち非労働力人口は一五一三万人で既婚女性の五四・五%。しかし労働力人口と見なされる完全失業者はたった〇・五%、一四万人しかいません。この数字は職安に働きたいと申し出た数だから、実際には潜在失業者の主婦約一五〇〇万人が含まれていません。また働いていることを隠したがる主婦が居ますが、パートや内職にしろなぜ働いていると言わないのか。主婦業をしていることで恵まれた地位にいると思われたいのでしょうか。女の側から主婦という肩書きをやめ、家事育児は主婦業という職業ではないと言わなければ、女は家庭にいれば失業者ではないという社会通念を変えることはできないと思います。

☆討　論

「この社会通念を変え　すべての女性に労働権を」

問題提起に引き続き、討論に入ると、会場の主婦は、「主婦であっても特技をもてばいざとなれば食えると考えるのは全く幻想でしかない。友人は最近夫に死なれて、それまでやってきた校正の仕事を増やしてもらおうとしたがダメ。女が39才で親子三人食っていこうとしたら保険の勧誘などのセールスしかなかった。」と女には自活できる仕事が得られないことを指摘。次いで職安回りをした女性から「職安の求人にも専門職はない。トレース・レタリングなどの技術を身につければ高収入になるという広告も、家計補助のアルバイトでしかない」ときびしい現実を訴えました。

一方、再就職の難しさを知り、働きつづけることの大切さを指摘する発言も。そのためには今働いている女たちが、各職場の状況を変えてゆく必要があること。また学校教育での職業指導の重要性も指摘されました。

しかし「働き続けるために、仕事も家事育児もひとりで頑張る人は、二役こなせない女はダメということになってメイワク。身体がこわれる程やることはないのだから、もっといろいろな人の協力を得てサボリながらやってもらいたい。」という発言が笑いと共感の拍手をさそいました。

また、女が職を持つとき避けられない「保育」の問題について発言が目立ちました。ある子連れの主婦は「母親がそばに居て育てるのが一番という女自身の意識を変えていかなければ。そのための、子供にとっての保育環境づくりが、女が働くための基盤づくりにもなる。」と発言。主婦の投稿紙「わいふ」の編集をしている女性からは「今の主婦は、子供は最高にいい環境で〝幸福〟に育てたいという気持ちが強すぎる。なぜ子供はそんなに〝幸福〟でなければいけないのか。母親も一生懸命働いているのだから、あんたも少し苦労しなさいと言ってもいいではないか。子供はその中から何かを学んでいく。」と発言。これも笑いと拍手の共感を呼びました。女が仕事を持つとき、家事・育児を二重に背負わされるシンドサを実感しているだけに、こうした、したたかな発言が共感を呼ぶのでしょう。

今後の具体的な運動としては「主婦は職安に求職の登録をしよう」という誰にでもできることから、雇用拡大とからめて「ボランティアの分野を職業として確立しよう」「労働時間を短縮させよう」、法律上の保育観を改めるために「児童福祉法39条を改正しよう」等の提案がありました。

集会のおわりに、「主婦の失業者宣言」を全員一致で採択し、すべての女性に労働権を保障させてゆくための行動を展開することを確認した。集会終了後、東中野及び新宿駅前で宣言文をまき、買い物帰りの主婦らにアピールしました。

（記録　水沢靖子）

主婦の失業者宣言

ー全ての女性に職場を！ー

主婦は数字に表われない失業者です。

私たち主婦は自立した一人の人間として生きたいと願っています。そのためには夫に養われることなく、自らの労働により自らの生活を支えていかねばなりません。ボランティア活動もPTA活動も自らの生活を支えた上で参加するものと考えます。しかし私たち主婦は人間としての基本的権利であるべき、働く権利を奪われつづけてきました。

一旦家庭に入れば再就職はきわめて困難です。たとえ、働きつづけていても「既婚女性は夫がいるから生活に困らない」とまっさきに人員整理や一時帰休の対象とされています。保育所不足、病人・老人介護制度の不備も現実には、主婦の失業に拍車をかけています。

また、「結婚こそが女の幸せ」、「家事・育事は女の天職」と性別役割分業論をバラまくマスコミと教育により、無意識のうちに労働権を奪われた主婦も数えきれません。

にもかかわらず、主婦の失業は今まで全く問題とされてきませんでした。一九七八年一月、総理府統計によれば、失業者は一二六万人に達し、そのうち女性は四一万人にすぎません。しかし、統計上失業者は職安に行く等自ら働く意志を表示しないかぎり数字の上には表われてきません。もし私たちの存在を統計に加えるならば失業者総数は一〇〇〇万人をはるかに越えます。

いままで夫に養われているという社会通念

のもとに実際には失業者である主婦の存在を政府・経済学者・マスコミは無論のこと労働組合でさえ深刻に受けとめてきませんでした。

今、私たちは『主婦は失業者である』と宣言します。そして自らの手で憲法に認められた勤労の権利を『人間として奪うことのできない基本的権利』として取り戻していきます。私たちは働く権利が男性だけのものでなく、人間として生きたい全ての女性に対し完全に保障されるまで斗うものです。

《行動目標》

◉ 主婦は職業ではありません　職業欄に「主婦」と書くのはやめましょう

◉ 職に就いていない主婦は職業安定所へ登録し、失業者としてその対策を行政にせまりましょう

◉ 残業なしの労働時間短縮を実現させ雇用の拡大をさせましょう

◉ 再就職のための職業訓練機関を拡充させましょう

◉ 保育所の充足と病人・老人介護制度等社会保障を確立させましょう

一九七八年三月二五日

「主婦の失業者宣言」集会参加者一同

対話集会「婦人問題を考える」に参加!!

東京都行動計画中間報告をふまえて四月三日、五日の二日にわたって行なわれた東京都主催の対話集会は、それぞれ百五〇名ほどの参加がありました。はじめに鍛治千鶴子会長からいままでの経緯が説明されたあと、教育・参加、労働、家庭・健康・福祉等についての要望や意見を参加者から聞きました。

三日の発言者は二二名、五日は一七、八名で、行動する会会員の発言が目立ちました。教育では、都立高校の募集人員を男女同数とすることが最終的な答申にもりこまれるかもしれないので、さらに要望を出して下さい。労働では、職安で性別を問わないこと、性による仕事差別をなくすよう行政指導を強めてほしい等の要望が出されましたが、国の行政管轄なのでなかなか難しいとのこと。都の行動計画に何が具体的にもりこまれるかが問題です。事務局に「中間報告」がありますからぜひ読んで意見を反映させて下さい。

家庭・健康・福祉では「いままでの保育は母子一体だったが、行動計画では家族一体の考えを打ち出している点が革新的である」と三浦委員が述べていましたが、「社会一体」の思想に立たなければ、女性の労働権を確立し男女平等の社会を実現させることは不可能という気がしてなりません。また、介護手当の支給は、現況においてはますます女を家に閉じこめる政策に思われます。ぜひとも左記に意見、要望、感想をお寄せ下さい。

〒100　千代田区丸の内3の8の1

東京都都民生活局婦人青少年部婦人計画課

Tel　〇三（二一二）五八七〇

前略　資生堂広報室長殿

「ご挨拶ありがとうございました。三月四日大野広報課長にお約束いただきました、雇用・就業等に関する公開質問状ならびに新聞記事に対する謝罪広告等の検討結果につきましては、今だにご回答いただいておりません。早急にご回答下さいますよう、ご連絡申しあげます。」

四月五日、私たちは今後もこの運動を積極的に押しすすめてゆくことを確認しました。「子供以外、ものをつくるのは男の仕事です。」という山本社長にあなたもぜひ抗議を!!

〒104　中央区銀座7の5の5

資生堂社長　山本吉兵衛

✿今月は、さまざまなところで運動をしている会員から、活動報告に原稿を掲載してほしいという依頼が三つありました。みなさんもご利用を！

その1　民法改正・国籍法改正の請願者になって下さい

日本では法律上は男女平等が進んでいると言われていますが、それでも差別的規定はかなりあります。

一番ひどいのが国籍法でしょう。

生まれた赤ん坊が日本国籍を取得できるための要件は、父が日本国籍を持つこと。日本人の妻となった外国人は簡単に日本国籍をとれますが、日本人の夫となった外国人が日本国籍をとるのは極めて困難です。

このような差別をなくすため、私たちは国籍法改正の請願を始めることにしました。

同時に、夫婦別氏を認めさせ、女に対する再婚禁止期間をやめさせるよう、民法改正の請願活動もすすめます。

請願用紙を事務局に置きますので、ごらんの上、署名をお願いします。

女性の法的地位を考える会
梶　谷　典　子

その2　新幹線にベビーコーナーを

子連れで出かけたとき、ほんのささいなことでも大きな壁になることがあります。例えば、ひとりで乳児を連れて新幹線に乗ったとき、親自身はトイレにもいけないし、オムツの交換や授乳のたびに、とても肩身の狭い思いをしなくてはなりません。国鉄は「世論が納得すれば考慮の余地がある」と答えています。今まで乳幼児を抱えた一時期のこととして、まとまった声になりにくかった子持ち女も、これを機会に少しづつ発言していきませんか。このような類いの問題は街のあちこちに見られますが、ひとまず、新幹線にベビーコーナーをつくることを国鉄に要望する署名集めからはじめたいと思います。ひとりでも多くの方のご理解とご協力をお願いします。

署名用紙は「あんふぁんて」の事務局に返信用封筒を同封のうえご請求下さい。また少人数の場合は、葉書に「新幹線にベビーコーナーをつくることに賛同します」と書き添えて、住所・氏名・捺印のうえお送り下さっても結構です。

（古武敬子）

〒162　**東京都新宿区**[redacted]
あんふぁんて

その3　"ヨーロッパ先進四か国をめぐる婦人の実情を知るツァー"

国際婦人年以降、世界各国の女たちはどのような活動を続けているのでしょうか。イギリスでは、性差別禁止法が施行されて三年経ち、イタリアでは、昨年十二月に男女雇用平等法が施行されました。これらの実施状況を自らの目で確かめるとともに、多くの活動家たちとも意見交換をし、日本の運動にも大きな活力をもたらすことができればと思い、この調査ツァーを企画しました。あなたも参加してみませんか。

◎日　程　一九七八年五月二八日(日)〜六月十日(土)（14日間）
◎費　用　六三万八千円
◎訪問国　スェーデン・イギリス・フランス・イタリア
◎旅行取扱い　日本交通公社・東京渋谷支店
◎問い合わせ先
ヨーロッパの婦人の実情を知る会
世話人　**伊藤恭子**
〒214　川崎市多摩区[redacted]
Tel　〇四四（九二二）[redacted]

4月定例会

「アメリカの女性たちは、日々
どのように運動しているか」

とき　4月27日(木)　午後6時半～9時
ところ　リプル・アーサー（喫茶店）
地下鉄丸の内線新宿御苑前下車
中島法律事務所の〃階下〃
参加費　コーヒー代
パネラー　池上千寿子・田上時子

昨年までアメリカに滞在していたおふたりに、アメリカの女性たちが日々をどのように暮らし、リブ運動をいかにすすめているかを根掘り葉掘り聞いてみようという会合です。

たとえば、会報の編集や発送はだれがやっているのか。集合や会合に参加するとき子供はどうしているのか。買い物や食事の仕度は男女とも平等に分担しているか。分科会活動や集会はいかに運営されているか。などなどいままで聞きたかったこと、知りたかったことをどしどし質問してみましょう。今回はくつろいだ雰囲気を楽しむために、喫茶店でコーヒーを飲みながら……です。ぜひどうぞ。

今月のお知らせ

4・3　東京都の対話集会（信濃町）に参加
4・5　〃　〃（小金井）に参加
世話人会
4・7　東京都の対話集会（団体）に参加
鉄連の七人と共に性による仕事差別・賃金差別と闘う会（運営委）
4・8　座談会「女の運動をつなぐもの」
主婦分科会
4・10　労働分科会・主婦分科会（合同）
4・12　七人と共に闘う会（運営委）
4・13　七人と共に闘う会・総会
離婚分科会
4・14　労働分科会
以上の活動がすでに行なわれました。

4・18(火)　午後7時　於・事務所
記録集編集委員会
4・27(木)　午後6時半　於・リプルアーサー
四月定例会「アメリカの女性たちは日々どのように運動しているか」
労働分科会（予定）
4・28(金)　午後6時半　於・事務所
教育分科会

4・28(金)　午前10時～午後4時
東京地方婦人会議　於・恵比寿会館
「しきたりの中の男女不平等」
会員多数参加。ぜひお出かけ下さい。
4・29(土)　午後1時　於・中島事務所
七人と共に闘う会・勉強会
4・29(土)　午後6時　於・千駄ケ谷区民会館
女・エロス10号刊行記念集会
「わたしのエロス・革命」
☆29日夜、泊まれる所（会員宅）を確保しました。朝食付千円で8名程泊まれます。詳しくは事務局までご連絡下さい。
5・1(月)　午後6時半　於・事務所
世話人会
5・2(火)　午後3時　於・東京地方裁判所
ヤング・レディ裁判（民事35部）
5・12(金)　午後3時　於・東京地方裁判所
鉄連の仕事差別裁判（民事6部）
裁判に関する問い合わせ先
〇三（三五二）七〇一〇

編集後記

今年の夏合宿は、八月十九日(土)、二十日(日)の両日、埼玉の国立婦人会館で行ないます。あなたの予定に入れておいて下さいね。（根）

国際婦人年をきっかけとして
行動を起こす女たちの会

1978年5月

活動報告

【事務局】
〒160　新宿区新宿1－31－4
リプル葵301
中島法律事務所内
Tel　(03) 350－6082
郵便振替　東京0－44014

四月定例会
(四月二七日　午後七時～九時)

〝アメリカの女性たちは日々どのように運動しているか〟
パネラー　池上千寿子

アメリカの東部と西部の女性解放運動の模様を、それぞれ田上時子さん、池上千寿子さんのお二人に語って頂き、東西の対比をふまえて、活動の方法論をわが行動する会にとり入れたいというねらいの定例会であったが、会は田上さんの国鉄ストによる欠席という思わぬハプニングのため、ややチグハグな状態で始った。定刻七時に会場の喫茶店に集った人々は顔見知りの数人を除いては、誰がメインゲストで、誰が一般の客かも判らなかった。〝そろそろ始めたら〟の声に、〝私は三十分で退席しなければなりませんから〟との池上さんの発言で口火が切られ、司会もゲストの経歴紹介もなく、彼女への質問応答の形で座談が始った。あくまでも滞在地西部での話ですと前置きがあって、事務所は古い建物などが無料で使える事、自治体が運動のための補助金を出してくれる事、その補助金の分け方で組織の分裂があったりし逆に会費制の団体の方が長続きする事、学生や若い人たちが、積極的能動的に活動している事、個有の問題別のグループが多い事、などが語られた。

たちまち三十分が過ぎ、またの機会にとゲストが退席され、物足りない思いのまま取残されているうち、自己紹介と感想をとの提案があり、見知った顔が幾ぶんテレながら気楽に感想を出し合っていたが、最後の方で中年になってから盲人となられたという五十代の女性が思いもかけない衝撃的な体験談を話され、一瞬にして座が緊張した。当夜の〝眼からウロコが落ちた時〟であった。

初めての試みで、その上ゲストの欠席などの手違いもあり、準備不足の感はあったが、いつものお膳立てされた定例会にない新鮮味は確かにあった。ただ参加者にも〝気楽〟な会という事で、ややおまかせ気分があり、やはりテーマをきめ、話合いの心の準備があれば、限られた時間をもっと有効に使えるのではないかと思った。池上さんのお話に〝アメリカに較べ日本の国民性は湿っぽい〟とあったが、アメリカの女性解放運動は乾いた草原をゆく野火のように広がっているようだ。日本の湿った風土の中で野火を広げるには、我々の運動への熱い想いしかないと改めて思った。

(K)

―定例会に参加して―

もう一度やりましょう

芦谷　薫

四月の定例会はいつもと違っていた。場所も事務局下の喫茶店だし、人数も十数人という具合。自然にくつろいだ場になった。

当日の池上さんの話は、彼女が滞在されていたサンフランシスコの日系女性解放グループのことから始まった。そこでは日系を含めた様々なマイノリティーのグループが多数あり、それぞれが置かれている立場の問題を抱えこんだ形で女性解放をめざしている。従ってその主眼となる具体的要求は各々異ってい、また市の社会福祉予算から出る補助金も受け取るところ、ヒモ付きになるのを拒否するところと様々という具合。アメリカでは、そんなグループが全米ヒューストン会議には一堂に会することが出来るのは何故なのか、その辺を次回にぜひ聞いてみたいし皆で考えてみたい。

羨しいのは、廃屋ビルを市が管轄下に入れそれを様々な市民グループに無償で貸してくれる事だ(コピー器具等事務用具を含めて)。さらにそんなビルをワンフロアー借りうけて、若い男女が共同生活をしつつ行動している。事務局の運営や運営行動資金の問題を常にかかえている私達にとっては、やはりうーんと思わせる話だ。

もうひとつ実際の行動層は学生位の若者が主で、消費者グループ(無添加食品等の)も若い人が中心でそんなグループとの交流もさかんというか自然に結びついているらしい。こんな点も若い層への広がりが問題になっている行動する会には大変興味があるところ。池上さんによれば、一つには国民性―やるとなったらウジウジせずサンドウィッチ持参徹夜でワイワイ楽しくやってしまう等、さらに教育にその違いの源があるのではということ。次回には是非もう一度池上さんや今回見えなかった田上さんをまじえ私達ももっと分析してみたいところだ。若い人達が自由な生活パターンを作ってい、だから事務局も複数で時間分担できたり、又そこに行けばいつも誰かが居てフリーな討論や事務仕事を手伝ったりと仲間どうしの交流も楽しめる時間とスペースがあるというのも魅力のひとつではないかと帰り道々数人で話し合った。

保育に関して、池上さんの話ではベビーシッターは学生のよいアルバイトである由。その辺も乳幼児をもった女が働きやすい点だが、それとても『子供は母親が』という考えがない社会だからいとも気楽に預けたり預かったりしている。日本だと万一の事故を考えるとホイホイ預るのを躊躇してしまいがちだが、そこはアメリカ、預かる方が『預ける者は何が起ろうと一切文句を言わない』という一札をとるという。保育所を要求することはアメリカではあまりないということだが、この点に関して参加者から子供の発達権としての集団保育への視点がまだまだなのは問題なのではという意見が出た。この辺も話し合うとおもしろいと思った。

最後に参加者の中に五十二才で全盲になられたという玉置さんが居られ、話されたひとことひとことに皆強い印象を与えられた。障害をもった男は主体的に生きる術をもち易いが、女は自ら又囲りがそうさせない現実、愛、結婚生活においても全盲の女性と健眼の男が結ばれることはまずない等、改めて考えさせられる差別社会のそのまた差別状況。「この新幹線の走る世の中に江戸時代とまるで変りない『盲即あんま』という社会に怒りをおぼえ」マッサージ術を習うことを止め、点字専門の出版社に勤め、学生と身障者のためのボランティア活動をされているということ。一同深い衝撃を受けた。

二月定例会で会員相互の気楽なオシャベリの場―ティタイムをもとう、そんな中からも行動へのエネルギーや名案も生まれるのではとの発案の実行第一弾。たいへんよかったというのが卒直な感想。池上さんが帰られた後も前述のような話が出されたし、又アメリカでの消費者運動と女性解放運動の人々のかかわりを聞いての話題にも転じていった。会の行動は会員各々の様々な日常生活があって存在している。食生活を冷凍食品やまとめ買いで時間を生み出す人。女性解放をすすめるなかで男も女も今の農業政策の歪みをうけた食生活を改め人間の主体性をとりもどした食生活を願うが、農業問題には時間的にかかわり切れないという者。日本の食事に関する家事の合理化はむずかしいのでは……。献立材料運搬業？（世の男は主婦をますますサボらせると攻撃してはいるが…）は女性解放に方便的には利用できるのでは等々普段あまり話題にされないが、だれもが関っていることにも話題が転じていった会合だった。今度は是非田上さんもまじえてもう一度やりましょう。

（教育分科会・東京都調布市）

ラブレター フロム マリコ
玉置はま子さんへ

玉置さん、27日はどうもありがとう。一言お礼を申しあげたくてペンをとりました。

あの日は、学校で175センチ、72キロという男子生徒とさんざん口論した後で、心が荒れていたのです。重い足どりで事務局へたどりついたら池上さんの話は終っているではありませんか。一時間半もかかって着いたのにとムシャクシャしている私の耳に、しばらくしてあなたの張りのある声がはいってきました。

52才ではじめて目が不自由になったこと。盲人界でも女性差別がひどく盲人協会などの会長、役員には決して女はつけないこと。男は盲人になっても家中で世話してもらえるが、女は盲人＝廃人同様に扱われてしまうこと。自立した人間として生きてゆくための訓練機会がほとんどないこと。男は盲人でも結婚のチャンスはあるが、女は皆無に等しいこと。中でも「男の子は、目が不自由でも何とか学校にやってもらえ、将来自立できるようにしつけられるけれど、女の子が目が不自由な場合は、母親があげ膳すえ膳でめんどうを見てやってしまうので、母親が亡くなったらその娘は生きてゆけなくなってしまう」という指摘は、まさに今の世の中における女性の自立問題と根は同じだと感じました。結婚前は親の庇護で、結婚したら夫の下でという社会通念の恐しさがよくわかりました。それにつけても女性差別の犯罪の大きさには驚かずにはいられません。正常者の世界の性差別がより凝縮された形であらわれるのが障害者の世界なんですね。あなたがあなたの置かれた立場で性差別と斗っていることを思う時、私も自分のできるところから一つ一つ性差別をなくすために斗い続けなければいけないという決意を新たにしました。

「私は一度しかない人生を52才までは正常者として、52才からは盲人として二度生きることができたから、幸せもんです」このことばほどあなたの強さを表現したものはありません。どうも、あの日はありがとうございました。またお会いできる日を楽しみにしています。お元気で！

三井マリ子

（教育分科会・東京都八王子市）

資生堂からの手紙
ーそしてふたたび抗議を考えるー

行動する会では、去る四月五日資生堂広報室長宛てに、雇用・就業等に関する公開質問状ならびに新聞記事に対する謝罪広告等の検討結果についての回答を求める書状を送付しました。その結果、資生堂より次のような手紙が送られてきましたのでご報告します。

「――さて、先般より朝日新聞の記事に関しましては、再度にわたりご丁重なる書状を拝受し、誠にありがとうございました。

また、四月五日付に賜わりました書状につきましては、ご回答が大変に遅くなりましたことをお詫び申しあげます。お問合せの雇用、就業などについての質問状に対するご返信を本日同封にてお送り申しあげますので、よろしくお取り計らいのほどをお願い申しあげます。

新聞記事に対する謝罪広告につきましては、慎重に検討を重ねてまいりましたが、かえって私どもの真意に反して誤解、誤認を招かねないとの判断から、誠に申し訳けございませんが貴会のご要望に沿いかねます。（略）」

さて、私たちはこの回答に対し、どのように行動してゆくべきでしょうか。有効な戦術をみんなで考えてゆきたいと思います。ご意見をお寄せ下さい。

公開質問状の回答は次のとおりです。誌面の都合で一部しかご紹介できませんが、女性労働者を搾取している企業と言えるかと思います。この数字を見てますます、社長の「子供をつくる以外は男の仕事です」の発言に、抗議をし続けなければと感じました。（N）

◎資生堂全社における就業者の実数

男子　五、一九五名
女子　一三、三二〇名　（'77・11現在）

◎資生堂全社における管理職の実数

	男子	女子
部長	三八名	一名
次長	八〇名	―
課長	二二七名	六名

（'78・2現在）

◎東京本社および東京工場における実数

	東京本社（男）	東京本社（女）	東京工場（男）	東京工場（女）
大学	四〇八	二九	二二	―
短大	二四	一八	四	―
高校	一二九	二六〇	一二一	六四
中学	一五	四	四一	二二五

（社員のみ管理職含む　'77・5現在）

あなたも教科書をチェックしよう!!

教育分科会では今年も六月後半頃に、教科書会社と公開の話し合いを持つ予定です。現在それにむけて小中高の教科書チェックをしています。男女の役割分業思想に根ざした記述やさし絵、写真をひろい出したり、女性執筆者がどれ位の割合か、又生き生きした女性が教科書にどれ位登場しているか等々の観点から教科書を洗い、教科書会社に提言していくつもりです。そこで皆さんにぜひ協力をお願いしたいのです。手近にある現行の教科書をぜひ開いてみて下さい。そしてあなたも教科書をチェックしてみませんか。たくさんの資料や提言を教科書会社にぶつけましょう。次の内容をワラ半紙を半分に折って二ページとできるよう横書きにして、事務局内教育分科会宛にお送り下さい。

①あなたの氏名　②教科　③教科書名
④出版社名　⑤チェックの観点　⑥具体的事例（よい点もあれば書く）　⑦提言

※※※※※※※※

五月のさわやかな風とともに、何通かのお手紙が事務局に届いておりますので、その一部をご紹介させていただきます。

※※※※※※※

◇前略　三月末北海道新聞の記事で〝行動を起こす女たちの会〟のことを知りました。家庭のいわゆる主婦が賃金体系の中に、何らかのかたちでくみしていかなければ云々という内容でした。

　私は三人の子供がいて35才になるいわゆる主婦です。子供たちが寝てから本を読んだり書きものをしたりの毎日です。二番目の子供が去年入学するのを期に会社の仕事をやめて家事一般を細々とやっているのですが、この頃はつくづく雑役係の思いを新たにしています。上の二人の子が小学生ですが、教育体制の中においても、母親は教師の下請け機関として家庭学習の名のもとに、我が子のおちこぼれをふせごうとのめりこんでいく仕組みになっている。まあ、教育だけではなく、女はあらゆるところで下請けをよぎなくされてきたわけです。

　〝主婦〟といわれる一群の女たち。これはどうしても手をつけなければならない場所だと、私はつねづね思っておりました。〝行動を起こす女たちの会〟の運動、通信等購読したいのですがお知らせ下さい。

安住貞子（札幌）

☆　☆　☆

◇先日お電話しました者ですが、貴会の活動に興味があり私も一緒に会に入り、色々と勉強し行動したいと思います。

　つきましては会費一ケ月分五百円を同封しますので、今月の会報またもし創刊号で貴会の主旨が記載されているものがありましたら送って頂きたいと思います。

　当方現在中学校で英語を教えている二十五才の教師です。よろしくお願い致します。

山田佳子（東京・目黒区）

☆　☆　☆

◇私は東北大学の四年生の女です。男ばかりの中で一人でシコシコ、住民運動や女の問題等について勉強したり、色々な雑誌や新聞や本を読んだりとったりして無為な議論をやってみたりしたけれど、何しろ集会等に参加したくても情報が入りにくいし、東京の話か、仙台じゃあとあきらめ気分になって……。

　四年になって少し暇だし、とにかく今は行動したくてたまらないのです。どうぞ入会させて下さい！　忘れずにお返事下さい。

りんごの花満開の仙台より

末松千晶

波

☆共同保育所を一緒に作りませんか

　働きたいが子供を預ける所がないとか既制の保育所や幼稚園にあきたらない方で、近くにお住みの方はご連絡を。当方四才の男児がいます。（杉並区[redacted]）

Tel〇三（三九〇）[redacted]　宮口純子

☆横浜のグループ「ひらあけ」より

　一月二八日の「語ろう女たち」大集会でデビューしました私たち。メス・マークペンダント製作にエネルギーをかたむけたあと、地道に運動してゆく方向に向いています。その第一段階として高群逸枝「女性の歴史」・「自分を変える本」等を使って再度メンバーの意識を確認していこうとしています。月二回ほど横浜の喫茶店で集まりを持っています。横浜近辺の方はぜひ御連絡を!!

Tel〇四五（五九三）[redacted]　石井

☆同県内の方で特に女子教育問題に関心のある方、ご連絡をお待ちしております。

男鹿市[redacted]（〒〇一〇―〇五）

佐藤竜子（18才）

5月定例会

「解放された女性」とは
内面的解放と社会的解放をさぐる

と　き　5月25日(木)　午後6時半〜9時
ところ　渋谷勤労福祉会館
（渋谷パルコ向い、駅より五分）
パネラー　女・エロス編集委員会
参加費　三〇〇円

二月定例会でヤンソン由実子さんから、「解放された女性の理想像は何かを話し合うことが必要」という提案があったことを、みなさん覚えていらっしゃいますか。去る四月二九日に四〇〇名の参加があった「わたしのエロス・革命」集会（女・エロス編集委員会主催）でのパネルディスカッションに同じような主題を期待した私たちですが、当日は熱気に流され散満なディスカッションでした。日頃は誌上でしかお目にかかれない編集委員のメンバーとひざをまじえ、内面的な解放と社会的な解放との関係、そして「解放された女性」とは何かをさぐってみようではありませんか。お友達を誘ってご参加下さい。

今月のお知らせ

5・1　世話人会
5・2　ヤングレディ裁判
5・8　鉄連の七人と共に性による仕事差別・賃金差別と闘う会（運営委）
5・9　記録集編集委員会
5・10　労働分科会
5・12　鉄連の仕事差別裁判
　鉄連の七人と共に闘う会（運営委）

以上の活動がすでに行なわれました。

5・22(月)　午後6時半　於・中島事務所
労働分科会
5・25(木)　午後6時半　於・渋谷勤福会館
五月定例会
5・26(金)　午後7時　於・中島事務所
記録集編集委員会
5・27(土)　午後2時　於・中島事務所
教育分科会
〝教科書チェックの検討〟
6・5(月)　午後6時半　於・中島事務所
六月世話人会
6・16(金)　午後3時　於・東京地方裁判所
鉄連の仕事差別裁判

編集後記

今月は偶然にも、手紙に関連する原稿ばかりが集まり驚いています。事務局ではカナダからの手紙ならぬ、あなたからの手紙を首を長くしてお待ちしていますのでよろしく。

教育分科会の「男女共学をすすめるために」の小冊子が朝日新聞に紹介され好評です。会員からの申込みが少ないのは寂しい限り。定価二〇〇円（〒一四〇円）です。ぜひ手にとってご覧下さい。

（根　本）

国際婦人年をきっかけとして
行動を起こす女たちの会

1978年 6月

活動報告

【事務局】
〒160　新宿区新宿1－31－4
リプル葵301
中島法律事務所内
Tel　(03) 350－6082
郵便振替　東京 0－44014

五月定例会（五月二五日　午後七時～九時半）

「解放された女性像」とは

内面的解放と社会的解放をさぐる

パネラー　女・エロス編集委員会（佐伯、入沢、白井、古川）

於・渋谷勤労福祉会館

中嶋　この会が持たれた経過説明を……。

根本　二月定例会でヤンソンさんから、「解放された女性の理想像は何かを話し合う必要」という提案があったのですが、つっこんだ討論はなされなかったし、四月の「わたしのエロス・革命」集会でも白熱した議論がなくてものたりなさが残りました。そしてこのようなテーマを設定するときに、女・エロス編集委員の方ともお話がしてみたいと思ったわけです。

中嶋　自己紹介をかねて問題提起などを編集委員の方にお願いします。

佐伯　自立ということをどうとらえるかということだけど、今の日本じゃ、いくら自分一人がかっこよく自立しているつもりでも、女だということで仕事も与えてくれないでしょ。そこのところを考えなくちゃと思うの。今日は、まわりの女たちがなぜ自立できないか考えてきたんだけど、まず第一にブルジョア的にほんわかと育てられた女の子はダメね。それに、行儀作法とか髪型とかをうるさく言われて育った子とか、金銭感覚に対して鈍く育てちゃダメね。それから、男にこびてしまうというか、甘えんぼな子はよくなくて、男なんてなにさっていう位に思っていた方がいい。

入沢　今日のテーマの「解放された女性」ですが、私もそれがわからないから、「女・エロス」なんかをやっているというところがあります。女の自立を考えるときに、「仕事ってなんだろう」ってまず考えます。最近、「働き続けたってなんにも解放されないじゃないか」「働いて搾取されるより、家にいる方がずっと生産的だ」ということを耳にします。けれども、極めて素朴に、「そんなはずない」と思います。働くことから女のすべての自立が始まると思うし、労働することによって、どこまで自分が解放されているか、どこがしばられているかが見えてくるのではないでしょうか。それから、最近、何をするにも隣の人が敵というか、そういう人が声をさえぎるのです。今、新しい職場に移って、また一から始めるというか、悶々としてないで声に出していきたいと思います。

白井　完全に解放された又は自立した女性はいないと思うし、それは自立を妨げる力が圧倒的に大きいからですね。社会もかわらなければ自立した女もないという相関関係があると思います。社会っていうのは、親とか、学校、友達みたいに自分の受けてきた教育とか、結婚とか仕事、職場のこと、道徳や一般常識みたいなものですね。そこでどうするかというと、自分が何をしたいのか、何をしたくないのかをハッキリとらえて、そしてそこに障害があるなら、それを取り払っていく方向で、一人で仲間でやっていかないと何も生まれないんじゃないかと思うわけです。自分のこととしては、女でも楽しくかつ有能さを認められる仕事ということでやってきたけど、ただ働き続けるだけじゃダメだと思っています。

古川　自立というのは、女の願望とか目標なんだと思います。女の自立を妨げる第一のものは、結婚制度における「保障」ですね。女はおとなしく誰かの言うことさえ聞いていれば「食う」ということの保障はされる。なぜ私にはそれが苦しかったかというと、その保障のためにあらゆるプライド、強烈な自我が殺されるからですね。その保障を「けとばす」ということから自立が始まるんだと思います。

ここでは、母性からの自立について話したいんですが、私は母性を否定はしないんです。結論からいえば、母親になったときは、あらゆる豊かな力をつけて、十分に母親として生きなければと思うんです。問題にしなくてはいけないのは、母親以外の自分を見失ってしまう女の生き方というか、自立のかわりに母性にすりかえて女が生きるという状態です。もっと社会的には、女は母性によって利用されるということです。支配側から言えば、子を生み、男をいつくしみ、福祉の肩変りをする女の母性というものは政治のつじつま合わせるのに非常に大事なんですね。女にとっても母性によって生きることは、ほめられるし楽なんですよ。だけど自立を考えるときには、女はどうやって母性に呪縛されずに生きていくかということです。私も、母性というものに甘く甘くなっていく自分と格闘し、ブレーキをかけるわけです。

中嶋　私達は、女が生きやすい社会を作っていくことで一致しているわけですが、それをどのような方向にもっていくかという点で、どのような社会を作っていくかということもふまえて話を広げたらと思います。

中島　経済的自立の問題をもっと腹を割って話す必要があると思うんです。佐伯さんが、以前、鉄連の裁判のことを少しわかってくれたあとで、「彼女たちも会社のことだけでなく、自立のことも考えてほしい」とおっしゃったのが、非常にショッキングだったわけです。仕事差別に裁判で闘うということが会社のことであって、それと自立のことは別というと、ずっと以前の「いやならやめればいいじゃない」と言った人たちと同じ系列になってしまうんじゃないですか。経済的自立と精神的自立ということに関してもっとつきつめて話し合ってほしいんです。

佐伯　私も、経済的自立を抜きにしては何も始まらないと思うの。ただ、職場での闘争を進めるのと平行して、籍を抜くとか、婚姻制度の問題、男との問題を考えてほしいのね。

佐々木　今、話題になっている鉄連です。私達は、自立する第一歩として経済的自立を考えています。けれども、それですべてが自立できた女になれるとは考えていない。私達が職場で闘争することは、今までの職場で「かわいがられる女」を拒否していくというか、精神的自立の一歩を歩み出しているところもあります。ただ私達が話をするときには、職場での女の地位を上げるということから始まるので、今まで精神的なところが伝わらなかったと思います。

中嶋　では今日はぜひ、いつも伝わらない部分のお互いの確認というか、そういう場にしてほしいですね。また、仕事を持っているエリート女なんて言い方で女が分断されている現状などについて、みなさんの方からご意見を出してほしい。

盛生　自立ということですが、いかに主体的条件を持って、いかに主体的に生きるかということだと思います。男の人にとってもそうだけど、主体的条件が完全にそろうということは絶対にないと思います。その中で経済的に自立するということは、決して十分条件ではないけれど、絶対に必要な最低条件です。

中島　さきほど入沢さんは、職はいくらでもあるようにおっしゃったけれど、ほんとうは、職を獲得しようとしたら、そうとうな格闘が必要じゃないかしら。経済的自立を必要条件とし、子どもの分は半分としても、自分と子どもの分を女が稼いでいこうとしたら、今の社会ではほんとうに大きな闘いが必要なのね。精神的自立を語るときに、そこをどうとらえていくのかしら。

入沢　一般的にいって女は、男に比べてなりふりかまわず仕事を求める態度が薄いですね。職安なんか行っても、女の仕事っていうとパートが多いし、土方やりたくっても女にはやらしてくれないというような、男向き・女向きの仕事と分けられている現実もあるけれど、パートを本雇いにするというようなところから格闘が始まるわけです。女はもっと仕事に食らいついていっていいんではないの。

中嶋　女にはどっか逃げ道があって、ちょっと仕事がきついとやめていく。それが働いている人にも影響して、主婦なんか見ると、〝私もああなりたい〟なんていう意識を作っていきますね。女が自分で自分を養っていく力の弱さをどうしていくか。

高木　私は公務員ですが、同じ課の中でも、企画的な仕事は男、お茶くみや補助的業務は女というように分業が確立していますね。女に補助的な仕事しか与えないでおいて、仕事が違うからといって賃金差別をするという現実があるわけです。でも、その賃金差別はおかしいと言っていく中から職場での分業意識を直していく道がでてくるわけね。その時には、回りの人が一番の敵という感じで、だから〝賃金〟という経済的なことから取り組んでいったとしても、その人たちを変えていくということで、精神的自立という闘いに直結していると思います。それから、母性からの自立ということですが、先程古川さんは、生まれた直後は徹底的に母性に尽すべきで、そうすればあとは自立しやすいとおっしゃいましたが、子どもは本来男と女で生むものだし、よくわからないのですが……。

古川　それは、子どもを男にさわらせもしないということじゃないですよ。でも、スキンシップっていうか、子どもを保護しようという気持ちは男より女の方が絶対に強いです。それは、女にとっても一種の大きな快感だから、あとになって呪縛となって戻ってくるわけね。はいはいを始めるまではすべて母親ですよ。現在では文化的に母性が作られてしまって、男はサービスを求めるだけというのが、日本の男と女の構図になってしまっていますね。

A　健全な親の愛情を示すには、親自身が充実してないとダメですね。頭の方がからっぽだったらいらいらしてきます。古川さんは、子どもが小さいときは、十分母性を発揮せよとおっしゃいましたが、それは、決して二四時間勤務の育児などということを意味していないことはわかりますが、それだけでは誤解を招きやすいのではないでしょうか。

古川　子どもをずっと抱いているのが母性で

はないですよ。何が子どもにとって望ましいか注意深く観察すればわかります。子どもにとっても、母親だけでなくいろいろな大人と接した方がいいわけで、現在の核家族なんていうのは人間関係が限定されるという意味で最も有害ですね。

波田　古川さんは母性を説明するときに動物の例を使われるが、それは、今までの常套手段というか、みんなが納得しちゃう手段で、動物と直接比べてほしくない。今までの手段に自分たちから入っていくみたいで……。

古川　現代はあまりに文化的要素が強すぎて本来性がわからなくなっているから、よく行なわれる方法なんですよ。

波田　本来性が混沌としてわからなくなった、だから動物に、原始社会にそれを求めてみようというのはあぶないと思うんです。

中島　今まで文明的・人口的になりすぎてきたからといって、じゃあ動物に範を求めようというのは、おかしいんではないかしら。子どもを生む時期を選ぶなんていうのは、反自然の際たるものだけれども、そのことによって女が自立してきたという点も見のがしてはいけないと思うのね。

中嶋　抑圧されている社会状況において、なかなか十二分に母性が発揮できない現状の中でその抑圧構造に対して闘わなければ、自分も生かさなければということですね。

斉藤　動物の世界はどうであろうと、私は男と女で同じように育てていきたいし、そういう家庭、子どもを作っていきたい。父親・母親だけでなく、みんなで協業して育てていきたいと思います。

A　労働のことにもどると、なぜ日本の状況をくつがえすような連帯ができないか話したいんですね。一つには、日本は遅れているのではなく恵まれすぎていて、みんながもたれあいすぎて危機感がないからということが挙げられると思います。

中嶋　現状において一人一人が矛盾を感じ、行動しながら、なぜ大きくつながらないのかということですね。何が問題点でどう道を切り開いていくか話し合っていく必要がありますね。

（記録・仁ノ平尚子・学生）

☆　☆　☆

《お詫び》

本文中、「A」さんとしてあるのは、お名前がわからなかったからなのです。誠に申し訳ございません。至急、ご連絡下さいますようお願い致します。

（根本）

三里塚を考える

5月の活動報告と一緒に、「成田開港に反対する女たちのアピール」のビラが同封されていたのを、ご覧いただけましたか。私たちもその主旨に賛同し、行為を起こす会有志として加わりました。しかし、従来会の中では三里塚の闘いを取り組んできませんでしたので、遅ればせながらも、これを契機に、婦人行動隊の人たちが闘争で得た経験から私たちが学ぶべきものを問うていきたいと思います。

先月のビラに至った経緯とその後のとり組みとしましては、五月十一日に八つの女たちのグループが参加し、二〇日開港というさしせまった状況の中で、なんとか女たちの視点から反対するアピールをしようではないかと、大わらわでビラ作りをし、十四、十五日の両日、一万五千枚の大部分をまきました。なにしろ早急な対応をせまられてのことですので、こんなふうに事後報告になった次第です。

とりあえず、「三里塚開港に反対するグループ」（仮称）として会の中に名のりをあげ、今後とりくみつつ、提起してゆこうとしています。

（富沢由子・竹内みどり）

名古屋大学学生祭
ミス・キャンパス・コンテストを許すな
女たちからの熱いメッセージ

六月八日、事務局に一通の速達便が届きました。差し出し人は「ミス・キャンパス・コンテストに抗議し阻止する女たちの会」、六月七日付朝日新聞によれば、名大祭で、あるゼミの有志が主催して「ミス・キャンパス・コンテスト」を企画、女子学生が猛反発し、学外のウーマンパワーとも呼応して、抗議と中止を申し入れているとのこと。行動する会にも抗議要請のメッセージが寄せられたわけです。

「ミス・キャンパス・コンテスト——男による女の品定め以外の何物でもないと私達は考えます」「男の一方的な価値基準で有無をいわさず、公衆の面前で〝ショー〟として女を選別するこの『コンテスト』を私達は実力で阻止したいと思います」「ここに支援の抗議行動を乞うものです。」抗議先は次のとおり。すぐにハガキを書きましょう！　（根本）

名古屋市千種区不老町　名古屋大学内
経済学部　飯田あつしゼミ　企画事業部
伊藤正博（〝仕掛男〟だそうです）

夏合宿（8・19〜20）予約受付中!!

テーマ「いま、自立を考える」
——女の状況は本当に多様だろうか——

多様化時代、女の生き方もさまざまであり自由に生きることができるかのように言われていますが、本当でしょうか。ファッションメーカーから銀行まで「自立する女」を謳っているいま、私たちにとって「自立」とは何なのか。何からの自立なのかを話しあってみたい（6・5世話人会）と思います。ときは八月十九日(土)・二〇日(日)の両日、ところは埼玉県比企郡嵐山町、池袋から東武東上線急行で一時間半の「国立婦人教育会館」です。宿泊費は一泊千円、食事はカフェテリア形式の食堂で各自、お好きなものを召しあがって下さい。三食千五百円〜二千円程度です。

予約は、宿泊費千円を添えて七月十日までに事務局にお申しこみ下さい。池袋から約一時間半かかり急行の数もあまり多くないので、できるだけ宿泊の予約をして下さい。宿泊希望者の氏名、連絡先を明記のうえ、郵便振替をご利用いただければ幸いです。七月十日までに忘れずにお申し込み下さい。詳しくは、事務局までお問い合わせ下さい。

波

◇ 4・30解放記念日、5・1メーデーをベトナム社会主義共和国にて感激のうちに過ごしています。4・30にはホーチミン市統一会議場で、各国の方々と式典に参加させて頂くことが出来ました。その後、市内の通りを祝賀デモ行進した時の喜びは、一生忘れる事の出来ない良い思い出となりました。HANOIにて。
（赤坂美知子・茅ケ崎市）

◇ 月二回ほど横浜の喫茶店で集まりを持っています。横浜近辺の方はご連絡を。
Tel ○四五（五九三）[redacted] 石井

◇ **夏合宿実行委員**になってみませんか。合宿参加を予定している方で、七、八月に四、五回事務所で手伝って下さる方、または主体的に実行委員に加わって下さる方を、行動する会は求めています。
Tel（三五〇）六〇二八までご連絡を。

◇ 資生堂抗議行動グループをつくりたし。朝、資生堂の本社前でビラ巻きをするなど、多彩に動ける方を募っています。同じくTel（三五〇）六〇八二事務局まで。

定例会のお知らせ

◎ 七月定例会

〃教科書会社との話し合い〃

—男女平等教育をめざして—

と　き　7月29日(土)　午後2時〜5時

ところ　東中野地域センター

教科書に登場する人物の七割は男性。そのうえ、お父さんは会社に出かけ、お母さんは買い物に（国語）、彼は弁護士をめざし、彼女はピアノを習う（英作文）、といった表現がほとんどなのです。

教育分科会では、指導要領移行後（今年から）の教科書をチェックした結果をまとめ、教科書会社との話し合いを計画しました。七月二九日の日は、ぜひお出かけ下さい。詳しくは来月の活動報告でお知らせします。

◎ 夏合宿

いま「自立」を考える

—女の状況は本当に多様だろうか—

と　き　8月19日(土)〜20日(日)

ところ　国立婦人教育会館

（埼玉県比企郡）

今月のお知らせ

6・5　世話人会

6・7　鉄連の七人と共に性による仕事差別・賃金差別と闘う会（運営委）

6・9　労働分科会

6・11　主婦問題分科会

6・13　記録集編集委員会

以上の活動がすでに行なわれました。

6・16(金)　**鉄連の仕事差別裁判**

午後3時　於・東京地方裁判所2F

午後6時　共に闘う会運営委員会

6・17(土)　**公開質問状担当グループ**

午後5時　於・中島事務所

6・18(日)　**独身婦人分科会**

午後1時　於・中島事務所

6・19(月)　**教育分科会**

午後6時半　於・中島事務所

6・23(金)　**労働分科会**

午後6時半　於・中島事務所

6・24(土)　**夏合宿実行委員会**

午後2時　於・中島事務所

6・28(水)　**鉄連の七人と共に闘う会学習会**

午後6時半　於・中島事務所

7・3　**世話人会**

午後6時半　於・中島事務所

会員はどなたでも参加できます。定例会同様ぜひ一度おいで下さい。

7・10　**教育分科会**

午後6時半　於・中島事務所

7・29　**七月定例会**

「教科書会社との話し合い」

—男女平等教育をめざして—

午後2時　於・東中野地域センター

7・30　**鉄連の仕事差別裁判**

午後4時　於・東京地方裁判所2F

編集後記

最近の活動報告は全6ページのことが多く申しわけないと思っています。より充実した情報誌とするために、ぜひどなたか担当してくださいませんか。

（根本）

1978年 7月

活動報告

国際婦人年をきっかけとして
行動を起こす女たちの会

【事務局】
〒160 新宿区新宿1−31−4
リプル葵301
中島法律事務所内
Tel (03) 350−6082
郵便振替 東京0−44014

財・政・ピ・ン・チ!!
会費・カンパの納入にご協力を!!

猛暑の候、いかがお過ごしですか。日本列島うだるような暑さに見舞われている最近、ただひとつ(?)行動する会の財政だけは、身震いするような〃寒い〃状態と言えましょう。(五ページの会計報告をご覧下さい。) 現在継続して会費を納めて下さっている会員の方は四〇〇余名ですが、その納入状況はあまりかんばしくありません。

野口さん(前事務局)は、活動報告に毎回財政が苦しいことを書いておられましたが、全くその通りで、会計をあずかる者としては呼びかけが足りなかったと反省しています。

今回、六月三〇日現在の会費納入状況を別紙にてお知らせしましたので、滞りなくご納入いただきますようお願い致します。なお、記載ミスやご不審な点がございましたら、なんなりと事務局までお問い合わせ下さい。滞納されてしまった会費については分割納入でも結構ですので、よろしくお願い致します。

☆ ☆ ☆

行動する会の財政は、一ケ月一律五〇〇円の会費のほかに、「定期カンパ」によって支えられるシステムになっています。これは毎月、一口五〇〇円のカンパを何口か定めて納めてもらうもので、一〜二口の方が多いように見受けられます。

余裕(もちろんお金?!)のある方、直接、行動に参加できないかわりに財政面で応援しようとお考えの方、毎月喫茶店へ行く回数を2回減らすことができる方などなど、ぜひとも「定期カンパ」制度にご参加下さい。

横浜の青山さん、逗子の粟飯原さんは、おふたりで向こう一年間決まった額をカンパして下さるとのこと。紙面をかりて御礼申しあげます。

一定期間の「定期カンパ」も大歓迎、そのほか、いつでもいくらでも一般カンパを受付けておりますので、会費納入の際は、百円でも二百円でも余分に振込んでいただければうれしく思います。

また夏期ボーナスの恩恵を受けた方は、銀行預金同様、行動する会へのボーナス・カンパもお忘れなきようお願い致します。

運動するには、行動する会を維持させるためにはお金が必要です。ご協力を!!

＜七月定例会へのご案内＞

ごぞんじですか 男女差別だらけの教科書

明日の教科書作りにあなたのお知恵を

「おかあさんはおとうさんがつとめにまにあうようにどんなせわをしていますか」「おかあさんはおとうさんのせわをするだけでしょうか」と質問している教科書の一ページにあるさし絵――小学生の子どもの着替えにさえ手を貸しているエプロン姿の母親が大きく描かれている。

覚えていらっしゃるだろうか？ ちょうど二年前、出版社五社を招いて「教科書の中の女性像」について話し合いを持った席で、参加者全員が苦笑せざるをえなかったのがこの小学校一年生用社会科であった。ほかにも小学六年用国語の中には、女性宇宙飛行士をわざわざ登場させながら「テレシコワさんの宇宙服」と題し、彼女の宇宙服にハトのししゅうがあったなど、服装について再三ふれ「てびき」でわざわざテレシコワさんの女性らしさを描いている部分はどこかと質問しているバカ気たものがあった。

さて、ゆとりある教育と名うった新指導要領移行後の教科書はどうなっているだろう。女性の記述や描写は改善されただろうか。国際婦人年メキシコ大会から早四年目を迎えている。アメリカでは重さ三キロの国内行動計画原案を各州会議で煮つめ、昨年十一月ヒューストンで開かれた「全米女性会議」において二万人近い出席者で大討論を開いたと言う。日本は？ 新聞をはじめマスコミには男女平等とか女性解放とかのことばが消え去って久しい。婦人家庭欄でさえ、「今夜のおそうざい」と「初夏のお化粧法」などでうまっている。残念ながら、教科書も全く同じである。

高校保健体育　「女性は男性に比べると、体格が小さく、筋力なども劣るが、手先が器用で、色彩感覚や音感などでは男子よりもすぐれ、くり返し作業にもよく適応する能力がみられる。そのため、このような女性の特性を生かした職業につき、その能力を発揮することが好ましい」(講談社)「女子は男子に比較して、体力も弱く、身体の構造や機能が異なっており、とくに、月経・妊娠・出産などの生理的条件や育児などがあるので、男子と同一の労働条件によって労働することはできない」(一ツ橋出版)「……全体として丸味を帯び、女らしくなる。このような身体の発達とともに、精神的にも男子では男らしい言動や考え方、感じ方が、女子でははじらいなどの女らしさがあらわれる」(教育出版)

高校家庭一般　「母親が一定の時刻にきちんと帰るような規則的な生活が繰り返されるときには子供は自然にその生活のリズムを体得して、割合に安定し、あまり問題は起こらないようである。しかし、時間が不規則になったり、保育担当者がひんぱんに変わったりするような不安定な状態になると、いろいろの問題が起ってくる。したがって、職業の面でも、保育について支障をきたさない配慮が肝要である」(一ツ橋出版)「……その責任やかかわり方については、特性を生かして直接の世話を一方が行うことが望ましく、一般的には父親が経済的責任、母親は保育の責任という。父親の男性的役割と母親の女性的役割を互いに補っていくことが望ましい」(教育図書)

高校英語　「ピーター『お母さんは？』ボブ『買物だよ。いつも土曜の午前中は買物に出かけ昼まで帰ってこないこと知らないの？』　ピーター『お昼ごはんまだなの？』ボブ『もちろんまださ。まだオーブンの中さ』ピーター『お父さんは？』　ボブ『パブでビールを飲んでいるよ。土曜日は会社の帰りにいつも一杯やるじゃないか』」(開隆堂リーダー)　「英作文の例題―― フットボールのルールは複雑で女性にはわからないという人がいるが本当ですか。彼女は料理の仕方を習っておけばよかったのにと思った。彼がある夜、家に帰ると、彼の母は寝ずに彼を待っていた。スミス夫人は結婚前に生け花ではなく育児と料理を習っておけばよかったと言っている。ジョンはメアリーより3つ年下だが、政治には、ずっと関心があるようだ」（旺文社 英作文）

小学校社会一 「うちの人たち ―― 朝、母親は洋服に着がえごはんを作り、父親はパジャマ姿で雨戸を開けている。母親はせんたくをし、ゴミを出している。昼、幼児のせわ、そうじ、ミシンかけ、おつかい。夜、家族と夕食を食べている。母親は食器をかたづけようとしているが、他の家族はテレビを見ている」（教育出版）「学校 ―― 太郎『屋上へ上ってみたいな』 花子『どこから上るのかしら』 太郎『教室のボールで遊ぼうよ』 花子『いいのかしら』」（日本書籍）

以上、教育分科会々員が調査したレポートのほんの一部を紹介してみた。ここにお見せすることができなくて誠に残念だが、文章表現以上にひどいのがさし絵や写真、グラフのたぐいである。私たちは幼少の頃から家庭教育ばかりでなく、学校教育という公の場において、こんなふうに、「女の子は女の子らしく」するよう教え込まれてきている。しかもそれは、全ての教科にわたっている。もちろん教科外でも、生徒会活動、クラブ活動、学校行事など、どれひとつとっても女子が、カラを破って飛躍的に生き抜ける場はほとんどない。きめられたワクの中のささやかな自由の空気をすい込んで満足しているのが女子生徒だと言える。だから一歩学校から外の社会に出て、現実の差別を目のあたりにしてもそれと真正面から闘う人は余りにも少ない。このように考えてくると、一刻も早く教育現場の女性差別をなくさなくてはと痛感するのである。

一昨年の教科書会社との話合いの際、五社の代表者はこぞってこう述べていた。「女性差別だなんて考えてもみなかった。この会に出席してはじめて事の重大さに気づいた。これからもどしどしこのような会を設けてほしい。」しかし、教科書会社はさらに文部省というお上の許可を受けなければ成り立たないという現実的な悩みもかかえている。つい先ごろニュースでも話題になったが、久野収・中山千夏らが作成した〝幻の高校倫理・社会教科書〟は文部官僚の手によって三百二十カ所のクレームがついたという。そのクレームの理由はほとんどが「……は一般性がない」というヘリクツ一本なのにはあきれてしまう。現行教科書ではふれられていない「女性解放思想」について三ページ半使って人物中心に記述してあるが、これについても記述過大だというクレームがついている。私たちもゆくゆくは自らの手で教科書作りをしたいところだが、まずは現行教科書の改善という手近なところからやってみたい。そして世論を少しでも喚起し、〝幻の高校倫社教科書〟が、文部官僚をもってしても「一般的でないとはいえない」ような日本社会を作ってゆくことができたら、と願っている。

七月定例会「ごぞんじですか　男女差別だらけの教科書！」では、会が招待した出版社代表を相手に、各教科ごとに調査結果を報告し、実態を明らかにしたい。さらに、会場のみなさんから、こんな例もある。ここはこう直したらいいのではないか、などとどしどし発言していただきたい。なお、六月末日現在までの担当は次のとおりである。

- 小学校社会 ―― 畠山
- 中学校社会 ―― 牧、安達、井上
- 中学校国語 ―― 木寺
- 高校保健体育 ―― 服部、守屋
- 中・高家庭 ―― 芦屋
- 高校英語 ―― 仁ノ平、中嶋、三井
- 出版社との交渉 ―― 駒野

〈教育分科会〉

離婚分科会

駆け込み寺―その後―

東京都婦人相談センターの一年

ある日妻が、たび重なる夫の暴力から逃れるため、思い余って家を出たいと思う。しかし、そういう妻たちを受け容れる公的機関が無いまま永い歴史は過ぎた。行動を起こす女たちの会が駆け込み寺の設立を東京都に要望してから丸二年、晴れて母子が共に駆け込める緊急一時保護所が婦人相談センターとして開設されたのは昨年の四月であった。去る六月十四日、同所会議室に於いて一年間の経過報告会がもたれ、離婚分科会のメンバーや他の要望団体が参加した。まず統計資料に基いて所長の説明があり、質疑応答が交わされた。

取扱実績を数字でみると来所相談が一、三八五件、電話相談が六、〇八八件、そのうち一時保護された者五七九人（子ども三二八人を含む）。一時保護の原因別では暴力酒乱が最高で売春防止法の五条違反、生活困難とつづき、年令層の多い順では三〇代、二〇代、四〇代、五〇代。中には六〇才を越した老婦人が息子の暴力で保護されたという例もある。都外からの入所希望者も多いが都の施設でもあって現地主義をとらざるを得ないそうで、上京してしまった場合は保護することもあるが、居住地の婦人相談所を紹介して帰ってもらうという。二台の専用電話はひきをも切らず相談に継ぐ相談で、いかに緊迫した悩みを抱えた女たちの多いことかと驚く。幸いにして保護されたとしても原則二週間の滞在期間では、心の傷を癒やして将来の方針を立てるに十分な余裕も無いまま退所先を決めなければならないのではないか。ちなみに一人当平均在所日数は九日とある。退所先は婦人保護施設が最も多く、次いで帰宅、就職、入院、民間アパート、帰郷、そして母子寮、親戚・知人宅となっている。質問も退所先についてが多かったようで、帰宅する者の数が多い理由を尋ねた質問には、あくまでも本人の希望で他者との比較で自分はまだましな方と思い込んで夫の所に帰るとのこと。一度戻ったら再び入所する人は居ないという事実は楽観的な解釈を加えてよいものかどうか気になる。

母子寮へ入る人が少ないことの質問には、離婚が成立していないためという答。それと母子寮の無い区があるなど絶対数の不足、ひいては生活保護法による施設不足も挙げられた。離婚が成立していないことと入寮資格の点、矛盾を感じる。離婚が成立するまでの困難な道程こそ母子寮が必要なのではないかと。別の質問、就職先捜しで母親が外出する際には子どもを保母さんに預かってもらって単身で出かけられるようにして欲しいとの要望に対しては、四人の保母が交替で昼夜幼児をみているが、現状では人手不足である。また場所的にもふさわしい保育室が無いこと等があげられた。先にもあるように二〇代、三〇代の母親が多いということは同伴児がまだ低年令であることを物語る。この就職難の折から子連れでの面接風景を想像するのはつらい。主な職種は寮母や会社の賄婦、ウエイトレス等で、中高年の場合はかなり厳しいという。一方、措置権をもつ福祉事務所についてで、窓口の意識のづれと各事務所間の婦人相談員やセンターの職員とのコミュニケーションの重要性について、指摘や要望もあった。最後に東京断酒会の婦人達の発言。家庭の崩壊の原因を失くすことが先決で、酒乱と暴力との因果関係に触れ断酒を説き、ケースによってはカウンセリングの一役を担いたいとの申し出があった。

婦人相談センターはうぶ声をあげてまだ一年、職員の熱意を以ってしてもまだまだ機能や設備面での不充分さがあるのは否めない。が、いま途上といえるのかも知れない。

文責　須藤昌子

マスコミ分科会

しばらく休暇をとります

マスコミにおける性差別はその表相をたくみに変え、今や澱のようによどんで、執拗に定着しそうな気配。この粘っこいヘドロ状のよどみを一つ一つ的確に排除してゆくには、多勢の潜水夫たちの果てしない努力と熱意と時間とが必要であった。さりながら、吾が分科会の潜水夫の数は少なく、時間も限られ、そのよどみの重たさ、どす黒さに、潜水夫たちはともすればくじけがちであった。

そこで吾がマスコミ分科会は、今しばらくの間休暇をとり、再びマスコミという巨大怪物に立ち向う新たな力を貯える時としたいと思う。休息をとりつつも学習はおさおさ怠りなく、息の長い各々の場での行動はもちろん忘れません。休暇が終わり、再び行動開始する時の新しいエネルギーに乞御期待!!

もちろん、今力に満ち今燃え、今マスコミに向けての行動を開始できる方の活躍は大歓迎。新たなマスコミ分科会の発足も大歓迎いたします。

一九七八年六月二〇日

臨時世話人　能勢　南穂美

一九七八年上半期　会計報告

事務局　根本一枝

本年一月九日から六月三〇日までの「国際婦人年をきっかけに行動を起こす女たちの会」の会計報告をします。現在残高は約三〇万ですが、二年めの記録集の印刷代の残り二二万が負債となっていますので、まったく身動きがとれない状態です。会費・カンパの納入をお願い致します。

収入		支出	
会費	694,500	情宣費	122,850
定期カンパ	214,500	通信費	280,530
一般カンパ	93,560	交通費	37,990
参加費	37,200	事務用品費	57,505
資料代	55,590	会場費	7,000
雑益	22,755	謝礼	13,500
仮受金	27,810	什器備品費	12,000
仮払金	10,000	資料代	43,140
借入金	0	分担金	0
計	1,155,915	専従費	480,000
		事務所費	230,100
		水道光熱費	13,323
		雑費	15,380
		仮受金	19,870
		仮払金	0
		借入金	0
		計	1,333,188

前年度繰越	470,922
収入	1,155,915
支出	1,333,188
残高	293,649

定例会のお知らせ

◎七月定例会
〝ご存じですか？
男女差別だらけの教科書〟
――教科書会社との話し合い――

とき　七月二九日㈯　午後1時半～5時
ところ　東中野地域センター
参加費　三〇〇円（資料代を含む）

教育分科会を中心に行なわれた教科書チェックの資料をもとに、教科書会社との公開の話し合いの場を持つことになりました。すでに数社が『出席』の返事を寄せています。男女平等教育が広く行なわれるための第一歩として、あなたもこの機会にぜひ『教科書』について、一緒に考えてみましょう。

◎夏合宿
いま「自立」を考える

とき　八月一九日㈯～二〇日㈰
ところ　国立婦人教育会館（埼玉県）

「家」制度や子供からの自由、家事労働と経済的自立などについて語り合う2日間です。まだ受付けていますので、なるべく早くお申し込み下さい（宿泊費千円）。

今月のお知らせ

7・2　離婚分科会
7・3　世話人会
7・10　教育分科会
　労働分科会
　主婦分科会
7・12　鉄連の七人と共に性による仕事差別・賃金差別と闘う会（運営委）
以上の活動がすでに行なわれました。

7・19㈬　日産自動車・中本ミヨさんの男女差別定年裁判（結審）
問い合わせ先　（三五二）七〇一〇
7・20㈭　夏合宿実行委員会
午後6時半　於・中島事務所
7・22㈯　主婦分科会（キャラバン）
午後1時半　於・高島平団地2－32－2
　集会所
テーマ　NHKドラマ「夫婦」をめぐって
7・23㈰　離婚分科会
午後2時　於・中島事務所
7・24㈪　労働分科会
午後6時半　於・中島事務所
7・26㈬　鉄連の七人と共に性による仕事差別・賃金差別と闘う会学習会
午後6時半　於・中島事務所
7・29㈯　七月定例会
午後1時半　於・東中野地域センター
7・31㈪　鉄連の仕事差別裁判
午後4時　於・東京地裁民事六部（2F）
7・31㈪　八月世話人会
午後6時半　於・中島事務所
世話人会が一週間早くなりました。おまちがえのないようにご参加下さい。
8・19㈯
8・20㈰　夏合宿　於・国立婦人教育会館
8・26㈯
8・27㈰　教育分科会（夏合宿）
9・4㈪　九月世話人会
午後6時半　於・中島法律事務所
9・9㈯
9・10㈰　労働分科会（夏合宿）

訂正とお詫び

先月号にて鉄連の仕事差別裁判を、七月三〇日とお知らせしましたが、三一日の誤りです。ここに訂正してお詫び申しあげます。

編集後記

期待の半分しか原稿が集まらず、私の力（努力？）不足を痛感させられました。次号こそはぶ厚い活動報告をつくるぞ、と決意した次第。みなさん二～三行でいいですから、振込用紙の通信欄に近況やコメントを書いて下さい。おねがいします!!
（根本）

1978年8月

活動報告

国際婦人年をきっかけとして
行動を起こす女たちの会

【事務局】
〒160　新宿区新宿1－31－4
リプル葵301
中島法律事務所内
Tel　(03) 350－6082
郵便振替　東京0－44014

七月定例会（七月二九日　午後一時半ー五時）

ご存知ですか
男女差別だらけの教科書

司会　牧　智子　仁の平　尚子

於　中野区東中野地域センター

牧　世界行動計画は「教科書その他の教材を再検討し、必要な場合には、社会における積極的な参加者としての婦人像を反映するようこれらを改訂すべきである」としており、私たち教育分科会では一昨年に引き続いて、教科書チェックをもとに教科書会社との話し合いを催した。

梶谷　公開質問状グループでは、教科書を発行している三四社に質問状を出したが、回答があったのはわずか八社であった。女子社員の数は十八％から二六％ということで少なくはない。教科書編集部門では六・二％から五〇％、管理職は少なく、女性の重役はゼロ。

「教科書の執筆者に女性を増やす考えはないか」と聞いたところ、光村図書は「使用する生徒の半数は女性であって、小学校の教員の過半数も女性であることを考えると、女性を増やす必要がある。」角川書店、大阪書籍は「仕事は大変きついので女性には無理。」

「男女の平等について、教育に役立てるためにどんな努力をしているか」と聞いたところ、「現在問題があると思わない」「もともと、いろいろ考えてやっているから大丈夫だ」「努力している」の三つの傾向に分かれた。差別してはいけないという建前は一応徹底しているわけだが、何が差別かということははっきり認識されていない。女の視点を取り入れなければいけないという考え方、今まで男側にかたよっていたという認識が全くない。

中島　婦人問題懇話会で小学校の国語の教科書を調べたところ、登場人物は男子が女子の二倍、主人公としては女子の四倍出てくる。男性の著作者七一四名に対し、女性はわずか八名一％強の著作者しかいない。

中学の国語、光村図書、日本書籍、学校図書、東京書籍、三省堂を調べてみると、編集者の九七・五％が男性、著作者の八八・三％が男性、主人公の八〇・四％が男子であった。

光村図書の中等新国語の三、新田次郎の『足音』に出てくる妻の千代子は「耐えることのみが女の美徳であり、それ以外には女の存在を示す方法はないもののように母に教えられ」「女は男の仕事に口出しをするものではない」とされている。明治時代が舞台とは云え、子供たちをどのような男性、女性に育てるかという配慮をしているかどうか伺いたい。

英語の英作文（コンポジション）では、生徒が、例えば田中さんという場合必ずMr.をつける。教科書の主人公や英作文の例が、男の方が圧倒的に多いせいだろう。旺文社の英作文の例には「フットボールのルールは複雑で女性にはわからないという人がいるが本当ですか」といった腹立たしいものがあるほか、主婦とテレビ、主婦と野菜の値段、スミス夫人と育児・料理といった例が多い。女子が主人で労働や職業に関するものは何もない。男子の例文には、弁護士、野球選手、植物学者国連の仕事、知事、飛行士、事業家とバラエティに富んだ職業が出てくる。

若い十五、十六、十七才の生徒が毎日毎日このような教科書で学んでいたら、自然と男はこう、女はこうという役割分業の考えが生まれてしまうだろう。全国で多数使われているのだから、教科書編集の方は、例題の一つ一つに神経をとがらせていただきたい。

三井　開隆堂のユニバーサル（リーダー）は編集者が三名男子のみ。女性が登場する課は一年が十五課中六課、二年が十二課中三課、三年も十二課中三課だが、主婦や看護婦などである。またイギリスの家庭を描いた文中、父「若い男はできるだけ早く自分の職業を決めた方がいいよ」、母「もしも私が男だったら農夫になりたいわ」と言わせているのには非常にショックを受けた。

社会の流れに対して言葉も変化している。アメリカ人をHeとだけせず、Sheでもいい。また、マン（男）からパーソン（人間）へと変わってゆくべきだろう。

仁の平　開隆堂のコンポジションは男性の登場人物二七三例、女性は九四例で約三分の一。三省堂のクラウン（二年）は、女性は男性の十分の一であり、特に気になったのは、家族と題するところに登場する母親のすべてが専業主婦であることだ。

良い例としては研究社のコンポジションがあげられる。「戦後日本の女性の地位は著しく高められたとはいえ、女性に対するさまざまな差別が依然として残っていることは否定できない」にはじまり、「国民労働力の三分の一近くを占めている婦人労働者」の賃金差別や保育所の不足を訴えている、この画期的な例文を評価したい。

全体としては、高校の英作文の登場する女性は多くても、男性の三分の一に過ぎないことを強調したいと思う。

＜〆切の都合で　残りは次号に掲載させていただきます。ご了承下さい。＞

（記録　山田満枝・根本一枝）

職業訓練校を利用しよう

—A・Mさんの手紙から—

三月に写真学校を卒業して（編集注・働きながら夜間の写真学校へ通っていた）、いま職業訓練校でオフセット印刷を勉強しています。女性は少なく二人だけですが、もう一人の彼女も偶然ですが行動する会の人で、二人でがんばって、やっています。それにしても職業訓練校というのは、もっとみんなが利用してもいいなと思います。昼の高等訓練課程には、失業保険をもらいながらいけるし、交通費、受講手当なども出ます。それだけに授業内容も多いしきびしいし、時間も制約されますが、働きたくても何も手に技術をもっていないという人は、おおいに利用するといいなと思います。印刷方面には女の人が少ないですが、もっとたくさんの女の人が進出するといいですね。やってみたいという人いませんか。

また職業訓練校を利用するのだったら他にもいろいろな科があり、職安や勤労福祉会館に行けば総合的なパンフレットがあると思います。皆さん税金を払っているのですから大いに利用しましょう。

主婦分科会

NHKドラマ「夫婦」をめぐって

東京高島平キャラバン

主婦問題分科会では、第三回目のキャラバンを七月二二日、東京・高島平団地で行った。主婦の投稿誌「わいふ」と現地の女のグループ・波の会との共催で、参加者は三十人(現地の人は半分)ほどであった。

テーマは、先頃話題となったNHKドラマ「夫婦」(※)をめぐって「女の生き方を考える」という設定だが、ドラマを越え、わが身にひきつけた女の生き方、男女の関係性を問う多様な意見が続出、終始熱気をおびた討論となった。(※すでに自立した子供たちに同居を拒否され、夫婦二人きりとなったが、夫との会話はなく、これまでの自分の人生は何だったかと悩む女・のぶえが主人公。)

「家の中のこと一切は自分の領分、夫や子どもたちに手を出されるのはイヤ」という役割肯定論がまずしょっぱなから。地域で行うキャラバンという性格上、これまでの定例会等の集会のように、役割分業の絶対的否定の前提が、参加者の共通認識となっていないのがこの討論の一つの特色だ。

「働きたいけれど、私には能力がないので」という主婦の発言も二、三。女が外に出て働こうとする場合、必ず出てくるのがこの「能力論」。これには会員たちから「男はネコもシャクシも働いている。なぜ女が働く場合だけ、能力が問われなければならないのか」「〃能力〃とは社会との緊張関係の中で備わって来るのではないか」等の発言。

また、年配の女性から「女が働く場合、家事もキチンとして、泣きごとはいわず、その実践を男に示して行ったらいい」という意見。フリーライターという女性は「疲れて帰って来る夫に家事をやらせるのは無理。要は夫婦の愛情と思いやり」。これには各々「女が家事を全面的にしょい込むのでは人並すぐれた体力を持つという〃能力〃ある女しか働くことはできない。男との関係を問い直さない限り女の解放もないし、男自身も解放されない」「これまで〃愛情論〃〃おもいやり論〃でどれだけ女が閉じ込められて行ったか。役割分業の構造を問うことなく、愛情、思いやり論を持ち出すのは危険だ」など反論が続出し、子どもがないというある主婦は「夫は強固な役割分業論者。子どももいず、二人の間に会話はなく、何のための家庭だろうと悩んでいる」とドラマの〃夫婦〃さながらの状況も消費者運動をとことんやっているうちに夫の反対に会い、夫婦の間に溝ができてついに離婚したという女性は「専業主婦とは〃牧場に囲われた牛〃ではないか。囲いを一歩越えることは許されない」という問題提起。これには「家庭をこわしてまで」という、離婚に対する拒否反応的発言もある一方、「会話のない夫婦のありよう」とからまって一夫一婦制を問う発言も出た。

集会では終始、「のぶえ」の存在を私たちがおかれた〃主婦的状況〃の延長線上にとらえ、役割分業制度を問う発言が目立ったが、役割分業構造の否定を現在の自己の否定ととらえた主婦のある種の反発もあったようで、今後どのように討論の内容を深め、ここの地域の人と繋ないで行けるのかが残された課題となった。主婦問題分科会では当面、現地参加者に対しアンケートを出すこととした。

みなさまへ

労働分科会

☆鉄連の学習会　十月二日の公判に向けて、八月はライフサイクルについて討論し、九月には私たちの賃金論をさぐっていく予定です。ふるってご参加下さい。

☆立川スプリング支援を！　立川スプリング社長は労基法四条違反(男女差別賃金)で書類送検されたにもかかわらず、いまだバックペいを行なっていません。この差別賃金に対して闘った男性四名が解雇され、撤回闘争中です。ご支援を！

「主婦の失業者宣言」

女性に働く権利を！

労働省・同盟・自治省訪問

今年三月定例会で採択された「主婦の失業者宣言」の意図を広く伝えるため、労働分科会は主婦分科会と共に、行政機関・労働団体・マスコミ等宛てに、宣言文と活動報告4月号を手紙（後掲）を同封のうえ発送しました。発送先の中から特に重要と思われる機関と接渉を続け、労働省婦人少年局、同盟（日本労働者総同盟）、自治省公務員第二課を訪れることができたので、その模様をご報告します。

行政機関・労働団体・マスコミ宛ての手紙

私たち国際婦人年をきっかけとして行動を起こす女たちの会では、三月二五日「主婦の失業者宣言 ― すべての女性に職場を！」集会を東京中野区東中野地域センターで百余名の参加者を得て開催し、別紙の通り〃主婦の失業者宣言〃を全員一致で採択しました。

従来より、私たちは女性の労働問題を活動の重要な柱としてきましたが、とりわけ主婦の問題としての就労の場の獲得に取り組んできました。ところが、女性は結婚すれば家庭に入り、家事・育児に専念するものとする考えが社会一般に根強くあります。そのため、たとえ働き続けていても、結婚、出産等を機に退職を余儀なくされ、また再就職の門戸はきわめて狭く、きびしいのが実情です。

集会では、働く権利をすべての女性に保障するために、宣言文の行動目標にかかげたような運動を　強力に展開することを確認しました。行政、労働組合、マスコミをはじめすべての人々が「主婦は失業者である」ことをもう一度認識しなおし、それぞれの場で失業者対策を早急に講じるよう要請します。

一九七八年四月十五日

◎労働省婦人少年局婦人課（六月十六日）

足立課長補佐との話し合いは共に女性ということもあって、民間と協力し、その声を関係機関に申し入れていきたいという基本的な姿勢の中で友好的に進められた。女性の再就職の困難さを、職業安定所の対応や男女別窓口の問題点、公務員の男女別募集および受験資格の年令制限等、できる限り具体例をあげて説明した。婦人少年局として、今後の公務員の採用試験について資料を集め、また職業安定局に対しては、行動する会の要望事項を伝えていただくことを確認し、また私たちからは、現在すすめている各自治体の職員募集実態調査の結果を整理し、提出することを約束して別れた。

（水沢靖子）

◎同盟―日本労働総同盟―（六月二八日）

高島順子氏との会談はまず、「婦人の地位向上をめざす同盟十ケ年行動計画」を手掛りに進められた。この計画は、国連が一九七六年から八五年までを「平等・発展・平和をめざす国連婦人の十年」とすることを決定し、世界行動計画に従った運動を展開することに対応して、労働組合がとりくむべき行動計画として策定したもの。その内容は、女性も勤労の権利を有し、家庭の事情いかんにかかわらず、男子と同じ立場で有償労働につく権利が保障されるものであるという基本的な考え方に沿って、臨時・パートの組織化、労組決定機関への婦人の参加促進、雇用慣行における男の仕事・女の仕事の区分を改めること、労働協約に男女同一価値労働・同一賃金の原則をうたうなど評価できる項目が多く、その中から当面の重点として、①企業内教育訓練の機会均等　②初任給格差撤廃　③定年差別撤廃の三項目をかかげている。

しかし話し合いの中で、この行動計画は努力目標であって、責任をもって実現すると言えるような内容のものは、行動計画のように簡単にはつくれない。同盟傘下の労働組合の実態とは相当なズレがあるが、その実態を同盟としてはほとんど把握していないばかりか、同盟内に婦人部がなく、高島さんも組織局の一員でしかないことがわかった。私たちはナショナルセンターとして、各単産組織の女性差別に対する強力な指導を要請したが、事情聴取や情報提供はできても、各単産組織の労働条件についての指令権、統制権は持っていないので無理という、全く不満足な回答に終始した。

　また「雇用平等法」に対して同盟は、法案作成の中で骨抜きになるから無意味と考え、労働基準法改正が第二であると考えていることがわかった。全体としては、言葉の端端に同盟の労使協調を基本とした考え方がうかがわれ、行動計画を推進する姿勢があいまいな点と合わせると、あまり期待すべきものが得られなかったと言える。

（水沢）

◎自治省公務員部公務員第二課（七月二〇日）

　午後一時三〇分、「主婦の失業者宣言」「地方自治体の募集・採用アンケート結果」と、地方公務員の①採用試験年令制限の引き上げ、②性による受験制限の廃止、③定年または勧奨退職年令の男女同一化、の要望事項をもって会員五人で訪れた。課長は会議で出席できず、課長補佐の山崎氏と調査担当の山本氏（共に男）の出席のもと、約一時間半話し合う時間をもった。

　まず初めに、主婦の再就職には上級職でさえ二七～二九歳である年令制限は低すぎること。労働分科会がアンケート調査した結果によれば、男は指導、監督、交渉に、女はその補助的業務に向いているとされ、回収した三八都道府県中十六都県に募集の段階から男子のみ・女子のみ又は男子向き・女子向きと記されている職種があること。女子の勧奨退職年令が男子より低いことを挙げ、自治省公務員部としては男女平等取扱いについて、各地方自治体にどう指導してきたかを尋ねた。募集の段階から合理的理由なしに片方の性を排除するのはおかしいとは認めたが、どう指導しているかについては逃げの一手。「戦前と異なり今は民主主義の世の中。自治省は地方自治体に対し、命令とか、指導をする立場にはない。助言をする程度である。具体的には地方自治体担当者の集りの際、公務員課長が平等に採用するよう言うだけだそうだ。自治省としては各都道府県の男女別採用人数も把握しておらず、したがって男女差別の実態など知る由もない。そんな状態で課長にどのような助言ができるのか。再三尋ねたがついに答えは返ってこなかった。山梨県の上級事務職・男子のみ採用の件は、昭和四九年国会で取り上げられたのでやめるように助言したそうだが、私達が示した差別例については「個別的な問題なのでしょうがない。差別があると知った本人が当該自治体と個別にやって欲しい」とまるで自治省とは無関係と言わんばかり。山梨県の例と、他の自治体の職種による女性の採用制限を比較して、なぜ後者を個別的な問題であるというのか。再度問うてはみたものの、どうもはっきりしない。国会で取り上げられたことは全体の問題で、その他は個別的な事と考えているのだろうか。

　又、女性の勧奨退職年令が低いのは「現実的で割増退職金等むしろ女性の利益となっている。一様に差別とは言えない」と。採用年令の引き上げは「管理者側は望まないからむずかしい」との返答だった。

　自治省訪問は私達の会としては初めてのこと。その為か先方も会の名前はもちろん、どのような会かも全く知らなかった。又、自治省は女性の採用が極端に少いところ。私達女が黙っている限り、女を採用しない職場の人間が性差別をさせない指導をするはずがない。今回の訪問をきっかけに、自治省に対する沈黙を破り小まめに足を運んで行こう。

〈一九七七年度採用制限例〉（抜粋）

東京　男子にふさわしい仕事―環境衛生監視、食品衛生監視、福祉B

富山　男子のみ―薬剤師、獣医師

岡山　女子向き―電話交換手、介護員など

山梨　女子のみ―一般事務A（文書、計画、受付等）

（斉藤幸枝）

定例会のお知らせ

◎夏合宿

いま「自立」を考える

とき　八月十九日(土)～八月二〇日(日)

ところ　国立婦人教育会館

埼玉県比企郡嵐山町大字菅谷七二八番地

東武東上線〃武蔵嵐山〃下車徒歩十五分

（池袋から急行で一時間五分）

参加費　五〇〇〇円（資料・お茶代含む）

二〇日は午前九時半から午後四時過ぎまで討論を行う予定です。分散会のテーマは、(1)婚姻制度と「家」からの自立　(2)家事労働と経済的自立　(3)子どもからの自立です。日帰りの参加もおおいに歓迎しています。

◎九月定例会

いま世界の女性解放は

―ヨーロッパ各国を見てきて―

とき　九月四日(月)　午後六時半～八時半

ところ　婦選会館（新宿駅南口徒歩五分）

報告者　田中寿美子　水嶋幸子　伊藤恭子

参加費　三〇〇円

今月のお知らせ

8・5　夏合宿実行委員会

8・11　労働分科会

8・12　九月定例会実行委員会

以上の活動がすでに行われました。

8・19(土)
8・20(日)　夏合宿　於・国立婦人教育会館

8・23(水)　鉄連の七人と共に性による仕事差別・賃金差別と闘う会（学習会）

午後六時半　於・中島事務所

テーマ〃ライフ・サイクルについて〃

どなたでも参加できます。ぜひどうぞ。

8・26(土)
8・27(日)　教育分科会（夏合宿）

8・31(木)　九月世話人会

午後六時半　於・中島事務所

またしても変更なので、おまちがえのないように。秋からの〃行動計画〃を練りますので、ふるってご参加下さい。

9・1(金)　労働分科会

午後六時半　於・中島事務所

9・4(月)　九月定例会

〃いま世界の女性解放は〃

午後六時半～八時半　於・婦選会館

事務局からのお知らせ

◎七月の活動報告で財政難を訴えましたところ、経常費用プラス十五万円の収入がありました。ありがとうございます。七月末の現在残高は約二二万円になりました。追って詳細はご報告いたしますが、ひきつづきのご納入よろしくお願い致します。

◎今月は、定期カンパの納入状況を同封の用紙にてお知らせしました。こちらのほうもご協力をお願い致します。

◎一年前の夏合宿から専従をひき受けてきましたが、今月末から会員の山田満枝（三〇才）さんにバトンタッチすることになりました。今後は会員として参加してゆくつもりですので、どうぞよろしく。

（根本一枝）

編集後記

六月半ばから夏風邪に悩まされ、いまもティッシュペーパーをはなせない毎日です。先月は努力不足を嘆きましたが、原因は体力不足にあるようです。息の長い運動を続けるためには、体が資本。元気になったらまたお目にかかりましょう。

（根本）

国際婦人年をきっかけとして
行動を起こす女たちの会

1978年9月

活動報告

【事務局】
〒160　新宿区新宿1－31－4
リプル葵301
中島法律事務所内
Tel　(03) 350－6082
郵便振替　東京0－44014

速報　九月定例会〝いま世界の女性解放は〟

二百人の女たちが集まった!!

「男女雇用平等すすむヨーロッパ　日本でも、私たちの雇用平等法をつくろう」

九月四日、久し振りに涼しい夜を迎えた東京地方でしたが、渋谷区代々木にある婦選会館は、新聞のお知らせや会報とともに送られたビラを見て集会に駆けつけた、二百人の女たち（もちろん男性も居ました）の熱気で包まれホットな一夜を過ごしました。はじめに社会党の田中寿美子さんが、スウェーデンの最近の様子、イギリスの性差別禁止法や男女同一賃金法に対する国民の反応などをまじえた男女平等に関する政治機構について約四〇分話されました。ECヨーロッパ共同体では閣僚会議で雇用における男女平等の取扱いについての指令が出され、各国とも一九七九年までには男女雇用平等法ができるとのこと。それを押しすすめているのは婦人大衆の力であると痛感されたそうです。

続いて弁護士の水嶋幸子さんが、百年かかって離婚法を成立させたイタリアの様子を。そしてNHKにお勤めの伊藤恭子さんが、男女の別なく働くマスコミ界のことなどを話されました。来月号に詳しくご報告しますのでお楽しみに。テープは事務局にあります。

さて、報告を聞いて私たちは、政府に対し具体的な要求をつきつけ実現してゆくために連帯しようではないかと考えました。'八〇年イラン会議のテーマは〝雇用の平等〟です。日本における性差別禁止の第一歩として〝男女雇用平等法〟をつくろうではありませんか。そのために「私たちの男女雇用平等法をつくる会」（仮称）の集まりを左記の通りひらくことになりました。ぜひご参加下さい。（N）

☆　☆　☆

「私たちの男女雇用平等法をつくる会」（仮称）
第一回　実行委員会
と　き　九月二五日(月)　午後6時半～
ところ　スペースJORA
TEL　（二〇三）六〇二二
地下鉄東西線早稲田駅・神楽坂寄り
改札口下車
向かい側・エスペラントビル一階

夏合宿　八月十九日・二〇日
「今、自立を考える」
於・国立婦人教育会館

八月十九・二十日、国立婦人教育会館で行われた夏合宿。新しく、大きい建物と施設、ホテルなみの宿泊施設という豪華さに反して会館側の人員が少く、受付は団体単位、子どもの宿泊は原則として認めないなど、実行委員は参加者名簿の受付〆切五時過ぎには、係員との打ち合わせに、大わらわ。

十九日夜八時半からA棟談話室のじゅうたんの上に六十名の女が大きな輪を作り、一分間の自己紹介、続いて「今、自立を考える」のテーマで三分科会による話し合いが夜中十二時近くまで行われ、その後はそれぞれの部屋に分かれ三時を回るまで、しゃべりまくり合宿気分を満喫。

二十日朝、皆、ねむい目をこすりながら九時半から昼食をはさんでの二時二十分までテーマ別懇談会。全体会で一堂に会し、四時半まで続行。

各々、考え方・価値観が違う人たちの出会いがある毎年の合宿。結論や具体的なものが出なくとも、各人が何かを持ち帰えることで参加した意味は大きいのです。（山田）

《夏合宿感想記》

鈴木スム子

もっと伸び伸びと、自分自身の性を生ききりたいという思いは募るばかりで、なかなか今の閉塞的な状況から抜け出せずにいる私ですが、何はともあれ今回は胸の内の九割位は吐き出せたのでは、と思っています。しかし、討論が熟していく過程で、具体的な方向が見つけ出せなかったという事は、今ひとつ、私自身の関わり方が問われていると思います。

小林みち子

二年前の合宿で初対面だった人から「あの時あなたの言ったことが印象に残っている。」（当時、妊娠五カ月、非婚での出産を宣言）と声をかけられた時そこには二年間の空白はなかった。懐しさと嬉しさで一杯になりながら、胃を満たすべく食堂に――「地元の人をパートで使っているんじゃないかしら？」「女性学会に出席した外国の客も私のように並んだのかしら？」等々現実的な疑問ばかりが…。

吉武梓

合宿に参加するのは初めてでしたが、ふだんまわりの人々の、意識的な差別・無意識のうちの差別に、ついつい負けそうになってしまう私に、仲間がこんなにいるんだ、という自信を与えてくれた合宿でした。

現状はますます悪くなっている気がしますが、みんなでぶつかっていけばなんとかなると信じます。ＴＲＹあるのみ。

和田恒子

合宿に出席することを一つの区切りとし、会を辞めようと思っていた一主婦ですが、生きている女たちを目のあたりにして、とても勇気が出ました。二才の娘と一緒でしたので帰りは四時間半かかりましたが、ふしぎと疲れが感じられなく、この子のためにも女が望む職種につけるような社会を作らねばと、改めて考えさせられました。

米澤章

保育係をしました。子どもたちと過ごした一泊二日は私にとってとても有意義な日でした。婦人会館と聞いていたので男は自分一人と緊張して行きましたが、宿泊棟もロビーも男性の姿が見え会館の自由なふん囲気は快適でした。女の解放は男の解放・子どもの解放につながると思っています。

婚姻制度と家からの自立

分科会

白井千恵子

「まわりの家族を反面教師として育ち、婚姻しないで子どもを産んだんだけど……」「婚姻制度は、女を守るのではなく、男に従属させる制度ではないか」「長い年月親を看病したが、両親の死後、親とともに住んでいた家を追い出された」と、三者三様の問いかけで分科会は始まった。

また、参加者全員が自己紹介をし、かかえている、あるいは、見えてきた問題を出しあい、親の扶養・老人介護、ありうべき家族、財産・相続の三点に問題がしぼられた。

親の扶養・老人介護は、〝家〟の中で解決するよう求められ、女を〝家〟の中に閉じこめるしくみになっている。だから、社会福祉を充実させ、家族・親族に頼らない人間関係をつくっていったらどうか。

ありうべき家族では、単身者は一過性の者という社会通念があり、親・親戚・企業からの結婚しろという圧力がある、と指摘された。つれあいとの関係では、ここが通らなければ別れる覚悟で対決し、相手を変えていこうという提案が出された。

財産・相続については、時間切れで、ほとんど触れられなかった。

豊かな感性をもった女たちが、卒直に体験を語り、さらなる追求への足がかりとして、体験を共有できたことは、有意義であった。

しかし、〝家〟の中でのうらみつらみに終始しており、社会がもたらすひずみは披露されたが、どう解決していくのか、解明できないままに終わった。生活の実感を超えて、婚姻制度・家制度が、モーレツサラリーマンを、あるいは、モウケ一点主義の社会体制を支えているのではないだろうか、といった把握をしなければ、婚姻制度・家制度を打破できないだろうし、〝家〟からの自立もありえないだろう。

事務局の人たちが強調したように、合宿は参加者全員でつくるものにちがいないが、個的体験を、もう一歩踏みこんだ問題点の整理があってこそ、個人レベルではない行動を提起できるものであろう。ふだんの日常活動、分科会の活動、個人の活動がないのであれば強力な分科会仕掛人も必要なのではないだろうか。

合宿から帰って

仲田博子

まだ興奮のさめやらぬ私。「あゝこんな女の生き方もある。」と新しき友の名を、名簿に見い出しながら、ひとりひとりの生きざまを感嘆詞でひろっています。

専業主婦の私が、地域に根ざして、私なりの方法でやっている、そのことがリヴというものの本質ではないかと、いささか傲慢にも考えたからこそ、また私自身の生活の中に見い出せない道があったので、今回の参加へつながっていったのです。

ウーマン・リヴとは、「行動を起こす女たちの会」とは何?という好奇心でいっぱいだった出発時から時過ぎて帰路にある私に、ある不安と寂しさを持たらしたこと、それは自分の生き方と違う生き方を認めないで大上段から切りおろすやり方を感じたことです。一緒に人間として考え合っていこうとする姿勢を弱さとしてとらえる視点、これがリヴならば〝女のエゴとリヴは紙一重〟じゃないかしら。ウーマン・リブとは、「行動を起こす女たちの会」とは、いい人間関係――自分が理想的な生き方のできる、またはその素質をもっている人間――を捜す、捜しだせる女と見たり、です。

いわゆる女の化粧の中で、ある意味でリヴという化粧をしている女の生きかたのおもしろさとして、一歩下がって冷ややかにみる私を感じたことは否定できません。

でもまた一方、自立というのは、血縁関係だけでは倒れてしまう。友人（男女含めて）と共に手を携え、横の人間関係をつくっていくべきとの意見が印象に残りました。

やっぱり、やさしい女とリヴ意識はひとつのもの、すべて人間愛を本質に持ちつつ女のやりかたで女同志が助け合って、多くの女たちを巻き込める運動体でなければならないと考えます。

家事労働と経済的自立
分科会

石原啓子

性別役割分業の変革、打破に取り組む私達の運動と平行して、いわゆる『主婦労働』の評価を求める声は依然として根強く、又、経済的自立＝女の解放という公式に対する疑問、批判も様々な市民運動に参加している女達の間から出されているのは御承知の通りです。そこで私達の討論はまずレポーターが家事労働の内容を分析し、家事労働と呼ばれているものには、農商家における家業労働のように、経済的に評価されるべきもの、あるいは、保育、老病人介護のような、本来は社会保障でなされるべきものと、経済的には評価し得ない、純然たる私的な家事労働という二種類のものがあり、前者には社会的労働としての評価と経済的保障のための措置が、過渡的段階としても必要であるが、後者の場合は個人的な生活面での自立の問題であり、男女ともに分担して任われるべきものであることが説明されました。経済的自立の問題に関しては、それは人間として生きていく上で原則的な、あたりまえのことであるという点を見失しなってはいけない、その上で、女が働き続けられる条件をいかに作っていくかを考えることが大切だという点で大方の意見が一致しました。その場合特に、高度経済成長下での婦人労働の拡がりは労働の合理化、機械化の進行の中で単純補助労働として位置付けられてきたのであり、細分化され、単純化された非人間的な労働をトータルな労働に変えていくための試行が組合の体質を変える努力とともに必要であることが指摘されました。又、既得の労働者の権利を実現していく運動、例えば残業の廃止、有給休暇の使用や、時短の獲得は男性の家事労働参加のための条件作りとしても大切であることや、分科会のテーマからは少し離れますが、集団保育、育児の問題についても活発な意見交換があり、女が働き続けるために集団保育の積極面を主張して具体的な運動として取り組んでいけるということなども話し合われました。

全体の討論の総括としては、女が働くこと、働き続けることは、資本にからめとられるという否定面も一方にはあるが、まずそこから始めなければならない、そしてそこから未来につながる職場を作っていくという闘いが大切であることが確認されました。

工藤悦子

〃自立〃というテーマを掲げて、さまざまな思いを込めて話し合った二日間。互いの自立の前に立ちふさがる障害がいかにぶ厚く丈夫にできているか再度確認し、新たな行動を誓い合ったことは、少々問題があったにせよ、ひとまずのところは成功だったのではないだろうか。

ただ気にかかったことは、少々グループのテーマからはずれた、経験からくる発言にどうしても話が傾いていくこと。ひととおり状況報告がすんだら、婚姻制度も子供もみんな関連あることだからやむを得ないとは思うが、皆が参加できやすい発言を考えてほしい。

しかし、たった一日半ではやはり、充分に言いつくしたとは言いがたい。他のグループにも参加してみたいと思う人にとっても、最低二泊三日は必要ではないだろうか。有意義だった半面、時間が足りない気がしないまでもない。

最後に提案を言わせてもらうと、女の最初の自立の一歩として、〃親からの自立〃があると思うのだが。学校を卒業して社会人になるとき、また大学生の頃から親元を離れざるをえないことがある。親元から巣立つ精神的自立の基盤を作る上で、最も大切な時期が女の人生においてもあるということを忘れないでいただきたい。ひとり暮しで培った精神的自立がこれからの障害において、強さを発揮すると私は信じている。

子供からの自立 分科会

田上時子

〃子どもからの自立〃という題を中心に集まり、討論しようということが、日本国以外、世界の他のどの地で起こり得ようか。子は生まれ出たその時から、親とは別の魂であり、独自の人生しか持ち得ないと考える者たちにとって、子が親から自立している以上に、親が子から自立しているのは、当然で、こういう話題が信じられなく思われるのではないか。

確かに堅固とした〃家制度〃のもとで、社会生活を維持している国もある。しかし、日本のそれとは違い、少くとも、それぞれに自立している。今まで選んで子を持たなかった私が、この分科会に参加したのは、日本の女性解放を話す時、避けて通れない事実であり、いつも感じる日本の女の抱えている諸問題の原因の根元は、この辺に有ると。そして、この男社会でつくられ守られた母の立場・役割の嘘、その男を産み育てる母親の責任等が話される事を期待したからである。期待通り、分科会では、如何にこの社会において、子どもから自立することの困難さ、不安定さ、女が母となり勲章とする子を持ち、家での母という責任から、誰の何の助けもなく子育てをせねばならぬ事実が語られ、子どもからの自立に戦う方法論が討論された。何人もが子どもから自立すべきであると理解し、したがっているのに自立できない、そして何人かが自立しようとしない、したくないという女の問いの不一致が日本の女性解放運動を阻止するガンであると思う。

合宿を通して感じたことは、みんなよく話すようになったということである。私が今まで見ていた女たちは、いつも静かで黙っていて自分の意見をのべないのが普通で、みんな美智子妃殿下みたいであった。それが合宿での女たちは、頭で思ったことを理論にそって割りと言いたいことを言える方法を知っているようだった。まだまだ少数かもしれないが、社会の矛盾に気付き、闘っていこうとする姿、自分に忠実であろうとする生を持つ、この女たちに出会ったことが私の合宿での収獲であり、エネルギーを与えてくれたと感謝する。

夏合宿を終わって

今、必要な自立を支え合うもの

中嶋里美

合宿テーマは「今、自立を考える」であり、分科会は「婚姻・家制度からの自立」「経済的自立と家事労働」「子供からの自立」であったが、合宿を終わった今、もう一つ分科会を設けたらよかったなと思っている。それは「自立を支えるもの」とか、「自立を支え合うもの」というようなテーマである。自立、自立といっても、それらを支える実態がなくってはとても出来ないからである。家庭の中の人間関係も、また職場の中の人間関係も、一人一人の自立を支え合うようなものが最も望ましいし、両者の中でもそうしたものを作りあげていく必要は大きい。しかし、私には自立をささえ合う共同体としては、家庭と職場だけでは決定的に何かが欠落していると思う。

教師になって三年目、結婚して二年目の二十七才頃、私はまだ明るいうちに家路へと向いながら、ああ、誰かともっと語らいたいという思いにかられて、家には帰りたくないなとひしひしと思った瞬間がある。勿論、仕事柄、やるべきことは理屈の上では十分あり、家庭を持っていたのだから、その中でやることだって無数にあったはずだ。しかし、それ以上に、もっともっと自分の思いをぶっつけたいということの方がはるかに大きかった。

そういう時、私はせっせと新聞への投稿を試みた。私が職場から帰って来て、夕食の仕度にとりかかる前の一時間か一時間半くらいの時間をせっせと原稿用紙のマス目をうめることに費し、人と語らいたいという欲求をいく分かでもみたしていたのである。その後、この「人と語らいたい」という思いは、いろいろな人や、いろいろな運動にぶつかり合いながら進んで行ったわけだが、それはしばらくおくとして、私は自分の体験からも家庭と職場の往復では、自立出来なかった人間である。そのため、家庭、職場以外の仲間たちが私にとっては、とても重要な存在なのである。

しかし、自立というものは、話し合えばすぐ出来るなどというものではなく、一人一人が自立していけるようなシステムを網の目のようにはりめぐらさなければならない。女たちが貴重な時間をさいて集まるのだから、時間を効果的に使うことも心する必要がある。例えば一時間の時間があれば、二〇分を現状の問題点に、あとの二〇分をどうしたらよいかに、あとの二〇分はそのための具体的な行動のスケジュールを決めるというふうに。

しかしこうした効果的な時間の利用法の中では、ずいぶんと感覚のぶつけ合いがけずられてしまうから、それは何らかの形で補っていく必要がある。

さらに、女の自立を問題にするとき、その背景にはさまざまな人の自立がなくてはだめだ。男の自立も、老人の自立も、子供の自立も、障害をもっている人たちの自立も……。一人一人を自立させないことによって、長い間、維持されてきたこの社会体制に、そしてそれらを支えている一つ一つの意識をぶちこわしていかなくては！　女を自立させないようにしむけるさまざまな言葉に対して、どのように反撃していくか、その手引書を作りたいと思う。例えば、「女のくせに、生意気だ」とある男が言ったら、「バカな男はそれしか言えない、もっと勉強しなさいよ」、夫が「オイ、お茶！」と言ったら、こっちも「コーヒー飲みたいワ」、とたんに殴りかかってきたらどうするか等も考えたりしつつ、楽しみながら、ハンドブックを作ろうという声がたくさんある。参加したい人は事務局まで申し出て下さい。

七月定例会 報告その2（七月二九日 午後一時半〜五時）

ご存知ですか
男女差別だらけの教科書

司会 牧 智子 仁の平 尚子
於・中野区東中野地域センター

司会 続いて小学校社会科に移りたい。

畠山 小一社会科を東京書籍・教育出版・日本書籍の三社について調べた。先ず教育出版だが、「うちのひとたち」という項は、専業主婦らしい母親の一日がまず朝洋服姿で食事を作り、父親はパジャマ姿で雨戸を開けるところから始まり、洗濯・ゴミ出し、昼は幼児の世話・掃除・ミシンかけ・お使い、夜は食事の後片付け仕事をし、他の人々はテレビを観ているというように描かれている。これに対比された農家・商家も父母が協力して働いてはいるものの、家事・育児は女の仕事になっている。東京書籍は、メインになっているサラリーマン家庭の「友達の家庭」として共働き家庭がとり上げられ、父親が子供を保育所に連れて行ったり、一緒に食事を作っているなど評価できるが、サラリーマン家庭と農家・商家の比較になると、共働き家庭ははずされてしまっているのは疑問だ。日本書籍も大体同じなので省略するが、一つ挙げると、登場人物太郎と花子のうち、いつも太郎が中心的役割で積極的発言が多いのに、花子は太郎に同調して行動する受動的な役割が与えられている 又、太郎の母親は家事育児で、父親はお金を稼ぐという役割分担を示している。共働きなどいろいろな家庭があるので、もっとそれらを取り上げて欲しい。

牧 次に中学社会科の公民的分野について、特に労働者がどう描かれているかを中心に述べる。「女性と職業」という項目を設けた教科書は四種、全く無いのが四種だった。前者のうち最も多くの頁数を割いているのは東京書籍で、家庭と職場の両面から女の労働者をとらえ、労働の場で平等を求める運動にも言及している。後の三社は「女が働くのは大変なのだ」という記述に終始して、大変さが具体的に書かれていない。「女性と職業」の項目の無い四社は、女性と労働を結びつける考えもあまりないらしく写真も働く女性は登場しない。特に、中教出版は「進む社会的分業」という項目を設けながら、全部男の労働者ばかりで女の労働者は出て来ない。教科書の中でもっと働く女性をとり上げて欲しい。

司会 続いて高橋の倫理社会に移る。

安達 先ず具体的な例を挙げる。講談社は家庭の民主化の定着、女性の地位の向上は著しい事を認めつつ、なおも男女の社会的差別が残存し、住宅問題・老人問題もからんで現在の家庭生活に問題多い事を指摘しており、評価できる。他の教科書にはこういう記述は無かった。中教出版には、封建的な家制度への批判が家制度を崩壊させるような結果を生んでいる、と、あたかも封建的な家制度をよいと言うかの如き記述がある。文旨が不明確で非科学的な記述も多い。帝国書院の、家族は社会の最小の単位として現代人の「心のふるさと」というような観念的なとらえ方も問題である。自由書房は、核家族化の結果、老人だけの世界の急増、老人の自殺多発などが生じたとし、これを「個人主義的合理主義制度の悪い面」をうけ入れた結果で「個人の尊敬という美名の下に」個人のわがままを許せばという核家族化は家族の解体を招くだろうと書いている。これはひどいのではないか。全体に家族の記述は外からの視点でとらえ家族内部の問題が欠落し、他方、問題の具体的解決は、逆に、家族の内部の責任に帰せられ、「社会の中で」の解決の視点が無い。

司会　ここで会場討論を行いたい。質問、アドバイス、自分の経験からの提起などどうぞ。

参加者　教科書検定はどんな人がしているのか。検定基準細目に男女差別の項目はあるか。

中嶋　文部省検定課の教科書調査官四十人ほどで検定を行っている。

開拓社　学習指導要領にはうたってないが、差別がいけないのは当然で、又、憲法・教育基本法の精神は指導要領に圧縮されているから、改めてうたって無いのだろう。(ここに挙げたチェックは、編者の意識に合うところが多い教科書会社は、男女平等意識をどれだけ編者にぶつけているか＝中嶋)

参加者　私が質問したのは、公害・原発問題など政治レベルでの問題提起には、教科書は敏感に反応し反映するが、男女差別にはルーズだという感じがするからだ。原発問題にしても、農地をとられる農民の問題にしても、国の利害にかなう表現で早速とり上げるという積極的な姿勢で教科書を作っているのに、男女問題には鈍感なのはどうしてか。

参加者　中山千夏さん達が書いた教科書で不合格になったものがあるが、そこでは性差別についてふれていると聞く。誰か詳しい人いますか。

安達　他の教科書ではほとんど表面に出ない男女問題に特別の一章を設けたり、全く黙殺されている女性の思想家を、日本思想史上の女性解放思想の中でとりあげている。家族の項では、一般的家庭観、家族観が問い直されている。

司会　「教育の森」七月号に中山教科書の削除部分と削除理由が載っているが、ほとんど全部書き直さねばならぬほどの削除である。良い教科書を作るのは大変だが、できる部分からやって行くほかない。次に先刻発表を延ばした井上さんにお願いする。

井上　中学校社会科の公民分野（中三）の教科書について調べた。社会科には教科の性質上、あからさまな差別的表現は無いが、平等というたてまえと、不平等の現実とのギャップへの認識が甘い。東京書籍・日本書籍・大阪書籍・帝国書院・清水書院・中教出版・教育出版・学校図書の八社についてチェックした。家庭生活に関する部分で、家庭での不平等の実態を指摘し、「解決すべきだ」という方針で教科書を作って欲しい。この点日本書籍はまあ良かった。家族における役割合業が女性の地位、技術を高める上での障害であり、そのことに対する男性の責任を鋭く追求している。一方、学校図書の認識は甘く、女性が働くことを消極的にとらえ、共働きを家族の機能低下に結びつけており、これは性差別的記事だと思う。そこで教科書に載せて欲しい実現可能な最低線を出しておきたい。第一に、女性に対する差別意識が今日も家庭の中に残存していることを指摘し、その具体的解決等を提起すること。第二に、共働きの場合、家庭内の役割分担を見直し男性も家事・育児に責任をもつべきこと。第三に、女性が家庭の外に出る動機を経済的動機のみならず、社会参加、これを通じての人格形成の面を出すこと。第四に、これを可能する行政の責任を明記すること。関連して、保育所を単に女性が働く為に、ということでは無く、子供にとって集団保育が必要では無いかという観点を提言したい。

司会　次に家庭科の方の報告をされたい。

芦谷　社会科と同様、家族の男女役割分担の記述の撤回を求めたい。社仕科でそれが実現しても、家族の問題を扱う家庭科でそのままなら何の効果も無い。中学校では技術・家庭という形になっており、男の子も女の子も学ぶが、教科内容は男女別々の授業になっている。高校では家庭科は女子のみに専中している。家庭科で何を教えるべきかについては深い問題があるが、ここでは表面にあらわれた記述・写真・さし絵に限定して報告する。高校家庭科で一橋出版・実教出版・教育図書・

学習研究社の四社である。先ず、家庭科の中に含まれる分野について調べた。技術的な事柄を中心とした内容の衣・食・住に六六％以上が費され、家族・家庭経営・生活時間などいろんな方面が質・量とも貧弱である。これでは、戦前の家事・裁縫と大差がない。歴史的・社会的所点に立った科学的記述がほしい。次に各章の扉にある写真・さし絵であるが、コピーを見てもらえば一目瞭然、全般に、家庭における性別役割分業をイメージ的に固定化するようなもので、センスも古い。特にひどいのが一橋である。教育図書のは、この中ではまだよい方だ。実教のはイラストを使って一見目新しくしたものもあるが本質は同じである。最後に、差別的な記述についてだが、「家庭経営」が主婦中心の記述であるのはおかしい。「保育」でも母親が保育の中心として描かれ、父親の責任にふれられていない。両親の子供に対する影響を、男女の役割の継承として描いているのも問題である。保育に関する社会的施策、労働時間の現状などが全然述べられていないなど、問題は多々ある。中学校の方は、五七年実施の新指導要領に技術と家庭の相互乗入れがもり込まれることになっているが、教科書編纂にあたって、それを実質化するよう要望する。

司会　次に保健・体育について報告されたい。

守屋　講談社を調べただけなので詳しくは述べられないが、幾つか問題点があった。体育編については割愛し、保健について調べた結果を報告する。第一に、「男女の生活的な違い」が述べられているが、それを男らしさ、女らしさという形容で述べるのは問題がある。男と女の違いはあるが、それは平均的なもので、個人差も沢山ある。そこを教科書では指摘して欲しい。第二に、「母性本能」が生理的欲求として記述されているが、これには疑問がある。第三に、労働における女子の特性という項があり、保護規定との関わりで述べているのは問題ないが、女性の特性が職業の適性として述べられているのはおかしい。女性が単純な軽作業に適しているかの如き記述がある。男女ともこのような単純作業に喜びは感じられないだろう。又、女性に適した職業として、タイピスト・スチューワーデス・販売員など並べてあるが、このような形で新しい職業分野への進出を限定するのはやめてほしい。最後に、「家庭」の取り上げ方で、結婚した男女の作る家庭を前提にしており、それ以外の形態の家庭を無視している。本来社会の単位は家庭ではなくて個人だというのが私の考えで、こういう断定はよくないと思う。

司会　ここで討論したい。

参加者　小学校の教員をしている。昨年新指導要領が出て、技術・家庭の相互乗入れがなされたが、組合で調べたところ、細かい規定があってむしろ共修はやり難くなるとのことだ。もう一つ、国語についてだがキリが無い程差別的扱いがある。新改訂の教科書（光村図書・六年）の「ドロンコまつり」では、男っぽい女の子、女っぽい男の子がドロンコまつりを通して本来の、男・女らしさに戻るという話で、自分が意識的に扱っただせいか、子供は内容に批判的だった。

参加者　子供の教書をみると。高校三年間を通して著者は一人を除き全員が男である。登場人物も女性は空気のように出てくるだけ。年輩の著者が多いせいか、感覚もズレている。又、小学校の男の子がいるが、その教科書でも主人公はほとんど男の子だ。体育でも面白いことは、男の子のものでひがみたくなる。

三井　教科書センターで、アメリカの教科書を調べてきた。感銘を受けたのは高校社会科で「平等権のための戦い」という一章が設けられ、黒人運動・インディアンの運動と並んで婦人運動が詳しく記述されている。最後に Exercise があり、歴代大統領の平等の為の政策についてのリポート・アメリカ少数民族・女性の主張が表現された歌についてのリポート・偏見に満ちた話を教室にもち込んでの討論・市民運動グループとのインタビューと相互比較、などが課されていて、日本の現状と比べて衝撃を受けた。

参加者　教師は教科書を教えるのでなく、教科書で教えるのだという議論があるが、教育の意識自体が受験体制の中で問題をはらんでいる現状では、教科書のあり方は大切だ。

参加者　「家庭科男女共修をすすめる会」の者だが、五月に教科書会社（？）との会合があった。その時、性別役割分業思想排除という考えは教科書を変える力とはなっておらず、一部の都会婦人の考えにすぎないと言われた。今、このように次々と調べて提起したものを教科書会社はどう受け止めるのか伺いたい。教科書の使命は、現状に合わせるのではなく現状を二歩も三歩も先を歩むことではないか。

清水書院（渡部）　私も労働組合の立場でその会合に出た。その際発言したのは、まだ機が熟していないということで、編集者の意識の問題というより、それが一般的・社会的な力になっていないという趣旨である。

司会　教科書会社の方々から発見を。

大阪書籍（横井）　今回初めてなので、意見をよく聞きたい。同和問題については社内研修会で一所懸命やっているが、性差別については、認識が足りないようだ。

開隆堂（小川）　英語を担当している。我社は性差別を考えてはいない。中学校英語の会話では、むしろ女性の方が多く登場する。アメリカの教科書についての三井氏の指摘はその通りで、日米の国力、歴史の差である。日本のテキストが現状で良いとは思わないが、差別は一切行っていない。編集部員二九名中一八名が女性である。例文の性別の問題だが、辞書でも、Heがほとんどである。例文・例題も変えて行かねばならない。英語の部で指摘されたものは、五七年度新指導要領のもとでの大改訂の際に大いに改善したい。題材・写真・著者の性別も男女同数でやりたいと思う。Ms.という表現も、すぐ取りあげられるかどうかわからないが、私個人としてはMs.にしたいと思っている。

開拓社（山本）　第一に、我々は差別の意識をもたないようにしているということで、同和と同じだと思う。十一年ほど前から社内で研修会をもって研究している。アメリカ国務省関係のマクミランの語い調査でMan, Womanをやめて、Person.にしようということになり、日本ではどうかということで、我々の方からも資料を送った。現在のアメリカの辞書ではPerson.に統一されている。日本では中々そこまで行かない。現実にある偏りはたしかだが、編者もそれなりに考えていると思う。なお、我々の会社では男女差別は全くない。

光村図書（湯地）　高校国語を担当している。先程批判された光村の教科書はやや古く、「足音」は今は使われていない。現在女性の著者はやや増えている。高校三年の教科書に「機の音」という戯曲があり、登場人物に女性はたった一人だが、その一人の女性によって多くの男性の運命が変る、というもので、こういうとらえ方もある。国語という教科は理解・表現の二領域から成り、表現の領域の感想文・創作文・会議では男女同分量になるよう配慮している。理解領域では著作権の問題があり、自由に変えられないが、書き下しについては、考慮している。差別問題は、同和教育の方で、教科書会社に告発がなされた。身分差別・職業差別・身体障害者差別などは著しいチェックで、戦後三〇年間に教科書から払拭されたが、ただ一つ残っているのが男女差別である。教科書会社の努力も必要だが、教科書は現実社会の反映だから、こういう運動をさらに続ける必要がある。開拓社の方から、差別意識が問題にされたが、差別者が差別意識をもっていなくとも、被差別者が差別されたと感じたならこれは取り上げざるを得ない。これは一女性としての発言である。

日本書籍　小学校一～三年をうけもっている。こういう機会は初めてだが、個性のかたまりである一年生をどう伸ばしていくか考える中で、差別をみる眼もできるのではないか。

中嶋　我々はもっと細かいチェックをしてゆく必要がある。教科書の裏表紙に出版社の名前・住所・電話があるので、批判の手紙をどんどん出して欲しい。今回四〇以上の出版社に通知を出して、出席は六社だった。この資

（11頁中段につづく）

合宿アンケートおよび会館に対する利用者の意見

夏合宿を終えて、事務局ではさっそくアンケートを送付しました。タイムリーなこともあって、回答率は五十%を超えました。その中からいくつかのご意見をご紹介します。

◇ 合宿のテーマについて

毎年のことですが、二つの意見に分かれました。ひとつは、女たちの生の声が聞けたのでグループ別の少人数の話し合いは良かったという意見。もうひとつは、資料の不足による事前の学習不足のため、充分に話し合うことができなかった、ということです。全員一致して時間が足りなかったことがあげられていました。

◇ 今後も夏合宿に参加したいという人が多い中で、会館のスポーツ施設を利用したレクリェーションを含む二泊三日の希望者がいます。

地域の人や、友人とグループを組んで、多いに利用しましょう。

◇ 利用者の意見

交通の便は悪いが、環境は非常によく、あまりの立派さに驚いたという意見に一致しています。

職員の態度については、とても親切だった。そうじをする人しか会わなかった。官僚的な面が見られた。干渉のないところがすっきりしていて良い。寝床の上げ下げなど不要だ。等々、さまざまな意見が出されました。

食事についても営業時間が短く、並ばなければいけないことや、大衆料金の品がないなど国公立としては高いということが感じられたようです。

運営面では、託児及び子どもの宿泊については大きな問題として残されています。

これら利用者の意見はまとめて、会館の方に郵送します。

（山田）

（10頁からのつづき）

料をもって、各社をまわるつもりである。意識のズレはあったが、今日の討論は有効だった。今後も一年に一回は開きたい。会社の方々も資料・討論内容を持ち帰り検討の結果を教育分科会宛に知らせて欲しい。

（記録・阪部百合子）

行動する会 〃入会案内〃完成

事務局

入会案内をかねた美しいリーフレットができました。シックな地色に緑色メスマークをデザインし、会の名前を題字に配したB五版二つ折の立派なものです。デザイン益満友子さん、印刷は守屋和子さん、制作担当・根本一枝さんら会員の手作りです。

ごらんになっていただくと判りますが、一部約十三円かかっていますので、十五部百円で費用の一部をご負担していただきたくお願いしております。郵送の場合は十五部二百円で申し受けています。

これまで会の説明を求められるたびに、長々と口上を述べたわけですが、これからは、このリーフレットをあらゆる場に持参し、ご活用ください。

定例会のお知らせ

◉十月定例会

渥美育子さんを囲んで

「ニューフェミニズムとは何か」

と　き　十月十三日㈮　午後6時半～

ところ　リプルアーサー（喫茶店）

　地下鉄新宿御苑下車　リプル葵2F

パネラー　渥美育子（青山学院大助教授）

参加費　コーヒー代

行動する会会員の交流会を兼ねた第二回の〝語る夕べ〟は、先頃「ニューフェミニズム宣言」をされた渥美育子さんをお招きすることになりました。詩人でもある渥美さんは、昨年夏から雑誌「フェミニスト」（隔月）を発行。一年目を迎え、「日本的土壌」の中で「女性による人間解放主義」（ニューフェミニズム）を定義づけ、四次限的存在として女性（および男性）が生きられる文化を創造してゆくために、「全日本フェミニストの会」をつくり、全国的に運動を展開してゆきたいとますますはりきっていらっしゃいます。

秋の夜長、熱いコーヒーを飲みながら、ざっくばらんな会話を楽しみましょう。日頃ご無沙汰のあなたもぜひどうぞ。（N）

今月のお知らせ

9・1　労働分科会

9・5　ヨーロッパ性差別への取り組み

　田中寿美子さんを囲んで（労働）

9・9 ｝労働分科会合宿
9・10

9・12　中教出版訪問（教育）

9・13　鉄連の七人と共に性による仕事差別・賃金差別と闘う会（運営委員会）

以上の活動がすでに行われました。

9・18㈪　**労働分科会**

午後6時半　於・中島事務所

9・21㈭　**「私たちの男女雇用平等法をつくる会」**（仮称）　9・25準備会

午後6時半　於・中島事務所

9・24㈰　**離婚分科会**

午後2時　　於・中島事務所

「離婚と暴力」「離婚後の生活の知恵」

十一月定例会打ち合わせをかねて、前記のテーマにより話し合います。一般会員の方の出席をお待ちしております。

9・25㈪　**「私たちの男女雇用平等法をつくる会」**（仮称）第一回実行委員会

午後6時半　於・スペースJORA

9・27㈬　**鉄連の七人と共に性による仕事差別・賃金差別と闘う会**　学習会

午後6時　　於・中島事務所

テーマ　「私たちの賃金論」

9・28㈭　**婦人問題懇談会**

午後1時　　於・私学会館

主催・東京婦人少年室

テーマ　〝寡婦等の就業援助制度について〟

10・2㈪　**十月世話人会**

午後6時半　於・中島事務所

10・6㈮　**労働分科会**

午後6時半　於・中島事務所

10・13㈮　**十月定例会**

編集後記

一年余も事務局の専従をひき受けてくださった根本一枝さんからバトンタッチしました。次から次へとあふれ出てくる仕事を、本当に根本さんお疲れ様でした。今月の活動報告も根本さんが基礎をつけてくださったものです。これからもよろしく。

事務の引きつぎなどでご迷惑をおかけすることがあるかもしれません。気が付いたことがありましたら事務局までお電話ください。がんばります。どうぞよろしく。

（山田）

国際婦人年をきっかけとして
行動を起こす女たちの会

1978年10月

活動報告

【事務局】
〒160　新宿区新宿1－31－4
リプル葵301
中島法律事務所内
Tel　(03) 350－6082
郵便振替　東京0－44014

九月定例会〃いま世界の女性解放は〃

「私たちの手で雇用平等法をつくろう」

九月四日午後六時〜八時半
司会　駒野陽子・田上時子
於・婦選会館

活動報告九月号で集会の様子がほんの少し載りましたが、今回はその全貌を報告します。

「いま世界の女性解放はどこまで進んでいるのだろう」と集った二百人もの女性達で婦選会館の集会室は溢れんばかり。この夏、ヨーロッパを視察してきた参議院議員の田中寿美子さん、弁護士の水嶋幸子さん、NHKにお勤めの伊藤恭子さんにヨーロッパの女性解放の実情を報告していただきました。女性解放は解放への行動を伴って初めて進むもの。ヨーロッパの女性達に刺激され、私達も雇用平等法を私たちの手でつくる必要性をつくづく感じさせられました。

☆　☆　☆

★報告

男女平等への取り組み

田中寿美子

ヨーロッパの資本主義諸国で行われている婦人運動がどう展開し、その運動を行政や政府がどう吸収しているのか、特に雇用平等法について調べようと、スウェーデン・イギリス、フランスへ行った。EC（欧州共同体）が作られた一九五七年に締結されたローマ系約には「男女の同一賃金を実現させる方法をとれ」とある。一九七五年には「男女同一賃金」、翌七六年には「雇用における男女の平等取扱い」の指令がECから出されている。EC加盟国政府はこの指令に責任をとらねばならない。が、日本の様に政府主導型ではなく、その国の女性達が政府に対し発言できる委員会をつくり、その発言により、国内行動計画がつくられている。

★男女平等取り組みへの二つの流れ

雇用平等のための政策・法律・制度をそれぞれの国で比較してみると、二つの大きな流れがあった。一つは性別役割分業を排除し、女も男も両方共、家庭・職場・社会に対し責任を持つというもの。これは男女平等の考えからすれば、最も急進的な考え方である。このリーダーシップを取っているのはスウェーデンであり、アメリカの一部、イギリス労働党左派もこの流れに属する。もう一つは、職場での男女平等を進めようとする穏健派・保守派であり、全体的に見て多数派である。ECの指令はこの考え方である。

スウェーデンでは理論的指導者であり、労働大臣、厚生大臣を務めたアルダー・ミルダーさんの指導のもと、性別役割分業を排除する婦人政策が行われてきた。しかし、スウェーデンは法律により物言を進めてきた国ではなく、社会民主党のバックにある労働組合LOが中心となり、婦人政策も労使による団体交渉にて勝ちとってきた。例えば①役割分業をなくすために、男女の職場を隔離せず、新規採用者の40%は男女どちらかの性とする。②育児休業を男女どちらも取れ、90%健保による所得保障を実現した結果、10%迄男性が取るようになった。等。生産と家庭とを結びつけるこれらの方向は、男は人間性を、女は社会性を取りもどし、男女両性の解放につながる。しかし、二年前、社民党が選挙に破れ、保守政権となったスウェーデンでは、内閣直属であった男女平等諮問委員会を労働大臣直属へと格下し、EC諸国と同様、雇用における差別のみを是正することを目的とするようになった。現在のこの委員会の委員長によれば、「女性が仕事を持たねばならないのは、夫が死んだけ働けなくなったりしたら困るから」だそうだ。

イギリスは一九七五年、性差別禁止法が成立、先につくられた男女同一賃金法と両方・実施のはこびとなった。マンチェスターにあるEOC（平等機会委員会）で、その実施状況を聞き資料を検討すると、これらの法律が定着しはじめていることがわかる。しかし、これらの法律が実施されてから二年余、保守勢力の非常に強いイギリスのこと、批難の声も随分多い。批難は大きく分けて三つある。①法律そのものを絶対否定し、EOCの存在することとすら汚わしい。②スチュワーデスと呼んではいけない、ポストマンもダメ、と細いくだらない点が法律にたくさんある。③TUC（労働組合会議）の中にもある。個人でEOCに訴えに行くことは組合破壊につながるという考え方。と。③はスウェーデンの場合と同様、訴えに対しては組合員ならまず組合に相談することを勧めるので問題はないはず。しかし、組合が差別している時は組合をも対象としている。

選挙を目前にして急拠つくられた法律であるから、不充分な点もあるが、雇用だけを対象としたものでなく、教育、公共施設利用、財産処分等、社会生活全般にわたって差別をなくして行こうとする姿勢でつらぬかれている。保守派にとってはそこが気に入らないのだろう。しかし、新聞には毎日、性差別の問題が記事として載り、BBC放送を通して毎晩遅くまで、差別された女性に対する相談を行うなど、法律の精神の生かされた取り組みがなされていた。

フランスは保守政権にもかかわらず、4人の女性の大臣のいる国である。その一人であるパスキエさんは「婦人労働委員会を設け、そこで雇用平等法案を検討中である。ECの指令に対し私たちは責任があるので、今年いっぱいにつくる予定。EC諸国は皆同じと思う」と言っていた。

ILOでも八〇年に提案し八一年に雇用機会における平等法案を通す予定だと聞いた。ヨーロッパの国々は平等化へ、殊に雇用に対しての取り組みが熱心に行われていた。日本では同一賃金は既にうたわれているが少しも男女同一になっていかない一因として、雇用の機会の不平等があげられる。一九七五年のILO決議「三者構成の救済機関をつくり、差別されている女性を救済せよ」をタテに、雇用平等法を要求していったら良いのではないかと思う。その法律づくりは、ヨーロッパの様に政府主導型でない、政党・労組・婦人代表者たちの手で行う必要を強く感じた。

★イタリアの男女同一待遇法とは

水嶋幸子

イタリアは性の抑圧の強い、男性中心のカソリックの国である。女性の参政権は一九四六年、公娼廃止ー一九五二年、かん通罪廃止ー一九六九年と他の資本主義国に比して著しく不平等が残されている国であった。にもかかわらず、七〇年代に入り、女性達のねばり強い運動の結果、離婚法廃止、保育所設置法、母親労働保護法、家族法と一連の男女平等をめざす法律が制定された。

国際婦人年やイギリスの性差別禁止法の影響を受け、男女同一待遇法も制定された。この法律には、①採用時に性による差別をしないこと。②同一価値の労働をする男女には同一の報酬を支払う。③昇進試験で差別をしないこと。②同一価値の労働をする男女には同一の報酬を支払う。③昇進試験で差別をしない、④定年男60才・女55才だったのを女が選べば60才迄勤務できる。⑤深夜業は午前0時〜6時迄、原則として禁止されているが、専門的・指導的職務や医療サービス従事者は就業可能となったー(この点は問題あるところではあるが、週労働時間40時間の規定や妊婦や出産後の人は禁止されていることから、ある程度はカバーできるものと思う)。⑥生後一才までの子供をもつ母親は有給の育事休業がとれる。⑦差別行為に対する制裁は強く、刑法が適用される。

70年代以降の女性の力と各国の動きから、キリスト教民主党もあきらめたのか、この法律はそれ程反対もなく制定された。制定後まだ日は浅いが、次々成果はあがっている。官庁への女性の就職が可能になった。イタリア南部の差別多いところの企業に指導して、女性を採用させた。等。現実にはいまだ女性を使用したがらない企業は多いが、女性の組織や労組が中心となり、一つ一つ摘発し、直させて行く運動が法律を一層定着させて行くだろう。イタリアの女性達は、女性の力で差別社会を直して行くという明るい展望をもっていると強く感じてきた。

★マスコミ

伊藤恭子

世界行動計画の第8章は男女平等化へのマスコミの果す役割がうたわれている。にもかかわらず、日本の国内行動計画ではほんの一言触れているだけ。各国のマスコミの役割を参考に日本でも何か旋風をおこしたいと思い各国の放送関係者を尋ねてきた。

スウェーデンでは社会的問題を取り扱っている、ドキュメンタリストの女性に会った。(NHKのドキュメンタリストは全て男性)この国では婦人番組はない。料理番組はあるが、専業主婦を対象としたものではなく、男も女も料理をつくれることを目的としたものである。女性の地位向上のために婦人番組をつくる、という時期は過ぎたようだ。

イギリスのBBC放送には婦人番組があった。が、家庭婦人対象だけのものではなく、働く女性も当然対象とされていた。

イタリアは98%がカソリック信者の国。これがネックとなり女性の進出をはばむ空気は強く、パートを好む女性が多い。イタリア放送協会に勤める女性は、そういう女性達を変えていくために婦人番組をつくりたい、と言っていた。ここでは放送局の記者70名程のうち女性は9名だった。(NHKは0)

フランスでは、シモーヌ・ヴェイユ、フランソワーズ・ジルの声がかりで、一九七五年来女性向の地位向上に役立つような番組を放送しつづけている。今年の秋にも〝女性が社会的役割を果すには〟という観点でのワイドショーを企画しているそうだ。

これらの国々を回って気づいたのは、日本では婦人番組を男がつくっているということだ。これでは男の目から見た女性像をもとに男に都合の良い番組となるのも当然。各国の放送現場で働く女性達に学ぶことがあれば、と出かけた今度の旅だったが、皆頑張っているんだなと大いに勇気付けられた。日本でも大きな運動に盛り上がれば、と思う。

(報告・斉藤　幸枝)

≪質問・討論≫

司会　日本でも女たちが手をつないでやっていきたいという声を聞きながら、まだ具体的な動きにはなっていない。今日は、そういう行動を起すためのきっかけとして会を開いた。この場にこんなにたくさんの人たちが集まった以上、何か有意義なものにしていきたい。

質問　資料を早く入手する方法は？

田中　国連では、国連婦人の10年も重なってキャンペーンの最中だから、非常に多くの資料が流されている。ところが日本では婦人問題企画推進本部からわずかに流れているにすぎない。英国では婦人団体や政党婦人からなっている国内婦人委員会で79年の地域会議の決議内容について話されたり、国連の2年毎のアンケート結果として出されている各国の婦人の活動についての資料が読まれたりしている。残念なことに、日本の政府がこんな状態である以上、私たちの手で、各国の運動の状況を知るような資料を要求し、皆んなでその内容を検討していく必要があるだろう。私も今回、スウェーデン等各国の資料をもち帰ったので、これを皆んなで読んで話しあわれたらと思う。

司会　日本では必要な資料は我々の方からとっていかなければならないというのが実状のようだ。

質問　ヨーロッパ各国と比較し、日本の運動はまだまだ進んでいない。日本の女性に欠けているのはどんな点か。

伊藤　民族性もあるだろうが、日本では運動する人たちが小さなグループにわかれてしまっているという点があるのではないか。イタリアでは思想信条を異にする人たちがいっしょになって運動を展開しているように思う。

水嶋　運動の層が浅いのではないか。日本でも、働く婦人が中心になってあらゆるところからやっていかなくてはと思う。特に主婦層をどのように力にしていくかが問題だ。

田中　否定的、消極的になっていてはだめだと思う。日本でも75年の41婦人団体の運動がある。婦人問題ではまだ合意出来る部分がたくさんあるので、少しでも自覚したものからやりはじめ、運動を厚みのあるものにしていかなくては……。日本は官僚主導型の伝統があり、天皇をよんであんな集会を開いてしまった。これでは形式的には日本の男はよくやってくれているということになってしまう。こんな大会はやめさせ、我々のイニシャチブで大会を開き、費用は国に出させるというくらいやらなくてはと思う。この程度のことは英米等どこでもやっている。

中島　具体的な行動提起をしたい。イギリスも保守的だし、イタリアもカトリックの宗教的抑圧の強い国だ。むしろ日本よりきびしい国であれだけやっている以上、日本でもできると思う。今までは政府の出した案に抗議してきたが、これからは女たちが必要なものは自分たちの手でつくっていくということが必要だと思う。

まず、日本における雇用平等を実現するための法律をつくっていくことだ。労働における採用差別、職種差別、昇進昇格差別、定年差別等を禁止する法律がないのが日本の現状だ。ひとりの女が生きていくための働く権利を法律的に保障するものをつくっていこう。

田中さんが、雇用平等法案を国会に上程された意義は大きい。私たちはもっと内容を検討し、実現していくための行動をやっていきたい。そのための連合組織として、私たちの雇用平等法案をつくる会（仮称）を9月25日に開きたいので集まってほしい。

司会　雇用平等法案に関する認識がうすいのが現状だが、これをつくることを中心に女たちが一つにまとまり、大きな運動をつくっていけたらと思う。

その他、国籍法における男性優位の問題、独身婦人の福祉問題等、時間ぎりぎりまで話は続けられた。

その後、場所をかえて、夜もふける11時まで、これからの運動について討論し、女たちが連合し、共通の課題として、雇用平等法案をつくっていく運動をおこしていくことが確認された。

（報告・井の部美千代）

私たちの男女雇用平等法案をつくる会（仮称）

第一回実行委員会開かれる!!

☆　☆　☆

婦選会館で行われた、世界の女性解放を知るための定例会の中で、参加者から、日本にも、是非、私達の雇用平等法をつくらねばならないという動きが出、呼びかけを行った。

これによって、「私たちの男女雇用平等法案をつくる会」（仮称）の第一回実行委員会は九月二十五日行われた。

☆　☆　☆

すぺえすジョラに集った五十人以上の女たちは、この会の参加を、個人参加、団体参加を問わずに集うことなどの意見が出され、方向づけとして、当面、雇用平等法の実現をすすめるための運動とし、性差別禁止法のパートⅠとして位置づけていこうということである。

三つのグループがまず、できあがった。

◇法案作りのグループ　難解な言葉の法案ではなく、具体的に、私たちの男女平等をうたった法案を作ることを目標

◇情宣グループ　より多くの女たちに知らせ、仲間としての呼びかけをすることを目的にして、最初の目標は集会であるが、この計画はどの程度の範囲に呼びかけるのか、どの程度の規模にするかは検討中。

◇決議文グループ　会の決議をまとめ、決議文の作成にあたる。

第一回目実行委員会では、いろいろな人のいろいろな発言があって、大変盛りあがった。みな、これからの運動に向け、あらたに決意を固めた。

実行委員会では第二回目を十月十一日に開くことにしている。

（報告　高木澄子）
（口述まとめ　山田満枝）

大阪からの便り

松山容子より

私、商社に英文タイピストとして務めております。会社内での活動として〃女の子はつくられる〃の読書会を続けています。

「思いあたることばかり」「私たちの意識って生まれ落ちた瞬間から作られ続けてきたのね」などなど、女たちのおかれている不当な立場を顧る反応とともに「でもどうしたら差別をなくしていけるの。私たち愚癖を言い合うだけで何もできないじゃないの」なんていう悲観論もでてきます。

でもひとりの女がほんとうに変わればたくさんの人間を変えていくことができる。今は小さな力でも、やがては日本のありかたを変えてしまうまでの大きな力になるに違いない。そう確信しています。

「過激な女性運動」なんていう形容をしてくださる方々には、私たちは真剣に生きているだけのあたりまえの女なのだ。と答えています。

私もささやかですが、がんばり続けます。

最後に会員のみなさんの力強い活動に心から賛同し、女たちの未来に明かるい光を確信しています。

教科書会社訪問記
―生徒の半分は女だと分ってください―

旺文社

ー教科書の中の男女差別が大変多いので、改めていく運動をしているのですが……

「あゝそんなことを気にして何かいう人もあるようですね。実際は別にそんなもんないでしょう。」から始まり、国際婦人年も行動計画も「あるということは知ってますョ。でも世間一般で女子はやはり家庭ですから…。」全勤労者中女性が4割に達する総理府統計に対しても、「そんなに働いてないですよ。えっ、うちの社でも女性？…それはパートやアルバイトでそんなのは…。」

「男性が活動的で女性がテレビや料理などそんなこと差別じゃないですョ。実際の世の中がそうなんだから…。あなた方は料理しないんですか。」あなたの家庭からだけ判断しないで、世の中がどんどん変っていることに目を向けなければ…。「だんだんそういう傾向にあるとなれば変えようという気持を持たざる得ないでしょうがね。教科書は社会より先を行くもんじゃないですョ。時事的なものは定着していないものだから入れません、アポロや宇宙物なども。不易流行が社の方針です。原爆も30年たってから入っています。」

「それじゃいいものは何ですか。あれはダメこれはダメでは困る。」「価値感の問題ですから、あなた方特殊な一部の人のいうことばかりも聞いていられない。」「まあ、いろんなこと言ってくる人はありますがね、商工会議所のPRみたいなものとか、公害もこの町を出せとか…。」「うちは青少年のためにいいものを、国の政策に沿って作っている。」

婦人年の際、当時の三木首相も女性差別が現存することをはっきり認めていますね、と示しても、「差別はないと思いますョ。ヒガミじゃないですか。」「そんな、女性に生まれ変りたいなど思いません。」「女はもちろん損ですネ。」「でも差別はしてません。ありません。」「そんな些細なことより他に大切なことがあるんじゃないですか。戦争中男がいなくなって代りに女が出た、そのあたりから教育に父親不在ができてまちがってきた。」

「うちの場合、本に名前は入ってないけど、編集委員30名中7名女性が入ってます。各ピースについては5度ぐらいまわして読みますからヘンなものを作る筈がない。」

※　※　※

とても疲れました。これでも一所懸命問いつめたり、説いたりしたのです。出版社の編集屋が、どれほど教科書に関係あるのかーと、とても不毛な空虚さと同時に、程度は低いが意外とこれが正直なところなのかとも、これからの斗いの息の長さとエネルギーの大きさを想いました。

一般に広く知らせて考えをおこしていくこと、公けの場で交渉をすすめ、文部省や教委とも当って積み重ねていくこと。多様に動く最初の道具として、パンフを早く完成したいと思います。

（報告・仲野　暢子）

清水書院

九月十一日、秋雨の中を神楽坂をあがって、のぼって清水書院へ。時代がかった地味な建物の中には黄色くなった昔の資料集や本がぎっしり。英語担当で若い女性編集者の浜本さん、定例会にも出席した歴史担当の渡部さん、政経担当の吉川さんの三人が応待に出た。

教育分科会の代表者三名は、資料をもとに教科書作りに女性解放の視点を持ち込んで欲しいことを述べると、浜本さんは「いい内容であっても英語として文章に起伏がなくて適当でなかったり、生徒に難しすぎて使えなかったりする。さし絵や写真は私の裁量で決められるので今後努力する。」渡部さんが「以前社会科の編集者に女を頼んだが宿泊を伴う徹夜の仕事ができないのでしりごみされた。」と言ったが、私たちとしては、責任をまかされる仕事であれば何晩の徹夜も嫌わないのにと、思った。旺文社の方に比べれば、好意的で柔軟性のある方たちだという印象はあったが、もうひとつパンチが欲しかった。今後、子供を育てながら編集者として頑張っている浜本さんを通じて情報交換をしていくつもりだ。

（報告・三井マリ子）

山川出版社

歴史の山川、と言われるだけあって、高校の日本史は60％、世界史は50％という高いシェアを誇る出版社。同社の教科書が変わればいっきに過半数の高校生の眼に触れるはず。

今回はプライベートな立場で、との意向で水道橋の喫茶店で編集部吉田氏（男性）と交流を持つ。同社の編集者は男女ほぼ同数ずつとのこと。当然、編集には女性の視点が多く採り入れられているはずなのに、どうしてだろうか、それらしき形跡はなし。教科書の著者に女性はひとりもいない。理由は、「人材がいないから。」言い変えれば、「東大文学部のしかるべきポストに女性がいないから」ということらしい。女性だからという理由で除外しはしないけれど、あえて女性を入れる必要は感じていないようだ。それこそ必要なのです、今の教科書は100％男性の眼で書かれているのです、との当方の主張もどれだけ説得力があったか…。半数の女性編集者たち、がんばって下さい！

しかし、この日最大の明るい話題は、最近倫社教科書の著者の側から「次回改訂で女性問題を取りあげては？」との声があったということ。その実現と再度公的な交流会を持つことを重ねて依頼した。（報告・坂本ななえ）

中教出版

まず、私たちの会の紹介、中学英語、小学一年の社会、高校倫社と話しあいが進みました。

(1)　中学英語　New Evory Day English

「この教科書は、他社と比べて特に男女の役割分業がひどい。一年では各課にあるコラムで、主語が女子だと食事やケーキを作ったり、皿を洗ったり、母親の手伝いをする例文やさし絵がほとんど。これからは、役割分業を変えようという姿勢をもって意識的に変えていってほしい。このようなことに真剣にとりくんでいるアメリカの言葉を学ぶことでもあるので……」という中嶋の要望に対して、「主人公ジュディの紹介文として、このような例文が多くなってしまったが、今度の56年の改訂では変えていきたい。」という出版社側の解答。また、前回の改訂で共働きの家庭を出したとのこと。その他、さし絵、写真について著者に女性を加えてほしいなど要望した。

(2)　社会小学一年

「働いて給料をもらうのは父親、家の人の世話をするのは母親と、完全に役割分担を固定化してしまい現実離れしている。」と中嶋が指摘。それに対して「主人公のまさおの家をメーンにしたのでそうなった。共働きの家庭もだしている。現実にはどのような家庭が普遍的なのか、メーンにしたらよいのか」出版社も常に考えているとのこと。これについては、「統計的にみても小一の子どもにとって母親が家にいるのがふつうだとは言えない。」と駒野。また「離婚・死別した子などにとって教科書は苦痛なのではないか。」「小学校の先生は女性が多い。女の先生が教えるときに異和感があると思う。」「女の子の夢がないのと同時に、男子にとっても夢がない。もっと子どもの夢を育てていきたい。」など指摘した。

(3)　高校倫理

7月29日のときの資料をもとに「教科書では、旧民法を肯定し、新しい家庭を否定しているような記述さえみられる。ぜひ、改めてほしい。」と要望した。

最後に「本当に改革していくのか。」という質問に対し、出版社側は「現代の社会状勢に対応していかなければいけない。」との返答に終りました。中教出版側からの出席者は宮崎氏、柳氏、田中氏（全て男性）の三名であった。

（報告・安達幸子）

「私つくる人　ボク食べる人」を女性記者から見ると――

マスコミの揶揄・追笑にカッカッときてしまったり、志気をくじかれたりしている私たちをはげましてくれるいい論文を見つけました。金森トシエ（読売新聞記者）さんの講演「婦人問題の今日的課題」に使われた資料です。この夏新宿で開かれた家庭科教育夏期講習会において、日本中の家庭科の先生方にお話したものです。

　この資料を読んだ方は、日本の国内行動計画にこそマスメディアという章が必要だと、あらためて痛感すると思います。　（三井）

「私作る人、ボク食べる人」―― 食事を作ったり、食事の際、コマゴマと世話を焼くのは女の仕事、何もしないでデンと座り、女にサービスさせるのが男の仕事。こういう旧来の役割固定観念に基づいたコマーシャルは反対、と「国際婦人年をきっかけとして行動を起こす女達の会」が、食品会社に抗議を申しこんで（昨年九月三十日）話題を呼んだことは記憶に新しい。ところであらためて各紙を繰ってみると、その抗議をストレートにニュースとして社会面に報じたのはA紙だけだ。

　「なぜ女が作る人なの」「差別CMとリブが抗議」の見出しで十月一日の朝刊にかなり詳しく、しかも客観的に報じている。しかし、他紙はニュースとしては一行だに触れていない。この話題が各紙に登場するのは二、三日後の各コラム。しかもこのA紙の報道を材料とした冷やかし半分の話題として。

　さまざまな事件は、記者の、そして記者の送ってきた記事を取捨選択するデスクの感覚に訴えてはじめてニュースとなる。男性の目と耳の感覚で紙面を作っている各社の（A紙以外の）社会部は、おそらく〝作る人、食べる人〟の話を〝アホらしい〟と一笑にふしただけだったのだろう。

　だがコラム執筆者たち（これまた男性）にとっては格好の材料を提供する結果になった。翌日十月二日D紙朝刊のコラムでは「女らしさに拒否反応を示す女性達のCM狩りが盛んらしい。理屈と鳥モチはどこにでもつく。……男と女にはそれぞれ生理的能力や利点を生かした役割や仕事があっていいと思う……」と真っ向うから切りつけている。〝女らしさに拒否反応を示すウンヌン〟は、男性のために食事作りをすることとイコール女らしさと執筆者が思いこんでいることのあらわれだろう。また、男性の中にも個人差があり、女性の中にも個人差があるのだから、男、女のワクを一度取り払って、個人の能力や利点を生かした役割や仕事ができる社会にしていきたいというのが国連提唱の国際婦人年の主張であるのに、あいも変わらず「男と女にはそれぞれ生理的能力や利点を生かした役割や仕事」にこだわっているのは、世界的な意識の芽ばえに気づいていない、あるいは気づきたくない証拠だと思われる。

　A紙もコラムとなると「差別CMに抗議。〝言葉狩り〟が〝魔女狩り〟などに至らぬよう願い上げ奉り申し候」とおどけ半分だ。

　CM抗議のニュースのあと、十月二十四日に海のむこうのアイスランドでおこった女性ストは各紙とも、ニュース面にロイター電の翻訳を淡々と掲載しているのだが、中に一紙、前文の最後に「考えてみればことしは国際婦人年。いろいろありますなあ」（50・10・25・D紙朝刊）とため息まじりの〝男性的〟主観による冷やかし的コメントがはいっている。

　「アイスランドで女性ゼネスト。恐れることはない。しょせん男性支配の肯定だろう」

（50・10・25・B紙夕刊コラム）「……コマーシャルごときにケチをつけるより、ストの方がよっぽど手っとり早い。……日本がやったらどんな結果になるか。まず丸の内の会社で男子社員にインタビュー。どうですか参ってますか。女性が出勤しないので朝の電車がすいていて快適でした。別の会社で。お茶が飲めなくて不便でしょう。ふだんでもお茶くみなどしてくれません……」（50・10・26・C紙朝刊コラム）などのからかい反応が間髪をいれずに各紙コラムにあらわれる。ユーモアを解さないといわれるのを百も承知でいえば、女性などしょせんたいした仕事はしていない、お茶は女性がくむもの、というきわめて〝男性的〟先入観念がなければ、絶対にこういう文章は書けるものではない。

アイスランドに続いて十月二十九日、アメリカでNOW（全米婦人組織）の呼びかけでやはり女性ストが行われた。これにひっかけて「女性スト日本では」（天の岩戸の昔から）という見出しで「現代日本、ありがたいことに男女、じゃあない女男同権の世の中。でも教育ママゴンなんてコワーイ女性もいるらしい。……七人の敵とたたかいながら、〝稼ぐ人〟の男性はハタラキバチと化してせっせと月給を家に運んでいる……。人間結局男と女しかない。……手に手をとって仲良くやりましょうや」（50・10・29・C紙解説欄）。〝教育ママゴン〟とか〝作る人・食べる人〟にひっかけて〝稼ぐ人〟とか、〝七人の敵〟とか、陳腐な言葉だけをら列して、事の本質をさっぱり理解しない文章を構成している。人種差別と併行して男女差別が世界的に問題となり、同時にあらゆる形の差別の問い直し、考え直しを迫られている、というきわめて真面目な話なのであって、〝女と男、手に手をとって仲良くやりましょうや〟と軽くいなして逃げるのは、男の視点の〝解説記事〟である。

十一月、ザンビアからの女性大使が着任して話題を呼んだが、それと「行動を起こす女達の会」のNHK訪問とをひっかけたコラム――「ザンビアから初の女性大使が着任した。わが国にはまだ女性大使任命の前例なく、先を越された観がある。……たかだかテレビ局に女のニュースキャスターを使えといった要求くらいでお茶をにごしているわがリブ諸姉も、これでは怠慢と批判されるのではないか。もっとずばり権力の中枢に切りこめば女性大使くらい実現できぬとは限らない。……女性大使には男にないプラスもありそうだ。何といっても女性は平和的だし、語学もできる。女性には男性より現実的、打算的なところがあるし、体力的にだって女性の方が男性より優れていることは医学の常識……（50・11・8・C紙朝刊コラム）。

このコラム論旨には女性の目からみて二つのおかしな点がある。たかだかニュースキャスター、たかだかCMというが、どんな大問題でも、〝たかだか〟と表現される〝つまらない〟日常の問題の積み重ねの上にのっているのが普通であって、日常のことは放っておいて大問題にだけ取り組めば解決するというものではない。〝女の仕事は家事〟〝女の仕事は補助的なもの〟という潜在意識、固定観念はそのままにしておいて、いくら中枢に切りこもうと、すんなり女性大使が実現するはずがない。

また〝女性は平和的、語学もうまい、現実的〟といっているが、女性の中にも闘争的な人もいれば、さっぱり語学がだめな人もいる。反対に男性の中にもおとなしく平和的で、語学の達人もいる。ここでも、男性、女性のワクを越えた個人差、個人の特性には全然触れず、依然として〝男はこういうもの、女はこう……〟という大ざっぱな十ぱひとからげの論理で押している。

（東京婦人記者会有志によるレポート「新聞の〝女性表現〟への疑問」――日本新聞協会発行「新聞研究」76年四月号掲載――より一部抜すいしたもの）

教育分科会夏合宿

八月二十六・七の二日間、国立婦人教育会館に会員十四人が集まった。うち、男性一名。はるばると石川県七尾市から駆けつけてきた人も。

自己紹介、三井マリ子製作「タイの働く女たち」のスライドを見たあと、討論が始まる。テーマは教科書会社との交流会（7・29）の総括と、〝男女平等の教育を考えるシリーズⅡ〟づくりに向けての方向づけ。

交流会でよくわかったのは、「男性編集者はほんとうに、わかっていない。」ということ。もちろん個人差はあるけれど、「教科書の中に差別がある」という事実がまったく理解できない人も見うけられた。それだけ差別の根が深いのだが、ここで明らかにされた差別者と被差別者の意識のちがいをどう埋めてゆくか、そして、わからない男たち（ときには女たち）に向けて現実を突きつけてゆくための資料とも武器ともなる本を作るにはどうすればいいか、それが論議の焦点となった。

そのためには、まず会員相互の共通理解をつくり、チェックポイントを確立する必要がある。討論の結果、

◎ 抽象や概念でなく、目で見てわかるものを。数字や写真や表を駆使して。

◎ 〝暮しの手帖〟風に、上位5社の教科書を徹底的に比較したリストを作製。

◎ 良い教材をも挙げてプラス面から評価し、採用の一助とすること。

◎ 調査した結果を、教科書会社のほかに、他の婦人団体、大学関係者、政府機関、現場教師等にどんどん送り、運動を拡げてゆくこと。

などが確認された。（座談の一部はシリーズⅡに掲載の予定）

さて、今回の合宿の圧巻は、二日目の古田励子報告であった。おりしも〝小平婦人の会〟のメンバー七名、会館職員一名が傍聴される中で、高校国語教科書チェックの報告は熱弁をふるわれた。〝女性が自己肯定することがいかに重要か、ウマ面の与謝野晶子が風呂敷包みひとつで鉄幹のもとに走れたのは、強く自己を肯定しておればこそ〟と、レポートというよりは檄を飛ばす姿は、そのまま報告者の自己肯定のあらわれかと思われた。お腹をかかえて笑いながらも、皆一様に心を打たれた。誰しも身の回りの男性と頬をひきつらせて口論した経験があるはず。これからはそんな時、古田報告を思い出すことにしよう。女性解放に笑いとおおらかさは必要条件、と。

官僚的運営のため会議室から早々に追われ、寝室の床やベッドの上に思い思いの姿で座りこみ討論は続いた。夜が更け、グラスが空になっても話は尽きない。新入会員の私にとって、ほとんどのメンバーが初対面だったのだが、そんなことがウソのように、なつかしく、古く親しい人々に囲まれたように思える充実した時間であった。

（報告・坂本ななえ）

九月四日
白いスーツを着ていらした
一般からの参加者を捜しています

婦選会館で行われた「いま世界の女性解放は」九月定例会に参加し、発言してくださった女性へのご伝言を事務局山田が預っております。お名前もわからず困っておりますので会報をお読みになった方、心当たりがありましたらご一報を。

七月定例会に寄せて

「男女差別だらけの教科書」討論会に参加して……雑感

前田 美登里

問題意識を持って見れば明白な男女差別の数々が教科書のいたる所に見られる。記述のみならず、さし絵や写真にまでも。そしてこの驚くべき差別の実態は教科書作りのほぼ全部が「編集者は男のみ」であることに歴然と見られる。

教科書会社からの参加者の中に女性一人の参加をみたことは何らかの救いではあったけれども、やはり問題は出版社側男性の発言にはっきりみられた。

レポートに指摘される明らかな差別記述に対しても「男女差別をする意図など全くない」という当然とも言うべき反答しか返って来ない。男女差別はしてはならないからこそ、常に差別のあることを意識してかからなければならないのに。

この意識のなさ、低さにはほんとうに驚かされる。これからの社会を動かしていく子供たちに正しい学力をつけるための教科書がこんな事実の中で作られることに恐ろしさすら感じる。

教科書はその意味でもっともっと社会的、国民的責任を負って作られるべきものであると思う。現状を正しく把握し、未来を正しく見通し、人間の生きる力のもとになるような観点を堅持してほしい。現状ではまだまだ女性側の意識も低いとは言え、職業を持つ自覚、独立経済の自覚も高まって来ている。女性が目覚めつつある時に、先進的役割を果すべき教科書の遅れは非常に重大な問題と言わなければならない。

さらに、女性を家庭にとじこめ役割分担を強いている根源は何と言っても家庭科である。家庭科の問題は、差別的表現の問題、男女共修の問題にとどまらず、中味の問題が最重要だと考える。家庭科は家庭生活に必要な、狭い家庭の中でのみ実用的なものではなくて、男女共に生きていくのに必要な生活技術の面を追求し、ほんとうに男女が共修する必要のある教科に変えていく検討をしていかなければならないと思う。家庭科が今のままである限り男女差別の問題は解決することがないと思う。

「女ならやってみな」をみのがさないで!!

益満 友子

今まで私達がみてきた映画はほとんど男の視点から描かれたものでした。そこで、女が女の視点から撮った映画をみたいと思っていた女達が集まり、初めて「女たちの映画祭」の準備会を開いたのは、ちょうど一年前。やっと十一月十、十一、十二日に四谷公会堂で「女たちの映画祭」が開かれます。その中の、デンマークの女達が女性解放運動の中からつくった「女ならやってみな」は特にみのがさないでほしいのです。主人公の五十歳の女が経験することの中から、彼女や私達の人生が、女であるという事実にどれ程規定されているか、おもしろさの中にしっかりと描かれています。この映画はコペンハーゲンの映画館で封切られたその晩から満員御礼。しかも同館だけでも五ケ月近くのロングラン。ところが日本では、まだ一度も上映されていませんし、フィルムの本数がないため、買いたくても買えません。そこで私達は、制作者達に直接手紙を書き、映画祭のために借りられることになったのです。この機会にひとりでも多くの人にみてもらいたい――と願っています。

定例会のお知らせ

◎ 十一月定例会

離婚はこわくない

「私はこうして自立した」

とき　十一月十二日(日)　午後1時半～

ところ　すぺえすJ《ジ》O《ョ》R《ラ》A

地下鉄東西線早稲田駅・神楽坂寄り改札口下車　向かい側エスペラント会館ビル内一階奥

参加費　三〇〇円

離婚した女が自立していく過程には、さまざまな環境の変化があります。自分の手で培った離婚からの自立をパネラーが発表します。不当に歪められた離婚観の中でいかに生きるか、離婚の際何を迷ったかなど話し合いましょう。

生き方を問われることになる離婚。それに立ち向かう女の立場に、誰れでもが落ちこみやすい女の問題の集約があります。

結婚しようとする女、結婚している女、誰にでもかかわる問題提起です。ぜひお出かけください。

今月のお知らせ

10・2(月)　十月世話人会

10・2(月)　鉄連の七人と共に性による仕事差別・賃金差別と闘う会（運営委員会）

10・6(金)　労働分科会

10・11(水)　私たちの男女雇用平等法案をつくる会（仮称）実行委員会

以上の活動がすでに行われました。

10・13(金)　**十月定例会**　午後6時半～9時

於・リブルアーサー（喫茶店）

渥美育子さんを囲んで「ニューフェミニズムとは何か」

10・14(土)　**主婦分科会**　午後1時半～4時

福岡から会員を迎えて　於・中島事務所

10・14(土)　**離婚分科会**　午後4時～7時

私はこうして自立した　於・中島事務所

11月定例会実行委員パネラー打ち合わせ

10・16(月)　**12月定例会実行委員会**

午後6時半～　於・中島事務所

10・17(火)　**鉄連の七人と共に性による仕事差別・賃金差別と闘う会運営委員会**

午後6時半～　於・中島事務所

10・19(木)　**鉄連の七人と共に闘う会**　学習会

午後6時～9時　於・渋谷勤労福祉会館

テーマ「職務給と生活給の問題点」

10・21(土)　**教育分科会**　午後1時半

教科書の中の性差別　於・中島事務所

10・30(月)　**婦人労働問題シンポジウム**

午後1時～　於・私学会館

主催・東京婦人少年室

11・5(日)　**離婚分科会**　午後2時～5時

於・中島事務所

11・6(月)　**十一月世話人会**　午後6時

於・中島事務所

11・6(月)　**鉄連裁判**

11・12(日)　十一月定例会

11・10～12　**女たちの映画祭**　四谷公会堂

事務局日誌

★　某テレビ局より出演依頼あり。「女性運動をしているのは、地道な努力をするただの女であることを主婦にも理解させたい。」男性ディレクターの冷静なる判断力は良かったのだが、男性司会者の職をわきまえぬ感情、態度で収拾がつかず依頼されて出演した方が時間を気にするやら発言のとりまとめをするやら、出席者の方々、ご苦労様でした。

★　遠く九州からの会員が訪ねてくるとの報あり。先日はアメリカから、アメリカ版かけこみ寺運動の客あり。

（山田）

国際婦人年をきっかけとして
行動を起こす女たちの会

1978年11月

活動報告

【事務局】
〒160　新宿区新宿1－31－4
リブル葵301
中島法律事務所内
Tel　(03) 350－6082
郵便振替　東京0－44014

〃語る夕べ〃
渥美育子さんを囲んで
ーニューフェミニズムとは何かー

十月十三日(金)　午後六・三〇～九・〇〇
於・リブル　アーサー

行動する会会員の交流をかねた第二回の語る夕べには、ニューフェミニズム宣言をされた渥美育子さんに話していただきました。

女性の一生を考えると、今日の家庭も教育制度も視野が狭い環境にある。そのまま育って結婚を目的にするようになり、更に結婚、子育てとなるともっと視野が狭くなってしまい、自己満足、家族の幸せだけに一生を終わるということになる。他の国の女性の暮らし方、考え方や方向性等について考えるチャンスに恵まれないまま終ってしまうという状況にある。

フェミニズムとは、それに対して一度女性の視点を、視野を最大限に広げて見よう。これから向かっていく方向をはっきり確認してみようという視点にたっている。

社会を変えていく斗いには、行動を起こす会のように、一つずつ具体的に行動をすすめていくことと、大きな視点に立って軌道修正をしていくことの二つの運動のやり方があると思う。人間全体、歴史全体の中で、昨年から今年にかけての日本の女性の現状をみてみると、70年代初めにリブという形で輸入されたアメリカの女性運動の特にアクションの面が、男性中心のマスコミの中で歪曲され、片よった形でイメージが定着されてきた。そのため、自分の女性としての生き方、問題を真剣に考えるときに、「私はリブをやっている女とは違う」という前提をしなければならない人がいるというのはおかしいと思う。このような片よったイメージはあとになると取りかえしがつかなくなってしまう。従って、一つには、このあたりで、マスコミや辞書を編さんしている人を通して、フェミニズムという言葉の定義を我々の立場からはっきり打ち出したいということで宣言をした。

今までのリブは、少数の目ざめた女性による抵抗運動で、既成の社会の中で権利拡大に焦点があったが、世界的な動きをみると、ここ数年変わってきている。常に少数のめざめた女性の叫び、異端者の主張ではなく、75年以降、政治レベルでは世界的に承認されていることでもあるが、あらゆる女性の問題として女性の目から文化を創造していこうという文化創造運動に変わってきている。

日本の状況をみると、昨年の女性党の解散後いろんな研究会が催され、政府も力を入れ始め今年七月には国際女性学会が開かれた。そうしてみると中ピ連に代表された力、つまりヘルメットをかぶって男と同じあるいはそれ以上の力をデモンストレートすることによって世論を換起し、男を恐怖におとしいれる、という力の表現の仕方が知的な方向に変わってきた。この変化を今までのリブが火山の噴火口ならばすそ野の方も確認していこうというような、統合していく創造運動＝新しい意味でのフェミニズムととらえてみた。

フェミニズムの歴史は、その萌芽のあったルネッサンス期を第一段階と考えると、第二段階は、一八世紀終りの資本主義体系の確立期、その後、婦人の参政権獲得等の政治レベルの運動が第三段階。それからしばらく沈滞したが、60年代後半からアメリカでおこった今度の女性解放運動を第四期とみる。アメリカでは72年頃から、日本では去年から今年にかけてをもう一歩進んだ第五段階といえるのではないか。これは、五〇〇年前に男性が行ったルネッサンスと同じ動きで、女性の側からの人間解放主義であるが、今までの女性拡張論とは少し違うということで、〝ニュー・フェミニズム〟とした。

本当の意味の女らしさを回復して、今まで男らしさといわれていた実行力や意志の力や論理性ももって仕事をやったり生きていくことができるわけで、女性拡張論ということばが与えるいかめしい、斗士のようなイメージは、新しい時代にはマイナスになる。

これをつくったのは、いろんな専門分野で仕事をしているフェミニストである女性で、いわゆる知的な職業についている人が圧倒的だった。フェミニズムを日本的土壌の中で理論づけていきたい、方向づけをあやまらないようにもっていきたいという意志をもっている人が、集まって検討を重ねた結果、次の宣言が出来あがった。

① もはやフェミニズムが「女性拡張論」のみを意味する時代は終った。私たちは現在と将来のフェミニズムのあり方にふさわしい新しい定義を提案する。

今や、イデオロギーの旗をかかげて必死の覚悟でやるすさまじい時代の運動ではなくなり、政府が政治レベルで女性の努力を開拓する、つまり政府がリブをやり始めた時代になったのだから運動の定義も変わったはずなのに、マスコミ男性の頭は全く柔軟性がない。現代では、地球上の限界、多元的価値の共存が必要になり、絶対性などといっていられなくなった。もし今ある文化が女性にとって不都合ならば、男がやったように、それを変えていこうというのは当たり前のことである。これだけ教育が普及されているのにもかかわらず、女性の立場から意見もいえない、歴史をながめることも出来ない人の方がおかしいのではないか。ごくごく自然な女性であり、自分の意見を自分の立場からいうことを土台にしていきたいと思う。

② フェミニズムの新しい定義は〝女性による人間解放主義〟である。

女性だけを解放するのではない。ここまできてしまった文化のいきづまりを、女性の側から解決策を出して、それを実行することによって解放していく方向を進まなければならない。

③ 女性が人間として、日常生活のあらゆる面で、平等に自由に生きていくという、ごくあたりまえのことが、自然にまんべんなく実現されていくことこそ、私たちの意図するところである。

あらゆる女性の日常のレベルの問題である。女性の視点から世界の意味づけをしていこうという女性学の方向でもある。

④ フェミニズムは、女性による政治運動やサークル活動、女性学をはじめ、学問・政治・労働・芸術・くらしなどにおける、女性たちのあらゆる運動と幅広く手をたずさえ、たがいに栄養を与えあっていくものである。

女同志が互いに視点を広くもち、相手を理解しながら前進しようという共通点を大切に、女性学を通して、地方の人たちともそれぞれの立場から協力し合ってやっていきたい。

⑤　女性があらゆる面で創造的に生きること。創造する女性の力で、社会の根底にあるかたよった価値観を直し、それを日本の土壌の中で、国際的視野をもって実践することをめざす。

創造的に生きるということは、自由選択ができる社会を作っていくこと。女であることを男性の知識人から教えられてきた面があるが、女性のことを女性の立場から訴えて初めて、今まで分っていたはずの男性識者が全然分っていなかったことがわかる。

結局、フリーダンもいっているように、四次元的にめざめてクリエイティブに生きた方がよい。

⑥　フェミニズムは、効率と利潤追求のためにゆきづまった、現代の管理社会の問題をすべて関わりあるかたちでとらえ、その中で押しつぶされがちな人間を蘇生させる。つまり男性の解放にも通じるものである。

男性の意識に片よってきた今までの文化の多くのマイナス点を、バランスのとれたものにするためには、女性のもつ重要な良いものを文化の中に回復して、高度成長の中で疎外された人間性もとり戻そうというもの。

⑦　フェミニズムは、男性や社会的に弱い立場で生きることを余儀なくされた者も含めて、他者を差別したり、搾取したりせず、他者とともに人間として生き生きとのびやかに生きることを基本理念とする。

いかにして人類が共存していくか、という視点に立っている。今までのリブが、焦点を差別されている自分たちに置いているのに対し、自分たちが差別されているのならば、無意識の内に他者を差別し、搾取しているのではないか、というふうな複眼をもっていくことが必要。アメリカ一辺倒ではなく、地球全体、文化のことを考えている。

⑧　フェミニズムは、女性の側からさしだす、現状打開のための一つの方法論であるとともに、未来にむかって人類が共存していくための原理であると信じる。

今ある大宗教は男性神であり、その特徴は力の信奉、斗争性、排他性にあるが、人間にとって必要なものはフェミニティ（女性性）をもって神＝やさしさ、いつくしみ、共存の智恵、慈悲こそが求められる。今こそ女性は、微視的なものから巨視的なものまでやらなければならないことが沢山ある。

⑨　この運動は、情報の中心である首都圏だけでなく、広く全国の人たちが参加し、行動できるよう、全国組織をつくって実践していく。

資本やメディアを極度に片よった形でもつからいけないのであって、それを直すためには、やはり女性がメディアをもたなければいけない。だから雑誌「フェミニスト」も苦労して創刊した。東京中心、男性中心のメディア、欧米の情報が他の国よりも優先されるというあり方を見すえて、フェミニズムを新しい形で浸透させるにはどうしたらよいかを考えたい。

今ある世界が、経済問題もからんで、男性のイデオロギーではっきり区わけされているので、全世界のあらゆる女性が、ひとつの基準で解放されていくのは現実問題として無理だと思う。では、そこをふまえてどのようにしたらよいかといえば、フェミニズムが長い歴史の中の女性側からの人間解放主義の必然性をもったいき方である、という大きな視野に立って、特殊性がありながらも普遍性をもって動いていけば、いつか必ずひとつの方向にいくものと思う。一番普遍性をもったフェミニズムのあり方は、今の制約の中で総意を確認しながら、女性側から世界の意味づけをしていくことにあると思う。

修学旅行実地調査がキーセン観光とは

—教育者の行為に抗議を—

「修学旅行を見返りに — 韓国へ招待旅行・三年前から高校長ら千二百人」という朝日新聞の記事（10月20日朝刊第一面）を見て目を白黒させた方が多いだろう。

　韓国の国立観光会社が「修学旅行コースの視察」という名目で五十年度夏から公立、私立高校の先生をつのって無料で招待していたというもので、今夏は百八十七人が六泊七日の韓国旅行を楽しんだ。刑法の収賄罪にふれる疑いがあることはもちろんだが、私たちが許せないのは、その「修学旅行実地調査」の中味である。

　朝日によると、ソウル滞在中はキーセン・パーティの接待を受けたり、夜になると自由行動をとり、韓国女性をホテルに連れてくる参加者もいたという。旅行業者の話では、「参加者のうち、かなりは夜の観光が目的ではないか」と述べている。

　わたしたちは教育者によるこの行為をこのまま風化させてしまいたくない、なんらかの形で抗議をしようということになり、次のような運動をすることになった。

①以下のところに各自で抗議文・抗議の電話をする。

1. 都立杉並高校長　谷　信勝
（三九一—六五三〇）　全国地理教育研究会会長で51年に参加。新聞の談話では「韓国に好感を持っていない一部の団体が何か重大なことのように言っているのではないか」ですって。

2. 都立三田高校長　長谷部　正治
（四五三—一九九一）東京都高校長会の代表

3. 都立墨田川高校長　桂　公平
（六一一—二一二五）全国高校長会の代表

②以下のところに、公開質問状を出してどう処置するかを聞く。（なお各自で電話をかけて憤りの声を直接ぶつけるのもいい。）

1. 東京都教育委員会
（二一二—五一一一）
千代田区丸の内3の8の1

2. 都高教（二三〇—二一六六）
千代田区一ツ橋2の6の2
日本教育会館内

3. 日教組（二六二—八九〇一）
千代田区一ツ橋2の6の2
日本教育会館内

4. 高教組（二三〇—二一六六）
千代田区一ツ橋2の6の2
日本教育会館内

5. 文部大臣（五八一—四二一一）
千代田区霞関　文部省内

　私たちの仲間の一人が日教組にさっそく電話をしたら、「組合員の中にいなければいいなと案じているんです。今のところ日教組としては特にこれに対して動くことはありませんね。むしろ名前があがっている高校のPTAの人たちが声をあげることがいいんじゃないですか。」という答えだったという。父母がこのことを黙認していいはずはないが、それにしても男性天国日教組の実態をかい間みるようではないか。

　行動する会のみなさん　批判と抗議の声をあげましょう。今、すぐ！

（文責　教育分科会）

その後の地方自治体行動計画

公開質問状担当グループ
（一九七八年一〇月二五日現在）

「五十三年三月でき上る予定」という回答のあった三県のうち、佐賀県を除く北海道、岩手県の計画と石川県の資料を入手しました。

「北海道婦人行動計画」については、全項目を通して「差別があるから撤廃」ということがはっきりしておらず、具体策にも欠けています。また、他府県にはみられなかった「国への要請」なるものが設けられていますが、そこでも「新しい時代に即応した家庭科、社会科等の学習指導の配慮」、「夫婦財産制への検討」というふうに極めて抽象的であり、北海道としてはどのように考えるのか、独自にやる気があるのかないのか、という主体的なところもはっきりしていません。これらのことに関し再質問を出してあります。

「岩手の婦人対策の方向」（行動計画に相当するもの）については、固定的な性別役割分担意識が根強い現状を認め撤廃の必要性を冒頭に掲げながらも、それらは内容には全く反映されず、一言でいって「国際婦人年の精神とは程遠く、理念が全くない」ものとなっています。「婦人は通常結婚し、こどもを生み育て、家事をととのえる等家庭生活を中心とした生活を営む面で特性をもつ」、「婦人自身の心の中にひそむ男女差別意識を克服し、より広い視野と責任感をもって」等の表現（考え方）が、憶面もなくいたるところでみ受けられます。従って、女性を家庭と地域社会に結びつけても、職業とは結びつかないという決定的に基本理念を欠いた、ズサンなものです。現状是認、妥協が差別助長につながるという認識がないことは、そもそも性別役割分担そのものがわかっていないからだと思います。策定以前の問題といえるでしょう。これに対し再検討を促す意見書を出しましたが、それも今までにない長文のものとなったことだけでも、いかなる内容であるかをお察しいただきたいと思います。

佐賀県からは、「長期総合計画（抜萃）」という単に個条書きのコピーが送られてきました。電話で問い合わせたところ、「行動計画はできていない。作るかどうかは不明」との返事でした。

石川県の「婦人に関する十章」は、婦人問題の現状説明にすぎず、新たな施策としては婦人生活会館の建設だけで、その他は今までの事業をやや拡大する程度です。全体を通して、国内行動計画にある〝婦人の地位向上〟〝男女平等〟といった基本方針の概念が読みとれない点は、何のための十章かと疑問さえ感じられます。

☆新しく質問状を出したところ

かって「女子の特性を重んずる教育」という方向の答申を出した中央教育審議会に対し、「男女平等について」および「共学校が少いこと、家庭科が女子向教科のように扱われていること」の見解を求める質問状を八月に会長宛に出しました。二カ月たっても回答が得られなかったので、今度は、同趣旨の質問状を各審議会委員宛に出し直しました（一？通）。審議会の場にもち込むためにも、また各委員に問題提起するという意味からも、後者の方が有効な手段かもしれません。もしかしたら反審議会的意見があるかもしれないと期待しています。

（小林）

いよいよ証人尋問に──
ヤングレディ裁判

十月九日　東京地方裁判所
十時半〜十二時

十月九日、東京地裁で行われたヤングレディ裁判に、中嶋里美会員が「国際婦人年をきっかけとして行動を起こす女たちの会」創設の経過を証言しました。

傍聴人十名中、行動する会関係者九名の見守るなか、証人台に坐った中嶋から、三年余にわたる活動が証拠書類として提出された記録集や活動報告などをもとに述べられ、社会が女性差別の慣習及び通念に偏向していることで起こる悪弊害を訴えた。

この男性ばかりで構成されている裁判官たちに女性が置かれている立場を理解させられるかどうかが問題であり、次回には、もっと具体例を上げて迫る必要性を感じる。

次回裁判日程
十二月四日　月曜日　午後一時半
東京地方裁判所　民事35部（四階）

次回は多数の傍聴出席者を!!

──事務局──

総理府の婦人問題に関する
有識者調査を読んで

「有識者」って、何だかわかったようなわからないようなことばですけど、まあそのところは追及しないことにしましょう。

大学教員、法律家、文芸・著述家、東証上場会社人事部長（男だけ）、主要経営団体役員（男だけ）、主要労働組合役員、婦人団体役員（女だけ）、医師、管理的公務員、報道関係者男女四一一三名を対象とした調査で、回答者は男一一九八名、女一一六八名だったということです。（五二年一一月調査）

結果をみてまず思うことは、私たちと同じような考え方の人がふえたなあーということ。

「男は仕事、女は家庭」という考え方に「同感する」人が二〇・二％（男三四・四％、女五・六％）、「同感しない」人が六三・七％（男四五・二％、女八二・七％）

教育の基本的あり方について「男は男らしく、女は女らしく」という人が一九・六％（男三〇・一％、女八・八％）、「性による役割分担を強調せずに」という人が七七・二％（男六六・九％、女八七・七％）。

高校の家庭科について「女子だけ学ぶ」のがよいという人は一一・九％（男一八・八％、女四・八％）、「男女とも学ぶ」のがよいとする人は四〇・〇％（男三〇・一％、女五〇・二％　「男女とも本人の選択にまかせる」人が四〇・七％（男四三・六％、女三七・八％）。

でも喜ぶのはまだ早いんです。全体の数字より男女の差を見てください。男女であまり差のない項目もありますが、多くの項目で大きな開きがみられます。中でも、管理的　務員と報道関係者でその差が大きく、人事部長と経営団体役員は平等について最も消極的です。一番影響力のある人が一番消極的な人ですから、前渡はまだまだ多難でしょう。

だからこそ報道関係に女をふやさなければ……といっても、男の意識がこれでは、女がなかなか入って行けないのはあたり前……どうしたらいいか皆さんも考えてくださァーい。

実際、この報告についての新聞記事をみても、首をひねったものです。

たとえば日経の記事は「職場に不平等あるが、まず女性の自助努力を」（傍線部分が大きな活字）という見出しで、「職場などでは

男女は平等ではない。しかし平等になるには環境整備より女性の努力が第一」と書き出しています。（傍点筆者）

報告書の方をみますと、「婦人が職場で能力を発揮し、男性と同等の処遇を受けるために現在最も必要なこと」が「慣行や偏見を改めることだとする人は一〇・四％（男七・八％、女一三・一％）、「社会的条件や施設」という人が二四・四％（男一九・八％、女二九・一％）、「専門的な知識や技術を身につけるための機会」六・九％（男六・三％、女七・六％）、「保護規定を改める」一・一％（男一・六％、女〇・七％）、「女性自身がもっと責任感をもち職業人として努力する」四六・〇％（男五六・〇％、女三五・七％）、「制度を整備」一二・〇％（男一・六％、女二・五％）、労働組合の努力が必要だという人が〇・七％（男〇・九％、女〇・五％）。

これを較べてみてどうお思いになりますか？こうした選択肢の並べ方で、この位の数字が出ているとき、環境整備があまり必要でないような印象を与える書き方をするのはどんなものでしょう。

そしてこの記事は、婦人の意見を政治や行政に反映させるために、審議会委員等への婦人の登用があまり必要でないという印象を残すような表現で結ばれています。

これは、日経という新聞の性格にもよりますけれど、書き手が女だったら――と思わずにはいられません。

質問のしかたにも問題はあるのでしょう。これから調査をする場合、違った解釈がなるべく出て来ないよう、ヘンな利用のされ方をしないよう、質問の文章にも選択肢の並べ方にも気をつけなければいけないと痛感します。

そしてもうひとつ心しなければならないこと――この女の意見は、残念ながら女全体の意見を代表してはいないでしょう。女全体の意見がだんだんこの方向に進むに違いないとは言えますけれど――なんて言うと、男のマスコミにヘンに利用されるかなあ。

（K）

福岡からの便り

山崎　真由美

9月14日から16日まで福岡で全国高校女子教育問題研究会が行われました。

反動福岡の教育行政の下で、L・H・Rの公開を行ったわけですが、「全国女子研のメンバーへの公開は絶対に認めない。14日のL・H・Rは他の人にも公開してはならない。」と、職員会議での決定も認めないとなりふりかまわず押さえつけようとしたのです。その後、母の会会長の申し入れに、母の会だけになら公開してもよい。と突然の変化。その結果わが校では30クラス中19クラスが公開。組合が交渉すると「組合活動だから」という名目で全て、何も認めないという状況が背景にあり、あくまでも、教育活動だという線を守ったため公開にとりくんだ県下20校ほどはどこも大騒ぎでした。

ふだんは地域への公開に対し何も言わない校長たちが、そろいもそろって今回に限りダメだとがんばったのです。女性県議の教育庁交渉も全く効果なし。これからの女の子をどう育てるか、自立した人間としての教育を!!と言っているのはたてまえで、本音はやらせたくないのでしょう。

何とか、全国女子研に公開した学校の男性教師を、今、処分をしようとしているとか…。そういう行政権力に対抗するためにも、女子教育をやる中で、自主編成運動をすすめ、男性を含めた、自分たち自身の変革をやろうと全校あげてのL・H・Rの中で取り組んでいるのです。

定例会のお知らせ

◎十二月定例会
政党に聞く
「女性が働くための政策とは」

と　き　十二月十六日(土)　午後一時半〜五時
ところ　東中野地域センター
　中野区東中野四丁目二五の五の101号
　三越東中野マンション内
国鉄　中央線・東中野より五分
地下鉄　東西線・落合駅より二分
西武新宿線　中井駅より十分

参加費　三〇〇円

就職から定年まで、多くの差別によって働く立場を狭められている女たち。

女はどうして補助職なのか？　中高年の女はなぜ採用してくれないのか？

女の賃金はなぜ低く、昇進が少いのか？

人員整理をされるのはいつも女が最初。

どうして男女別の定年制があるのだろう？

保育施設は？　現行法は？

疑問をもっている女、矛盾を感じている女、それぞれの政党がもつ政策を、各党政策委員や婦人局長の立場から話していただきます。

今月のお知らせ

11月2日　労働分科会
11月5日　離婚分科会
11月6日　11月世話人会
11月6日　教育分科会
11月6日　鉄連裁判
11月9日　私達の男女雇用平等法をつくる会
11月12日　11月定例会「離婚はこわくない」
11月13日　労働分科会
11月14日　鉄連の七人と共に性による仕事差別・賃金差別と闘う会—運営委員会—
以上のことがすでに行われました。

11・16(木)　**鉄連の七人と共に闘う会　学習会**
午後6時〜9時　於・渋谷勤労福祉会館
テーマ「職能給・職務給の問題点と特質」
参考書「賃金体系と労働組合」(上)
一九七四年出版

11・24(金)　**教育分科会**　午後6時半〜事務所
「男女平等教育を進めるパンフ作り」

11・27(月)　**労働分科会**　午後6時半〜事務所
地方公務員の採用募集要項についての報告

11・27(月)　**ヤングレディ　裁判打ち合わせ**

12・4(月)　**ヤングレディ裁判**　午後一時半〜
東京地方裁判所　民事三十五部四階

12・4(月)　**世話人会**　午後六時〜

毎月第一月曜日に中島法律事務所で開きます。分科会の報告や、最新の活動情報などを集める日です。あなたも会の運営に参加をしましょう。


12・16(土)　**十二月定例会**　午後一時半〜五時

12・16(土)　**忘年会**　**午後六時〜九時**
飲みながら食べながら一九七八年を振返り、じっくり語りませんか。

★11月18日「女から女たちへ…そして力へ」—京都市行動計画策定へ向けて—
Tel 075・821・3579　女解放連絡会・京都
行動する会が東京からかけつけます。京都近辺の会員の皆さん、ぜひご出席ください。

★11月17日　イギリスEOC（男女平等機会委員会）の教育担当、バレリィ・ヘイルさんから、教育分科会のメンバーに意見交換参加のよびかけがあり、日本の教育、男女平等の教育について話し合いを行います。

★「女たちの映画祭」からの呼びかけで、行動する会のアッピールスライドをつくりました。五分間二十枚スライドで、スライド制作
宮崎暁美さん（マスコミ分科会）。ナレータ—三井マリ子さん（教育分科会）。

★行動する会四年間の新聞切り抜きがたくさん出てきました。これを整理して事務所資料版にしてくださる人を募ります。
あなたはどの問題に一番興味がありますか。とても勉強になりますよ。木曜日集合です！

国際婦人年をきっかけとして
行動を起こす女たちの会

1978年12月

活動報告

【事務局】
〒160　新宿区新宿1－31－4
リプル葵301
中島法律事務所内
Tel　(03) 350－6082
郵便振替　東京0－44014

十一月定例会　十一月十二日(日)　午後一・三〇～五・三〇

私はこうして自立した
―離婚は怖くない―

裁判・調停・離婚分科会
於・すぺーすJORA

いま私たちの分科会で考えている運動は自由な離婚、男女平等の離婚を世の中にアピールしてゆこうではないかということです。そこで一冊の本をだそうとしています。その本の中には、駆け込み寺の必要性、困難な条件のなかで自立してゆくにはどうすればよいか、精神的な離婚の恐怖をどう克服するか、離婚後のこどもの問題、などをもりこみたいと思っています。そのためには私たちの分科会の限られたメンバーだけではなく、たくさんの方の知恵、経験、アドバイスをいただきたいと思いました。そして、より充実したこれがほんとうの離婚に関する本だ、というものにまとめたいと思っています。お話をおきかせ下さい。

◆離婚するとき何が怖かったか

T　私たちの分科会でまず話し合ったことはお金があれば離婚できるか、といったら決してそうではないということでした。お金の問題をのぞいて離婚を決断できない理由は何かと考えてみますと、こどもの問題もありますが、ひと組の男女が自分の幸福というものをつきつめて考えたとき、こどもというのは第二次的な問題だということです。本質的なところで怖いのは何か。心理的な深い問題なのでそこを考えてみたい。そうでなければ離婚というものを全体として把握できないのではないかということでした。

私の場合は六年前に離婚したとき経済的には困らなかったが、離婚はやっぱり怖かったです。こどもに対してどうだろうかという心配もあったが、離婚をしたことによって、世間はどういうふうにいうだろう。そのことが職業にどう響くのか。じゃ別れると決心したとして相手が荷物を運びだしてゆく、自分が荷物を運びだしてゆく、その現実の残酷さに私の神経が耐えられるだろうか。思い出というものが怖くはないだろうか。アルバムを見て幸福だった日々があればあるほど辛いのではないか。それに私の中には悔しさのようなものもあった。どんな理由をつけても、結婚が座折したのだという思いがあった。座折することは悔しかった。

分科会で出てきた問題を簡単に列挙すると体制から脱落する怖さ。世間的な意味で、もっとも安定した妻の座というものを失う不安、みじめさ。社会的には――さんのおくさん、といわれてきたが裸の人間として世間にさらされる不安や恐怖。離婚は偏見の目で見られる。かつて自分も離婚したひとに差別の目を向けていたのではないか。今度は自分が差別される側になるという怖さですね。再婚で離婚すればもっとひどくなって、二度も失敗したといわれて、結婚の自由なんて完全になくなるんじゃないか。別れたあとにどんな人生が待っているのだろう。孤独が怖い。性の問題をどうすればいいのか。離婚には第三者がからまっていることが多い。夫と別の女性だけが幸福になって自分だけがみじめになるのは限りなく悔しい、とこんなふうなことです。

参加者　離婚を決心しても実行できないのは不幸だと思います。私も別れようかやめようかと迷っていままできました。若い時なら怖さ知らずでできたでしょうが年寄ってくると淋しいということがいちばん怖いと思います。ひとりになることは慣れないせいか想像して怖いです。

参加者　三十五歳のとき離婚を決意して別居しました。六才、四才、三才のこどもを抱えて一銭の蓄えもなく家をでました。十三年たって三年程前に正式に離婚しましたが、女が離婚を決意するのはこどもを含めてではないかと、古い教育を受けた私は思います。どうしようかということよりまず行動が先にあったという感じですね。それから今日是非やってもらいたいのは氏の問題です。私は結婚して六年、別居して十三年、ほぼ二十年相手の姓を名乗っていたわけです。私はロシア語の翻訳を長年結婚した姓でやっていました。ですから離婚したからといって元の姓にもどるのは不利なわけです。こどもは生まれたときの姓で通させたいと思いました。親権は私がとりましたけれども戸籍は父の方に残しました。私も家庭裁判所に夫の姓を名乗りたいと申請しました。そのとき、結婚や離婚で女はなぜ姓を変えなければならないんだろう、いやだなと思いました。結婚しても男女別性、そうしなかったら離婚のとき、女は自由であり得ないと思いますね。

参加者　男の子がいるんですが、入試のことで親子の葛藤があった時期、夫はそのことにまったく気づかない。何をいってもわからないわけですね。失望して夫とは八ヵ月別居したのですが、なんと夫は荷物を持って生家に籠城したわけです。夫とは敵対し、こどもともたち向う。なさけなかったですね。いまは一軒の家に住んでいますが、そのときの傷はなおっていませんね。こどもは反抗期が三年も続きました。いま上の子は、結婚とはこういうものなのか、俺は四十歳になっても結婚しないなどというおそろしい子になっています。夫が傍にくると鳥膚がたつ、これはもう恐怖症ですね。でも私は経済的には自立していない。いまの日本では女のひとがどこで働いても収入の面では駄目で、資格もないですし、こどもにも俺たちが自立するまでは別れてくれるなといわれ、さまよってます。

参加者　離婚するということを会社の上司にいったら、すごいことをいわれた。刃物で刺されるかもしれないから気をつけろ。世間そのものがすごい偏見を持っていますね。それに臆測する、それがとても嫌です。

A　離婚に同じケースはひとつもないです。女性の場合はやはり経済的な問題が多いですね。どうやって一生を暮してゆけばよいかということです。こどもがいる場合は、不安定な環境におきたくない。両親がいたほうがいいと誰もが考えますからね。男性は勝手なところがありますよ。別れるとなると少しでもお金をだしたがらない。別居している時でも、こどもにはだすがこんな女にお金はだしたく

ないという男性が多いですね。財産分与をしなければならないとき、お金をだすのが怖いという男のひとが多いです。（調停委員）

N　女のひとが夫から離婚をいいだされた場合、自分は忠実な妻のつとめをやってきたのにそれを破る夫は許しがたい。私は正しいのにこんな不幸な目にあっていいものだろうか、どうしてくれる。という女のひとが多いですね。もういちど自分が生き直してみようという視点にたつことができない。

T　結婚イコール幸福という概念がとても強いです。

N　そして、その概念に囚われている不幸ですね。

参加者　恋愛中ふたりの関係は自由でよかったのですが、結婚した途端おかしいですね。はっきりとこれが駄目だというんではなく、私の親も何が不満なのかわからないというのですが、結婚制度のまやかしだと思います。はっきり離婚して彼との関係を続けていったほうがいいのじゃないかなと思ってます。

T　結婚すると男の側には圧力はないが、女は良妻であらねばならないという役割意識が重荷になってきて、自分の自由なひとりの男を好きだという気持が抑圧されてしまう。忍耐しても結婚を続けてゆくことが美徳なんだ。その程度のことで別れることは悪徳だという考えが根強くあってそれがなくならないかぎりは、離婚した人間を辛棒がたりないんだという目はなくなりっこないですね。結婚をするのも、しないのも自由、離婚することも自由だという考えに変っていかないかぎり、本質的にはいつまでも離婚者に対する差別はなくならないと思います。

◆自立するためには

パネラーのみなさんの「私はこうして自立した」という体験談が語られ、その後、討論が持たれました。

参加者　いま中年のためのスクールがないですね。自分の経験を生かしたような勉強をしたいが、職業訓練所しかないのでしょうか。こどもも大きくなったので長寿ということも考えて、これから先の人生が絶望的なものですから何かマスターしたいのですが。

T　職業訓練所はいやだといいますが一度いってごらんなさい。なかなかいいところです。各種学校に行くという方法もある。それよりもできれば中年の女性が職業につきやすい社会の仕組を作っていかなければならないと思います。法律的に中年の女性を採用すると税金がまけてもらえるとか、奨励金がでる、そういう制度に持っていかなければ基本的には解決しない。だけどそれを待っていると時間がかかるので、とにかく不幸な結婚は清算して、生きかえったすばらしい人生を生きるためにはどうしたらよいかと、考えるのがきょうの集会です。

N　職業訓練所はくわず嫌いということではなしにもっとどんどん利用してもらいたい。職種はそんなに豊富だとは思ってないが、ヘルパーも調理もあります。主婦の受講しやすい時間帯とか、こういう科目も加えてほしいと要求を行政のほうにだすべきだと思います。それから国はいま社会教育に力をいれようとしています。婦人学級を受講している主婦の方の意見ですが、女性は自立すべきだと強く感じて、それじゃ仕事をしなければと考え、それに結びついたような講座を行政に要求したがとりいれてもらえなかった。ただ話を聞いて帰るだけでは欲求不満がつのるばかりなので、それをどうにか考えてもらえないかということです。趣味の講座がただの趣味ではなく収入に結びつくものに。資格とか就職の斡旋に結びついてゆくシステムも考える。行政がそういうことを黙ってやるわけがないので要求してゆくことが大切だと思います。

T　アメリカの女性は離婚した後どのように自立していますか。

K　まず慰謝料のことですが、裁判所に納めるので夫が慰謝料を払わないから妻が困っているということはないですね。だからといって誰もお金が払えるとはかぎらないので、月五〇ドルなら五〇ドルと決めておいて、夫が払えない分は生活保護でめんどうをみている。行政的なかたちで財政的なことがおこなわれる。若い頃から女のひとが家をあけることは中産階級にかぎられるといえばそうですが習慣化されているので、仕事をもとめようという気になるという意識の問題がある。大学に教育実習の機会が開かれているということもあります。女性が職場に進出することが男性の失業率を高めているといわれて、女性はもういちど家庭にもどるべきだという反女性運動的な風潮もあるわけですが。政策として税金が高い。扶養者がない場合はものすごく高い。給料の三〇%ぐらいが税金にとられる。社会的な意識の問題として、女性が働いたり離婚したりすることが簡単にうけいれられる。日常茶飯事になっている。それがいいか悪いかは別として、そういう状況があるので日本とはうんと違う気がいたします。

◆離婚後の人生

アンケートに、離婚してほんとうに自分らしく生きられるのか、と書いてありましたが離婚に件して現実に直面した問題、困ったことなど話しあいたいと思います。

U　大学生の男性が、結婚したら専業主婦にさせたいといっていましたが、妻を束縛すれば自分も束縛される。男のひともそこのところを考えてもらわなければ。私の場合はこどもを母がみてくれましたが、いまは母に縛られています。誰かを縛れば必ず自分も縛られるので、母の人生を私が縛ったのはいけなかったと思う。だから保育の問題をもっと行政に考えてもらいたいし、男のひとの意識も変えていかなければならないと思います。

S　（センターの状況）　離婚したあと友だちができるかどうか不安を持っているひとが多い。家裁に調停の申立てをしなさいといっても、当面はしたくない。もうちょっとようすをみたいというひとがほとんどですね。その中には、自立して実際にやってみなければ不安だ。やってみてから夫と別れる手続きをしたいというひともいます。

センターをでてゆくときのようすを見てますと、不安だけでなく、やる気がどこまであるのだろうと疑われるのです。たしかに女性の職場は狭いので過酷な労働条件を強いられるのですが本人にやる気があれば職場は探せるはずなんです。こんな職場じゃいやだというひとが多いですね。最近は福祉でも熱意が示されれば足らない部分は補う、という姿勢は役所の人間も持っておりますので、やりたいのかやりたくないのか、いったいどこにそのひとの意志があるのか、はっきりしないひとには、勝手にしろということになってしまうのでみなさんやる気をだしてもらいたいと思います。

参加者　結婚四〇年です。夫の女性関係で昨年家裁に夫婦間の調停を申したてました。夫はある家裁の元所長を代理人に離婚を申したてまして、理由がないもので私の精神鑑定を依頼したわけです。結果はそういうことはないということがわかって、原因は夫の不貞だということでありながら公平にはあつかってもらえなかったわけです。家裁は不調にしましたが、収入も、私が働けばその分だけ差し引くと夫はいいます。裁判にかけても女はお金をあんまりとれないとある弁護士さんがゆうんですね。ほんとうでしょうか。

T　離婚には理屈で割り切れない情念みたいなものがあって、その部分で釈然としてないのじゃないかと思います。結婚して四〇年、結婚というのは、女の側が職業的な可能性を全部すてて男の人生に一体化するという形で家庭を営んできた。途中で好きな女性ができたといってほうりだされる。しかも卑劣にも好きな女性がいるということすら隠して、有利に離婚しようとしている。そういう夫に対してあなたは人間的に許せないという気持を持っている。ですが私は自立して生きる喜びというものがあると思うんですよ。それをまだ知らないから悔しいという思いに捉われている。自分で爽やかに面をあげて、二本の足で大地に立って、離婚をしたときのあのすばらしい解放感というのはひとつの幸せなんですよ。扶養料がへるからといって、いまの堂堂めぐりにいつまでも捉われていないで過去の悔しさについては慰謝料というかたちで解決したらどうですか。

参加者　私自身考えるんですが、不貞ということばを聞くたびに、結婚生活において他の人間を好きにならないということは欺瞞だと思います。私の夫もいちど他の女性を好きになったことがあるんです。そのとき私は、彼の妻以外のなにものでもないということに気がついたんですね。その時の消耗の仕方をどう解決していいのかわかりませんでした。いまは慰謝料というかたちでとってやろうと思っていますが、それはあくまでも私を有利に持ってゆく手段であって、慰謝料というかたちで私の精神が解放されるかどうか疑問です。被害者意識でいるかぎり私は自立なんてあり得ないと思いますしね。それでいて現実にはそういう生活にしがみついている自分とか。そういう自分がいやだから離婚するといっても、現在の生活をすべてすてるという勇気もないですしね。どんどん日が過ぎて、そのとき私が離婚しなかったのは、ある男ともだちから、また同じように他の男と結婚するだろうから同じことを繰り返すんだったらやめておけや、といわれて、ああそうだな、こどもにとってこの男は父親なんだから、私の自己満足のために離婚するということはおかしいんじゃないかと思ったんですね。私ですら、その男を手離したくないという意識はありますしね。意地でも泣き叫んでもその男を手離さないでおこうといった反面、そういう自分がなさけなかったですし、それだけしかないということをなんとかしなければと思いながら、私はいつかきっと離婚してやろうなんて思って、結局はその時の気持を消化しちゃった部分があるんですね。離婚されたかたはどういうふうな意識で離婚されたかを訊きたいですね。

T　私は離婚する時に慰謝料をもらおうなんて考えもしなかったですね。私は結婚生活の中で犠牲にならなかったという思いがあるわけです。私はむしろ、結婚は成功だったと思っています。私はあの結婚の中で成長し、あの結婚生活の中で着々と経済的な自立、精神的な自立の両方を築きあげてきたのであってその大変ありがたい結婚生活の清算に慰謝料をもらうなどということは筋の通らないことですね。このままいけばお互がお互の成長をひっぱるのであれば今度は別れて別々に生きましょう、というふうに離婚を理解したわけです。私も離婚に対して多少迷う心はありましたが、私の迷いの中で過去の歳月の問題が大きかったと思うんですね。ここまで築いてきたのにという思いはたしかにあったのですけど、それをよく分析してみると、相手に対する愛情ではなくて、自己愛だという気がいたします。過去の自分の時間を愛しているわけです。過去の自分の努力を愛しているわけです。所詮自己愛ではないかと思ったときに自己愛に捉われて輝やかしい未来をすてるのはもったいないと考えたわけです。

きょうみなさんと離婚の問題を話しましたが、結論は結婚はどうあればよいかということになってゆくのではないか。いい離婚ができるためには男女双方が犠牲にならない、お互が縛りあわない、マイナスの少い結婚を続けていることが大事なのだと思います。いまみなさんが話してきた、私は犠牲をはらってきたという思いが離婚をねじまげているのではないかと私はそれをしみじみと感じました。いい結婚をしていることがいい離婚をするための条件なんです。女は犠牲になっちゃいけないし、男はもし女を犠牲にしたら、その報いを離婚というかたちでうけることになるんですから。結局、縛った人間は縛られるんだということ。人間は誰かを犠牲にしちゃいけないんだという、私は個人的な感想を持ちました。

報告　落合トア子

立Sの男女賃金差別を是認する地検へ抗議

「泉検事に逢わせて下さい!」
「だめだ、だめだ。そこを動かないのなら、警察を呼ぶぞ……。」

・・・

「労基法四条違反の男女差別賃金であるという明らかな嫌疑が無い。」労基署の不法だから正せという勧告に耳を貸さず、書類送検された事件に対して、不起訴決定をした地方検察庁の担当検事に逢いに行った時のことです。

書類送検された立川スプリング(立S)は日産自動車の下請けの工場です。従業員千五百名、うち女子は四百名。年令給、勤続給、職能給で構成される賃金体系で、そのうち七割を占める年令給部分において、男女で大きな差がありました。合理化反対、準社員の退職金支払い要求等、職場の民主化を求め、「立S工場に民主主義を!共闘会議」(工民共闘)という組織をつくって闘っていた4名の男性が、これは労基法違反の賃金だとして立川労基署へ申告したのです。

労基署は、立Sの賃金は男女同一賃金を定めた労基法四条に違反する賃金だから、①男女同一にしなさい、②未払い賃金を過去二年間にさかのぼって支払いなさいと勧告しました。この未払い賃金の総額は二億二千万円にのぼります。

ところが、会社側は、「バックペイが欲しいという者には一時金を払わない」とおどし、強制的に「バックペイはいりません。」という署名を当の女子労働者にさせたのです。

再三にわたる勧告に応ぜず、その署名を提出した会社を立川労基署が八王子検察庁に書類送検しました。

書類送検された時、「職能給によって分けるべきものを、年令でわけたためたまたまひっかかって(法律に)しまった。」と言い、「たとえ裁判になり負けても、罰金が一人当たり五千円として四百人分二百万円で済む。」と言い、四条違反は会社側も認める発言をしていました。

そうして、「労使は親子である。親である社長の危機を救おう」と、「私は現在の賃金に満足しています。未払い賃金も必要ないですから、社長を起訴しないで下さい。」という、今度は地検への嘆願書に署名を強制したのです。

書類送検を受けた八王子地検は決論を引きのばし、工民共闘のメンバーによる再々の働きかけに対してやっと出したのが「嫌疑不充分」という不起訴決定だったのです。

今、女が働こうとして、働いていて、採用で、仕事で、賃金、昇進、退職で様々の差別を受けます。これら様々の差別が禁止される規定が無い中で、賃金についてだけは労基法四条に男女同一賃金がうたわれています。明らかな規定があってさえ、秋田相互銀行のように長い時間と多くの経費をかけて勝ち取られねばなりませんでした。そして、それがやっと定着してきた今、八王子地検の決定は全く逆行するものとして許すことは出来ません。まだ確立していない女の労働権を、さらに侵害していく反動的なものです。

労働分科会は立S工民共闘支援の一員です。労働分科会では抗議と、調基をやり直しすみやかに起訴手続きを行うよう要請する抗議文をつくりました。それを携え、鉄連の七人と共に闘う会や、工民共闘に呼びかけて八王子地検へ行きました。その時、冒頭のような扱いを受けたのです。

地検の決定による女の働く権利の後退を一歩でもくい止めるよう運動を展開して行かねばなりません。抗議文に説明文をつけ、検察庁、行政府、運動体、マスコミ等へ送り、この事実を広く知らせることを今行っています。

(労働分科会　高木)

京都″行って見てきた″の記

京都市行動計画をめぐる女の集会

主催　「おんな解放連絡会・京都」

十一月の初め、京都の二岡さん（高校教師）が行動する会の事務局を訪ねられ、京都の集会で、東京都行動計画策定のいきさつや、行動する会の運動、都主催の対話集会の模様などを話してほしいとの要請がありました。そこで、兼松千恵、三井マリ子、根本一枝の三人が出かけてゆくことになり、十一月十八日（土）午後の新幹線であわただしく京都にむかいました。

集会のテーマは「女から女たちへ、そして力へ――京都市行動計画をめぐって――」。主催した「おんな解放連絡会・京都」は「おそまつな婦民ホールを考える会」に集まったグループが、連帯して行動し、具体的に行政と関わってゆこうと運動してゆくなかで生まれた会です。本年七月、京都市が独自の行動計画を打ち出すと発表されてからは、「京都市行動計画」に一般の女の声を広く反映するよう、積極的に行政に働きかけています。

私たちが会場の楽友会館に到着したときには、すでに経過報告がはじまっていました。「京都市行動計画」策定のためにつくられた「京都市婦人問題企画推進協議会」は十五名の有知識人（コレガ問題!?）から成っており、当日、会長、副会長に参加していただくはずだったのですが、「事情」・・・により公式に参加できないとのこと。結局個人的にも来て下さらなかったのであります。

行動する会はスライドを使って日頃の会活動を紹介するとともに、東京都行動計画に対して電話や直接参加（都主催の対話集会等）、文書による要望書提出をくり返したことなどをお話ししてきました。既成の婦人団体ではなくても都主催の婦人集会に参加できるとは・・・と、タメ息。京都市では地域婦人連合会の会員でなければ、婦人学級にも参加できないとのことでした。

休憩、女の現状を鋭く見つめた!?寸劇をはさんで、質疑応答へと続きました。質問は三つに大別され、ひとつは行動する会の財政を含めた運営方法について、ひとつは都主催の対話集会の模様や、行動する会が日頃どのように行政にアタックしているかについてでした。第三の質問はどの集会でも見受けられることですが、「今日の集会は女の意識変革について語る性質のもの」と思われて参加された方からの問いかけでした。時間の制約があまりなかったせいか（午後十時に終わった）少し散漫になりましたが、これからやりたいことがいっぱいという雰囲気につつまれて閉会しました。主催者側三〇人、参加者五〇人計八〇人の「京都のおんなの集会」でした。

京大前から車で五分、百万遍交差点そばの門前小僧（共同保育）にみんな（おもに主催側）が集ってビールで乾杯したのが午後十一時。そのなかに京都生まれの京都育ちがほとんどいないというのが、京都の現状を物語っているようでした。

翌日曜、あちこちでお茶会が催されているらしく、行くさきざきのお寺のお茶室で和服姿の女性を見かけました。一般非公開の高台寺も地元の婦人がお茶会に利用するのは許されているようで、見ていて腹が立ってきました。「文化」について一様に語ることはできませんが、古都京都が伝統ある文化の町歴史の町であるなら、その歴史が変遷してゆくなかで、男女平等、女性解放がすすめられる社会が生まれるのもまた「文化」だと思います。京都のみなさん、関西のみなさん、がんばって下さい。★おんな解放連絡会・京都★

シャンバラ内
京都市中京区西の京円町三〇円丸市場地下
TEL 075(821)3579

（根本）

ヴァレリー・ヘイルさんのメッセージ

――ＥＯＣ教育部長来日―― 教育分科会交流

ヴァレリー・ヘイル女史。イギリスの男女同一賃金法と性差別禁止法を実施するため設置された、平等機会委員会（ＥＯＣ）の教育部長。この肩書きは、どんな女性を想像させるだろうか。私は、ばくぜんとパターン化した人物像を予期していたのだが……。

さっそうと婦選会館に入ってきたのは、三十代に入って間もないと思われる、およそ役人のイメージから程遠い魅力的な女性だった。栗色の長い髪をストレートにたらし、ジーパンでもはいたら学生に見られるに違いない若々しい風貌。

かなしいことに、日本では、若い女性の役職者など思いもよらない事である。公的機関ならなおのこと。労働組合の婦人部長すら、男がなっていてもさほど奇異には思われない異常な現実である。そして、社会的地位、名声のある女性を指す（岩波国語辞典によれば）〝女史〟という言葉には、本来の意味のほかに、独得のニュアンスが、雑多なイメージが、まとわりついて離れない。

十一月十七日の夜、集まったのは、婦人問題懇話会、あごら、婦人法律家、行動を起こす会など民間のグループのメンバー。前日の夜は、日教組や、家庭科の共修運動の人たちと、その前日は総理府など主として官側の人たちと、ヘイルさんは昼間の強行スケジュールをこなしたあとで、日本の各層の女たちのナマの声を聞くため精力的に活動された。

率直に言って、交流会自体は時間が足りなかった。煮つまった話もできず、話したいことの半分も聞けず、聞きたいことをたくさん残したように思う。にもかかわらず、彼女の熱意や、イギリスのリブや性差別禁止法への冷静な評価、日本の女たちへの連帯の意志はこちらへも直接に伝わってきた。だから、おそらくは、集まったひとりひとりに有意義な時間を過ごしたと思わせたことだろう。

◆教育の場では…

前述の通り、イギリスには女性二法と言われる男女同一賃金法（一九七〇年）と性差別禁止法（一九七五年）がある。性差別禁止法は雇用のみならず、教育・職業訓練・物品・施設サービス・広告などにおける男女差別を禁止しているとのこと。教育関係では、一九七七年度には公式調査権を使って性差別の摘発を行なったという。

まことにうらやましい話だが、中にはちょっと首をかしげたくなるところもあった。いちばん意外だったのは、大勢として男女別学が支持されているということ。ラジカル・リブの間でさえもそう主張されているのには驚く。イギリスの現状では、女子学生にとって、男子から〝好かれる〟ということがたいへん重要な問題であり、共学校ではそちらに関心が向けられて、女子の能力が発揮できなくなるというのだ。自由に、伸び伸びと学校生活を送るためには別学のほうが適切、と説明されたが、どうにも納得し難いことである。

日本でも共学校が必ずしも積極的に男女平等意識を育てているわけではないし、性役割を固定化する一面も確かにあるけれど、しかし男女別学が相互理解を養なうのに役立つはずもない。そして、イギリスでは一般に男子校のほうがレベルが高い内容を教えているという。別学は差別を再生産するのではないか。

さらに、いざ社会に出るにあたって、女性のパーソナリティはどう維持されるのだろうか。男女混合の企業の中で。

法制度上は日本よりはるかに進んでいるイギリスだが、人の意識の中には、まだまだ前時代のなごりが根強く残っているように思われる。長く女性差別を隠蔽してきた騎士道精神が、今また女性の足を引っ張っている、と言ったら考えすぎだろうか。

◆女性運動は：

運動の中核となっているのは、主として、中産階級の高学歴の若い女性であるという。今後にむけて必要なのは、労働者階級を取り込んでゆくこと。いずこも似たような状況である。

小さなグループが無数にあって、その実体は把握されず、もちろん組織化もされていない。非常識は、運動体として一種の強さにもなっているとのこと。しかし、それでも一応ジェスチュアとして（と彼女は言った）混乱のうちに全国大会がもたれたそうである。草の根のようなミニ・グループ（たいていは十人以下）がどうやって連帯してゆくか。それぞれの生活様式の違いから閉鎖的になっているグループ同士をつなぐため、以下の六項目の要求が決議された。六つのうちひとつでも合致する要求があれば、それは〝連帯しうる〟グループであるという。

(1) 同一労働・同一賃金
(2) 雇用の場での平等
(3) 教育・訓練の場での平等
(4) 無料中絶と避妊
(5) 就学前の保育所の無料化
(6) 性の選択の自由

全国レベルでキャンペーンをすすめる組織もいくつかある。最大のものは、中絶キャンペーンのための組織。一九六七年より中絶は法的に認められたが、それをさらに拡大し、無料となるよう運動中だという。女性が、自分の体を自分でコントロールする権利として。ちなみに、避妊用具は現在でもまったくタダとのこと。

ほかに、保育所運動（無料に、そしてフレックスタイム導入へ）、健康・出産に関する研究集団的グループ、レイプや戦争への闘争など。レイプはリブの運動にとって、たいへん重要な社会問題で、先ごろ、「夜を自由にしよう大行進」があったという。ヘイルさんは日本に於けるレイプ問題に強い関心を示したが、出席者からはかばかしい返答は得られなかった。日本では今のところ、さほどクローズ・アップされていない問題なのである。なぜだろう。狭い国土にひしめきあって暮らしている私たちは、とりたてて空手を習わなくとも、なんとか夜道を歩き回っていられる。東京都内なら、よほどの高級住宅地でもない限り、長い塀に囲まれた人気のない道だの、うっそうと繁る木立などには縁もない。第一、私たちの囲りには、レイプの舞台となる公園もないのである。これを幸運だとは決して思わないけれど。

懇談会のあとで、数人でまた話し合ったのだが、イギリスのレイプは、日本では痴漢行為に相当するのではないだろうか。今後、なかなか数字に表われてこないレイプを重要な人権問題として取り上げるとともに、臆病な強姦者・痴漢氏への対策も運動の中に入れる必要があるのでは?。私たちも、「車内を自由にしよう大検挙」をしてはどうだろうか?

懇談会の終了間際、最後の質問者、和久さんが立ち上り、情熱をこめて、日本の立ち遅れた状況、どうしても今、雇用平等法が必要なこと、その集会のため励ましのメッセージが欲しいことを訴えた。日本語だったが、ヘイルさんはすべて理解してくれたようだ。

彼女は、ビラの裏にこう書いた。

I WISH YOUR STRUGGLE
FOR EVER！

（報告・坂本ななえ）

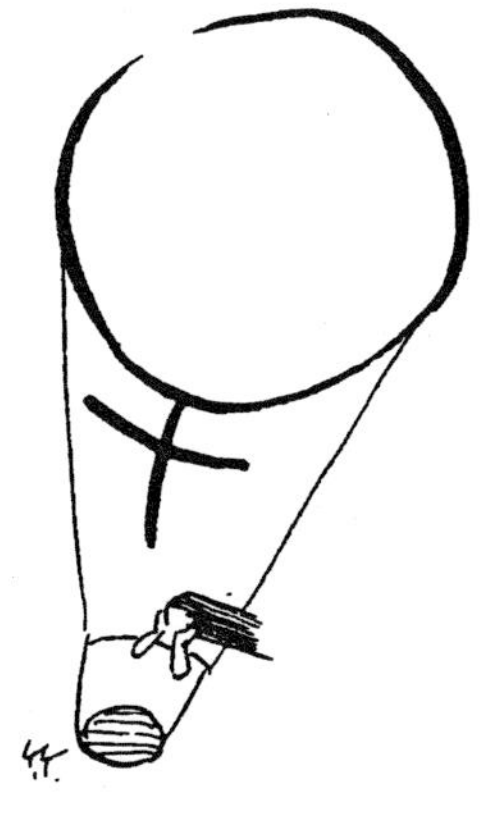

女が女に語りかける映画を！

女たちの映画祭

「女のつくった映画」をみたい。「女が女に語りかける映画」をみたい。女の姿を、男の夢や男のロマンのフィルターなしで、きびしさと、熱い共感と、やさしさで描いた映画。そんな映画だったら、もっと心安らかにみられるだろう…。そんな映画は、映画館に行ってもみられない。それなら、自分達で捜してきて上映しちゃおうー！と、二十人の女たち（もちろん行動する会のメンバーもはいっている）が、一年間かけて準備してきた映画祭。その「女たちの映画祭」に、二千二百人の人がみにやって来た。夜の部などは、立ち見がたくさんでるという盛況ぶり。託児室の子供達も三日間で百五十人。特に子供達が多かったのは、金曜日の一時から三時半までのプログラム。大部分の専業主婦は、つれあいが仕事に出ている平日、しかも、夕飯の支度にさしつかえない時間にしか出かけられない。誰もが知っていることではあるけれど、女のおかれている状況を、改めてみる思いがした。

映画祭が終わったとたんに、「今度はいつやるんですか」という問いあわせがいくつかあった。でも、私達はまだ今回の後かたづけ（チケットの回収やアンケートの整理など、諸々の仕事）や反省に追われていて、いつから次の映画祭の準備を始めるかーなんていう話が出てくるのは、まだまだ先になりそう。とりあえずは、「映画を貸してください。」という申し込みが、いくつかのグループからきているので、フィルムを貸し出す態勢を整えなくてはならない。今はナレーションをテープに吹き込んだものがあるけれど、できるだけスーパーにした方がいいので、スーパー用に翻訳をしなおすーという仕事もある。ほかに決まったことは、今回買えなかった「女ならやってみな！」を何とかして買おうーということ。映画祭のグループができたそもそものきっかけは、「ニュージーランドで、デンマークの女の人たちがつくったとっても面白くっていい映画をみたよ」という話を聞いたことだった。それが「女ならやってみな！」だった。主人公は、子育てを終えたごく普通の主婦。彼女が初めて「自分の人生って何だろう」と問い始め、もう一度人生を生き直す決心をする。様々な問題にぶつかりながらもくじけない彼女の姿は、とてもいきいきしている。男と女が入れかわったらーと夢想する場面では、若い男の秘書が「ハイミスターにならないために」という記事を読んでいたり、女が車でさっそうと退社し、男は手さげ袋を持っていかにも夕飯の買い物をして帰らなくてはーというようすで自転車に乗って退社する。「男は二十五を過ぎるとなかなか結婚相手がいないんですよ」等々。現在の男女のあり方、役割分担のばかばかしさをはっきりみせてくれる映画だ。この映画のことを新聞等で知った人から「みに行けなかったけれど、ぜひみたい」という便りをもらった。映画祭に来てくれた人からは「友人や家族にもみせてあげたかった」といった便りをもらった。ある主婦のグループからは「私達のグループでも上映したいので、ぜひ買いとってほしい。私達もカンパしますよ」という心強い電話をもらった。何とかして「女ならやってみな！」を買い、「アントニア」「絶対あきらめなさるな」等と同様に、貸し出しできるようにしたいと思う。ひとりでも多くの女たちにみてほしいと思う。そして女たちの連帯の輪が少しづつでも拡がっていくきっかけができたら、と思う。

（M）

労基法研究会報告書をめぐって

駒野陽子

11月20日、労基法研究会が出した「女性保護の緩和と男女平等法制定」の提言を盛りこんだ報告に対して、23日、行動する会と〃私たちの平等法をつくる会〃の有志が事務局に集って、これをめぐる論議を行った。

〃私たち自身の手で平等法を〃の運動がスタートした矢先だけに、この答申の「平等法と保護緩和」を抱き合わせた提言に対して、出席者の間でもこのような形での平等法提起に関しては意見が分かれるところもあった。しかし、平等を保障する社会的条件の整備や平等法の制定の必要性に触れてはいるものの、きわめて具体的に保護撤廃が打ち出されているだけにこの報告が、現状のままで悪用され、更に差別が拡大される危険性については全員が一致した危機感をもち緊急に批判の姿勢を打出すべきだとの結論に達した。

労働分化会が27、30日の両日、報告を詳細に検討し、①保護緩和と抱き合わせの平等論の問題点②女性のおかれた条件が、保護を必要としないほど向上したという現実認識の誤まり③この答申の社会的影響の危険性などを分析して、四日の世話人会に提案した。

これらの問題点について、現状での保護撤廃に断乎反対するという点では意見が一致したが、保護撤廃に対する論議だけでなく、私たちの望む条件整備、平等法制定こそ最優先に、という会の姿勢を更に強調する必要がある、などの意見も出て、できるだけ多くの会員に参加してもらいもう一度討議することになった。

11日(月)事務局で次回会議をもち、早急に会としての批判文をまとめ、年内に声明を出す予定。

なお〃つくる会〃の方でも5日にこの報告書の検討会を開くことになっている。

今後の運動に重大なかかわりをもつ論議に直面している時期なので、会員はできるだけ世話人会、例会などで意見交換の機会を多くしなければならないと痛感している。

集会予定を見落さずに、みなさん是非〃行動する会〃〃私たちの平等法をつくる会〃の集会に集ってください。

性差別記述でいっぱい リンガフォン教材に 抗議を!!

「三人も奥さんを持ってどうするの?」
「一人はそうじ、一人は洗濯、一人にはぼくの世話をさせるのさ。」

「プラグを差し込みましたか?電気で動くものには電気が必要なんですよ。ほんとに女って馬鹿だなあ。」

これは、くり返して聞かなければならないリンガフォン英語コースの学習教材の例文です。

教育産業が、このような差別助長の方向にあることに断じて抗議すべきではないでしょうか。この教材は、あと二・三年は使われるとのこと。リンガフォンの教材を使っている人、身近に知っている人、持っている人がいたら、ぜひ一読を。そして、時代錯誤もはなはだしいふざけた例文を学習という名のもとに売っているリンガフォンに抗議をしましょう。

編集室　〇三(三四三)二七三六
リンガフォン〇三(五八五)三五二一

忘年会のお知らせ

一九七八年もあとわずか、今年もいろいろありましたが、最後の年忘れです。

飲みながら食べながら、一九七八年を振り返り三時間、みなと語りましょう。（11月活動報告に十六日とお知らせしましたが変更になりました。）

十二月二十六日(火)　六時半～

予約制　四千円　二十二日まで

申込先　事務局（三五〇）六〇八二

今佐別館三階座敷

新宿駅西口（三四二）八八八七

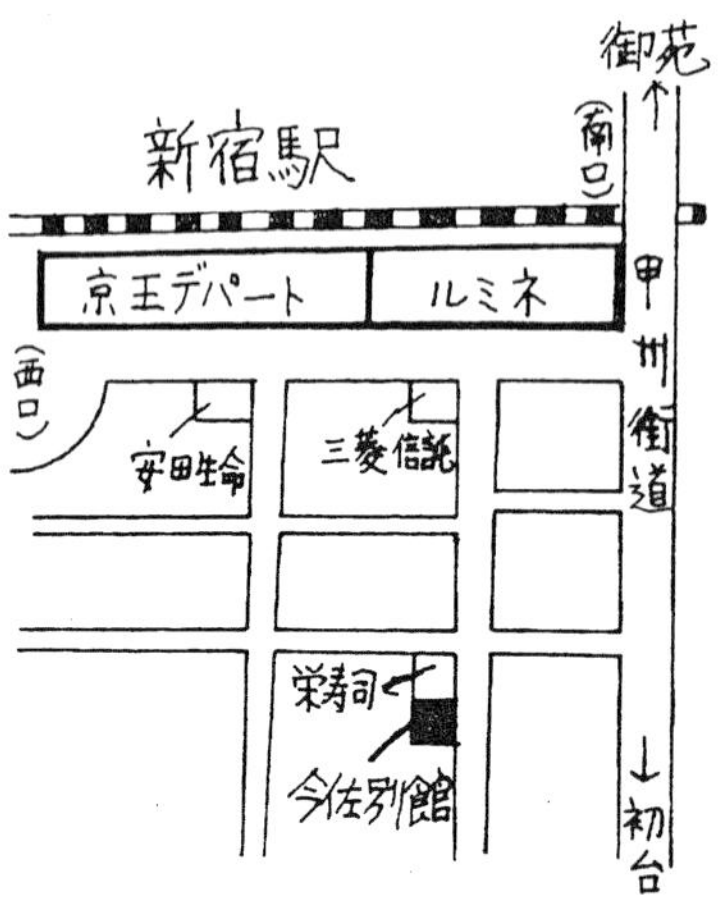

今月のお知らせ

12月4日　ヤングレディ裁判

12月4日　世話人会

12月5日　私たちの男女雇用平等法案をつくる会（仮称）準備会法案グループ

12月7日　つくる会準備会

12月10日　離婚分科会

12月11日　「労基法研究会報告」に関する検討会以上のことがすでに行われました。

12・6(土)　12月定例会　一時半～五時半

政党に聞く

――女性が働くための政策は――

於・東中野地域センター

共産党　婦人部副部長　小泉初恵

公明党　婦人局

社会党　婦人局長　渡辺道子

社民連　政策委員長　安東仁兵衛

新自由クラブ　政策室長　大中睦夫

民社党　政策審議会

12・16(土)　平等法をつくる会　六時半～九時半

「労基法改悪に反対する討論集会」

於・東中野地域センター

12・18(月)　鉄連裁判　第七回公判

地裁民事六部　三時～

12・21(木)　鉄連の七人と共に性による仕事差別・賃金差別と闘う会　学習会

於・中島事務所　六時半～九時

テーマ「私たちの賃金論」

12・23(土)　労働分科会　中島事務所　二時～

12・23(土)　労働分科会忘年会　六時～

富沢宅（大久保）TEL（363）[redacted]

12・25(月)　教育分科会　中島事務所　六時半

世話人会

一九七九年一月八日　月曜日

一九七九年初めての世話人会です。新しく入会した方も是非ご出席ください。

会費納入とカンパのお願い!!

会の財政が苦しくなっています。残高は、いまや一月分の運営費を残すのみ。七九年へ向って新たに行動を起こす第一歩に、是非、会費納入、ボーナスカンパを！　あなたが、わたしが、会を支えている事をお忘れなく、滞納の方は、至急、事務局へ。郵便振替または五十円切手でも結構です。

国際婦人年をきっかけとして
行動を起こす女たちの会

1979年1月

活動報告

【事務局】
〒160　新宿区新宿1－31－4
リプル葵301
中島法律事務所内
Tel　(03) 350－6082
郵便振替　東京0－44014

十二月定例会　十二月十六日(土)　一・三〇～五・三〇

政党にきく
―女性が働くための政策は―

於　東中野地域センター

「婦人の十年」も前半が終わろうとしているが、女性のための施策はまだまだ不十分です。そこで、各政党に、現状をどうとらえ、これからの政策をどうするかをたずねる会を開きました。各政党よりの出席者は、

共産党　中央委員会婦人部副部長　小泉　初恵氏
公明党　婦人局　中山しん子氏
社会党　婦人局長　渡辺　道子氏
社民連　全国政策委員長　安東仁兵衛氏
新自ク　政策室長　大中　睦夫氏

◆各党の政策

初めに、各政党の政策を語ってもらった。その際、前もって事務局より送っておいた十の項目

(1)採用時の男女差別　(2)中高年の再就職
(3)女性の低賃金　(4)職種においての差別
(5)昇進の機会の少さ　(6)男女別定年制
(7)母性保護規定　(8)保育施設
(9)国や自治体の機関　(10)現行の法制度

の現状をどう考えるか、また今後どうしたらよいかという質問に対する回答に加え、11番目として、最近問題になっている労働基準法研究会の報告についての見解を、語ってもらった。簡単にまとめてみますと、

小泉　労基法研答申は、男女平等の名のもとに、戦後働く女性が勝ちとってきた、実質的平等をめざす諸権利を奪う保動的なものであり、首切り・合理化等財界の低賃金構造を再編成しようとする動きと、無関係ではない。このような労基法改悪には反対する。労働条件がまだまだ悪い現状において、保護を充実させることが必要であり、また、労基法を全体的な労働条件向上のため民主的に改正することが急務であり、力をつくしたい。

(1)～(6)の女性差別の問題については、女性の地位向上をめざす運動を、大きく拡げる必

要がある。(2)に関して、昨年国会に社・公とともに母子家庭の母の雇用促進のための法案を提出した。

(7)では、生休・産休・育児時間・妊産婦の通院休暇・つわり休暇・育休等充実させるために、労基法改正をめざしている。(8)は、国庫補助を増やし保育所の増設を。また学童保育を国の制度として確立させることが必要。(10)については、男女平等のための法制度確立をめざし、現在党で準備中。実効あるものにするためには、何が差別なのかを明確にし、具体的禁止条項を明らかにし、差別を規制するしくみを確立することが必要である。

最後に、働く女性に対する差別は、女性すべてに対する差別であり、権利を守るために職場を基礎にした運動を強め、女性が力をあわせること、政治・経済のあり方から変えることが必要である。

中山　国際婦人年をきっかけに、党内に婦人問題特別委員会を作り、今後十年間の婦人基本政策を作成した。

(1)では、ＩＬＯ一〇一号条約の批准・性差別禁止法の立法化・労基法第3条に「性別」を加える。(2)では、母子家庭の母の雇用促進のための特別措置法案を国会に提出している。また、年令差別禁止法案の実現をめざす。(3)は、労基法第4条に実効性をもたせるよう改正・最低賃金制の制度化が必要。さらに、(1)(3)(4)(5)に関しては、教育・マスコミ・労組よりの、企業の意識・女性の意識・社会の意識の変革が必要である。

(7)では、労基法第61・62・63条の厳格実施と、第65・66・67条の基準引き上げ、また第6章女子および年少者とあるのをわける等必要だ。(8)では、企業内保育施設をふやす・公立保育所増設のために国庫補助を・保育ママ制度を推進するために条件緩和を。(9)では、国会に婦人問題特別委員会を設置し、指導・監督にあたる。(10)については、労基法第3・4条に実効性をもたせることが重要。また、党として、性差別禁止法・年令差別禁止法案を現在制作中である。(11)については、党内に部分的に是とする意見・否定的意見等さまざまな意見がでており、党としては、内容を検討しながら対応していくが、人間としての平等を訴えていく。

渡辺　婦人に限らず、日本人全体の生活権・労働権が、きびしくなり、司法・政治・文化の反動化が進むなかで、どのように婦人の権利拡大を進めていくのか。このとき基本欠なるのは、女が自立していくこと、男女平等の労働権を確立することの二つである。

(11)には反対。社会党ではすでに、第84国会に労基法改正案を提出し、現在継続審議中。研究会そのものも、民主的になるよう、メンバー等改正しなければならない。

(1)〜(7)について、まず、日方の資本主義が、繊維産業によって、つまり、若年婦人労働者によって発達したことをふまえよう。雇用か賃金か、保護か平等かという二者択一がせまられている中で、日本人全体の生活を引き上げるとともに、雇用におけるいっさいの差別（採用・賃金・昇進・昇給・退職に加え、福利厚生においても）をなくす、つまり、平等の労働権を主張しなければいけない。そのため、男女雇用平等法を提案したが、廃案になった。さらに充実させ再提案したい。差別の禁止とともに、差別からの救済措置として、強い権限をもつ雇用平等委員会を作り、そこに申告するという制度を考えている。

(8)について、基本的に考えなければいけないのは、婦人の労働権・子供の保育される権利・保育労働者の労働条件の三つであり、そのうえで、産休あけ保育の問題・幼児の教育と保育の関わりについて取り組んでいる。

安東　党として婦人問題に対する特定の政策をもちあわせていないので、個人の責任で発言したい。(11)について、母性保護強化・男女平等・深夜業等は男子についても解消すべきだなど賛成できる点もあり、反動的ときめつけることはない。ただし、男女差別は欧米より多いのだから、欧米でないから生休をなくしてもよいというのはおかしい。といった点もある。抽象的にはよいが、実際上では時期尚早であり観念的だ。差別をなくすためには、働く女性自身が、平等を要求し運動していかなければいけない。最後に二つ。一つは、日本の就業構造では、女性労働者は中小企業に多いので、中小企業の問題とあわせて考えなければ解決できない。二つめに大企業の労組や官公労等が男性中心であり、建前と本音が異る。これを考えていかなければいけない。

大中　婦人問題に対する担当者がいないので個人的見解がはいる。(1)〜(6)については、前向きに取りくんでいく。労組をはじめとして、実際の職場で働く者が、現状を変えていくのであろう。

党では、教育立国ということを主張しているが、男性優位の社会を変えるためには教育が重要な役割をするだろう。中学技術家庭科の共修問題など婦人の労働の問題に大きくつながる。男女差別を廃止する教育をしなければいけない。(8)については、党で作った「学制改革について」という提案のなかで、保育所のあり方について、三才児以下は保育園・厚生省で、四・五才児は幼稚園・文部省でとし、制度を整備する。また、幼稚園でも保育業務を行う、等あげている。

(11)については、議論があり党としてまとまっていない。問題提起としては認められ、これからの議論がおきることを期待する。現状では、社会的環境が変わっていないので、現行の労基法を検討していきたい。なお、党の前からの政策として、教育の観点から育休制度を提案している。

◆質議応答―労基法研報告・男女平等のための立法措置について―

〔質問〕

(共産・公明に)新しい平等のための法案を制作中とのこと、いつごろできそうか。また、どのようなしくみを考えているのか。

(公明に)性差別禁止法とは、雇用に関してのみか。また、実効性のある組織とは?

(社会に)労働委員会の実効性の問題をふまえて、雇用平等法では、どう考えているか。特に事務局体制について、どのような形で選び、どのような権限をもたせるのか。

(各党に)社党の法案にはどう対処したか。

〔回答〕

(共)なるべく早くまとめたい。内容は、今日の段階では言えない。社の雇用平等法については、趣旨はよいと思う。

(公)性差別禁止法は、米の十五年前の厚生労働基準法を参考にして、現在作成中。罰則規定のある実効性のあるものを検討中。雇用のみでなく、教育等あらゆる差別に関する。社の法案については高く評価している。

(社)現在の労働委の実効性のなさをみとめ、雇用平等委員会は独立性のある賛助機関(公取委のように)にしたい。事務局は、調査権をもった公務員としての性格をもつだろう。これから討議していく。雇平法は共同提案が望ましいが、いそいだので単独でだした。

(社民連)社の雇平法案はよい。協力したい。国会で集中審議などしたらよいと思う。

(新自ク)行政救済制度について研究したい。

〔意見〕

労基法研報告では、平等のために保護を緩和すると同時に、平等のための立法措置の必要性を言っている。野党はおくれをとったのではないか。保護ぬき平等論が誤りだと言うだけでは、この報告に対する批判とはなり得ない。平等のための立法措置を積極的に考えてもらいたい。

〔質問〕

労働時間短縮に関する労基法改正案を、今国会で、社・共が提出しているが、共産党は、有給休暇の増大と深夜等規制が、社会党は時間外労働の規制すら入っていない。どう考えるか。また公明党は、労働時間短縮についてどう考えるのか。

〔回答〕

(共)今回の提案の一番の趣旨は、雇用の拡大である。特に書いてないが、男女を問わず深夜業が好ましくないというのは、政策としては出している。

(公) 週休二日、週四〇時間労働の徹底を考えている。

(社) 改正案は、妊娠中については時間外労働の禁止を明記している。当面の目標は週休二日制の実施なので、細かいところにふれていない。

(新自ク) 労働時間短縮について、男性も含め、積極的に推進していくべきだ。

〔質問〕
(社に) 週休二日になったために一日の労働時間が増え、働く母親が困っている例がある。時間外労働規制もあわせてだしてほしい。
(各党に) 時間外労働、深夜業の原則的禁止を含ませた労基法改正案をだす計画はあるか。

〔回答〕

(社) 時間短縮は大きな課題としてとりあげたいし、労働局には要望し続けている。労基法改正の方向に向かっていることは事実。具体的には労働局と相談して後で答えたい。

(共) 具体的にすでに提案をしている。

(公) 労基法第61・62・63条について、厳格実施を考えている。

(安東氏、帰られる。)


◈(1)〜(5)について ― 年金における差別 ―

〔質問〕
(公明に) マスコミによって企業の考え方を変えていくというのは可能か、また数多くの婦人がマスコミで活躍できるようにするための具体策は?

〔回答〕
(公) マスコミによる外からの息の長い方法とともに労組による内からの働きも大切。
(共) マスコミ自体が女をしめだしていることに対し民放労連などがとり組んでいる。
(新自ク) やはり教育が一番大切だろう。教育、労組、マスコミの順ではないかと思う。

〔質問〕
主婦の再就職に対する政策をもっているか。

〔回答〕
(社) 特に主婦についての活動はしていない。全ての婦人の雇用拡大の立場に立っている。
(共) 全体として雇用の拡大について考えている。主婦については、職業訓練について考えている。

〔質問〕
特に主婦についての問題が深刻であり、特別措置がなければ、解決が難しいと思うが…。

〔回答〕
(社) 早急に検討したい。
(共) 御意見は確かに承りました。
(公) 公共職業訓練所・訓練手当の問題とともに、「年令差別禁止法」の実現をめざす。

〔質問〕
賃金差別・定年差別が年金にまではねかえる。過去の掛金が低かったために、年金額が男性の半分以下にもなってしまう。厚生年金の最低保障額を引き上げてほしい。

〔回答〕

(社) 遺族年金の引き上げ(五十%から八十%へ)・厚生年金の最低保障額の引き上げは共に要求している。詳しくは後日答えたい。

(公) 遺族年金引き上げは要求している。最低保障額引き上げは当然必要だと思う。

(共) 年金額そのものの大幅引き上げが必要。

(新自ク) 基礎年金制度を含めたたべられる年金を目標にして、現在検討中。

〔質問〕
年金においての女性の自立についてどう考えるか。離婚のときなど困るので、厚生年金を個人年金にしてほしい。また現在の厚生年金での離婚者の扱い方についてどう思うか。

〔回答〕

(社) 基本的には婦人の年金権の確立をめざす。当面は妻は国民年金に加入を。離婚した場合については、現在検討中。

(公) 国民年金基本構想をもっており、その中で、生活できる年金をめざしている。

(共) 個人の年金というのは当然である。離婚の場合については、政策としてだしている。

(新自ク) 年金の個別化という方向で検討中

◆(6)〜(10)について ― 母性保護と保育 ―

〔質問〕

女性が働くとき必要になる保育、老人介護等社会保障の問題をどういう方向でとらえているか。特に出産休暇中の所得保障は？

（新自クに）育児休暇について詳しく聞きたい。手当・期間・女のみかなど。また母親、父親教育といっているが具体的には……

〔回答〕

（社）産休は前後八週間有給。（健保六割国庫四割）育休は、有給・選択制・専任権の三原則をもち、男もとれるように考えている。

（公）産休は前後十週で有給。育休は有給で一年。男女ともとれることが理想である。

（共）産休中給与の八割を健保で保障。育休は社会党と同じ三原則で。企業で賃金として保障させることを考えている。

（新自ク）産休は党の政策としてはない。育休は企業の賃金で保障すべきだと思う。個人的にはスエーデン等について研究しているが、男女ともとれるようにすることを考えている。

〔意見〕

育児時間を母性保護からはずし、男女ともとれるようにしてほしい。

育休の保障を企業でというのは、無理ではないか。

（共）意見を反映させたい。

〔質問〕

幼保一元化についてどう考えるか。

新自クに……なぜ3才と4・5才で、厚生省と文部省に分けたのか。

〔回答〕

（社）子供の保育される権利を基本として、保育の一元化をめざし、文教の政策審議会で検討中。保育労働者等の意見も聞いている。

（公）一元化に向うべきだと思う。

（共）一元化へ。同じ内容で保育・教育を。

（新自ク）全部文部省にという意見もあるが、今日までの厚生省の役割を評価したこと、まだより現実的な提案とするために、このような形にした。

〔質問〕

（公に）企業内保育というのは問題が多いと思う。子供の保育される権利をどう思うか。

（各党に）保育料に人件費が入っており高い。また年令によって異なる。現在の保育行政は性別役割分業の肯定の上に成立している。

（社に）子供の保育権といっているが、反対に子供は母親にみてもらった方がよいという意見もある。これに対しどう反論するのか。

〔回答〕

（公）基本的には公立・国庫負担でやるべきであるが、当面の具体策として、企業内保育や保育ママ制度について考えている。

（社）子供は母親だけと育つより、集団の中で育った方がよいと考える。保育料については国の基準に問題がある。子供の保育されて権利から見なければいけない。保育料を母親の必要経費とみるのも一案だと思う。

（共）子供の保育料を親がみるというのがまちがっているのだと思う。

〔質問〕

（新自クに）家庭科の共修を中学だけでなく、高校でも検討してほしい。

〔回答〕

男女共学の立場で内容を検討している。受験の妨げになると反対する母親が多い。

〔質問〕

家庭内の老人介護のために退職を余儀なくされることが多い。男女ともとれる老看休暇がほしい。

〔回答〕

（共）社会保障全体を充実させる方向で。

（公）慎重に考えて進めたい。

（社）老人看護を個人に押しつけるべきではない。国の政策を強くしていかなければいけない。政策・予算面で追求している。

〔質問〕政策審議会に女性が何人いるか。

〔回答〕

（共）女性もいる。人数は言えない。

（公）八名いる。全体ではわからない。

（社）四十名位のうち書記に二名いる。

（新自ク）政策室は男のみ四名。

（報告　安達幸子）

漫画に抗議

「毎日新聞・週刊朝日」掲載 漫画の女性差別に抗議する！

教育分科会と忘年会で12月25日付毎日新聞の「アサッテ君」と週刊朝日の「夕日くん」が話題に上りました。

アサッテ君は、23日（クリスマスケーキが）売れる！24日売れる！25日パタッと売れなくなる。26から30の日めくりらしい数字と「あとはますます売れなくなる。」のせりふ。以上が右側4コマで、左側4コマに日を歳、ケーキをOLにして同じ言葉書きというもの。

夕日くんは、漫画①は、壁新聞の前でけんけんがくがくの中国の人々（大勢の中に女性は二人だけ）、折からのクリスマスにサンタに何か頼んでいる夕日くん、新聞でなく、サンタのプレゼントのヌード写真に見入る人々（女性はいない）というもの。②は何種類か皿が回り、そのうちから好きなものを取る形式の寿司屋で売れ残りの妹を思い出し、夕日くんが涙を流す話。

性に関する通俗的な意識にのって笑いを誘う姿勢や女のおかれている立場への思いやりのなさに対してさっそく27日抗議に行って来ました。

朝日新聞社では週刊朝日の岸本氏と話しました。漫画を載せる最終的な決定権は編集部にあることを確認してから①②を呈示しました。①については「面白いと思った。裸の女を見ることが女性蔑視に必ずしもつながるとは思わない。」ユーモアの質について「不快と思う人が多ければ考えるが、この程度なら女の人にも笑って貰えるのではないか。」壁新聞を見ているが男ばかりである点についてはこちらの指摘で気づいたようですが、「そうですね、でも作者は男だから。」（女流漫画家の採用については長谷川町子に打診したそうです。）

②については「まあこういうのは日本の現状を知る資料と見て欲しい。」願わくは現状追随でなく現状風刺の精神で笑わせて頂きたいと思います。

サトウサンペイ氏に抗議を伝えるが、「彼が実はとても女性に気をつかう人だということは知っておいて欲しい。」そうです。

また「デキゴトロジー」の頁は題字の下に色々な項目名とそのシンボルらしい図が書いてありますが、〝SEX〟は前貼りをした裸の女、〝落涙〟は涙を浮かべた女の横顔で示されていることを質しました。これらは変更してくれるようです。

その後、社内でも考え方の古い人がいて、とかやはり内部は男の世界になっているといった話、甘える男と甘やかす女という日本社会の側面、或いは社会の右傾向、非政治化傾向など雑談しました。戦前を思い出す現在の状況、殊に言論統制復活の脅威と、一方社の古い体質といった中で「このような抗議はどんどんして下さい。」とのことでした。

毎日新聞社では高野氏と会いました。氏は行動する会については何も知らないらしく、初め当惑した様子で煙草に火をつけましたが、話を切り出すとほっとしたのか少しにやとして「その年頃の人は敏感でしょうし、本当はちゃかす問題じゃないでしょうな。」とうなづいていました。毎朝なのでアイデアに詰まることもあるし、といって面白くないから変えてくれという訳にもいかないようですが、私達の抗議については、「僕はとにかく東海林さんに言っておきます。」ということでした。

（報告　末松千晶）

労基法研報告に対し労働省に抗議！

12月23日(土)、今回の労基法研究会報告に対する抗議文をもち、鉄連の７人と共に斗う会、雇用平等法をつくる会の女たちと共に労働省におしかけた。残念ながら森山局長とは会えず、抗議文を手わたすに終った。現在、労働省には各方面からの抗議の申し入れが続いており、抗議文も何万という数になっているため、予約なしではとても会えないとの事であった。報告に対する抗議の声の強さをあらためて確認。

１月20日の雇用平等法をつくる集会で私たちの「雇用平等法」要求運動をさらに大きなものとし、より大きな怒りをもって、もう一度労働省におしかけようではありませんか。

今度こそ本当に、私たちの抗議を森山局長にぶつけよう！（抗議文同封）

（抗議文を手わたす際、はじめて聞いたことによると、労働省として、54年度に男女雇用平等法のガイドライン作成の予算を要求したそうです。）

（報告　井ノ部美千代）

公開質問状グループ
中教審委員からの回答　（二件）

昨年一一月号でお知らせした中央教育審議会各委員宛に出した質問状に対し、たった二人しかいない女性委員の一人から次の文書が回答としてよせられました。

大変むつかしい問題で、簡単に回答することは出来ません。

実力があれば、周囲は、女だからというような軽視？差別？はないと思うのです。

したがって、あらゆる場で、女性の力が示されてゆけば、男性、女性というように性にこだはらず、人間として評価されることゝなると思うのです。

そうした世の中になるため、私共、現代に生きる女性は、身をもって、実力をつける努力と、その実績をつみ上げてゆくことかと考えております。

男女平等をすゝめるために、家庭科を共修にする云々というような、たゞそれ丈けの問題でもないように思うのですが、この点は詳細に述べてゆかねば、誤解をまねくことになってはいけませんので、直接こゝでふれられません。

竹中はる子

また個人的意見を伺ったのにもかかわらず、仲谷義明委員からの回答は「本県の婦人問題」に対する現状を別添のとおり報告します」というものでした。これは愛知県知事という公的立場と混同してしまったものらしく、回答とはなっていません。

（報告　小林みち子）

報告　高島平キャラバン・アンケート

主婦問題分科会では、七月二十二日、東京板橋・高島平団地でキャラバンのテーマは「女の生き方を考える―テレビドラマ「夫婦」をめぐって」をしたことは、すでに報告しました（八月号活動報告）。キャラバンは、各地の女たちとの出会いを目的としたものですが、「出会い」があったとしても、それが一回ポッキリのものではどれだけの意味があるのか、という疑問が会員の中から提起され、キャラバンの集会に参加した女たちとひきつづき何らかの交流（具体的には同じ場所で再び集会を持つことなど）をして行く必要性が確認されていました。

そこで手はじめとして、当日集会に参加した十五人の女性にアンケートを出しました。返信用の封筒も同封しましたが、回収は五通で三三％。しかし各々、貴重な意見と思いますので紹介します（サンプルが少ないので、〝傾向〟を出すことはできないので意見をそのまま載せます）。

①集会の感想

A面白かった―3　B参考になった―0　Cよくわからなかった―1　D自分の考えとは違っていたようだ―2

①の答えの「理由」――

Aと答えた人「日常にかまけてなかなか自分をふり向いて考えることができず、こういう集会の機会に出席できて、他の方の意見等が聞けて有意義な時間を持てたことがよかった。半面、本音と建て前は違うのでは、という疑問も残りましたが……。」Dと答えた人「すべて物ごとに対する考え方は、人それぞれの価値基準によって異なるもの。こうあるべきだとはいえない」。

②集会で印象的だったこと

•ある方のお母さまが、時代が違うとはいえ、何もできずに一生を終えたと語ってくれたことです。私の母の時代もそうだし、現在の私にしても、妻であるために、女性であるが故に束ばくされて思うように動けない。これは、女性の自由がいわれている現在でも多かれ少なかれ、全女性にあると思うからです。夫婦の問題は人それぞれ違うし、体験談を聞くという意味では面白かった。

•話題がどうしても、幼稚園児をお持ちのお母さまの問題提起が多くて、私自身経験がないのでよくわかりませんでした（27才・子供なしの人）。職業をお持ちの方が少なかったせいでしょうか。盛生さんのご意見は、お母さまのことをやさしく思いやっているお気持がとても痛いほど感じとれ、印象的でした。女性同士の集会は、残念なことに感情的になり、テーマを無視しがちになるのがいつまでも変わらず、特定の人対回わりの人たちとなる。もう少し、自分の感情を抑え、整理しきって発言してほしいと思いました。

•家庭の主婦は、それはそれで立派な仕事だと思う。家事専業でもいいではないか。要はその人がいかに仕事をしているか、である。職業婦人だけが生き生きしているのではない。

③今後、集会を開く場合のテーマについて

•家庭に入ると、なかなか自分だけをみつめる時間が少なくなり、自分をみつめたり、考えたりする機会や場所がほしい。テーマとしてはやはり「女性の立場、妻の立場」「仕事（生きがいのある）」、その他どのような問題でも女性の向上のためのもの。

•テーマを問わず建設的な話合いのできる場であってほしい。

•子育てについて。

•老いた自分自身の母親と、どのように明るく接して行けるのか。又、姑とは、どういうふうに接したら、女性の先輩として、教えられ、教えて行く関係をたてられるのか。

④今後、地域で継続して学習会を持ちたいと思うか。

Aできるだけ参加したい―4　B参加する意志はない―0　Cテーマによって参加してもよい―1

⑤生活の中で、今一番問題となっている（関心のある）ことは？

・幸か不幸か、日常の生活に懸命で、特に問題点はありませんが、今のところ、子どもがいないので、これからの生活設計と、やはり主人が長男のため、いずれ田舎にひきあげていなければならないと考える心のギャップ、姑との考え方の違い（家族制度）etc です。

・田舎に残して来た母の不満、不安をどういうふうになぐさめ、手を借していいのか。

・健康のこと（現在は幸せなことに健康ですが十年前、大病をしましたので）。

・その他、子どものこと、公害の問題。

⑥仕事の有無

・アルバイトをして働いていますが、この仕事に対しても現在私が悩みはじめたことの一つです。コンピューター関係の会社より委託を受けて、家庭（団地内）で内職をしている方へ資料やデータを持っていってあげる仕事です。半日の仕事に魅力を感じたのですが……。

・週二回、子どもたちに英語を教えている。

・週一回、子どもに絵画指導。

・なし　二人。

「なし」と答えた人について、機会があれば働きたいかどうか――

・以前美容師をしておりましたが、日曜、祭日が忙しく、主人の仕事とかみ合わず、家の中が殺ばつとして、やむなくやめました。できれば続けたいです。

⑦けいこごと、趣味など

・簿記を習っている　・通信教育で排句の勉強　・9月より洋裁の予定　・エレクトーンを週一回習っていたがアルバイトの都合で現在中止

⑧その他

・先日の集会で〝わいふ〟という雑誌を知り読ませていただきました。私は婦人公論を通して少し考え方に賛成するところがありましたので、とても〝わいふ〟が身辺に感じました。ですが行動をするところまでにはとても自信がなく、まだながめさせてもらっている段階です。何かの参考になりましたらうれしいと思います。

（竹内みどり）

今年の会の発展を祈って

私はこちらに一九七八年の十月三十一日に来ていますが、日本では会の報告が届くのを楽しみにしていたものです。インドも本で読んできたのと、また違って、なかなか活発で the 51st semin of the All India Woman's Conference が、今、カルカッタで開かれています。日本よりも、インドの女性の方が社会活動も活発なように思いますし、それができる環境にあるようです。

日本は男性優位の国でありすぎるという感がしてなりません。

今後の会の進展を期待しております。

まずは年頭のご祝辞まで。

一九七九年元旦

鳥居千代香

インド・ニューデリーより

一月大集会のお知らせ

労基法改悪に反対し
私達の男女雇用平等法をつくる大集会

ひにち：　**一九七九年一月二十日(土)**
じこく：　**一時半〜五時半**
　　　五時半〜七時　デモ行進
ところ：　**山手教会**（保育室あり）
　　渋谷下車ハチ公口から
　　徒歩5分　パルコのとなり
参加費：　三〇〇円
連絡先
　私たちの男女雇用平等法をつくる会（仮称）
　新宿区加賀町二の三　わいふ編集部内
　TEL（二六〇）[redacted]
　（四〇一）[redacted]

　女に対する保護が平等の妨げになっているという保護撤廃の動きを阻止し、男女差別のない平等の条件づくりをしていくために、山手教会に集ろう！　定年・仕事内容・採用時再就職差別等各状況の女がアッピールします。集会後は風船をもってアッピール行進です。

今月のお知らせ

1月5日　私たちの男女雇用平等法案をつくる会（仮称）準備会
1月6日 7日　離婚問題分科会　出版編集会
1月9日　つくる会準備会法案グループ
1月10日　つくる会準備会
1月11日　労働分科会
1月13日　離婚問題分科会　出版編集会
1月16日　つくる会準備会
　以上のことがすでに行われました。

1・20(土)　**労基法改悪に反対し私たちの男女雇用平等法をつくる大集会**　一時半〜
　於　山手教会（渋谷ハチ公口パルコ隣り）

1・23(火)　**労働省抗議**　労働省四〇一号のA
　十一時〜十二時
　婦人労働課の三浦課長補佐（労基法研報告担当者）に抗議の申し入れをします。

1・25(木)　**鉄連の七人と共に性による仕事差別・賃金差別と闘う会　学習会**
　「男女同一労働（同一価値労働）と同一賃金について」　六時半〜九時

1・26(金)　**労働分科会**　中島事務所　六時半

1・29(月)　**教育分科会**　中島事務所　六時半

2・5(月)　**ヤングレディ裁判**
　東京地裁民事35部　十時〜

2・5(月)　**世話人会**　中島事務所　六時半

一月世話人会から

★　十二月定例会「政党に聞く」に日程の都合で参加できなかった山口シズエさんと二月定例会で話そうと交渉中。

★　事務局の更新あるいは移転のお知らせ。
　リプル葵三〇一号の更新が一九七九年五月十六日に迫ってきました。中島法律事務所の一部を借りて行ってきた事務局ですが、中島法律事務所移転を契機に、運動体として独立します。それに関する今後の運動体としてのあり方などの話し合いは三月に行います。新宿周辺で会員の集りやすい場所を確保できるよう情報をお寄せ下さい。

★　仮称・女性解放運動論研究分科会　二月より発足の予定。

国際婦人年をきっかけとして
行動を起こす女たちの会

1979年 2月

活動報告

【事務局】
〒160 新宿区新宿1－31－4
リプル葵301
中島法律事務所内
Tel (03) 350－6082
郵便振替 東京0－44014

一月二十日(土) 一・三〇～五・〇〇
私たちの男女雇用平等法をつくる集会
於・山手教会

去る一月二十日、「私たちの男女雇用平等法をつくる会」大集会が、山手教会で開かれた。

この日、集まった八百人を越す女達は、共に現場からの訴えに、女の詩に耳を傾け、歌を歌った。そして、法案について考え、会場討論に積極的に参加し、全国から駆けつけた差別と闘う仲間と共に、会場は終始熱気に満ちていた。

集会後行われた四年ぶりの女のデモには、子供も、男も混じえて四百人もの女が、歌いながら、風せんを持ちながら行進した。道行く人々に「女性の労働権を確立せよ!」「性差別をなくそう!」「採用、定年差別をなくそう!」「主婦に再就職の機会を!」「男に保護を! 女に仕事を!」などと訴えた。

その日、東京地方一番の鈴えこみの中で行われた集会とデモ。私達の気球がまさしく凍空に飛びたとうとする記念すべき日であった。

☆ ☆ ☆

冒頭の司会者の挨拶に続き、井ノ部美千代さんによるこの会ができるまでの経過報告

◈経過報告 私達は九月十五日の第一回の集まりより、この大集会までの四ケ月間、男女雇用平等法の骨子を作ってきた。同時に、私達の回りにいる友人、主婦、労働組合の人々に活動を呼びかけてきた。現在の日本の経済状態は、これまで以上に職場で働く女性、女子大生の就職、主婦の再就職、婦人の定年制等に関して、厳しさを増してきた折、昨年十一月労働基準法研究会より出された報告は、保護緩和と組み合わせた形で男女平等法の設定を提起しているが私達の考えてきたものとは異なる。今や私達は現在おかれている差別の現状を認識し、私達女性が、一人前の労働者として認められるように、全国的に「男女雇用平等法」をつくる運動を展開していきたいと思う。

☆ ☆ ☆

続いて現場からの差別の具体的報告が次の

五氏によって行われた。

㈠ 仕事差別賃金差別裁判で闘っている日本鉄鋼連盟の佐々木元子さん

現在の労基法第四条では、賃金差別だけを否定している。日本人女性のほとんどがそうであるように、私達の職場も事務系で、単純な賃金差別というよりも、コピーとりや、くり返し作業のような補助的仕事しか与えられていない。私達は、これを、憲法違反ではないかと判断し、もっと職場で、男と同等に扱われるように裁判を起こした。裁判で会社側は、労基法四条に男女の同一賃金をうたっているけれど、実際は、男と同一労働をしている女性はいないから、賃金が違うのはあたり前だし、女性を補助的仕事につけるのは企業の自由な権利と決めつけている。私達は、(1)女性が男性と同じように働ける権利、(2)女性が自分のしたい仕事をする権利、等を実質的に保障するようなものがない限り、男女平等はあり得ないと考える。

㈡ 女子大生の就職差別、上智大学大塚夏子さん

私達女子大生に対する顕著な差別は、就職差別である。募集は男子に比べて圧倒的に少なく、職種も、スチューワデス、地上勤務の航空関係、一般勤務等に限られている。また男子は、ほとんど十二月までに決まるのに、女子は、現在まで決まっていない人が多い。こうした現状を、大学の就職指導室に訴えても、「女子は働かないでいい。結婚して、い い子供を生みなさい。」という返事しか返ってこない。また、公務員試験を受けても、面接の際、「平等な仕事がしたい。コピーとりや、お茶くみより本当の仕事がしたい。」と答えた人は試験に落ちている。私達は、本当に働く権利を社会で保障されていない。私達は職場で働いている婦人労働者や、組合の人達と一緒になって雇用差別を撤廃して行きたい。

㈢ 再就職の難しさに直面している主婦高橋裕見さん

小さな子供がいる主婦が働こうと思っても、育児のためになわなか仕事がない。その理由は、(1)保育園の数が圧倒的に足りない。(2)小さな子供がいる主婦を会社がとりたくないからである。私は、保母の資格をとったけれど、市の保母は22才までという条件があり、時間外保母としてしか働けない。しかし、保母という職業に、年令制限がいるのだろうか。22才の人ばかりでなく、結婚し子供を生んで実際に育てた経験がある女性がいてもいいのではないか。私達の回りにある無数の男女不平等を除かない限り、本当の男女平等法はなりたたないと思う。

㈣ 昇進差別と闘う舟本恵美さん

現在働いている職場では、私より五才下の男性が、二階級上である。単に男女が同じ仕事をするということだけでなく、他の女性を切りすててはいけない。男女雇用平等法案を法制化した上で、その力を労働者と雇用者側との戦いに転じていかなければならないと思う。

㈤ 定年差別と闘う中本ミヨさん

会社に、定年を理由に五十才で解雇されてそれ以来、十年この不当差別と闘ってきた。現状は厳しくなる一方、私の運動は遅々として進まないけれども、女性運動自体は、強く拡がっている。50才になって定年になることを、もっとかみしめなければならない。高令者には、肉体的な制限もあり、仕事がなくなる。賃金差別の闘いと、定年差別の闘いは表裏一体で、私達は共に闘っていきたい。また女性を差別する会社のものは買わない不買運動も起こそうではないか。

これに続き、三井マリ子さんによる詩「私は女に生まれた」の朗読と、梶谷典子さんの「女だから……は許せない」の歌唱指導があり、この日集まった八百人を越す女達の歌声は会場狭しと響きわたった。

会場が和んだあと、男女雇用平等法案の骨子について、中島通子さんから説明があった。

◆「私達の男女雇用平等法案」骨子試案を提起するにあたって、昨年五月社会党から「男

女雇用平等法案」が国会に提案され、その後共産党、公明党も、平等法の立案作業を進め、また労働省も立法の準備を始めるということである。こうした動きに対し、私達女性自身の手で、とりわけ、働く女性側から主体的に平等法を作っていきたい、もちろん、法律を作れば、性差別がなくなるとか、法律が最高の手段と考えてはいない。けれども、一つの手段として、現在日本の法制度や社会の実態等を考慮した上で、最も有効な法律を作らなければならない。そのために、もっと他の国、米国、英国等の法律を知る必要がある。また性差別は、雇用の中だけにあるのではなく、今の社会のあらゆるところに存在している。したがって、法律も雇用における性差別だけでなく、あらゆる性差別を禁止する有効ある法律を作らなければならない。今、私達はそうした法律と性差別をなくそうとする女達の運動が相まって現実社会を大きく変えて行くことを知っている。

次に法案について説明する。

◆差別の定義　(1)女性であることを理由とする。(2)女性についてだけ設けられた年令・既婚・未婚・夫の地位・収入・子供の有無・親元通勤の可否・学歴・容姿などに関する特定の条件をつけて差別する。(3)共働きなどの世帯の収入形態を理由とした差別。

◆禁止の対象　募集・採用・仕事内容・職場配置・賃金・昇進・昇格・雇用形態・福利厚生・解雇・定年・退職勧奨・職業訓練・職業の紹介、等、雇用に関するすべての性差別を禁止する。

◆男女雇用平等委員会を設置する。

雇用における男女平等を実現するための機関。この委員会は行政委員会であり、他の国家機関の指揮監督を受けることなく意思決定の職務行使を独立して行なう機関、例えば、公正取引委員会、労働委員会のような権限を持つ。国家機関から独立したこの委員会の有無が私達の重要な闘いになるのではないかと思う。

また、事務局をも独立させることが重要である。一般の公務員とは別の形で、公募・採用する。

◆救済手続き

(1)何人も雇用における性差別の事実があると思うときは男女雇用平等委員会に対し、その事実を報告し、適切な措置をとることを請求できる。

(2)委員会は請求があった調査を開始しなければならない。

(3)委員会は迅速に調査し、その結果性差別を行なっている使用者に対し、是正勧告をすることができる。

(4)性差別を受けている本人の請求があった場合は公開審問手続きを行なう。

また、労働組合の自主的解決を尊重し、労働組合によって差別が是正された時は手続きを中止する。

◆決定の効力

委員会の決定に従わない使用者には有効な罰則規定を設ける。

委員会は、その他、ガイドライン、条件整備に関する政策を決定するなど、男女雇用平等を促進する活動をする。

◆次にガイドラインについて、高木澄子さんからの説明があった。

ガイドラインとは、具体的に、どのようなことが差別にあたるのかということを詳細に示したものである。今日は「行動する会・労働分科会」が作ったガイドラインを資料として提出する。募集・採用・職務内容・職務配置・賃金・昇進・訓練・退職・家・育児等、雇用におけるそれぞれの段階を一つずつとりあげ、基本的な考え方と、具体的な差別の禁止事項をとりあげた。

性差別についての私達の考えをあきらかにし、「私達の男女雇用平等法」を作るためには、私達のガイドラインを作る必要があり、より多くの方々からの差別の実態、見聞きしたことについての情報を待っており、ガイドライン作りに参加して戴きたい。

◆男女平等に働くための条件整備について—富沢由子さん

現在、必要な条件を、(1)労働条件、(2)母性保障、(3)家事・育児介護の社会化、(4)社会通念、の四つにわけた。

労働条件―一日の労働時間を短縮、時間外労働、休日労働の制限、深夜労働の原則的禁止等、最低労働条件を引き上げなければならない。また、主婦に再就職の機会、職業訓練の機会を保障する。

母性保障―妊娠、出産が決して仕事の断絶にならないような保障を確立する。子供の成長権を保障するよう保育内容を充実する。希望者はすべて利用できるよう保育所を拡充する。育児時間、育児休業を男がとれるよう制度上から確立する等。男は仕事、女は家庭とつくられた固定観念を打ち破るため、教育、マスコミの役割は重要である。労働の場での差別をなくすには、原因となる社会全体のしくみ、個人の意識を変えていかなければならない。

続いて会場討論にうつったが、日頃の思いをぶちまけんと次々と発言者が立った。

A 現在、労働組合等の婦人部そのものが形骸化しているが、要求している育児時間、育児休暇等をどのようにとるのか、また、労基法改悪反対、粉砕闘争をどのように私達の手で作っていくのか、はっきりしてほしい。今同の男女雇用平等法案は、今までの婦人運動のやきなおしではないか。積極的に男女雇用平等法を掲げていくことについて、具体的にどうすれば いか皆さんの意見をききたい。

つくる会々員B つくる会でも色々な意見がある。婦人運動は形骸化しているが、何らかの形で動ける、実効あるものを作りたい。この運動を提起したのは労基法研究所の報告そのものの反対を優先しているのではなく、それをどうつぶして行くかが課題である。単に反対を叫ぶだけでは何もならず、私達の運動の中で何を具体的に、どういう内容でできるか、また、女性の労働権を明確にさせることが批判になり、私達の運動がはっきりするのではないか。道は険しいが、大胆に一緒に行動しようではありませんか。

つくる会々員C 「男女雇用平等法」を作ろう、具体的に目ざそうという運動は、今までの婦人部の運動の中には、全くなかった。やきなおしと言われるのは心外であり、もっと理解して戴きたい。先程までの私達の説明はたたき台である。法律ができたから変わるとは思っていないが、労働運動が、実際に社会を変えて行くための手がかりとして現在の社会では、法律は必要である。

D 名古屋から来たが、この私達の「男女雇用平等法」には100％大賛成である。しかし、労基法研究会の報告の保護撤廃には大賛成である。権利主張ばかりでなく義務を伴わなければならない。私は、女性は弱い性ではなくて強い性であると思っている。

E 働く女は結婚や、出産、家庭に入るからといって数が少なくなる。労働組合の中で何ができるか疑問である。「男女雇用平等法」を作り、女を採用させ、文句を言う女を増やしそれぞれの場で頑張り、総合の力が必要である。

F 「平等法」の採用の段階から差別を禁じていることを評価したい。今、労働現場にいない人―無業主婦、学生をも加えてやることに今日の集会の意義があり、これも評価したい。

G 雇用平等法のなかでパート雇用者をどう位置づけるのか、パートも忘れないでほしい。

◆討論の後、「私たちは、女へのいわれなき差別を拒否し、みずからの力で生きようと決意した。働く権利を保障する『私たちの男女雇用平等法』の実現をめざし、完全に性差別がなくなる日まで連帯し、闘う。」という宣言文が満場一致で採択された。

詳しい資料を御希望の方は、「私たちの男女雇用平等法をつくる会・Tel 260―[redacted]」まで。

（報告 和久ひろえ）

公開質問状 グループから

▼**都知事候補に質問状**

都知事選に出馬を表明した三氏に次の点について質問しました。結果は次号でおしらせします。

◎今の日本で男女は平等になっていると思うか、◎どんな点で不平等を感じるか、◎不平等の原因、◎「男は仕事、女は家庭」という考え方について、◎東京都の婦人のための施策として最も重要なことは、◎「世界行動計画」「国内行動計画」「東京都行動計画」を読んだか、読んでどう思うか。

▼**自治体その後の施策**

都道府県で、その後の婦人対策、実施等がどのように進められているか、昨年十二月五日付けで各自治体に請求したところ、次の各県から回答がありました。

茨城、埼玉、山梨、静岡、長野、新潟、京都、福井、広島、鳥取、福岡、徳島、福岡、大分。この中で、婦人実態調査、意識調査の報告があったのは、埼玉、長野、広島、大分の各県で、静岡からは婦人問題懇話会意見報告書が寄せられました。

なお、名古屋市から「市政への婦人の参画の拡大について」が送付されています。

私たちの歌
「女だから…」は許せない

女募集の広告みれば
単調労働補助的仕事
おもしろそうな仕事とみれば
社員でなくてアルバイト
　許せない　許せない
　女だからって　女だからって
　採用差別許せない

あなたとわたしは同期の桜
なのに給料どうして違う
入った時からわたしが安く
働くほどに差が開く
　許せない　許せない
　女だからって　女だからって
　賃金差別許せない

女の人生七十八年
なのに定年どうして早い
再就職もおぼつかないで
長い老後をどう暮らす
　許せない　許せない
　女だからって　女だからって
　定年差別許せない

（デモ行進にも歌いました。楽譜もあり。）

教育分科会への便り

荒井詳江より

毎月、活動報告や教育分科会ニュース、楽しく読ませていただいています。

近頃、女性を差別しているのではないかと思うことが身近にあり、まずは、教育分科会の皆様にもお話ししたくペンをとりました。

わたくしは、国語国文学科の学生で、ただ今、四年生のため教員採用試験（中学校、国語）を三ケ所受験しました。

神奈川県では教員採用試験を、神奈川（横浜市、川崎市をのぞく）・横浜市・川崎市の三つに分けて行います。

わたくしは横浜市を受験しましたが、横浜市では一次の筆記試験の際、男女を受験番号で分け、男の人と女の人は違う教室で受験するわけです。二次の面接・論文でも同様で、女子は午前中、男子は午後でした。（中学校国語です。）他県ではそのようなことはなく、横浜市ではなぜ男女を区分けするのか疑問です。また、中学校国語の一次試験合格者は、男子は受験番号6～194の中から40～50人。女子は受験番号210～867の中から40人くらいだったのです。男子と女子の合格率が全然ちがうのは異常としか思えません。

それでは教育分科会のみな様、お元気で。

54年度の国内行動計画の予算案をみる

富沢由子

「昭和54年度国の婦人関係予算案を聞く会」（二月三日・婦選会館、主催・日本婦人有権者同盟）に出席した。厚生省、労働省、文部省、総理府、農林水産省の担当官を招き、各省が54年度は女性問題に対してどの様な実行計画をたてているかを聞くもので、非常に有意義だったのでお伝えしたい。ただし、紙面の都合で今回は総理府の行動計画関係から見てみよう。下の概要でわかるように、世界大会準備活動経費が新規事業として、二千二百万円の予算がついている。内訳は全国を3ブロックに分けて行なう婦人問題推進地域会議と、世界会議の中間報告書作成、婦人の10年を広報するポスター、リーフレット（10万部）、旅費などである。地域会議は、分野別・テーマ別で行なう分科会と全体会とを二日間も、これへの出席者は各界の代表者とする予定だという。自由に参加できる公開の討論の場を設定してほしいと要請したが、実現させるためには、更に強力に主張していかなければむづかしそうだった。企画推進会議は、「国内行動計画をつくることが目的だったので…」というこの日の説明者竹田晃氏（総務担当補佐）のことばからもうかがえる様に、51年以来の委員達36名は実に不活発な会議を開いているにすぎないようだ。3つの委員会―情報、高歳者社会の問題、各地方の改善―に分かれ、総会は年に一、二度開かれる程度。それでも推進本部の各省連絡会議は二ケ月に一度はやっているのだという。こうしてお金が使われているのだから、私たちはせめて、ここで出している資料、「フランスの『女性のための一〇〇の施策』」（昨年11月）などは利用したい。

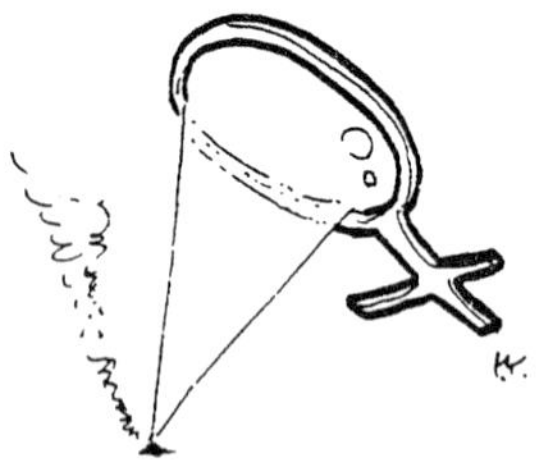

昭和54年度婦人関係予算案の概要　（54・2・3）

（総理府婦人問題担当室）

事項	53年度	54年度	備考
婦人問題の総合推進経費合計	3,000万円	5,100万円	
(1) 世界大会準備活動経費	0	2,200万円	①婦人問題推進地域会議費（約500万円） ②世界会議報告書等作成費（約800万円） ③国連婦人の10年推進費（約647万円） ④世界会議準備委員会出席旅費
(2) 婦人問題企画推進会議経費	1,000万円	1,000万円	
(3) 婦人問題企画推進本部経費	200万円	200万円	
(4) 国際協力推進経費	300万円	300万円	
(5) 連絡調査経費等	1,500万円	1,400万円	

一月二十三日　一一・〇〇～一二・〇〇
労働省抗議へ！

一月二十三日、労働省婦人少年局婦人労働課、三浦崇男課長補佐（労基法研報告関係担当者）に抗議した。十二月二十三日抗議に対する質疑応答、及びつくる会法案骨子・条件整備・ガイドライン・宣言文を要請書として手渡した。

労基法研報告のなかで「家事負担が軽減し女子が就業しやすい状況になってきた。「女子に対する保護規定こそが平等の妨げになる。」「出産は私事で社会的保障をするものではない。」などの点について女子の過酷な労働条件、低賃金、諸々の差別の現状を認識していないことを抗議。具体的な改善なくして一般的に保護の改訂をしてしまうということは現実の女子労働をさらに悪く、しかも労働の場から離れさせることになることを労働省はどのように考えるのか。

（労働省）労基法研究会から報告書を提出された立場にあるので、専門家の意見を基本的に尊重し、現実の行政の場で、どう展開していくかを具体的に検討していく。

婦人少年問題審議会に昨年十一月二十二日に報告されて、これをどう展開していくかを扱っている。中央労働審議会にも十二月二十日に取扱いも含めて検討するように報告した。

平等法制定が始まって保護の見直しをした方がいいのではないかということの中で、実態をさらにきめこまかく調べていく。それに皆さん方の声を聞いて検討していく。

平等立法予算としては、「男女平等問題研究委員会（仮称）」の設置に一〇八〇万円予算があり、ガイドラインを策定するための委員会として、委員会経費二九〇万、企業実態把握調査一八〇万、意識調査（無作為抽出・男女三千人）五四〇万、資料整備七〇万である。

平等の確保という問題は検討していく。何が差別かという問題で、過度に就労を制限していくような問題があれば見直していく。報告書にはあるじゃないかと指摘している。やり方としては皆さん方のやり方もあると思う。

つくる会の平等法案はとてもよいポイントを押さえている。こういう努力を高く評価している。非常に良いアドバイスとして参考にしていきたい。

保護の見直しということに力点をおいて検討するという姿勢はおかしい。平等法制定に関して抽象的であり、どのようにしたら法における平等が行われるか、実行ある平等法とか、そのための条件整備であるとかを検討してほしい。

保護だけが差別ではない。差別の主要な原因は女性の労働権を認めず「女の仕事は家事、育児、男の仕事は外」という性差別意識があるからである。

今の男性のオーバーワーク・無制限な残業とか深夜労働を営利のために行われていることを改善していかなければならないという点を大切にしていきたい。女の労働をそれに合わせるわけにはいかない。

女子労働の実体は報告書の認識とギャップがある。それをどのように解決していったらよいかということを提出した「私たちの平等法案」をどのように吸い上げていくか。

現状においては保護規定の緩和ないし撤廃には絶対反対。先行すべきは労働条件の全般的な改善。そして平等法の制定である。

女性差別をしっかりと認識していない婦人労働課に対してくり返し抗議をしていくことの必要性を痛感した。

行動するのは私たち

教育分科会活動から

仲野暢子

四年目に入る「行動を起こす女たちの会」。私は最近参加し、それも自分にできそうなことを、都合のつくときだけなので、その活動の一部にしか触れていない。しかし不思議なことに、この会は「お手伝いしてます」というようなセリフは通用しない。怒りを感じたとき、行動を起したときが仲間に加わった日であり、でき上った機構に入ってだれかに指示されるのでも頼まれるのでもない。「自分が考える」、「自分が動く」、そこにいっしょに動く渦ができるという感じがする。（とはいえ、これだけの力を結集して全国の同じ志を持つ人たちの心の支えとなる活動を持続してこられた諸姉の熱意には頭が下がるのみです。）

教育分科会では一年目から「男女共学」を訴えてパンフを作っており、（東京とちがって地方では公立の別学が多い。）また「家庭科共習」のための行動を重ねてきた。続いて「教科書の中の男女差別」チェックを始めて三年間、資料をまとめては公開討論会、出版社への申し入れを根気よくくり返している。どの一つとっても当然ながら長い道である。

その際いつも逃げ口上に使われるのが「社会通念」という名の妖怪である。その社会通念をだれが作り出すのか。

私たちはもちろんあらゆる政治的な動き、経済的な要請に神経を尖らせ、わけ知り顔のマスコミに「たかが……にムキになるヒステリー女」といわれようと立向かう。一方、「民主主義的な人間を育てる」と基本法でうたった学校教育が最も遅れていることは何としても許しておけない大きな問題である。

学校で教えていることが建前だけで、世の中は正反対の原理で動いていることが多いが、男女差別に限っては、見栄も建前もなく露骨に教科書に表われている。「人間は……」とあれば男のことで、女は一切無視されているし、たまに出てくれば「頼れる男性の腕の中に……」とか、「お母さんはおっとめのほかにうちの仕事がいっぱいあるので大へんです。」と性別役割分業を当然のこととして疑わない。

教科書がこれで、教えている教師が世界や国内行動計画に無縁で従来通りの差別を助長していたり……？　現場には、孤軍奮斗し、諦め切れない思いを抱く女たちが無数にいるはず。教師にも生徒にも。

文部省や教育委員会に正面から攻めていく年にもなるだろう。組合などの組織に頼ることはできなくても、手をのべて動かす努力がもっと必要になるだろう。そして一ばん頼るべきところは、やはり一人一人の女たち。一時的な意見のちがいを恐がらずに各地に輪を拡げよう。

役所の行なう社会教育のプログラムを点検し、働きかけていく仕事がことしの計画の一つにあがっている。「女と職業」についての教育があらゆる場でどう行われているかも調査してまとめなければ。

雇用平等法のために多面的な宣伝活動がさし迫っている。抗議すべき対象も日々現れる。その中で、大きな歩みの中の一歩を見失わないようにことしも大きく息を吸いこんで出発しよう。

女性差別を書くな?!

―教科書検定という検閲―

久野久・中山千夏らの執筆による高等学校「倫理・社会」の教科書が検定「不合格」となった。（昨年の2月17日）そうして、教科書として出版する道を断たれた著者たちは、執筆の動機・執筆過程・「不合格」までの経過・教科書検定のしくみの解説などを添えて、「不合格」版をそっくりそのまま単行本として出版した。（9月30日、三一書房より）

これは、二度の検定に落ちているわけだが、二度めの不合格理由として、文部省側が批判を集中した第一は、「女性に関する記述」であったという。7月定例会「男女差別だらけの教科書」の発表にも明らかなように、従来の倫理教科書には、女性問題は、不思議と、全く取り上げられていなかったし、又、「家族」の項でも、現代女性の抱えている問題、例えば、共働き夫婦でも、家事はその多くが女性に負わされているといった現実的指摘は皆無である。

この「不合格」版では、女性問題を考える上での基本的視点となる思想の提示ということで、哲学者ジンメルの男女両性論を紹介している。著者は、「この紹介が一つのきっかけとなって高校生自身が、男性に対する、また女性に対する自らの意識にひそむゆがみを反省し、彼らの手で男と女の新しい真の協力関係をどのようにして作り上げていくかを模索して欲しい」と願った。次に、「女性解放の思想」と題し、雷鳥「青踏」に始まる近代日本女性の解放への目ざめとその発展を綴っている。そして、「家族」の項で現代の社会的現実としての女性問題へ言及している。

これらに対し文部省は、いずれの部分にも声高に批判を加え、「教科書として不適切」と判定した。雷鳥、「青踏」の記述は、普通は一頁であり、三頁半も長々と書かれると困るとし、教科書中の「……経済力が夫に集中してしまうと、社会的人間として、妻の思想や行動も、夫の思想や行動によって制限されるようになる。」という記述に対して文部省は「夫が経済的基礎をつくり、妻が家政と保育にあたるのは協働の通例」と断定する。

執筆メンバーである山領、森岡氏は、「検定の名のもとに調査官の頑迷固陋な考え方を一方的に押しつけてくる文部省の態度をこのまま放置するわけにはいかない」と主張する。

高校生の半分は女の子である。彼女らに、世の中には厳しい男女差別が立ちはだかっていることを伝えたい。だから、お弁当を減らしたりせずに体力をつけ、学ばなくちゃいけないんだよと。明治時代の女性解放家たちの強さと苦悩と熱い思いを伝えたい。そして彼女らにも彼らにも、女性差別が人類の社会や文化の様式に深いゆがみをもたらしている現実を知らせ、共に明日を考え、作り出していきたい。

教育分科会では、今、教科書チェックを継続中だ。そして、その報告と、これからの行動の道具としてのパンフ作りを開始した。こうした偏向した検定制度は、現在は厳然とそびえたつ。それをも、もちろん問題にしなくてはいけない。しかしそれを理由に、教科書執筆者の認識の無さ、怠慢を許してはいけない。教科書会社によって、女性差別への取り組み姿勢に大きな差がある。よい例、悪い例を指摘し、会社・編集者の競争を促したい。図・グラフ・さし絵の使い方等々を工夫することによっても、変わっていくのだ。現行制度の枠内で、できるだけのことはやっていき、それが、検定をもつき動かしていくエネルギーになればと思う。

（教育分科会・N）

今月のお知らせ

2・2　私たちの男女雇用平等法をつくる会
2・3　主婦・労働合同分科会
2・4　離婚分科会
2・5　ヤングレディ裁判
　　　世話人会
2・6　鉄連の7人と共に性による仕事差別
　　　賃金差別と闘う会　運営委員会
2・8　労働分科会
2・9　二月集会準備会
2・14　刑法改悪に反対する婦人会議
2・15　鉄連の7人と共に闘う会　学習会
　以上のことがすでに行われました。

2・16㈮**事務局移転準備会**
2・19㈪**労働分科会**　中島事務所　六時半〜
　「労基法研報告考察・中間報告」
　教育分科会　中島事務所　六時半〜
　「教科書チェック」
2・22㈭**つくる会**　第二回集会 Tel 260・4771
2・23㈮**鉄連裁判**　第八回公判
　　　地裁民事六部　一時〜
2・24㈯〜25㈰　**労働分科会春合宿**
　　　夜のみ Tel 696・1986
3・1㈭**離婚分科会**　中島事務所　六時半〜
3・4㈰**離婚分科会**　中島事務所　十一時〜
　「原稿検討編集会議」
3・5㈪**拡大世話人会**　中島事務所　六時半
　「事務局移転に関して」
3・10㈯**自民党に聞く**
　「女性が働くための政策は」
　出席　山口シズエ・石原しげる
　於　自民党本部

事務局移転に関する拡大世話人会のよびかけ

以前から話題になっていた「行動する会」事務所移転も、もうそろそろ本気で取りくまなければならない時期になりました（一月活動報告「一月世話人会から」参照）。2月5日の世話人会に12名が集まりこれからどうするかについて話し合いました。その結果次のように決まりました。よくお読みになって下さい。

◎　三月五日㈪拡大世話人会を開き、事務局移転の結着をつける。

◎　個人個人で事務局探しをし、情報を集めておく。その際の条件としては、家賃は五万円以内、場所は新宿近辺、広さは10畳位。

◎　移転の際の出費は引越債券のようなものを作ってお金を集める。

なお5日の話し合いの中で、〝女性解放合同事務所〟の構想も出、夢は大きく広がりました。鉄連の七人とともに斗う会、雇用平等法をつくる会、刑法改悪に反対する婦人会議、行動する会の四団体がさしあたって事務所を必要としているわけですが、それに家庭科の男女共修をすすめる会、女・エロス編集委員会、ミズ女性ジャーナル、まいにち大工、女たちの映画祭実行委員会、ホーキ星の七団体などが一緒になって一つの大きな事務所を持ちたいなあ……と目を輝かせながら話し合いました。しかし、こんなにたくさんの団体がひとつの所に集まると会合をする日取りがとれなくなるとか、これから五月初旬までみんなと話し合いを煮つめる時間がないのでまとまらない、という問題点があがり、具体化はしませんでした。（長期的構想としては考えてもいいですね。）

三月五日㈪六時半の拡大世話人会では、移転準備委員会の方から、原案を出す予定ですので、万障くりあわせて参加して下さい。

（二月世話人会より）

1979年 3月

活動報告

国際婦人年をきっかけとして
行動を起こす女たちの会

160 新宿区新宿1−31−4
リプル麓301
中島法律事務所内
(03) 350−6082
郵便振替 東京 0−44014

都知事候補に聞く

二月定例会

都知事になられる方がどのような女性観をおもちか、どのような婦人政策をお考えかは、私たち女性にとって大きな関心事です。
そこで、都知事選に立候補の意思表示をされた左のお三方のお考えを直接お伺いするために集会を催しました。

その1 太田 薫 さん
とき 2月24日 AM 11:00 〜 PM 2:00
ところ 婦選会館

その2 麻生良方 さん
とき 3月2日 PM 6:00 〜 9:00
ところ 四谷公会堂

その3 鈴木俊一 さん
とき 3月4日 AM 9:30 〜 PM 12:00
ところ すぺーす JORA

(1)

その一　太田薫さん

まず、公開質問状グループの梶谷さんが、太田さんの公開質問への回答をもとに質問に立った。

梶谷「性別役割分業を自明のこととしかとらえなかったことを反省していると回答で述べていらっしゃいますが、反省した結果、具体的に例えば家庭あるいは労働組合の中などでなさったことがあったらお話し下さい。」

太田「私は男女同一労働同一賃金・生理休暇を勧告しているが、女子はそれに甘えていてはいけない。私は同一労働同一賃金のために最善の努力をしてきた。単純に同一労働同一賃金といっても、今の婦人運動家には技術革新による仕事の単純化のため女子が職場に入ったという点から労働者の質量を考えることやベルトコンベアーを使う女子労働者は男子労働者よりもきびしい労働をしているのだからもっと高い賃金をもらうべきではないかという発想に欠けているのではないか。」

梶谷「これからも都政を考えるにあたって、妻は家事をやって当然ということを前提にしないでほしい。差別の原因となる『男は仕事女は家庭』の社会通念をつくっているもののひとつとして太田さんもマスメディアを掲げていらっしゃいますが、具体的にマスメディアについて問題だとお思いになっている点をおっしゃって下さい。」

太田「マスコミの世界では、『男は仕事女は家庭』という考え方の方が多くて、その反対の立場でマスコミに登場しているのは非常にヒステリックで教条的である。教条的だというのは、ぜんぜん環境も考えずにすぐ『男女同権』と書いたり、こんなことができるのだろうかと思うようなことが無条件で書かれていることだ。論説を書く人も男女平等のことについてもっと新しい考え方をもち、労働現場についてもっとリアルに抵抗感をもって書くべきだ。また、行動計画のような文章はもっとみんなが読めるようにやさしく書かれる必要がある。」

次に教育分科会の和久さんが教育問題について質問した。

和久「憲法で平等教育が唱えられているにもかかわらず、家庭教育でも学校教育でも女子は女子向けの教育、男子は男子向けの教育が小さなときからなされるために多くの男性が自分で身の回りのことができないという現実をご存じですか？」

太田「高校の進学率を例にとると女子の方が高いのだし、内容も平等に扱われているのではないか。ただ『男は仕事女は家庭』という社会通念の拡大再生産が教育でおこなわれているとすれば、文部省のもっとも封建的な人々がやらしているからだ。」

和久「生活的自立を身につけるものとして家庭科は重大な役割を果たすものであるが、現在東京都では男女共修ではありません。」

梶谷「女だけが家庭科をやっているという教育の中で、太田さんの言う『食べたい人が作って食べる』ということができない男の子が実際に非常に多い。その大きな原因として家庭科を女子だけにやらせているということがあげられる。東京都はそれを改める方向を出しているが、それには御賛成ですか。」

太田「家庭のことは女子がやるんだというまちがった通念があったために女子だけが家庭科をやっているのであって、これは内容は違えた上で、男女とも家庭のことは学ぶべきだ。自治体でも進めるけれども、知事の言うとおり教育が決められるわけではない。」

このほか、和久さんは都立高校の定員、数の問題、女教員採用の問題をとりあげたほか、男女平等教育を進めていくためのパンフレットの発行と教師たちの講習会あるいは社会人の講座を設けるために予算をつくってほしいということを要望した。

この後、労働分科会の三浦さんが労働問題について質問した。

三浦「保育所設置の問題が、東京都の財政危機の中であとまわしになると東京都の行動計画に反することになるので、このことについてはまず前進させてほしいのですが？」

太田「保育所のことだけでなく、福祉・身体障害者の問題など、急がない工事をあとにしても優先させる。」

三浦「学童保育の助成金が今度の予算ではなくなっているのですが？」

太田「全部回復させる。美濃部さんの線は全部継続させる。」

三浦「労働の合理化の問題で、まっ先に首を切られるのは共働きの女子労働者である。男性も含めた人間らしい生活にむけての労働条件の整備が必要ではないか？」

太田「会社がつぶれるということに労働組合がまっ先に考えるのは『だれがやめたら、おのおのの家庭が路頭に迷わないか？』ということであって、女性男性ではない。だから、女性でも世帯を支えている人ならやめさせられることはないだろう。しかし、一応女性の方が年の若い人から肩をたたかれるけれども、それには反対だ。」

三浦「男性を含めた労働時間短縮という観点で都の行動計画を見直してもらいたいのですが？」

太田「日本の労働者は、絶対的賃金が低いため、残業してたくさんもらいたいと思っているし、時間短縮して人をたくさんいれたら、不況になったとき、首を切られるから残業して今のままでいいと思っている。それに賃金を十%もあげられない。今の労働組合では時間短縮は私たちも言っていることだが、不可能だ。しかし、時間短縮を概念的に考えるのではなく実際にあまりにも速い日本のベルトコンベアーに従事している人の労働基準法で決めることにより、まっ先にするべきだと思う。」

梶谷「男性の『家庭のことなんか考えていられない』ということをなくす方向でできることをやってほしい。また審議会への女性の登用を都の行動計画のとおり男女半々をめざして進めていってほしいということと、『女性の副知事』ということをおっしゃっているけれども、もっと具体的に述べてほしい。」

太田「まじめな婦人団体を傾向的に五つのブロックに分け、その中から副知事にしたい人を選んでもらってその選ばれた人たちをみんな採用し、その採用の中から都議会を通る人、五、六人を代表者として出して婦人局を立て、男女平等の立場からきめの細かい意見を述べてもらう。子ども二人ぐらい育てて共働きをやっていて見識の高い人が一番良いのではないか。」

代表質問のあと設けられた自由討論の時間には「共働きは緊急事態ではなくて正常な事態である。」という意見や「組合が女子の労働権を守らなかったこと自体が、労働権を弱くしたのではないか。」という意見、そして母子家庭自身の施設の改善、都営住宅の中で母子世帯優先の割合を増やしてほしい、という要望などが出された。

（報告　豊田千秋）

その二　麻生良方さん

他の二人の候補が組織をバックの登場とすれば、こちらはテレビ等を通しての知名度と、タレント性を頼みとしての立候補と言える。聞くところによれば、講演会などでの人の集まりもなかなかのものとか。どのような政策と女性観の持ち主であるのか、まずは確かめさせて頂こう。限られた時間であったが、公開質問状グループのアンケートに対する回答をふまえて、教育分科会、労働分科会の代表質問から始められ、会場からも都政に対する具体的な質問、要望が出された。

代表質問1

「一般には、こういうものがあることさえ知らない女性が多いのだから、ひとつひとつ実例を上げて提案していった方が、私のような政治の立場にあるものからも、こういう問題があるというふうに提示できて良いと思う。」

代表質問2

「平等にやるべきだという基本線はすでに出ているのだから、それが有名無実にならないように、教育委員会に働きかけて積極的に行政指導をそれぞれの教育機関に行っていくことが必要である。ただし、教育委員会の権限があいまいであるから、それをもっと、市町村とか、区の単位で充実させていくことが必要である。教育委員会の委員の構成も改組して、もっと行動的な、現場体験のある人がなるようにする。教育庁にも問題がある。ことなかれ主義だ。都の方針が、積極的に行政にいかされるようなものにしたい。

共稼ぎの場合など、今までの日本の習慣で主婦の仕事として女の人に家事の負担が過重にかかって大変問題である。男女で分担してやっていくようにするためにも学校における家庭科教育は絶対に必要である。男が家庭の仕事だけでなく、教育のことも奥さんまかせにして、結局は、家族から孤立して、逆に疎外されている。これは男にとっても良いことではない」

代表質問3

「知らなかったからそれはおかしい、そういう不平等が暗黙のうちに了解されているのはおかしい。一度調査して、事実であるならば、やめさせるようにしていく。男女定数が半々になるように積極的にやる。」

代表質問4

「美濃部福祉の継承ということではなく、低成長下の福祉のあり方とは何かを根本的に見なおしていきたい。共稼ぎをせざるを得ない者がうんと増えるのだから、保育所は低成長時代には最もスポットをあてるべき福祉の対象である。その意味で、保育所、学童保育に対する予算はできるだけ復活させたい。ただし、都財政の中だけでは無理だから、区と都の間に話し合いを進めて、（品川区を除いては区は十ら二十億の黒字だから）、区と都の協力関係をもっと作っていって、財源をひねりだしたい。これは共稼ぎのものだけの問題ではなく、子ども自身、早いうちに社会的な環境になれさせる方が、判断能力、選別能力を伸ばせて良い。」

代表質問5

「結婚する、しないは本人の自由としても、結婚した女性が、職場を放棄しないですむ環境をどう作っていくかは大切な問題である。共稼ぎが一般的になることが好ましい。現在、都職員の女性の比率が非常に低いが、学校での男女共学が当然であるように、職場でも男女は同数いるほうが良い。その方が楽しいじゃありませんか。男女同数になれば、いろんな意味で、例えば恋愛問題とかが出てくるだろうか、それが社会というものです。

共稼ぎで女性の肩たたきはしない。職員の削減と、新規採用ストップは一時的にはやむをえないが、その後の

（4）

新規採用の場合は、男女平等にする。その代わり、女性にも責任のある仕事をもってもらう。それでなければ、つまらないでしょう」

代表質問

「都の中に有能な女性がいれば、副知事、局長になってもらうのが一番良いのだが、現在ではなくても、女性が少ない。外部から入ってもらって、単にマスコミ受けする女性副知事ということではなく、実質的に女性の意見を都政に反映できるよう、女性の問題を知事に進言できるグループを作るようなことを検討したい」

会場からの質問——都庁での男中心のふんいき、考え方の中で、男女平等な採用、職員配置をどう具体化していけるのか。

麻生「上に立つものがどういう考え方を持っているか、知事の考え方というものが、問題で、役人は上になびくものだから、知事が、そういう方向をとらせば、できるはずだと思う。」

会場からの質問——それでは労組との対応の中ではどうか。

麻生「日本の労組は男性支配型の体質である。例えば女子の多い組織同盟でも指導層は男ばかりで、女性軽視の体質を持っている。その意味で障害になるかもしれないが、採用権、人事権は持っていない。少なくとも採用段階で反対はできないし、女子採用阻止には出れないでしょう。そんなことをしたら大変なことになるから。

会場からの質問——教育現場の職員に男女平等を、例えば同和問題の場合のように、パンフ、研修会などで、男女差別はいけないことだと指導していくことは、効果があると思うのだが。

麻生「そうでしょうね…。それは労組の中でも考えてもらって、例えば管理職にある女性が非常に少ないが、管理職拒否という気風を直してもらって、組合の中で主張したことを管理職になって実行していくということでなければいけないと思う。家庭責任の負担があるためにそれができないということは、男と女が両方の問題として考えていかなければならないと思う。」

会場からの質問——女性であるが故の差別を、女性が訴えて、それでも労政事務所の担当者は男ばかりで、わかってもらえず、切りすてられていくことが多い。件数も多いし、女性のために必要なものであるのに、社会的に影響を及ぼす行政の場がそれでは困る。

麻生「新規採用はできないし、現在のかたよった性別の人員配置を改めて、労政事務所の窓口に女性を置いてもその上司まで女性にすることもできない。できるだけ窓口に女性をおくようにするが、それと同時に、暫定的に、かけこみ寺のような、苦状の収集、聴取機関を知事の側近グループとしておいて、そこから直接、知事が意見を聞けるようにしたい。その上で、知事から労政事務所に指導する。」

（報告 石原啓子）

その三 鈴木俊一さん

鈴木さんは総論賛成、各論反対とでもいったらいいだろうか、具体的な点になると、ニコニコと笑って「考えてみます。」とおっしゃるのみ。保育所のところでは「母親が赤ん坊におっぱいをのませながら育てるところに母と子の精神的なつながりが生まれる。」とやけに断定的。にもかかわらず「東京都行動計画はできるだけ尊重していきます。」「女が働くのは男と同様に経済的・社会的自立をしたいというためでしょうね。そういう女性の国立ということに賛成せざるをえない」と公言せざるをえなかった。
　質問者――都行動計画には大体賛成であると答えているが、どの部分に反対なのかをお聞かせください。
　鈴木「不勉強で……実際問題として具体的に遭遇したことがないので言えない。」
　質問者――基本精神には賛成でしょうか。
　鈴木「そう、そう。賛成です。」
　質問者――都の婦人のための施策として最も重要なことの項に「婦人問題センター」の設置を書いておられるが、これに関して具体的にお聞かせ下さい。
　鈴木「私なども、こういう問題と別の世界に暮らしていると、情報不足でよく分からない。ある意味では啓蒙的なものになるかもしれないが、そこへ行けば婦人問題について分かるような情報センターのこと。センターというとひとつのような感じだが、私の考えでは各地域にサブ・センターを作りたい。」
　質問者――区単位ぐらいにか？
　鈴木「市町村ではその単位で、あちこちにコミュニティ・ハウスができているが、その中に婦人問題を考える場所を設置する。」
　質問者――都行動計画には54年から56年にかけて婦人会館を作ると言っているが、財政難の中で実現できるのだろうか。
　鈴木「財政再建計画を作ってそれを軌道にのせれば、難しいことではない。起債しかないが。『やります』とは言えない。私はやると言ったら必ずやる人間だから。公言に責任を持ちたいので……。努力はする。」
　質問者――家庭科の男女共修のことで質問したい。男の子が家庭科を学ぶことを鈴木さんはどう思うか。
　鈴木「男女とも選択にしてみたらどうか。」
　質問者――今の世の中では、男の子の生活的自立がなさすぎるので、家庭科を男女ともにというふうに、東京都行動計画でもうたっている。その点に反対ということになるか。
　鈴木「いや、そういうつもりはない。」
　質問者――小学生の男子の母親だが、学校の家庭科でサラダの作り方を学んできて作ってくれた。学校で習ってすごいことだなと感じた。外国人の男の子に比べても日本人の男の子の生活的自立のなさは目立っている。基本的なところは人間として暮らせるようにしなくてはいけないのでは。
　鈴木「奥さんが外出したり、亡くなったりした時に男でもやれる必要があるということは当然そう思う。いろいろ話をうかがっていて、だんだん家庭科共修にしなくてはと思うようになった。」
　質問者――都立高校の男女定員同数化の推進に対して、私立高校の抵抗があるということを聞いているが、鈴木さんならどう対処するか。
　鈴木「戦後ずっと男対女の比率が二対一となっているわけですね。なぜだか考えたことがあるか。男の子を持っている家庭の反対……一種の既得権の変更だから抵抗がある。理屈から言えば男女同数に賛成だ。」
　質問者――それでは積極的に推めてくれるか。
　鈴木「教育委員会の方が主体だが、都行動計画にしもりこんであるし……おっしゃることは良くわかる。努力はする。」
　質問者――都行動計画では労働権が個人のものとして基本的人権だと述べている。その労働権を守るためには保育所の質量ともの充実が何よりも急務だ。54年度予算には学童保育の助成金が計上されていない。これも財政再建計画ができてからということでは困る。0才児保育に関してもほとんど考えられていない。
　鈴木「生まれたばかりの赤ちゃんを共同施設に入れるのは大変むつかしいことだ。費用がかかりすぎる。」

質問者 ―― 共同保育に関して個人的に意見は？

鈴木「保育をしてもらえる主婦にちゃんとしてもらうのが理想だ。自分の子どもだから家庭で責任をもって育てるのが当たり前だ。産んだらすぐ保育所へというのでは困る。」

質問者 ―― ファミリズムという弊害があるが、

鈴木「保育にかける0才児がいれば福祉という点から考えねばならない。」

質問者 ―― 保育園は保育に欠ける子だけが行くところではない。

司会 ―― 福祉の問題としてではなく、子どもの集団保育を受ける権利ということは考えておられる。そして幼保一元化の上で、保育所をもっと増やす方がいいというふうには考えているわけか？

鈴木「その通りだ。」

質問者 ―― 経費が負担できない人は無理としても、あとの人はその負担をすべきだと……。子どもは社会で育てていくんだ。だから経費は税金でというようには考えられないか。

鈴木「税金と、直接利益を受ける人の負担を今一度考え直したい。今はあまりにも受益者負担部分が少なすぎる。」

質問者 ―― 国の考えは保育は家庭という考え方だが、鈴木さんとしては、もちろん家庭も重要だが集団保育も重要だ、必要だという考えになっていただけたということか？

鈴木「それはそれでいいと思う。」

質問者 ―― 都職員の中でも共働きの女性職員を肩たたきすることがある。

鈴木「地方公務員法があるから男女差別はありえない。」

質問者 ―― 共働きの女性というふうにはなっていなかったが、共働きが対象になった場合、所帯単位の考え方からして、実際的に女性が対象になる。採用時の男女差別に関してはどうか。

鈴木「高卒の女性の方が成績がいいため、採用した人が女性が多く、各現場で『もっと男性がほしい』と言われたことがあった。

都政は女性の声を反映しなければいけない。都議会にもっと女性が増えるといいし、教育委員会・人事委員会に女性を加えたい。ニューヨークなどでは、黒人・白人・女性とバランスをとっていた。適材適所ということで、どんどん女性を採用したい。前、自治省にいた時、加藤富子さんを採用したが、富山県という土地柄のためか、回りとうまくいかなかった。現在は自治大学教授、自治研修センター所長としてやっているが、今の方がいいようだ。」

質問者 ―― 加藤さんのせいではなく回りの低抗による面が多い。女性がどんどん増えることによってその抵抗を少くすることはできる。

鈴木「その通り。それはそうだ。」

質問者 ―― アメリカのように何％以上は女性を採用するというふうに具体的に行政指導をするつもりはないか。

鈴木「努力目標としてはあげられるが、むずかしい。」

質問者 ―― 都は審議会の委員を、半数を理想とするとなっているが、副知事は？

鈴木「副知事を二人にする場合、一人ぐらいは……。サッチャーさんのような人がいれば。誰か紹介してほしい。」

司会 ―― 採用して下さるなら、後日ご連絡したい。

（報告　三井マリ子）

都知事選立候補予定者に公開質問状

公開質問状グループでは、都知事選に立候補の意思表示をされた麻生良方・太田薫・鈴木俊一の三氏に質問状を送りました。三回にわたる「都知事候補に聞く」集会ではその回答を話のきっかけにしましたが、質問と回答は次の通りです。（公開質問状グループ）

質問	麻生さんの回答	太田さんの回答	鈴木さんの回答
今の日本で男女は平等になっているでしょうか	平等になっていない	平等になっていない	平等になっていない
特にどんな点で不平等をお感じになりますか	①女性の経済的自立の道が閉ざされている ②職場における男女の待遇にかなりの差別がある	憲法によって男女平等がうたわれているにもかかわらず、男尊女卑の意識はあらゆる分野において、女に対する差別があるように思います。私がいた労働運動の中でも、家庭生活の中でも、地域の市民運動にしても性別役割分業を自明のこととしか捉えられなかったように感じ、反省しているからです。たとえば、合理化で共働きの婦人はやめてもらいたいと提案されたとき、男は一家を支えているんだし、婦人にはお父ちゃんがいるんだからまず食られば困らないだろうと安易に考えてしまった自分を思い出すからです。また、働く婦人の場合、職場では同一労働、同一賃金になっていないし、家庭生活の中でも家事、育児あるいは病人の看護とすべて女性におおいかぶさっていることをみても、まだ男女平等になっていないと考えます。	労働条件について（内職・パートタイマー等特に問題多し）
不平等の原因として最も重要なことは何でしょうか	①男女についての古い社会通念 ②共働きができるような施設の欠除 ③女性の就職が	経済的自立が女性解放の基本的条件だと考えます。しかし、女性が働こうと思う時、それを阻むものに教育、マスメディア、家庭内教育などすべての分野にわたって「女は本来家庭にいるべきもの」との社会通念＝差別の根源ができあがっていることと、女を安く使い捨てる資本の雇用政策に問題があるし、保育所をはじめとする福祉施設が不十分であることがあげられると思う。労働条件をはじめ母性の社会的保障をさせるなど、男女平等に働くための条件整備をして	基本的人権の尊重と両性の本質的平等を保障している憲法の基本的理念があらゆる生活の場で

(8)

	「男は仕事、女は家庭」という考え方をどうお思いになりますか	東京都の婦人のための施策として最も重要なことは何でしょうか
一般的に結婚するまでの一時的なものと考えられていること	どちらとも言えない 理由・女性自身の問題もあるから ケースバイケース	①職場における女性の進出の障害の排除 ②恵まれぬ女性のための施設の拡大 等々
いかなくてはならない。 また、民主的である労働組合に組織されている労働者の中でも男女平等の意識が低い多くの女性をみたときに現状を肯定する人が多いこと、差別の中にいることを感じていない人があまりに多いように私は感じています。悲しいことですし、残念でなりません。 男は女に弱いのですから、男の尻をひっぱたく位の元気が女性にあってもよいと思います。 今の社会の枠組を変えない限り不平等はなくならないでしょう。	反対 理由・すでに女性の半数は働いているのですから実態にあわないし、人間の平等の理念とも相反する意見だと思います。(いわゆる伝統的・固定的な性別分業観である。) 女の人は子供を生むだけが仕事じゃないんで、女の人だからといって家にいることはないでしょう。どんどん女の人も高等教育をうけ、能力を十分に発揮し、社会に出ていってもらいたい。そうすれば社会の矛盾をからだで感じることができるし、そこから何らかの動きがはじまってくると信じます。 自分のくいぶちは自分で稼がなくてはならないように、お腹がすいたら食べたい人が作って食べるようにしていけばおのずと家庭も生活の中から男と女の対等な関係もできてきましょうし、そういう新しい生活体系をかく立していくことが必要だと思います。 そして「男は仕事、女は家庭」「女性の職業は結婚まで」といった誤まった社会通念を改めるための施策をこそおしすすめるべきであると思います。	①婦人問題を解決するためには東京都の行動計画(若干問題あり)を着実に実現する立場から積極的に推進する。 ②働く婦人の権利、子供の育つ権利の保障のために保育所の普及、充実にあたる。とくに措置基準をはずして、誰でも預けられる保育を一日も早く実現させる。 ③審議会その他行政機関への女性の積極的登用と政策決定への女性の参加の推進をすすめる。 ④生活保護費のうち給与基準の中に地域格差・男女の格差があるのでこれを是正し基準を引き上げる。 ⑤内職斡旋事業をせめて、各区に一つ設ける。
十分守られていない	どちらとも言えない。 理由・「男は仕事、女は家庭」ということばに含まれる伝統的固定的な役割分担観には反対であるが、肉体的精神的理由に基ずく機能分担は、ある程度考慮されてよいと思う。	婦人問題解決の基本的な理念が日本国憲法に明示されていることを都民に十分に徹底するようにすること、その為に必要な情報等を提供する。

	世界行動計画をお読みになりましたか	世界行動計画をお読みになってどうお感じになりましたか	国内行動計画はお読みになりましたか	国内行動計画をお読みになってどうお感じになりましたか
	一部読んだ	主張としてはわかるが、現実問題として、それぞれの国にはそれぞれの環境・習慣があり、それを画一的にすすめるには問題がある。	一部読んだ	世界行動計画の日本版だと思うが、もう少し現実認識された、具体的な提案がほしい。
	全部読んだ	全く賛成である。国連で提唱されて4年目になる――性による差別の撤廃、平等の推進とこれを阻む性別分業意識を排除することを基本としている――世界行動計画についてはほとんどの人が知らないのではないか。このことは政府の怠慢であるはずだ。そういう私も、メキシコで開かれた「国際婦人年世界会議」で219項目ですか、採択されたことぐらいしか知りませんでした。明治生まれの私としては、頭の中では男も女も同じ人間であることはわかっていても無意識のうちにあるいは態度でそれとは正反対のことをしていることがあることを反省しています。婦人の差別の歴史は長く、1年2年で打開できるものではない、婦人の解放をめざす日々の運動が必要だと思いますが、このことは決して婦人だけの問題ではないことはもちろんです。特に、経済協力という名の海外進出が経済侵略となっている場合、その国の婦人へのさく取、収奪を強めている我が国の現状に対しても、世界の婦人と連帯していくことがより一層もとめられると思います。そして都の行政は「世界行動計画」を推進し、保障することを特に重視しなくてはならないでしょう。	全部読んだ	あまり賛成できない。国内行動計画は世界行動計画の精神がくみ入れられていない点も多く不十分なものであると思う。この中には、女性が人間として生きる権利、労働の権利の保障については、どこにも示されていないし、現存する男女差別、不平等を是正するための具体的施策が示されていません。また、育児について家庭保育第一主義をとり、性別分業の固定化をはかっている一方、平等に働く基盤を作るために現行の婦人に対する法制上の「特別措置」をみなおし、就業制限などを解消すべきといっているのは問題である。
「婦人問題センター」の如きものを設置すること。	全部読んだ	全く賛成である。各国の社会、文化及び地域による婦人の地位の格差を明確に認識した上、各国の実情に即する国内行動計画を策定し実施すべきものとしており、その提言は、弾力的且つ実際的である。	全部読んだ	大体賛成である（策定経過）行政主導型で、婦人や婦人団体の意見が十分反映していないように思う。（計画の推進）実効性を担保する年次計画が欠落している。

東京都行動計画はお読みになりましたか	東京都行動計画をお読みになってどうお感じになりましたか
一部読んだ	前に同じ
全部読んだ	大体賛成である。 中間報告と比べ、最終報告には①母性の考え方が後退しているように思う。 ②婦人解放の原点である売春についての施策がなく、国への要望のみに終っているのは問題である。 ③働く権利の保障と職場における男女平等の確保の中で、女性の働く権利を保障し、職場における男女差別をなくすためにという具体的な提案が中間報告ではあったにもかかわらず全く取り入れられていない。又、社会が変ってきているからといって深夜業の拡大がありうるような表現がある。深夜労働については男女共原則として禁止し、国民生活上どうしても必要な場合に限られる方向にもっていくべきだと思う。 都民の参加で行動計画がつくられ、その基本には憲法の平等理念、人権思想が貫かれて立派なものであり問題は、新たになる都知事の基本姿勢であり、かつそれを支える具体的な行動の展開である。 もちろん、婦人問題解決のためには、根本的には国の施策にまつもの、法改正が必要なもの等があるため、都は国とも協議し、総合的な解決にあたりたいと思う。 ※中間報告ではなく、婦人問題会議の答申であり(注 企画審議グループ)
全部読んだ	

今月のお知らせ

3月1日(木) 離婚分科会
2日(金) 「都知事候補に聞く」
その2 麻生良方さん
3日(土) 主婦・労仂合同分科会
「フランソワーズさんを囲んで
「フランスの女性解放」
4日(日) 「都知事候補に聞く」
その3 鈴木俊一さん
離婚分科会
5日(月) 拡大世話人会
6日(火) 「リンガフォン編集部長に聞く」
8日(木) 女性解放運動合同事務所
設立運営委員会
10日(土) 自民党に聞く
「女性が仂くための政策は」
12日(月) 「私たちの男女雇用平等法
をつくる会」資料説明会
於・56番館 6じ半～

3月13日(火) 女性解放運動合同事務所
設立準備委員会 6じ半～
14日(水) 離婚分科会 7じ半～
15日(木) 鉄連の七人とともに闘う会
学習会 6じ半～
16日(金) 労仂分科会 〃
23日(金) 教育分科会 〃
26日(月) 労仂分科会 〃
4月2日(月) 世話人会 〃
5日(木) 労仂分科会 〃
7日(土)
8日(日) } 教育分科会
春の合宿・場所未定
8日(日) 離婚分科会 2じ～
16日(月) 「マング・レディオ判」
於・東京地才36部 1じ～
19日(木) 労仂分科会 6じ半～
30日(月) 〃 〃

(場所が記載されてないものは、いずれも事務局で行います)

三月世話人から

★四月は、事務局移転のため、定例会は延期になりました。
四月以後の定例会予定としては
「マンガに於ける女性観」

「男と子育て」

「中央労仂審議会委員をよんで」

などがあげられています。

四月二日の世話人会には、ぜひご出席下さい。

★今月の活動報告は、告示前に発行しなければならず、とうとう手書きとなりました。読みずらくてもガマンガマン。

手書き担当者
山田・小林

国際婦人年をきっかけとして
行動を起こす女たちの会

1979年4月

活動報告

【事務局】
〒160　新宿区新宿１－31－４
リプル葵301
中島法律事務所内
Tel　(03) 350－6082
郵便振替　東京０－44014

三月十日　一時半～二時四十五分

自民党に聞く
――働く女性のための政策は――

十二月定例会で行なわれた「政党に聞く、女性が働くための政策は――」の際、集会に出席できなかった自民党、山口シズエ代議士からの申し入れにより、この日の懇談会となった。

出席者は、自民党山口シズエさん、石本茂さん、他婦人局職員のメンバー七人。

行動する会からは、教育分科会、労働分科会メンバーの六人（駒野、梶谷、浜田、高木、富沢）が質問を行なった。

石本　「国連婦人の十年」は婦人の地位の世界的な位置づけということですし、この十年の間に差別意識をとにかくなくしていきたい。私どもにできることは、今の政府の中に審議会がたくさんあるが、女性の委員が非常に少く、現在三%ぐらいである。婦人議員も少く、議員懇談会の議長を山口シズエがやっているが、全党派あげて、一致協力して、現在の情勢を分析し、女性差別をなくすよう苦心さんたんしているのが現状です。

駒野　世界行動計画に対しては賛成でいらっしゃいますか？　また'75年のＩＬＯ総会の決議、計画には？

石本　それはもう賛成です。政策の中で行動として、制度として、国民自身、女自身が変えていくものである。男女平等が定着できないところには女性自身の自覚の問題がある。

梶谷・高木　具体的な政策については？

石本　行政機関については進んでいない。四月から、各都道府県に職業斡せんを含めたものが、相談事業として婦人局の中に婦人問題対策のためにできている。

梶谷　新しい機関を設置するということはないか。

石本　これは行政指導ですから。地域の声をとりあげるということでやっている。

駒野　行政指導というのは限界がある。解決するためには救済機関が必要であると思うが？

石本　男女平等法というものを考えていきた

い。

駒野　平等法の立法前に労働条件の整備が必要ではないか。保護撤廃、一部改正というのは、条件整備が整ってから考えた方が良い。

石本　そうです。そうです。

梶谷　全労働者の問題として、男性も含めた労働条件の改正ということは、私たちと一致した考え方ですが、具体的にそういう考え方というのはどのような政策として持っていられますか。

石本　女性の意識を高めていって、労働基準法の手直しをしたい。

梶谷　労働条件の整備として、⑴男子も含めた四十時間就業に、⑵労働協定さえ結べば、いくらでも時間外労働ができるという規定は改める。⑶原則的には男女とも深夜業を禁止していく。という方向にしていただきたい。

石本　労働部会でも、そういう話が進行していくんだろうと思います。

駒野　人間らしく働く基本線をつくっていただきたい。

浜田　労働基準法の修正をしていきたいとおっしゃいましたが、それ以前に現実的には女子の採用差別があるが、それについてどのような具体的措置をおとりでしょうか。

石本　民間の企業の場合ですね、行政指導でできない場合、法律でそれをとりしまることができないだろうかということを考えています。

浜田　立法を考えているのですか？

石本　採用する側、される側の意識の問題があるわけです。女性は男性と同じ労働をしていたら認められないんですね。男性の何倍かの努力をしなければ認められないんですね。

富沢　意識の問題だということですが、その意識をつくりあげている要因のひとつとして男は仕事、女は家庭という観念で教育されている問題があるわけです。教育分野で男女平等にしていくために、家庭科の男女共修、男女共学というようなことを進めていかなければならない。しかし、現実には校長会の反対などがある。

山口　私なども「婦人対策特別委員会」の委員長をやっているが、男子議員の数が多い。男子議員に理解してもらうことが先になるわけです。男でも料理をする。子供を育てるのも好きな方がすればいいという考え方になってきています。野党も保守もないのね。議員連盟では共産党までもうらしています。問題点に対して、意識の問題となっています。

梶谷　具体的な政策としてはいかがでしょう。

山口　例えてみれば、運輸省で管制官に女性を採用していくとか、大蔵省で国税調査官など女性がいいと思っているんですが、男子の方がいいという意見がある。私は女性の説得力とか、柔軟な話し合いができると思うのにいざという時には男性でなければだめだと云う。これは意識ですよね。なかなか、各省、うまく進まないんです。具体化するべく努力はしています。

梶谷　法律をつくることによって意識を変えていく力にもなるわけですから、立法についてはお考えになっていらっしゃいますか。

石本　政府がやっているので取り次いでいく。議員立法で出していくというのは考えておりません。労働省が中心になって進めていくべきだと思います。

富沢　行政指導の分野では、職業安定所で、男の窓口はこちら、女の窓口はこちらというように分けてあるが、受付窓口の一本化をぜひ進めてほしい。

山口　それはいい意見ですね。

梶谷　家庭科共修にしても、さしあたって男子に選択をすすめる。学校単位で男女一緒にやるということを指導していただく。

山口　そうですね。

浜田　男女必修にしていくということもご検討いただきたい。

高木　全体の労働条件が良くなっていって、はじめて平等法が立法効果を上げる。労働条件の整備、向上ということを強く言っていただきたいと思う。又、地方自治体の公務員採用差別が厳然とあることを、行政の方で、しっかり調べてほしい。

石本　そのようなことがあるんですか。
（行動する会から説明）
富沢　各省庁で足なみがそろっていない。例えば、労基署で勧告した女性差別賃金の是正を拒否した企業に対し、検察庁では不起訴を決定したりしている。婦人問題企画推進本部などで、もっと行政レベルでの一貫した是正のための政策を徹底して欲しい。
石本　わかりました。
浜田　男は仕事、女は家庭という役割分担意識をどう是正していくか。
山口　わかっているけれども大変なことだ。
梶谷　育児休業と保育施設の関連をどう思っていらっしゃるか。
石本　育児休業についてすべての女子労働者を対象にしているので、父親を含めてとれるようにしたい。又、家事専業者として、女性でも男性でも、家事に専業する人の位置付けというものをぜんぜん認めていない。（日本国家では）育児、家事のために働くとすれば、その人の扶養者の給料の五十％を税金控除という形で税制改正ができないかと申し入れているが、今まで取り上げられていない。
梶谷　育児休業制度があれば保育所を増やさなくともいいと考えているのではないか。
石本　そんなことはない。保育施設はどんどん増やしている。産後休暇が終わったら〇才児が預れるように全力を投じてがんばっている。働く女性のため、さらに充実した保育施設を考えている。
駒野　労基法研報告書（女子関係）に保育所は充足していると書いてあったが、とても現状とあっているとは思えない表現で驚いた。〇才児を預かれないというのは保育所側の問題でしょうか。
石本　保育所の保母さんたちが、とても首の座っていない新生児は預れないと云っている。
駒野　そうなると産後休暇八週間はおかしいのではないだろうか。産後休暇の延長は考えているか。また子供にとって出生後、親と離れて安全なのはどの位の期間と見ればいいとお考えでしょうか。
石本　三カ月間は育児のための休暇というのは必要である。百日というのは長いと削られたことがある。
駒野　産後休暇というのは考えていかなければならないことですね。
高木　家事専業者を扶養する者の稼ぎの50％は、家事専業者の稼ぎにならないかということですが、現状では女性は給与をたくさんもらえる男の扶養者となり、一人一人が自分の食いぶちを確保するという前提から云えば、差別の拡大になるのではないでしょうか。
石本　個人を尊厳していくというように考えれば、当然の御意見だと思う。（現在では女の）三十％が家事専業ですから、このような税制改正が必要であると思う。
行動する会（口々に）それは過渡的措置ですね。
梶谷　看護、介護についてはどうか。すべて家庭の中で行なわれるべきものか。
石本　税金五％削減を申し入れている。基本的には家庭を中心にして支える。それができない人に限って国家が支えていく。

生理休暇については、山口より生理休暇を取る資格のある人たちの意見としては現在どのような意見があるかなどの質問が出された。

記　録　山　田
まとめ　石　原

メーデーに参加しよう

メーデーは勤労者だけのものではありません。現在失業を余儀なくされている主婦も、参加しましょう。

声高らかに、主婦の失業者宣言を訴えたらいかがかな？

参加希望者は事務局山田まで連絡してください。

呼びかけ　金　谷
竹　内

国際児童年もきっかけとして行動をすすめましょう

国際児童年のシンボルマーク、よくみかけますね。児童年のポスターもあちこちに貼ってあるし、児童年関連の番組もずいぶん出ていますね。国際婦人年とは大違い、「婦人」としてはひがみたくもなります。

それにへたをすると、こどものために母親は家庭に帰るべきだ、母親は自分の欲望を捨てるべきだという、婦人年とはあべこべの風潮が高まって来そうです。

母親の人間性が守られないで、どうしてこどもの幸せが守れるでしょう。

母親にひたすら犠牲を強いることは、こどもの半数を犠牲者にして行くことではありませんか！

「婦人」の側からこのことを大いに訴えて行こうではありませんか。

国際児童年の目的のひとつは『「児童の権利についての国際連合宣言」採択二十周年を記念し、その原則を再確認し、支持すること』ですが、その宣言の中には、児童は性による差別を受けないということも書かれているのです。その点も大勢の人に知ってもらいたいと思います。

国際児童年の行事の山場は五月のこどもの日前後と七、八月の夏休み、それに十一月の予定ですが、どんな議論があらわれるか十分注意するとともに、機会を捉えてアピールして行きましょう。そして、「婦人の十年」のことを強く印象づけましょう。

（K）

ていあん

以前は「家事」ということばのなかにしばしば「育児」も含めて考えられていましたが、最近は「育児と家事は別」という考え方がかなり一般的になり、「家事・育児」と並べて言われるようになりました。

これからは「家事・育児・介護」と並べて言うようにしませんか？

障害者、病弱者、老人などの世話は、生活的に自立できる人の日日の営みである「家事」とは別だという考え方をはっきりさせるとともに、「介護」という重要なことがらの存在を強調したいのです。

そして、「家事」の責任は本来個人にあり、「育児・介護」は本来社会的なものだと主張して行きたいと思います。

（K）

本棚から☆☆☆

★寄贈本

『娘巡礼記』　朝日選書128

高群逸枝研究の新資料！六十年前24才の高群逸枝は、たった一人でお遍路に出た……記念すべき処女作を初めて刊行。

『女の子の育て方』―愛と自立への出発―

樋口恵子著　文化出版局

女の子からテン足を脱がせる教育――それは、第一に、日常生活の上で〝女の子〟なるがゆえに与えられる制約のうち明らかに〝テン足〟的なものを取り除くことである。第二に、……。

『各国法制にみる職場の男女平等』

森山真弓著　東京布井出版

●先進諸国の職場における男女平等法制を総合的に紹介。今後の議論展開に際し貴重な資料●アメリカ、イギリス、フランス、オーストラリア、西ドイツ、カナダ、スウェーデン、アイルランド、イタリア等の法制紹介●本文理解の上で必要な諸外国法律条文、巻末資料。

『ワイフ156号』子育て期の主婦の生活、ルポルタージュ、離婚のしかた教え

女性解放合同事務所 設立準備会から

☆四月九日・契約☆

設立準備委員及び、行動する会、鉄連の七人とともに闘う会、男女雇用平等法をつくる会、刑法改悪に反対する会の会員、約三十〜四十人の人たちが探しまわって、不動産の物件情報が種々様々集められました。五十件ほどあたった中から、四谷駅から徒歩五分。八畳二間の二階立てマンションの一角に決定、四月九日、契約金の一部を払ってきました。

十名程のメンバーが不動産屋に会い、話をして、下見に行ってきてくれたところによると、有名なたいやき屋、若葉の隣ということで、知っている人も多いのではないかと思います。

引っこしは四月末から五月中旬になる予定。その時はぜひ手伝いがほしいと思うのですが、よろしくお願いします。

☆そこでお願い☆

女性解放合同事務所設立のため、事務局体制のととのっている行動する会としては、やはり、使用する面積も、利用時間も多くなる、ということで、設立基金もしっかりと集めたい。ひとりひとりの交流をまし、より広い女の運動の第一歩にしようと、個人名で設立基金カンパをするということになりました。

目標は百万円基金にということですが、大半は事務局を借りるお金約五十万〜六十万円として入用。残金は、設備投資と、次の活動資金として蓄えておきたい。そこまでできれば……。と期待しています。

……先立つものがないことで、身動きがとれないことは、どの会も同様ですが……。

☆それでも女たちは活動する☆

女たちで、女たちのための、女が集まる場所をつくろうと、今、はりきっているのです。

運動体の自立に向けて！　呼びかけます！

事務所設立基金を！

◉募集中

新事務所の名称を考えてください。

ハガキでも電話でもOK。

ます、行動を起こす女たちの会・離婚問題分科会をルポ、その他いろいろ。

『おんなの叛逆』No.20　特集「女性の年齢」なぜ隠す。

20号発刊を記念して、創刊から20号までを一冊にまとめて刊行するとのこと。バックナンバーもすでに残り少く、20号に掲載されている。これまでの号の中味を見ると、是非一冊はほしくなる。

以上、ご寄贈いただきました皆様に誌上にて、お礼申し上げます。　事務局

バザー実行委募集

女性解放合同事務所のために

女性解放合同事務所設立のため、バザーをしませんか。時期としては五月中旬ごろを狙っています。

私たちの手で設立基金を増やしましょう！　実行委員になってくれる人、手伝ってくださる人、あるいは情報（場所・人・品物）等、四月二十日前後までに事務局までTELをください。

バザー実行委　田名網

今月のお知らせ

3月31日(土)　私たちの男女雇用平等法をつくる会
4月2日(月)　世話人会
5日(木)　労働分科会
7日(土)　主婦・労働合同分科会
8日(日)　離婚分科会
7〜8日　教育分科会春合宿
12日(木)　鉄連の七人とともに性による仕事差別・賃金差別と闘う会　総会
13日(金)　五月定例会実行委員会
以上の事が行われました。
16日(月)　**ヤング・レディ裁判**　一時〜
於・東京地裁民事36部
19日(木)　**労働分科会**　六時半〜
於・事務局
24日(火)　**鉄連裁判第9回公判**　十時〜
於・東京地裁民事6部
30日(月)　**労働分科会**　六時半〜
於・事務局
5月7日(月)　**世話人会**　六時半〜於・事務局
世話人会は毎月第一月曜夜。だれもが参加して、発言します。最新情報が入るのもこの日。是非参加を。
12日(土)　**つくる会**　連続討論集会第一回
一時〜五時　於・東中野地域センター
テーマ『平等法はなぜ必要か』
5月19日(土)　**五月定例会**　二時〜五時
テーマ『男と子育て』　場所未定
24日(木)　**つくる会**　連続討論集会第二回
六時半〜九時半　於・東中野地域センター
テーマ『保護と平等』

鉄連の七人とともに性による仕事差別・賃金差別と闘う会
月・水・金　六時半〜八時
連絡先　03(352)7010

働く婦人の相談室（労働分科会）
毎週水曜日　予約制
連絡先　03(350)6082

四月世話人会から

環境を守るグループ（竹内・吉川）

アメリカの原子力発電所で沪芯溶融による原子力発電開発史上最大の事故が起こりました。安全だと言われていた原子力にもかかわらず……。やっぱり、日本は世界第二位の原発大国です。私たちの命と子どもの未来を守るために行動を起こしましょう。

とりあえず、『反原子力東京連絡会』の出した原発既時全面停止の緊急アッピールに参加しました。

労働分科会

労働相談のための学習会を続行。資料も着々と集まっています。他集会にもどんどん参加してさらに内容は充実していきます。

教育分科会

教科書差別チェックのパンフ作りに向けて春合宿では徹夜の構え。期待しています。

主婦分科会

労働分科会と合同で時短問題を条件整備の一環として討議中。

離婚問題分科会

会発足以来「離婚・裁判・調停分科会」となっていた名称を「離婚問題分科会」と変更したメンバーたち。四月中旬より読売新聞に分科会として離婚問題に関する記事を連載。

公開質問状グループ

埼玉県、山口県の行動計画を請求中。

◎事務局から

★東京都婦人情報センター開所。日比谷図書館四階の125㎡に、じゅうたんを敷きつめて、婦人に関する資料や出版物を集めている。ベビーベッドはひとつだけ。

★参議院予算委員会審議を芦谷と山田で傍聴。田中寿美子氏の定年差別、保護と平等、法制化、ILO批准、サミット出席に関して、労働大臣、森山局長に今後の施策を問い正した。答弁に関しては次号に掲載予定。　（山田）

1979年 5月

活 動 報 告

国際婦人年をきっかけとして
行動を起こす女たちの会

【事務局】
〒160 東京都新宿区若葉1の10
グリーンマンション D内
Tel 03（357）9565
郵便振替 東京0－44014

女性解放合同事務所
オープン!!

日 六月十五日 六時から九時
所 喫茶店「版」 Tel（358）7922
会費 一五〇〇円

新住所のお知らせ

〒160 東京都新宿区若葉1の10
グリーンマンション D内
TEL 03（357）9565

四谷駅より歩いて5分。四月二十八日に約三十人の人たちが集り、移転完了。

まだまだ事務所としてかたずいていませんが、ともかくオープンしました。

オープン・パーティーに集ろう

◇国際婦人年をきっかけとして行動を起こす女たちの会
◇刑法改悪に反対する婦人会議
◇鉄連の七人と共に賃金差別・仕事差別と闘う会
◇私たちの男女雇用平等法をつくる会

四つの会共催で合同事務所オープンパーティーをします。二次会は合同事務所で、という声も聞こえますが、集まった人次第。

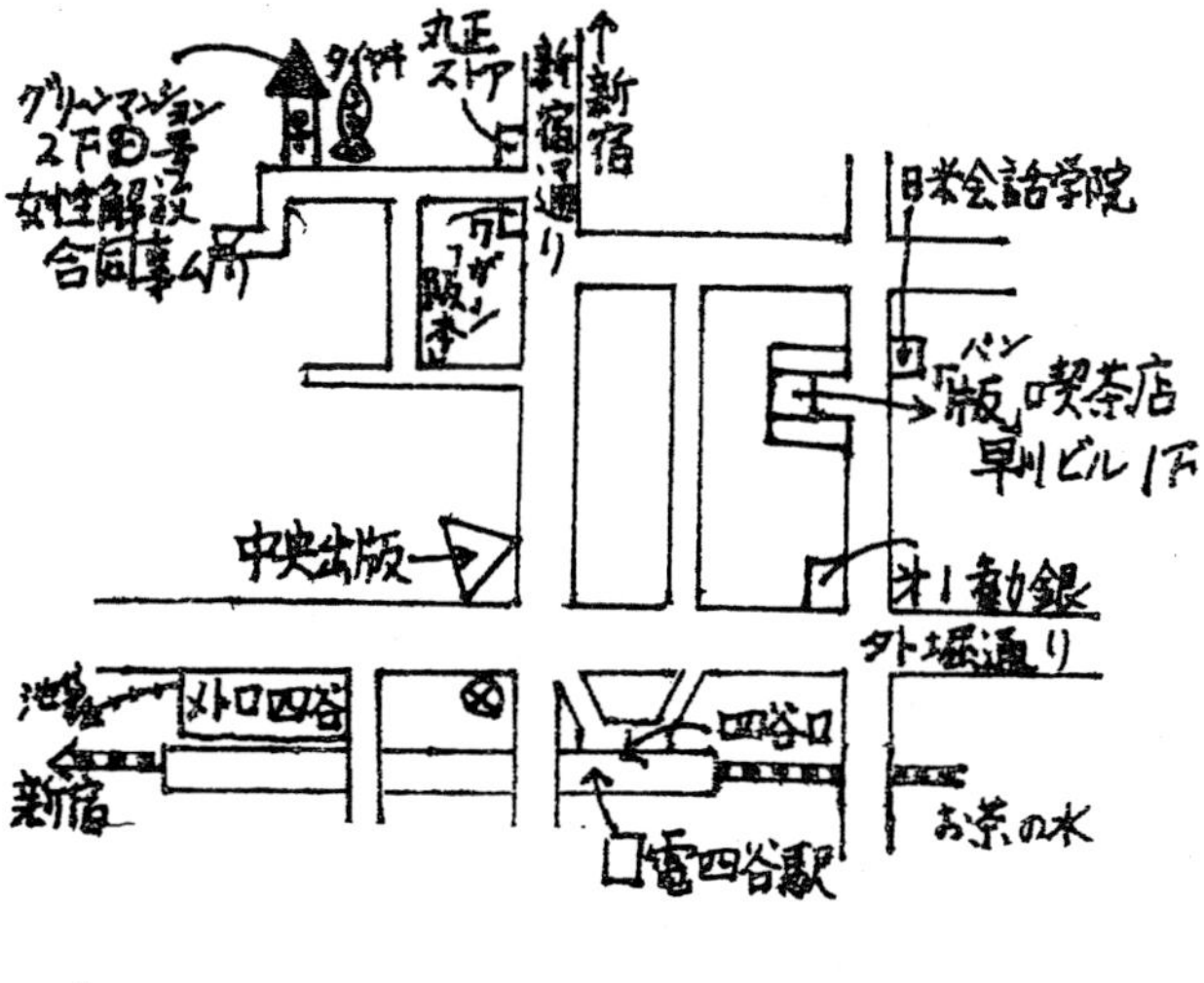

参院予算委傍聴記

去る三月二十五日に、参議院予算委員会第四分科会で、田中寿美子氏が「男女定年差別問題」について質問をされた。行動する会より、山田、芦谷が傍聴に行った。何しろ国会の審議傍聴ははじめてという二人、田中氏の秘書の方が傍聴券を手配して下さり、会場まで案内して下さったから、田中氏の質疑に間に合ったものの、そうでなかったらマゴマゴウロウロで前半は聴きそこねたかも知れない。秘書氏の話によると、傍聴券は委員会が始まってからでないと発行されない由。入口でボディチェックをうけライターや筆記用具、刃物類、帽子まで取りあげられて、クネクネと迷路のような廊下と階段を通って、会議室にたどりつくのに、案内があっても五分は優にかかるといった具合。たいていは十分はかかってしまい、第一質問者の質疑のもようは全部を聞くことは不可能という実情である。これでは、国民の国政を知る権利は、不完全にしか保障されていないわけだ。

さて、質疑のもようのあらましを再現してみよう。

☆　☆　☆

田中寿美子　初めに、日産プリンスに対して中本ミヨさんが起こしていた定年差別訴訟問題のことを尋ねたい。（昭和四十四年一月解雇、同四十八年三月東京地裁で原告勝訴、同五十四年三月東京高裁で、男女差別定年制は違法で無効という判決が出る等の経過説明があり）この、地裁、高裁判決は、労働省の雇用における男女の平等の原則と労働行政の方針に沿っているものであると、労相は思うべきだと、私は考えるが、労相に確認したい。

栗原祐幸労働大臣　予算委員会でも私は答えたが、判決が出た段階で、労働省としても妥当な判決だという趣旨の見解を出した。それは、男女の定年制について差別をつけるべきではない、又結婚退職制度もよろしくないということで、その解消を年次行っている。そういう趣旨からも、これは一歩前進した判決だと見ている。

田中　労働大臣は、今回の東京高裁の判決の線は妥当だと認識しているという確認をしたいと思う。実は、昭和五十年三木内閣当時の石田労相に、予算委員会でこの中本さんの定年差別の問題を尋ねた。石田労相は、差別は一年でも二年でも差別である、正しくないと答えている。労働省の方針は一貫していると私は確認したいと思う。

そこで、国内行動計画の、男女の雇用における差別解消について、五十二年度からの五年間の行政計画——五十四年度までは四十歳までの、五十六年度までは五十五歳の定年差別の解消の行政指導をする——は歴代の労働大臣の一貫した方針——一年でも差別である——と矛盾するのではないか。つまり、何歳であろうが一切の差別の解消にむけて行政指導をするというのが正しいと私は思うが、労相、如何か。

森山真弓婦人少年局長　石田労相の時に一歳でも差別であると答えたのはその通りだし、その考え方に今も変わりない。しかし、年次計画をつくり、計画的に行政指動をやろうとする場合に、その対象を重点的にしぼって、解消を全面的に図っていくという考えで、とりあえずの対象をとらえている。しかし、それ以外のものでも、特に相談があれば、また問題を発見した場合には行政指導をするということはやっている。

田中　来年は、国連婦人の十年の中間婦人会議が開かれるという年である。日本は先進国、工業国として、その先頭をいかねばならないにもかかわらず、男女差別問題、雇用における差別の問題は非常に多い。このことは、労

2

働省みずから、先般の労働基準法研究会の報告書で認めている。
にもかかわらず、何故、定年差別全体を行政指導しないのか。五十五歳六十歳まで働らいている人は数は少ないかも知れないが、今回の判決文中にもあるように、少なければ少ないだけ、定年差別にはよほどの合理的な理由がなければならないし、差別するという事は非常に重大な問題とみなさねばならない。しかるに、女性の肉体的問題や、労働能力から見ても、六十歳までは、仕事の内容によっては、全く男子と同様に働くことができる。だから、今回のような五歳の差別は不当であるという判決が出されたのである。さらに、この裁判は、一審判決から今回まで六年経ており、その間、男女の雇用における機会の平等推進という国際的世論も強く、また国内世論も非常に高まっている現在、すべての定年差別を解消させるような行政指導を、労相は考えないのか。国際婦人年の行動目標も二年ごとの見直しをすることになっている。石田労相は非常に勇断であったと私は思う。きちんと言明された。それが今度の裁判にも非常に大きな力となっている。ですから労相、いま若い労相がもうちょっと積極的な意見を出してほしい。
森山　企業の定めている定年は、女子の場合五十五歳未満が多く、五十五歳以上は四一・六%、男子の場合五十五歳未満は〇・三%にすぎない。で、五十五歳が、一つの大きな分かれ目になっている。こちらから積極的に行政指導を行う対象として五十五歳が目安ではないかと考えている。が、それ以外でも必要なものについては行政指導を積極的に行う。
田中　大臣が指導方針を出さなければだめなのだ。
労相　この裁判については会社が上告しており係争中である。又、私も決して勇気がないわけではないが、勇気ある発言と具体的にどう進めるかということと切り離して考える場合に、労働省が考えている年次計画でいろいろ啓蒙しながら進めていくのも自主的ではないかと考える。
田中　五十五歳になって働いている人には五年というのは非常に重大な大事な時期である。ですから、大臣は、自分の方針というものを出していただきたい。行政指導は五年やってもそこに到達するようなものではない。後々まで続けねばならない。
だからせめて、前期重点目標を、差別定年を全部廃止する方向に向って指導すると、言って欲しい。
労相　ステップバイステップと、私は熟慮断行である。今はこの問題について熟慮中である。
田中　最高裁に上告しているが、必ず勝ちます。原則が憲法十四条と、民法九十条、地裁のも高裁のも判決はきちんとこの原則をふまえている。最高裁がこれを踏みにじるはずはない。だから、私は特に、差別定年を全部廃止する方向の指導を要望しておく。
次に、労働基準法研究会の報告について。あれは、労働省の婦人担当官が書いたと有泉会長から直接聞いた。従ってあの報告書は、労働省の政策であることに間違いはなく、研究会が出したものだと言い逃れることはできない。
さて、報告書には、男女の平等、雇用における平等の法制化、行政指導等いっぱい並べておいて、次に、一般女子保護の撤廃、平等のためには、女子保護を撤廃しなければならないという構成になっている。あめを両側においてムチを真中に置いているようなものだ。労働省の担当官が、一般女子保護の撤廃と、男女平等はワンセットだ。どちらかと言うわけにはいかないと話した。そんな考え方は正しいと思われるか。
森山　女性に対する特別の措置が男女の平等ということを一方では規定しながら、それと並んでいけるものであるかどうかについて、再検討しなければならない。その中には不適切なものもあるのではないか。それを平等を確保する時に、見直す必要があるという趣旨であると考えている。

3

田中　大臣はどう考えるのか？　保護をとらなければ平等をやらないということなのか？

労相　総合的に考えろという趣旨だと思う。

田中　どっちかということではないということか？

労相　総合的に考えろというように私は理解している。

田中　詳しく論議している時間がないので、次にそのような時間を欲しいと思っているが、労働時間について。

　現在のように、時間外労働が三六協定で無制限にできるというたてまえの時に、時間外労働の制限を女子からはずしたら一体どうなるか？　深夜労働についても同様に考えると、食品とか電気機械等今すでに二交代三交代の労働をしている時、制限をはずすと、世界の先進国の労働条件の方向に逆行する。まず労働者全体の労働時間短縮と、年次有給休暇を本当に継続してとれるようにするとか、週休二日制を法制化する等の意志はないのか、法制化できないネックは何か。

岩崎労働基準局長　当面労働時間短縮については、行政指導を強力に進めていきたい。法制化については、現実の企業規模、産業規模や特に中小企業等において様々であるので、これを一律に、いまよりきつい基準で強制することが直ちに妥当とすることはできない。

　三六協定の締結の内容は、その点の時間外労働の上限を規制するのに十分でないとの指摘をうけて、基準法の施行規則の改定を図り、今年の一月から、行政指導をさらに進めている。

田中　大臣、現状の労働時間その他の状態で女性の保護、特別措置をはずしてしまうと、大変危険であると思わないか。

森山　労基法研究会の趣旨は、今の三六協定は問題がないと言ってはいない。男女共時間外労働は最小限にとどめるべき、深夜業についても男女共健康に非常に影響が大きいことを十分認識している。

田中　特に時間外労働、深夜業の制限について現状のままのところに女性を逆行させるのではなく、今の女性の制限まで男性を引きあげることが望ましいと思うが如何か。又ＩＬＯの四十八時間労働の条約の批准すらできない理由は一体何か。批准をするつもりがないのか、いつごろをめどとしているのか。

岩崎　時間外労働の上限の問題、深夜労働の問題は、今の男のままでよいと必ずしも言ってはいない。見直すべきことは見直しながら研究会の報告の線を考えていかなければならないと考えている。

　ＩＬＯ一号条約批准のネックは時間外労働の規制の問題である。ＩＬＯの条約では、公的機関で上限を規制することになっているが、行政指導で進めたいと考えている。時間外労働を短縮する方向で進めたいが、必ずしも今の婦人制限がよいとは限らない。

田中　現実の中小零細企業の状況は、非常に問題あると思うが、少くとも、批准をきちんとして、それに向かって合わせていってほしい。

　男女平等法はつくる意志があるのか。

労相　基準法研究会の報告書に基づいて、関係審議会で労使の方々に入ってもらい十分審議の上、結論を出したい。

田中　労相は、五月にワシントンで開かれる労働サミットに出席されるということだが、先進国中の先進国が集まる中で、どんな報告をされるのか？　すでに労働婦人や運動している一般婦人達は、早くから問題にしており、日本の婦人労働の現状の報告書を送り届ける用意をしている。そういう問題が出た時、国連婦人の十年の中間にまさに近づきつつある今年、どういう報告をされるのか。

労相　五月三日四日に先進国の労働大臣会議があり、参加するが、議題は何もなく、ざっくばらんに胸襟を開いて話そうということだ。

田中　報告は？

労相　何も報告しない。するつもりもない。

田中　婦人の問題が出たらどうするのか。

労相　私の判断でやります。どんな問題が出るかということをよく勉強して。

　私は、やはり日本の労働大臣であると同時

主婦の失業者宣言 メーデーにアピール

〝主婦の失業者宣言〟を昨年三月に行ってから約十カ月、〝失業中の労働者〟として、主婦分科会・労働分科会のよびかけで、プラカード六個、ビラ五千枚を持って五十回メーデーに参加しました。

渋谷のパルコ前に午前十時に集合し、その場でプラカードを持ちながらビラくばり。ビラを受けとってからニヤニヤする人、私たちの顔をのぞきこむ人、ビラをいちべつして、絶対受けとろうとしない若い女性、「もっとください」と言ってかけよってくる中年の婦人。実に人は様々という感を強くしました。三十分ほどくばったところでプラカードをもって中央会場まで行進。その間も道行く人はプラカードをのぞきこんで、九十％はニヤニヤ。十％はへー。メーデーに集まった〝労働者（？）〟さんたちも、毛色の変わった集団の出現に、なんとなく注目という具合でした。中央会場に到着してからも、精力的にビラまきをし、報道するために来た人にも、大いに手伝っていただいて、持ってきたビラはあっというまに（？）なくなりました。そのためかどうか、中央会場では、かなり皆の関心を集め、私たちのデモは、テレビ朝日（十チャンネル）の六時のニュースで報道されました。

デモの人数は残念ながら、ちょっと淋しかったようですが、アピール度はかなりのものという感触を持ちました。これからも、積極的に行動をしていきましょう。

なお、同封のビラの文面を参照してください。

小林美和子（労働分科会）

に一個の政治家だ。政治家としての見識が発揮できるよう勉強したい。

田中　EC諸国でも、OECDでも日本の労働条件が大変問題になっている。少なくとも男女差別の問題は、日本独得のものがあるということも知れわたっている。その辺は森山さんによく相談して、きちっとしたことを言ってきて欲しい。又、働らく人の、婦人の声を聞いてほしい。

☆　☆　☆

何と日本の労働大臣の不勉強見識のなさ、のらりくらりと、実にふがいなくたよりないの一言につきる思いで、会場を出たことでした。

一国を担う国務大臣に、男女平等についてもっともっと勉強させ、行動力ある勇気ある大臣にさせるため、雇用平等法をつくる運動を、うんと盛りあげていきましょう！

◇新刊紹介◇

スウェーデン　**女性解放の手引**

M・ヘッグ、B・ヴェルクメステル共著
柳沢由実子訳　家政教育社　価一三〇〇円

会員（国際分科会）のヤンソンさん訳の新刊、女性差別をなくすために今なにをなすべきか！　是非ご一読を！

五月定例会

男も子育てを
ことしは国際児童年
今こそ子どもと出会うとき

◉五月十九日㈯　一時半〜五時
（四月活動報告で二時開会とお知らせしましたが、一時半のまちがいですので、お詫びして訂正いたします。）

◉東中野地域センター　第3・4会議室
　東中野4の25の5　三越マンション
国鉄東中野駅7分（新宿寄改札下車）
地下鉄東西線　落合駅2分

◉託児室あり

◉参加費　300円

◉パネラー
男の子育てを考える会メンバー
鎮目恭夫氏
　「女に子育ては任せられない」著者
男性保育者連盟メンバー

今月のお知らせ

4・23㈪　労働分科会学習会
　　　　　教育分科会
4・24㈫　メーデー実行委員会
　　　　　鉄連裁判
4・28㈯　事務局移転
5・1㈫　主婦の失業者宣言メーデー参加
5・7㈪　5月世話人会
　　　　　教育分科会
5・8㈫　5月定例会実行委員会
5・10㈭　労働分科会
5・12㈯　公開質問状グループ
　　　　　以上のことが行われました。
5・18㈮　**労働分科会学習会**
5・19㈯　**5月定例会**（上記参照）
　　　　　鉄連の七人とともに仕事差別・賃金差別と闘う会
5・21㈪　**7月定例会準備委員会**
　　　　　「国際人権規約をめぐって」
5・28㈪　**主婦・労働合同分科会**
　　　　　「サミット・日本の労働組合について」
5・31㈭　**労働分科会**
6・1㈮　**合同事務所協議会**
6・4㈪　**6月世話人会**
（すべて、合同事務所に於いて六時半から）

通信欄から

☆Y・Bより
　会費の納入がおくれている件、ごめいわくをおかけしました。長期、国外に出ておりましたので失礼しました。ところが、会費は一年いくらであったか、「活動報告」などにも出てないようなので、いくらお送りしたらよいかわからないのです。それで、とりあえずお送りします。（私のような忘れっぽい人間のために会費の金額など、時々書いておいて頂ければ幸いです。）

☆N・Nより
　春、新学期とともに、健康やや回復しました。分科会、世話人会などにも、近々おじゃましたいと思っています。

☆A・Kより
　引越しのお手伝いできませんが、みなさんがんばってください。名古屋から声援しております。

☆N・Tより
　女性解放合同事務所設立とのこと、地方にいる私ですがうれしい限りです。

★事務局より返信
　会費は月五〇〇円です。その他定期カンパ一口五〇〇円、一般カンパも受けています。全国からのお便り、お待ちしています。

国際婦人年をきっかけとして
行動を起こす女たちの会

1979年 6月

活動報告

【事務局】
〒160 東京都新宿区若葉1の10
グリーンマンション D内
Tel 03(357)9565
郵便振替 東京0－44014

五月定例会 5月19日(土) 一・三〇～五・〇〇

男も子育てを
－ことしは国際児童年、今こそ子どもと出会うとき－

於 東中野地域センター

司会 国際児童年で、家庭機能をみなおすという言葉のもとに、子育ては母親に、女性にという空気が強くなってくるのではないかと懸念していますが、本来、育児は女も男もかかわるべき仕事であると私共は考えております。男の手にも子育てを取り戻すためにはどうしたらよいか —— 実践してこられたパネラーの方々に、子育てにかかわるようになった動機や、その後周囲の状況や意識がどう変ったかを伺い、それでもなお立ちはだかる壁は何か、女男両方でその壁を取除くにはどうしたらよいかを探ってみたいと思います。

パネラー
星　建男　男の子育てを考える会
鎮目恭夫「女に子育ては任せられない」著者
内城雄一　全国男性保育者連絡会
田中　男女とも育児時間をとれる職場から —— 渋谷区労組

星 会の紹介と共同保育所の現状を話したい。一昨年の秋「協力者から共同の主体者へ」のスローガンでシンポジウムをやったのが、会をつくるきっかけとなった。女性のつき上げで、ねばならぬという形で育児をやっていた男たちが、生産の構造に組込まれて効率的に生かされてきた男の役割を反省し、子育てによって生き方を変えてゆく事が出来るのではないかと、自分達で育児に主体的にかかわるようになった。二回目は「労働と子育て」というテーマで、労働の中に育児時間、産休補助休暇を制度として獲得して、男の子育てを社会的にかちとる方向を考えた。三回目は「男と子が共に生きるには」で共同保育について。この間東京都の行動計画に男の育児時間を要求、中間報告で入ったが最終答申で削除された。連帯意識を深めるため合宿もやったが、一年半やってきて壁に突当っている。
　現在小金井市で共同保育の専従をやっている。三人の専従の中で男は私一人だ。全体会議に男親も出てくるが、専従が女ばかりだと出にくいのではないか。問題点としては、子育てを母親が担いすぎている事だと思う。

単身子無しの男女や学生にも運動を広げてゆく事が、つれあいの男達を子育てに巻きこむきっかけになるし、女達が担っている共同保育自体の核を男達に広げる事になると思う。

鎮目　「女に子育てはまかせられない」という表題の意味は、男性支配の社会に安住し男に従属している女に子育てをまかせるのは子供の自立性を育てるのに良くない、という事だ。自立性を育てるには、子供も家族の一員として共同生活に積極的に参加させる事が大事だが、これは骨の折れる辛抱のいる仕事だ。母親だけでなく、父親も仕事に対する以上の熱意が必要だが、実際には時間がない。結局性別役割分業という問題にぶつかるわけだ。産業革命以前までは男女とも子育てを含めた家事労働をやっていた。今は男がやるのは無理な状況になってきた。男女とも仕事と家事育児の両方を平等な仕方で出来るように世の中の仕組みを変えてゆかないと、子供の自立には無論の事、大人自身にもよくない。

内城　全国男性保育者連絡会、略して男保連というが、保父というのは保母に対する造語で、私達は男女とも職業内容を伴う社会的地位の向上を目指して、保育者という言葉を国に要求している。保育者になった動機は、教育制度について考えている時、生徒の年齢の低い方に女性の教師が多い事に問題点があると気付いた。自分のやりたい仕事は何でも出来るのだと考えて保育所で働いたが、給料がもらえない。厚生省の児童福祉法に「児童福祉施設において保育に従事する女子を保母という」となっており、教員免許法で幼稚園では男女とも資格がとれるが、こちらは女子だけだった。憲法の職業選択の自由に違反すると厚生省に働きかけを始めたのが十年前だ。高度成長から低成長の時代へ入り、社会が家庭生活に目を向け始め、戦後世代が子供を産んで、父親が育児にかかわり、男が保育園や幼稚園で仕事する社会状況になり、職場の女性と連携しながら運動をすすめて、児童福祉法の改正（男も保育できる）にこぎつけた。現在、公立も含めて保母学校卒の男子はふえたが、就職先がない。女性保育者に圧力を加えられているからだ。女の職場に男が入ると聖域が荒らされるとの考え方が根強く、建て前では賛成、現実は反対という事だ。保育に関して現在二つの問題点がある。一つは戦後の家族構成の変化で若年核家族化した事により、今までの性別役割分業では育児に不安がある事、もう一つは社会の仕組みが変らないと男が保育に携われない事だ。現在男性保育者は大都市に集中しており、東北、山陰、山陽、北海道南部は全くいない。男が子供の傍にいるだけで気違い扱いされるという地域の状況がある。また最近の戦後世代の意識の保守化傾向も影響がある。我々の運動の基本は、風俗習慣に関係の深いこれらの現状の問題をかき回してその中から男と女で何かを生み出す方向をみつけることだ。

討論

A男　男保連のパンフの論調では女性の反発も当然だ。保育所法案など考えると、男は職制として入れられる事になるのではないか。給食の女性の反発も同様、男が上に立ちたがる価値観を問い直さねば女性に拒否される。

内城　保育所法案について、男が保育所に入る時に、職制として入るような状況になることがあれば問題だ。女性も同等に資格や地位が得られるし、能力ももっていると考えている。施設長の中には女は使いすてだから低賃金、男は生活を保障しなければの考え方がある。女の転業意識にも問題があるのではないか。男の側に誤った行動があれば女性が指摘し、補足してほしい。

A男　女性が三年位でやめるというが結婚志向は一部で、重労働で体をこわす例が多い。

司会　職場で男も育児時間をかちとった渋谷区労組の田中さん、どうぞ。

田中（労組機関紙をよみ上げる）渋谷区で共働きという条件だ。一緒にとれるのでなく男女どちらか一方。十人位該当者がいるが、〃はずかしい〃ととらない者もいる。私の場合五月十五日の、子供が一才三カ月までとった。とるのは当り前と思ったが、マスコミの取材が多い。作年七月の制度始めから妻と一週間交代で三時半から五時までとったが、子供とつき合える時間が多くなって、成長の変化が判り、妻と具体的な会話ができるようになったのは良かった。男の意識としては、女がもっとヤレといわないとやらない。女が全部がんばってやってしまうのは止めた方がよい。

富沢　政府関係の研究所にいるが、育児時間についての協定書は女性一時間プラス通勤三十分、但し特殊な場合男子も認める、となっていた。最近該当する男がとろうとしたら、妻が保育できぬ特別な場合以外はとらせないといわれた。結局週に三回だけ認められたが、本人は職場から早く帰る時の男達の白い目に耐えられず抗議できなかった。

竹内　子育てについて男の本音をききたい。

C男　理念としてはよく判るが、帰宅して子供を風呂に入れ御飯を食べさせるのは本当に疲れる。教師で四時半には帰宅できるが、春斗では共稼ぎしないで食える給料を、と要求する。

C女　働いていないので、夫に育児をとはいいにくい。男の稼ぎで食べさせてもらうのではなく私も働くのが本筋と思う。

D男　子供が二人いる。最初の子はやらねばならぬと理念的だったが、二人目は手抜きで育児も自然におぼえた。男は家事一般を女につきつけられ、身辺自立が出来て初めて子育てができる。

内城　家事は子供の時からやらされたから何でも出来る。保育の中で子供の危険への対応の仕方が、男は女よりおそい。教育からか慣習からか、男も教育すればもっと変る。

田中　男の育児時間をかちとったといっても、女が渋谷、男が世田谷の勤務の場合は、うちの妥結の内容では女だけしかとれない。男も子育てをとはどういう発想かききたい。

富沢　女も仕事をという観点からだ。主婦は失業者だとメーデーでやったが、労働組合や男の意識を変えたいと思ったから。児童年で女が逆戻しになる恐れがある。

盛生　職場で男に育児をというと、仕事が出来ないという。女は育児、保老、身障者介護全部かぶっている。これではたまらない。

金谷　子供が園で病気になると母親の職場へ電話がかかる。男の労働時間が長いので、保育園への迎えや集会参加がない。労働時間と社会通念が阻害要因とは思うが。

星　仕事以外に運動もしているから育児をしなくてよいという男の考え方が問題。生命生産のリズムを取戻す事が男に必要。合成洗剤追放運動で生活身辺の危険に無知だったと気づいた。男が毎日の生活にもっと入らねば。

男の子育ての会　労働の質を問う必要がある。育児の社会化がポストの数だけ保育所をというが、効率よく子供を処置することに結びつく危険性がある。

共修の会　中学で男技術、女家庭、高校女だけ、男は小学校二年間だけ、女は高卒まで全部、これでは女は家事育児をやるものだと男女とも考えてしまう。教育の面から改革を。

Y女　育児社会化論に行ってしまうのでなく、どのように男も家事育児に携われるかだ。

富沢　育児休業について考え方に問題がある。制度としてとっている職場では、女だけでなく男にもとらせるべきだ。育児休業（男女とも）か保育園か選択できる形がよい。

A男　制度と日常の両方大切と思うが、保育の社会化は、行政が雇った管理者が管理するというシステムを否定しないと効率主義に陥る。

鎮目　子育てとは何をする事かと問い直したい。死なないように育てる事に精一杯だったが、それぞれの段階の成長過程の子供に何をなすべきかを考え、子供を望ましい方向に自立させる事が大切だ。単に月給を稼いでくるだけでは子育てではない。

金谷　子育ての質、あり方の問題、子供とのかかわりを含めて男女の問題、労働の質の問題、これらを踏み台に回を重ねてゆきたい。

3

公開質問状グループ報告

鈴木俊一氏に重ねて質問

「都知事候補にきく」集会で、鈴木さんは「都行動計画は後退させない」と約束すると同時に、地域ごとに「婦人問題センター」をつくるという新しい考えを示しました。その時のニュアンスでは「婦人問題資料センター」のようだったので、集会の後はがきで重ねて質問してみました。

「婦人問題センター」に相談窓口の機能を持たせることは考えないか、という質問への回答は「考える。カウンセラーを置くようにしたい。判断に迷ったとき、よき聴き手をもつことは大切です」

小集会に利用できるスペースを附属させることは考えないか、ということについては、「考える。集会の場は、やがて大きな輪をひろげていくための核としてかかせません」

歯がゆい回答ではありますが、これを足がかりとして「役に立つ婦人問題センター」の実現をせまりませんか？

八府県新知事に質問

東京都以外の新しい知事にも、女の問題についての質問を出しました。今度の統一地方選挙初当選の知事だけでなく、次の八府県を対象としています。

青森県、岩手県、秋田県、山梨県、京都府、大阪府、大分県、佐賀県。

結果は次号でおしらせします。

各自治体の資料から

公開質問状グループでは、各自治体に行動計画や女性の問題についての資料の送付を依頼していますが、最近送られて来たものについてご紹介しましょう。

◇ 埼玉県の
「婦人の地位向上に関する県計画試案」
（埼玉県婦人問題協議会の答申）

いたるところで固定的役割分担を見直そうというはっきりした姿勢がみられますが、男性の家事・育児等への参加をすすめる方策についての記述が全体を通してないことは残念です。例えば「『男は仕事』に『女も仕事』がつけ加わりつつある」ということは、女の労働権をうたったものとして評価できますが、その逆つまり「男も家庭」は書いてありません。それがまた、育児休業制度の対象が女性に限られる考えにもつながっていくものとなっています。この答申が殆んどそのまま行動計画になると聞いたので、次のような要望書と質問を送りました。

1. 実施のための具体的スケジュール並びに担当部署が明らかにすること。
2. 「新設の公立高校は原則として男女共学とし」の「原則として」を削除すること。
3. 「中学校『技術・家庭』、高等学校『家庭一般』の男女共修について研究する」を、「すすめる」に書き改めること。
4. 「進路指導を充実する」の前に、「女子が伝統的な考え方に縛られることがないよう」を書き加えること。
5. 「諸外国への女性の派遣等、国際理解と交流を図ることについて検討する」を、「すすめる」に書き改めること。
6. 「社会教育施設に保育設備の設置を検討するとともに」を、「すすめるとともに」に書き改めること。

7. 「職業訓練校における訓練科目の内容を拡充整備する」の後に、「女子が従来『女子向き』と考えられていた科目に集中しないよう配慮する」を書き加えること。

8. 「育児休業制度の普及、啓発活動を推進する」の前に、「男女ともにとれる」を書き加えること。

9. 「乳児保育施設を拡充する」を新たに書き加えること。（母性のところでは触れられているが、労働のところにはない）

10. 質問 「妻の家事労働を法的にも評価する」とはどういうことか。

11. 質問 「婦人就業援助センターの設置を検討する」とはどういうことか。

右の質問に対し次の回答が寄せられました。

10. 家事専業の妻の地位向上を図るためには家事労働が正当に評価されなければならない。このため具体的に夫婦財産制や損害賠償請求権の問題など、家事労働の法的評価（精神的評価だけでなく法的に裏づけされた経済的評価）がなされなければならない。

11. 婦人の就業を促進するために、就業の相談、指導及び就業に必要な技術講習や内職のあっせん等を内容とするセンターの設置。

なお、埼玉県からは「婦人の社会参加に関する実態調査」も送られて来ています。

◇大阪府の
「女性の地位向上に関する提言」

（大阪府婦人問題推進会議による）

前文に「男女の特性や役割の相違は、社会のしくみや歴史の流れの中で作られた」とあるように、差別の根源に深く根ざした考えが全体に流れています。それが今までのものが見逃してしまった、次のようなきめこまかい表現となってあらわれていると思います。特に育児を義務ではなく権利ととらえていることは注目に価すると思います。

＜教育＞ 婦人問題学習会への男性・教師の参加、小・中・高校を通じて教科書の女性像の再検討 ―― 女性を家庭に結びつける扱い方を改め社会の一員として生きる姿をとりあげるべき、将来を見通して男女共修の推進、父親の家庭参加の必要性 ―― 家庭時間の確保、性教育を人間性の尊重・生き方にまで拡げる、マスコミの役割。

＜労働＞ ＩＬＯ各号条約の批准・遵守、男女別建ての賃金体系・諸手当の是正、苦情処理業務のセンター設置、労組自らが雇用差別を含む労働協約を結ぶことのないよう指導の徹底、職業訓練科目の見直しと保育所の併設、社会人大学の制度、自営業婦人の財産権、女性であることを理由に事業資金等の貸付けの制限がないように、育児は両親に平等な権利 ―― 両性に育児・看護休暇を保障。

＜福祉＞ 両親を対象とした育児に関する情報の提供、障害児保育の推進、児童扶養手当等の諸手当を高卒まで保障、独身中・高年婦人の税金控除・公営住宅の入居・住宅資金の借入れ等、緊急一時保護施設、老人ホームに対する意識の変革、在宅老人への給食制度。

＜社会参加＞ 女性の人材発掘のための「発掘委員会」「推せん名簿制度」の採用検討、男性の地域活動参加促進のため、労働時間の短縮。

しかし、全く問題がないというのではありません。男性の労働時間短縮は地域活動への参加のためだけでなく、それ以前に、「父親の家庭時間の確保」「育児・看護休暇の保障」の実現のためにも男性の労働条件整備として是非はっきりうたってほしかったと思います。また、「家事・育児を公的サービスによって解決することが不可欠」という言い方は、その前の「両性がともに労働と生活の責任を果たせるような労働条件の整備」をもっと具体的に示さない限り、行政に委託することで解決をはかる姿勢の方が強調されてしまいます。

なお、行動計画について問い合わせたところ、「行動計画を作るか否かは未定だが、この提言を尊重して各部署で施策にとり入れたい」という返事でした。

◇山口県の
「よりよい社会をめざす
婦人の役割と活動の方向」
（行動計画にあたるもの）

この計画は県女性問題対策審議会によってつくられたもののようです。この審議会は、委員は女性ばかりで、三〇年の歴史があるというので期待してしまったのですが、全体を通して役割分担を見直す考え方が全くなく、ズサンさにおいて岩手の行動計画と似たりよったりです。

昭和六〇年を目ざす目標の中で、労働権は欠落といっても過言でない位弱いものです。「若年定年制」があるからには「差別定年制」も書き加えて欲しいし、「意識の啓発」だけでなく、もっと企業側に対する積極的姿勢が欲しいものです。

「婦人自らの不断の努力」「適正な役割分担」「主体的選択によって女性の特性をいかす」「婦人の能力や特技」等の考えは、まさに特性論・固定化そのものであり、「今後いっそうの責任の重要性」に至っては、婦人年の精神のカケラさえ見出すことはできません。また、ここでも「家事労働の正当な評価」がうたわれています。

「家庭科教育のあり方の検討」といういい方は、共修の是非について触れない逃げであり、それに続く「ホームプロジェクトの推進」は、今の家庭科の問題点（家庭内での解決）そのものを推し進めようとする遂行の姿勢です。

「家事・育児の補完機能」「育児負担との調和を図りつつ就業継続を希望する婦人のため育児休業制度の普及……」と書いてありますが、〃家事・育児は女の仕事〃といっているようなもので、もちろん育休を男もとるという発想はありません。

従って、「職業訓練職種の拡大」「婦人就業援助センターの検討」といっても、その内容は自ずと知れたものとなるでしょう。

老人看護について「在宅での処遇の充実を重視」といってしまうと、施設の老人への差別にもなるのですが、これは大阪府の「老人ホームに対する意識の改革」とは対照的なものです。

「子供を豊かな人間に育てるための両親の自覚……望ましい家庭のあり方」に描かれる母親・父親、女子・男子像のイメージがどのようなものであるか必然的にわかります。

要するに、役割分担そのものの意味、なぜ差別なのかが全くわかっていないということだけは間違いないでしょう。

山口県からは「女性問題対策審議会答申および建議事項」という資料も送られてきました。ご参考までに、その資料に載っている昭和二四年の審議会設置から今日に至るまでの各年度の建議、答申の内、問題であると思うものを抜萃します。

◎道徳教育の強化（S31婦人の地位向上）
◎精神的協力態勢（S33婦人会館の建設）
◎更生事業を目的とする宗教団体の誘致。取締りは厳重につづける（S33特殊婦人の更生保護施設の増設）
◎職業婦人の夜間勤務の帰途等に際し十分保護を考慮（S33性犯罪の防止）
◎母親の自覚のかん養（S38家庭教育問題）
◎育児期間の非常勤切替え制度実施―適用は3年以内、給与は三〇%、復職の場合の給与は切替え時同額（S39就業婦人の処遇）
◎地域社会・父兄等の偏見をとり除くよう啓もう。研修会等に女子職員も出席できるよう特別に配慮（S39女子職員の管理職登用）
◎正式な結婚によらない出産の場合、心身障害児となる率が高いといわれる。マスコミ映画、喫茶等の深夜営業の自粛全廃により刺激を除き性生活のみだれを正す（S42不幸な子どもを生まない対策）
◎退職勧告年令の男女差の徹底（S44中高年婦人の職業対策）
◎家庭教育の重要性・母親・主婦としての使命感（S46農村婦人の出かせぎ、共働きの問題点）
◎生後3カ月未満乳児の家庭内保育原則の徹底（S50保母の処遇改善）

◇名古屋市の

「新しい男女平等を求めて」

「えっ、これをお役所で？」と感心してしまうのが名古屋市のこの資料。婦人団体やグループに研究を委託してその結果をまとめたものですが、はっきり「現状を変えて行こう」という視点に立ったものと言えますし、児童書の研究など、実にこまかく具体的です。

研究テーマと担当グループは次の通り。

(1) 子どもの意識形成と児童図書＝名古屋子どもの本委託研究グループ

(2) 小中学生の意識形成と副読本の研究＝名古屋クラブ婦人団体連絡協議会

(3) 婦人団体の機関紙を通しての啓蒙＝名古屋市地域婦人団体連絡協議会

(4) 婦人問題講座記録の収集と意識調査＝新日本婦人の会愛知県本部

(5) 婦人の就業を継続させる条件整備について＝東海婦人法律家協会

◇福岡県の

「婦人問題に関する調査報告書」

「ご苦労さまでした」と頭をさげたくなるのがこの調査。婦人行政推進のため県婦人関係行政推進会議が企画したもので、20才以上の男女2200名を対象に、家庭生活、職業、社会活動、男女平等の4領域にわたる51の質問を出し、結果をこまかく分析しています。

全体としては性別役割分担に対して肯定的な傾向が強いようで、「男は仕事、女は家庭」という考え方に「同感する」「ある程度同感する」を合わせると八一・七％、炊事や掃除や洗たくは「妻が中心となって受けもつべきだ」と答えた人が九〇・四％。特に自由記述部分の男性の意見は「あまり平等々々といわないでほしい」「婦人よしっかりせよ」的なものが大部分。「道は険しい」といった感じです。

◇「高知県における働く婦人の実態調査」

これもこまかい調査ですが、対象を働く婦人（内職も含む）に限って、27項目について調査しています。

結果をみると、働く意欲はかなり積極的、差別への怒りはそれほど強くないようです。自治体へ要望することとしては保育施設が断然トップになっています。

中本ミヨさん勝利その後

日産プリンス男女定年差別裁判

一九七九年四月、中本さん勝利の判決に対して会社側は最高裁に上告しました。

しかし、会社側は「時代のすう勢」を理由として、一九七九年四月一日にさかのぼって、男女ともに定年六十才にすることを正式回答しました。ここで一歩、大きく女が前進したのです。

夏合宿実行委員を募ります

さあ、夏。いよいよ合宿シーズン。ことしはいったい何がテーマになるか？「女の年金」「子どもの育て方」「男女雇用平等法について」「家庭基盤重視に対抗して」などが上げられています。

場所は東京代々木オリンピックセンターで、一泊二日の予定です。

実行委員会は六月二十六日㈫、事務局で行います。実行委員やりたい人、ぜひ来てくださいネ。

（山田）

七月定例会

・シンポジウム
女の権利と人権規約
―男でなければ人でないのか―
講師　宮崎繁樹（明治大学教授）
田中寿美子（参議院議員）

7月5日㈭　六時半〜九時
渋谷勤労福祉会館（渋谷パルコ前）
参加費　三百円
問い合わせ先　03（357）9565

男のいう人権とは、男権ではないのか？

歴史上、自由と平等のために闘ってきた女たち。しかし、自由と平等は男だけに独占されてきた。革命家たちは女を人間の形を持った他の生物としてとらえてきた。

そして今、日本が『国際人権規約』を批准するとき、女はどのように位置づけられているか？　女の目で『人権規約』を見直し、女の権利について考えよう！

今月のお知らせ

5・20㈰　公開質問状グループ
5・21㈪　七月定例会準備委員会
5・26㈯　教育分科会
5・27㈰　離婚問題分科会
5・28㈪　労働分科会
5・31㈭　公開質問状グループ
労働分科会
6・1㈮　事務所協議会
6・2㈯　教育分科会
6・3㈰　私たちの男女雇用平等法をつくる会　第三回連続討論集会
6・4㈪　六月世話人会
6・5㈫　七月定例会準備委員会
6・7㈭　労働分科会
6・11㈪　鉄連の七人と共に仕事差別・賃金差別と闘う会　運営委員会
6・14㈭　つくる会　拡大運営委員会
6・15㈮　オープンパーティ
以上のことが行われました。
6・16㈯　**公開質問状グループ**　六時〜
6・18㈪　**労働分科会**　六時半〜
6・21㈭　**共に闘う会**　学習会　六時半〜
「生活給と仕事給の徹底的研究」
6・22㈮　**労働分科会**　六時半〜
6・23㈯　**共に闘う会**　交流会
東京勤労福祉会館（八丁堀）
一時〜五時
6・23㈯　**離婚分科会**　五時〜
6・24㈰　**公開質問状グループ**　七時〜
6・25㈪　**つくる会**　運営委員会　六時〜
6・27㈬　**共に闘う会**　運営委員会　六時〜
6・29㈮　**教育分科会**　七時〜
6・30㈯　**つくる会**　第四回連続討論集会
「男女雇用平等法を実現させるために―私たちはどんな運動をしていくのか―」
東京勤労福祉会館（八丁堀）
一時半〜六時
7・2㈪　**七月世話人会**
7・5㈭　**七月定例会**
「女の権利と人権規約」

★原則として毎週木曜日、**刑法改悪に反対する婦人会議の集りがあります。**
★場所、明記ないものは、すべて事務局で行われます。

お知らせ

◉世話人会は会員の公開の場です。「こんな集りを持ちたい。」「こういうことをしたい。」そんなことを話すのが世話人会。参加しましょう！　新入会者の参加を期待しています。

（山田）

1979年
7月・8月合併号

活　動　報　告

国際婦人年をきっかけとして
行動を起こす女たちの会

【事務局】
〒160　東京都新宿区若葉1の10
グリーンマンション　D内
Tel　03（357）9565
郵便振替　東京0－44014

七月定例会　七月五日(木)　六・三〇～九・〇〇

女の権利と人権規約
―男でなければ人でないのか―

於・渋谷勤労福祉会館

司会　六月の国会で「国際人権規約」が批准されましたが、今日は、これが女にとってどういうものであるかを考えるシンポジウムを行います。

一七八九年フランス革命で世界に宣言した「人は、自由と権利において平等なものとして生れ…」には女は含まれていませんでした。また、一九四六年に制定された日本国憲法の「法の下の平等」も、女にとって実情はどうでしょうか。

世界人権宣言をもとにした、この国際人権規約の批准を機会に、私たちは規約を実効あるものにしていく行動を起すきっかけとして、今日の話し合いをすすめていきたいと思います。

講師　宮崎繁樹氏　明治大学教授。人権規約の批准に尽力。研究者であり運動者。

田中寿美子氏　参議院議員。女性問題、労働問題で長年活躍。

宮崎　国際人権規約は、ここにおられる田中寿美子先生などのお骨折で、先日、国会で承認されたわけですが、日本について効力が発生するのは、九月からということになります。

国際人権規約は、世界人権宣言を条約化したもので、エレノア・ルーズベルト夫人を初代委員長とする、国連人権委員会で一九五四年に案が出され、第21総会で採択されました。

国際的物差し

その中で、とくに女性に関係する条項も多いのですが、まず国際条約としての意味をみますと、国際的な物差しというか、基準になるという点です。たとえば、日本国憲法に男女平等がうたってあっても、それは国内法上の問題であって、仮にそれを改正して不平等というふうにしても、国外には関係ないともいうことがいえた。日本政府は従来、人権の保護は国内問題だから、外国の人権擁護について口を出すのは、内政干渉だなどといっていましたが、こんどは、人権を守ることが、国家の対外的な義務になるので、外国の人権侵害についても指摘して直させることができる。従来は密室の中であったものが、ガラス張りになるという特色があると思います。

締約国の政府は、人権規約の実施状況を国連に報告し、それが審査されることになっていますから、日本政府は報告の義務を負います。

また、「市民的および政治的権利に関する規約についての選択議定書」というものがあって、これに政府が署名すれば、人権侵害の犠牲者が、国内で救済されない場合、人権委員会に直接提訴できる道も開かれていますが、この議定書には、日本は署名していません。

即時実行と漸進的改善

国際人権規約には、A規約とB規約とありまして、B規約は即時に実行しなければならないけれど、A規約は漸進的に行なえばよいと書いてあります。「男女の平等」などというのはすぐに実行しなければならない方です。

A規約は従来の国際条約と同じく、国家を義務づけるものであって、政府がそのための国内立法を行わなければ、個人にはその効力が及ばない。「経済的・社会的および文化的権利に関する規約」といわれる部分です。B規約は「市民的および政治的権利に関する規約」といわれる部分で、それ自身が国内的にも効力をもち、個人相互や私企業の規範にもなります。また前述の議定書を承認した国においては、外国人であっても、侵害された場合、国際機関に提訴することができます。すでにヨーロッパ諸国では「ヨーロッパ人権協約」というものがあって、そういう処理がなされています。

国内法への影響

男女平等の例をとってみますと、日本では日本国憲法に平等が規定されているので、この規約が承認されても、あまり影響ないようにもみえますが、実はこの規約の審議過程においても、いくつかの問題が参考人らによって提起されています。

まず国籍について、日本では父系主義をとっていて、父親が日本人の場合だけ子どもが日本国籍を取得できる。母親だけが日本籍の場合は取得できない。これは男女不平等ではないか。その結果、生れた子どもが無国籍になるという事実もおきている。また、日本国民である者の妻と、日本国民である者の夫では、帰化条件に大きな差がある。

労働三法においても、同一労働の賃金差別を禁じているだけで、女子の若年定年制や、結婚・妊娠または出産退職制があるのは平等に反するのではないか。あるいは家業に従事している女性の貢献度の認定が不当であるとか、妻の相続分や夫婦財産制についても問題がある。

天皇制の是非はともかくとしても、天皇の地位から女性が排除されているという点も問題といえます。

それから、労働省が出している「婦人労働の実情」というのをみても、法文の上だけでなく、実際の運用面で差別が多く残されている。そういう解決のためにも、意識を変えていくという点で、この国際規約は大きな意味をもつだろうと思います。

今後の方向

今後の問題として、日本は先に述べた議定書にサインする方向へ、また、B規約の41条にある「各国は国際人権委員会の権限を認める宣言をする」ということをすすめる必要があります。一九七六年から十年は国連婦人の年となっていますし、また今年は国際児童年ですが、児童の十分な成長についても、女性の地位の向上が重要であります。書かれてあることだけでなく、国内的に広く知らせて、封建的・後進的な考え方をなくしていかなければなりません。

人権とは、基本的に個人が望んでいることを実現できるようにすることで、お勝手のことをしたいという男性があれば、できるよう

2

にする。自動車を運転したい女性があれば、女性でもできるようにする。そしてまた、女性でも育児がしたいという人があればできるようにすることが大切だと思います。

昨年マレーシアに行きましたら、ある国から来ている男性がスーツを着ているのですが、ふつうの布地でできたスカートをはいているのです。私はギョッとしましたが、考えてみれば、日本人でも男性の着物はワンピースともいえますので、男性がスカートをはいても別におかしくないのかもしれません。先入観が問題なので、家庭のことでも、小さい時育てるのは女性ですし、小学校へ入っても、女の先生が多いということですから、男女差別というような考え方も、そういう女性の影響も大きいというようなことを感じました。

国会での審議過程と国内の動き

田中　世界人権宣言が国連で採択されたのが一九四八年で、昨年一九七八年は三十周年に当ります。昨年秋の臨時国会で、日本でもこの国際人権規約をぜひ承認して、国連の場へ持っていきたいという動きがあったけれど政府部内や自民党にも反対があって実現しませんでした。今年は一年遅れですが、承認にもちこめたことは、一定の成果だと評価できると思います。

ことしは地方選挙が入ってきたり、ダグラス・グラマン事件など、政治的に国会がしばしば中断して、忙しい日程だったので、国際人権規約はもっと徹底的に議論したかったのですが、できないまま、六月六日にやっと参議院を通過しました。

今回とくに痛感したことは、一般の人に、国際人権規約の何たるかがほとんど浸透していないということです。国会のとりくみも弱かったけれど、一般の運動が非常に僅かだったといえます。私どもの方に、この条約批准促進の運動にみえた方もあり、また国会でこういう点を問題にしてほしいという要望もいただきましたが、あとで私が法律の専門家との話し会いに出たとき、立法者である議員、専門家たる法律家、人権の推進者である一般大衆の三者が一体となってすすめるべきことだったのに、それがなくて承認が終ったと感じたわけです。

批准後がむしろ問題

さきにお話があったように、これは国際的に保障される国際条約なのですから、今後、国内法に関しても、また実際の運用についても、大いに利用し、運動していかなければなりません。日本は、とくに人権に関する運動が少いように思いますが、今後、一国の国民の権利は他国のそれと密接に結びついていることですし、批准が終ったことに留まらないで、今後の運動を大きくしたいものと思っています。

この規約は自由権に関するB規約はすぐに実現されなければならないもので、A規約の経済的社会的権利に属するものは、政府が政策として漸進的にすすめていけばよいことになっています。ことしの国会で流れましたが政府が用意した国際条約の批准すべきものがたくさんありました。国際的に批准しなければみっともないと政府が思っている人権規約も、Bはもちろん即刻、Aでも数年内に実現しますと約束せざるを得なかったわけです。ただし、国民が黙っていれば、政府は批准しただけで事足れりとしてしまうでしょう。

女性の労働権の立場から

A・B規約とも無差別の原則に立っているので、当然性差別もあってはならないものとされています。参議院で中島通子さんが、参考人として、女性の労働権について述べられました。

一つは労働の機会における男女の平等です。A規約の6条は、「すべての者が自由に選択し又は承諾する労働によって生計をたてる機会を得る権利…」と政府の措置を求めています。労働基準法では同一労働に限って賃金差別をしてはならないと書いてあるので、雇用するときの性差別を禁止してはいないわけです。雇用上はもちろん、採用される以前からの不利益からも守ることが、日本では必要と考えられます。あらゆる面の男女差別を禁止し、不利益を救済する制度をも含めた「男女雇用平等法」の必要を中島さんは訴えられましたが、日本の国内法が遅れているので、私ども社会党でも昨年からこの法案を提出していますし、ことしは各党によびかけて、実現をはかりたいと思っています。

日本では立法しなければ救われない

政府は「女子労働者には保護があるから、雇用の平等はできない」という口実を使いますが、女子労働者に特有の母性を保護するのは憲法上からみても何ら差別には当らない。子どもを生み、かつ働くという女性の機能を守ることは合理的な措置であります。

こういうことは労資間の労働協約で決めるという論もありますが、日本の労組加入率30%、とくに女性は小規模、未組織の職場で多く働いている実情を考えると、立法が重要であり急がれるわけです。

次にA規約7条にあります「同一価値の労働についての同一報酬」ですが、これはILO100号条約にもあるもので、女性が男性と全く同一労働をしている場合は少いが、同じような価値をもつ労働については同一賃金をうち出しています。

産休の有給化と残業制度

また、母性保護に関してはA規約10条に、「産前産後の合理的な期間において……有給休暇又は相当な社会保障給付を伴う休暇が与えられる」とあって、日本の労基法は有給の規定をもっていません。今後の運動が必要なのですが、労働省は産休を有給にする意向はないと答弁しているので、健康保険等の社会保障の方向へもっていかなければならないと思います。

中島さんは労働時間の制限についても発言されましたが、日本では、時間外労働や深夜業に女子だけの制限があります。男女を通じて、もっと労働時間の合理的制限を行なう国際条約がいろいろあるのですが、日本は批准していないのです。このままおきますと、労働時間の制限を楯に、男女の雇用上の差別がますます進むので、この面での運動も必要になってきます。

すべての子どもは名前と国籍を

B規約の24条に児童の権利があります。「すべての児童は…いかなる差別もなしに……保護される権利」「出生の後直ちに登録されかつ氏名を有する。……国籍を取得する権利」と書かれていますが、日本では父系主義をとるため、無国籍の状態におかれる子どもがいるという事実が生じています。アメリカ人を相手とする沖縄などに多いケースですが、いま日本全国で登録されている無国籍の子どもが二、八八八人います。登録されていない者はもっと多いと思われます。これは例えばアメリカから来ている一八・九才の男性と結婚した女性の子どもは、「アメリカに一四才以上の五年間を含む十年間定住した父親」をもたないため、アメリカ国籍がとれない。日本国籍は未婚の母や内縁関係の子どもならとれても、正式に外国人と結婚した女性の子どもには与えられないということから来ます。また、戦前や戦中、日本へつれてこられて日本籍にされていた台湾人や朝鮮人の場合、サンフランシスコ条約以後、台湾籍や朝鮮籍に日本人の妻や子どももいっしょに戻された。ところが無理な形でつれてこられたため台湾や朝鮮の戸籍がはっきりしないという人も多く、宙に浮いている人も出ているということもあります。

これも、国籍を何でも男性の側につけるという日本の差別的法から来ていることで、両親のいずれかの国籍を選べる権利を子どもはもつべきという改正が必要です。また、日本人を夫にもつ女性は、その日からでも日本国籍がとれるのに、日本人の妻をもつ外国人男性は三年間定住して日本で仕事をしていないと帰化できないという不平等もあります。これら一つ一つを改善させていくための運動を積み重ねていかなければなりません。

人間の尊厳について

最後に大切なことを一つ申し上げたいのですが、B規約の8条に「隷属状態、強制労働の禁止」があります。ところが、日本では、人間の尊厳を最も犯していると思われる管理売春がまだ行われている。人身売買禁止条約に一ばん早く調印したといいながら、暴力団から前借の形で売りとばされ、強制的に売春させられている女性が現にいるということは放置できない問題で、人権の一ばん大切な部分として、これからもとりくんでいかなければならない問題です。

女性は生れながら働く権利をもたないか

質問（**中島**） 政府は、人権規約に書かれていることはすでに日本国憲法にもあり、国内では実現していることだが、日本の姿勢を内外に示すために批准するといっていますが、私たちは形だけに終らせないためこれからの運動を盛り上げていかなければならないと思います。

宮崎先生が人権規約に関してお書きになったものの中に、女性の保護規定はA規約3条に抵触しないとあります。そしてどこまでが保護のような合理的差別であるか不当差別であるかは、各国の立法司法行政機関にまかされるとおっしゃっていますね。そうしますと、男女平等原則という基本的人権が、人間として生れながらのものでなくて国の立法司法行政機関によってはじめて与えられるというお説のように感じられます。

とくに女性の労働の権利についてですが、妻が働かないでも食べていける場合の労働権の差別は合理的といえるのでしょうか。日本で、配偶者のある女性から先に解雇することは有効であるという判例が出ていますが、女性の働く権利は生れながらのものでなくて、妻とか娘とかいう地位によって、国家から与えられたり奪われたりするものだとお考えでしょうか。

もう一つは、A規約について先生は、差別的な法律を作らない、なくすことが必要だとおっしゃいましたが、日本の場合、もっと積極的に、『差別をなくし、積極的平等をめざすための法律』を作って努力しなければならないのではないかと思いますがいかがでしょうか。

宮崎 人権は他から与えられたり奪われたりするものでないということはおっしゃるとおりです。そして保護規定のように、これがないと女性が不利になるという、合理的差別は許されるが、不合理な差別は許されないという基準は、締約各国がこの規約を実行する建前ですから、とりあえず各国の諸機関によって定められるしかない。議定書を承認していれば、人権委員会で審査できますが、そうでない各国も、報告書を提出することになっていますので、その中で蓄積されていく基準ができることも考えられます。

それから、平等を実現する積極的な方策については、A・B規約共2条において、実現に必要な行動をとることを約束していますので、当然実行すべきことになります。

女性の労働権については専門でありませんが、やはり、それぞれの人が働く権利があり、適性があれば、男性であろうと女性であろうと雇用の機会が与えられなければならんと思います。

家庭尊重のことばの危険性

質問 六月に自民党から家庭基盤の充実という報告が出ていて、家庭を重視しようというキャンペーンのもとに、女性の権利を抑えようとしています。また宮崎先生のおっしゃる、育てたい人が育てるということも、現状を固定して考えると、女の働く立場が弱くなるように思います。夫と妻の関係で、家庭内の女の立場を尊重するのは過渡的にはいいとしても、家事育児の社会化をはかって、女も働く方向へもっていくべきではないでしょうか。

田中 自民党は次の選挙の目玉として家庭を

とり上げていて、男は仕事、女は家庭を基調としています。育児休業とか、家族の年金を増やすとか少しだけいい味つけをしていますが、それも、政府当局は家庭保育主義です。育児休業の場合も、各国で手当が出ているので、仮に二〜三万位出しても、保育所に九万もかかるよりは安いという理由でスキンシップをもち出す有様です。

人権規約は日本政府のような家庭第一主義とはちがって、男女の別なく人間の権利をうたっていると思います。家庭内でも男女の平等な関係を規定していますが、資本主義国の人権規約ですから、育児や家事の社会化をとくに目指しているわけではありません。

宮崎　中国へ行って感じたのですが、どこの工場でも保育所がありました。勤労婦人の最大の難関は育児ですから、やはり、働く意志をもち、能力をもっている人が働けないということは人権の抑圧になるといえます。同時に児童の保護も必要ですが、母親だけの負担にならないよう考えられることも必要だと思います。ただ、家事労働が外へ出て働くことにくらべてつまらないことだという考えは問題で、家事に従事している人も重要な仕事をしているわけです。

今後の方向

質問　都職労や都教組の問題ですが、定期昇給の他に従来特別昇給というのがあります。いままでの運動によって、勤評でなく、輪番で該当するようにしてきていましたが、今年から勤務日数による制限が出されて、都労連もこれをのんでしまいました。男性だと病気の長欠でもない限りあまりひっかからないのに、女性は産休をとると即除外されることになります。このことは差別ではないでしょうか。

田中　それは大きな差別ですね。国内法でも憲法でも、また国際規約でも違反しているということで人権運動として展開していくことが重要ですね。

質問　議定書に日本のようにサインしてない国がどれくらいありますか。

宮崎　理由ははっきりわかりませんが、議定書にサインしたのは二一ケ国（北欧・カナダ・アフリカ・中南米諸国）ですが、ヨーロッパや南北アメリカでは地域で国際的な人権委員会に提訴できるので、そちらで救済されるということもあります。

質問　A規約を実施していくためには、立法措置が必要になりますが、国会内で、国内法を整備するために積極的な活動を行なう機関などはできているのでしょうか。

田中　実は承認して間もなく閉会になって、準備ができていません。これから政府を動かす監視活動をどうすすめるか。とくに婦人に関することは、国民が運動していかなければ実りは望めません。この規約を活用して、国内の要求を実現させていくと共に、議定書や侵害を通報する41条宣言等も承認させていかなければなりません。

参加者　労基法3条の改正、ＩＬＯ111条約（労働における機会の均等）の批准、男女雇用平等法等を力を合わせて実現していきましょう。

宮崎　政府におざなりの行動で終らせないため、確認し、すすめる組織が必要だと思います。

田中　自民党の育児と老親の介護は家庭でという方針にひっぱられないよう、質のよい保育所を要求し、育児休業が男女どちらでも選択制でとれるように、又労働時間の制限を強めて、労働条件を改善し、老人の社会保障を充実させていくよう運動を強めていくこと。

参加者　日本人は人権意識が弱いということと、とくに妻の人権が守られていないことが問題です。宮崎先生も研究者として、又運動をすすめていくお立場として、男の人も個人としての男女意識を問い直す必要があると思いますが……。

宮崎　女性の人権が侵害されていれば、男性も侵害されている筈です。大きな問題は経済上のことで、財産制や夫婦間の相続を含めて影響していると思います。また、小さい時から育てている女性自身が、母親の役割を継承させるような教育をしているのも問題だと思います。

司会 人権と女性問題はつながっていて、今後も労働組合をはじめ一般の男性との共斗が大切になってきます。最後にこれだけはということがあったらどうぞ。

参加者 宮崎先生が「母親が継承」といわれましたが、小さい子や低学年は女がみるのが当り前という考えを問い直す必要があると思います。そして役割も押しつけられているということ。それから宮崎先生は「女性に働く意志と能力・資質があれば」と何度もいわれましたが、男性は能力や資質のある人だけ働くかというとそうは思えないのですが……。もう一つ、先生は家事が非常に大切だといわれましたが、それを専門に受持つ人がほしいという意味でいわれたのではないかという感じがしました。家事育児がそれほど大切なことなら、男性もそれができるような条件にもっていくのが本筋ではないでしょうか。

司会 いろいろなグループが結集してこれからも運動していきましょう。

（記録・報告　仲野）

各府県新知事への質問の結果

公開質問状グループ

前号でお知らせしましたように、八人の新しい府県知事に質問状を出しましたが、回答は今のところ青森・岩手・秋田の三県だけという成績の悪さです。（大阪からは回答が遅れるという連絡がありました。）

質問と回答の内容はおおよそ次の通り。

1. 「男は仕事・女は家庭」という考え方については三県とも「賛成とも反対とも言えない。」という回答。

理由をみると、青森は「『男の仕事、女は家庭』という固定した考えは全くないが、女性の家庭における地位も重要である。要は女性自身の個性、家庭の生活実態などから判断すべきものであろう。」岩手は「人それぞれの考え方、生き方は自由であり、女性のもつ特質と生活周期等から考えて、賛成、反対に対し割り切れない面がある。」秋田は「婦人を含めて人間の生き方に対する価値感が多様化しており、年令や職業、生活環境により、各人の意識に差異があるため。」

個性に従って自由に生きるために、固定的な性別役割分担意識を変えなければ――という認識はお持ちにならないようです。

2. 今の日本で男女は平等になっているかどうかについては、青森は「平等になっていない。」、岩手・秋田は「大体平等になっている。」

3. どういう点で一番不平等を感じるかについては、青森は「偏見による低い処置。」岩手は就業、特に賃金を挙げ、秋田は無回答。

4. 不平等の原因としては青森も岩手も慣習を挙げ、秋田は無回答。

5. 不平等をなくすために青森・岩手は意識啓発が必要と答え、秋田は無回答。

6. 女子職員について、青森・岩手は「あらゆる分野で、」、秋田は「女性に適した分野で、」活躍することを期待。

7. 審議会の委員についても、青森・岩手は「あらゆる分野で、」、秋田は「女性に適した分野で、」女性をふやしたいとのこと。青森は適任者があることを条件としていますが。

8. 集団保育については、青森・秋田は母親による家庭保育を主とし、保育に欠けるこどものために保育所が必要だという姿勢。岩手は働く母親のために保育所をふやすべきだという考え方。ただし、青森は補足説明で集団保育の必要性を強調。

9. 男女共学については、岩手は学校や入学者の選択にまかせるべきだとし、青森・秋田は「公私立とも共学がのぞましい。」と回答。ただし青森は補足説明で「周到な配慮が必要。」と述べ、すぐに実行する意思のないことをほのめかしています。

10. 中学・高校の家庭科については、何と三県とも「男女を問わず、みんなが学んだ方がよい。」というところに○がついていて、女子のみ必修、男女選択、廃止論は否定されました。

理由をみると、青森は「衣食住に係る身の回りのことは、自立した生活のできる程度の家庭科は最底限必要と考える。」ということ。岩手は「家庭科教育については従来の狭義の『技術・家庭』の考え方から脱し、社会の最小単位としての家庭、男女が互いに相手の立場や人格を尊重し、人間としての平等、市民としてのあり方等に及ぶ広義な領域に考え、男女とも履修する。」。秋田は「家庭運営の責任は男女双方にあるが、女子にとっては年令的に最も重要な体験的学習教科であると考える。」と述べています。

11. 府県で売春を取締まる条例をつくることについては、青森は「売防法があるから必要ない。」という考え方、岩手は「質問の趣旨がよくわからない」として無答。秋田は「実際には困難だ。」という回答でした。

合同事務所からお知らせ

● オープンパーティ

6月15日「版」で開かれた合同事務所オープンパーティには約四十名の参加がありました。

当日は歌あり、ダンスあり、演説？ありの大騒ぎ、二次会へと続きましたが、オープンパーティで会えなかった人、とても残念です。今度の機会には、ハメをはずして大いに楽しみましょうネ。

● 合同事務所協議会

合同事務所の運営に関することは、四つの会が合同協議会を毎月一日（一日が休みの場合、三日）に開き、話し合い、決めることになりました。

● 合同事務所 ジョキ

ジョキ、じょき、女寄、女気、女希、女喜
女企、女機、女輝、女樹、女軌、女毅、女着
女期、女季、女汽、女幾、女既、女騎、女旗
女記、女紀、女起、女帰、女祈、女来、女生
女基、女岐、女規、女聞、女嬉、女揆、女几
女利、女伎、女喫、女貴、女己　女綺

まだまだあるけど、この辺でやめておこう。

これ全部ジョキと読みます。やっとニックネームが決まりました。四つの会が事務局として集まったジョキ、四つの会のメンバーが寄るところ、輝くところ、行動を起こすところ、軌道をつくるところ、生きている女たちの集るところ、意味不明なのもあるけれど、あなたのジョキはどんなジョキかな？

● 合同事務所カンパ報告

6月15日現在、八十六名（団体も含む）、五三万一一五〇円のカンパが集まりました。

その他、ボックス、水切りカゴ、スリッパ、スリッパ立て、コーヒーカップ、クーラー、ホワイトボード、茶器セット、お盆、ほうき、ちりとり、コップ、ジャー、コーヒーセット、石けん、ノブカバー、トイレカバー、ETCたくさんの物品によるカンパが寄せられました。

会議机、クーラーとりつけと事務局も整いそれぞれの会では、ロッカーや本棚やピンク電話と、次々にそろい、やっと事務局も落ちついてきました。

ガスストーブ、じゅうたん、カーテンなども寄せられる約束があり、そのうちには、ファクス機や、冷蔵庫、物置などもそろえたいと、今後、百万円カンパ達成が目標になっています。

「家庭基盤充実政策」に対して 私たちの考え方を打ち出しましょう

「男は仕事、女は家庭」という考え方に賛成する人は、いろいろな意識調査の結果をみるとかなり減って来ているようです。「結婚しない女」をカッコいいとするようなムードも出て来ました。東京都行動計画では、世帯単位の考え方が大きく否定されました。そんな点からみると、伝統的家庭観は崩れ、個人中心の考え方が強まっているようですが、一方ではまるで逆の動きが強まる傾向もあることに注意したいと思います。

総理府の最近の調査では「夫婦の財産を共有にすべきだ」という意見が多数、年金についての審議会の考え方によると「共働きの場合四人分の年金を受けとることになってしまうから調整が必要」で、「妻の遺族年金は増額すべき」だとのこと。男女の賃金差を考えると、無職の妻の方が働いていた女より多額の年金がもらえることになりそうです

「女に学問は要らない、早く嫁に行け」と言った大平首相は、「家庭基盤充実」の必要をとなえ、知的ブレーン機関として学者や中堅官僚23名による「家庭基盤充実研究グループ」（女性メンバーは桐島洋子、橋田寿賀子、原ひろ子、深谷和子、佐藤欣子、横尾和子の諸氏）をつくって検討を求めていますが、自民党の中にも「家庭基盤の充実に関する特別委員会」が設けられ、六月十二日に「家庭基盤の充実に関する対策要綱（案）」が発表されました。

ひとことで言えば、社会保障をネグって、問題解決の責任を家庭にすべて押しつけようとするもの。「女は家庭に帰れ」とはっきり書いてないのは、一応時節柄を考えているからでしょうけれど、結局はその方向に進む筈のものだと言えます。

その『基本的考え方』によれば、家庭は、「社会の基本単位」「国家社会の中核的組織」であり、「国家と地方自治体および職域と家庭との『役割分担』を明確にし」「老親の扶養と子供の保育と躾けは、第一義的には家庭の責務であることの自覚が必要」なのだそうです。

『重点施策』として次の項目があげられています。

㈠文化・文教面の施策

「家庭の日」という祝日をつくって「主婦の家事労働、育児等を見直」したり、テレビの深夜放送を土曜以外は自粛させたり、小・中・高校の家庭科教育を充実強化して「男女の別を問わず将来の家庭人としての基礎的教養を身につけ」させたり（この点は賛成。ただし内容が問題ですが）、社会教育の中の家庭教育の強化、家庭生活問題の研究機関の助成、「権威ある連絡調整機関の設置」を考えるのだそうです。

㈡住宅面の施策

持家取得の促進をうたっています。

㈢生活環境面の施策

生活環境施設の整備、公園とスポーツ施設の設置、公害防止など。

㈣福祉面における施策

妻の遺族年金の充実、老親扶養者への優遇措置など。ケッ作は「日本的福祉のあり方」。「貯蓄率、保険加入率が世界一高いこと」「家族主義的な企業内労働組合組織の存在」「老親と子供世帯の同居率が著るしく高いこと」などの「国民的特質を維持発展せしめながら、日本的福祉社会を実現」するということで、読んでいて思わず笑い出してしまいました。本当は怒るべきなのでしょうけれど。

㈤育児と母性保護に関する施策

産後休暇の延長、育児休業制度の拡大、保育施設の充実（お義理のように書いてあります）など。「出産育児と母性の保護の神聖な重要性」ということばが印象的です。

㈥中小企業従事者の家庭基盤充実のための施策

㈦農山漁村における家庭基盤充実の施策

㈧家庭紛争および非行青少年についての施策

家裁の家事相談業務を充実させて「離婚率の上昇傾向に対処」したり、法務、警察機関による補導を強化するのだそうです。

これらはまだ「案」ですが、このまま実現したら大変！ この際、私たちの側としては家族、家庭についてどう考えたらよいか、夏合宿で大いに話し合いましょう!! （K）

夏合宿のお知らせ

『家族とは　家庭とは』

～家庭基盤充実政策に対して～

と　き　八月十八日(土)～十九日(日)

ところ　オリンピック記念青少年総合センター

渋谷区代々木神園町3番1号

（467）7201

参加費　二千円（宿泊費千百円参加費九百円）

※　この他、食事三食で千百円かかります。

※　食事をとる人数は事前に連絡することになっていますので、宿泊のみ、及び、集会参加のみの方は、はっきりと、その旨、事務局にお申し込み下さい。

申し込みは八月十日までにTEL、手紙で。☎（三五七）九五六五

定　員　三十名

日程十八日　二時　青少年センターへ集合

三時　報告

(1)「家庭基盤充実対策」について

(2)伝統的家庭観について

(3)新しい家族関係を求めて

その後、質疑・話し合い

五時半　自由時間（入浴・食事）

七時半～十時　交歓会

十一時　消灯

（門限は十時です。）

十九日　七時半～九時　朝食

十時　分散会

十二時　昼食

一時　全体会

四時　解散

今月のお知らせ

7月2日　7月世話人会

7月3日　合同事務所協議会

7月4日　公判速記録の検討（闘う会）

7月5日　7月定例会

7月6日　労働分科会

7月9日　運営委員会（闘う会）

7月13日　鉄連第十回公判

7月14日　公開質問状グループ

7月16日　労働分科会

教育分科会

7月19日　学習会（闘う会）

7月20日　夏合宿準備委員会

7月21日　第5回連続討論集会（つくる会）

7月22日　離婚分科会

7月23日　運営委員会（闘う会）

以上のことが行われました。

7月26日(木)　**労働分科会**　六時半～

8月1日(水)　**合同事務所協議会**　六時半～

8月3日(金)　**女たちの映画キャラバン東京上**

4日(土)　**映会**　新宿文化センター

問い合わせ（三七〇）八四四〇

4日にはつくる会から歌と踊りで平等法をアッピールします。見る価値あり。

8月6日(月)　**八月世話人会**　六時半～

8月6日(月)　**運営委員会**（闘う会）

8月16日(木)　**学習会**（闘う会）

8月18日(土)19日(日)　**夏合宿**

8月20日(月)　**運営委員会**（闘う会）

8月26日(日)　**離婚分科会**　二時～

9月8日(土)・9日(日)　**闘う会夏合宿**　菅平（長野）

問合わせ（357）九五六五菊橋

費用実費

※　原則として木曜日に刑法改悪に反対する婦人会議の集まりがあります。

※　お知らせ文中、私たちの男女雇用平等法をつくる会は**つくる会**。鉄連の七人とともに仕事差別・賃金差別と闘う会は**闘う会**と省略いたしました。

※　場所、明示ないものはすべて事務局。

教育分科会から

性差別的記事を満載の教科書をチェックしたパンフレット、いよいよ七月末に完成します。写真・イラストもいっぱい。乞ご期待。ぜひ読んで、みんなでよい教科書をつくるために、そして男女平等の社会をつくるためにがんばりましょう！

1979年 9月

活動報告

国際婦人年をきっかけとして
行動を起こす女たちの会

【事務局】
〒160 東京都新宿区若葉1の10
グリーンマンション D内
Tel 03（357）9565
郵便振替 東京0－44014

79夏合宿 八月十八日(土) 十九日(日)

家族とは 家庭とは
ー家庭基盤充実政策案に対してー

於・オリンピック記念青少年総合センター

十八日（土）午後

司会 女の解放を進めるためには、家族や家庭の事を考える事が重要だと思う。戦後家族制度がなくなり、家族、家庭の実態は変ってきたが、最近大平首相は、家庭基盤の充実が必要であるとしきりに言っている。六月には自民党から「家庭基盤の充実に関する対策要綱（案）」が出され、これには多くの問題が含まれていると思う。自民党が考えているのはどういう方向なのか、それに対して私達としては、家族、家庭をどう考え、どのように行動してゆくのか、二日間話合ってみたい。

報告1. 自民党「家庭基盤充実対策」とは？
ーその内容とつくられた背景ー

仲野（教育分科会）自民党の政務調査会の中に、家庭基盤に関する特別委員会というのがあり、六月十二日に〃対策要項案〃が出た。いまこれを出してきた理由は、民法改正で妻の財産相続権が引上げられるのに同調して、航空機疑惑などから国民の目をそらせ、選挙の目玉商品にしようとの意図が感じられる。低成長経済の時代になり、財界の要請もあり産業投資を減らさず、みかえりの少い福祉を削り、女を家庭へ帰そうとのネライのようだ。この案の内容は、性別役割分担の考え方を強調し婦人が家庭から出るので子供のスキンシップが減って問題が起っているとか、老親（老人と書かない）を扶養しないのは歎かわしい風潮であるとかー条件を整備せずお説教で国民を一つの方向にもってゆこうとしている。大平内閣は発足と同時に「ゆとりと風格のある家庭ー経済や社会制度上の不備を吸収し得るーの実現」をうたっていたが「戦後の西欧合理主義に即した権利義務関係では割り切れない、日本的問題解決能力を活用」しようと古くからある家族意識の利用を考えている。歴史的にみると、戦前の家族制度は封建的な身分秩序の固定―家督相続（男子の単独相続）をさせ、それと組合せて家父長制を作り、これを道徳的に至上のものとし、明治以後も旧武士層の家族制度に多少近代的な権利とか身分をとり入れて民法を作ったわけだが、教育勅語や修身教育などを併用して家族制度の道徳を国民に浸透させた。天皇はお父様、皇后はお母様と口で唱えさせて天皇制国家の思想的支柱とした旧家族制度を頭においておかないと、自民党や大平内閣が言い続けている〃日本古来の美徳、他の国にみられぬ家族愛〃の言葉に惑わされる。その美風という家族制度とは、次三男は長男の家の傭人同然で結婚もできず娘は製糸女工や、売春に繋る身売りをするのが親孝行、というもの。戦後は一応民主的な民法になり、離婚、配偶者の財産相続権、親の扶養の義務などで、改善されてはきたが、果たして家族の実態はどう変っただろうか。

　昭和三十年代から高度成長経済となり機能性ある労働力を必要とするため核家族化して都市に人口を集中させ、既婚婦人の労働力を活用するため家庭からひっぱり出した。農業や住宅の政策と相まって、自民党のいう〃歎かわしい家族の実態〃となったわけで、その結果、単身世帯や夫婦家族が増え、子供や老人を保護する家族の機能が退潮に向っていると憂慮している。親族共同体、地域社会、国家意識などの統制から解放された男女個人が平等の立場で自分の意志を貫きたいという個人主義の家族（私達が良いと考えている家族）になりつつある事が気に入らぬらしい。また婦女子の文化的経済的地位向上により個人主義になったようにも言っている。

　今回の要綱案は、自民党が政策として戦後一貫して目指してきたもので年代順にみると

27年　親孝行の出来ない新民法を改悪する動き（家族制度復活反対運動で阻止）

31年　憲法調査会を作る。9条の改悪と共に、24条両性の平等をも改悪する動き。

33年　指導要領の改訂、中学の技術家庭科分離、皇太子妃ブームで女の幸せ論強調。

35年　母子福祉法、老人福祉法

36年　教育の面で家族強調

39年　文部省が家庭学級を作り、母親対象の社会教育。憲法調査会も同調の動き。
　ライフサイクル論（婦人のパート労働）

48年　高校女子家庭科必修、日本古来の惇風美俗や親子関係を強調

50年　国際婦人年で行動計画作成

54年　家庭基盤の充実に関する対策要項案

以上のように、国際婦人年には内外からのつき上げで行動計画を作ったものの、陰では着々と手を打ってきているのが実状である。

　教育分科会では教科書の中の女性差別や、女は家庭にという性別役割分担意識などをチェックしているが、社会、国語、家庭科等の教科書では、一貫して家庭は憩いの場で、主婦がこれを担い、家族はそこで明日の活力を得て…、と書かれてある。今回の対策要綱を読んだ時、具体策の何もないバカバカしいお説教と思ったが、実際こういうものが着々と行われ、仕上げの段階にきて出されたのだと気付き、一つ一つ充分検討して対処の仕方と運動の進め方を考えねばならないと思った。

司会　ここに出席の方々は同感と思うが一般の人々の意識はどうだろうか。現状を―。

報告2. 伝統的家庭観について
―結婚相談を通してみた伝統的家庭観の根強さ―

金谷　新宿の一般庶民が集まる百貨店の婚礼サロンで、結婚相談（買物、マナー、しきたりなど）をしているが、相談ごとを通して、この家庭基盤要綱を受けとめる土台が日本の中に根強くある事を再確認する意味で、現状を報告したい。昭和四十二年の開設で十二年目になるが、当初は本人と親がほぼ同数で相談にきていたが、最近は親の方が倍位になっている。この親たちは子供の結婚は親の仕事だと思っている人が殆ど。恋愛結婚であっても結婚に関しての事をとりしきるのは親の務めと考え自分の事として相談にくる。例えば婚約については、指輪など記念品の交換を子供が済ませても、結納は親同士がやるもので、

これがなければ正式な婚約と認めない。子供の中にも半数位この考え方がある。指輪の他になぜ結納までするのかと質すと、結納金は親が相手の親にやるもの、娘を手離すのだから当然という答だった。こういう感覚の人が半数以上いる現状である。関西へゆくと全く子供の出る幕なしである。結納目録は親の名前で親から親へ、家族制度の時代は戸主名で祖父という事も多かった。最近はさすがに縦一列の家族制度が核家族となって親子二代で切られたという変化はあるが。それでも父親のない娘の場合など、母親の名前では工合が悪いから本家筋の叔父とか兄を父親代りになどという話がある。本人の名前でよいというと、親の名前で来るのだから親の名前で受け取るとか、母親名では家の代表にならないという。こういう事を素直に信じているので、理屈で説明すると一応納得するがすぐ元に戻ってゆくという地盤が根強くある事を感じさせられる。結納自体が前時代の遺物であるが、親は金を出す事によって老後の扶養を反対給付として期待しているフシがある。長男だから五十万円、次男だから形だけという受取る側も、次男に嫁ぐのだから簡単で気が楽という意識、また「これだけのお金ではお嬢さんを戴くのは申訳けない」などという言葉もある。これを女親がいうのだから何をかいわんやである。養子を迎える形も戦前のように残っている。家督制度の長子相続の形を維持する方便だから、姓は女の姓にとか、結納金は女側から先にとか、家意識が強い。家族書親族書をつける習慣も地方に残っている。三等親以内の人達が住所氏名、本人との間柄を連書し、一族が賛成した目出たい結婚であることの証明をする。この書き方も長兄は家族書に次兄は分家だから親族書とタテ社会の法則。結婚費用の負担にも、嫁にやるのだから嫁入道具だけで、式がすめば男の世話になるのだから新婚旅行は男側がもつとか、もらう嫁だから花嫁衣装は男持ちとか。式や披露宴の立て看も何々家というのが殆ど。新郎新婦の氏名を書くと苦情が出やすいので、という事だ。個人と個人の結婚だといいたい方は係に二、三度念を押さないとダメ。披露宴の費用負担も東京では頭割りが多いが、西の方で男の側が多くもつのが一般的といわれる。婚約破棄の理由が、娘の相手の男が共働きを望んだからという父親、結婚が決ったから職場をやめるという娘、男側は嫁を貰う、女側は嫁に行く意識は、若い人達の間にも根強い。結婚後も、女児が産れると嫁の実家が費用を負担する、第一子は挨拶廻りとか、家族制度のしきたりは残っている。最近話題になっているのが、中高年のUターン現象、定年期の夫婦が第二の就職を前にして、故郷で長生きしている老親をローンで買った家へ引取るか田舎へ帰って同居してあとを継ぐか悩んでいる。老人問題も含めて、自民党のいう政策を両手をあげて賛成する種族ではなかろうか。保守政権にとって現在の経済機構を維持するためには家庭基盤（政府の考える）を充実させ、自分達のやり損った土地政策や福祉政策を家庭に帰して辻褄を合わそうとのネライ、この裏側をみずに日本的美風なる言葉に惑わされて家にガンジガラメにされている事さえ気付かぬ人達の多いことに危機感をおぼえる。

司会　新しい方向を目指す動きとして、働いている女性が家庭生活で実際に試みている事を中心にこんごの方向を探ってみたい。

報告3.　女が働きやすい家庭・家族関係
―役割分担についての試み―

斉藤　女が働きやすい家庭、家族関係ということだが、実際に家庭といわれるものの中で生活していて、働きやすい家庭をどう作るか、勿論家庭内部だけではだめで、社会、職場の制度も必要だという事と、今回の対策要綱が、働きやすい家庭を目指している私達にどのような意味をもち、圧力となるのか、の三点について話してみたい。

　まず女が一番働きやすい家庭とは、家庭内の性別役割分業を廃止する事、昨年十二月に子を産んだが、これは実感である。二人だけの時は、食事、洗濯、掃除などはお互いが自分の範囲内でやっていたので、家庭内で性別分業を全くしないですんだ。この事を人にすすめると、それは子供がいないからできるのだと言われたが、八カ月間子供を育ててきた過程をふり返っても、やはり同じである。この先、子供の病気や自分やつれあいの親の介護という問題が出れば、どうなるか判らないが。出産後、授乳、おむつ替え、洗濯など二人でやるか、半分ずつにした。授乳は母乳が少かったのと、職場へ出る事を考えて、少しずつ母乳を制限していった。夜私が先に寝て、つれあいが最後のミルクを与え、朝私が早く起きて与えるというように、性別でない役割分担をした。現在は離乳食の段階だが、つれあいも食事を作っていたので、当然離乳食も作る。保育園の送り迎えも交互にやっており、性別役割分担を全く無視してもやっていけるから、固定観念をすててほしいと思う。

家庭内ではうまくいっても、やはり職場の制度や労働条件、保育所制度、預ける時間などが整わないと女が働きやすい状態にならない。幸い公務員なので、民間より母性保護関係の制度が整っている。年次有給休暇が一時間単位でとれるのは大へん便利だ。年間二十日の有休があるとすると一日八時間として百六十時間、これが小刻みにとれる。子供の保育所の送り迎えやお互いの時間のやりくりに使える。産休は十六週のうち十週を産後にとったので体の回復のためにはよかった。育児時間も一日一時間半とれ、これは一日の中で朝と夕と分けてとってもよい。子供の予防接種や四カ月検診など決められているものは休暇をとらずにゆける制度もある。（一日四時間以内）。しかし制度として確立してゆかねばと思うものに、老人介護を含めた看護休暇がある。私の職場にもないし周りでも余り聞いたことがない。この制度を作らないと、女が働きやすい家庭を維持することは難しいと思う。もう一つ重要なのがやはり保育園の問題だ。現在住んでいる区は、保育園の定数が入園希望者を上回っているという恵まれた地区で、産休あけをまって行ったら、私立だがすぐ入れた。どこの地区でもこうあるべきだ。産休育児時間の保障、予防接種保障、看護休暇など女が働き続ける為の制度の確立が急務だ。

今回の自民党の要綱案は、女が働き続けるための制度を作る上で、どんな影響があるかを考えてみたい。まず〃育児期間中の休業（最低一年間）で育児に専念し〃スキンシップを大切にとあるが、これが義務として一年間休まねばならぬとなったら問題である。〃世界的な傾向〃としているが、この要綱案は女性のみの休業だから、二人産むと二年間は職場を離れるわけで、男女格差が広がることに繋るのではないか。もう一つが年金問題、家事労働、育児、夫とのパートナーシップを認めて妻の遺族年金を現在の五割から七割給付に引上げるというもの。働いている女の賃金は男の半分だから、生涯働き続けても受け取る年金額は男の半分、働かないで夫に奉仕してきた妻は国民年金にも加入できるから、低賃金で働き続けた女より、老後の生活が安定する、だからよい夫をみつけて家庭にいる方が得ですよ、と女を家庭へ追い込む政策だ。その他老人世帯との同居の奨励という事で、税金や住宅の優遇措置があげられているが、これによって老人介護は各家庭でやるのが当然との風潮が強まれば、今でさえそうなのに、ますます女が働きにくくなってゆくのではないか。要綱案の基本的な考え方の中に〃老親の扶養と子供の保育と躾は、第一義的に家庭の責務〃とうたってあるが、遺族年金も育児休業もこの考え方に則って出てきたものである。

この要綱案どおり政策が進められていくと職場での男女格差は拡大し、家庭内での性別役割分業は強化され、老親の介護で職場をやめざるを得なくなるという事態になる。私たちはこれにきちっとした批判を加え、撤廃への働きかけをする必要があると思う。

司会　もう一つ新しい試みとして、幾つかの家族が複合して、一つの家に一つの家族として生活している〃トマト畑〃というグループがあるが、メンバーからの報告を。

報告4. 新しい家族関係を求めて
―共同生活実践からの報告―

益満　トマト畑のおヨシさんから、手記とメモを頂いたので読み上げます（以下要約）

共同生活を始めてから通算して四年半になる。きっかけは、女達の生き難さがどこから来るのかという事で、家族制度や家庭の事で仲間と話合ったことが始り。昨年の四月まではズズウという名だった。

当時は、独身（Aさん）と籍を入れてないカップル（Bさん）と私達夫婦で、私は二人目の子供を妊娠中、再就職を探していたが、夫の給料で暮している事で家事育児を引き受けるはめになり、いつも子供を引連れていた。彼の家の親や親類との付合い、家事育児の分担も親の手前を繕うためうまくゆかず、嫁の立場に立たされる場面が苦痛だった。Bさんは籍を入れてなくても囲りから奥さんと呼ばれ、そのように扱かわれ事に抵抗を感じていたし、Aさんも私の子供と日常的にかかわりたいと考えていた。

最初はアパートを一軒かり、独身のAさんが住み、Bさんと私が通ってゆく形だったがまもなく現在の一戸建(二階建六室、風呂付)を借り、三世帯が暮し始めた。女三人、男二人、子供二人だった。男達はしぶしぶだったが別れたくないとの理由で一緒にきた。給料を持ち寄り、家賃、食費、雑費、小遣いを均等にとった。私は小遣をもらえて助かったが、共働きのBさんのつれ合いは、それまでの経済よりきびしくなり、抵抗があったようだ。食事の仕度は五日に一回の当番で、大人数なので大鍋に一ぱいつくる。子供達には原則として全員かかわる事にした。最初は、私に定職がなかった事で共同保育に入れたため、保母もやった私が子供全員を引受ける形だったが一年後公立保育園に入れ、送り迎えもメンバー全員でやった。公立の保母さんの中には共同生活への理解がなく、お母さんが迎えにくるようにという人もいたが、保護者会への参加も全員で分担したので周りの親たちの理解も得られ、逆に羨やましがられた。下の子供は共同生活の中で生れたので、私の二カ月の旅行中もメンバーみんなの子供として可愛がられて育った。

グループ内のカップルのあり方も問題にされた。Bさんのつれ合いは最初〃僕のBさん〃とか〃僕の奥さん〃と呼んでいて、その所有意識を追及された。私も、つれあいに子供をみてとか、茶碗を洗ってとか常に働きかけている状態がいやになり、彼の姓を呼ばれる事にも疑問をもち、籍を抜きたいと考えていた。仲間との話合いでこれを持ち出すと、彼は二人の間の問題を外部に出したと反対したが、共同生活の中で提起できないなら核家族の密室状態と同じだと私は主張し、まもなく離婚し彼は一人で住み始めた。私は共同生活の中で子供を育てたかったので、彼が父親として随時やってきて子供と関わる形になった。

共同生活では、他にも多くの人達がかかわっていた。居候的な存在だったがフランス人のDさん、離婚し四才の子のあるEさん、ドテカボ一座で知り合った五才の子供をもつFさんなど。泊り客などもあり楽しかった。

現在は母子家庭三組という組合せで、経済的には一つの財布でやっているが、難しい問題もある。子供の将来のため貯金したい人と現在をより楽しみたい人では見方が違ってくるが、最低限自分の必要額を稼ぐのが基本だ。

保育園の送迎や食事の仕度など分担当番以外の時は自分の時間として使えるから、パワフル離婚バンドの練習にも熱中できる。共同生活の中で免許をとりオートバイも買った。

最近意見の違いで出て行った人がいるが、病気の時安静が出来ない、恋人が出来た時リラックスできない、最低限の必要経費をきちんと出し合うべき、などが理由だった。

以上メンバーは流動的だが、これも一つの良さ。家庭の中で窒息しながら生活が変えられないで苦しんでいるより、多くの人達とさまざまな暮しを楽しみ、その中で自由な感覚の子供を育て、自分も成長してゆけると思う。

落合　私達離婚分科会で〃離婚は怖くない〃という本を出したが、その中にこのメンバーからの報告がある。離婚後の母親と子供という寂しい家庭でなく、いろいろな人達が集っているこの家は、子供達も兄弟が出来た形になり、人間関係の豊かな家族として暮せる。
　食事や買物や保育園の送迎などが分担で、自由な時間も多くなり、バイクで行動半径を広げているのも羨ましい。とにかく子供達も含めて、外部の人達とも交流が多い。ここのメンバーは流動的だそうであるが、私はこの複合家族は一つの過渡的な段階でもいいと思う。多くの家族と暮したい時、気の合った人同士で家族を作るのは離婚後の一つのチエでもあると思う。

十九日（日）午前

　十八日の報告をふまえて、自民党の「家庭基盤の充実に関する対策要綱」（以下『対策』とよびます）にあらわれた考え方、特に「日本的福祉」という考え方を私達はどう捉えるべきか話し合いました。特に問題になったのは次のようなことです。
◎家庭（血縁による）を単位とする考え方は今でも社会の隅々にまで浸透していること。
例◆生活保護を受けるとき、系累がないかどうかしつこく聞かれる。系累がなければ助けるという行政の考え方。
◆一人暮らしの女は就職しにくい。
◆女を雇うとき自宅通勤を原則とする。自立した労働者としてでなく、「お宅のお嬢さんをお預りします」という形で安く使う。
◆女にはひとりで生きていけるだけの賃金を払わない。
◆女は社宅に入れず、住宅手当も出さないところが多い。
◆女ひとりではアパートにも入りにくい。
◎プライバシーと福祉の関係
意見◆ヘルパーを頼むとプライバシーを覗かれるようでいやだと感じないだろうか。
◆覗かれても言わなければいい。
◆覗かれていたい地域共同体から家族主義的規範を押しつけられるから困るのではないか。
◆個人主義に徹すればプライバシーは守られるはず。
◎『対策』は、国にとって安上がりで企業がもうかる方法を書いている。
意見◆自分のことは自分でやれということ。
◆ボランティアに期待している。
◆貯蓄・保険で企業をもうけさせる。
◆住宅政策で不動産等をもうけさせる。
◎戦前・戦中を思い出させる。
意見◆「銃後を守れ」というと同時に「家庭を守れ」ということが言われた。女たちはその頃、国防婦人会などにかり出された。
◆この住宅政策では長子が親をみるというタテの関係が強くなる。経済面からの家制度の復活だ。
◎『対策』には一定の説得力があること。
意見◆一般の人は「自分の家族を大事にしよう」と思っているからあまり反発しないのではないか。

　当り前だと思っている人に「そうじゃない」というのはとてもたいへんだ。

　最後に自分たちの老後のことになり、薬剤等で無理に命を伸ばすことへの疑問も出されむずかしい話になって皆が考えてしまったところで昼食になりました。

十九日（日）午後

　午前中の話し合いを受けて、これからどんな要求を出していったらよいか各分科会から提案が出され、話し合いがすすめられました。

＜保育・老人介護・住宅について＞
◎提案（主婦分科会　盛生）
　保育、介護の問題については、みる側、みられる側を含めて「誰かを犠牲にしてはいけない」というのが基本。「こうあるべきだ」として押さえ込むのでなく、「こうしたい」というみる側、みられる側の意思と状況が生かされなければならない。直系子孫の女がみていけばいいという考え方は否定し、まわりのすべての人間が手をかせるようにしなければいけない。そのためには働き過ぎをなくすように労働条件をよくすることがたいせつ。

この『対策』の中の住宅政策は、民法上なくなった「家」を財産面から復活しようとするもの。土地が「財産」として扱われることが問題で、必要に応じて公的な住宅が供給されるよう要求した方がよい。

◎会場の声

◆老人のための施設は、数、内容ともにあまりに不十分。

◆住宅のためのローンなどは全面的に否定するわけにはいかないが、裏にある危険性について広くしらせたい。

◆まず地価対策、公共住宅を。

＜家庭科の男女共修について＞

◎提案（家庭科の男女共修をすすめる会　梶谷）

この『対策』で言われている家庭科共修は、『対策』全体に表われている考え方を教えようということになるので、その狙いには反対すべきだが、「利用されるといけないから男女共修の要求はしない方がよい」などと言ってはいけない。『対策』も適当に利用しながら共修の要求を続けて行こう。

◎会場の声

◆自民党のいう共修家庭科の狙いと内容を、もっとあきらかにさせたい。

◆今よい内容の共修ができるかという不安はあるが、やらないでいては悪くなるばかり、こちらで内容を考えてどんどんすすめたい。

—文化文教面の施策全体に関して—

◆社会教育のなかの家庭教育というと、専業主婦だけのものになってしまうことが問題、

◆ＰＴＡにも父親がもっと参加できるよう、意識と条件を改めるべきだ。

◆「家庭の日」をつくると、いわゆる健全と言われる家庭を持たないとされる人が切り捨てられる。

◆この『対策』のような考え方の大宣伝をやるのだから困る。

（「休みがふえるのはいい」「『人権の日』にでもしたら」などという声もありましたが、「家庭の日」設置反対の線でほぼ一致。）

◆テレビだけ自粛してもしょうがない、盛り場の誘惑の方が問題だ。

＜年金について＞

◎提案（離婚分科会　植村）

制度間の格差は大きいし、家族単位に考えられているので独身の人は損だし、離婚した妻には権利がなくなるなど、現在の制度には問題が多い。専業主婦を妻としている男性が制度をつくるからだ。個人を単位とすることと制度の一本化に向けて考えていきたい。

◎会場の声（ひとりひとりの利害に直接かかわるだけに、質疑応答は熱を帯びました。）

◆さしあたっては妻の国民年金加入を強制にすべきだ。

◆全体の老令化を考えると、支払いの年令が引き上げられるのはある程度やむを得ないが、定年延長等、年寄の働き口の確保を。

＜母性保障・男性の家庭生活の保障について＞

◎提案（労働分科会　井ノ部）

母性保護は妊娠出産にかかわるある一時期に限らずに考えていきたい。

育児休業を母親だけのものにしてはいけないし、乳児を抱えた女が職場に入ってモーレツ度にブレーキをかけることも必要。

保育所はなかなか認可されないことが問題。

中高年婦人の再雇用についても、女を安く使おうという意図がみえて腹立たしい。ボランティア活動の奨励も福祉の安上がりにつながる。

人間にとって、自分で稼ぎ、自分で身の回りの始末をすることが基本。男こそもっと保護して、家庭生活や子育てにも参加できるようにしたい。

詳しい具体的要求については〃つくる会〃のパンフレット『性差別にくさびを！』を読んでほしい。

◎会場からの声

◆男がちゃんと生活できるようにするためにも家庭科男女共修を。

◆原子力発電所で働く男性の危険についても考えたい。

◆平等をすすめるために女の側のレベルアップも必要。
◆悪循環だらけだが、何とか自分の子どもの考え方を変えていきたい。
◆まず教育を変えなければ。
◆「まず何から」と限らずにいろいろな運動が起こって手をつなぐ関係ができるとよい。
◆家庭が大事なら女の自立、男の労働条件改善のための施策こそ必要。

最後に私たちの要求と『対策』への抗議とを自民党に出すことを決めました。（報告K）

合宿に参加して

矢崎　道子

八月十八・九日の二日間、東京オリンピック選手村をオリンピック記念青少年総合センターとして残し、全国から研修、スポーツ合宿、果ては受験のための夏季講座まで、様々な形で利用され、折しも夏休みのせいもあってか、センターは大人満員の様子、という中での合宿でした。

出席者　43名、男性ひとり、会員だけでなく広く呼びかけたので何か?を期待して、出席された一般の方も数名。

今回のテーマは、去る六月十二日、自民党政務調査会の特別季員会から出された、家庭基盤の充実に関する対策要綱（案）に関して「家族とは、家庭とは」をテーマに

会員から四つの報告と問題提起あり、報告の中から個人的に感じたことは、私達がいかに男の論理の中で、まず「家」というものにがんじがらめにからめとられているかを、切実に、身をもって体験しているかの再確認であり、家族（無論血縁）というしがらみに、私などは、キリキリ舞いさせられている（?）もしくはしている場面が非常に多く、ハッキリ言えば、時には互にうっとうしくさへ思えても仕方のない程の中にある。こうした一般的常識の家族形態に疑問を抱き、個を核とした夫婦、家族の試みを実践している斉藤さんの現状報告は、私に一つの大きな感慨をもたらしたことも事実。そしてもう一つの家族形態である共同生活者側「トマト畑」からの報告も、テスト・パターン（ごめんなさい、こんな言い方はいけないでしょうか）として家族とは血縁だけを言うのではないのではないか、というおぼろげで不確かな私の疑問に光のさした思いでした。

しかし現状は古いしきたりが「結婚」ということを契機に男にも女にもしっかりと根を下ろしていってしまう過程の報告もやり切れない思いで聞きました。

夕食後の交歓会、まず自己紹介、初めて出会った者同士が多かったと思えたが、てらいもためらいもなく、サラリと自分を紹介していくあたり、さすが「行動を起す女」たりうるともうなづけたり、がやや思考のところで偏りがちになるのは仕様がないのかナ、と思って聞いているうち、肝っ玉母さんのような方に出合う。海老沼さんとおっしゃったと思いましたけど、彼女は一寸異色の存在価値があったように思える。海老沼さんの自己紹介の一部「私は自民党と同じ保守的な考えで家族、家庭（勿論血縁家族）は絶対、必要だし大事にしたいと思う。今日は私がやられるか、私が皆さんをやっつけられるか、と思って来ました。」という言葉に拍手と苦笑いもチラホラ……。彼女のような方とはもっと論理的にじっくりと話し合ってみたかったと思う。

二日目、自民党政務調査会から出されている、家庭基盤の充実に関する対策要綱（案）について具体的に各項目に対する解釈、分析をおりまぜて指摘、各自、意見、討論、体験を通しての様々な話、昼食時間さへ惜しむような熱い雰囲気の中で、水一つのまず、午前10時～午後4時まで、今後の運動のおしすすめ方へと結論づけられ、方向づけられていった。

この中で一番大きな課題となったのは、や

8

はり老人問題でした。

自分たちの老後もさることながら、現在老親をかかえている、又はいままさにかかえこもうとしている女たちの切実な話が大方をしめた。老後のくらしのための経済としての年金問題の数々の矛盾、あらゆる社会のしくみの単位が、「個人」ではなく「夫婦、子」といった血縁家族が、ワンセットとして単位づけられていること、その単位からはずれるであろう、母子、父子家庭、単身者（独身者とはいわずに、単身者という言葉はいいですね、と出席されたどなたかもおっしゃっておられた）がいかに区別され、差別され冷遇されているかの指摘は、あらためて日本の社会のしくみの粗雑さに私などは、一体どこから手を下していったらいいのか、手をこまねいてしまいそうな、粗雑でありながら複雑にからみ合ってナカナカにはほどけそうもない現状に、ため息の出る思いでいっぱいでした。

私自身、20年先の老後のことなど、今とても考えられない不信のかたまりみたいな固体になっている自分を、まずどうするかが当面の問題のようです。

その他老人をかかえた家庭での医療問題、経済的な面と介護人をめぐるプライバシー、果ては死に至るまでの加療に関しての価値感の是非、等々、時間は際限なくあっても足りないという感じでした。

問題は山積しているわけで、「出来ない」のではなく、「やらないでいる」自分に気づいたことも確かです。

最後に、家庭基盤の充実に関する対策要綱（案）で政府のいいたいことは、要するに自分のことは自分の身内の中で「おかたづけなさい」と言っているわけで、その意味で女を叱咤激励して、国が当然為さねばならぬことも、自立自助の精神に基づいてがんばりなさい、と言っているわけです。

男はやみくもに働かされ、女は社会から分断された「家」の中へ封じこめられ、親子三世代仲良く暮しましょう、そうすればみんながしあわせになれます。なんて言っているのですから、私のような新入会員の女にとってもあせらずにはおれません。こんな案が原案のまま通ってしまったら、それこそ大変、なのです。

そこで「行動を起す女たちの会」としてもこの案に関して、意見書、要望書もしくは抗議書いづれかの形で態度を表明することを議決して解散となりました。

女はこうしてつくられる

教育分科会編
「男女平等教育を考えるシリーズⅡ」を読んで

逸子　「女は単純作業に向く」なんて保健の教科書に書いてあるのよ！　私、高校の時こんなひどい教科書で何年間も教えられたわけね。

雷子　教科書の中身なんてすっかり忘れてぃたわ。これでもか、これでもか、と女を家にしばりつけようとしている。それがいつの間にか人の意識を形づくるなんて怖いわね。

逸子　家庭科の扉絵を見ても、ひどいわ。でも余りにも当たり前だから感じなかったのね。

雷子　お父さんはテレビの前にどかっと坐り、お母さんはエプロン姿かぁ…。小学生のころからずっとこういう教科書ばかり見ていて、馴らされてしまったのね。

逸子　ねぇ、このページを見て！　英語の例だけど、女性が主人公の話がほとんどないの。

雷子　国語もそうよ。女は脇役、って不文律があるみたい。

逸子　学校の中の半分は女子生徒なのに。

雷子　教科書って、どんな人達が作っているのかしら……。あら、著作はみんな男よ！

逸子　行動する会の人が言ってたけど、教科書会社の人たちは、いくら説明しても「女性差別を助長している」とはわからなかったらしい。

雷子　この差別社会で、気がつかないのは差別している証拠よ。

逸子　そこなの、問題は。

雷子　「人は…」という言葉は要注意ね。女が排除されてることもある。

ほら、「人間、とくに男は…」だって。

逸子　社会科の労働の意義のところよ。

こんなひどい記述も――共働きは離婚の原因。他のページでは人間には働く権利があるなんて言っているのに。

雷子　男でなければ人でないのかしら。

逸子　日本の教科書は女性差別だらけだけど、外国ではどうなの？

雷子　この本を見ると、アメリカやスウェーデンなどでは、平等委員会が教科書洗い直しを積極的にやっているようね。

逸子　日本では、以前、国語で女の子ばかり登場する話を載せたら、不自然で使えないって苦情が来たそうよ。まず教師の意識を変えなくちゃ。

雷子　「お前、女か！」と怒鳴っていた高校時代の男教師に、読ませたいなあ。

逸子　教師はもちろん、親だって読むべきよ。子供が学校で男女差別を教わっているのですもの。

雷子　いくら家で母親が自立した子に育てたいと思っても、この本に指適してあるような教材で、差別意識をもった教師に教わっているんじゃ、無理ね。

逸子　これはきっと氷山の一角よ。私たちも新しい眼で子供の教科書を読み直さなくては。

女はこうしてつくられる（教科書の中の性差別）三〇〇円（送料百二〇円）・写真、イラスト入り・B5版62ページ・好評発売中

文責〔三井マリ子／坂本ななえ〕

山形県・三重県の行動計画

山形県

三月に行動計画ができていましたが、ほかの自治体と較べて、書き方はちょっと個性的です。

基本的な考え方としては「男女差別の解消」「役割分担意識の見直し」「男女平等教育の推進」をはっきり打ち出していますが、具体的な施策は従来の婦人対策をあまり出ていないようです。

三重県

六月に発表されました。

基本的考え方は「国内行動計画」をなぞったようなもの。

施策の方向の中では差別をなくそうというはっきりした姿勢はみられず、たとえば「就業機会における男女平等の推進」のためには「平等の機会と待遇を与えられるよう雇用管理の積極的改善を促す」といったような〃作文〃です。

公開質問状への京都府・佐賀県知事の回答

京都府と佐賀県から遅れて回答が来ましたので、結果をおしらせします。

1. 「男は仕事、女は家庭」という考え方に賛成かどうかについては両者「どちらとも言えない」と回答。理由は固定観念にとらわれずどちらの場合があってもよいということ。
2. 京都も佐賀も今の日本では男女は「大体平等になっている」と回答。
3. どういう点で一番不平等を感じるかについてはどちらも無回答。
4. 不平等の原因として最も重要なことは、佐賀は「社会的慣習」、京都は無回答。
5. 不平等をなくすための施策として最も重要なことは、佐賀は「条件整備と啓発」、京都は無回答。
6. 府県の女子職員についてはどちらも「あらゆる分野での活躍を期待する」。京都は特に研修参加の機会について強調。
7. 府県の審議会の女性委員についてはどちらも「あらゆる分野でふやして行きたい」。ただし、京都は「適任者があれば」と言い、佐賀は「一定の資格や専門的知識を必要とする分野についてはこの限りではない」と書いています。
8. 集団保育についてはどちらも「母親が育てなければいけない」「保育に欠けるこどものため」という考え方。京都は「増設することにやぶさかでは」ないそうです。
9. 男女共学についてはどちらも「学校の方針や入学者の自由選択にまかせるべき」だとしています。京都は高校三原則を守って行く気があるのかどうか気がかりです。
10. 中学・高校の家庭科についてはどちらも「男女とも選択」の考え方。京都府立高校の共修が続くかどうか心配になって来ます。
11. 府県で条例をつくって売春を取締まることについては、京都は「売春防止法が存在している」し「環境浄化運動を推進している」から「必要ない」と答え、佐賀は「青少年の健全育成の面からも」「積極的にやるべきだ」と言っています。

公開質問状グループ

七九年夏連帯を求めて
広島から金沢へ

教育分科会

八月の半ば過ぎ、教育分科会が参加した大小ふたつの集会があった。

ひとつは広島市で開かれた全国高校女子教育問題研究会。毎年夏、全国から主として現場教師（高校ばかりでなく、小・中も）を集めて行なわれるこの集会は、もう四回を教えるという。今回の参加者は二百名をかなり越えただろう。女子教育に関する民間の会としては最大の規模をもつ。

これだけ大勢の人たちが、それも女子教育という一点に同じ問題意識を持って集まって来ているのだから、得るものも多くていいはずだ。各地の実践報告がいくつも出された。ホーム・ルームや教科の時間を使っての女性解放教育。働く意味、結婚、法律、家族、男女関係のとらえ直しなど興味深い報告があったし、矛盾をかかえた高校教育の内部で多くの教師がせいいっぱい頑張っているのを知って心強くも感じた。

が、大会の三日間を通じて、私にはどこか違和感のある、かゆい所に手の届かないような思いが離れなかった。

いちばん不満が残っているのは、参加者同士でハラを打ち割って話す機会が少なかったことである。いくら参加者が多くても、触れあう人数が少なければ何にもならない。開会式のあと長時間を費やした女子研訪中団の報告会や、読書会形式によるボーボワールや山川菊栄の勉強会などより、もっとナマの女の声を、現実の問題を語りあいたかった。

夕食後の自由討論の席に行ってみると、順番に自己紹介をしていたのだが、よく聞けば各県教組ごとの現状報告ばかりだった。組合に属さず個人の資格で参加した私には、極めて居心地の悪い〝自由討論〟であった。

そういえば、基調報告で〝今後は、日教組・総評の路線で…〟などと言っていたなあ。大きな組織をバックにするのは、運動の拡大には有効かもしれないけれど、女の会に特有の、あの熱気が産まれるだろうか…。私たちが持参したパンフレット（「女はこうして作られる」）の販売の是非にも一悶着あって、多少連帯の熱意に水をさされたせいか、〝官僚的〟という大キライな言葉が頭にチラチラと浮かんできた。宿舎の窓からは目前に原爆ドームが見え、苛立たしい思いがますます湧いてくる。

ナマの女の声を聞きたい、という願いはそのあと十二分にかなえられた。二十一日、広島から一路北陸へ。教育分科会会員の古田さんが活動している石川女性懇話会のメンバーとの交流会である。真新しい県婦人青年会館の一室。びっしりと席が埋まる。

メンバーを見て、日ごろ見慣れている東京の会の面々とはちょっと様子が違うことに気付く。まず年代。この会の主力は三十代から四十代以上。最高は六十六才。（石川の婦人運動の草分け的存在とのこと）そしてフルタイムの仕事に就いている人が比較的少ない。もっとも、洋裁や学童保育指導員、生協などほとんどの人が何かしら仕事を持っている。経済的自立への志向は強いようだ。

交流会では、自己紹介と双方の活動状況の説明のあと、メンバーひとりひとりがかかえている問題について議論が白熱した。なかには、ここに書くには耐え難いひどい差別の実態もあり、初めて会った私たちまで怒りに燃えた。

北陸という土地は、やはり一種の重苦しさを持っている。地縁、血縁、因襲など女たちを縛る要素は多い。話を聞くうちに、思っていた以上に家や結婚が女の足カセとなっていることを痛感した。結婚が女を縛り、結婚しない女や離婚した女が白眼視されるのは、大都市でも似たようなものだが、その重みが違う。加賀百万石の伝統と共に温存されている性差別が一段と濃縮され、新しい差別まで付け加えられてここにはある。たとえば、共働きでもサイフは夫が握る習慣など。

懇話会のメンバーは、今後の会の活動の方向を模索しているようだったが、こんなにも問題が山積しているのなら、それらをひとつずつ解決してゆく中で、おのずから会の性格や方向性が生まれるのではないだろうか。

翌二十二日、十名ほどで石川県庁へ行く。婦人問題を担当しているのは、県民生活課という部署。課の次長氏と面談したが、なんともはや…。婦人問題担当のポストにいながらその方面には、全く無知かつ無関心（のように私には思えた）。県行動計画の作成について質問したら、予定はあるとの返事だったが、今それが必要なのだとは少しも感じていないらしい。しょせん紙だ、という意識がありありと見える。もっとも他県の動きには関心があるようだから、バスに乗り遅れるなとお尻をたたき「我が県も作らにゃなるまい」と思わせるのが効果的かもしれない。内容も県に任せていてはどうなることやら。懇話会の働きかけへの期待は大きい。

また、今年度の婦人関係の予算（約二千万円）の使途を尋ねると、婦人訪中団と県政見学バスでほとんどなくなってしまうとのこと。これでは行動計画も作れない。しかも訪中団のメンバーは〃市町村長が推薦した、地域活動や奉仕活動の功労者〃だという。

あのようにも行政側の意識が立ち遅れている土地で運動を続けるのはたいへんなことだろう。しかし、懇話会のメンバーの熱意はきっと県政へのくさびになるに違いない。夜中まで論議がつきなかった交流会と、それに県庁への抗議行動まで参加させてもらい、まったく充実した二日間だった。

私が初めて金沢へ行ったのは、大学一年の夏である。年若い女性二人連れだったせいか行く先々でとても親切にされ、石川県の印象はいまだに良い。〃能登はやさしや、土までも〃との言葉が骨身にしみている。でもそのころは、石川の人々の穏やかさ、やさしさの裏に根強い封建制があることなど想像だにしなかった。ああいい土地だ、やさしい人たちだという旅の印象だけを持って帰ったものだ。

しかし、今回の交流会を終えて、また改めて石川の女性の真のやさしさに触れた思いがする。強さ、たくましさ、したたかさを兼ね備えたやさしさに。交流会から多くのことを学んだが、なかでも、あの厳しい風土の中でたたかう姿から〃地域に根ざす〃運動の重要なことを痛感した。

不覚にもこちら側のメンバーのひとりが発病して入院するはめになり、いろいろとお世話をかけた。深く感謝している。

広島も金沢も、同じ女性解放を求めての集会だったのに、受けとめて来たものはずいぶん違う。かたや準・日教組教研とも思える大きな集まり、もう一方は何の背景もない市井の女の小グループ。しかし、月並みな言葉で言えば、熱い連帯・共感は後者のほうがはるかに大きかった。またぜひ交流会を持ちたいと思う。こんな狭い日本で分断されることなく、情報を交換し、刺激しあい、ともに闘ってゆきたいと思っている。

（報告・坂本）

九月定例会

「女の目で旅すれば
―スウェーデン・オランダ・東南アジア―」

9月28日(金) 六時半〜九時半
女性解放合同事務所「ジョキ」
旅人たち 三井マリ子
竹内みどり
富沢 由子
参加費 三百円

79年夏、女たちが旅した、スウェーデン・オランダ・東南アジアのスライドを見ながら秋の夜長、語り合いましょう。

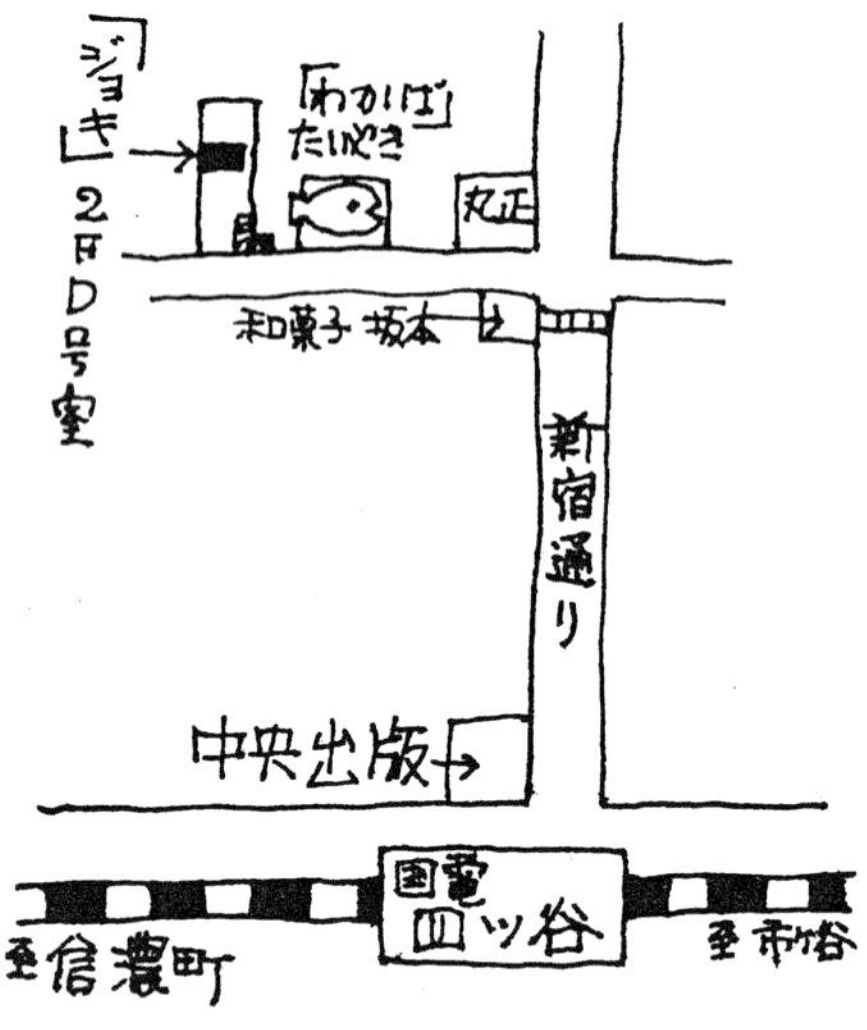

今月のお知らせ

9・3 9月世話人会
9・4 教育分科会
　つくる会情宣グループ
9・5 闘う会運営委員会
9・6 つくる会法案グループ
9・8 闘う会 菅平合宿
9・9 離婚分科会
9・13 労働分科会
9・17 つくる会拡大運営委員会
9月20日(木) **闘う会 学習会**（未定）
9月21日(金) **闘う会 運営委員会** 六時半
9月22日(土) **つくる会 事務局会議** 六時半
9月26日(水) **家庭基盤充実政策抗議準備会** 六時半
　婦人会議 少年法学習会
　千駄ケ谷区民会館 六時
9月27日(木) **労働分科会** 六時半
9月28日(金) **闘う会 公判**
　地裁民事二〇六号 一時〜三時
　九月定例会
10月1日(月) **十月世話人会** 六時半〜
10月13日(土) **公開質問状グループ** 一時〜五時
10月14日(日) **離婚分科会** 二時〜六時

※ 原則として木曜日に刑法改悪に反対する婦人会議の集りがあります。

※ 私たちの男女雇用平等法をつくる会は**つくる会**。鉄連の七人と共に性による仕事差別・賃金差別と闘う会は**闘う会**。刑法改悪に反対する婦人会議は**婦人会議**。と省略しました。

※ 場所の明示ないものはすべて事務局。

事務局から

◉「女はこうして作られる」発刊して一カ月、なんと一千部がアッというまになくなり、増刷が間に合わないほどです。

◉「離婚は怖くない」の反響大きく、会合ごとに会員外の出席が多く、離婚問題分科会も大忙がしです。

◉つくる会のパンフレット「性差別にくさびを！」内容ぎっしりとつめこんで、二百円。

◉事務局のこの忙しさ。朝から晩まで電話のベルと人の応待。事務・雑務に手が回らず、その上、夏風邪にたたられて、さすがの山田もグロッキー。だれか助けにきて！

◉79年夏、静岡・京都・大阪・広島・金沢・アメリカ・カナダ・スウェーデン・スイス・パリ・インドネシア・マレーシア・パンフレットを片手に各地の女と語り合った情報が秋風とともに事務局に流れこんできます。パンフをキャリアカーに積めて運んで、これが本当のキャリアウーマン!!

国際婦人年をきっかけとして
行動を起こす女たちの会

1979年10月

活動報告

【事務局】
〒160　東京都新宿区若葉1の10
グリーンマンション　D内
Tel　03（357）9565
郵便振替　東京0－44014

九月定例会　九月二十八日㈮　六・三〇～九・三〇

女の目で旅すれば

――スウェーデン・オランダ・東南アジア――

於・ジョキ

ヨーロッパ一人旅から

三井マリ子

＜スライド50枚を見ながら、旅の想い出を30分ぐらい話した。久しぶりにヤンソン由実子さんも来てくれ、旅人の不確かな情報を訂正してくれたり、付け加えてくれた。ジョキでの初めての内部討論にしては寂しい人数だった。きっとこれは三人の名前が邪魔したのでは?!＞

目の前で若い女性がチンピラに殴られ、顔から血を流して倒れている。救急車がやってくる。時々後方から口笛や変なヤジが飛びかう。二、三軒置きに原色のセックス・ショップのネオンがひしめく。そんな夜の街を、その国の言葉が全くわからない日本人の女が一人歩いている。安っぽい映画シナリオに使えそうだな、などと自分を客観的に観察しながら、私の一人旅はアムステルダムから始まった。

アンネ・フランクの隠れ家、狂人画家ゴッホの生地、そして風車とチューリップとダム。この位の予備知識しかなかったけれど、オランダはさまざまなコトを見せてくれた。地図をたよりにたどり着いたウーマンズ・ハウスの女たちをまず紹介したい。空ビルを6年前に占拠し、事務所として使っているというその建物は、駅から自転車で15分位のトコロ。一階にはバー、出版物倉庫、ウーマンズ・プレス事務所、小会議室（黒板があって椅子があって、本が散らばっていた）。二階は大きなホール。三階はウーマンズ・ペーパー事務所。6年間初めて世間並みのバカンスをとったとかで、注文の本と雑誌を荷造りしているウーマンズ・プレスの人四・五人と、「八月休刊のお知らせ」を発送しているウーマンズ・ペーパーの四人以外は、どこの部屋にも誰もいなかった。発送はこちらもお手のものなので慣れた手つきで手伝っていたところ、下の階のプレスの女たちが仕事を終え、こちらの事務所に仲間入り。助っ人が増え、六千枚の封筒は見る間に完成した。同じ屋根の下にあるというイトコロ、日本じゃこうはいかない。

あいさつがわりにおたがいの肌のぬくもりを感じとるかのように女同士がひしと抱き合い、じっと立っている光景をややきまり悪そうに見ていたのは私だけで、夏休みの旅行中で立寄ったというドイツ人とスウェーデン人たちはごく自然に受けとめていた。持っていったステッカー(なくせ性差別という緑色のもの)を見せたら、オスマークがあるのを奇異に思ったのか「男性会員もいるのか」と聞いてきた。彼女たちはそのビルの中にさえ、絶対男は入れないのだと言っていた。

前日まで忙しく、なんの準備もないまゝ「ヨーロッパを見てこよう」という意志だけで日本を発ったのでたいしたことはできなかった。よくガイド・ブックに書いてあるように「○○駅に着いたらもう夜中の12時をまわっていた。しかたなく駅前をぶらつき、近くのホテルに宿をとった」などという自由気まゝな行動はやはり女にはできない。「夜のエッフェル塔はライトを浴びて…」と優雅な観賞をする前に、この通りは安全か、あっあの男こちらを見ている、大丈夫かな、と男なら決して心惑わすことのないコトを気にしなくてはいけない。

それでも、自信あり気に堂々と仕事を処理している女たちを自分の目で見てきたことはとてもよかった。タクシーの運転手、大型バス、地下鉄の運転手、ホテルの主人、食堂のコック、警官、――限られた視野の中に飛びこんできた女たちだが、その威風堂々とした態度はこちらが気遅れするほどだった。

いろんな感慨を胸に、大韓航空で日本へ向かう途中、生理になってしまいひどい激痛で悩まされた。がまんができなくてスチュワーデスに薬を頼んだところ、彼女は薬箱をひっかき回して探そうとした、が、その最中に年輩のスチュワードが通りかかり「私は日本語ができます。何でも言って下さい。どこが痛いのですか」と二人の間に割り込んできた。非常に不愉快だったが、彼女は一言も言わず、微笑んで、静かにその場をその男に譲ってしまった。まさにアジアの男と女の縮図を見せつけられたようで胸が痛んだ。

タイ・子供・女

竹内みどり

「今度も無事だったね」、私たちはいつもバスやらタクシーから、命からがらおりてくるのだった。タイの車の運転の無謀さといったら、日本の神風ダンプのおにいさんも、まっ青というものだ。

その車もバンコックの中心街へ入るとドンとスピードがおちる。およそ鉄道という輸送方式は無いに等しく、街筋は日本製の車があふれかえって、これまたすさまじい交通渋滞に陥っている。そのおびただしい車の間をかいくぐって十歳にも満たないような子どもたちがジャスミンの花輪を売りにやってくる。この地の英字紙が言う〃フラワーチュルドレン〃と呼ばれる子どもたちだが、フラワーなぞというファンタジーなイメージにはほど遠く、生活を支えるためにたくましく働いている汗とドロにまみれたスラムの子どもたちだ。

この国の法律では十二歳未満の子供の労働を禁じてはいるが、知ったことではない。彼らの働きは、日本の学生アルバイトのようなレジャーのための小使い稼ぎではなく、家族が食べて行くために家計を支える、アテにされた労働なのだ。夜の十時をまわる頃、街角でうずくまるようにしてねむたい目をこすっている少年に五バーツのコインを渡して新聞を受け取った。

チュラロンコン大学(国立、日本の東大にあたる)を訪れた時、その正門わきにズラリと並んだ高級車に目を見はったが、それが学生の送迎のための運転手つき自家用車と聞いた時には仰天した。高級官吏や大会社経営者の子弟たちのものだ。

スラムのはだしの子どもたちと、大学に送迎車で通う金持ちの御曹子たち。この貧富の格差は余りに歴然であり、出身、学歴によって、子供たちの未来もほぼ決定していると言ってよい。タイは日本にも増して強固な学歴社会であるというのはずいぶんとあちこちで聞かされた話だ。

このタイ社会の貧富の二重構造はまた女たちの状況の中にもはっきりと映し出されている。

タイで社会的生産労働に従事している女性はほぼ八〇%。一般にタイの女性の地位は高いと言われている。たとえばチュラロンコン大学の教官千六百人のうち八百二十三人が女性であり（学生もほぼ半数）、大企業の経営者や管理職にも多くの女が進出していると言う。東南アジアのあちこちで、こちらは口を開ければ男女差別のことを聞いてまわるのだが、「差別はあまりない」という答えが、当の女たちから返ってくる。実際、タイの大学卒などの上層階級の女たちにはあまり差別がないのだという。何しろ確固とした学歴社会にあって、女と言えども〃大卒〃というのは確かなパスポートなのだ（四年制大卒の女子に職なしの日本とはチト事情が違いますね）。

彼女たちは働きつづけるため子供をどうするか。保育園はほとんどない。で、この問題を解消しているのが〃お手伝い〃という存在だ。お手伝いの人件費がべらぼうに安い（私たちが泊めてもらった日本人家庭のお手伝いの給料は一万三千円。これで最高の部類）〃差別なき〃上層階級の女たちの解放は、まさに二重構造の上にたって、みごとに保障されていると言えるかもしれない。

タイの伝統的な農村社会では男女の役割分業は未分化であったという。これに性差別を持ち込んだのが外来文化であり、日本などの企業進出である。私たちが訪れた鈴木モーターやタイ・ブリジストンでは、現場労働者において賃金差別や定年差別がちゃんと〃輸出〃されていた。工場などで働く底辺の女たちは、階層における差別と男女差別という二重の抑圧にあえいでいる。そしてその格差の拡大にさらに手を借しているのか〃協力〃という名の日本の進出なのである。

旅の一行と別れを告げ、帰国のため一人泊ったバンコックのアマリンホテルは日本人の経営によるもので、一階のティルームは日本人男性が買春のため女をあさる場として有名なところ。きらびやかに着かざった女たちが、一人また一人と日本の男とつれだって外に出て行く。深夜一時をまわって、売れ残った私ともう一人の若い女性。思い切って声をかけてみた。スワンタベという名でわずか十七才という。ほとんど言葉は通じないが、クルリとしたあどけない目をみつめるうちに、自分の非力と日本の男たちへの怒りがこみあげてくる。

東南アジアの日系企業

富沢　由子

この夏タイ・マレーシア、シンガポール、インドネシアを旅してみて、「東南アジア」とひっくくって、これらの国をいっしょくたに語ろうとするのは、歴史と現状との位相がそれぞれ異なっていて、乱暴すぎることだと感じている。そのむちゃを出発まではほとんど意識せずに、私は「四週間で四ケ国を回るのだ」という大童のスケジュールを組み、大雑把な東南アジアイメージを抱え込んで出かけていった。マレーシアでは小さなカンポン（村）に四日間の民泊、タイ・インドネシアでは、この国に住んでいる日本人の暮らしをみること、日本企業の労務管理を調べること、特に女の労働条件を聞くことを目的として。

日本商品の繁殖ぶり

東南アジアは日本の市場となっているといわれるけれど果してどんなふうなのだろうか。

「味の素でありがとう」とラジオをかけると日本語でコマーシャルが聞えてくる。道路を歩けば百メートル間隔で「cup cup アジノモト」の広告塔。インドネシアの首都ジャカルタで「ホンダ、ナショナル、アジノモト！」日本人と知って叫ばれる。例えばこの味の素、マレーシアの国民一人に消費される量は年間

220～230グラムもだという。人口千二百五〇万人のこの国の消費は大変な総量になる。豊富な天然の香辛料を使って味つけされた料理は有害な調味料の画一化された「化学的な味」にとってかわっているのだ。

60年代の終り日本の資本の海外進出は、戦争賠償のワクを越え、大規模な工場立地へと転換した。その進出は、56の海外会社をもつ「多国籍企業」ナショナルから株の上場にものらない、中小規模の製造業までが、低賃金労働力、市場、資源獲保を目的にこぞって、短期間の間行なわれた。インドネシアでは、現在、日系企業は二三〇社、そこで働く労働者は約七万人といわれている（正確な統計がない）。

私はタイ・インドネシアで、6つの大手日系企業を見学し、そこでは反日感情を募らせぬよう、一様にきめ細かな〃現地〃労務管理を説明され、そしてその〃苦労話〃を聞いたのだった。しかしそれは〃日本式〃の厳格な規律と礼法の強要や査定、罰則解雇で縛りつけた管理としてしか聞えてこなかった。「インドネシア人はおとなしくてよくいうことを聞き、よく働きますよ」と笑みをたやさず語ってくれた日本人スタッフの温厚そうな人の目には、自分と対等な労働者としてはこの国の人々が映っていない。

女の労働条件は

女の労働者が多くいるだろうと楽しみに訪れたバンドン郊外のユニロン工場（東洋紡出資の合成繊維産業）で聞かされたことは、「労働者千二百人中、女性の割合は二割にすぎません」という意外なことばだった。

「繊維＝労働集約＝低賃金＝女性労働者」と先入観を持って、インドネシアの繊維産業をみると、それが通用しないこの国の状況におどろかされる。外資大手企業とは、他に比べると日給もいくらか高く、近代的機械を備えた勤め先であり、失業者の多いこの国では、就職を希望する者が後をたたない。一人求人すれば何百人も集まる、男ですら職のない状況では、労基法を守れば深夜業をさせられない女は効率も悪くメリットもないという。

繊維の検査部門は女の職種とされていて、そこでは、出産間近かな女性が立ちっぱなしで目を凝らして働らいていた。産休は3ヶ月あって、前後どのようにもとれるので、ぎりぎりまで働いて産後休暇にまわすのだということだった。日本人の管理者は、子供をどんどん生んでは、産休をきっちりとるので、女はあつかましいといわんばかり説明をした。そして女に対しては優遇しているんだと言っていながら、停年では、10才も男と差をつけていた。それもナント、35才が停年だという。

24時間三交替労働の工場では、どうしても女はやとわれない。しかし自分で働かなくて

波

波欄復活です。思っていること。感じたこと。伝えたいことがたくさんあるはず。思う存分とはいかない五百字のスペースに、怒・嬉・悩・悲・笑を書きなぐり、女の生の声をぶつけ合うものにしたいのです。

山田

☆　☆　☆

ウーマンズショップで買ったレコードの中の一曲です。この詩を行動する会のみんなに知ってほしくて訳しました。

怒れる女三井マリ子

怒れる女

トゥリッシュ・ナジェント

（この歌を、娘たちや姉妹たちの怒りに、そして特に母親たちの見えない怒りに捧ぐ）

わたしは怒れる女の娘
わたしは怒れる娘の姉
わたしは怒れる主婦の親戚
だから
わたしは怒り狂う一日をうたう

わたしを見ると
わたしの中に怒りが見える
顔を見れば

4

は、生きていけない。性差別が意識化されていない状況の中に、近代産業が急激に入り込む時、女がより過酷な労働に集められてゆく。

12時間労働で日給百円といわれるたばこ工場は、若年の女子のみが働いているという。

公開質問状への大阪府知事・宮崎県知事の回答

「返事は遅くなります」という断りのあった大阪府と、やり直し選挙のためあとから質問を出した佐賀県の知事から質問状に対する回答が来ましたのでご紹介します。

1、「男は仕事、女は家庭」という考え方について

大阪は「反対」。「性別にとらわれず、個人の能力、適性を伸ばして行くことが大切」

宮崎は「どちらともいえない」。「当時者の合意によって、機能を分担し、協力し合えばよい」

2、今の日本で男女は平等になっているか

大阪は「平等になっていない」

宮崎は「大体平等になっている」

3、一番不平等を感じる点は

大阪は「様々分野に不平等がある」

宮崎は「職場での仕事や責任の持たせかた」

4、不平等の原因として最も重要なことは

大阪は「安易な役割分担意識」「個人として諸権利を保障する発想がないこと」

宮崎は「『男は仕事、女は家庭』というような固定的な考えかた」

5、不平等をなくすための施策として最も重要なことは

大阪は「偏見の解消」「意識改革をはかるための啓発」「社会環境を整備すること」

6、府・県の女子職員についての期待は

どちらも「あらゆる分野での活躍を期待する」

7、府・県の審議会の女性委員については、

どちらも「あらゆる分野での活躍を期待する」。ただし、大阪は女性の「人材の層がうすい」と言い、宮崎は「性別に関係なく適任者を」と書いています。

8、集団保育について

大阪は「どの子も集団保育が受けられるよう」「幼保一元化の問題も含めて」研究する意向を示し、宮崎は「事情の許す限り母親の下で」と述べています。

（男女共学については来号に掲載）

わたしの顔は怒りだらけ
女に生まれた怒り
待てと言われ続けてきた怒り

わたしはもう我慢できない
こんなにゆっくりとした変化には
わたしにはもう残っていない
無意味な話をする時間は

登るなら
一番高い山まで登りたい
走ることができるのに
なぜ歩きなさいと言うのか

雨が降っても風が吹いても
わたしはあきらめない
馬に乗ることを覚えたのに
なぜ歩かなければならないのか
嵐の日のたけり狂う潮を
燃える心を
わたしはもう隠せない

かって
わたしは怒りを隠していた
人に見られないように
顔をそむけていた
でも
今は違う
わたしの声は
もう柔らかくない
この歌の中のわたしこそ本当のわたし

ここらで変えてみませんか、生き方を

―夏合宿参加記―

また八月が来た。白く大きな入道雲、啼きしきるセミの声が、あの日へ、あの時へ、私たちを連れもどす八月が。

十八、十九日、「家庭とは、家族とは」というテーマのもとに、青少年センターに集まった女たち六十名。政府自民党の「家庭基盤充実に関する対策要綱（案）」をめぐって、四時ぎりぎりまで突込んだ話合いが行われた。

それにしてもこの十五枚、突込めば突込むほど無気味である。

「家庭」という〃衣〃の下から、「国家管理」という〃鎧〃が見え見えなのだ。

日本人にとって、戦後三十四年は、いったい何だったのだろうか。

何故、私たちはここまで「戦後」をなしくずしに奪われてしまったのか。

〃こわい時代〃が、確実にはじまっている。

そして、私たちは今、その時代を生きている。

さまざまな「闘い」の季節があった。それぞれの〃挫折〃と〃高揚〃があった。文字通り血を流して守り、次の世代に渡そうとして来たものは、いまどこにあるのだろうか。

だいたい、「戦犯」を首相に戴だく党が、三十年以上も政権を握りっぱなしなのだから、今日の事態にならない方が不思議なのかもしれない。

着々と、既成事実を積み重ね、ついに「家庭」である。

「家庭」は「国家社会の中核」だから、「三代にわたる」タテ家族という「日本的」良風美俗を「維持発展させよう」と。

どうやら、私のような「単身家庭」人などまっ先に消されそうな意気ごみである。

そうはさせんゾと思案の折も折、Fさんが淡々と開示してくれた「生活保護」方式は、全く新鮮な「思想」として、私を撃った。

そうだ！　身近に、こんなに示唆に富んだ〃生き方〃があるのに、思いも及ばなかったとは！

「なしくずし」に奪われたものは、じっくり腰を据えて、「なしくずし」に奪い返してゆく。この、あたりまえの発想がなぜ出来なかったろう。

読んでみると、「生活保護法」とは、これまたまっとうな法である。

第二条（無差別平等）

すべての国民は、この法律の定める要件を満たす限り、この法律による保護を無差別平等に受けることができる。

第三条（最低生活）

この法律により保障される最低限度の生活は、健康で文化的な生活水準を維持することができるものでなければならない。（傍点筆者）

とすると、セッセと働いたのでは、どうしても「健康で文化的な生活水準が維持」できない者は、進んでこの法の適用を受け、憲法に違反せぬ生活を心がけなさい。ということだ。

上、下が無くて、一億総「中流」意識という、不思議な国民。

「ウサギ小屋」に住んで、貯金の数字を楽しみに死ぬほど働く人々に、明日「水俣」が、「スモン」が訪れない保証はない。

この国に「健康で文化的な生活」など、どだい有り得ないのだ。

「生活保護法」を、虚心にくり返し読んでみるうちに、この三十四年間私たちが何を失ってきたのかが、ハッキリするだろう。

働くことは、最も人間的な「権利」であり、「幸福」であるはずだ。しかし、「仕事キチガイ」国民は、働けば働くほど、不幸を拡大再生産してゆく。

時には、「働かないという態度」を積極的に貫ぬくことで、「働くことの意味」を問いかけるのも有効ではないだろうか。

そしてある日、国民全部が「ヤーメタ！」といったら……。

想っても胸おどるが、これは男たちによって裏切られるのは明らか。

何しろ外に出て勝手なことができて、その上、大威張りで女を家庭にとじこめておく口実が無くなっては大変だから。

その点、女たちは確実に変りつつある。

今度も、各人が、各様の身近な問題に例の「要綱（案）」をひきつけての、生き生きしたやりとりの中で、それを実感した。

自分にとって何が必要であり、何が必要でないかが、更には自分そのものが、こういう時間と空間の中から見えてくる。

はるばる参加してよかった。

何とも蒸暑い宿舎だったが、誰かが言い得て妙の「死体収容槽」そっくりのお風呂が一次会。一室に集まって飲み、かつ語りの二次会。それからベッドに横になって語り明かした三次会。おたがい身体に気をつけて、しぶとく生き残ってやろうね。そっとつぶやいたところで今年の八月もゆく。

川口　道子

1980〜1985年をめざして!!

「婦人の10年」ももうなかば。来年は、「婦人の10年・一九八〇年世界会議」が開かれ、前半の状況を点検するとともに後半の計画がきめられます。この会議に向けて、また後半の五年に向けて、更にしめくくりの一九八五年に向けて私たちはどんな運動を展開したらよいか、考えてみましょう！

「1985年準備グループ」をつくって、後半の五年と一九八五年の運動方針を考えましょう！　ふるってご参加ください！

第一回の集まりは**10月20日（土）午後6時**から事務所ジョキです。

一九八五年準備グループの最初の仕事は女の問題に関係の深い人々――婦人団体、政党や労組の婦人部関係者、他の運動家、研究家、評論家など――に次のような質問を送ることです。

Ⅰ　一九八五年の世界婦人会議（政府間会議及び民間会議）を日本で開催した方がよいでしょうか。

それはなぜですか。

Ⅱ　世界婦人会議を日本で開催するには、どんな障害があるでしょうか。

Ⅲ　世界婦人会議を日本で開催するとしたら、どんなことに注意すべきでしょうか。

Ⅳ　そのほか、一九八五年に向けての運動に関するご意見を何でもおしらせください。

あなたもこの質問に答えてください！

11月の例会の討論に参加してください。

11月例会は22日（木）午後6時半から事務所ジョキで。テーマは「**1980〜1985年をめざして**」

11月例会に参加できない方は（参加できる方もなるべくなら前もって）右の質問に対する回答を事務所へ郵送してください。（ひとことでも、大論文でも結構です）

12月には更に、会員以外の方々の参加を求めて、同じ問題を討論する予定です。

10月定例会

パンフレット『女はこうして作られる―教科書の中の性差別―』は何故できたか

10月28日(日)　1・30～4・30
オリンピック記念青少年総合センター研修棟七階　七〇一号室

（託児は八階八〇一号室で行います。）

小田急線参宮橋下車（新宿より各駅停車二ツ目）徒歩五分

参加費　三百円

報告者　国語――　坂本ななえ
　　　　社会――　仲野　暢子
　　　　保健――　守屋　和子
　　　　家庭――　芦谷　薫
　　　　他、パンフ編集をした人たち

教科書によって位置づけられる女の役割、授業活動にくいこんでいく、これらの内容は、女生徒を、従属者として育てあげていく。性差別を助長する教育、教科書をとりまく諸問題。検定の不合理性、検定者、教科書会社、文部省政策、指導要項ETC。パンフレット「女はこうして作られる」に掲載できなかった話をしよう。

今月のお知らせ

国際婦人年をきっかけとして行動を起こす女たちの会

10・1(月)　10月世話人会
10・6(土)　10月定例会準備会
10・11(木)　労働分科会
10・14(日)　離婚分科会
10・20(土)　公開質問状グループ
　　　　　　1985年準備グループ　｝6・00～　ジョキ
10・26(金)　自民党家庭基盤充実政策に対する行動準備会　6・30～　ジョキ
10・28(日)　10月定例会　1・30～（上記参照）
11・5(月)　11月世話人会　6・30～　ジョキ

毎月第一週の月曜に行います。世話人会は、分科会から世話人がひとり出ることになっていますが、公開された場として、多くの会員に出席してほしいものです。ここで、どのようなことをやりたいか、たくさんの発言をしていくことによって、行動する仲間が生まれていきます。

11・22(木)　11月定例会　6・00～　ジョキ
「1980年に向けて」会内部討論
総括集会も同テーマで行います。会員として、1980年からの活動を話し合います。
12・22(土)　総括集会　1・30～
渋谷勤労福祉会館を予定。その後、忘年会。

私たちの男女雇用平等法をつくる会

10・2(火)　拡大運営委員会
10・9(火)　拡大運営委員会
10・13(土)　情宣G　13・30～17・00　ジョキ
　　　　　　拡大運営委員会　18・00～ジョキ
10・24(水)　拡大運営委員会　18・30～

◎パンフレット「性差別にくさびを！」二千部がアッという間になくなり、遠く長崎から十部の注文電話があったりすると、男女雇用平等法が、働く女の立場から、待ちこがれていることをひしひしと感じたのです。一部二百円送料百二十円を添えて申込みを！

鉄連の7人とともに性による仕事差別・賃金差別と闘う会

10・8(月)　運営委員会
10・18(木)　朝ビラマキ　大手町・四谷
10・19(金)　学習会　6・30～　新宿勤労福祉会館
10・22(月)　運営委員会　6・30～　ジョキ

刑法改悪に反対する婦人会議

原則として毎週木曜日6・30からジョキで定例会を行います。11月12月は少年法学習会も計画中。

☆　☆　☆

さあ、みんな、女性解放合同事務所に集って、私たちの行動を起こしましょう。（山田）

国際婦人年をきっかけとして
行動を起こす女たちの会

1979年11月

活動報告

【事務局】
〒160　東京都新宿区若葉1の10
グリーンマンション　D内
Tel　03（357）9565
郵便振替　東京0－44014

十月定例会　十月二十八日(日)　一・三〇〜四・三〇

「女はこうして作られる―教科書の中の性差別」はなぜできたか

於・代々木オリンピック記念青少年総合センター

教育分科会で作ったパンフレット「女はこうして作られる―教科書の中の性差別―」は、七月に完成して以来、新聞で取り上げられたりして、現在第3刷、三千五百部と好調な売れゆきを示しております。それほど、教科書・学校など教育の場で差別が多いということでしょう。この討論集会にも会員、パンフの読者など五十数名が参加、熱心な討論が、時間いっぱい続きました。

Ｉ　**パンフ製作者は語る**（パンフの内容と重なる部分は省略しました。ぜひパンフをお読み下さい。）

①国語　坂本ななえ

中学の国語をチェックしたが、国語の場合大きな問題が二つある。一つは、文学作品の中に明らかな、こまかな性差別表現があること。例えば、「女のくせに…」「男らしく…」など。夏目漱石の坊ちゃんの中で兄のことを「兄は元来女のような性分でずるいから…」と書いている。このような例がとても多く、女性に限って外見を気にし、主体的に生きている人間としてみていない。特にひどい例として、パンフにだいなだの「心の底をのぞいたら」を取りあげた。

もう一つの問題は、教材の主人公が男ばかりであること。一つ一つの教材としては問題にならなくとも、一冊を通してみると、主人公、登場人物、著者、教科書の編集者、どれも男ばかり、女はいつも端役にしかすぎない。ところが、教科書会社に行っても、現実に男の作品が多いのだからと、なぜ差別なのか、わかってもらえない。そこで、男女にぼ同数の教室の中で、これが差別なのだということを明らかにするために戯曲をとりあげた。女子の役が少ない戯曲をいったいどのように教室の中で扱うのだろう。あくまでも男中心で教科書は作られているのがわかる。

②社会　仲野暢子

社会科の場合は、直接的な表現ではなく、ちょっとみると何でもないあたりまえのこと、たてまえが貫かれているが、よく読んでみると「人間は…」「人は平等であり…」と書かれており、女はこの「人」「人間」の中に入っているのだろうかと考えると、非常に疎外されていると思われ、腹だたしい。

教科書の記述は、小中高を通して、男は外、女は内という役割分業ばかり。働く人は男が中心、女は単調労働だけ、そして家庭は母親がいこいを提供する場、男はマイホーム主義ではいけない、と。

教科書会社に抗議に行くと、「世間がそうですから」という回答、ひどい所では「三十年たって定着したらのせましょう」差別などしていない、意識していないというが、意識して変えていかなければ、現状は変わらず、固定化されていってしまう。現状を変えるため、差別をなくすために、意識してはっきり男女差別を教科書にのせてほしい。

③保健　守屋和子

保健の教師ではなく、今回パンフを作るために教科書を読んでみて、現在の中・高生はおそらく保健の教科書を真剣に読んでいないだろうが、それはとてもうれしいことだ、という結論を得た。何故かというと、この教科書をまじめに読んで、この通り考えられると、とても大変なことなので。その中の特にひどい部分を抜いて作ったのが、このパンフである。教科書を読んでみて、私の特にいやだったことを二つ述べてみると、

一つは、教科書の中で「女は…だ」「男は…だ」と決めつけていることであり、男女の筋力・体力・生理のちがい（数値のちがい）に、必ず「劣っている」「優れている」という表現が用いられていることである。この言葉をまじめに受けとめる生徒がいたら、問題であろう。

もう一つ、男女の違いが、はっきり述べられているのは、職業についてである。パンフにものせたが、特性論が多く、「女子はくり返し作業に適している」などの記述は、女生徒の将来を非常にせまくしている。教科書に科学的なデータとして現状をのせるのは、非常に問題が大きい。将来こうあってほしいということをのせるべきである。その部分は、先生がやるべきものだという意見があるが、先生は、教科書をもとに授業をしている人が多く、やはり教科書を変えなければいけない。

④家庭　芦谷　薫

家庭科は、小学校では男女ともやるが、中・高では、ほとんど女子だけで、存在自体が問題にされている教科である。教科書をみれば、予想通り、どれも、性別役割分業ばかり。写真・イラストに象徴されるように、家庭のなかには、母親と女の子のみ、男の子がでてくれば、楽しいだろうと思うのに。

「何をおいても女は家庭」という思想で教科書が作られており、それが一番よく表われているのは「家庭経営」「保育」の部分である。共働き夫婦でさえ、「主婦が家庭経営にあたり」「父親からは男の、母親からは女のはたす役割を子どもに教えていかなければならない。」と書かれ、性別役割分業をそのまま子供たちに教えこもうとする本当にひどい状況である。

制度を変えていく（男女共修に）と同時に現在の制度の中でも、女子の意識を変えていくためには、やはり、教科書を変えていかなければならず、そのために、私たちは、声をあげていかなければならない。

⑤司会　駒野陽子

英語は発表者がいないが、パンフの絵などをみてもらえばわかると思う。教科書があまり読まれていない教科もあるが、先生達の中にはやはり、教科書によりかかるという人が多く、小・中・高と何年間も、いろいろな教科から、男女差別を教えられていくのが非常に恐ろしい、というのが、パンフを作ってみ

て強く感じたことである。

Ⅱ　質疑応答

Q家庭科の場合の編集者、著者の男女比は？
A編集者は男性が多く、執筆者は他の教科に比べれば多いが男女は半々ぐらいである。
Q教科書作りにかかわっている女はいるか？
A教科書ができるまでをまとめて話します。

まず、国の教育課程・指導要領があるが、教育課程審議会の審議員を選ぶのは自民党であり、その中に女はほとんどいない。また答申をまとめるのは役人で、自民党の文教政策が入るので、まずここから問題である。

次に教科書の編集者がそれにのっとって、編集方針を作る。そして執筆者を選び方針に従って執筆依頼する。その際、編集者は、まず検定を通るかどうか、次に現場の先生が採択してくれるかどうかということを考える。教科書会社に抗議に行っても現場の先生がまだまだ保守的で採択されないと言われるが、この採択においては、小・中の広域採択が問題で、可もなく不可もなくというようなものや、教育委等の実力者の関係するものが採択されやすい。

このように、編集者は文部省と現場の先生の両方を見ながら、教科書を作るのであるが、現状の中でもまだまだ変えられる余地が残っており、実際に教科書会社に申し入れをすると、その部分だけでも変わっている。

Ⅲ　わたしはこう考える（会場より）

（中嶋）パンフにのせたもの以外にも、英語の教科書の中に、女を容貌でしかとらえていない教材がある。いったい高校生にどう教えるのか疑問である。また、生徒に英作文を書かせると「○○さん」がすべて「Mr.」になってしまう。例文にも男が主語になるものが多い。東書の英作文には「女は多かれ少なかれ虚栄心が強い」という例文があり、すぐ抗議の葉書を出したら次回からなくなった。カーッとなったらすぐ手紙を書こう。

（大学3年生）いろいろな性差別教科書が、どんな影響を与えるかという例を。私と違った考えの男子が、自分たちの正当性を主張するのに「教科書にでているから」と使う。小学校高学年ぐらいからある。

（大学2年生）家庭の中でのしつけに関するゼミをとっているが、女子だけに「将来主婦になったらどうするか」と質問をし、男子は家庭のことなど関係ないと思っている。また、高校の時の先生が、女子は頭が良くなくてもかわいいだけでよい、できなくてもよいなどと言う。教科書の記述が、男子や先生の態度にあらわれてくる。

（小学生の母親）男の子が小学校に入学したとたんに、男・女という意識をもち始めた。女はいばっているとか弱いとか言う。社会科のプリントでは、サラリーマン・自営業・農業のうちから父親の働いた金で生活している家庭はどれかという質問があったが、こんな質問をする先生が問題だ。先生の意識をどうやって変えていくのか、大きな問題である。

（駒野）先生の意識については、教研集会・母親大会・母と女教師の会などで性別役割分業をなくしていくという意識が芽ばえたのはここ二・三年のことである。意識をもっている先生は少ないが、誰かに言わなければ気づかないものなので、どんどん働きかけよう。

（大学4年生）女の友達の中に「私は女だから……」と簡単に言う人が多い。教職課程をとっているが、こういう人達が将来教師になると意識のない先生になるのではないか。友達に話をしてもなかなかのってこない。

（小学校の美術教師）先生の意識がすぐ子供に反映する。「女の子はダメだ」と言っている先生の担任しているクラスの子はやはり、女の子はダメで弱いものだと決めつけてしまう。また先生の間でも、女が責任ある仕事から逃げて男の先生にまかせ、それを良いことだと考えている。その他、運動会の徒競走で実力別にしているのに男女分けているので、男女混合にしようと提案しても、他の先生におかしいといわれる。そういう先生が多いのが現状ではないか。

　その中で孤立しているが、少しづつ変えようと、例えば、名簿が男女別なのを私の授業では、まぜてアイウエオ順にしたり、力仕事は女子にやらせたり、一人でがんばっている。

（小学校の音楽教師）音楽を教えて、女の子が歌える歌がないことに気づいた。主語が「ぼく」「ぼくら」というのが多く、「わたし」になるとお人形の歌になってしまう。生きているのは男だけで女はその後ろにいるような感じがする。作詞・作曲家がほとんど男であるためだろうか。また、音楽室に作曲家の写真をならべたとき子供に「作曲家は男ばかりで女はいないんだね」と言われた。今では、教科書は全く無視して授業をやっている。

　授業以外でも、女子はピアノを習い、男子は剣道と分かれたり、将来について、男子は何にでもなれるという自信がある。どうして女子はいろいろな職業につけないのかという社会構造を社会科で教えてほしい。

（私立中学の英語教師）教員間の差別を紹介したい。英語科の主任に女性がなったが、まわりの男性が協力しない、さぼる、何かあると、主任が女だからということにしてしまう。そのため、彼女は健康を害してしまった。体をきたえておかなければ、と思った。

　教科書については、英語の教科書は使わないことにし、アメリカの教科書を使ってみた。大変であるが、おもしろい。

（女）下町の訓練校に行っていた時の経験を。掃除は男女一緒、トイレ掃除は男女それぞれがやることになっていたが、出席簿は男が先で、女が後であった。文句をいっても当前のことだと言われた。そのうち職員室のトイレの掃除を女子がやれといわれ驚いたが、文句をいっても賛同者がいない。たまたま離婚分科会の人が労働局と話しあいをする時に言ってもらったら、その後、職員室のトイレ掃除はしなくてよいと言われ、名簿も男女混ぜてアイウエオ順になった。

（中嶋）女性の主任の例がでたが、男が女の下で働くのはいやだという同じような話があるが、そこまで作られてしまった男と女という意識を変えていくと同時に、これから成長していく若者のために、教育の中で教えていかなければならない。

　最近「関白宣言」を問題にしようということでマスコミを追っているが、「主婦と生活」のインタビューを読み、生活能力のない男はかわいそうだと思った。女が被害者だと運動してきたが、別な角度からみれば男も被害者である。男も生活能力がないためにガマンしているのではないか。結婚のあり方の問い直しが必要であるし、家庭科の共修も進めなければいけない。これからは「男の不幸」を追っていこうかと思う。

（法学部学生・男）法学部には男子が多く、女子がいると、何で文学部に行かなかったのかという目でみる。マスコミの話がでたが、先日、外務公務員試験の合格発表があり、女性が一人だけいたが、女性だというだけで朝日などには、住所までのった。女性を特別視していると感じた。

（大学3年生）最近、教授の言葉の端々に、差別を感じてしまう。例えば「女子はコンパに来なくていい。8時までに帰りなさい。親が心配する。」「女子は子供を産む大事な体だ。健康に気をつけなさい。タバコを喫うな。」等。またいろいろな講座があるが、女性を視点においたものは一つもない。突然「君は結婚しないのですか」などと質問される。まだまだ大学は男性の論理が支配しており、その中で、変種のメンドリのように見られている。

（大学で日本の女性教育を研究・カナダ人）

　四年ほど私立女子高校で英語の教師をしていた。その時の経験を。家庭科で料理を作ると先生が「いいお嫁さんになるね」とほめたり、「この成績でお嫁さんになれると思いますか」などと言う。勉強の目的は結婚だけになってしまう。

　また、私が大学にもどるために学校をやめる時に、生徒や他の先生から「おめでとうございます。」と言われた。結婚してやめるのだと思われた。

（高校の教師）学校の中で感じることは、女子の生徒の中に女はこうしなければという意識が強いことだ。運動部の合宿では、男女同じ練習をしながら、食事の仕度・掃除など女子がやってしまい、自分たちの仕事だという意識をもっており、生活の中に役割分業を受け入れている。小学校から教えこまれたためだろうか。

（女）大学の時に体育系のクラブにいたが、やはり疑問をもたずに炊事をやってきた。このような意識の原因は中学の時、男子は技術、女子は家庭に分かれ、高校では女子が家庭科をやっている間、男子が体育というところで、性別をはっきり意識したためだと思う。教育のせいだというあきらめの気持さえおこる。家庭科をぜひ共修に。

（女）家庭の中の教育についていいたい。私の家の場合、父母の間での固定観念はなかったが、私に家事を手伝わせても、弟にはさせない。私が弟にさせることで初めて気がつく。家の中で、男子に家事をやらせることで、変えていけるのではないか。

もう一つ、友達の事だが。宮城県は公立でも男女別学で、女子校をでたが、全て女だけでやらなければいけないので自信がついた。ところが、大学に入って工学部に進むと、女子が少なく、男子が多い中で「女はおとなしくきれいにしていればいいのだ」と気がついてしまい、変わった。非常に残念で、彼女を説得してみようと思っているところだ。

Ⅳ　今後の行動

(1)「教室の中の性差別」語録募集

今までの発言の中にも数多くでてきた日常の中の差別をチェックしていくために集めたい。小冊子にしてねむっている意識をゆり越こそう。

(2)要望書を採択。文部省、教科書会社、教組、出版労連などに送りたい。

この二つを具体的な行動提起とした。

―感想―

とても活気にあふれた集会で、時間がもっともっとあればと思うほど、会場からの発言が絶えまなく続いた。それほどまでに、現状が、とにかくひどいのだということなのだろう。しかし、まだ、それは、女たちが怒っているのだということだろう。これからも、しっかりした視点をもって、教科書の中の、教育現場での、日常生活の中の「性差別」をとらえていこう。

最後に、この集会会場で、会員が七名増えたことを報告します。

―安達幸子―

公開質問状への大阪府知事・宮崎県知事の回答

（十月活動報告、5ページより続く）

9. 男女共学については

大阪は「公立は共学に、私立は自由に」

宮崎は「公私立とも共学がのぞましい」

10. 中学校、高等学校の家庭科について

二「あらゆる場面で男女平等の精神を」

どちらも「男女を問わずみんなが学んだ方がよい」

11. 府・県で売春を取締まる条例をつくることについて

どちらも「実際には困難だ」

公開質問状グループ

「教室の中の女性差別」語録募集

教育分科会

男の先生が、教室に入ってきて黒板が汚れているのを見、開口一番、「なんだ、この教室に女はいるのか！」男の子を怒るとき、「お前ら男だろ？女をひっぱっていかなきゃならないのに何だ！」

大学教授いわく、「女子はコンパに来んでいい。親御さんが心配せんように毎日八時には帰りなさい。男同志で、まあ飲もう。」

今日もまた、学校教育の現場で、女性差別の心ない言葉が数々吐き出されています。その中で「女である」ために生きにくさを感じている女生徒は、その意識が研ぎ澄まされていけばいくほど孤立感を深めているのです。

一方、生まれてからずっと、「女らしく」「男らしく」作られてきた大部分の男女生徒は、疑いを持つことなく、教師の言葉を聞き、彼らの心の中では、性差別意識・性別役割分業意識が確立していくのです。年若い、将来を担っていく女生徒たちが差別を差別と感じなくなるのは、とてもおそろしいことだと思います。

そこで私たちは、『男女平等の教育を考えるシリーズ』第3弾として、大勢の方から体験を寄せて頂き、学園生活の中での差別語録集を作る計画です。生徒たちが性差別を考えるきっかけとなる、また性差別のなんたるかをわからずに言葉を吐いている教師たちへのつきつけ、糾弾のパンフにしたいのです。

また、私たちは差別発言を浴びたとき、切り返す術・相手をへこます術にあまり長けてはいませんね。「こう言われたときには、こうしたわよ。」という実践・ユーモラスな戦術もぜひお寄せ頂き、楽しいパンフにしたいと思います。どうしようもない相手には、なくせ性差別という緑色の例のステッカー（事務局にて発売中）を口にはってしまえ！などという名案（珍案？）も登場。あなたの、あなたの子の教室での差別発言、それへの切り返し実践があればそれも添えて、できれば学校名・教師名（教科名）などを加えて、教育分科会あてに、ハガキでお知らせ下さい。

第一回〆切を今年いっぱいとします。

波

波のように押し寄せてくる感・思・怒・嬉・悩・笑・悲…。伝え合いたいことを書き、生の声をぶつけ合おう。

総選挙に思う

総選挙が終り、改めて女の議員が少いのにがっかりしてしまいます。金権体質、大労組依存体質の今の政党からは、女の候補者が出にくいのでしょうか。無党派を名乗るスター的な女の人より、党員として地域で活動してきたような女の人たちが、どんどん立候補できるといいと思うのですが、当分むりかなあ…。

一般消費税と〝公費天国〟問題に塗りつぶされて、昨年来の労基法改悪問題が争点にならなかったのが残念です。というより、争点にさせることのできなかった私たちの力不足なのかも。

名古屋放送女子30才停年制で、企業側の弁護に回り、最高裁判事就任インタビューでも女性蔑視発言を行った本山享が国民審査をすんなりパスしてしまったことに怒りを覚えます。私は怨念をこめて×印をつけましたが。

林　陽子

まだまだ男女差別募集する地方自治体

昨年にひき続き今年も、昭和54年度の地方公務員上級・中級の募集要項を取り寄せ、男女差別雇用の実態（45道府県）を調査した。

地方公務員の雇用形態はだいたいの道府県で、行政、社会福祉、学校事務、土木、建築、農業、林業、育産、化学等々と専門的に別れており、中級も同じような形態をとっています。

さて、結果は以下の県で、男女差別採用を、行っている。

一、初級で一般行政AとBにわけて男女別に雇用している県　山形・宮城・群馬・岐阜　（尚、初級の場合は、募集要項を取りよせなかったので、もっと多数あると思われます。）

二、上級では専門によって男子のみの募集をしていた県　茨城（薬剤師）山梨（土木・林業・農業土木・農業技術・蚕糸・建築・電気・化学・機械鑑識・薬剤・獣医）長野（薬剤）福井（薬剤・臨床検査）石川（心理・獣医・薬学）富山（薬剤・獣医）鳥取（土木・林業・農業土木・農業・社会福祉）岡山（知事局・企業局は男子）広島（衛生・一般事務B）山口（社会福祉・獣医・衛生監視）徳島（薬剤・警察鑑識）福岡（社会福祉）佐賀（獣医）長崎（警察事務は男、一般事務（秘書）女子のみ）宮崎（一般事務（秘書）女子のみ）

以上のように、なんらかのかたちで、男女差別雇用を行っている県はなんと19県もあります。とくに行政職より専門職における差別が目につきます。たとえば、薬剤などは、女性が多いにもかかわらず、男子のみのところが多いのが目につきます。また、年令の規制は全部の道府県で行なわれているのが現状ですし、学歴の差別を行なっている県も二県あります。

ところが、地方公務員法第13条によれば、「すべての国民は、法律の適用について平等に取り扱われなければならず、人種・信条・性別・社会的身分若しくは・門地によって差別されてはならない。」とあります。ですからこれは、あきらかな法律違反の採用人事になるわけです。

労働分科会　須田幸子

あきらめないことは いいことだ
各種CMにみる性差別

「国民生活」No.10〝広告の目くらしの目〟に、行動する会から中嶋里美さんが『広告の中の女と男』を書いています。

一カ月間、CMを重点的に見た上での告発は、食品から保険・洗剤にわたり、私たちが、いかに差別を食べて、着て、その中に住んでいるのか知ることができます。

しっこくこだわることの大切さを「ひとつの言葉を吐きながら、同時にそれを点検する習慣こそ、新しい文化を生む。」という言葉で結んでいます。

小林みち子

日常の中で目についた広告に一枚のハガキ、一本の電話で抗議をしていくことを忘れずに続けていこう。「ジョキ」に集る人たちの間では、今、10月28日付日経朝刊の広告、IBM及びワコールに、抗議ハガキを送っています。

そして、朝日新聞、11月6日付、『「共働き」か「家庭」か論争しよう』の田中澄江提言に、セッセと原稿を書いています。一通でも多くの提言否定を出せるよう呼びかけます。

山田

岩波新書二題

日本語と女

寿岳章子著

岩波新書出版の「日本語と女」（寿岳章子）を読みました。

最初の方は、日本語のもつ「女ことば」というものの差別と、一般出版物の差別を掲げ、後半は婦人運動を中心に書いてありました。あらためて、現在の状態がすごい人間と女の差別の中にあり、気をつければ、毎日のテレビのＣＭから、会社や家での会話、店頭での会話、山ほど差別に満ち満ちた心ない言葉がのさばっているのに驚きました。みなさんも、もし、まだ読んでいなかったら、みてください。

山口典子（千葉）

女と自由と愛

松田道雄著

女の自立を訴えて、どこにでもいる普通の女が地道な活動をしているのを御存じですか。夫との関係もうまくいっていて、家庭も安定している主婦や、結婚の可能性が充分ある未婚の女達や、男によって個人的にひどく傷つけられた体験もなく、むしろ優しい男に囲まれてきたため、かえって女の生き方、自立を考えざるを得なかった人もリブの中にはたくさん見受けられます。リブの人達も昔とはかなり変わってきているのです。

それだけ女の自立があたり前となってきているのです。日本の男だけが昔のままの意識で、女の自立というと神経が尖りすぎていませんか。昔、人間達が愚かな人種差別を繰り返してきたことに目覚めて、同じ人間という視点から改めていったように、女の自立も愚かしいことが罷り通っていたことにやっと気づいて、男も女も同じ人間という立場から人生の生き方のひとつに自立を考えてきたのも不思議ではないと思います。

要するに、歴史の流れから言えば、当然の成り行きで、自立などという言葉も、何年か後にはとり立てて騒ぐほどにはならなくなるでしょう。私の尊敬する作家のパールバックは、やがて来る女の運動を予想しています。歴史においてはまだ日の浅い女性の問題は、まだまだこれからも試行錯誤を繰り返すでしょうが、必然的に起こるべきことが起こったので、何も特別な女性がやっている私的な事ではないのです。もっと大きな目で現実をよく御覧下さい。

育児の社会化は何もロシアの十月革命に見られたような二十四時間保育のことを例にあげなくてもいいのではないかと思います。普通の短い時間の保育所でさえ、日本では完全でない状態です。殊更二十四時間保育の失敗をとりあげるのは、保育所に疑問を持っている人々に増々不信を抱かせるようなものではありませんか。私も長時間保育は好みませんが、両親の働いている時間に預けることは何も悪いとは思いません。むしろ、長時間働かなければならない労働条件の方がおかしいのです。早くから親と子が一歩間を置いたつきあい方は、これからの長い子供の人生にも、親の人生にも益をもたらすと信じています。今のような貧しい住宅事情と安全な遊び場も少ない悪環境、そのうえ母親とひとりかふたりの子供の数では、よき親子関係が保てるわけがありません。

ですから二十四時間保育に失敗したからと言って、子供の教育には家庭――。というのは少し短絡しすぎではありませんか。保育所のあり方をもっと改善していく方向において、男女の労働時間もからめながら、真剣に考えていくべき問題でしょう。

女の魅力が年齢と結びついているのなら、

私は年を経るに従って、魅力的になりたいと思います。女が年をとるに従って相手にされない存在なら、男も同じです。腹も出て、中年太りぎみの男も恋の対象にははいりません。男と女のつきあい方は、恋だけではないでしょう。友人関係もあれば、年齢が開いていれば親子のような関係もあるでしょう。異性と見れば即恋愛関係というのも寂しい限りです。
　女が一人で働いていると、すぐ能力のあるなしが問われます。能力がない女は、普通に結婚して家庭をもっているのがいいとよく言われますが、働いている男の人は皆能力があって働いているかというと、そうではないように、毎日働いているうちに誰だってその仕事のエキスパートになります。この自由主義的日本において、一日も早く豊かな人生を送るために、いろんな生き方が認め合えるような世の中になりますよう祈ります。

松田道雄さんへ　工藤悦子

インドからの手紙

鳥居　千代香

皆様のご活躍はいかがでしょうか。さて、インドの女性たちについて、少し述べます。国は禁じているが、こちらには身分制度（カースト）があり、貧富の差が大きくて、一部上流のエリートの女性たちの活躍は、インディラ・ガンジー元首相を生んだ国だけあって、日本など足もとにもおよばないくらいさまざまな、政界を初めとするあらゆる分野に目をみはるくらい女たちがいる。これを、エリートでない女たちに目を転じてみると、こちらには結婚の時にドーリィ（持参金）をもっていく風習があって、貧乏な国ゆえに結婚を決める時にはドーリィが大きな役割を演じている。これ目当てに結婚をする者もいて花嫁が焼き殺されるという場合がたいへん多いのです。4月22日付のインドの新聞を読んで身ぶるいしたが、これは実際、インドの人にとっては多いケースだそうで、警察も、事故か、殺害か判別するのがむずかしいそうです。4月26日付にも、そのような事件が載っていました。
　またパルダーという風習は、結婚したあとは、夫と、自分のコミュニティ以外の人とつきあうことを禁じることです。カーストが低く、貧乏な者は教育を受けることすらできないし開化される機会も少いので、伝統的な考え方以外のものを知らないが、上流で、裕福な女たちは教育さえあれば本人しだいで、社会的チャンスがいくらでもあるし、夫がいても、子どもがいても、それは障害にならないので、ミセスのなんと多く活躍していることか！　そうした一部に目を奪われないで、全体的にインドの女のおかれている立場を見てみたいと思っています。

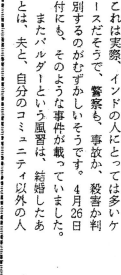

11月定例会

1980年～1985年をめざして

11月22日(木)　6・30～

女性解放合同事務所「ジョキ」

75年国際婦人年から5年。この5年間、やってきたこと、変化を見せていること、後退しそうなこと、いろいろある。

これからの5年で、いったい何ができるんだろう。やらなければならないことが山積となっている。

80年から85年の行動を充実したものにするために、内部討論をしよう。今までできなかった人、なかなか事務局まで来られない人、この定例会をきっかけに、行動する女たちをひとりでも増やそう。

どのように切りひらいていくのか、展望を出し合い、行動する会のこれからの行動をおし進めよう。行動するのは、ひとりひとりの女たち、私なのだという思いをここで伝え合おう。

行動こそ、私たちをあらわすもの、さあ、行動を起こしましょう。

今月のお知らせ

国際婦人年をきっかけとして行動を起こす女たちの会

11月5日(月)　世話人会
11月6日(火)　85年グループ
11月8日(木)　ヤングレディ裁判　編集グループ
　　　　労働分科会
11月9日(金)　教育分科会
11月11日(日)　離婚分科会
11月14日(水)　家庭基盤充実政策に対する準備委員会
11月19日(月)　労働分科会　6時～　ジョキ
11月20日(火)　85年グループ　7時～　ジョキ
11月22日(木)　11月定例会　6時半～　ジョキ
11月28日(水)　12月定例会実行委員会　6時～ジョキ
12月3日(月)　12月世話人会　6時～　ジョキ
11月世話人会は出席者6名でした。12月はいったい何人、出席してくれるかナア。
12月22日(土)　12月定例会　1時半～4時半
　　　　渋谷勤労福祉会館
「切りひらこう！　80年代！」
　出席予定　婦人少年担当室　高橋　久子
　　　　NGO　山口みつ子
12月22日(土)　79年忘年会　6時～

刑法改悪に反対する婦人会議

毎週木曜日6時半からジョキで定例会
12月6日(木)　学習会「少年法」　6時～
　　　　四谷公会堂
　―家庭裁判所調査官を招いて―

私たちの男女雇用平等法をつくる会

11月7日(水)　12・1集会準備会　6時半～
　　　　ジョキ
11月16日(金)　12・1集会準備会　6時半～
　　　　ジョキ
12月1日(土)　「なんで女にゃ職がない?!―女子学生は発言する」終了後デモ
　　　　渋谷勤労福祉会館　一時半～

鉄連の7人とともに性による仕事差別・賃金差別と闘う会

11月6日(火)　会報印刷
11月7日～　弁護団訪問開始
11月12日(月)　運営委員会
11月15日(木)　ビラまき
11月20日(火)　学習会
11月26日(月)　運営委員会
12月11日(火)　第12回公判　1時～3時
　　　　東京地裁民事部

1979年12月
1980年1月 合併号

活動報告

国際婦人年をきっかけとして
行動を起こす女たちの会

【事務局】
〒160 東京都新宿区若葉1の10
グリーンマンション D内
Tel 03（357）9565
郵便振替 東京0－44014

'79年各分科会総括

労働分科会

労働分科会では労働現場の性差別解決に労組や従来の行政機関が全く力にならないことを活動を通して痛感するなかで、'77、'78年の2年間にわたって、雇用における性差別を禁止する法律要求に向けて、なにが性差別にあたるのかを具体的に検討してきた。

'78年には社会党が「男女雇用平等法案」を国会に提出（審議未了で廃案）するという政治的な動きがようやくみられるようになり、法制化を単なる政党間のかけひきにおわらせてはならない、実際に差別されている女たちの大きな運動の中で本当に私たちにとって必要な「平等法」を実現させていこうと、'79年1月20日には「私たちの男女雇用平等法をつくる会」が新たに結成され、労働分科会のこれまでの成果をさらに大きな広がりの中で発展させている。

しかしその反面、今年は分科会活動が多少散慢になったが、主な活動としては次のようなことをやってきた。

一、労働相談

「働く女性の相談室」も4年目を迎え、差別に怒る女たち、厚い壁の前で立ちすくむ女たちと出合い、励まし共に考える場として息の長い活動を続けてきた。相談を受けるメンバーも聞きかじりの知識をもう少し豊富にしたいと学習会を持ち始めた。

二、「労基研報告」に対する労働省抗議

78年11月20日に出された労基研報告の内容を検討。女性の現状に対する認識が全く誤っており、男女平等実現の前提として時間外・深夜業制限の撤廃を提言するなど、私たちが求める「男にも時間外・深夜業制限を」という方向と全く逆行している。78年12月23日に労働省に対して抗議文を手渡し、考え方を改めるよう要請した。

三、「主婦の失業者宣言」をメーデーに

78年に「主婦の失業者宣言」集会を持ったが、継続的なアピールが必要と考え、婦民新聞などで求職中の主婦たちにも参加を呼びかけ、主婦問題分科会と共に失業中の労働者としてメーデーに参加しビラマキをした。労組の人たちからショックや共感など様々な反応があり、主婦の再就職問題について今後も提起していきたいと考えている。

四、地方自治体の募集差別に抗議

　地方公務員法で男女差別が禁止されているにもかかわらず、女子の受験職種を制限している自治体が多い。各県の募集要綱をとりよせ、明らかな差別のみられた19自治体に対して抗議文を送り、現在回答を集収している。同時に自治労各県本部及び自治省・労働省あてに要望書を送付した。

五、パート労働者のためのパンフ作成準備

　80年に向けては労働相談の充実強化を大きな柱として、劣悪な労働条件を押しつけられながらその権利についてあまり知られていない〝パート〟のためのパンフレット作成準備を始めている。

（文責・水沢）

教育分科会

　今年の活動は、パンフレット「女はこうして作られる──教科書の中の性差別」に凝集される。そして、口ばかりでなく手も足もよく動くようになった私たち。その動きの中から新しい連帯が育っている……。

　昨年の夏の第二回めの教科書会社との話し合い集会を受け継ぎ、パンフレット作りを決意した私たちは、さらに綿密な教科書チェック、自分らの文体・文章の練り直し、そして平行して集会で用いた資料を携えての教科書会社訪問と、頭を使い、そして精力的に動いた。十分わかっているんだけど、それでもなおチェックすればするほど募る怒り。

　たとえば、小学社会科の「はたらく人」の中に、女性がほとんど出てこなかったり、

　たとえば、高校倫社で保育と老人介護の問題はあたかも共働きのせいであるかのように記述されていたり、

　たとえば、かの有名な、なだ・いなだ氏が三省堂国語の教科書で「（男より）女は自我を持っていない」と叫んでいたり、

　たとえば保健の本に「女子は単純作業に向いている」という文字が並んでいたり……、

　そんな、尽きることない「たとえば」への怒りをたぎらせながら、「女の目」で教科書を洗ったのが、このパンフレットだ。

　完成した本を、どう読んでもらうか、という方法がまたおもしろい。Aさんはかついで広島へ、Bさんはバイクに乗せて石川へ、Cさんは教研のたびに片手に「女は……」をかかげて宣伝し、Dさんはリュックで女の会のあちこちへ。男女平等教育シリーズ第二弾は、第一弾に比べ、好調なすべり出し。

　そんな中、十月定例会は、教育分科会受け持ちで催され、活気を呈した。パンフ作りの経緯、盛り込めきれなかった別の視点、別の怒り、質疑応答を経て、会場より「わたしはこう考える」と題しての現状のひどさへの糾弾、ユニークな、意欲的な実践報告がせきを切ったようにあふれた。そんな中、さらなるがんばりを確認しあうと共に、具体的行動として、(1)「教室の中の性差別」語録を募り、日常の中の差別をチェックしていくこと、(2)教科書改善、男女平等教育への要望書を採択し、文部省、教科書会社などに送ることを申し合わせた。今、私たちは、この二つを柱に活動をしている。

　この定例会は、マイクがあちらこちらへと発言が絶えまなく続いた。だが、いろいろな思いの羅列に終わってしまったのではないかという漠としたもの足りなさも残る。あれだけのみなのエネルギーを新たなる方向へと、連帯へとなぜ突き進めないのか。私たち内部に欠けるものはないのか。連帯なき自立は無意味だ。パンフを通じて育ちつつある新しい連帯が、私たちの自立論・解放論にどのような形で反映されていくのかが、今後の課題となる。年の瀬、泊まり込みの忘年会で討論を重ねる予定だ。80年代へ向けて、さらに大きな輪となり力となりたい。

（文責・仁の平）

公開質問状グループ

実働メンバー3名の公開質問状グループは、今年度も、都知事選に先立ち、立候補予定者に女性に対する考え方をただすなど、時に応じた質問状を出し、公開を続けてきた。主な行動経過は次の通り。

◉1月・都知事選立候補予定者に質問状を発送＝麻生良方、太田薫、鈴木俊一の三氏に女性観ならびに女性問題に対する施策をただし、それぞれから回答を受領。

◉2月24日～3月4日　都知事候補に聞く会を開催＝都知事に立候補の意思表示をした三氏（前記と同じ）を一名ずつ招き、直接その考え方や婦人政策について質問した。

（以上の詳細は活動報告3月号に掲載）

◉5月　知事宛質問状発送＝統一地方選挙で初当選した知事、ならびに前回の質問後に就任した知事と共に八名（青森、岩手、秋田、山梨、京都、大阪、大分、佐賀）に対し女の問題について質問。

◉各知事からの回答全要を逐次発表＝回答があったのは、青森、岩手、秋田、京都、佐賀、大阪、それにやり直し選挙のあった宮崎の各知事。

「男は仕事、女は家庭」という考えに「反対」なのは大阪のみで、あとは全部「どちらともいえない」。今の日本で男女は平等になっているかの問いに対して、青森と大阪が「平等になっていない」で、残りは「大体平等になっている」という回答。

（詳細は活動報告7月8月合併、9月、10月、11月号に掲載）

◉各自治体に行動計画や資料を請求＝昨年に引き続き、新しく作られた行動計画や女性の問題についての資料を各自治体に送付依頼。

行動計画として、山口県「よりよい社会をめざす婦人の役割と活動の方向」と山形、三重両県から入手。

埼玉県「婦人の地位向上に関する県計画案」（埼玉婦人問題協議会の答申）、大阪府「女性の地位向上に関する提言」（大阪府婦人問題推進会議）を受領。

資料として、高知県「高知県における働く婦人の実態調査」、福岡県「婦人問題に関する調査報告書」（県婦人関係行政推進会議）、名古屋市「新しい男女平等を求めて」などを入手。（活動報告6月、9月号に掲載）

◉自治体へ要望書、質問状を送付＝埼玉県の計画試案と山口県の行動計画に対し、重ねて要望、質問をした。

さらに、高知県「高知県婦人の発展と平等をめざして」を入手、山形、三重両県とも併せ、近く意見、要望書を出す予定。

◉10月　衆議院議員初当選者に質問状発送＝女性問題に対する考え方、施策などをただす質問を出し、目下回答を収集、整理中。集計ができ次第、マスコミ関係並びに一般に公開予定。

（文責・金谷）

離婚問題分科会

企業内では女性を差別しながら、外へ向けては女の自立をうたいまくる、全くもって腹立たしい現象がそこここで起こっていますが、そんな中で、正真正銘の女の自立をうたい、そのための精神的、経済的、全生活的方法まで提案しているのが、私たちがことし七月、読売新聞社から出版した『離婚は怖くない』という本です。

この本の内容、出版するまでの経緯などについては、本を購読してくださった方がたくさんいらっしゃいますので省きますが、分科会のメンバーが、その苦しみや喜びを自らの体験の中で語り、同時に法律や公的扶助などについてもやさしく解説したこの本は、非常にわかりやすいと好評で、もう間もなく初版一万部を売り切ろうとしています。

目下、ドーンと再版をねらって、〝結婚〟をテーマにした講演会や、書評を通してのパブリシティ活動を考えたり、実践したりしていますので応援してください。

厚生年金法改正の要望書提出

さて、分科会メンバーが一丸となって「離婚は怖くない」を出したあと、私たちは今度は数人ずつがグループになって、各々がやりたいテーマに取り組んで、次なる運動にスタートしました。そしてその中の一つである〝年金問題〟のグループが、来年改訂が予定されている厚生年金法についての要望書を、十月下旬に厚生大臣宛提出しました。

わが国の年金制度には、（現在ではサラリーマンの妻の大部分が国民年金に任意加入しているが、もし加入していなければ）サラリーマンの妻は離婚すると無年金者になるとか、共働きで夫婦とも厚生年金に加入している場合、夫が死亡した場合は、残された妻子に必ず遺族年金が出るが、妻が死亡した場合、あるいは独身者の死亡では、多くの場合、掛け金が掛け捨て同様になるなど、さまざまな不合理、不平等があります。

これらの不合理、不平等の大きな要因は、年金制度の基本理念が、夫は外で働き妻は家庭を守るという、役割分担を前提とした上での〝正常〟を単位としているところにあります。

そこで私たちは、各種年金制度を統一して、将来的には個人年金の仕組みにすることを前提に、①老齢年金の給付開始年齢について、②遺族年金の給付について、③遺族年金に一時金制度を導入することについて、④保険料率について等を提案しました（要望書のコピーは事務局にあります）。

なお、当日要望書を持参したグループの一人、植村みちさんの話によれば、一般にこうした要望書の類は、自己の利益のみに終止していることが多いが、これは非常によく客観的にまとめられているということで評価されたとか。しかしあとが悪くて、離婚の妻に対する年金権などについては共通認識があったようですが、サラリーマンの妻を国民年金の強制加入にすることや、該当する遺族がいない場合の一時金制度などについては、全く理解が示されなかったようです。

またしても、多数者というのは少数者の傷みがわからないものなのだなア、としみじみ感じさせられてしまった次第です。しかしここで負けてはいられないので、来年はまた一歩を大きく踏み出そうと、分科会一同張り切っています。

（文責・村山）

主婦分科会

◇メーデーに初参加

昨年四月、「主婦は職場を奪われた〝失業者〟である」と〝主婦の失業者宣言〟を行ったが、この宣言に基づいてもっと広範に、労働者自身にも訴えようと今年五月のメーデーに、〝私たちは失業者〟とビラまきを行った。参加者は十数人。代々木に参集したおびただしい労働者の大海のわずかな一滴だったが、心ある人には新鮮な共感を持って受けとめてもらえたようだった。

◇「労働時間短縮に向けて」の学習会開催

この宣言は、労働分科会との共同行動であったが、これを契機にまた、中座していた労働時間短縮の問題についての取りくみも再開され、三度ほど諸外国の労働時間や休暇などについての学習会をもった。（労働時間短縮の問題は「私たちの男女雇用平等法をつくる会」の取りくみの大きな課題である「条件整備」の課題と内容的に共有されるもので、今後つくる会との共同行動も提起されているが、実質的な行動に至っていない。）

また五月十九日、行動する会の定例会としてもたれたシンポジウム「男の子育て」に、主婦分科会から実行委を出して、積極的に参加したが、討論の内容は、各々が属している立場からの提起がバラバラという感じで、さらに深めて行く必要性を感じた。

ところで主婦分科会は、専業主婦で今十分活動できるメンバーがいないため、実質的な日常生活はほとんど行われていない状況だ。（各地域に心ある女たちがいるのだが、主婦的状況の身の重さもあって有機的に結びつかない。）

それでも「主婦分科会」の名称を継続して

いく難しさ、疑問を感じているが、といって行動する会に主婦の問題を追求するグループがなくなることは重大な問題だと思う。

　現在のところ、細くても何らかの活動を継続して行きたいと考えており、とりあえず来春早々、台東区で学習会をもっている主婦たちと交流会を持つ予定だが、他グループの会員にも積極的に参加してもらい、今後の活動についても一緒に問題を考えていってほしいと思っている。

　折りしも自民党は、家庭基盤の充実政策を発表、乳幼児は家庭で育てることを主旨とした乳幼児の保育に関する基本法制定の基本構想を出している。専業主婦の大量生産がはかられている折り、主婦問題は大きな危機に際しており、女の〝Uターン〟を阻止するため、何としても頑張りたいと思っているのだが。

　あえて会員に主婦分科会の現状を把握してもらい、打開のための意見を問いたいと思っている。

（文責・竹内）

ボーナスの時期になりました。
ボーナスカンパを
よろしく。

会計報告

1977年6月～79年11月末日

「行動する女たちが明日をひらく」2年目の記録

印刷代	（支出）	800,000円	（2,000冊）
売上げ	（収入）	607,620円	（1,024冊）
			967冊……単価600円
			57冊……〃 480円，500円で委託販売
差額	（赤字）	192,380円	

赤字分19万2,380円のうち10万円は、1年目の記録集売上げ分（完売）より充当し、残9万2,380円は会員有志からの借入れとなっています。

（担当・兼松）

1979年 運営費財政のお知らせ

◎活動報告10月号で会財政のお知らせをしましたところ、会費の納入が11月12月多くなりました。しかし、まだまだ、危険状態です。
◎ところで、一年以上会費を納入しない会員を数えたところ、140名となりました。これでは会財政が赤信号になるのも当然と思います。
　この分が納入されると、84万円となりますので、是非、納入してほしいのです。

　80年以降、一年以上納めているのは2名ですので、会運営としては後納されてくる会費でまかなっていることになります。

　80年に一カ月でも納入しているのは30名ですので、79年中途で会費が切れている会員の会費納入も忘れずにお願いします。
◎会費は一カ月五百円、六カ月か一年の前納となっていますので、よろしくお願いします。
◎今月は、振込用紙を同封します。ボーナスの入った方、ぜひぜひボーナスカンパをよろしくという願いを込めての振込用紙です。
　また、郵便振込用紙の裏に、何のお金かをはっきり明記してください。お願いします。

（担当・山田）

11月22日　6：30〜9：30

11月定例会　1980〜1985年をめざして

於・ジョキ

80年代にむけて、内部討論を行った11月定例会。二十数名の出席がありました。

80年にむけて

司会　おりかえし点にあたる80年を前に国際婦人年の後半を、どのような、行動を展開するか、会内部での意見交換を行いたい。

はじめに、来年のコペンハーゲンで開かれる中間会議に関する情報の報告から始める。

報告　梶谷典子

民間会議については白紙の状態で、「各国のNGOの要請あれば開く」という言い方をしているらしいが、そのための打ち合わせ会は開かれていない。この件について発言できるのは国連に登録されている国際的婦人団体の支部だけ。日本では、NGO日本国内委員会、有職婦人クラブ、大学婦人協会等。

( )は開催地	地域会議 アジア太平洋地域（インド）79・11	80年世界会議準備会第2回（アメリカ）79・8〜9	80年世界会議にむけて（コペンハーゲン）80・7・14から	85年世界会議にむけて
日本政府の動き	「85年にも世界会議開こう」と提案し採択された。政府代表顧問として民間代表の大羽綾子さん出席（但し今回限り）	国連代表部公使赤松良子さん85年に世界会議開こうと発言	民法改正（妻の相続分など）、平等法（検討中ということで）、等をもくろむとするのではないかと予想される。中学技術・家庭科の「相互乗入れ」等も前半の成果とするのだろう。	民間団体から79年初め、大平首相園田外相、総務長官に「日本で開催するよう」申し入れ。「アーウー予算について検討」との回答。
国連の動き	雇用・健康・教育・機構の4つの作業部会にわかれた。平等に向けて各地で話し合うこと、及び地域行動計画の内容と同じようなことを確認した。	結論の出なかったことが多く、80年4月頃に第3回目を開催。	中心課題は、雇用・健康・教育 前半の見直し──目標達成の点検のため、各国に質問状が送られている。後半の計画──①国家組織の設置強化②婦人の発展への参加強化③あらゆる分野における男女平等の権利、すべての差別規定の廃止を保障する法令の制定④婦人の権利に関する国連及び関係機関の国際文書の批准⑤教育・報道の婦人に対する偏見・差別的態度の除去⑥農村家庭での婦人の無報酬労働に経済的価値を与える⑦婦人に関する統計資料の改善	これから国連総会で開催するか否かを検討する。

日本国内の80年集会は、75年日本大会を開催した41団体などりの連絡会が中心となり、「一九八〇年国連婦人の十年中間年民間婦人大会（仮称）第一回実行委員会」が開かれた。そこでは、4月12日二〜三〇〇人規模で「80年世界会議への要望」を、11月15日二〜三〇〇〇人規模で「世界会議の結果を受け、婦人の十年後半にむけて」を中心に集会をもつことになった。

行動する会としては、実行委に参加の意思表明をすることに決まった。全国組織の条件にはあてはまっているので、よい返事がいただけるのを待っている。

まとめ

80年世界会議にむけての政府に対する会としての要望は、75年メキシコ会議の経過をふまえ次の意見が出された。代表団に民間の代表を入れる。民間会議開催。前もって意見を聞く宣言内容への要望。余裕もった報告の事前公表と帰国報告。議事録を刊行物とする。また、12月定例会に出席予定の高橋久子さんに、ぜひこれだけはということをもちよることになった。

85年世界会議については、会として日本に誘致に賛成することに決まった。「建前だけでも有効」「ひとつのきっかけとなる」「政府としても婦人問題について積極的に取り組まざるを得なくなる」等の意見が出された。

85年グループからの報告

〃85年準備グループ〃は、①85年世界会議は日本で開催すべきか、その理由②開催するにはどんな障害があるか③同じく注意すべき点④後半に向けての運動について、婦人41団体、婦人議員、各政党婦人対策部、労組婦人部、個人に対し88通の質問状を送付した。

12月1日現在20通回答中（賛成16・反対1・不明3）。

賛成意見①は「婦人問題の現状を広く認識させられる」が大勢を制している。②経済的問題。政府がどこまで認識して金のかかることをやるか。言葉の障害。③外国代表団の受け入れ施設、セレモニーだけで終わらせるな。東西・南北問題で対立しないように。広く国民全体から意見を求めるように。④早く実行委を作り準備を進める。民間レベルで盛りあげたい。

公明党①政府の施策によい影響を与える。②行政機構の強化、国民全体のコンセンサスを得ることが必要。③75年・80年の経験を生かして運営し、行動計画の成果をふまえて85年に対応すべき。広く意見を求めるよう呼びかけ、採択事項については実施を確約させた上で行動計画策定に取り組むべき。④政府間、民間レベルによる国際外交の強力な推進、国内では婦人に関するＩＬＯ条約批准実現をはかる。雇用における男女平等の立法化とその関連対策の整備、男女平等についての国民に対する啓蒙活動の徹底、国内行動計画の達成。

共産党①日本開催申し入れている。運動発展の契機となる。②政府がどこまでやる気か、具体的施策の前進と結合しての要求が必要。③セレモニーだけで終わらせないよう、表面だけのポーズに十分注意を払う必要あり。④統一した運動の前進・労基法改悪反対・雇用における真の男女平等実現を進める法制度の制度・妻の相続分引き上げ等の民法改正・遺族年金増額等の年令制度改善。

自民党①日本誘致を明らかにしているし、政府からも前向き答弁を得ている、国内行動計画達成のためにも必要。③政府の婦人問題に関する機構を整備強化し、これを統轄する閣僚級の責任者を設置し国会内に婦人対策特別委を設置するなど政策機構の強化が望まれる。④85年までに行動計画の目標達成のための施策を実現させ、婦人の地位と福祉向上に努める。

反対意見は「日本の女性の意識は遅れているから、会議期間だけポーズをとっても仕方ない。経済的負担も大きいから、広範囲の代表者を開催国に送り持ち帰った資料を有効に使うべき。お祭りさわぎに終らせたくない」。④として「人間としての自覚、男女共の労働条件に向けての責任ある努力、世界中の人類の平和、幸福を願う女性の育成、日々の生き方の再点検と努力、他人をも大切にできる人間を育てるための原動力となる日常生活のできる人間になること」、不明は「エリートだけの会議になるから逆効果、働く女性の集会にしなければ意味ない」、「開催できれば嬉しいが、政府の保守的状況からは無理だと思う」、「即答しかねる」。

（文責・小林）

テレビ身の上相談！ナヌ！

みなさん、モーニングショーや、アフタヌーンショーという主婦むけの昼間のテレビを見たことがありますか？

身の上相談や家出人捜査と称して、人権を無視した、プライバシーののぞき見主義の番組がやたらに多いですね。

「見ていて気分が悪くなった」からスイッチを消すという人が多いようですが、怒りを覚えたら、テレビ局あてに電話抗議をしましょう。（山田）

テレビ朝日（405）3211
東京12チャンネル（433）4211
日本テレビ（265）2111

男子学生に「性と人間関係」の教育を
――女性教師の現場報告 その1――

生原 央子

新聞で、「行動する会」を知り会合に出席した。そこは今まで私の見たどんな会のようすとも違っていた。まず全部女性であり、権威を持った長がいない。役割もない。回り持ちの進行係程度だが、それでも問題は手際よく決められてゆく。細かい事務処理が自主的にどんどんなされてゆく。そこでの意見や討論は前向きであり、自己顕示欲や勝つ為のものではない。忍耐強いこの行動は、具体的な形で何かを摑んでゆきたいという願いと女達へのやさしさか。

私自身は、今まで個人的な創作活動の中で自分の位置付けをしようとしてきた。一つの表現を見出すこと、またそれを発表すること、そのことで何が変るか、自己満足に終ってはいないか、という問も常にあった。私も小さい頃から「女の子だから」「女のくせに」と言われて育ってきた。そんな中で私は将来女になりたくはなかった。そうして、いつか男になる、と思うようになった。二十歳位までそんなことを考え、現実に性転換手術まで考えた。正気で。私の状況で女になることは、死のような絶望だった。女になるしかないと分った時は死を選んだ。そんなふうな場所にいた自分を言葉で名付け直したのが詩を書き始めた時からだった。そして今は、現実に何かを変えてゆきたい。その為に行動をしたい、と思う。同じようなことをこんなに真剣に考えている女性達がいたことに励まされながら。

私の現在の生業は美術教師、有名私立男子中学K校の美術講師十年。だが今もって慢性土曜ノイローゼ（中三の授業のある日）になっている。二、三日前から胃痛、厭世感、体が冷たくなり、朝起きたくない。それでも一時間半以上かけて学校へ。生徒にデッサンの紙を渡せば、女性教師のヌードを書く。目、鼻、口、全て女性器の形。私に聞こえるように卑猥なことを言う。私の反応を見ている。「始めてだったの？　痛くなかった？」「なった？」「臭い」「クリが腐ってる」「しばらくやってないからだ」――こんな時私は聞こえないふりをしてしまう。後で叱ればよかったと思ったり。でも何と言って叱ったら、どこからどのように手を付けていったらよいのだろう。女は性の対象物、侮辱してもよいのだ、ということを彼等はすでにどこかで学んできてしまっているはずだ。社会から、あるいは家庭内で。

また粘土を渡せば性器を作って見せる。私が一所懸命教えた作品は捨ててゆく。燃えないゴミとして採点の終わった作品を裏庭で細かく割って処理する作業が半日、何の為の教育、ああ空しい——。家に帰ればいたずら電話、「男のチンコばっかり誉めやがって」「電話でセックスしよう」「下着の色は？」「てめえの顔じゃあ男にもてねえだろうと思って俺が親切に言ってやってんだろう」「何故私の顔を知ってるの？」「お前の学校の生徒だからだよぉー」、電話を取り上げなければ二百回も鳴らす。

中学三年ともなれば当然性に興味は持つだろう。しかし彼等はそのことをどう考えてよいか分からないのだ。好きな女の子の名前を机に彫ったり、女の子にあげるペンダントを焼物で作ったり、「上品できれいな子なんです」と私に言う生徒もいる。非現実的な憧れと理想化、一方では性欲の対象としての女。それが現実にはないから女性教師に電話をしてきて安易な解消をしようとする。しかしその言葉の中には人間的な触れ合いはなく、女教師への侮辱と、お前だって性を持つ人間なのだろう、という軽蔑がある。男のチンコばかりとか、男に持てないということで相手の反応を見ようとしていること、初めて、という言葉が刺激的であるということ、すべて無責任な情報から得た知識だ。女生徒が身近にいればもっと日常的に問題は色々起こり、その都度解決されなければならないだろうし、女子学生も生きて、動いて、自分達と同じように考え、学び、怒り、悲しむ人間だということを学ぶはずだ。K中学では、道徳教育と性教育はしていない。ホームルームは具体的な取り決めが主のようだ。全部男性教員だから、私の授業で起こる問題は私だけの特殊なことだろう。講師であるということ（会議に出席していない為、生徒の全体像が掴めない）、美術という科目（教科ではない）、女教師（男性教師であるというだけで教室は静かになる）、というようなことで生徒は遊びの時間のように思っている。性教育について校長は、「僕はしていますよ、ムンクの『春のめざめ』を見せて、これは何を表わしていると思う、と質問し、初潮の不安を暗い背景が表わしている、と説明すると生徒はシーンとして聞いていますよ」と。余りに文学的にすぎはしないか。暗い女の血の巡り、女の業、等という古いマイナーなイメージの匂いがする。男の性も女の性も、自然にあるものをそのまま思いやりを持って認めるしかないのではないか。自己流の意味付けなしに。道徳教育や性教育は、人間の捉え方、関わり方のことだから、全ての学習の基本に置いて考えなければならないことだろう。それにはそのことについて充分に考え、よい教育のできる教師が必要だ。教師教育が必要であると共に、このような問題について調査・研究する機関が必要だ。スウェーデンでは、四十年前、性教育協会がイエンセンニオットセン女史により作られた。同協会事務局長は、性について正しく教えられる親が少ない為、学校で教えなければならず、性を自然に教えられるよい教師が必要であると言っている。又国の研究委員会では十年をかけて「性と人間関係」の報告書を作り、これを土台にして教師用手引書がまとめられ、一九七七年から斬新な内容で性教育の授業が始められている。（参考「スウェーデンの性教育と授業革命」ビヤネール多美子著）日本の性教育について資料集めから始めたいと思います。どなたか御一緒に。

四谷で一番忙しい人は誰か？——それは、われらが合同事務所ジョキの専従、山田満枝女史なのであります。二台の電話に呼びたてられ、訪問者においたてられ、机には事務事項が山をなす。ああしんど！ どなたか、定期的に事務所を手伝ってくれる人はいませんか？　（I）

'79 事務局往来

79年もいよいよ過ぎようとしている。この一年間、事務局からみんなに聞いてもらいたい余談を集めてみました。ノートに書きそびれたこともたくさんあるし、不十分ですが、まずは記憶をたどりながらのメモです。(山田)

1 月

▽『ジャパン年鑑事時百科』に、78年12月定例会の写真を掲載のためフィルム貸し出し。

▽『エガリテ』(総理府婦人問題担当室編集)から、行動する会・12月定例会の掲載原稿の依頼あり。世話人会で原稿作成。デモ、ナニカ物足りない記事になっていた。

▽ミズ・ジャーナル新年号へ掲載記事を各分科会ごとにまとめる。

▽全国婦人新聞、日経新聞など、記者の取材訪局が多い。

2 月

▽都知事選始まる。「都知事候補に聞く」2月定例会予定の太田薫候補が、当日時間の都合がつかないと連絡があり、大もめ。結局、時間変更となったが、たて続けに三回の集会と、選挙法に触れるため、活動報告をガリ切りしたこと、テンヤワンヤでした。

▽フェミニストの柿沼美幸さんから、離婚に関する今年の出版物情況が入る。こういう情報はとてもありがたい。

▽自由国民社から「働く女性の相談室」取材

3 月

▽リンガフォンのテキストには性差別がいっぱいという山根典子さんの話から、リンガフォン編集部長パメラ武重さんと事務局にて、教育分科会のメンバーとテキスト内容をどう変えたら良いかを話し合う。

▽NHKラジオ　離婚分科会の会合を取材

▽大阪読売新聞林記者、京都行動計画を記事にするために、東京都行動計画に対する行動する会の活動情況を取材。しかし、いくら遠いとは言え、電話取材は感心しないなア。

4 月

▽『週間就職情報』からTEL取材。ここは女の記者で、女のグループばかりを集めて、良い記事だったが、やはり細かなまちがいが多い。やっぱり電話取材は良くないナ。

▽新事務局、四谷に決まる。大家さんの家が一階にあるので、何かにつけ気をつけなければ、と思っていたが、じゅうたんやロッカーを通路に一カ月位放置してしまった。お叱りあり。「あんたたち、女でしょ!」すいません大家さん。

5 月

▽講談者『女・ゼミ』にグループ紹介される。

▽定例会「男の子育て」にTV朝日『サテライト6時』が取材にくる。カメラは三時間回したものの、この番組には固すぎて放映できないとスタッフの面々、大弱り。この番組、女の司会者ばかりというのが宣伝文句だけど、なぜか、制作・企画は男ばかり!

▽都婦人情報センター開所式。美濃部さんのあいさつは「最後の私の仕事です。これだけはとがんばりました。」(日比谷図書館4階)

6 月

▽「離婚は怖くない」発刊。離婚相談が多く入る。たまに男からのおかしな(?)電話も。長野からは、家出をしてしまった妻を捜すために何回も。別の男は名前も名のらず、妻のメモにあった電話番号の先を確かめるために、そして、蒸発した夫が、残してきた妻子を助けてほしい等、アア、夜中に離婚電話が鳴って、留守番テープが回り始めると、なぜか、腹の底がジーンとしてきて、受話器を取りあげたくなるのをじっとこらえるこの辛さ。

7 月

▽田中ジニーさん、9月に帰米のため訪局。

▽日経新聞　パート問題ガイダンス記事に「働く女性の相談室」掲載されてから、主婦の再就職相談が相次ぐ。職安に行かない主婦が多いのに驚く。

▽アルバタ大学ジョーンズ教授とても日本語の上手な女の人。「日本の婦人労働と運動」について取材をかねて訪局。

▽日米学生会議「女性と社会分科会」のメン

バー8人ぐらいで訪局。

8 月

▽なぜか主婦の再就職相談が多すぎるので、調べたところ、マダム8月号に「働く女性の相談室」が掲載されていた。しかも誤解を生じる内容に即抗議。編集長謝罪に訪局。

▽夏休みを利用して、全国の集会にめいっぱい参加したり、みな大張り切り。だけど、風邪ひいたり、過労になったり、大変でした。

▽『東京情報』にグループ紹介される。

▽山田も事務局一年目、感慨に浸る。（個人的なことでゴメン。）

9 月

▽「女はこうして作られる」パンフレットの注文が手紙でドサッと毎日届く。遠距離からの電話でも、多部数の注文相次ぐ。

▽女子大生、卒論のため資料集めやインタビューの訪局多くなる。

それに文化祭のための依頼が、相次ぐ。中嶋里美さん、中島通子さんなどが話に行く。

▽外人から電話をもらったり手紙をもらうと英語がまったくだめな山田は、すっごく困るのです。本当にお手上げ。

10 月

▽「女はこうして作られる」を買うために訪局する会員外の人が多い。まるでお店に買物に来た感じの人もいる。逆に、良い話を聞かせてくださる人もいる。日本精華大学山岡照子教授訪局。矯風会大島静子さん訪局。

▽事務局には二つの電話がある。9月に入ってからはベルが鳴りっぱなし。こっちが終ると、向こうのくり返し。追われっぱなしで、つい人との約束などもすっぽかしてしまうことも度々。すいませんみなさん。

11 月

▽『女エロス』に、家庭基盤充実政策に対する行動する会の意見を次号に掲載予定。

▽ゲステットナーの印刷機購入。これで、今まで大変な苦労をしてきた印刷を事務局で作業できるようになった。しかし、28万円のうち、有志カンパで集まったのはまだまだ18万円、合同事務所印刷機購入有志あてにどなたかカンパをお願い。（12・11現在）

▽入会の申し込みが多い。パンフレットの効果ですね。

12 月

▽パルコ出版局からジュディシカゴ著、小池一子訳「花持つ女」の記者会見及び懇談会に参加要請あり、渡辺美恵子さんと参加。なんだかパルコの宣伝に利用されている感じ。女性解放運動をした人の本だからって、もろ手を上げて喜ぶと思っていたのかな？

▽79年の総括と、80年に向けての準備に明け暮れる日、しっかりはちまきしめなおさなければ。そして最後の忘年会には、今年作った唄をみんなで唄いたいな、ワイワイと。

波

波のように押し寄せてくる感・思・怒・嬉・悩・笑・悲…。伝え合いたいことを書き、生の声をぶつけ合おう。

走れ ゼッケン七

生原　央子

女には無理だ
女は走れない
しかしゼッケン七
あなたの孤独な訓練の集積が
今走っている
前へ前へ
一歩一歩が挑戦だ
自分自身への
労りに似た抑圧への
走り続けよ
ゼッケン七
四十二歳のやさしい筋肉

※『ゼッケン七』は第一回国際女子マラソン（54・11・18）で一位になったジョイス・スミス。

12月定例会

「きりひらこう　80年代／」
—〝婦人の10年〟に実りを—

12月22日(土)　1：30〜4：30
渋谷勤労福祉会館（渋谷パルコ前）
参加費　三百円

プログラム

①「国連と日本政府の動き」
高橋久子（総理府婦人問題担当室室長）
②「NGO（民間団体）の動き」
山口みつ子（国連NGO国内婦人委員会）
③質　問
④85年グループ報告及び行動する会アピール
⑤80年代にむけての要望・アピール
⑥全体討論
⑦行動する会各分科会80年代にむけての展望
⑧行動する会宣言

来年は一九八〇年世界会議がデンマークで開かれます。婦人の十年中間年にあたり、過去5年の報告、後半の計画等が決議されます。日本からも政府代表団が出席するわけですが、それぞれの立場から具体的要望を出し、私たちの意見を反映した報告をしてほしいものです。おざなりの会議にさせないために、当日の会費分だけ大いに喋りましょう。

12月のお知らせ

国際婦人年をきっかけとして行動を起こす女たちの会

12・3(月)　12月世話人会
12・7(金)　労働分科会
12・7(金)　教育分科会
12・9(日)　離婚問題分科会忘年会
12・10(月)　公開質問状グループ
12・11(火)　12月定例会準備実行委員会
12・15(土)　大そうじ（合同事務所）
12・17(月)　労働分科会
12・22(土)　12月定例会
12・22(土)　合同忘年会　六時〜　四谷ニュー浅草　会費二千円（事務局まで参加の電話をください。）
12・25〜1・6まで事務局は休みです。用のある方は24日までに来局してください。
1・7(月)　1月世話人会　6時半〜　ジョキ
80年最初の世話人会、たくさんの人に集ってほしいものです。
1・13(日)　離婚分科会　2時〜4時　ジョキ
2・2(土)　2月定例会　1時半〜4時半
渋谷勤労福祉会館
「Uタウン禁止／—福祉の切り捨て、家庭へ帰れは許さない／」
話　樋口恵子

私たちの男女雇用平等法をつくる会

12・1(月)「なんで女にゃ職がない」—女子大生は発言する
12・5(水)　12・1集会総括会議
12・11(火)　労働省婦人少年局婦人労働課々長と話し合い及び12・1集会決議書手渡し
12・12(水)　会報グループ
12・13(木)　全体会

刑法改悪に反対する婦人会議

12・6(木)　少年法学習会
原則として毎週木曜日、ジョキで定例会が行われます。6時半〜

鉄連の7人と共に仕事差別・賃金差別と闘う会

12・10(月)　運営委員会
12・11(火)　第12回公判
12・20(木)　学習会　八丁堀勤労福祉会館　6時半〜
12・24(月)　運営委員会
毎月第2、第4月曜日が運営委員会
毎月第3木曜日が学習会

9・10・11月と事務局はあわただしく過ごし、なんと忙しいことかと目の色変えて、飛び回っています。雑務一切引き受け係の事務局に、一日寄ってみませんか。ホンネは誰か手伝いに来てオクレと叫びたい／（山田）

1980年2月

活動報告

国際婦人年をきっかけとして
行動を起こす女たちの会

【事務局】
〒160 東京都新宿区若葉1の10
グリーンマンション D内
Tel 03（357）9565
郵便振替 東京0－44014

七九年一二月二二日(土) 一・三〇〜

きりひらこう 80年代!

―〃婦人の10年〃に実りを―

於・渋谷勤労福祉会館

十二月定例会は「国連婦人の十年」の後半に向けて、国連と日本政府の動きについて、高橋久子総理府婦人問題担当室長とNGOの動きについて山口みつ子国連NGO国内婦人委員会代表に聞いた。

司会（梶谷） 来年は国連婦人の十年の中間年に当たります。特に私達女にとって後半をぜひとも実りあるものにさせたいと思います。その為にはどうしたらよいかということで広く海外の情報に目を向けたいと思いますので今日は高橋さん、山口さんに色々お話を伺いたいと思います。

高橋 私に戴きました御案内には、政府が何をやるかというようなことになっておりますが、実はそれはこれから皆様方の御意見を聞きながら決めてゆくことで、今の段階では政府が何をやるか決まっている訳ではない。国際的な動きとしては、一九八十年七月にデンマークのコペンハーゲンで開かれる会議は、今まで何をやったか、又これから何をやるかということを、世界から代表が集まって話し合います。八十年の世界会議のサブテーマを雇用・健康・教育にするということが決まりました。メイン・テーマは、平等・発展・平和です。第二回目の準備委員会は、私も出席したが、八月下旬から九月上旬にニューヨークで開かれた。次期世界会議の立出議題について、国連婦人の十年の見直しと評価、後半期のプログラム、世界会議関係の予算案、何に優先を置くか、エスカップの地域会議（アジア、太平洋地域）地域によって違う問題等が話し合われた。五つの地域があるが、日本はアジア太平洋地域に属し、十一月五日から九日まで開かれ、日本からは十人の代表が出席。これからの予定は、第二十八回国連婦人の十年準備委員会（二年に一回継続して開かれている。）では、世界行動計画の実施状況の評価や後半期のプログラムが話し合われる。第三回の準備委員会が四月頃予定されている。

そして八十年七月にコペンハーゲンでいよいよ会議。私が出席した第二回準備委員会とエスカップの地域会議では、世界会議の規則、手続きについて、民間団体の代表では、諮問的地位を与えられているNGOについては、積極的に参加してもらおうということになり、その際どの程度発言してもらうか。そして事務局の方から、参加を希望するかどうかの文書が出されている。メキシコでは、政府間の会議と、トリビューンという民間団体の会議があった。来年の会議には、日、英、米の先進国は、民間の諸団体の活動は不可欠であり、NGOの代表が参加できるように配慮すべきという意見を出したが、アフリカとか民間の諸団体がまだ育っていない地域は、これは政府間の会議だ、ということで、この二つの立場をどう調整するかということになったが、民間団体も含めて話し合った結果、参加を希望する所は認め、議長の了解を得て五分以内の発言ができることになった。あくまでも国連に諮問的地位を与えられている民間の団体。アジア太平洋地域の会議は、正規のメンバー三十五ケ国中二十六ケ国参加。通常は多くの参加はないが、エスカップの会議には出ていない国も婦人会議には参加してきているということもあり、婦人問題には熱心であることが伺われた。この会議では、四つの分科会に分かれ、世界会議のサブ・テーマである雇用、健康、教育と平等、発展、平和が一つの分科会になった。雇用は、日本に於ける雇用労働者と違い、農村地域が圧倒的に多い。農村で働く婦人労働者に、どのように雇用の機会を与えるかということが最大の問題であり、家族従業者も自営業者も引っくるめて考えられている状況。開発に向けて国全体が、計画を作って努力している。開発への婦人の参加、地位、福祉の向上、婦人への教育訓練促進、家事負担軽減の為に保育所や共同炊飯所が必要、家族計画、農村から都市への労働移住が行われているが、都市生活への順応ができずに、サービス業の犠牲にならぬようにオリエンテーションが必要、栄養を高める、きれいな水の供給、教育では婦人の学習機会を拡げ、教育費を安くし、男女の新しい役割、等が話し合われた。平等、発展、平和の分科会では、平等とは婦人が開発に積極的に参加できるような機会と責任が平等に与えられること、発展とは、政治、経済、社会、文化、その他国民生活全般に渡る発展を意味し、平和の解釈では軍縮も平和にもりこむかどうかで国の対立があったが、婦人問題を実質的に話し合って行こうという努力がかなり実っていた。婦人年以来、各国で国の中に婦人問題を積極的に推進してゆく機関が色々できた。日本では婦人問題企画推進会議ができた。今後実質的にそれが働けるように予算が充分に確保されるべきである。その活動は情報やデータの収集、政策決定への婦人の参加促進、民間団体との連携が必要である。法制が真に男女平等の為に整理され、明文化されない慣習等を変えてゆく必要がある。婦人の定期的なモニタリング・データの集収、分析等を行っている。婦人の十年の国内行動計画の前期重点目標を民間団体から伺った。母性保護、教育（教科書の中の性差別等）、老後、国際協力、労働の問題等。地域によって問題が違うということで全国を3つのブロックに分け各地域とも5分科会に分かれ話し合いが持たれた。共通している分科会は、教育、健康、農山漁村、就労。健康では婦人の貧血や肥満、乳幼児の死亡率、妊産婦の病気。農山漁村では、生活改善グループが農家の食事の改善、過労と取り組んだ事例。就労では、職場での不平等、平等法の必要、婦人の意識の向上、パートタイムの条件を向上して欲しい、労基法研究会の報告、高齢者にもっと仕事を、学習の場が欲しい、民間と行政機関の意志疎通を計る会をもっと増やして前半期の見直しとして、婦人の政策決定参加への促進、審議会の委員は五十二年に婦人は二・八％だが一〇％にまで引き上げよう。女子の公務員採用の開放、今年から新しく五つの職種が受験できるようになった。

山口　昨日の朝日AP伝で婦人の差別撤発条

2

約が通ったということで八十年から八十五年に向けて有力な足がかりができ、早く批准をしてくれるように政府に要求する仕事が又できました。私は一九七五年婦人年の時に民間の日本大会の事務局長をしていました。NGOということばは国際連合で、ステイタスを持っている意味と、いわゆる民間組織というのと二つに見られる。国連NGOというのは重要な意味があり、国際連合というのは政府と政府間だけのものではなく、民間の協力があって始めて本当の意味の目的を達成することができると思う。経済社会理事会とNGOとは非常に重要な関係があり、NGOはアドバイザーとして色々な意見を言うことができる。この民間団体は諮問的地位を得ている。日本が国連に加盟した年に国連総会に女性を出すようにという運動があり、翌年の昭和三十二年に始めて藤田たきさんが政府代表として出て行った。その時、日本のYWCAの創立に努力されたミス・エマ・カフマンが国連NGO国内婦人会を組織するようにアドバイス。国連に直接ステイタスを持っている団体ではないが、国連NGO国内婦人会を作った。国連の中で基本的地位を与えられている団体には、カテゴリー㈠とカテゴリー㈡があり、㈠の方は広い分野に分かれる経済社会理事会の国際的な団体であり、㈡の方はやや専門的で、国際婦人クラブ、有職婦人クラブ、YWCA等、国際的な組織に加盟している団体で、この十団体が、一九七五年国際婦人年の年に全国組織の大会開催を提唱し、国連に婦人を送るように、毎年直接要望書を出している。今年の大学婦人協会会長の中村道子さんは、足かけ五年、政府代表である。NGOの仕事としては、条約を批准させる、婦人年日本大会の提唱、婦人を国際舞台に送り出す。今年は国際人権規約成立し人権問題について働いている男性の団体とも協力して、国際人権規約批准促進連絡会議というのを作り、全ての委員会にプッシュして、この人権規約を通すようにする。日本大会で決議されたことを運動として続けてゆく為に大会決議を見守る連絡委員会というのを作った。今年の一月に大平総理に団体で逢い、一九八五年に日本で世界会議をすれば、費用の点等話し合う。八五年に世界会議をするという決議はないので戦いだ。ESCAPの国連総会の第三委員会でも根回しがなされている。女性が団結し協力するということは今までなかったことだから、婦人年を足がかりにしてゆこう。民間はお金がなくても知恵がある。

会場質問　国連の日について。

高橋　メキシコもコペンハーゲンも政府間会議であり、NGOは国連に諮問的地位が与えられていて発言が認められる。その他は第二回準備委員会でデンマーク代表がNGOの方からデンマークで民間会議をすることについてデンマーク政府が便宜を供与してほしいということで今検討中。民間団体に出席するかどうかということを婦人問題担当室でまとめることは適切ではないのではないか。民間は自主的な集まりなので、個々に対応してほしい。政府は情報は分かり次第知らせる。国連の日については答える材料を持ち合わせていないので御要望の趣旨を承って答えたい。

山口　十一月二日に、一九八〇年の中間年に向けて民間団体で何をするかという話があり、大会をしよう、デンマーク会議に向けて日本政府に要望してゆこう、五年間を評価、点検し、世界の報告を聞き、日本の行動計画後期重点目標に意見を入れてゆこう、と十一月十五日に二、〇〇〇人から三、〇〇〇人の規模の大会をしようと民間組織がスタートした。

高橋　私共は地域推進会議の意見をふまえながら今後の問題について考えてゆきたい。現在のところ、たたき台はない。地域会議で地元では七〇〇～八〇〇名の会議で、地方公共団体で話し合いで選ばれた。全部の婦人団体を集めることはできなかった。今の状況では世界会議が終わったら報告の会合を考えている。予算では、婦人の為の行政と、その為の予算について努力してゆこうと思っている。

会場質問　推進本部として婦人の政策決定参加に力を入れているか。審議会の参加とは、

3

公務員の採用差別について。

高橋　推進本部というのは、総理を本部長にして関係総長が一〇ある。総理府としては政策決定参加について、一番力を入れている。具体的には、次官会議でこの問題が取り上げられ、各省に置かれている審議会に、婦人登用促進の要請を出し、副長官から各省の事務次官にさらに文書を出した。審議室長から各省に対し、審議会委員の任命替えの時には、事前に連絡して婦人委員を増やすよう働きかける。審議会委員は増やしにくく、進まないので連絡制度により個別に働きかけている。公務員の女性採用については、女性を採らない六つの職種について、何故だめかと個別に働きかけている。試験すら受けさせない、受験させても実質的に採らないという所に十月の採用シーズンに各省庁に対し、私共の方から働きかけをする。直接に出向いたり電話したり、体が続く限りはしているが、体制が充分でないので、やりたくてもやれない場合も多々ある。世間の声もどんどん起ってくる事も必要。差別撤廃条約については、内容について外務省に照会をしている。次の通常国会に出せるかどうか、どういう手続が必要かは今外務省の方で検討している。婦人の前進のステップになると思うが私個人で動けることではないので企画推進本部で前向きに取り組んでゆくように私としては努力したい。

山口　国際人権規約に留保条項があった。差別撤廃条約が日本に来ると、例えば労働省、婦人少年局の方が日本の国内法にどう抵触しているか。日本は条約を批准する場合には、できるだけ国内法をかっちりつくる。差別撤廃条約は全与野党一致してやれるものだから、法として早くしてくれるように関係各省に要望書を送って検討する。NGO国内委員会では明日中村さんが帰るので報告を聞く。

司会　刑法改悪に反対する婦人会議の川口けい子さんからアッピールを。

川口　今すでに色々な法改悪が始まっていて私達が活動してゆこうとする時に待ったをかけられるような、騒動予備罪が採択された。多数、〇〇罪や、大規模地震対策法で地震が起こりそうだと首相が判断したら自衛隊の発動がいつでも可能というようなことになります。

司会　鉄連の七人と共に仕事差別と斗う会の船戸洋子さんに伺う。

船戸　鉄鋼連盟の会社側は、一時金、昇給の率を男女で分け、それを職務の差にすり替え、差別の裁判の証言の中で、鉄連の仕事は、調査、研修、会議があり、高度な知識や能力が必要。女子にはそういう能力は不必要、仕事はコピー取り、簡単な計算、いつでも誰にでもやれる、男性の補助。男は仕事、女は家庭という考え方をつきくずしてゆく為に戦ってゆきたい。

司会　私たちの男女雇用平等法をつくる会の浜田博子さんに伺う。

浜田　全ての女性差別をなくす第一歩として、雇用に於ける平等の確保、女性労働者の確立、単に職があればよい、ということでなく、女が働く、ということが当り前に保証され、女が働くことによって母性が損なわれるようなことがあってはならないし、母性によって平等な労働権が疎外されてはならない。私達にとっての雇用平等法は、募集、採用段階から仕事の配分、昇進、昇格、賃金、全ての差別が中止されること。政府から独立した強力な仲裁機関を設置すること。仲裁は有効に迅速に行われること。何が差別かということを独立した機関で具体的に規定してゆく必要がある。

司会　行動する会・85年グループの金谷千都子さんから伺う。

金谷　各方面に質問状を発送。①一九八五年の世界婦人会議を日本で開催すべきかどうか。②その理由。③日本で開催するにはどんな障害があるか。④日本で開催するとしたらどんな点に留意すべきか。婦人の四十一団体の代表者、女性の国会議員全員、各政党の婦人問題担当者、労働組合の婦人部、婦人問題の評論家、合計八十八通、解答二十二通。①の賛成十八名、反対一名、不安がある二名、その他一名。理由としては婦人問題の現状を広く認識させられ、国内的に意識高揚、国際的に日本のPRになる。公明、共産の中には政府の施策に影響を与えられるという意見。反対意見は、日本の女性自身の意識が諸外国に非常に遅れをとっているから行なっても意味がない。経済的負担。エリートだけの会議になりやすい。不安は言葉の問題、高い日本のホテルに各国婦人をどのように泊めるか、南北に対立しないように。八十五年までの進め方は実行委を作り、早くから準備する。自民党からの運動方針は、政府の婦人問題に関する省を整備強化する。公明党は、ＩＬＯ条約の批准の実現に努力、男女雇用平等法の実行化。各政党の婦人担当部所では八十五年に日本開催を希望し、その為に努力をしている、という返事を受け取っている。これらをまとめ行動する会の要望事項として①民間レベルの意見を正確に反映して欲しい為、デンマーク会議に民間の代表を入れて欲しい。②議事録を公開して欲しい。報告する内容に関し民間の意見を充分に入れて欲しい。③報告の内容を事前に国内で公表して欲しい。④八十五年にぜひ日本で開催して欲しい。ＮＧＯへの要望、①民間会議をぜひやって欲しい。②八十五年に対しても民間の会議が中心になるような形で進めて欲しい。私達の側も、ＩＬＯの批准を重点目標にかかげ、八十五年が終わっても、いつまでも勝ち取れるまで運動をつづけてゆきたい。

水沢（労働分科会）　全ゆる分野で女性が労働人口の⅓を占めるまでになったと言われながら、その内訳は弱年の短期雇用と中高年のパートである。差別をなくす第一歩として男女雇用平等法を作る為の働きかけをしてきた。家庭基盤充実対策の中で福祉の切り捨てが行われ、それらを全て女に押しつけようとするような家庭の日制定が行われようとしている。パートの労働にも労基法が適用されるようにしてゆきたい。公務員採用差別の抗議をしてゆきたい。各自治労にアンケートを出した。

田名網（離婚分科会）「離婚は怖くない」を出版。自らの体験を含めて離婚をする側から見た唯一の離婚の手引書としてポイントを得ている。来年厚生年金法の改正が行われるが、年金制度の根本に流れている夫は働き妻は家庭を守るということを前提としたものに対し私達は将来は個人年金にする年金法改正の要望書を提出してきた。①離婚の原因の一つに暴力があるが、家庭内暴力禁止法を検討してゆきたい。②東京都に婦人相談センターがあるが、各県地方自治体にも婦人相談センターを設立する為の運動をしてゆきたい。③調停制度の見直し、調停の実態調査。離婚の不自由さ不平等をなくし、男女平等の離婚ができるように活動してゆく。

◇　◇　◇

婦人の差別撤廃条約も通り、世界は動いているということを感じる。私達としては色々な要望があるが、民間と政府には開きがあり、担当室にも制度的な限界があり、直接的な答は充分に感じとれなかった。八十年代を動かしていくのは、やはり私たちなのだと決意をあらたにした。

報告　渡辺美恵子

資料のお知らせ

「婦人のあらゆる形態の差別撤廃条約」が国連で採択されました。行動する会メンバーの武藤真梨子さん翻訳。１００円

スウェーデンの性に関する絵本「ＦＬＩＣＫＡ　ＯＣＨ　ＰＯＪＫＥ」２００円・「ＳＥＸ」３００円。ともに青焼コピーです。

「家庭基盤の充実に関する政策要綱」５０円「保育基本法」３０円

すべて青焼コピーですが、ほしい人は電話でも手紙でも申込を、事務局までして下さい。

新代議士への質問状

公開質問状グループでは、昨年十月の総選挙で初当選の議員74名に質問状を発送、15名から回答を得ました。回答率は20％、前回の総選挙のときの46％を大きく下まわりました。回答率がよかったのは公明、民社。社会党は12名に出して1名だけ回答、自民党は32名中2名だけ回答がありました。

次に回答内容を極く簡単にご紹介します。

質問1　今の日本で男女は平等になっているでしょうか。

回答　民社党の1名は「平等になっている」と言い切り、「大体平等」というのが自民、社会の3名、「平等になっていない」11名で、前回より「平等になっていない」がふえています。

質問2　どんな点で一番不平等をお感じになりますか。

回答　「平等になっている」という人のほかは全員が職場の問題を挙げています。

質問3　不平等の原因として最も重要なことは何でしょうか。

回答　「大体平等になっている」と答えた3名は意識の問題を挙げ、あとは党によって傾向が分れました。公明＝「法体系の不備と企業における男性中心の就業構造」、共産＝「歴史的要因」「独占資本の側の差別政策」、民社＝「根強い女性軽視の社会風潮の存在」など。

質問4　不平等をなくすための施策として最も重要なことは何でしょうか。

回答　共通して挙げられているのが「法制度の改善」「教育による意識改革」。公明党の全員と民社党の多数が「男女雇用平等法」を挙げ、共産党は「婦人自身の自覚と男性の協力」を強調。

質問5　「男は仕事、女は家庭」という考え方に賛成なさいますか。

回答　前回の賛成7％に対して今回は賛成0。自民党の2名は「意欲と能力のある女は」「子供の幸福にとり支障のない限り」働くべきだとし、共産党は特に労働への参加の必要性を強調しています。

質問6　「男女差別を禁止する新しい法律をつくるべきだ」という考え方に賛成なさいますか。

回答　賛成11名、反対は民社1名。反対理由は「憲法に定められているから」。賛成者は全員「男女雇用平等法」が必要だとしています。

質問7　「女性の国会議員をふやすべきだ」という考え方に賛成なさいますか。

回答　反対は0、賛成が10。「なんともいえない」という回答の理由は「今でも道は開かれている」「個人の資質による」とか、ふえることはよいが特に努力しなくてもよいというニュアンス。

質問8　「すべての子どもが集団保育を受けられるようにすべきだ」という考え方に賛成なさいますか。

回答　賛成14、反対0。「婦人の労働権のために」という理由が多数、「子どものために」という理由も少しありました。

質問9　「中学校・高等学校の家庭科は男女共修にすべきだ」という考え方に賛成なさいますか。

回答　賛成11、反対0。「なんともいえない」理由は主として家庭科の内容が問題だというもの。1名だけ男女の特性に応じた教育も必要ではないかと言っています。

質問10　「夫婦の財産は共有にすべきだ」という考え方について賛成なさいますか。

回答　前回は58％も賛成がありましたが、今度は賛成6名（民社5自民1）、反対4名（共産3民社1）、なんともいえない5名（自民社会各1公明3）と分れました。

質問11　「年金その他の社会保障制度は世帯

6

単位でなく個人単位にすべきだ」という考え方に賛成なさいますか。

回答　賛成5名（自民社会各1公明3）、反対4名（民社のみ）、なんともいえない6名（自民1共産3民社2）。

質問12　「夫婦別姓を認めるべきだ」という考え方について賛成なさいますか。

回答　賛成5名（共産2社会公明民社各1）、反対4名（自民2民社2）、なんともいえない6名（公明2共産1民社3）。

質問13　「売春はもっときびしく取締るべきだ」という考え方に賛成なさいますか。

回答　賛成13、反対0。「なんともいえない」理由は、取締まるより社会を変えるべきだということのようです。

質問14　1975年の国際婦人世界会議で採択された「世界行動計画」をお読みになりましたか。

回答　「全部読んだ」というのは民社1名だけ。「一部読んだ」のは民社3名、1名は無答で9名が「読んでいない」と回答。前回は全部読んだ人が35％あったのですか。

質問15　婦人問題企画推進本部で策定された「国内行動計画」はお読みになりましたか。

回答　「全部読んだ」5名（共産1民社4）「一部読んだ」2名（公明共産各1）、「読んでいない」7名（自民民社各2社会公明共産各1）

（K）

教育分科会合宿レポート

女湯に化けた男湯？

忘年会も泊まり込みとなると楽しいばかりではない。教育分科会は、伊東駅から徒歩3分、国民宿舎あづま館で年の瀬をすごした。夜にそなえて英気を養わんと、まず温泉にはいることに決定。ゾロゾロと大浴場へ……。やっぱり！　私たちの目の前に現われたのは小さくみすぼらしい女湯と、大きくひろびろとしたプールのような男湯。「どうする？」「このままはいるのはしゃくね」「男湯・女湯のはり紙変えてもらおうか？」「交渉するだけしてみようよ」とフロントへ。出てきたのは司葉子ばりの美しい女性。

「今夜の宿泊者に男性いますか？」

「はい、半々ぐらいです」

「今お風呂にはいろうとしたんですが、女湯と男湯で広さがずい分違うんですね。私たちこんなに大勢だし、今夜男湯と女湯のはり紙変えていただくわけにいきませんか？」

「ちょっとそれは……」

「同じ料金を払っているんです。女性だって、伸び伸びと大きなお風呂にはいってもいいと思うんですけど」

「ちょっとそんなことは……できかねます」

「ゆうずうをきかして下さってもいいと思いますが、いけませんか？　それならあのまま今、私たち男湯の方へはいってもかまいませんかしら」

「ええ、はい……たぶん男の方は今はいらないと思いますので」

もしもこれが一人や二人だったら、やっぱり女湯にはいり、ブツブツ言を言うだけだったろう。しかし、この日の私たちは違っていた。エーイ、ままよ、とばかり男湯の方へザブーン！　背中を流しながらハミングをし、湯舟の中で自由にからだを動かし、湯気の中で笑いこけていた。もちろん誰もが心秘かに「男よ、はいってこれるものならはいってこい」という気迫をたぎらせていたことも付け加えておきたい。

（教育分科会・三井）

「国連婦人の十年中間年日本大会」実行委員会への参加申請に関する討論報告

80年は、「国連婦人の十年」中間年であり、7月14日～31日まで、コペンハーゲン国際会議が開かれる。フォーラム（民間会議）は、政府間会議に平行して行われるが、会場が手狭なため、分散会議になるとのことである。

日本では、国内の民間団体の集会を行うため「国連婦人の十年中間年日本大会」実行委員会が発足した。

婦人五十八団体に呼びかけがあり、第一回実行委員会(仮)の席上、呼びかけのなかった、行動する会は、参加の申し入れをした。

それに対して、会終了後、市川房枝さんより呼びとめられ、「加盟の件はちょっと待ってほしい。」といわれた。

12月16日、行動する会メンバーの一人、駒野陽子さんが呼ばれた。（経過は文書②に）

この問題に対処するために、世話人会で三回にわたる討論が行われた。（内容に関しては後記文書②参照）

行動する会は、実行委参加に難色を示す人々の理由について、このような意見自体、正当ではなく、これらの理由により参加を拒否されるのは納得できない、という点で一致したが、具体的対応については、いろいろな意見があって、討論を重ねた結果、文書①②を別送にして送付することにした。

加盟した場合は、常時かかわる人たちが責任をもって参加することとなった。

文書①

加盟申請書

国連婦人の十年中間年日本大会実行委員長

市川房枝様

国連婦人の十年もなかばになりますが、残念ながら日本の女たちの状況は殆んど改善されていません。後半の5年こそ、前進に向けて、女たちの力を大きく集めて行かなければなりません。

こうした時に、多くの婦人団体の連帯によって、国連婦人の十年中間年4月会議及び日本大会が開催される運びとなったことは、たいへん喜ばしいことです。

私ども、国際婦人年をきっかけとして行動を起こす女たちの会は、女たちの大きな連帯をめざして国際婦人年に結成され、婦人の十年前半には積極的に活動をすすめて参りました。その立場から、国連婦人の十年中間年日本大会実行委員会にはぜひ参加させていただきたく、加盟を申請いたします。

一九八〇年二月五日

文書②

私たちの会は、昨年十二月、国際婦人年中間年に、民間婦人団体が主催する会議が開かれることを知って、その会の実行委員会に参加したいと申し入れておりました。

ところが、十二月十六日、市川房枝先生より、会員の一人を通して実行委員会に参加している団体の中に、私たちの会は「ゆきすぎた行動をとりがちである。」「マスコミなどを利用して騒ぎすぎる。」「組織として形がととのっていないので、団体として責任ある行動をとれないのではないか。」などの理由で、私たちの参加に難色を示す方たちがかなりあること、したがって、もし参加を希望すれば、会の活動に対して何らかの制約・条件が出されるかもしれないことなどを伝えられ、私たちの会が独自に自由な活動をすすめるには、かえってこの実行委員会に参加しない方がよいのではないか、とのご示唆をいただきました。

このことについて、会でいろいろ検討しましたが、中間年に開かれる民間会議は、日本のすべての女性のものであり、できるだけ多様な団体が手をたずさえて、いっしょに開くことがのぞましい、したがって、私たちはこの会議開催のためにすすんで力をつくすべきである。という結論に達しました。よって、貴実行委員会に参加いたしたく、別途の通り申請書を提出いたします。

一九八〇年二月五日

国連婦人の十年中間年日本大会実行委員長

市川房枝様

（報告　山田満枝）

記録集をつくりたい人集れ

今年は80年、内外さまざまな集会や活動が行なわれます。行動する会は2年目の記録以後、3年目、4年目の総括がありませんでした。これらをまとめて、女性解放の歴史に残るような中間年の記録をつくりたいものです。

編集委員になりたい人、ぜひどうぞ！

2月13日　第1回記録集グループ集会！

7・30～　ジョキ

連絡先（357）9565　事務局まで

波

本間　京子

私は四十二才のフルタイムで働く主婦ですが、女のあるべき姿を社会とのかかわりにおいて暗中摸索しております。

私は子育ての十年間、専業主婦として家庭におりました。そして自分の屈辱的な立場にがまん出来なくなりました。夫にちょっとした家事を頼もうものなら、「つけあがるからいやだ」ですって。「女は夜の相手をしていれば食えるからいい」、「女の仕事は男の面倒をみる事だ」ですって。何と私はセックス付の奴隷というみるも無残な立場においやられたのです。

これ以上、私は家庭にいる事にがまん出来ず、下の子供の入学を機に働きに出たというわけです。企業に利用されるだけのパートはいやだと思いフルタイムにしました。

ここでも私は女の無念さを思いしらされました。会社では男と同じ程度の仕事をしていますが、女であるが故に諸々の雑用がプラスされます。男の人は会社の中で働くだけ、何とらくな事でしょう。しかも給料は高給なのです。まるで給料ドロボウのようなものです。

その上、くやしい事には主婦であるという理由だけで何とボーナスはパートあつかいなのです。（営利会社ではないのでボーナスは正社員で〇％という枠がある）採用時の職安カードには「年4カ月」と書いてあったので、上司に「採用条件と違う」と言うと、「それは3年先の話だ」との返事でした。どこが3年先のボーナスを採用条件に書きますか！

そのくせ後から入った男子には半年で支給しています。上司（男）の考え一つでどんなあつかいにもされてしまう女の立場は自立などとは程遠いおぼつかないものです。英文タイプも和文タイプも私はこなして重宝のはずなのに何が出来るか等は女にとって評価の対象にならないのです。女をふみつけにし、くいものにしている今の日本。女性差別は社会のあらゆる所にあふれています。でも男性支配の世の中なので一向に改まる風がないのです。男性は自分から既得権を放棄するはずがないからです。私は夫と男女不平等についてよく討論しますが、「弱肉強食の世の中だ、くやしかったら男に勝ってみろ。力のない女は黙っていろ、ワッハッハ」と笑います。たまたま女に生れたというだけでくやしくなります。

職場の差別をなくすために男女雇用平等法を作る会がある事を知り、早速入会致しました。一日も早くこの法律が出来て、女もくやしい思いをしないで働ける様な社会にしたいと思います。

三月定例会

行動する会も発足5年目、80年は国連婦人の十年の中間年にもあたります。

中間年会議に向けて、「80年女の集会」を開こうという声もあがり、呼びかけのための準備会が開かれます。

78年・79年は『2年目の記録』に引き続いた総括パンフもなく、総括集会もありませんでした。

そこで、78年・79年の総括の内部討論を行います。そして、80年代に向けて、より女の運動を高めるために、この5年間の行動を振り返り、さらに80年代への行動へと進むためじっくり話し合いましょう。

3月11日(火) 6・30〜
女性解放合同事務所「ジョキ」

事務局から

◇新しく入会された会員は、ぜひ毎月第一週の月曜日に行われる世話人会に参加してください。赤チャンも連れてきてネ。

◇新宿御苑「ほうき星」が12月で閉じられました。あの人と出会い、この人と話した、思い出のある場所。さみしい限りです。

（山田）

ジョキ会合日

国際婦人年をきっかけとして行動を起こす女たちの会

1月7日　1月世話人会
1月10日　労働分科会
1月12日　2月定例会実行委
1月12日　80年の行動に向けて
1月13日　離婚分科会
1月14日　教育分科会
1月18日　光村図書へ抗議
1月21日　2月定例会実行委
1月25日　80年集会企画準備会
1月26日　教育おしゃべり会（芦屋宅）
2月2日　2月定例会「Uタウン禁止！なぜ『家庭の日』なのか『福祉の切り捨て』『家庭に帰れ』は許さない！」
2月4日　2月世話人会
2月8日　労働分科会
2月9日　教育分科会
2月10日　離婚分科会
2月13日　80年女の集会(仮)　呼びかけ文グループ
2月13日　記録集編集委員会
2月22日(金)　労働分科会　6・30〜　ジョキ
2月27日(金)　教育分科会　6・30〜　ジョキ
3月3日(月)　3月世話人会　6・30〜ジョキ
3月11日(火)　3月定例会　6・30〜　ジョキ
3月24日(月)　80年女たちの集会(仮)　拡大委員会　6・30〜　ジョキ
4月26日(土)　4月定例会　1・30〜場所未定
5月1日(木)　メーデー参加
5月18日(日)　コミュニケィションハイキング　ふたご山（千m位・子供でも登れます）

刑法改悪に反対する婦人会議

原則として毎週木曜日6・30〜ジョキにて行います。

私たちの男女雇用平等法をつくる会

2月7日(木)　法案グループ
2月12日(火)　採用差別をなくすグループ
2月14日(木)　運営委員会　6・30〜　ジョキ
2月20日(水)　ガイドライングループ　6・30〜　ジョキ
2月27日(水)　運営委員会　6・30〜　ジョキ
3月29日(土)　総会
4月19日(土)　政党平等法検討会

鉄連の7人と共に性による仕事差別・賃金差別と闘う会

2月15日(金)　運営委員会　6・30〜　ジョキ
2月25日(月)　運営委員会　6・30〜　ジョキ
2月29日(金)　学習会　6・30〜　八丁堀勤労福祉会館「同一労働同一賃金について」
3月14日(金)　第十三回裁判　東京地裁民事6部　1・00〜3・00

国際婦人年をきっかけとして
行動を起こす女たちの会

1980年3月

活 動 報 告

【事務局】
〒160 東京都新宿区若葉1の10
グリーンマンション D内
Tel 03（357）9565
郵便振替 東京0－44014

八〇年二月二日 一・三〇～四・三〇

Uターン禁止
―なぜ『家庭の日』なのか―
『福祉の切り捨て』『家庭に帰れ』は許さない！

於 渋谷勤労福祉会館

政府は婦人のための施策として、「国内行動計画」の中で「あらゆる分野への婦人の参加の促進」「福祉サービス等の充実」をうたいながら、一方で、「家庭基盤の充実に関する対策要綱」を発表した。そこでは、社会の基本単位、生活共同体としての家庭を重視し家庭の意義の見直しを図るため「家庭の日」の新設を重要な政策としてあげています。そして、家庭は「老親の扶養と子供の保育としつけは、第一義的には家庭の責務であることの自覚が必要」と福祉的役割を強調しているのです。

また、大平首相は「充実した家庭は日本型福祉の基礎である」と述べ、個人と家庭の責任において福祉問題を解決しなければならないと、あきらかに旧来の家族制度を利用して福祉を切り捨てようとしています。

さらに自民党は、「乳幼児の保育に関する基本法制定の基本構想案」において、保育は母親が家庭ですべきものでありと規定し、共働きの増加を「物質中心の考え方に流され」て、「家計が成り立っているのに、乳幼児を保育所に預けて働きに出る母親」、「保育所を育児放棄の道具にしている」と決めつけています。これはあきらかに、女に福祉を肩代わりさせ、家庭に引き戻そうとしているものです。

政府は経済低成長に対応するために、世界の潮流に逆っても、女を家庭に引き戻し（人員の合理化）、福祉の切捨てを図り一石二鳥をねらっているのです。女の自立をはばむ政策や思想攻撃に対して、私たちは、とても許すことはできないのです。

問題提起　樋口　恵子

国際婦人年以降、女性の社会参加ということがよく云われてきました。しかし、この言葉は実にあいまいもことしているのです。たとえば職場に出てること、ボランティア活動、

PTA活動等も社会参加という言葉を使い政府も積極的に使用しています。ところが、女の就労を前進させる側面からいいますとほとんど見るべきものはなかったのです。戦後の高度成長の中で、女が少しでも外へ出ていく傾向が強まると、常に歯止が掛けられてくるUターンどころかあとへ引き戻す動きが首尾一貫して政府の政策にあるのです。

一九六一年池田内閣は高度成長政策を別名で人づくり政策と提案しました。日本の社会において、経済の発展を担うには人材資源の要請が大切であることを指摘したわけです。また一九六三年の児童白書によれば、児童の福祉は今、危機的段階にあるとさまざまな側面から、赤裸々な事実をあげ危機であると指摘しております。そして、少しあとの厚生省の家庭児童調査によると、すでに職場で働く女性から農村漁村で働く人、商店の自営業で働く人を含めて、子供を持っている母親の半分ぐらいが、何らかの社会的労働に従事している事実があかるみに出たのです。これが一九六〇年代のなかば、高度経済成長の声が高まって来た時期なのです。

そして、この時期に、この政策と社会の動きのかかわりを見ますと、マスコミで大変もてはやされたのが、「マイホーム主義」という言葉なのです。一面では非難されましたが、ひところのニューファミリーという母胎にもなりました。いまの家庭生活でいいますと、戦後の家庭論の流れをくんでいるのです。そして「マイホーム主義」こそが、日本の高度経済成長をささえ、大量生産された物を大量消費をする物として家庭を尊重させていたのです。一九六五年には文部省は「きたいされる人間像」というのを出した。これが当時のモラルづくりの基幹をなしていくのです。これと歩調を合せるように、家庭科の女子のみ必修でいままでの2単位から4単位へと強化していたのです。

一九六〇年代は、たしかに女の就労が増え結婚した女性が働くという姿が風景として定着していた時期であります。しかし「マイホーム主義」という私的な領域を大切にしたい、この中には、戦後民主々義がかちえた遺産が、多少含みながら、そうした私的な信条、あるいは、親子、夫婦のかかわりを大切にしたいというものに訴えかけながらこの六〇年代の家庭生活を一貫して女子を労働市場の第二市民として位置づけを完成させる役割をはたしたのです。

こうした自民党の政策は一度も引っこめられたこともないのです。そうして、こうした政策は、今始ったことではなく明治から連綿と続いているのです。だからこそ、あえてUターンと云うならば、少なくとも今までの政策の後退とかあるいは定着というものではなく、実は戦前への復帰、Uターンというものは、そこまで戻ってしまうのだと見ていなければなりません。

政府の云う日本型福祉社会とは

昭和五年の改造という雑誌に「失業問題討論会」という資料が載っております。出席者は井上準之助（大蔵大臣）足立けんぞう（内務大臣）政府側末広けん太郎（東大教授）阿部磯お（社会民主党中央執行委員長）当時の与野党のそうそうたる人達が討論せざるをえないほど失業者が社会にあふれていたのです。そして野党の無産派の人たちに救済策を追及され、それに答えるかたちで、内務大臣が述べています。「失業して郷里に帰える。すなわち帰農する。帰農して収入は少なくても百姓をしている。これを失業者であると云うが、我々はそれを失業者とはみとめない。……」そして「東洋流の家制度のおかげで、欧米とはよほどちがうのです」と付け加えているのです。このように戦前の家制度は失業者が出ようと、その大家族の中で何となく吸収され、その人々がどんなみじめな情況にあろうとそのことには目をつぶり、近代国家がなすべき当然の社会保障をせず前近代的な家父長的家制度にその保障をゆだねるのです。そして、その私的保障を底辺でささえたのが、ほかならぬ女であったのです。

これは五十年前のことですが、なにか今、

政府が云う日本型福祉社会とピッタリ一致してくるのです。

保育に関する問題点

保育基本構想の中に、このような言葉があります。「育児放棄」「女の甘え」つまり、子供を保育所にあずけるのは育児放棄であって、それは女の甘えでしかないと、すべてを女に押しつけてくるのです。私は、これは男と為政者の逆に甘えであると怒りをもっています。また、家庭基盤の充実の対策要綱でも、「社会教育における家庭教育の強化」の中で、対象を「母親、子供を持つ両親、家庭教育に関心を持つ人々」と三つでてきます。そして母親、子供を持つ両親と二度母親のことを繰りかえしているのです。なんで母親ときたなら父親とこないのでしょうか。もう一つ対策要綱に出てくる育児休業については、私は大問題だと思います。子供の健康、その他から云いまして、育児休業をもっと強化してほしい意見も女の中からあるのも当然だし、あってもいいと思います。しかし、ここにおいて、妊娠出産する母親が、働き続ける場合に選択できるということが一言もふれていなくは、あくまでも、これしかないとしか読みとれないのです。

私は、朝日新聞の子育論争で強く感じたことは、家庭が密室化していること、父親が育児にどれだけ参加しているか、そして、いまの女は、家庭にいるのも地獄、外に出るのも地獄、どちらも問題点をかかえている。その痛みをわかちあいながら、しかも前に云ったように選択できないでいるのです。ほんとは色々の道があっていいはずなのに。そうした前提が抜け落ちていたので、母子一体の法則の中でしか議論がなされなかったわけです。

植木鉢化する家庭

私は、いつも水をやりすぎて植木鉢の植木を枯らしてしまいます。でも植木は水がなければ絶対生きられないけれども、水をやりすぎると根ぐされをおこして枯れる。だが植木鉢でない植木は多少おおくの水がそそがれようと、大地の広がりの中に吸収されて、決して根ぐされをおこすことは稀である。

いま、日本の家庭の育児は、いってみれば植木鉢家庭、植木鉢育児になっています。一つ一つの植木鉢のように、バラバラに置かれて、母親はそこにおいて水の出口をとざされたまま、我子という植木鉢の中に、単々と自分の命をそそぎこむ、そして我子に根ぐされをおこさせている。とするならば、私は植木鉢にとじこめた側、その植木鉢化している地域社会というものを考えていかなければならないと思います。

くらしとか育児、そうしたものを媒介にしながら地域社会におけるくらしを再発見、創造していくことが、むしろ政策の危機的な段階として認識されていいのに、そのような指摘はまるでないのです。私は、「家庭の日」に反対いたしますのは、今、日本の家庭が教育問題も含めて問題を持っているなら、それはなによりも家庭というものが個々バラバラに切り離れた中に、いまいった植木鉢になっていることこそ問題なのに、それをさらに拡大強化させようとする方向で「家庭の日」といわれ、地域社会の崩壊あるいは、それをささえる政策の貧困にまったく目が向いていないのです。

老親の扶養について

日本の社会も欧米型の社会もいまだかって体験したことのないスピードで高齢化していくのはあきらかです。そのなかで為政者がどのような対策をしていくかは、まさに為政者の腕のみせどころでもあります。ところがいまの為政者は前に述べましたように、植木鉢家庭、植木鉢保育の延長線上に老人ホームでない何世代かが一緒に住めるように、という言葉のもとに植木鉢の中でのホローとして、いま推進しようとしているのです。

いままで、働き続ける女性が少なかった。育児を境にやめる人が多かった。だからこそ親が老いて、衰える時期を迎える人の問題が、いままで明るみに出てこなかった。それが戦後三十年の歩みの中で、ボツボツでてきたのです。去年、話題になりました「女が職場を

3

去る日」は、まさにそのあたりの問題を指摘していると思います。

ポックリ信仰とは

私はある時、関西にありますポックリ寺というところを取材しました。このポックリ寺をめぐって二年ほど前の老人学会で、二人の男性学者が摑み合いになるぐらいに激論を交わしたという有名な話が伝っております。それはなぜかといいますと、最近、問題になっています安楽死問題にこのポックリ信仰が通じるのです。ポックリ信仰を一つの存在意義として認める側と、そういうものはあってはならない、それは福祉の立ち遅れで、安楽死願望であると意見がわかれたのです。私は、ここで女の見方と男の見方とがずいぶん違うものだと思いました。私が、ポックリ寺で見たものは、小さな木ぎょを叩く人たちが、たまたま全員女性であったのです。おばあさんがバスをつらねて集団でこのポックリ寺にポックリ死ぬことを願って来ているのです。これは、安楽死という問題が一般化できる問題ではなくて、日本の老女のおかれている問題で、まさに老人問題であるのです。それがポックリ信仰に結びついたのだとつくづく思いました。

私は、ここで一人のおとしよりを見送った彼女の言葉が忘れられないと同時に共感をおぼえます。「安楽死はいけない。ぎりぎりのところまで戦うのが、人間の尊厳だと思う。それはその通りなのですけれども、一度でもおむつを替えみとった側の女性は、それをいいきる時に、若干のためらいがあるのではないのでしょうか。見取る側の苦労を思うと私も安楽死に賛成と云うのは、いま非常に危険があると思うから、いえないけれどしかし、みとる側の苦労を思うとポックリ死なせて下さいとは思います」と云うのです。日本で女がお役ごめんになるのは六十代ぐらいです。それからポックリ寺に群をなして参詣するのです。

この家庭基盤の充実の政策の中で、私はなんか女の未来図として、政府は描いていないかもしれないが、こちらはありありと読みとれてしまってあんたんとしている。こんなことに家庭という心情的に訴える言葉の中に埋もれてなにか流されてはいけないと思います。この老後のみとりというものに対してより弱者を振りかざして来る考え方に、私達はどのように対応し、人間としてのいたみを共有できるかが今後の私達の課題です。

老人看護の立場から

松田　静子

夫が八年前に、脳卒中でたおれその夫と二人暮らしです。夫がまだ元気なころは、これで老後もなんとか暮してゆけるのではないかと生活設計もたっておりました。ところが夫がたおれ命があと一年ぐらいと云われ、私は大変ショックでした。できるだけのことは、してあげたいと決心しました。看護の仕方もあまり知らなかったので、看護講座に通ったり本やその他、色々と勉強もいたしました。そして、右半身麻痺で在宅養生になったのです。朝の洗顔から始まって、三度の食事世話、リハビリー、床づれを予防するための体位の交換、その他家事全部が私の肩にかかってきたのです。私が疲れて病気になっても病院さえいく時間がなかったのです。

また病人は、毎日の寝たきりの生活で、生きることへの絶望と看とる者への思いやりから、夫は首をくくろうとしました。私は、私がついているかぎりできるだけのことはするからと泣いて励ましました。私は、心身とも疲れはてて、倒れる寸前です。もうこうしたことは個人の力では限界があります。心ある人々が連帯して立ちあがり運動していかなければなりません。

保育行政のUターン現象

男の子育てを考える会　山本　秀夫

私は世田谷区の福祉事務所保育係として働いています。いま地方自治体は保育行政の国政を先どりしたかたちで後退をしています。育児は家庭で母の手でを原則として、公立から民営へ、〇歳児保育はしない、そしてさらに受益者負担をふやすなどしています。こうして、育児は私事の方向へとすでに行政が進みつつあるのです。

単身者の立場から

羽山　孝子

私達、単身者は社会的偏見と法制上の色々な差別を受けています。たとえば、公営住宅に入れないとか、住宅金融公庫の住宅資金が借入れにくいとか、年令も自立して働く女性と専業主婦との不公平や離婚した時の問題などがあります。こうした差別を受けているのに、なぜか単身者には税金が高いのです。

　こうした差別をなくす為に、私達は運動をして来ました。ところが政府自民党はこうした差別を拡大強化するために、日本型福祉社会などと云って、旧来の家族制度や性別役割分業意識を利用して、女たちを自立させないようにしようとしているのです。こうした政策に反対するため、また女が一個の人間として自由に生きるために次の視点を持って今後も運動をして行きたい。

一、女が自立するため労働権の確保
一、生活者として男女が自立できる教育
一、子供の保育、老人の看護の社会化
一、戦争に反対

会場からのアピール
私生児差別をなくす立場から

石田

法律的な婚姻をしていない関係で出生した子供は民法九百条で、非嫡出子として戸籍に記載される。その為に社会的な差別を受けることは許せない。私は、あえて婚姻制度を否定し否婚を選んで生きている。ところが「家庭の日」などが、できれば益々、私たちのように生きる女たちが、いま以上に異端視されるのではないかと恐れます。

司会　いままで色々の立場の人達から報告がありました。そうした報告や樋口さんのお話をふまえて討論したいと思います。

◇私は主婦ですが、もし私が倒れたなら誰がみてくれるかが不安です。はたして夫が職を捨ててまで私を看病してくれるだろうか。それとも息子、娘だろうか。私は自立を捨ててまで看病してくれとはとても云えない。

◇「家庭の日」は主婦の立場を登場させるのにいいことではないと喜ぶ人たちがいると思う。マスコミ等も「家庭の日」を働く女は反対で、主婦の人は賛成という先入観を持って書いている。私たち女にとって「家庭の日」はどんな立場の女たちにもかかわってくる問題であり、女性解放を考えたとき、とても許すことはできない。

◇男の働きすぎの情況を放置して、家庭の日なんてナンセンス。もっと働く情況をとらえなおして、少しでも人間的な生活ができるようにすべきである。

◇妻が病気になったら、どれほどの夫がめんどうをみてくれるだろうか。いまの男たちは生活技術を身につけている人は少ない。また、学校教育の中でも男女平等の面からも、こうした生活技術を身につける教育をしていないのは問題である。

◇行政の末端にいますが、いま昔のように単純に女を家庭に引き戻そうとしていない。社会参加という言葉で、たとえば地域のボランティアのように、女を行政の末端の金のかからない新しい労働力として使用しようとしている。

以上のような討論をふまえて、私たちは、「家庭の日」の設置はもとより、福祉切り捨てによって女たちを家庭にUターンさせようとする政府の一連の政策に強く反対する意志を各関係者方面に抗議しました。

（文責　須田　幸子）

各党に対する
公開質問状及び回答

自民党に対して、「家庭基盤の充実に関する対策要綱」について質問状を七九年十月三十日付で、追って「乳幼児の保育に関する基本法制定の基本構想・試案」に対しての質問状を七九年十二月十八日付で出したが、「要綱」については何も解答が得られず、「保育基本法」については答える段階ではないとの電話があったのみである。

野党五党に対して、「要綱」について同日付で出した質問状とその回答を到着順に要約した。

1. 「要綱」によれば「家庭は社会の基本単位」「国家社会の中核的組織」であり、戦後、「個人主義」等の影響で「家庭の崩壊の危機すら叫ばれるに至った」ということですが、現在の日本では、個人主義を押さえて家庭を強化しなければならないでしょうか。

〔民社〕「要綱」の考え方に基本的に賛成。個人主義をアトム的解放と考え――本来第一義的には家庭でその責任を果たさなければならない事項を、社会にその責任を転嫁しようという動きは極めて遺憾。

家庭生活内部に国家は干渉すべきではない!!と考える。

〔公明〕義務と責任、経済基盤の安定した自立の個を育てることによって家庭も確立される。個人主義は確立されるべきだ。

〔社会〕社会の基本的単位は個人と考えるべきだ。「要綱」は国家によって統制される家庭づくりをめざすもので、全面的に反対。

〔共産〕「要綱」では「個人主義」などの影響で「家庭の崩壊の危機」がうまれているように主張しているが、政治の責任を個人へ転化するもの。

2. 「要綱」によれば「国家と地方自治体および職域と家庭との『役割分担』を明確にし」「老親の扶養と子供の保育としつけは、第一義的には家庭の責務であることの自覚が必要」ということですが、老人、子供に対して国、自治体、家庭はそれぞれどこまで責任を持つべきでしょうか。

〔民社〕老親の扶養、子供の保育としつけは、第一義的には家庭の責務であることはいうまでもない。国あるいは自治体は家庭でその能力が及ばない分野、家庭機能を欠除している家庭の保護などの分野において幸福な家庭機能の維持・増進に積極的な役割を果たす。

〔公明〕社会・家庭が共に連帯で責任をもつ。が、寝たきり老人、重度心身障害児・者等については家庭看護に限界がある。福祉サービスは自治体。その資金確保は国の責任（国民相互の応能負担）で行う。

〔社会〕家族の健康管理、子供の保育、しつけ、老人の扶養については、すべて個々の家庭内で処理することは不可能。問題の大部分は社会的に解決されなければならない。

国、自治体がそこに大きく寄与することなくしてその存在価値はない。

〔共産〕憲法の規定からも、子供達の成長、お年よりの生活、健康、福祉を保証することは政治の当然の責任。ところが自民党は、たんなる親子の問題にすりかえて「総合的福祉」の名による、個人と家庭への「役割分担」をおしつけている。

国・地方自治体が、年金・医療・福祉・住宅・仕事の分野での総合的老人対策を確立することや、子供が育つための教育条件や、環境を整えることが重要。

3. 「要綱」のいうように、老人、子供に対する家庭の責任を重視し、『家庭の日』を新設して「主婦の家事労働・育児等を見直す」つまり、主婦が行う場合だけ家事労働・育児を高く評価するということは、「女は家庭」という伝統的な男女の役割分担意識を強化し、国際婦人年の精神に反する結果にはならないでしょうか。

〔民社〕「家庭の日」新設については是否を検討中。また「女は家庭」ということを固定的に考えることは問題があるが、家庭の職務は、社会に出て職務をもつことと同等に大切。

〔公明〕男女の役割分担を旧い型で固定しようとする発想に立つ「家庭の日」の新設には反対。国際婦人年以来の婦人問題の状況や現実に対し、「要綱」は認識が欠けている。

〔社会〕「家庭の日」設置の考え方は今日の

男女の役割分担思想の固定化を更に強め、男女平等、男女役割分業の排除の国際婦人年の精神に反する。

〔共産〕「家庭の日」の新設は、国民の広範な意見をもとに検討すべきこと。国際婦人年の精神にも反するねらいについてきびしく批判していかなくてはならない。

4. 「要綱」のいうように、老親との同居を奨励し「二世代にわたる長期住宅ローン」を新設したりすることは、夫婦のヨコの関係より親子のタテの関係を強化することになったり、家族制度の復活につながることはないでしょうか。

〔民社〕夫婦間の相互協力というヨコの関係も大切ですが、世代間の対話・協力を通じてこそ、お年寄りを敬う心、道徳教育の基礎としてのしつけなど、豊かな福祉社会建設に不可欠な人間的素養が育くまれる。

〔公明〕超長期住宅ローンは国民の間に強い要請がある。現実的に対応する必要があり、低利融資で推進している。住宅の構造・様式(ペア住宅など)によって世帯分離はでき、タテの関係の強化とか家族制度の復活に連動しては考えていない。

〔社会〕老親とスープの冷めない距離に住める住宅、希望するものには三世代がともに住むことのできる公営住宅の大量建設が社会党の住宅政策。

老親との同居は個々の選択であり、国が奨励したり、選択の自由をうばう政策をおしつけるのは家庭への国の介入、統制を強めようとする非常に危険な動きである。

〔共産〕「二世代にわたる長期住宅ローン」の新設は、親子二代の〝借金づけ〟で住宅問題を解決させようとするもの。戦前の家族制度の果たした役わりの一部を今日に果たさせようとするもの。

「老親」との同居・別居は個々の家庭の問題であり、国家や政治が介入すべきでないが、共産党は、土地・住宅問題の解決のため、公共住宅の大量供給、すべての住宅建設を一定水準の住環境づくりをあわせてすすめ、老人だけでも安心してすめる住宅や「スープのさめない型別居」「二戸一型同居」などが行える住宅対策をすすめることを主張している。

5. 「要綱」では「貯蓄率、保険加入率が世界一高いこと」「家族主義的な企業内労働組合組織の存在」「老親と子供世帯の同居率が著しく高いこと」等の「国民的特質を維持発展せしめながら、日本的福祉社会を実現」すべきだと述べられていますが、このような「国民的特質」は「維持発展」させるべきものでしょうか。また、外国と特に異なる「わが国の風土と国民性に適応した日本的福祉」というものが考えられるでしょうか。

〔民社〕福祉社会に国際的な画一的基準はない。それぞれの国の状況、国民的特質等を考慮し、良き特質は伸ばし、悪き特質は改善をはかるなど、福祉社会の実現に向けて努力すべきだ。例えば老親と子供世帯の同居率が著しく高いというわが国の特質は、福祉社会建設にとっては望ましい。多くの世帯が同居できるよう住宅改善をはかる等の施策を講ずべきだ。

〔公明〕貯蓄率・保険加入率が高いのは日本のように社会福祉が不十分な国では老後の不安が強いため、自らの努力によって生活を防衛しようとの意識の結果である。

企業内労働組合は、今後の新しい労働運動について、組合の系列化、関連業種組合への移行が模索されているのが現状である。

同居率が高いといっても、年々、核家族化の傾向が著しい状況についてどう考えるか、狭すぎる住宅事情一つとってみても同居は困難な現実をどのように認識しているか問題。

従来の日本の福祉水準はきわめて貧困であり、むしろミニマムを確立したのちに新たな福祉体系を考え直すべきである。

〔社会〕質問のことがらは先いき不安におかれているからである。

病気・老後・教育・緊急時の出費に備えるなど、すべて個人の始末、家庭内で処理しな

7

80年女の集会(仮)実行準備委員会はじまる

国際婦人年からかぞえて五年。性差別の闇の重さと深さを知る私たちは、女性解放の流れを力の一つとし、かつ行動へのはずみともしてこの5年間を闘ってきました。

主体である私たちは、この一九八〇年を私たち自身の節目とし、私たち日本の女の問題状況と運動をともに点検・総括し、「婦人の十年」の後半期及びそれに続く未来を展望していきたいと考えます。私たちは、今、語るべきこと、取組むべきことが無数にあり、また、内外には呼びかけるべき数多くの姉妹たちがいます。

新たな出会いとより深い連帯を、私たちの二十一世紀に向けて実現させようではありませんか。集会の実行委員会への参加を呼びかけます。

第一回実行委員会

三月二十四日　六・三〇　ジョキ

ければならないところから発生している。

これを外国にみられない、わが国の風土と国民性に適応したものと評価し、この土台をもっとしっかりさせるという「日本型福祉」の発想はあやまりである。

〔共産〕要綱ではこれらを国民的特質ととらえて誇らしげにのべているが、これは老後や病気などの不慮の事態に対して社会保障が不備であること、住宅や教育費などのため国民が自己防衛として行っていることを全く見おとしている。

日本の厚生年金はアメリカ・西ドイツに対して大きく下回っており、国際的にも社会保障・福祉水準はきわめて低く、国民の生活不安・老後不安は深刻です。住宅難・教育費についてもいうまでもない。

自民党がいう「国民的特質」は維持発展させるという内容のものではない。

また「日本的福祉」とは、現在行っている国の負担さえ切り下げて国民に肩がわりさせようとするものでこうした方向には賛成できない。

現在の大企業本意の日本の政治を国民生活優先の政治に転換するなら、日本の社会保障・福祉を西欧諸国の水準においつかせ、高い生産力にふさわしい、わが国の風土と国民性に適応した高水準の日本的福祉をきづく時代をつくることができる。

6. 福祉のために「国民個々人の自助努力」が必要であるように書かれていますが、自助努力だけではすまないところに福祉社会をつくる必要性があるのではないでしょうか。

〔民社〕福祉社会は何もしなくても国家社会がすべて面倒をみるというものではない。それでは国民は自律性を失い、国家社会は崩壊する。国民個々人が自助努力で解決できる問題は、できるだけ個人で解決すべきであり、自助努力の及ばない分野、あるいは身体的理由などにより自助努力しようにも、それができない人々に皆が協力し助け合う一方、国・自治体の福祉政策をこれら部門に集中的に実施するなどが、健全な福祉社会の在り方だ。

〔公明〕自助努力は当然人間として持つべきであり、日本国民の大多数がすでに行っていることは、質問5にのべた。貴会の指摘の通り、まさに自助努力だけでは生活防衛に限界がある。福祉は国民生活が大変なときにこそ必要であり、自助努力をうたいあげて福祉を切りすてようとする発想には従えない。

〔社会〕そのとおりである。

〔共産〕質問の趣旨のとおりだ。憲法二十五条が保障する国民の生存権を実際に守るためには、福祉を国民の「自助努力」にまかせず、国が社会責任として社会福祉を充実させることが当然だ。

（要約責任　山田満枝）

波

春の一撃

富沢　由子

細心の注意を払って、私はオートバイに乗り疾走する。五〇CCロードスポーツ車型モーターサイクルは新しい年をむかえ、活動の迅速性をアップするために備えた、私の強力な秘密兵器だ。どこか気まぐれな現代の驢馬だ。行け、行け、風車のうなる、そこここへ。

3月3日、世話人会の終った9時30分、私はジョキを飛び出した。急げ、待ち合せの場所、新宿へ！ チェンジ・ペダルをセカンドからトップ・ギヤへ。タクシーのゆっくりとした流れを横に見て、私は二〇キロの減速運転で、新宿通りを手なれたハンドルさばきで、目的地に向かう。頭にかかるヘルメットの重みが想念を吹き消して、明晰な頭脳に集中力が増す。そして10分後、私は約束の相手と組合活動の中に女性の要求をいかに重点的に盛りこませてゆくかの討論を始めるはずだった。

しかし、なぜかこの私に突然の不幸が見舞ったのだ。10分後、私は寒空の下、破けたズボンからはみだした右膝をかかえながら、救急車が到着するのを待っていた。私の右横をすれすれに走り抜けようとした一台のタクシーが、バイクのハンドルにぶつかると、次の瞬間、私は横倒しに、投げ出された。なんてことだ一体！ 私は歩道にはいずり上って、タクシーのナンバーを暗記しようと目をこらした。間をおいて、運転手がたけだけしく、怒鳴りながら、私の方へ向かってくる。「なにやってんだ、この野郎！」運転手の声が私に届く。

「なにいってるのよ、ぶつかっといて！さっさとバイクをおこしたらどうなの」ヘルメットをとって、相手の顔をにらむと、私はムラムラと怒りが湧いてきた。彼は一瞬とまどった様に私の足を見て、「警察と救急車を呼ぶよりしょうがねえな」と、公衆電話に走った。バイクにカギをかけると、私も彼の横で電話の終るのを待つ。会社に連絡し終った運転手の後から、私はジョキの電話番号をまわす。誰れか、まだ残っていてくれますように、と祈りながら、いくぶん心細く感じている自分にとまどって、落ちつかなければと、いいきかせる。受話器の向こうから声がした。ワーイ、よかった。我が友よ。ジョキのメンバーを私はこの時ほど心強く感じたことはなかった！

その後、応急処置をすませた私を待っていたのは、現場検証と四谷署へ行ってからの事故調書の作成だった。（なんと、夜中の一時まで、かかった。）加害者である運転手は、私のハンドルがふらついたのが悪いと証言した。なんという、デッチあげを言うのだろう。そして更に許せないのは、彼の次のような、女性蔑視にもとづく、私への対応である。

「相手が女だから話してもしょうがない。男気をだして、オレが治療費、修理費を払ってやりゃあいいんだろ。ぶつかったぐらいで倒れるなんて、オレだったらすぐ足をつくものを」と、にくにくしげに言いはなつのだ。警官も同調するように、彼の話を聞いている。

「女の人のバイクは事故が多いんだ」

「ぼくら警官は、女性に愛されたいと思っているのに、あんた達は警察を信じないのか。普通じゃないよ」と、彼らの狭隘な「女像」の尺度で測られながら、私という人間がとり扱われてゆく。

これから私には、相手会社との間で、和解のための話し合いが残されている。事故の保障に関する収束は定められたルールに従えば容易につけることはできるだろう。しかし、運転者や警察の対応の中でみえてきた女への差別体質を、水に流し、忘れてしまう気にはなれないのだ。

えっ、ところで私のケガはどうしたか、ですって？ あ、どうもありがとう。ご心配をおかけしました。

骨には異常なしというレントゲン結果で、足をひきずり、右肩を湿布しながら、全快するのがまちきれなくて、今は早、ビラまきや組合活動に「奔走」といいたいところですが、「慢走」しております。　（三月十一日）

コペンハーゲンへのお誘い

――「国連婦人の十年」中間年会議に参加しましょう――

ご存知のように今年は婦人の十年の中間年、七月十四日から三十日まで、コペンハーゲンで国連世界婦人会議が開かれます。同時に、NGO主催の民間会議も同地で政府間会議に平行して開催されることになりました。

この会議に出席するかたわら、世界の女たちとの交流をより深めようと、女性解放の旅を企画しました。

期日は**七月十九日〜八月三日**の十六日間、コペンハーゲンとストックホルム中心の旅です。夏、最も美しい北欧の自然の中で、女の解放をともに語り、考えましょう。

ご希望の方、詳細をお知りになりたい方は金谷まで。自宅0427(42)[redacted]

今年もメーデーに参加しましょう!

昨年にひき続き「主婦の失業者宣言」をかかげて、メーデーに参加しませんか。

今年は、行動する会自慢の讃歌「365歩のマーチ」「女だからは許さない」をひっさげて、華やかに楽しく、そしてしたたかに行動する予定。

もっか実行委を募集中です。メーデー実行委になって下さる方、事務局まで、ご連絡下さい。

メーデー実行委集会日
三月三十一日　6・30〜　ジョキ

ジョキ会合日

国際婦人年をきっかけとして行動を起こす女たちの会

3・3(月)　3月世話人会
3・5(水)　教育分科会
3・6(木)　労働分科会
3・9(日)　離婚分科会
3・11(火)　3月定例会
3・19(水)　労働分科会　6・30〜　於ジョキ
3・24(月)　80年女たちの集会(仮)拡大委員会　6・30〜　於ジョキ
3・25(火)　教育分科会　2・00〜　於ジョキ
3・31(月)　メーデー実行委員会　6・30〜　於ジョキ
4・1(火)　記録集編集委員会　6・30〜　於ジョキ
4・3(木)　労働分科会　6・30〜　於ジョキ
4・7(月)　4月世話人会　6・30〜於ジョキ
4・13(日)　離婚分科会　2・00〜4・00　於ジョキ
4・15(木)　5・18コミュニケイションハイキング　レッドアロウ号予約〆切日
4・21(月)　労働分科会　6・30〜　於ジョキ
4・26(土)　4月定例会　1・30〜4・30　於千駄ケ谷区民館
教科書問題・検定制度について
5・1(木)　メーデー参加
5・18(日)　コミュニケイションハイキング　ふたご山(千m弱・子供も可)

刑法改悪に反対する婦人会議

原則として毎週木曜日6・30〜ジョキにて行います。

私たちの男女雇用平等法をつくる会

3・12(水)　運営委員会　6・30〜　於ジョキ
3・17(月)　学習会　6・30〜　於ジョキ
3・21(金)　運営委員会　6・30〜　於ジョキ
4・19(土)　政党平等法検討会

鉄連の7人と共に性による仕事差別・賃金差別と闘う会

3・5(水)　弁護団原告団会議　5・00〜　於弁護士会館
3・10(月)　運営委員会　6・30〜　於ジョキ
3・14(金)　第13回裁判　1・00〜3・00　於東京地裁民事6部
3・14(金)　パンフ打ち合わせ　6・30〜　於ジョキ
3・26(水)　運営委員会　6・30〜　於ジョキ
3・27(木)　学習会
4・9(水)　運営委員会　6・30〜　於ジョキ
4・17(木)　運営委員会　6・30〜　於ジョキ
4・18(金)　総会　6・30〜　於渋谷勤労福祉会館

国際婦人年をきっかけとして
行動を起こす女たちの会

1980年4月

活動報告

【事務局】
〒160 東京都新宿区若葉1の10
グリーンマンション D内
Tel 03(357)9565
郵便振替 東京0－44014

80年3月11日(火) 6・30～10・00

三月定例会内部討論会

80年代に向けて何をすべきか

於 ジョキ

出席者 20名
駒野(司会)・浜田・山田・石原
井の部・富沢・末松・芦谷・坂本
武田・横山・ローズマリー・兼松
金谷・植村・中村・丸山・吉武
渡辺・三井

司会 活動報告の12月、1月合併号を見ながら、79年の総括を中心に、79年以前のことにも触れながら話し合いたい。一、二年目は行動する会記録集を作成したが、この二、三年記録集を作っていないので今年こそ、空白年間をうめる記録集作りをしたい。しかし、教育分科会の「女はこうして作られる」はただ今四千五百部売上げがあり、離婚分科会の「離婚は怖くない」も近々一万部突破する見込みだ。分科会ごとでは地道な活動をしているが、会全体としては、記録集がないことにも象徴されるように、余りパッとした行動が出来なかったような印象もうけるが……。私たちをとりまく状況はどうだったのだろう?

A 労基研報告が78年の末に出されて以来保護抜き平等、そして保護か平等かなど労働の問題がクローズアップされた年だった。会全体の活動が薄くなってきたとはいっても、年頭に「私たちの男女雇用平等法をつくる会」を発足させるまで、ずい分この会の人たちが頑張ったし、それ以後も一人何役もやっているのではないか。

B 働く女性が増えてきているのは事実だと思うし、女性の問題も映画や雑誌などで真面目に扱われるようになってきているが、翔んでる女とかキャリア・ウーマン、レディ・エイティなどとやたらファッション化される傾向にあった。女性解放(リブ)を風俗化しようとしているようだ。

司会 私たちの会としても、マスメディアとの関わりがまずかった、とこの数年反省させられる。発足当時はマスコミ分科会も動いていたし、他の運動体にくらべマスコミに切り込んでいく斬新な活動が目立ったが、このところマスメディアそれ自体にむけての活動は全く無いといってもいい位だ。クリスマスの日ヤングレディ裁判が、「当時の記事と同程度のスペースを行動する会に提供する」という条件で和解成立となり、大きく新聞に報道されたけれど、これは考えてみれば四、五年前の遺産だ。

C　行動する会をマスコミはあれはこういう会だと固定化した評価を下しているからではないか。婦人年の頃のマスコミの姿勢はまだオープンだったし、よくわからなかったから。周わりの評価が決まってしまって、新しいもの好きの、さっきのファッション化ということばに代表されるような、マスコミにはいわば硬派のこの会はうけないのでは。

司会　私が言ったのはマスコミ側の私たちへの姿勢のことではなく、私たちの側からのマスコミの切り込みのことを言ったつもりだったのでやや話がずれた。

D　行動する会の会員、少なくとも活動している会員みんなが集まって、このように、論じあうチャンスがなかった。私自身、分科会活動には参加しても、行動する会の他の分科会の人とは余り話しもしなかったし、会自体の内部討論の場がほとんどなかったのは残念。

司会　そうね。その点に関して言えば、幸か不幸か国連婦人の10年中間年日本大会実行委員会加盟問題について拡大世話人会を数回持ったことは、有意義だった。

E　マスコミのことにもどるけど、マスコミ分科会は必要だ。以前のように明白な女性蔑視は少なくなったものの、やり口が功妙になってきている。それに対して私たちはその場その場で対処療法的にしかやってこなかった。戦術をくめる時間がなかった。その原因はやはり世話人会が停滞していたことだ。80年にあたってこの点を一番反省しなければ。

F　今、他の活動でてんてこまいだが、マスコミ分科会を再生しましょう！　一緒にやる人はぜひこの際名のり出て。

G　やるわ！　(パチパチと拍手)

C　会員は増えているのか？

H　一カ月に六、七人ずつ増えているが、一年以上会費未納会員も百名を越えており問題が多い。

司会　ほかに感じていることは？

D　つくる会で平等法のことに関して取り組んでおり、外国の情報を知りたいことが多い。一年目の記録集には国際情報あり、国際連帯ありって感じだけど、このごろその点も不充分なのではないか。一番知らなければならない時なのに。

H　ISISのInternational Bulletinが年に四回郵便で送られてくる。英語のため読めないのでそのままになっているが、この会には英語に堪能な人も多いのだから活用した方がいい。

I　私は国際分科会のメンバーで、今日もその代表として参加している。国際分科会の人たちは夫の都合などで、外国に行っている人も多く、出たりはいったりの人もいて、なかなか集まりにくい。

司会　それでは事務局の方からいかに世話人会が低調だったかを述べてもらいたい。

H　(記録ノートをめくって)そうですね。去年の夏頃などは、出席した人が三人、このノートによれば山田・梶谷・野沢、という時もあった。分科会活動が活発になるにつれ、世話人会が分科会活動に強い意義を持たなくなったのではないか。世話人会は自発的に誰でも参加できるという性格のため、いつも違ったメンバーが出てくることにもなってしまい、継続した討論が不可能になった。まるっきりはじめての人も参加するため、話が見えないこともあった。

司会　世話人を分科会によっては輪番制にしているが、それも問題がある。世話人会が充実していた頃は世話人会に出ること自体おもしろかったけれど、今や分科会活動の方がおもしろくなってしまった。

D　活動がいろいろ拡がって多忙になり、世話人会を数回サボッてしまうと、次の世話人会にでても話が前の方へいっており流れが分からなくなることがあった。

J　世話人会でやることは主に定例会の企画だった。世話人会に出ている人は○○係、×

2

×係と仕事を背負ってしまい、他の活動に目が向かわなくなる。他にしたい活動はあっても定例会の運営のみに終始してしまう。

司会　行動する会の会員で分科会にはいっていない人の理由はどういうものか？

H　情報収集が主で、自分は行動はできないけれど他の人たちがすることにカンパする意味ではいっているのだと思う。

K　新入会員だが、全体的にこの会はどんな会で自分はどうすればよいのかを把握できていない。今のところ何をやっていいか分からないので言われることをやっている。

司会　新入会員に概要がすぐ分かるようなパンフレットが必要だ。派生的に生まれてきた新しい女の運動体の中核となって行動している人が、この会のメンバーとだぶっているところがあるため、めまぐるしく動いているせいか新しい人に対してゆっくり話をする時間がない。せっかくはいった人もこれでは溶け込めないのでは。

L　すさまじい動きの中にいる人間の一人だが、同じ顔ぶればかりで、かえって孤立感がある。拡がっていないという悩みもある。基本的に一人が関われる量はたかが知れているのだから、アイデアもこのままでは狭くなる。多くの人が関わったものは積み重ねがあるし拡がりがある。自分で行動する範囲を限った方がいいのではないかと思ったりする。

F　このところアセスメント条例に身心ともつかっている。アメリカの男女平等の方向に非常に危険性を感じる。男女平等だから徴兵制もOKだなどという論調だが、こういうところをきちんと見すえていかないといけないのではないか。アイデアが狭くなる、と言ったけどふと気がついたら全く大状況を見ていなかったという恐れもあるのでは。右傾化の問題と女の問題を時々考えていかないと恐い。フランスなどではリブとエコロジイの問題を一緒にやっているのだが、日本の場合、女性の差別状況がひどいから、忘れかけてしまう部分がある。これだけは押えておかなければ、というところは見えてくるはずだから、それを通り過ごしてはいけない。たとえばカーターに対して日本から女たちが声明文を出したかった。

M　自分の考えがあり、進んで入会したが、二、三回この事務所に来ただけのホヤホヤで、今のところとにかくみんなの考えを聞いて、と思っている。どの分科会がどういう動きをどういう目的の下にやっているのかを書いたパンフを作ってはどうか。

B　高校や大学のクラブ紹介のようなのをね。

E　今動いている分科会だけのお知らせになってしまう恐れがある。

F　それなら、今募集中という分科会のことも書けばいい。

L　各分科会で原案を持ちより、世話人会が音頭をとって作ったら？　根本さんたちが作ったパンフをもう少し詳しくして。

司会　現状分析はこの位にして、今わたしたちが取り組もうとしている「80年女の集会」についての話に移りたい。中間年日本大会実行委員会には文書で申込みをした訳だが、委員会は開かれているもののまだ返事をもらっていない。それとは別個に、75年以来女性解放運動の底流を担ってきた、数々の女のグループが連帯して、女の集会を開こうという試みがすでに動き始めている。

L　既成組織の女の団体がやろうとしている方法ではなく、一人でも女の運動に関われるという独自のやり方で大集会を持ちたい。いわば草の根リブを中心としてやりたい。できるだけ多くのグループを集め、約千人規模で。お互いに対立するのではなく、新しい流れを作るエポックとして位置づけ、真に女の80年代を迎えたい。第一回集会は6月28日、二回目は10月4日に予定している。一応の案だがテーマは①日本女性の現状、②日本政府のしたこと、③女性解放運動は何をもたらしたか、④これからの女性解放運動、と考えている。

司会　今年の活動の目標は、この女の集会との兼ね合いで派生してくる諸問題と取組むということになるが、ほかには？

J　会報編集委員を作り会報を充実させたい。

読みごたえのある内容をもり込み、会報会員を増やし会の裾野を拡げることができれば。

H　世話人会が次号会報原稿の〆切り日。だいたい毎月十日前後に印刷に原稿をまわしている。つまり十日前の一、二日に割りつけをするのでその日に都合をつけて事務局まで来れる人でなければいけない。十日から十五日までの一日に校正をする。毎月二日位の関わり方でできるのだが……。

司会　それでは各分科会の今年の展望は？

N（離婚）　世帯年金は女に不利なので個人年金にもってゆくため厚生年金法改正のための要望書を提出したが、さらにこの運動を進めたい。それから駆込み寺を東京ばかりでなく地方にも作るよう働きかけてゆきたい。調停委員が本当に女の味方なのか調べたいのでアンケートをするつもりだ。そういう外部に向けての運動とともに、人間の愛情問題という内なる大きなテーマにもぶつかってみたい。

D（労働）　地方自治体の募集差別抗議文に答えがきている。それへの再抗議をするつもり。女の就職誌とらばーゆが創刊になったが、とても売れている現実を見るといかに女が仕事を求めているかがわかる。この就職誌の点検もしてゆきたい。

O（教育）　教室の中の性差別をまとめるにあたって各自原案作りをしている。また男女別学校における子どもの抑圧状況や日本の受験体制を女の視点から見直しをしようと考えている。さきほどから話題になっている会員間の交流不足をおぎなうために「おしゃべり会」とも「食べる会」ともつかない気楽な集まりを二ヵ月に一回ずつ持つことに決め、第一回は芦谷さんの家で非常に楽しく行なった。なお四月定例会は教育分科会が企画した「教科書検定官はこんな女がお好き」を行なう。検定制度に鋭く切り込んでみるつもりなので参加して欲しい。

E（公開質問状）　マスコミにアタックしてゆきたい。実働メンバー3名だったが、2名に減りそうなので、なんとしてでもメンバーの充実をはかりたい。どなたか一緒にやりませんか？

F（マスコミ）　城山三郎著「素直な戦士」とか久徳重徳の「母原病」などを批判してゆきたい。

C（主婦）　会員は70人いる。婦選会館で催しているような学習会形式には参加意欲があるが、共に何かを作りあげるというふうになるとなかなか人が集まらない。やはり当分は継続講座方式をとって何かをやってゆきたい。家庭の日を設置しようとしたり、家庭基盤充実のための施策がでたり、乳幼児保育基本法制定基本構想がでたり、主婦が家庭にもどらせられている。福祉問題・老人問題は行動する会としては落っこっている分野なので、主婦分科会の（婦人の10年の）後半5年間の目標としてかかげたい。主婦的状況をかかえた人を対象とするので、まずは家の中にいてもできるところから始めたい。たとえば作文をして文集作りをするとか、読書会をしてその記録をまとめるとか、モニターとしてテレビなどに代表されるマスコミ批判をするとか。

（以上、言い足りなかった点もあろうが三時間にわたる話し合いを終えた。テレコがなかったため、メモと記憶に頼った不正確な文になったことをお詫びする。全体を通して感じたことは、実に多くの人が発言しており自由濶達ではあったものの、まだまだ核心をついていないのではないかということだ。やはりもっと回を重ねる中でこそ多様な要望、自由な相互批判、質の高い理論、そしてそれらを深め強めてゆく強じんな連帯意識が生み出されるのだと思う。）

記録　三井・山田

参院『婦人問題集中審議』傍聴記

何しろ国会史上初の婦人問題集中審議ということで、さぞかし質疑応答もおもしろかろうと勇んで出かけた。

狭い傍聴スペースには、他の婦人団体からの傍聴者も含めて満パイの女性が詰めかけていた。しかし、総理府婦人問題企画推進本部長である大平首相は出席せず、何たる態度かと腹立たしい。二番目に一二〇分の質問時間を持って質問席に立った田中寿美子氏は、「私は、本部長が出席しないことに大変怒っている。このことひとつとっても政府が、婦人問題を重要な問題と考えていない証拠ではないのか。副本部長である総務長官では不足とはいわないが。官房長官も私の分担ではないなどと逃げないでしっかり認識を持って下さいよ。」と、冒頭に一発。続いて田中氏は、「国連婦人の十年は、国連が上からハイとおろして来たものではなく、世界中の婦人達の運動の大きなうねりの中で一九六七年国連総会で採択された『婦人に対する差別撤廃宣言』に始まる世界的規模の婦人運働と理解している、この点をしっかり認識した上での取り組みを要望する。」と、認識不足勉強不足の政府関係者に講議するかのように質問を始めた。

家庭基盤充実構想、乳幼児の保育に関する基本法構想等は、婦人年十年の中で男女の役割分業思想を打破していく動きと逆行しているのではないかという田中氏の質問に、小淵総務長官いわく、「家庭基盤充実構想と行動計画は相入れないものではない。」田中氏の、噛んで含めるような基本構想の中の役割分業の説明をうけても尚かつ、「日本型福祉とは、国のやる福祉もあるが、家庭でやる福祉もある。家庭だけとは言っていない。家庭は家族全員の責任、人間関係でうるおいのある家庭を作れということで、全部を女性に押しつけようということではない。」と、モーレツ働き人間と化した男性と家庭におしこめられている女性という日本社会の現状をまるで知らないかのような発言。その他、答弁にはTVで見るようなお定まりの言葉が多かったが、伊東官房長官は、幼稚園の教師をしていた母に代って自らの人生を犠牲にして彼を育ててくれた伯母の例を出し、「男女平等の社会参加は必要だ。そして『だから共働きの家庭は』というのではなく、『カギッ子』にしておく社会の現状をなおしていくことに力を注ぐことの方を大事にしようということはよくわかる。そのような施策をすすめて行きたい。」という発言をし、たったひとつだけの人間味ある答弁をした。

雇用平等法については、ガイドライン検討中で、男女平等と母性保護の問題について、各層各界の意見を充分に検討していきたいので時間がかかる、各党の意見も聞いて慎重にすすめたいとの答弁であった。「つくる会」を中心に進めている『私達の雇用平等法』を政府に突きつけることは、男女平等社会に向けての重要な行動だと改めて感じ、この運動をひろげ大きくしていきたいと思った。

差別撤廃条約については、基本的には賛成だが、現行法規との整合性について各省庁で検討中。批准時期は不確定という答弁。雇用労働条件、父権優位の国籍法、教育における同一——家庭科の男子必修、母性保護と平等など問題点については一応認識しているようだが、国連からの正式の文書がまだ届いていない事を理由に、条約についてはまだまだ不勉強という感がした。

何せ、第一回目。延々数時間使って、講議をしてあげたという感がした審議であった。このような集中審議を今後も度々開かせ、私達自身の運動を広げつつ、その成果を引っ提げて政府に要望し、傍聴席に多数の女達が陣どって圧力をかけていこう！

（婦人問題集中審議については、3月29日の読売、東京を参照）

マスメディアに鋭いメス！

中山千夏が昨年の暮に、十日程で二百枚の新作を書いたということを何かで読んだ。すごいなあ、たった十日で二百枚の小説を書くなんて！と感心していた矢先に、その新作が出ている雑誌に出合した。別冊文芸春秋'80春号に『ミセスのアフタヌーン』という題で。

迷ったあげく買って、読み始める。な、なんと！『あなた、小・中学校の教科書がどのくらい差別に満ちているか、知ってる。』『一度あれをごらんなさいよ。〃女はこうしてつくられる〃というパンフレット。〃国際婦人年をキッカケに行動を起こす女たちの会〃が出したやつね。……』と『長いネックレスを三本重ねた評論家』に言わせている。ニンマリしながら読み進むと、二度びっくり。だって、昨年の11月頃事務局の山田さんが抗議文を作りつつ話してくれた、テレビ朝日のアフタヌーンショウ『蒸発した妻追跡シリーズ』のことを書いているではないの。蒸発した妻のアパートに暴力的に押し入って撮ったVTRは、人権侵害も甚しいもので、蒸発夫の場合ならああまで下劣に仕組まないものをとカッカッしながら聞いた。その番組内容は、電話抗議で除々にましになったということだが、中山千夏はそれを小説に仕立て、女の問題という視点をはずすことなくマスメディアのドス黒い部分をあばいている。さすがと感心した。詳しくは、「ミセスのアフタヌーン」ジョキにて一読されたし。それにしても、女の運動、個性豊かに多様な行動で、したたかさとひろがりが生まれるんですね。

（芦谷　薫）

波

手塚　洋子

「女の子なんだろ。何だその言葉使いは」「男は涙なんかみせるな」、教師達の学校における日常的な会話である。そして、授業の中では「教科書」という媒介物により女性差別がさらにすすめられている。

「男は強くたくましく、しっかりしたサラリーマンに」「女はやさしく、明るい、よいお嫁さんになってほしい」、どんな子に育ってほしいかを中学二年生の親たちに書いてもらったところ、こんな像ができあがった。

私は最近教育分科会に入会した。やはり、自分の現場の中で、『女』『男』がつくられていく、そんな現状を一人でがんばるよりはたくさんの女の仲間達とやっていきたいとこのごろしきりに思っている。学校の中において、いかに教師が男女差別の思想をふりまいているか、教科書における男女差別とともにやっていきたいな、なんて考えている。

51回メーデー
ひとりでも多くの参加を！

働く者の祭典、メーデーに参加して、女たちからのアッピールを声高らかに！

昨年同様「主婦は失業者です」をメーンテーマに「女子大生採用差別」「家庭の日反対」を加える予定です。

メーデー中央会場でチラシ配布ののち、新宿までのコースを、女の輪を広げながら、楽しく、しなやかに、したたかに歩きましょう。ひとりでも多くの参加を期待しています。

集合場所　国電原宿駅（千代田線明治神宮前駅）わきの明治神宮大鳥居下
時間　5月1日　午前10時
目印　♀ののぼり

4月21日2時から
採用差別に抗議に行こう

〃君は僕の10/10を奪ってしまった〃このコマーシャルをTVや新聞でご覧になったことありますか？　宝石の㈱三貴《みき》では「男むき・女むきで仕事をきめている当社は、女の特質を生かしている」と誇り高く語っています。直接膝を交えてお話ししないと、誇りがホコリであることに気付かないようです。

21日12時に事務所にお集り下さい。

（K）

男の子育て映画「クレイマー・クレイマー」試写会参加の記

M子　私は子供いないからそんなに実感がわかない面もあったけど、子供への愛って大きいものなのね。

Y子　この映画では子供に対する親の良い対し方、接し方がたくさんあったわ。それにしても、会場にいた男達がケガをした子供を抱えて走る父親の姿を笑ったけど、実感がわかないんだろうね。今の男たちには。

M子　最初作ったフレンチトーストが、ラストではとっても上手になって、やれば誰だってできるのね。

Y子　「男は仕事・女は家庭」の分担が、この社会の病める原因だというのがはっきり浮きぼりにされた良い映画だわ。それがわからなければ、この映画の価値は解らないわね。

M子　一番はじめのシーンで眠っている息子に母親が「とっても好き。でもママは自分の世界を持ちたいの。こんなことを考えるお母さんは悪い母」って泣きながら語りかけるでしょ。あの場面を見すごしてしまったら、なんだ子を捨てていい気なもんだって見てしまう人もいるんじゃないかな？

M子　彼女が子供を置いていくと決めたのは、家事・育児だけに閉鎖され、精神的に大きな圧迫を受け、自分は子供を育てるのに適していないとまで悩みぬいたからよね。

Y子　毎日新聞3月30日の反射鏡という欄や、4月9日の記者の目のように、離婚した妻たちを集めて父子家庭のハウスキーパーにしたらなんていう意見も出てくるのよ。全く！しかも、記者の男意識まる出しで、「女の経済的自立が、夫・子供を犠牲にする」という被害者意識でグチッているのよ。家事は自分のことなんだから、自分がやればいいのよ。何、これ！「そして、カップル誕生となれば一挙に母子・父子家庭が消える」なんて、父子・母子だけは欠損家庭だと差別しているわ。

M子　彼女は離婚してすぐ高給とりのデザイナーになれたけど、日本では職なんてすぐには見つからないわ。あってもパートだけよ。

Y子　その通り。時給四〇〇円そこそこで、なんの社会保障もなく使い捨てにされる単純業務しかない。その現実を見ないで家を出て自分の世界が拡がるなんて思ったらノラの二の舞いよ。

M子　子供にまで父親の暴力が及んで離婚したいと思っている母親はたくさんいるけど、それでも離婚できない状況の大きな原因だわ。

Y子　経済的自立こそ、精神的自立を生むのよ。それなしには何もできない。

M子　性差別を禁止するための有効な平等法がほしいわ。

Y子　アメリカはこのところひんぱんに女性の自立をテーマにした映画を作ってきたけど、ついに男性の自立、もちろん生活的自立にも手をつけたわね。

M子　この映画を見て、女も男も自分の足かせになっているものを思い知らされて、ぞっとするでしょうね。人間らしい暮らしは労働時間の短縮しかないと思ったわ。

Y子　ホント。それと現代の家庭では大のおとなの夫より、小さな子供の方がずっと生活力があるってこと。洗剤の選び方までパパに教えたでしょ。なぜ子供時代の能力をおとな（男）が忘れてしまうのかよね。やっぱりいつものテーマにもどってしまったわ！

調停実態アンケート募集

離婚ブーム、と面白半分はやされている。大変な勢いで増えている離婚が昨年だけで約十四万件。その約一割が調停離婚だが、力とたのむ調停は一体どうなっているのだろうか。

離婚分科会では家裁調停の実態を知るため、アンケート調査を行うことになりました。三月三十日、朝日新聞「声」欄に、又四月十二日、朝日新聞北海道版に、俵萌子さんのアンケート応募への呼びかけが掲載されました。続々応答が寄せられていますが、お知り合いの方でりこん調停にかかわったことのお有りの方、どうぞ御協力下さいます様おねがいします。

四月定例会

検定官はこんな女がお好き
―教科書検定の中の性差別―

時　**4月26日**㈯　1時30分～
　千駄谷区民会館（国電原宿駅新宿寄改札口徒歩5分）
報告　山領健二（麻布高校教諭）
　仲野暢子（板橋五中教諭）
　吉武輝子（予定）
参加費　三〇〇円

検定制度のしくみはこんなにも女性を差別している。検定に不合格になった高校倫社の中の女性問題記述について、光村出版の国語教科書改ざんをめぐる文部省との交渉経緯など具体的事例から鋭いレポートを披露します。一見に価する内容豊富な資料集も用意してあります。ぜひご参加を。

ジョキ会合日

国際婦人年をきっかけとして行動を起こす女たちの会

3・31㈪　メーデー実行委
4・1㈫　記録集編集委
4・3㈭　80年女の集会
　労働分科会
4・7㈪　4月世話人会
4・10㈭　メーデー実行委
4・12㈯　教育分科会
　ＮＨＫＴＶ英語会話抗議
4・13㈰　離婚分科会（毎月第二日曜）
4・15㈫　80年女の集会実行委
4・21㈪　三貴抗議2・00　事務局へ12・00
　労働分科会6・30～ジョキ
4・22㈫　記録集編集委員会6・00～ジョキ
4・26㈯　4月定例会　上記参照
5・1㈭　メーデー参加　6ページ参照
5・8㈭　労働分科会6・30～ジョキ
5・11㈰　離婚分科会2・00～4・00ジョキ
5・18㈰　二子山ハイキング
　★当日参加歓迎。子供も登れます。
　参加者は歌をひとつ作ってくること。
5・21㈬　労働分科会6・30～ジョキ
5・12㈪　5月世話人会6・30～ジョキ

刑法改悪に反対する婦人会議
原則として、毎週木曜日　6・30～ジョキ

私たちの男女雇用平等法をつくる会
3・31㈪　情宣グループ
3・2㈬　運営委員会
4・5㈯　法案グループ
4・12㈯　労働省抗議
4・14㈪　会報グループ
4・16㈬　会報グループ
4・18㈮　会報グループ6・30～ジョキ
4・19㈯　第3回学習会1・30～ジョキ
　「各政党・平等法案検討」
4・23㈬　運営委員会6・30～ジョキ

鉄連の7人と共に性による仕事差別・賃金差別と闘う会
4・9㈬　運営委員会
4・12㈯　第3回総会
4・17㈭　運営委員会6・30～ジョキ

事務局から◆3月の会費払い込みはなんと、10人だけでした。ぜひとも、4月・5月は会費の振込が多いようにと祈る事務局です。会費は一カ月五百円。まだまだ値上がりしていません。その他定期カンパが一カ月一口五百円以上、何口でも、受け付けています。お振り込みの際は、何のお金か、はっきり明記してください。

8

1980年5月

活 動 報 告

国際婦人年をきっかけとして
行動を起こす女たちの会

【事務局】
〒160　東京都新宿区若葉１の10
グリーンマンション　Ｄ内
Tel　03（357）9565
郵便振替　東京０－44014

四月定例会　4月26日(土)　1・30〜5・00

検定官はこんな女がお好き
―教科書検定の中の性差別―

於　千駄谷区民会館

家永法廷闘争で明白！
国が期待する女性像

報告者　吉武　輝子

いまの日本史の教科書には女性史関係の記述がすくない。その最大の理由はこの問題にたいする干渉のはげしさにある。家永教科書は女性や家族制度の問題を積極的に提起しているが、それらの部分はほとんどすべて文部省から修正を迫られており、今回の裁判でも文部省側の証人は、その全項目を証言でとりあげている。文部省のこの問題にたいする力の入れ方がわかろうというものである。

　女性史関係の検定の特徴的な点をあげてみよう。

　①家永氏が女性の地位や家族関係の歴史的変化に注目させ、原始・古代の女性の地位が高かったことをしめす事実を知らせようとしたのにたいして、文部省はそのような歴史的な変化を認めず、一夫一婦制が「古今を貫く原則」であるとした。

　②家永氏が過去の女性の地位の低さやみじめな生活について、事実をありのままに知らせて、女性の地位や家族関係のありかたについて考えさせようとしたのにたいして、文部省はたとえ事実であっても強調しすぎるとして、書かせないようにした。文部省が不適切とした記述はなんらかの意味で全部この点にかかわっている。

　③家永氏が封建的家族制度のもとで女性の社会的地位がもっとも低下したと記したのにたいし、文部省はこの制度のもとでも母として女主人としての女性の地位は「現代よりはるかに高かった」として、この時代の女性がみじめだったことを強調させないようにした。

　④家永氏は生産的役割や経済的独立の有無が妻の立場や女性の社会的地位に影響を与えることを指摘したが、文部省はそういうことを書くのは教育的にマイナスであるとして、ことごとく問題にした。

　⑤家永氏が女性の役割を家庭生活に限定せ

ず、生産労働その他の社会的役割をも重視しているのにたいして、文部省は妻の重要な役割は家政、子女の教育、夫の相談相手ないし激励者などの家庭での役割にあるとした。

　文部省の検定の仕方をみると、文部省は、地位の向上とか男女同権とかを問題にしない女性、結婚後も経済的独立をはかったり、生産労働その他の社会的役割をもったりせず、女性の主な役割は家庭にあると考え、ひたすら現状を肯定して良妻賢母になろうとする女性を育てようとしているとしか思われない。

　そしてこのような女性観に導かないような歴史叙述――家永教科書のように憲法の精神にのっとり、男女平等を実現し民主的な家族関係をつくるのに、女性のありのままの事実をたずね、その矛盾の原因を追求する歴史叙述を「一面的理解」「教育的マイナス」などの名のもとに徹底して排除しようとしているのだ。

　この延長線上にあるのが、自民党政府の「家庭基盤充実」政策があるといっていいだろう。現行の検定制度が続くかぎり、学校教育の中での性差別を拭いさることはできないと思う。

（吉武）

ワザワザ女のことを書くのが気に入らない文部省

検定不合格「倫理社会」を中心に

報告者　山領　健二

　前報告者吉武氏の発言をうけ、検定制度は思想検閲である、しかもそれを実際には全く形式的な理由でやる、さらに、文部省は検定のために、教科書に文句をつけるプロの調査官を置いていると話を始めた。『検定制度の問題点は、不合格「倫理社会」の中の具体例を資料（後述）に示したように、クレームをつけられた箇所は、女性の問題について触れた部分が多く、女性の問題を出すといちいちひっかかる。ごく普通の女性に対する考え方を、教科書に述べただけである。にもかかわらず問題にするのだから、ワザワザ女性のことを書くことが気に入らないといったらいい位、女性の問題にひっかかる』

＜資料より＞

―結婚そして性による社会的分業―

クレーム3　この部分の記述からは、サルトルとボーボワールのような関係が読みとれますが、憲法はこのような関係を語ってはいません。たしかに男女平等の確立は今後とも課題として追求さるべきものだと思いますが、この部分の記述は一面的にすぎます。

　憲法二十四条によりますと「婚姻は、両性の合意のみに基いて成立し、夫婦が同等の権利を有することを基本として、相互の協力により維持されなければならない」とされております。すなわち、夫婦は男女平等の原則に立つとともに、互いに協力し扶助しあうところの精神的肉体的経済的な共同体であることが明らかにされています。また、夫婦の協力は分業による共同生活を通じてなされ、そのさい、夫が経済的基礎をつくり、妻が家政と保育に当たるのは共同生活の通例であり、憲法の定める婚姻関係であることは疑いないところであるというのが、今日の一般的見解ですし、それはまた多数の国民によって広く認められているところであります。この部分の記述は、明らかに一般の通念や法学上ひろく認められている見解とは異なる特定の意見のみを主張しており、一面的な見解だけを十分な配慮なく取り上げていると申さざるをえず教科書の記述としては不適切です。

◎（14ページ）現代の日本で広く行われている結婚は、日本国憲法の男女平等の精神にもとづく一夫一婦制である。憲法の精神からは、夫も妻もめいめいの財産の保持、思想・行動の自由を認められ、完全に独立した自由な男女の自由意志によって営まれる共同生活が夫婦生活の理想ということになる。

　しかしながら、この理想が実現される場合

は、ごくまれである。いくら法律が改められても、社会に深く根ざしている男女差別の意識と、それにもとづく社会機構があるかぎり、夫婦という男女の関係にも影響を与えずにはおかない。（略）

性による社会的分業は、男性を労働者として、女性を男性の能率を上げるための助手として求めていることが多く、女性が独立の経済力を得ようとしても条件はひじょうに悪い。（略）こうして、家族のなかで、夫は家計をささえ、妻は家事労働を分担するという、性による分業が成立する。

右の、検定官のクレームは、すべて呼び出され、口答で伝えられるという。山領さん達は、テープにとっておいたそうだ。

（芦谷）

四月定例会資料のお知らせ

さて、このような具体例が、山領さんの報告に関するものだけでなく、吉武、仲野両報告者のものもたくさん収録してありますので是非読みましょう！　一部二百円（ピンクの表紙B4版十六ページ）送料共三百二十円、ジョキまで。

「男のスポーツ」を守るため 女の先生を男に変えた！

光村図書抗議顛末

報告者　仲野　暢子

発端は小田原市山王小学校の卒業文集にのった六年女生徒の作文。「担任の女の先生の指導で、クラス全員マラソンを始めた。走った距離を累計して、東海道走破というアイデアである。女子も男子もよくがんばり、自己の記録を伸ばしていった。この経験を自分の中で大切にしてゆきたい。」という内容だった。

光村図書の国語教科書六年用にこの作文がとり上げられたが、刷り上った見本をみると、「男の子の提案でマラソンが始まり、男の先生の指導でみんな走り続けた。男子はもちろん、女子でもよくがんばった人がいる。」と重大な改変が行われている。

樋口さん、駒野さんがこの事実を、当の指導者であった小田原の加藤先生からきいて、光村図書に抗議と訂正を申し入れた。

マラソンは男のスポーツか

一回目の光村訪問は一月一八日。樋口さん、吉武さんと教育分科会の三人に、読売・毎日・共同通信から取材陣が加わった。

光村側担当者は編集部西池第一部長。

一、提案者を加藤先生から磯田くんに変えた目的は？

「学級会の提案は、先生主導型より、子ども自身の方が望ましい。リーダーシップをとるのが、女子に偏っては困る。」

―そんなに女子ばかり活躍？何人？

「同じ六年用の上巻に、話し合いの単元があって、野村さんという女子が提案している。他にはいない。」

―なぜ原作を改変してまで？

「やはり環境のことを女子に提案させている（これは編集部で書きおろしたもの）ので、マラソンは男子がよいと思い……

マラソンは汗を流し、力をふりしぼってやるスポーツで、昔から男のものだ―去年から女子も始めたが―から、男子にふさわしい。」

―学校で実際あった原作という真実を曲げてまでの必要は？

「やはり男子向きということと、男女のバランスを考えないと……」

―他の部分では男性本位でバランスがとれていないが。

「現実には女性の活躍の場が少くて、そういう文が少いので、中学などはむつかしい。」

二、先生の指導の部分で、「マラソンはもうあきてしまったの？」を「あきたのかい」に変えた理由は？

「マラソンの指導は男の先生がふさわしい

と考えた。」

―女の先生が実際に指導して成果が上り、これだけの作文ができ上ったのに？

「低学年の教科書には母親や女の先生がよく登場しているが、高学年でも男の先生が少いので……バランスを考えて。」

三、女子でもは？

「男子がやるのは当り前だがという気持も……」

教科書だから、多少直すのは当り前!!

―作文の指導者加藤先生は書き変えたことを知らされていなかった。

「生徒の作文は句読点や表現の適切でないところがよくあるもので、書き変えるのはふつうで、その点は了解をとって……」

―こんな重大な改ざんを句読点などといってごまかすとは……。加藤先生は体育指導の上でも、立派な業績を上げている人だ。偏見で事実を勝手に曲げ、また男女同じように伸ばしていくべき義務教育の大切な教科書に、女子を添え物扱いするなどこのような差別は許されない。

「差別する気持など毛頭なかった。」

―編集会議でどういう討論があったか。

「とくにない。一路ばく進のことばがむつかしいとか、テーマはよいとか……」

―女を男に変えるのは問題にもならず、簡単に適当に処理したのか。誰の提案で書き変えたか。

「そこまではいえないが、こちらで早急に検討するので……」

―今からでも間に合うか。

「この文は六年用下巻なので、まだ大量印刷はしていない。至急編集委員会を開いて、決ったら文部省に届け、許可が下りればよいので印刷には間に合う。」

あれは妥当でなかったが、単なるミス

光村から、二十日（日曜）に緊急編集会議を開いて検討の結果、「妥当でなかった」との結論に達し、二十一日に文部省へ文書を出したという連絡があった。生徒の作文は真実を書くよう文部省も指導しているので、原作通りに戻すなら訂正の許可が出るだろうとの話。編集委員会の経過と、訂正用決定稿を知りたいので、二回目の訪問（二月十八日）を約束。

西池氏は入院中で、斉藤編集課長。

―理由あって原作を改変したのに、又もとに戻したからには、討論の経過を知りたい。

「男の先生に変えたのはまったくのミスで、男女差別の考えは毛頭なかった。縮めてリライトする人が文集の中の作文の部分だけのコピーをもって帰ったため、指導者が女の先生とは気付かず、つい男のように書いてしまった。」

新聞記者諸氏も立ち合いの上で、先回の直後には、毎日・読売他でバッチリ記事にもなっているというのに――。この厚顔無恥というか、どう押しても叩いても機械のごとく、同じ答のくり返しである。

復元はさせたが、反省の色は薄い

本当に趣旨が理解できたなら、しようと努めたら、こういう見えすいたゴマカシでその場逃れをする筈がない。

ともあれ三ケ所の修正要求は全部通ったので、別のルートから攻めることにしよう。

あとは文部省や世論を相手に多面的な斗いに重点を移すことにして一まず終止符。

当面の敵にこと欠かない厳しい現実である。

（仲野）

討論より

ＮＨＫＴＶの英会話テキスト抗議のこと（別項参照）や、性別役割分担を助長するテレビコマーシャルへの怒り、教師の女子生徒への差別的指導等々、日常生活の中の性差別体験等が多く出されたが、教科書問題に絞って報告したい。

◉　文部省の主任教科書調査官小笠原（英語）から、前日ジョキに電話があった。その内容は、まず「検定官はこんな女がお好き」という題が気に入らないという。つまり、今の検定制度のことで国が悪いと一方的に言っているが、そうではない。家永裁判以降、調査官

4

達がそんなにやらなくなった。調査官としては要望事項を出すことと、英語においては文法のまちがいや単語の誤りとかの技術的なまちがいをなおすこと位である。今の英語の教科書は、男性中心であることはよくわかっている。そしてとどのつまりは、調査官は何もできないのだ、だから調査の責任にするなという電話だった由。又、いくら文部省が指導しようと思っても出版労連の方で変えようとしないのだとの暴言を吐いた。

◉　これは実に、いい電話だ。是非この調査官をよんで情報提供させよう。又出版労連や文部省に行く時も使えそう！　男を先に分断させることができそう！

◉　この集会にもっと多くの教師や教育に関する人達が集まるかと思ったが、忙しい時期でもあるのだが、残念だ。やはり教師が自らがこの問題を変えていこうとしなければならないが、現実はやはり教科書どおりに教えている教師も多い。又生徒達にとって教師自身のことばづかいとか日常の指導は大きいものでそのことで生徒達を変えていくわけだ。しかし、その教師自身の自らおかれている立場を改めていくことはなかなか大変だ。で具体的には、性差別を否定する教科書を作っていきたい。もう一つは、世界各国の教科書を集めてブックフェアを開きたい。いいものを広く見る機会を作ることも大事な運動だと思う。例えば、海外旅行をした時、見かけたよい絵本や教科書以外のものでもよいし、又イギリスやアメリカの平等を進めるための教育に関するガイドパンフ等も……。目にするということは、聞くことよりももっと理解しやすい。

以上のような、具体案も出され、最後に次の二項目を入れた決議文をこの集会として決議し、文部省教科書検定課、文部大臣あてに出すことをもって、この集会を終えた。

＜決議の項目＞

一、検定基準の項目に、性差別的記述をチェックする観点のものを入れる。（検定制度そのものがすでに問題ではあるが、現実に、それがあるのだから、是非、性差別をなくす道具にしたい。）

一、学校教育におけるあらゆる性差別をなくすために、具体的なガイドラインを示したパンフを作る。

一、地方公共団体教育委員会に、通達を出しガイドラインパンフに基いて研修会、講習会等を開き、又助成金等を出す等の強力な指導を行う。

以上のことを文部省に要望、実現させる。

（芦谷）

集会に参加して

教科書検定制度が教育の中でいかにネックになっているかは、学生時代に「家永教科書裁判」として法学の講議で学んだが、それを女性問題という観点から捉える眼が私の中ではなかったなと集会に参加しつつ考えていた。

吉武さんの報告の中で、家永日本史で文部省からつけられたクレームでは女性問題が大きかったと言われた。『古代の婚姻関係の中ではめかけの記述は品位に欠ける』『江戸時代の家と妾の中では男は勝手だという印象を与える』などのクレームがつけられたという。また、山領さんの報告にも同じような問題が出された。文部省調査官は『夫婦の協力は分業による協同生活を通じてなされ、そのさい夫が経済的基礎をつくり、妻が家政と保育に当たるのは共同生活の通例であり、憲法の定める婚姻関係であることは疑いないところだし、それはまた多数の国民によって広く認められているところである……。さらに、仲野さんの報告からは、光村図書が女子生徒の書いた作文を男子生徒が書いたようにつくりかえ、その理由として「マラソンは男のスポーツ」と豪語した。さっそく光村に抗議し、事実に基づくよう変更させたという話がされた。

これらにみられるこの社会的性別分業とは

いったい誰のためのものなのか。性別分業、夫婦一体論をおしすすめることにより誰が得をするのか。国家が私たち女をどのように位置づけたがっているのか。「検定官のお好きな女性像」の中でそれは明らかだと思う。

　先日、今年の卒業生が遊びに来た。彼女はある女子大学附属の高校に通学しているが、彼女との会話の中で「良妻賢母」という言葉が時々でるのでどうしてかと聞いてみたところ、なんと学校の教育方針がすごい。『本校は○女子大学の教育理念にのっとり実社会に役立つ教養豊かな日本女性――新しい時代に適応し、家庭に幸福と平和をもたらす「よい妻」「賢い母」の育成を目標に教育活動を展開いたします』……唖然。いったい、いつまで女をこんなところに閉じこめておけると思っているのか。とんでもない。

　私たちは、女として、男としての枠の中でいかに規定された教育を受けてきたことか。それは気づかないうちに私たちの意識の中に潜んでいる。集会の中で、「父兄会」と発言して会場から訂正の声を受けていた人がいたし、私の友人で自分の連れあいを「うちの主人」と言っていた人が、それを指摘され「私はどんな意味かわかったからもう言わないけれど、でも私みたいに知らない人がほとんどなのよ」とよく話す。性別役割分業が性差別だとわからない人がほとんどであろう。私たちはいろいろな機会を通して、あらゆるところから、たくさんの人に知ってほしいと思う。

　集会の中で検定制度の問題点、不当性は明らかにされたが、さて、ではこの検定制度にどうかかわっていくのか。私は検定制度はやはり廃止すべきであろうと思うが、その上にたってどんな取り組みができるのか。

　教育の中の性差別問題はなかなか気づかないことが多いのが実情であろうし、いろんな人にもっと知ってほしいと思うが、その意味では、ちょっとこの集会に参加した人が少なかったように思った（事務局付記・参加六十一名）。教科書については、保護者間では批判することがややタブー視されていたり、学校まかせのままにしてしまう人が多い。また、私も友人を誘ったが「どうもこういうかたいことはね」といわれてしまった。教科書問題はなにもかたいむずかしい問題ではない。私たちの身のまわりにあるほんとに身近な、そして大切な問題である。保護者・教師を含む多くの人々がいっしょに大声あげて疑問をどんどん言えるような、そしてお互い気づかせ合えるような場がほしいと思う。そういう点では、会場より提案があった性差別の実態を知らせるブックフェアをやろうという提案には大賛成。こんなひどい教科書を検定している人もついでにみんなに知ってもらったらなおよいと思う。検定官の顔を声を、そしてその本音を私たちは知りたい。ぜひ次の集会では、検定官にがんばって出席してもらい「検定官のお好きな女性」とやらをお聞きしたいものである。

（手塚）

波

教師になって

教師になって一ケ月。

今までに変えたこと――担任しているクラスだけ、「起立、礼！」の号令を男女交替にしたこと。それだけ。（号令は男子、という不文律があったのだ）

驚いたこと――体育科（いわゆる校内の保守勢力）が水泳の時間に女子生徒のタンポン使用を指示（強制ではないとの弁であるが）さっそく保護者会でクレームが付き、それに組合婦人部が同調したということ。いわく、「タンポンは非行のはじまり」「結婚前の女性には好ましくない」などなど、千田夏光の「性的非行」をテキストに読書会をしたそうだが、その女性への偏見に満ちた文章の一部を紹介しよう。

「この方式の生理用品は少女が使うと性器にたいする必要以上の関心を抱かせます。」体育教師の「何が何でも泳がせるぞ」との態度にも腹がたつが、女の側から解放の足を引っぱるのを見るのはもっとつらい。

がっかりしたこと――カリキュラム。家庭

科女子のみ四単位必修もさることながら、三年の選択科目理科の中に女子だけ食物と被服が入っているのだ。男は物理や化学を、理科に弱い女子は料理や裁縫を、ということらしい。文部省が決めた以上に役割分業に忠実なこのカリキュラム、絶対に変えてみせる。

楽しいこと — 毎日毎日の生活。ほんとうにおもしろいのです。私は学生時代の論文に、いまの高校教育でいかに女子が疎外され、芽をつまれているかを書いたが、現場にはつまれそこなった芽がいっぱい残っていた。これが伸びる手助けをしたい、と思う。

そして、「近ごろの高校生は……」なんて内心考えている行動する会のおねえさまがたに、女子生徒のすさまじいエネルギーや、けんめいに掃除にはげむカワイイ男子生徒の姿をぜひ一度見せたいものとも思っている。

（教育分科会・坂本）

奇々怪々
——「雨彦」と「婦人労働講座」

その昔、日本には「海幸彦」、「山幸彦」という二人の男がいて、海のものや山のものを採ってなりわいの種としていた。現代のTOKIOには「青木雨彦」という男の腐ったような男がいて、性差別を種にコラムを書き、メシを食っている。そのひどさは次のごとし。

「女はいい、就職試験に落ちても差別があるからと云える、男はそうはいかない、能力の問題になる…」（週刊朝日4月18日号）

「海幸彦」も「山幸彦」もこの「雨彦」の文章を読んだら、おそまつな子孫を持った身の不幸にヨヨと打ち震えて涙するに違いない。いや、まちがっても、こんな男と会って話しをしたいとは思わないだろう。

ところがである。

このアメヒコを呼んでお話しを伺おうという男がちゃーんといたのである。（いやはや、末世じゃわいなあ。）

どこに？

東京都品川労政事務所に、

して、どんな奴？

労働教育係長、その名を井沢とか云う。

6月5日(木)の品川労政事務所の婦人労働講座にアメヒコを引っぱり出し、「多方面でご活躍の青木雨彦さんに男女平等について語ってもらいます」のだそうだ。

行動する会・労働分科会はこの情報を手に即、ダイヤルを回した。

労働分科会：どうして青木雨彦を婦人労働講座に呼ぶのか？ 彼の書くものは随分と差別的ではないか、一体彼のコラムを読んだことはあるのか。キャンセルするべきだ。

品川労政事務所：はあ？どこがいけないんでしょうね。いろんな立場のいろんな方の御意見を聞いて皆んなで考えるということなんですよ。何故彼を選んだのかなんて、いちいち覚えてないですよ。コラムは読んだことあります。今から取り止めなんてできません。

労働分科会：問題がよくおわかりになってないようだ。一度お目にかかって話しをしたい。よろしいか。

品川労政事務所：いやあ、それはまあかまいませんが、はあ、夜なら空いています。いやあ、はあ、勉強不足で、ハハハ……。

笑いごとではないのだということを、この係長は遠からずして悟ることになろう。それにしても労政事務所の労働教育係にしてこの意識の鈍さだ。このまま放置はできない。抗議の電話をジャンジャンかけよう。番号は七七四・六六六六（内線の三三四）井沢まで。

なお、この婦人労働講座は、六月五日(木)、六時十五分から八時十五分まで、東京都南部労政会館で予定されている。

（石原）

歌った！　歩いた！　ビラまいた！
「主婦は失業者」メーデー参加二年目

　五月晴れ、というには、あまりにも強烈な陽射の下、五月一日、代々木公園の入口に、黄色に朱染めの女マーク、わが行動を起こす女たちの会の旗がのびやかに、力強く翻った。これは、メーデー実行委が数日前、深夜にまで及んで他のゼッケンともども製作した、実に行動する会開びゃく以来、はじめて手にした会旗なのだ。

　「主婦は、本来、職を奪われた〝失業者〟だ」と一昨年四月、主婦問題分科会と労働分科会が〝主婦の失業者宣言〟を行い、行動する会の主婦（及び〝主婦的状況〟にある女、つまりすべての女）は、昨年のメーデーに〝失業中の労働者〟として初参加した。今年も又、昨年来、家庭基盤の充実、「家庭の日」設置など、女を再び家庭に呼びもどそうとする策動の中、一そうの危機感（にしては、のんびり、ゆったり、この上もなく楽しかったのだけれど）を持って、大量？動員（五十人）で参加した。

　同じく職の機会を奪われている学生（主婦予備軍）の参加が多かったことも特筆すべきこと。

〈初参加した女子学生が、メーデーのうなるような労働者の波をみるにつけ、わが軍団のチンマリさに、淋しさを訴えていましたが、昨年の参加者は十数人。それが不なれな初参加とあって、大人の〝迷子〟続出という、心もとない状態でしたので、今年の五十人参加、というその大躍進に昨年の参加者は大感動した次第。〉

　「職をさがし東へ西へ、何で女にゃ職がない」（おお平等法！）、「就職は歩いて来ない、だからぶつかって行くんだね」（職さがしのマーチ）、「女よもっとしたたかに・女よ・もっとのびのびと」（女タイフーン）…などなど、テレコにしこんだピアノの伴奏をボリウムいっぱいにあげ、ゾロリうちそろった、行動する女の〝エンタティナー〟たちが高らかな美声でうたいあげれば、代々木公園の若葉もしおれそう。

　この歌声をバックに「主婦にも職よこせ」「男の働きすぎをやめよ」「男も子育てを」など思いおもいのゼッケンを背負い、一斉に失業者宣言の五千枚のビラを配った。

　フーセン、そろいの帽子、ゼッケン、のぼり旗という労組の〝ワンパターン〟のデモの波の中に、きわだって個性に満ちた女たちのアピールに、デモの労働者の目がすいよせられる。

　労組の〝質〟によってビラをうけとってくれるもの、拒否するもの、さまざまだが、〝主婦は失業者〟という内容には、それぞれある種の反応がある。

①無視、②せせら笑い、③その意味するところがサッパリのみ込めない、④主婦＝失業者に意外性を感じて関心を示す人、⑤わが意を得たりで声援をおくってくれる人…などなど。

　メーデーに失業中の労働者として主婦が参加することは、これまで主婦（女）の労働権を認めず、妻子を養える給料を求めてきた男たち（労働組合）に対するショック療法的アンチ・テーゼであるわけだが、しかし①女たちの間でも主婦を失業者と「決めつける」ことへの反発、②行動する会の内部でも、〈主婦〉＝〈主婦的状況にいるすべての女〉、という確認がなかった、という点については、今後、多いに討論をつづけて行く必要性を感じた。（現在、働いている女や学生が「主婦の失業者宣言をアピールする立場にいないのではないか」という意見が出された。）

　さらに特記したいのは、「男の子育てを考える会」のメンバー四人が保育園児の子ども四人づれで一緒に参加したこと。考える会も

「男も女も育児時間を！」という特自ビラを作成、子どもたちともどもビラまきを行った。

　新宿までのデモの間中も、ハンドマイクを片手に歌をうたったり、シュプレヒコールをくり返したが、特に男の子育てを考える会の星くんの「男だって家事も育児もやれるゾ！」「男ももっとやさしく！」などという素朴なリアリティあふれるシュプレヒコールには大喝さい。われわれが、入り込んだ食品労連のデモの隊列の労働者の注目を一手に集めたが、男性労働者たちからはひやかし半分の反応も。「男は育児なんてできない」という大声の反応には、すかさず「育児のできない男はイクジナシ」と行動する会の女がやり込めて勝負アリ。

　途中で〝迷子〟になったというどこかの労組の男性労働者二人も、「おもしろそうに見えた」というわが隊列に入り込み、「男も子育てを」のゼッケンをつけて、共に新宿まで完歩した。

　又来年もさらに規模を拡大して参加しましょう！


（竹内）

80年・女の集会

千駄谷区民館ホールに集まろう
6月14日(土) 1時～4時半

さあさあ、いよいよ80年・女の集会の始まりだ。なんだ、なんだ、何をやるんだって！女が集まるんじゃ！ドドッと集まるんじゃ！

国連婦人の10年中間年という文句にお上のペースで踊らされるわけじゃない。こっちの側のモンとして主体的につかまえ直すんじゃ。日本の女の波がゴオーッともりあがらずして何とする？リブの女が声を発さずして何とする？

oh！80年代をどう切り開くか、それは私たち、自発性と自主性によってのみ動く一人一人の女にかかっていると思うのです。

ならば、いってみよう！この集会は第一波、秋にもっと大きく第二波。女の大波ドンブラコ、日本のまっただ中に登場するんじゃア！

どんな集会にしたい？あなたが参加してつくろう！実行委員募集中です。

☆今出てる案　☆言いたいことを言いたいヤツが言おう　☆政府にギャアギャア言おう

☆政府広報映画を見てアザ笑おう　etc。

ジョキ会合日

国際婦人年をきっかけとして
行動を起こす女たちの会

5・1　メーデー参加
5・8　教育分科会
　　　労働分科会
　　　記録集編集委員会
5・11　離婚分科会
5・12　世話人会
5・15　80年女の集会実行委　於あごら
5・18　コミュニケィションハイキング
5・20　教育分科会
5・21(水)　労働分科会
5・27(火)　ロサンゼルス・リトル東京女子労働者問題を聞こう（アメリカ労働委員会に訴え、一年の斗いを続ける中で、解雇されたルーシー久保田さんが訪日します。）
6・2(月)　6月世話人会　6時半～　ジョキ
6・5(木)　労働分科会　6時半～　ジョキ
6・8(日)　離婚分科会　2時～4時　ジョキ
6・14(土)　80年女の集会
6・19(木)　労働分科会　6時半～　ジョキ
7・4(金)　7月定例会　6時半～　ジョキ
　　　「民間会議歓送会」
7・7(月)　7月世話人会

刑法改悪に反対する婦人会議

原則として毎週木曜日ジョキにて6時半～

私たちの男女雇用平等法をつくる会

4・2　政党訪問　社会党
5・7　運営委員会
5・13　運営委員会
5・14　法案グループ
5・16　政党訪問　民社党
5・17　政党訪問　共産党
5・19　運営委員会
5・30(金)　総会　6時半～9時
　　　東京勤労福祉会館（八丁堀）
5・31(土)　政党訪問　公明党　1時～2時
　　　第二衆議院議員会館　520号
6・5(木)　政党訪問　自民党

鉄連の七人と共に性による仕事差別・賃金差別と闘う会

5・12(月)　運営委員会
5・22(木)　学習会6・30～東京勤労福祉会館
5・26(月)　運営委員会　6・30～　ジョキ
6・1(日)　鈴鹿市職山本さんの会1・00～
　　　青山全総銀
6・4(水)　公判　1・00～東京地裁206号
6・9(月)　運営委員会　6・30～　ジョキ

★事務局から

4月は、NHK抗議カンパ・ハンドマイクカンパと、ほんとうにありがとう！

5月は会費納入が着実にあるといいなと内心不安の事務局です。よろしく。

1980年6月

活動報告

国際婦人年をきっかけとして
行動を起こす女たちの会

【事務局】
〒160 東京都新宿区若葉1の10
グリーンマンション D内
Tel 03（357）9565
郵便振替 東京0－44014

「亭主関白」がユーモア？

4・13「NHKテレビ英語会話Ⅱ」抗議行動記録

「これは語学のテキストなわけでありまして、英語表現の技術を学んでいただく素材にすぎないのであります。そのように、表現内容についての当否をどうこう言われましても……確かに道義上問題となる点はございますが。」番組担当・岩元氏の言葉である。

四月十三日に放送、そして十六日に再放送されたNHKテレビ英語会話の内容は、『女房なんてどうにでもできるものですよ。』等の文章が『日本一の関白亭主』へのインタビューとして並べられ、それを丁寧に反復練習するものでした。のみならず、その奥さんが「主人はまるで大きな赤ん坊ですから。」「でも財布のひもは私が握っているし、子供の教育は私まかせですし……」と言うのに対し、米人女性記者が「本当の主人が誰であるかわかった。」と応えて結ばれています。

これは人間としての女の尊厳（憲法十三条十四条二十四条）を侵すものです。即ち「男は仕事・女は家庭」という性別役割分業は、単なる役割の分担ではなく、女は家にいて夫につくすべきものとしての女の生き方を固定化し、基本的人権である女の労働権（他人の世話にならず経済的自立をして生きていく権利）を否定するものであり（4・12要望書・井の部起草）、特に末尾において、家計のヤリクリを全面的に押しつけられていることがあたかも大きな権限をもっているかのごとく、米人女性記者に日本の主婦の差別的現実を合理化して理解させるという会話設定は、性別役割分業を維持助長し、これを練習する青少年への影響ははかりしれないものと思われます。

そこで、放送中止を求める抗議行動の開始です。

4月10日　右テキストを教育分科会の山根さんが発見、NHKに個人として抗議のあと、事務局に連絡が入る。

4月11日　NHKに電話。番組担当の岩元氏、性差別とは解されないと言うも、翌日の話し合いを約束。

4月12日午後五時三〇分　NHK西口玄関ロ

ビーに五十八名集まる。

東館六階656A室にて岩元氏（通信教育班主管）・小嶋氏（チーフディレクター）と会見。教育分科会の仲野・中嶋を中心に、性差別である問題点を指摘し放送中止を求める。これに対し、岩元氏はテキスト10ページ「発想1」の部分のみが差別と誤解されるおそれがあるとして削除を提案。放送中止を求める行動する会と平行線を辿る。参加者各人が憤りをもって発言抗議する。

一時間の食事休憩をはさみ、放送中止権限をもつ石田岩夫氏（通信教育班チーフ）と交渉。話し合いに進展はなく、NHK側は終了を申入れ退席。退室しようとする同氏らと説得・交渉を継続しようとする当方と対立、紛糾す。同氏らが防災管理室へ逃亡(?)。NHK側は十五分後の交渉再開を約したにもかかわらず、守衛長を通して退去を迫る。これに対しくり返し交渉続行中を告げ開始を求める。

――徹夜交渉に臨めることを三十二名、確認。

4月13日午前一時　NHK会長宅に電話、事態を説明し放送中止命令の要請。――この間同室にて抗議文作成チームを組む一方、歌や踊りの飛び出すリラックスしたふんいきも。それにイスを二つつないだり、じゅうたんの上や机の上でも充分眠れる。

午前六時　岩元氏に電話を入れる。館内から全員退去の上、一番最後の人から抗議文を受け取るというNHK側と話し合いならず。強行放送するなら見せろという行動する会の要求に、ナントあのNHKにテレビがないと拒否。

午前六時四十分　退去を迫る守衛長に番組をみせろと要望。守衛長を通し、抗議文を渡す。

午前七時　代表として五人が守衛室にて番組を見る。

テキスト「発想1」の部分のみ削除さる。応用練習として出題された図柄は亭主関白の裏返しとして恐妻家を取り上げ、暗に「近頃の主婦」の怠惰をほのめかすという悪意に満ちたものであった。

午前七時半　東口玄関前にて抗議文読み上げ。シュプレヒコール。NHK警備員に退去を迫られながらの雨やどりの中、悠然とさし入れのお握りを食べる。

その後、電話、ハガキ、電報と抗議を続ける。

15日再放映中止要請書の手渡し。NHK前及び渋谷駅前にてビラまき。（講師杉田氏は渡米中にて抗議は帰国後に予定）当日の抗議行動は、日経、毎日、信濃毎日、ジャパンタイムズ、その他の新聞に報道さる。

行動する女たちのエネルギーが凝縮、点火そして番組一部変更という成果を勝ちとったのです。

これからもさわやかな行動にむけてエネルギーを蓄積したいものですね。

（報告　細木）

波

陽よ　昇れ　――イスラムの女へ――

生原央子

「アラーは、女を男より低いものに
　造られた」※
祈る少女
イスラムの少女
瞳だけの少女
その母たちが渡った砂漠は
どこまでもチャドルの中だった
チャドルの女
美しい可能性の女よ
宿命ではない
イランの女の
アルジェリアの女の
モロッコの女の
その漆黒の瞳に
陽よ
昇れ
コーラン以前の砂漠に
コーラン以後の砂漠に

※イスラム教の教典、コーランの中に記されている。
一九七九、ホメイニ師は言った。「売春婦のように顔を見せる女はイスラムの女性ではない」と。

きてよ　あなたもネコつれて

つくる会第一回総会参加の記

春雨降る夕べにしてはちょっとむし暑すぎる五月三十日、所は八丁堀にて、「ああもしたい　こうもしたい　きてよあなたもネコつれて」の集会が開かれた。実は、これこそ第一回私たちの男女雇用平等法をつくる会総会。

忘れもしないあの八百人の女たちの手で産ぶ声をあげた山手教会での大集会からおよそ一年四ケ月たち、今や成長期へさしかからんとする大事なふし目の集いであった。

私たちをとりまく情勢と私たちの運動→活動報告→会計報告→活動方針と、プログラムが進み、いよいよ今宵のメイン・イベント。軽快な競馬音楽にのせて、佐々木元子（鉄連裁判の原告だよ）が紙を持って舞台をヒョコヒョコと歩く。紙にいわく「聞いた、言わせた、政党の胸の内――特別レポート」客席の方から、民社党・社会党・共産党・つくる会とゼッケンをつけた四人が登場し、舞台は国会の場へ。五月二日・十六日・十七日つくる会のメンバーが平等法についての公開質問状を持って政党訪問をした時の実話にもとづいて劇化したもの。日頃はクールな理論派で通っている法案グループの六人が、恥も外聞も捨て、この体当たり演技。男の世界、社会党の中で女のヒステリーなどという汚名を着せられながらも、ひたすら女性解放めざしてガンバッテいる田中寿美子氏の苦悩がにじみ出ていた末松。国会解散というハプニングに腰も抜かさんばかりにあわてていたその日の民社党政策部長今野竹治氏をものの見ごとに演じた高木。わが党はどの党にもまして婦人の解放のために斗っているのだと主張して止まない日本共産党下田京子氏を終始コミカルに再現してみせた岡部。相かわらず、堂々としかも適確に質問を続ける、つくる会よそいきの顔の浜田。難解かつ退屈になりがちな法律制定の質問も、こんなふうに工夫すれば笑いの内に、各政党の弱点や特長が納得できてしまう。

さらに特筆したいのは、今後の活動方針のユニークな点だ。

①集会から行動へ！（差別企業を告発しよう▼政府や政党への働きかけを強めよう▼いろんな女の場に出かけていこう▼パンフレットをどんどん売りにいこう）

②おもしろい運動をしよう！（女の運動のやり方を追求しよう▼おもしろ企画なんでもグループをつくろう▼ダベリングなどをもっと楽しもう）

③会員をドーンとふやそう！（わかりやすいパンフレットをつくろう▼つくる会ニュースを充実させよう▼女の伝達手段を豊かにしよう、フィルム・歌・おどり・芝居▼そばにいる女たちと平等について語り合おう）

④理論を深めよう！（平等法と女の解放について理論を深めよう▼私たちの法案の内容を深めよう）

以上の方針に呼応するかのように、早速、二次会がちゃんと用意された。参加者の約六割が会場から流れて、真向いの中華料理屋さんで乾杯！　丸テーブルを囲み、ビールでのどを潤しながら語れば、集会とはまた違った格別の想いが胸をよぎる。何年かかるかもしれない世直しの運動だ。ゆっくりと、のんびりと、盃をならし、卓をたたいて、夢を交換しながら進みましょう。次回はもっと多くの女たちと飲めることを願いつつ。

（晩野）

3

〝青木雨彦〟ひきさがるの記

「モシモシ、こちら労働分科会のものですが……。」雨彦退治の意気に燃えて、再度私は品川労政のダイヤルを廻した。何としても婦人労働講座の末席から、キャツを引きずりおろさねばならぬ。そのためにはソフトムードで担当者に迫っちゃったりもするのだ――。ところがその瞬間、「いや、どうもどうも。青木雨彦さんを呼ぶというのは穏当ではないとこちらでも判断致しまして、はい、とり止めにしました……。」この前とは打ってかわった愛想のよい声が受話器の向うで頭を下げたのである。

雨彦の代打には今井通子氏が選ばれたそうな。

林陽子からの便り

我が家は両親の結婚以来二十数年間定期講読してきた週刊朝日を先月でやめました。良い記事が少い、あまりに男性中心で女性をバカにしたコラム等が目立つ、のがその理由です。もちろんアメヒコの「男と女のト音記号」など、その筆頭です。

会報の「雨彦と婦人労働講座」全く同感！と同時にユーモアたっぷりの名コラムに感心しました。これをぜひアメヒコに読ませたい。「〝ウチの大学の先生は女子にはみんな優をくれるの〟――どうりで女子学生の成績が〝良い〟はずだ。」などという、おもしろくもおかしくもないコラムを書いて食っているアメヒコがこれを読んで何と言うのか聞いてみたいわい。

ジョキ会合日

国際婦人年をきっかけとして行動を起こす女たちの会

6・2　6月世話人会
6・3　80年女の集会実行委　於あごら
6・5　労働分科会
6・6　80年女の集会実行委　於あごら
6・7　フォーラム参加の打ち合わせ会
6・8　離婚分科会
　教育分科会　於坂本宅
6・10　80年女の集会へ向けて内部討論
6・12　80年女の集会実行委
6・13　80年女の集会実行委
6・14　80年女の集会
　於千駄ケ谷区民会館
6・19(木)　労働分科会　6・30〜　ジョキ
6・24(火)　80年女の集会反省会　6・30〜　ジョキ
7・4(金)　7月定例会　6・30〜
　「民間会議歓送会」

初夏の一夜、グラスをかたむけながら、デンマーク・フォーラムへ参加する人たちが熱い思いを語ります。席上、私たち日本の女からのメッセージを託します。あなたがフォーラムへ届けたい思いを彼女らに託しましょう。なお、メキシコ・トリビューンに参加した人たちの経験談も聞く予定です。（コペンへの空席がまだ2、3あります。お早目にご連絡ください。）

場所は新宿駅から十分以内。奇想天外お楽しみに。問合わせ03・357・9565

7・7(月)　7月世話人会　6・30〜　ジョキ
7・13(日)　離婚分科会　2・00〜4・00
　ジョキ
7・11〜13　労働分科会合宿　問合せ石原

刑法改悪に反対する婦人会議

原則として毎週木曜日ジョキにて6・30〜

私たちの男女雇用平等法をつくる会

6・20(金)　運営委員会　6・30〜　ジョキ
　総会反省会他
6・27(金)　運営委員会　6・30〜　ジョキ

鉄連の七人と共に性による仕事差別・賃金差別と闘う会

6・9(月)　運営委員会　6・30〜　ジョキ
6・19(木)　学習会
6・23(月)　運営委員会　6・30〜　ジョキ
7・14(月)　運営委員会　6・30〜　ジョキ
7・28(月)　運営委員会　6・30〜　ジョキ

★集会のお知らせ

6・22(日)　シンポジウム「労基法改悪反対！男も女も育児時間を！」1・30〜
於中野区・新井地域センター
問合03・385・[redacted]増野

1980年
7.8月合併号

活動報告

国際婦人年をきっかけとして
行動を起こす女たちの会

【事務局】
〒160 東京都新宿区若葉1の10
グリーンマンション D内
Tel 03（357）9565
郵便振替 東京0－44014

80年おんなの集会 PART I

女はすべてを創る

80・6・14 千駄ケ谷区民会館 1・30～5・00

たくまざる ユーモアと活力

「女はすべてを創る」と、銘うった80年おんなの集会、Part－One。6月14日、昼さがりの千駄谷区民会館には、10指に余るリブグループが集まり、それぞれの創意工夫をこらしたアピールが、共鳴と連帯の波紋を会場いっぱいに広げていった。

「行動する会」では、労働分科会の水沢さんのアピールの後、離婚分科会は、「夫」寄りの家庭裁判所の離婚調停の実態を、教育分科会は、「熱中時代―差別編」と称して、教育の場で日常茶飯事に見られる性差別を、それぞれ寸劇にして表現、爆笑とさかんな拍手をまき起こした。「鉄連の7人とともに性による仕事差別、賃金差別を斗う会」の裁判劇も、菊橋さん、船戸さんなどの原告たちのコミカルな名演技が集った女たちの視線を一点、法廷シーンに釘づけした。（ちなみに当日、会場で取ったアンケートでも、「行動する会」と、「鉄連」のコントは圧倒的な人気を博した。）

―女たちのたくまざるユーモアと活力！それは、国際婦人年から5年、日本のリブ運動の胎動から10年という、私たち女の斗う歴史をほうふつさせる。「芸」の達者さは則ち、女たちの主張の明快さであり、つみ重ねた実践の厚みと自信が、女たちを、照明なしで輝やかせるのであろう。（ワァー、言い過ぎかしらん）。

まるで総合病院みたい

会場討論に移るや、勢い良く手が上がる。

「寸劇や歌の形で、学校教育の中の差別が告発されたが、見ていてわかりやすくて、面白かった。私もこういうやり方で、これから学校の中で斗っていこうと思う」。（大学生）

「運動をやっていて、男の人と接してめげることが多かった。今日、ここに集った女のパワーを持って、これからも男と格斗しなが

らやっていきたい」。(高校生)

若々しい意気に充ちた発言は、感動的だった。又、石川県から来たという女性は、「この集会に参加して、まるで総合病院みたいに、問題別に、女のいろいろなグループが存在していることを知って驚いた。それぞれと連絡をとって勉強していきたい」と云い、いろんな分野をやっている女の力、というものを改めて参加者に印象づけた。

それを受けた形で、「女の運動がバラバラの所で、ほそぼそとやられているという現状を何とかしたい」という、もう一歩突っこんだ行動提起があり、「この集会をきっかけにして、連合の拠点をもう一度創り出そう」という積極的かつ建設的な発言があい次ぎ、「80年女の集会実行委員会」が、連絡会議結成の具体化に向けて取り組んでいくことが確認された。

PART2はもうはじまっている

グループごとの個別課題は別々でも、女の運動の目標はひとつ。社会を変えていく力を創っていくことが大切だという一致点を踏まえて、私たちの男女雇用平等法をつくる会」、「行動する会」、「家庭科の男女共修をすすめる会」から、次々と「婦人差別撤廃条約」の署名、批准を政府に迫る運動をつくり上げていく中で、連帯していこうという熱心な呼びかけがなされた。(御承知のように、政府はこの条約を国連総会での採択の時には賛成票を投じながら、国内体制の不備を口実に、コペンハーゲンでの中間年会議における署名を見送るという方針を固めている―田 6月14日現在。)

いうまでもなく、この呼びかけは受け入れられ、ただちに条約の署名見送りに対する抗議要求文が決議され、実行委員会の段階で、デモ、ハンストなどを含めた強力な批准推進運動が検討されることになった。同時に、秋の80年おんなの集会、Part-Twoでもこの問題を一つの焦点に据えようという意見が強く出された。

6・14集会の参加者は、はやくも秋の集会の青写真を胸に、一路、帰路についたのである。

(石原)

婦人問題企画推進本部訪問記

6月14日の女の集会抗議文を外務省・婦人問題企画推進本部・労働省・文部省・法務省に送ったのですが、署名されるとの方向が出されてから、また、署名すればいいという問題ではない、国内条件の整備をやれという内容の要請書をもっていきました。

この二度目の要請書を仲野さんらが婦人問題企画推進本部へもっていった時のことをちょっとお伝えしましょう。受付窓口は婦人問題担当室。

開口一番、「ネェ、ハンストどうなった?」

〜(ウーム、ハンスト宣言は効果があったんだなあ)

こちらは国内条件整備についてひとつひとつ要請。でも、どれについても「フーム、むずかしいでしょうね。」との答。家庭科の男女共修にいたっては「十年くらい変わらないでしょう。」男女平等法については、「まだ見通しはたっており(マセン)」(このマセンのところは聞きとれないほどの声でした。)国籍法については「変えなければならないのでしょうネェ。」などなど。強く要請すれば「そちらでがんばって実態を変えてもらいたい。」なんてよく言うよ。何のための婦人問題担当室なんでしょうネ。私たちこそがんばらなくっちゃネ。

肩すかしにあったハンストの記
――その結末と課題

てんやわんやの準備とあとしまつ

とにもかくにも、条約にふりまわされた一カ月だった。

婦人差別撤廃条約に署名しないとの政府方針が新聞に報道されたのは80年女の集会パートIを一週間後にひかえた忙しいさ中のことであった。

これは大変、だまってはいられないと抗議文をつくり、6月14日女の集会で採択と同時に淡谷さんからハンストの呼びかけあり。

ハンストやるなら私もやると、続々名乗りがあがって8人にもなる。

ところが、その2週間ほど後、またまた署名する方向になったとのニュースが伝えられた。各省庁への新たな抗議文、ビラつくり、テントの準備、ハガキでの連絡などなど、やっとのことで、その準備が完了しかかった頃のことなのである。

こうなればしようがない、6月28日ハンスト中止を決定。署名する方向はたしかに喜ばしいことに違いはないのだけれど、ようやく形になりかけた多くの女のグループの共同の運動の芽は発芽途中で、その発育を止められた感じである。

中止といっても、全国各地に大々的に情宣してしまったものを取消すのが、これまたひと仕事。ジャンジャン鳴る問い合わせ電話と4・5・6日に数寄屋橋公園に行ったけど誰もいなかったと言われる人ごとに頭を下げ、状況説明をする事務局は、女たちのエネルギーを、デモ・ハンストに向けられなかった無念さをかみしめるのである。

7月4日　出なおし集会

久しぶりの好天。まぶしい光に目を細めながらハンスト中止を知らないでやってきた人たちと実行委とで集会。あーあ、今日はこの日比谷噴水前を女の熱気でうめつくすはずだったのにと思いつつ、それでも30人ばかりで状況説明に続いて決意表明。よっぱらったおじさん二人の妨害にもめげずにがんばったのです。

署名されるのはいいことだけれど、形だけの署名にされる危険性が強いこと、従ってこれからは、この条約の国内における全面実施こそが課題になることなどを確認。この日はこの日なりに意義多い女の集会であった。ハンスト予定者の残念ソーでホッとした顔。肩すかしのハンストだったけれど、日本の性差別の現状を考えれば、出番は何度となくやってくるだろう。その時にまたがんばろうネ。

これからの長い女の斗いのために

政府が署名しない方向から一転して署名する方向へと向きを変えたその経過を少しさぐってみよう。

署名しないことに対して全国の女たちから抗議文が殺到したこと（80年女の集会の抗議文はその第一号だったようだ。）、また、市川房枝さんらの抗議が実ったことは事実である。ハンスト宣言が政府への大きなプレッシャーになったことも、また事実であろう。

しかし、署名する方向に決めたという理由が実に問題なのである。「日本だけ署名しないわけにはいかない。」「高橋展子（中間年政府間会議首席代表）さんにデンマーク会議でかなしい思いをさせたくない。」など、政府の言い草には全くあきれてしまう。

抗議の成果ありと単純には喜んでいられないのだ。形式的署名から形式的批准に終わらせられる危険な可能性が十分考えられるからだ。国内の性差別をそのままに、いいかげんな批准をさせてはならないと思う。

採択の際の留保事項の3点①雇用上の性差別を禁止する法律の制定②父系血統主義の国籍法の改正③家庭科の男女共修を実現させるべく、女たちの巾広い運動をこれから、よりいっそうもり上げていきたい。この長い地道な運動へ、私たちはその一歩をふみ出したともいえるだろう。

オリテ〝婦人差別撤廃条約〟

デンマークの署名式の7月17日は日本ではちょうど7月18日。この署名式の時間に〝婦人差別撤廃条約〟の内容をたくさんの女たちで確認するべくオリエンテーションをもった。形式署名という政府の御都合主義にだまされず、本当に性差別をなくしていくため女のつどいである。急きょ決定したため、めずらしく「厚生年金会館」という高い会場を借りて決行。九月活動報告に掲載予定。

（報告　井の部）

七月四日の夕、四谷駅近くのコーヒーショップ「コルツ」で、コペンハーゲンの民間会議に参加する方々の歓送会が開かれました。

コペンハーゲンにゆく会員八名のうち、金谷千都子、兼松千恵子、中嶋里美、佐々木元子、樋口真理子の五名が出席され、送る側は二十名が集りました。

店の奥の大テーブルを囲んで先づ乾杯、次に、差別撤廃条約に署名しない方針だった政府が行動する会のハンスト通告をはじめとする、各婦人団体の一せいの抗議に驚いたのか急に署名することに決めたため、この日予定されていた、ハンストを急拠、集会に切替えた経過の報告を井ノ部さんから、続いて三十二万名の直接請求によるアセス条令案が、明日は否決されるだろう、という都議会傍聴の腹立たしい見通しが中島さんより語られて、暗たんたる空気が流れました。

気をとり直して本題に入り、旅立つ五人が一言づつ計画や抱負をのべ、気分の盛り上ったところで、コペンハーゲンに持ってゆく英文のパンフレットを作ろう、という提案が出されました。出発の十九日まで正味二週間しかないにもかかわらず衆議一決、タイトルは

80.7.4　6.30〜9.00

コペンへ愛をこめて

中間年会議参加者
歓送会

「ACTION NOW IN JAPAN」

内容、スタイル、分担、日定とテキパキとまとめ上げてゆく、何とも頼もしい姉妹達には全く目をみはります。

内容は、会の足どりとその背景及び展望で随所に写真も入り、英語を母国語としない人達にも解り易いものになりそうです。

泊込みや徹夜を覚悟のきびしい作業を進んで分担された方々の熱意には、何時も乍ら心打たれます。

自民党の圧勝により軍備増強などキナ臭くなりそうな情勢なればこそ、世界の女性との連帯を少しでも進めるために、このパンフが役立ちますように……。

これだけの実務を進め乍らも、ビールは、次々と空になり、おつまみの美味しさも楽しんで、なごやかな気分にゆとりさえ感じられるとても良い集まりでした。出発される方々にとって楽しい旅でありますように。そして何よりも健康と平安を祈ります。

一人一人がいろいろな面から仕入れて帰る情報を期待して待っています。

いってらっしゃい。

（文責　盛生）

ACTION NOW in JAPAN

撤夜で作りあげた英文資料

「うぉーっ！　すごいじゃない。よくやったわね」この一声のためにも作ったかいがあった。**ACTION NOW in JAPAN**。日本語にしたら「日本における現代の（女性解放）行動」を作ることになったのは七月四日だ。

コペンハーゲンへ旅立つ行動する会のメンバーに何も資料を持っていかせない手はない。全世界の人々に日夜、日本の性差別と斗っている女たちがいることを知らせたい。こんな動機から話がまとまった。中味は、行動する会の行動記録と80年女の集会パートⅠの経過とパートⅡの呼びかけが中心だ。写真をふんだんに使っているため、英文資料としてばかりでなく活用できそう。表紙は、行動するエネルギーを爆発させ、雇用平等法のうたをうたっている女たち——大空にむかって両手をあげ、力いっぱい大地に足をふんばっているあの写真だ。もくじは、

一章　さあ、あなたも一緒に！
二章　私たちの活動
♦政府、自治体に向けて　♦マス・メディアに向けて　♦労働問題　♦教育問題　♦離婚問題、主婦問題
三章　さて、これから！
四章　写真のページ
♦私たちは革命を起こす　♦私たちは発言する　♦私たちはおたがいを知り合う　♦私たちは私たち自身を最も愛する
五章　新聞、雑誌記事より

24ページの小冊子だが、今ごろはコペンハーゲンに集まった女たちの手に渡って「日本女性も、こんなにパワフルなの?!」と驚かれているだろうな。

一冊　二五〇円。外国に友人のいる方、英語の読める方、海外旅行する方、国際連帯に関心のある方、カンパしてもいいと考えていらっしゃる方、いや、行動する会会員ならどなたでも一冊はお買い求めを！　約九万円の出版費は、「女はこうして作られる」というベスト・セラーを出した教育分科会から前借りした。行動する会を外国の女たちに知らせるチャンスです。たくさん売って下さい。

申し込みは、二五〇円プラス郵送料一二〇円で三七〇円。切手で可。十冊以上の方はこの際ジョキへ足を運んでみませんか？　日本における女性解放のメッカですゾ！（英文資料緊急グループより）

追記　ヨーロッパ女性解放の旅。という案内を箱崎エアターミナルの交通公社入口にはらせた女たちの一行は、七月十九日コペンハーゲンに発った。英文資料をギッシリつめたカバンを持ち、夫や恋人たちに見送られる中を。八月三日帰国予定。政府ペースの国際会議にどれだけ〝ただの女たち〟の声が反映されたか、痛烈な批判と、評価をぜひ聞きたい。報告会が今から楽しみだ。

鉄連でまたも悪どい性差別

やっとボーナス交渉が終り、3.3ケ月で妥決した。ところが、である。主任の女性のボーナスだけ一万二千円から一万九千円カットすると会社側が言ってきた。その理由は、課長の下、主任の上にランクされている副長（なんと35才前後の若僧、もち男のみ！）より、主任の女性のアップ額が高いということなのだ。女は主任になるのに何十年という恐しく長い道のりを経てきているため、ほとんど50才前後。当然基本給は若僧より多いはず。当然男の主任は30才前後のため対象外。執行部にさっそく鉄連の七人が訴えたところ、かくのごとき暴論が返ってきた。「個人的なことは救えません」　さて、なんとしよう！

5

夏合宿へのおさそい

会も5年目。国連婦人の10年も中間年。その間うむことなく行動につぐ行動を続けてきたわたしたち。活動報告は月一回のペースで出してきたが、記録集の方は二年目までしか作っていない。三年目以降の記録集出版という悲願もふまえつつ、ここらで行動のエネルギーの底流を波うつ理論をもう一度、話し合ってみる必要がありはしないか。日本における女性解放はこれからどうあるべきか？ そして行動する会の運動論は？ 問題提起者数名のレポートをもとに徹底討論を、今夏こそ実現したい。あなたもどうぞ。

とき　**8月30日(土)午後一時〜31日(日)十二時**

ところ　**アジアホテル**（港区赤坂8—10—32　Tel四〇二—六一一一）
銀座線青山一丁目下車すぐ。

費用　**約五千円**（食費別）

申し込みは、8月15日まで JOKIへ

ジョキ会合日

国際婦人年をきっかけとして行動を起こす女たちの会

7・7(月)　7月世話人会
7・9(水)　オリエンテーション「婦人差別撤廃条約」準備実行委員会
7・11〜13　労働分科会合宿　箱根
7・13(日)　離婚問題分科会　2・00〜4・00
7・15(火)　80年女の集会パートⅡ実行委6・30〜ジョキ
7・16(水)　オリエンテーション「婦人差別撤廃条約」準備実行委員会　6・30〜ジョキ
7・18(金)　オリエンテーション「婦人差別撤廃条約」6時半〜厚生年金会館5F会議室
8・4(月)　8月世話人会　6・30〜ジョキ
夏合宿、九月定例会、80年女の集会パート2準備、分科会報告など、話し合わなければならないことがたくさんあります。
8・5(火)〜7(木)　全国高校女子教育問題新潟大会、教育分科会約6名出席。
8・10(日)　離婚分科会2・00〜4・00ジョキ
毎月第2日曜日に行います。
8・30(土)〜31(日)　夏合宿
9・1(月)　9月世話人会　6・30〜ジョキ

刑法改悪に反対する婦人会議

原則として毎週木曜日ジョキにて6・30〜

私たちの男女雇用平等法をつくる会

7・8(水)　運営委員会　6・30〜ジョキ
7・18(金)　採用差別グループ11・00〜ジョキ
なお第二、四金曜日にはつくる会運営委員会があります。手帳に書きこんでね。

鉄連の七人とともに性による仕事差別・賃金差別と闘う会

7・14(月)　運営委員会
7。28(月)　運営委員会　6・30〜ジョキ

事務局から

◉さて夏休み、事務局も夏季休暇に入ります。8月5日(火)から8月10日(日)までです。

◉最近、二年分の会費が振り込まれることが多いと喜びの事務局です。訪局してくれた人のカードがなくて、二年も会費を滞納しているからダワとしょげかえることしきり。でも転居先不明にカードがありました。住所変更もすみ、会費も納めて、お互いニコニコ。どんな時に会費を納めナクテハと思い起つのかナァ？ ぜひ教えてください。

◉ボーナスシーズンです。カンパをお願いします。行動する会は、8月と12月に財政的にゆとりができ、そのほんのわずかなゆとりで他の苦しい月をやりくりしています。

最後になりましたが、定期カンパを続けてくださる方たちに、感謝をいたします。

6

国際婦人年をきっかけとして
行動を起こす女たちの会

1980年9月

活動報告

【事務局】
〒160 東京都新宿区若葉1の10
グリーンマンション D内
Tel 03（357）9565
郵便振替 東京0－44014

80年女の集会実行委員会主催
オリエンテーション
「婦人に対するあらゆる形態の差別の撤廃に関する条約」
80・7・18㈮ 6・30〜9・00 於東京厚生年金会館

司会 ’79年10月、国連において賛成一三〇、反対〇、棄権一一（日本も賛意）という全会一致の中で採択された、差別撤廃条約は、女性解放運動にとって武器となる画期的な条約だ。今日批准署名式がコペンハーゲンで開かれているが、すでに五二ケ国が署名した。今後、完全批准させるべく運動をすすめたい。そのために、条約の内容、効果等についてこの学習会で知り、各々の場で女性解放にむけてこの条約の批准を進めるべく闘っていきたい。そして秋の10月4日、豊島公会堂での千人集会にむけて、条約を完全批准させるよう運動を盛りあげていきたい。

＜報告＞

淡谷まり子（弁護士）

①条約成立に至るまでの経過

国連経済社会理事会の中の婦人の地位委員会（現在32ケ国参加）でこの条約について初審議がなされた。婦人地位委員会は、過去に「婦人の政治的権利に関する条約」「既婚婦人の国籍に関する条約」「婚姻の同意、最低年令及び登録に関する条約」の草案を作っている。’67年同委員会は、「婦人に対する差別撤廃宣言」を草案、国連総会にて採択。この宣言は今度の差別撤廃条約の骨子、中核となるような、大きな意味をもつものであった。しかし宣言は条約と異なり、精神的な意味しかもたず国際法として文章化する必要があるということが’72年国連において決定した。その決定に基づき、婦人地位委員会で草案が練られ、’77年経済社会理事会にあげられ、その第三委員会に於てワーキンググループが作られてこの条約内容について審議検討された。それが、’79年12月18日、国連総会にて全会一致で採択された。

②条約の法的効果について

国連での採択だけでは法的効果は発揮できない。採択→認承（署名）→同意（批准）の三段階を経て、同意した国において法的効力をもつ。署名は条約を確認し合う行為で、署名した以上は批准にむけて努力しなければならないということで、法的効力の第一歩という意味をもつ。又この条約は27条に在るように、最低20ケ国の批准がないと、生きて歩き出すことができない。

③条約と国内法の関係

現在の日本では、一元的に考えるという見解がとられており、条約が国内法より優先する。（憲法98条）したがって、条約の批准により条約が効力をもつと、条約の内容に抵触する法律は基本的には無効となる。あるいは、政府は、抵触矛盾する法律を廃止又は改正する義務を負う。しかし、批准の際、矛盾抵触する部分、新たに立法しなければならない部分について留保することが可能である。

④留保という行為について

留保をつけて批准した場合、その条項については効力は生じなくなる。この条約の留保についての項は28条。ここでは『この条約の対象及び目的と両立しない留保は認めない』とある。例えば、女性と男性は法の下に平等であるといった基本的な点での留保は認められないが個々的な部分についての留保は可能で現実にされる恐れもある。批准の運動を進めるにあたり留保をつけさせないことが重要なポイント。特別の意義に解釈するという留保をつけることも可能で、現に先日の情報によると、『教育における同一のカリキュラム』に関して、文部省は、男女別学の家庭科については、右条項には反しないという解釈をするといい出している。

⑤前文について（由来と趣旨目的）

撤廃宣言の前文に、つけ加えられた部分があり、これは、この十年間の変化が現われたものである。具体的には、第3段『国際人権規約の締結が…』第8段『窮乏の状況においては…』から第11段まで、さらに、10段目で両親の子どもに対する役割をいっている。宣言では婦人の役割になっていた。又14段目も宣言になかった部分。

⑥第2条（売春防止法）

批准した場合、国がやるべきことを網羅的に謳っている。特に(g)に関しては、売春防止法がこれにひっかかる。

⑦第9条（国籍法）

国内法では、国籍法と抵触。宣言では第2項は無かった。日本が昨年批准した国際人権規約にも子どもの国籍を確保しなければならないことが義務づけられているので、この条約と両方から問題になる点である。

⑧第10条（男女共学〝セイムかイコールか〟）

ここは審議の時、日本がかなりがんばったところ。(b)の『同一教育課程』が、家庭科の男女別学と抵触する。審議に政府代表として参加してこられた高橋展子さんによると、文部省から「同一ではこまる同一又は同等にするよう」強く要請されたという。『同等』という言葉が入れば「女生徒が家庭科をやり男性徒が角技をやっていることは、同等だ」と言いのがれができるから。この日本の主張は日本以外のどの国からも総スカンをくらい賛意を得られなかったという。なぜかというと、アジア、アフリカ諸国の代表が言うには、「白人が人権差別をする時には、常にイコール（同等）といってだまされ続けてきた。だからセイム（同一）でなければならない」という。これは、アメリカで、白人と黒人の学校や車輌が別々なのは差別ではない、同じ施設を与えているから、「セパレート、バットイコール」という論理を展開したことがある。こういう論理がいつまでも続いてはいけないということが問題とされた。

⑨第11条（母性休暇）

母性休暇の有償制度をどのようにしていったらよいのか、こちら側で検討していき、どんどん提案していくべき重要なポイントだと思う。

土井たか子（衆議院議員）

①今年の予算委員会で、国籍法について質問をしながら、この条約批准にむけて日本は努力すべきだと強調してきた。外務省国連局長は「次国会では批准できるよう努力をする」といった。

②外務省内部にあった署名賛成派と反対派の

2

対立が今は反対派が負けたかっこうになってはいるが反対派の気持が根強く今もあることを忘れてはならない。

③留保の問題では、過去に国際人権規約の批准があったが、その留保条項の解除にむけて各省庁がどれだけ努力をしたかは、いいかげんなものだ。'75年のＩＬＯ102号条約における留保についても然り。批准してしまえばそれまでよという態度である。留保なしの批准の運動を進めることが肝要だ。

④私の感触では、政府は批准に五年はかけるつもりでいるが、その間に国内法とのつじつまを合わせる腹である。次通常国会に批准させるようもっていかねばならない。

⑤条約についての国会の審議は、政府が批准するにあたり提案して初めてはじまるので、今は早く審議せよという審議の状態である。社会党では婦人対策の委員会をつくっており皆さんの力を借りながらやっていきたい。

⑥国籍法の問題について。法務省は今まで、無国籍児の問題は、人権問題であり男女平等の問題であるという認識はなかった。しかし、今条約を批准する方向に動かざるを得ない状況の中で、これまでの認識をかえてきている。どうしても国籍法を改正しなければならないということになってきている。

松井やより（朝日新聞編集委員）

①署名しないつもりの政府が急変した理由

婦人団体からの突き上げということもあったが、やはり真相としては国際的な体面からと考える。従って、本気になって差別撤廃をしようという姿勢があったわけではない。だから、今後どの程度運動を進めるかということに批准の時期はかかってくる。

②各省庁をまわった印象

◆労働省は、雇用平等法を作るという段階がイコール批准と考えている。労基法３条に〝性による〟を加えればよいとする論はあるが、それでは職場に入る前の差別は禁止できないので平等法を作らねばならないというのが労働省の考え。どのような平等法かという点については、精神的なものから強力な罰則や委員会つきの強制力ある平等法まで巾広く考えられると労働省はいう。したがって、どんな平等法になるか、今後の運動いかんにかかっている。又、平等法を作る場合、現在の女子保護が今のままではできないといっている。この点が大きな問題である。

◆文部省の職業教育課は、現在の高校に於ける女子のみ家庭科必修は条約に抵触しないという見解をとりたいという。『同一のカリキュラム』とは基本的な教科が同一であれば、他は若干異なっても、この条約では許されるのではないかと考えている。これは、以前日本政府が解釈したのと違ってきている。条約作りの過程の中でセイムというのは強すぎるからイコールにしろと言っていたわけで、それは女子のみ必修が完全に条約に抵触すると考えていたからであって、その考えを変えてのがれようとしている。その点でもかなり運動をしていかねばならない。

◆法務省では国籍法改正には時間がかかるという。早く進める運動を盛りあげねばならないが、内容についても、父系主義を廃止させるにしても、条件をつけて実質は父系主義と同じにしてしまうことも考えられる。例えばスイスでは、両親のどちらからでも国籍をとれるが、母親からとる場合にはいろんな条件をつけるなど、現実問題としては平等でないことも在る。無国籍児の問題に関して、国籍法の改正にあたっては、二重国籍が防げない点をずっと法務省は問題にしてきた。日本女性が結婚する外国人は、多い順に韓国、アメリカ、中国。韓国の場合、父親からの国籍しか認めず、法改正により日本女性からの国籍を子どもに与えた場合、その子は二重国籍になり、韓国籍離脱のために韓国法務省の許可が必要となる。（中国の国籍法では離脱については自由な考え方で、他国の国籍をとれば自動的に中国籍は離脱できる。）このような例を出し、法務省は、二重国籍防止が問題だとしてきたが、最近は二重国籍を前提として、公務員法等の国内法の整備に内外接渉を進めるには時間がかかるといっている。いつ改正するかは最終的には政治的判断であり、国会が決めることだから、国会議員の先生にガンバッテもらわねばとしきりに言っている。

③沖縄の無国籍児の状況について

父親の国籍だけしか認めない日本の女性が、生地主義の国籍法をもつアメリカの男性と結婚した場合、次の三つのケースで無国籍児が生じてしまう。

一つは、純粋無国籍といわれているケースで、アメリカの移民国籍法によると、アメリカ人にアメリカ以外で子どもができた時、アメリカ国籍は与えるが、14才以上5年間を含めて計10年間アメリカで生活をした者の子どもに限るという条件がある(居住条件)。18才の若い米兵が日本女性と結婚した場合は、当然この居住条件を満していないため、その子は米国籍ももらえず、日本国籍ももらえない。

二つめは、米兵として基地に居る間は、日本女性と結婚しているが、帰国後行方不明になるケースでこれが多い。生まれた子はアメリカ領事館に行って出生届をするが、当の父親が行方不明なので籍が作れない（未就籍無国籍児)。

三つめは、婚姻外無国籍児。これが非常に多い。二のケースと同様アメリカ人男性が行方不明になり何年もたってあきらめて他の男性と同棲する。法律上の結婚は続いているから、同棲した男性の子どもの出生届は出せないため無国籍になる。

沖縄の無国籍児は統計上80人位いることになっているが、実際はいなかの祖父母に預けられることが多く、うずもれているケースが多い。無国籍というのは住民票がないことで法律上はその子供の存在がないということ。就学通知はこない、公立保育園には入れない、母子福祉法の適用もうけられない。又その子供の一生を通じて、日常生活の様々な場面で必要とされる住民票が無いことは大変なことだ。東京では外国人と結婚した女性が、子どもに日本国籍を認めよと訴訟をおこし、世に堂々と訴えているが、沖縄の女性は取材にも応じられないといううちひしがれた状態にある。沖縄の経済が、本土から切り離されていたり、基地の影響等で、女性が就労するのに働き口がなく、結局は基地周辺のサービス業に勤めることになる。そんな中で米兵と結婚、同棲というケースになってしまう。このような沖縄女性の置かれている政治的・経済的な厳しい状況がこの問題の背景にあることを考えねばならない。又、母子家庭が一万所帯(離婚・未婚が三千所帯、遺棄が二千世帯)と、本土に比べて非常に多い。そのような経済的困難さに加えて混血児の問題も大きい。黒人の混血児に対する差別は根強く在り、病院に産みすてにされる黒人の赤ちゃんも多い。

国際福祉沖縄事務所はこのような人達の子どもの国際養子縁組の世話や離婚相談に乗っている。無国籍児をかかえた母親は、帰化による日本国籍をとろうとしているが、その申請手続きが頻雑で、三十数種類の書類をそろえるだけでも大変な時間と様々な費用がかかり、子どもが高校生になってもとれないというケースもある。

実際の現状を知らないお役人的発想で法務省は簡易手続きですませられる帰化という道があるから法改正しなくともというがとんでもない。又今アメリカ国籍をもった沖縄の子がおとなになって日本人女性と結婚した時生まれた子どももまた無国籍になる。国籍法を改正すれば、最も簡単にこの問題は解決する。『国際児母の会』会長も「先進国経済大国日本において最も虐げられている者の人権の問題について考えてくれないなんて絶対に許せない。早く法改正をせよ」と強い怒りの声。又沖縄弁護士会も動き出しており、金城弁護士は「国際法の考え方からいっても、二重国籍よりも、まず第一に無国籍問題を重視すべきだ。日本の母親から生まれた子どもは権利としての日本国籍を保障すべきであって、日本の国にお願いして日本人にさせていただくといった帰化などという便法で済ませるべき事ではない」と言っている。

このように、女性の地位や人権について後

進国であるといわれている日本の実態が集約的に国籍法の問題に出てきている。母親の人権と子どもの人権の両方から、国籍法について考えていかなければならない。

〈質疑応答・討論〉

A　帰化について。二重国籍、例えば韓国人の場合には、日本国籍と韓国籍をもっているのだが、その場合に健保がうけられない等の問題があるが、無国籍から帰化した場合にも、そのような問題はあるのか。

淡谷　帰化というのは原則として、国籍の変更ということ。本来は、中国であれアメリカであれ韓国であれ国籍をもっていることを前提としており、別の国の人と結婚したとか、外国に長期間暮しており生活基盤がその国にあるというような理由で変更すること。帰化というのは許可であり、権利ではない。帰化のための条件は、これも男女差別なのだが、例えば日本男性と結婚した外国女性はただちにそれだけで帰化できる条件をもつ。しかし、日本の女性と結婚した外国人男性は、結婚してから三年たたないと帰化申請の条件をもたない。しかも申請したからといって、ただちに許可されるわけではなく、日本政府を害するような思想の持ち主でないとか、経済的迷惑——日本に来て生活保護をうける等——をかけない等のいろんな条件が満たされた場合に許可される。無国籍の場合には、母親が日本人であることがはっきりしているので、帰化の申請ができる。いったん帰化すれば、日本人ということで、年金や健康保険などは平等に受けられる。

B　私は、社会福祉事務所に勤めているので、健保、年金のことについてつけ加えると、国民年金以外の年金であれば外国籍の人でも日本の法律上適用をうける。健康保険についても外国籍でも受けられるが、無国籍の場合は住民票がないので事実上はうけられない。又、韓国やアメリカ等、特別に条約を結んだ外国人の場合は国民健康保険に入れる。外人登録の関係上、北朝鮮と韓国では差別されることがあるようだ。

司会　雇用の面について、弁護士の中島通子さんからどうぞ。

中島　雇用の問題と、直面する問題について。

これからの問題として、留保させてはいけないということがまず第一点として重要なことは言うまでもないが、しかし留保しなかったから、この条約に書いてあることが全部実施されるのだと考えることは早計であることを、昨年批准された国際人権規約に見ることが出来る。この国際人権規約の中では雇用の点に関して、「すべての者が自由に選択し又は承諾する労働によって生活費を得る機会を求める権利を含む」という表現があり、これが雇用機会の均等を定めたものといわれている。さらに「女子は同一の労働についての同一報酬と共に男子の享受する労働条件に劣らない労働条件を保障される」つまり賃金外の労働条件に関するあらゆる平等が規定されている。この二点が機会均等に関する規定で、もうひとつ母性保護に関しては、「出産前後の合理的な期間中は特別な保護を母親に与えなければならない。この期間中に働いている母親は、有給休暇又は適当な社会保障給付を伴った休暇を与えられるべきである」という規定が、国際人権規約の中にある。これを日本政府は、留保なしに批准した。ところが、これについて、国内法は何ら改正する必要はないという態度をとっている。昨年国会に提案された国際人権規約の承認を求める件の提案理由の中でこういうことを言っている。

『人権の尊重は日本国憲法を支える基本理念の一つであり、両規約の趣旨は、すでに国内的に確保されておりますが、規約の締結は我国の人権尊重の姿勢を改めて内外に宣言する観点から意義深いものと考えます』とある。もうこの規約に決めているようなことは国内的に確保されてしまっているのだ、だから今度の規約の批准というのは我国が人権を尊重している国なんだよと内外に示すために、つまりかっこうをつけるために批准する必要があるのだと説明している。

雇用平等法の立法措置についても、労働省

5

の発言にもあるように、精神的な条項を決めるものから罰則を伴うものまでいろいろ巾があるといわれている。この点について、日本の立法の中で重要な発言力を持っておられると考えられる久保田きぬ子さんが読売新聞で次のような発言をされている。『署名すべきだ。政府が国内法との関連で慎重になることはわかるが、この際対外的にも政治的な判断がより重要ではないか。第一日本国憲法は男女平等を明らかに謳い、細部についても努力を進めているのだから、署名をためらう必要は全くない。批准となると国内法の整備が必要だが、それとてもどの程度の政治段階で批准に見切り発車するかは、各国の社会文化条件により様々。そうしたゆるやかな解釈ができるのでなければ、一三〇もの国が採択に賛成できるものではない』これは久保田さん個人の特別の考え方というのではなく、今の政府部内の中に在る根強い考え方なのではないかと思う。こういうことになると、せっかく批准をしたけれども、あまり国内法は変らない。多少は変ってもあまり実効性のないもの、あるいは逆にむしろ私達女性の権利というものが制限される、生き難くなるということも杞憂ではない。その点で最も重要なのが雇用の問題であり、大変に膨大な複雑な問題をかかえているわけだ。もちろん重大なのが保護と平等の問題だ。この点について一昨年の労基研報告以来日本では大きな論争が巻き起っているところだが、これについて、松井さんの報告にあったように、とにかく平等法は作るが、その場合には今の女子保護はこのままではダメであるという発言を労働省の人がされたという。この条約がこの点に関してどういう規定をしているかは、第11条に詳しく記されている。第11条の中味は二点あって、ひとつは、平等の問題で、採用段階を含めてあらゆる点での差別の禁止、機会の均等という問題を定めているのが一項に当たる。二項に当たるのが、母性保護の問題についてである。ここでの母性保護は大変強力なものであるというのが先程から説明されている。この二本の柱である平等と保護との関係について、実はこの条約は大変重要な規定を置いている。これが第4条である。第4条の2項には、「母性保護を目的とする特別措置は差別とみなしてはならない」と在り、1項には「男女間の事実上の平等を促進することを目的とする暫定的な特別措置は、差別とみなしてはならない」としている。つまり、第11条でこの重要な平等と母性保護を二本の柱とし、第4条で二つの柱の関係を統一的に解釈しているということになる。私達がこの二つの規定を読むと、当然いま在る法規定 ── 間接保護も含めて ── は差別ではないのだ、平等法を制定する場合に、現在の労基法の規定は廃棄すべきものではないと読むわけだが、先程から出ているようないろいろ解釈の巾があるというわけで、例えばこういう解釈も成り立つ。1項の母性保護というものを、今政府のとっておる狭い意味での母性保護 ── 妊娠出産に直接関わるものだけ ── を母性保護ととらえて、第一項の暫定的な特別措置というものを、各国で最近行われているように、採用の場合には女性を何％雇わねばならない、雇わない場合には一定の制裁を加える、あるいは特別の奨励措置をとるといったようなことを特別措置というというように限定的に解釈してしまう。このような場合に、間接保護といわれる労働時間の女性に対する制限とか深夜業の問題、危険有害業務とかは、第4条の1項にも2項にも入らないような解釈も、やろうと思えばできる。私達はそうは考えないが、そのように具体的な問題になると、平等法の体系を、雇用における保護と平等の二つの体系、さらにその両体系の矛盾のない統一的な解釈としていくには、大変な作業になる。真に働く女性の、あるいはこれから働きたいすべての女性の人権を守っていくという立場から、国内法の整備をこの条約にそって完全に行わせていくことは、大変なことなのだ。安心して政府にまかせておけないことなのだということを、改めて申し上げたい。

淡谷　補足をしたい。批准させた場合に、いかに実効性あるものにさせるかについて、これからやらなければならないことは、二つある。一つは、条約に矛盾抵触する国内法の洗い出しをまず徹底的にやらなければならない。国籍法のような明確なものから、それ以外のこの条約の趣旨に反するような様々な制度なり

6

法律なり、あるいは企業の慣行を含めて洗い直さねばならない。もうひとつもっと大切なことは、条約に盛られている内容の内、それにみあう制度や法律のない空白の部分、例えば、雇用平等法。空白の部分に見合うものをどう保障させていくのか、我々がこういうものを作れといっていかない限り、具体的な構想を作って出していかない限り空白はうめられない。矛盾、抵触する部分以上にどのように空白部分をうめていくか、雇用平等法もそうだし、母性休暇をどう有償保障していくか――社会保険にするのか企業負担の問題とするのか、その辺は大変むつかしく、各国の制度も研究していかねばならないだろうし、教育のカリキュラムや、男女別学の学校の問題も、今後どのようにしていくのかという点についても、こちらの方から、こうすべきだと言っていかねばならない。又差別的な制度や慣行をもっている企業に対する措置についても具体的な案を示していかなければならない。男女平等を促進するための特別措置としてこういうものをやれ、企業に対してもこういう措置をとれとこちら側から積極的に提案していかなければならない。もう一つ、先程条約は国内法より優先するといったが、具体的な私人間の契約――労働者と会社との契約がこの条約に反するからといって無効になるかというと実はそうではない。つまり、一般的に差別をするような法律が在る場合は、その法律は無効になるが、私人間の法律関係に直接この条約が効力を及ぼしてその法律が無効になることはない。これは憲法でもそうであって、今まで若年定年別、結婚退職制の無効を、これは法のもとの平等に反するから無効であるといって裁判所で争った場合に、憲法14条に反するから直ちに無効であるとはなっていない。これは公序良俗に反するからといったワンクッションおいた無効ということになっている。というように、現在企業で行われているような様々の女性差別を是正させるためには、この条約に反するからというだけではなく、この差別を是正させるような法律を具体的に作っていかないとダメだということ。そのような作業を我々女性達がすずんでやっていくことが大切だと思う。

司会　教育の問題、家庭科の男女共修の問題について。

仲野　直接条文の問題とは少し離れるが、中学でも男子は技術科、女子は家庭科とはっきりわかれている。さんざん長い間運動してきて、高校の女子だけの家庭科必修ははずすことはできなかったが、ほんのちょっとだけの成果としては、中学において相互乗り入れといってほんの少しだけれど男女いっしょに家庭科も技術をやってよいことになる。しかし最も堅い石で出来ているらしい文部省からの指導伝達という方法だけで男女平等の教育実現をするのはむりだ。そこで、例えば埼玉の鳩谷の中学では、一年は男女共技術を、二年は男女共家庭科をやっている。このような試みをだんだん増していって、実績をあげていくというのもひとつの方法だと思う。それと積み重ねていきながら、高校の女子のみ必修をはずしていく世論を盛りあげていくことが大事だと思う。教育の中の差別の問題は、家庭科のことだけではなくどの教科の教科書にも、社会科はもちろん国語や保健に致るまで、男子は人間であって女子は人間ではない、という認識が底に流れていて男子は人間として一人前に仕事をし、家庭はほんのつけ足しという具合になっている。それは教科書だけではなく、私は区立の中学に勤めているが、三年生を受け持つと、私立の高校を回って、学校の雰囲気や目標を聞いてきて生徒に勧めたり勧めなかったりするが、私立の高校はほとんどが男女別学校になっており、私立に進む女子は女子高校に行くわけだ。女子高に行くと校長自らの説明の中で、『良妻賢母』という言葉そのものがとび出てきたり、家庭にあっては夫を助け気持よく働きに出すように、また女が働く場合社会勉強のために、男子を助けて補助的な仕事も文句を言わずやるような気持よく働く生徒を世の中に送り出しており、それ故に就職率がよいと、堂々という。親がこういう学校だからこそ選んで入れているという。確かにそういう面もあり又、公立高校が少ないためにしかたなく行くことにより良妻賢母をめざす学校がどんどん拡張している。このように根強い男女差別の問題がある。条約批准にむけて運動を進めていかなければならないが、その時に、どういう人間像をめざした教育を考えているのか、男女とも社会を形成していく同等の人間としてその可能性をのばしていくには、この条約の教育の面での効力をおし進めるためには、巾広く考えていく必要があると思う。

青山　中学で家庭科の教師をやっている。中学では乗り入れ共修が来年度からはじまるため、そろそろ準備をしている。男性教師の実態は、共修の意味が全く解っていない。文部省の方から出ているから電車に乗りおくれないために共修をやるのだとはっきり言う。人権問題なんてとんでもない。女子に木工加工をやらせるようになるといっても、今までにも女子にも住居の中で本棚等を作っていて、女子の内容は全く変わりないわけだ。又来年度から新しい教科書になり、それを選ぶことになるのだが、その内容を見ると、例えば休養日のさし絵など女は皆立って仕事をしてい、男は正にこたつにあたって団らんをしている。団らんをしているのは父親とおじいさんと息子で、女の人は、パジャマやネグリジェを着て、お茶の準備やお茶を運んでいるという具合。作った人は、「これは形を見せるために女の人を立たせたんだ」という。それだったら、男の人が着ている丹前やどてらだって立たなきゃ形はわからない。こんな教科書おかしいから、使えないというと、それは考えすぎだといって男性教師は絶対その教科書の方がいいと決定してしまった。知っている教師にこの教科書は使わないようにと文書を出したが、時間も少ない中で反面教師として使うよりしかたない。又食物のところでも、男は外へ出て立ち食いソバをしている様子など外食している写真が多く、女は家で作っている絵しかないという具合だ。現場からの報告です。

C　署名の後のことで、平等法の内容が専門家会議というところで検討されているようだが、それが署名によって合理化されて早めに出されてくるとか、どんな風に出されてくるが興味深くもあり不安だ。署名の影響などないのだろうか。

中島　影響はあると思う。先程の松井さんの話にあったように、労働省は、その内容はともかくとしても、平等法を制定してから批准になる。署名したということは批准することを宣言したことになるので平等法には手をつけざるを得ないというところだ。その意味での平等法を促進する役割は果していると思う。しかし問題は、平等法の内容で、労基法改悪を促進するような平等法を作るようになるのか、私達の解釈するようなこの条約の基本的理念である保護と平等は両立するのだということを生かした平等法を作るようになるのかは、それはこれからの問題であり、それにむけて私達がどういう運動を起こしていくのか、そこにかかっている。専門家会議のことについて言えば、メンバーを見ると、そう単純に平等法制定には労基法改悪をしなければならないという結論が出されるようでないと思う。そう甘くはないと言う意見もあるかとは思うが、しかしそう結論させないためにも、やはり私達がどういう運動を続けていくかということなんじゃないか。

司会　今後の私達の運動が問題だが、その内容が「性差別にくさびを」のパンフにくわしく書いてある。

D　以前、労基研報告が出たが、その内容の保護と平等という問題点に関して大論争が起ったのだけれど、労基研の報告の中では、男女平等を実現するには、妊娠出産に関する以外の間接保護を撤廃する必要有とした。労基研の内容は今度の条約の理念趣旨と全く相反するようなもので、条約は間接的保護を撤廃すべきという考えを否定する私達の主張にとって大きな武器となるものだと思う。

E　私は、アジアの女達の会員だが、国籍法の問題を私達はずっとやってきており、機関紙7号に、国籍法に関する基本的な資料が網羅してあるので、よかったら買って読んでいただきたいし、国籍法の問題にいっしょに取り組んでいただける方はぜひ参加してください。又売春問題については新しい機関紙でとり扱っているのでそれもよろしく。

松井　売春の問題でつけ加えたい。今全国でいわゆる前借金に縛られた売春——最も人権無視の状況がある。沖縄では、本土からの男達がたくさん観光に来て、沖縄の女性と遊んで、雇い主から本土の男達からは倍位お金をふんだくれと言われて働かされている状況がある。ある弁護士さんは、六〇件ぐらい具体的に前借金に縛られて売春をやっているケースが在り、いわゆるトルコ風呂では若い人は前借金なしで働いているが、一方ではいわゆる在来型といわれる昔の吉原とか赤線みたいに外に出て、それも皆中高年の子どもをもっているお母さん達がやっている。無国籍の子ども達を五人置きっぱなしにして、お母さんは家に帰ってこず、朝だけ公園でお弁当をわたしている。どういうことかというと、前借金に縛られて借金とりからのがれるために家にも帰ってこないということ等、悲惨なケースがたくさんある。沖縄の売春の問題を、本土の女達が同じ女性の問題としてもうちょっと考えなければならないと思った。

F　この条約中16条の婚姻家族関係に関する事項とあるが、日本の婚姻法――民法における婚姻の項、戸籍法とこの条約とを比べると、例えば条約中の(d)婚姻しているか否かを問わず、児童に関する事項についての親としての同一の権利及び責任という条文があるが、日本だと結婚していない女性に生まれた子どもの出生届けは父親はできないとなっていて、実際は男性が出生届をしても女性が届出したことになるとか、続柄の問題で非嫡出子扱いされることとか、(g)の条項と関連して、日本では、姓はどちらか一方を名乗らねばならない等、矛盾があると思うが、その事について説明をお願いしたい。

淡谷　例えば韓国の場合だと離婚の際に父親にしか親権を認めないということがあるが、その場合は明らかに条約に抵触するが、日本の場合非嫡出子は親権は当然母親の側にあるようになっており、たとえ父親が認知しても父親は親権をもてない。この場合は逆に男性を差別しているということで、非嫡出子の父親にも親権を認めよという見解も出てくると思う。現にスウェーデンでは非嫡出子の父親も親権者になれると法改正したと聞いている。姓の選択に関しては、この条文では、夫または妻の姓をどちらでも選ぶことが出来るという解釈だと思う。別々の姓を名乗るというところまではいっていないと思う。

中島　保護と平等は矛盾しないのだということを、この条約は明確にしたものだとここで確認したい。ただし、さっきの私の発言は、危険なマイナスの点についてだけ申しあげたけれど、この条約が批准されたらもう安心なんだと安心してはいけない、解釈のしかたによってどうにでもなるのだと政府に近い人が言っているわけで、それに対する警戒を怠ってはいけない。やっぱり私達はあくまでもこの条約の精神は保護と平等の統一的解釈であるというその立場を確認してこれからの雇用機会均等と母性の完全な保障を統一的に実現するような新しい平等法と母性保障の法体系を皆の力で実現していきたいと思う。

高木　政府サイドでも平等専門家会議で〝なにが平等なのか〟という点についての国民的合意をいろいろ審議しているし、各政党でも雇用平等法の案を出している。そんな状況の中で私達にとって本当に必要な雇用平等法を私達の手で作っていこうという『雇用平等法をつくる会』がある。そこでは、私達の具体的な体験の中から出された平等についてのガイドライン、いろんな段階での差別の具体例をひとつひとつ作っていって、いろんな所から出された平等法と対峙させていく。法そのものを作っていく運動と法を作らせる広範な運動を展開していこうとしているので是非いっしょにやっていきましょう。

司会　これから自分達の日常生活に帰って、どのようにこの差別撤廃条約を大きな運動にしていくかを考えたり闘っていく中で、運動を盛りあげていきたいと思う。10月4日には千人集会を予定していますので、皆のグループを誘い合って参加し、是非、条約の完全批准めざして、大きな運動に盛りあげたいと思う。

（文責　芦谷　薫）

9

外信部記者 婦人年会議を知らず!!
NHKテレホン抗議生放送
―80・7・30 午後9・30―

I このところずっとニュース・センター9時を見ているが、どういう訳かデンマークで開かれている国際婦人年のニュースが流れない。なぜか?

NHK1 ニュースは向こうから流れているものについては全て出している。朝のニュースワイドの時間ではデンマーク大使の、エートあの……方にインタヴューしている。

I いつ放映されたか。

NHK1 あの方が代表に決まった時と会議がはじまった時だ。衛星中継で。国際婦人年(笑い)を軽視している訳ではないが、外電ではいってくるニュースの流れの中で、はいってきた時点で出している。あなたの目にとまらなかっただけだ。朝のニュースの方がはいりやすいようだ。

I ニュースセンター9時は頭初から海外ニュースにはかなり重点を置いている。国際的会議ばかりでなく、小さなニュースも取りあげてきていると思うが、なぜか国際婦人年関係のは少ない。

NHK1 朝のニュースワイドとニュースセンター9時は両輪でやっている。朝に流したものは夜やらない。

I NHKでは特別取材班は組んだのか?

NHK1 私共は、海外にも駐在員がいるし、総局、支局とあるので、そっちのヨーロッパの方で取材している。

I じゃあ、今までニュースが少なかったと思うが、これからまとめて特別レポートとしてでもやる計画はあるか。

NHK1 ニュースのはいって来しだいなので約束できない。

I 非常に大事なニュースであると私は思っているが、こんなにもNHKが軽視するには何か深い訳があるのではないか。

NHK1 夜中の衛生中継で流れてくるのでどうしても朝のニュースにはいりやすい。一番ホットなところで紹介するのがニュースだ。生中継ではなく、定時電送だ。電々公社と契約になっていて、定時電送の時間が決められている。詳しいことについては外電の方に回すので、そちらで聞いてほしい。

NHK2 外電です。なんでしょうか。

I NC9は海外ニュースにはかなり重点を置いているにも関わらず、国際婦人年の会議についてはほとんどふれていないのはなぜか。

NHK2 話し中、恐縮だが、その件はNC9の係に話したのか? それでそれをこちらに回して来た訳か。それは……、ちょっと、ちょっと待って下さい。(大声で回りに怒鳴っている)NC9にかかってきたものをこちらに回されても、こっちでは、ねぇ、ちょっと受けてくれる。NC9の事なんだから、国際婦人年の扱い方が少ないって言ってるんだ。ちょっと話してくれよ。

NHK3 もしもし、NC9のものです。こちら外信の部屋だが、たまたまこちらにいたものだから。なにか。どういうことか。

I 国際婦人年のニュースが皆無に等しいのはなぜか。きょうは閉会式の日だが、きょうもNC9は何も流さなかった。何かわけがあるのか。

NHK3 ニュースヴァリューの問題だ。

I ニュースヴァリューの判断基準は何か。国際婦人年を軽視するNC9の方針はどういう判断にもとづいているのか。

NHK3 困りました。私では。ちょっと、困りましたね。編集責任者という者がおりまして……。

I 外電で国際婦人年関係のニュースはかなり流れてきているはずだが。

NHK3 あるという事は知っている。

I 国際婦人年があるということだけか?

大事な会議だと思うが。ただ、あるということだけしか知らないとは、ジャーナリストとしてちょっと……。

NHK3　どうぞ、ご説明下さい。勉強のために聞きましょう。さあ、どうぞ。（開き直る）

I　私こそジャーナリストとしてあなたの認識を聞きたい。

NHK3　**私は、全く関心を持っておりません。**

I　あ、そうですか。あなたはどういう方か。

NHK3　私はNC9のディレクターの佐藤です。

I　全く国際婦人年に関心がない、というのはどういうことか。

NHK3　どういうことということはないでしょう。なんか関心を持てるかどうかはですね……。ええと、私はですね、確かにおもしろいと思ったのは、ええと、どなただったか……。ええとあれは誰だっけ、名前はど忘れした。あのーええと、はじまったあの会議、**ええと、あの会議はデンマークでしたか？**もし、もし、あれはデンマークでしたか？

I　いやー、本当に関心がないんですね。はいデンマークです。あたりました。

NHK3　どうしてそういう言い方をするのか。

I　ジャーナリストの方だったら、国際婦人年の会議がどこでやっているか位わかっているはずだと思ったから。

NHK3　僕が「デンマークの会議でしたっけ？」と言った時「そうですね」と言えば済むことだ。そういう皮肉っぽい言い方をしなくても。

I　別に皮肉ってはいない。ただあきれているだけだ。

NHK3　ええと会議の冒頭で、ええと誰だったか名前は忘れたが、演説で多少興味をひかれる部分はあった。その時点ではもうすでに、（とぎれる）僕も個人的には多少興味を持ったが。ええ、**興味の内容も、もう今は忘れてしまった。**その程度なんですわ。あなたはどういう立場で……。

I　一視聴者として。

NHK3　なぜ国際婦人年を取上げるべきだと考えるのか言って下さい。編責の方に責任をもって伝える。

I　（中略）とくに、マスコミにおける性差別をなくし、女性の描き方を変えなければならないと、世界行動計画にうたっている。それに、女は内、男は外という性別役割分業は性差別につながると述べられている。日本も性差別撤廃条約に署名したことを知っているか。

NHK3　**いや、知らない。**

I　女は内、男は外という性別分業がなぜいけないか知っているか。

NHK3　**わからない。**私は、**別にいけないことだと思わない。**

I　それが女性の働く権利を奪っている（中略）採用にはじまって定年まで、ダブルスタンダードで、女はいつでも首のすげ替え可能な低賃金補助労働なのだ。

NHK3　女性の能力の問題がある。結婚してすぐやめる女性がほとんどだし……腰かけでいいからというのが多い。**まあ、どっちもどっちですな。**

I　どっちもどっちではない。私たちがその差別と斗うのは裁判しかない。あなたのようなマスコミ人がいるから、女はいつまでも苦しめられる。

NHK3　あなたのおっしゃりたいことはよくわかった。編集担当者に伝えておく。電話でお答えするように伝えておく。NC9でなぜやらなかったかということに関しては、私も直接関係しているんで……なぜやらなかったかと言うと、**結局は申し訳ないけれども、最初の時点でタイミングを逸してしまったと**いうことだ。

I　タイミングを逸したとはどういうことか。

NHK3　開会の時、まあ、要するに、NHKでも他の新聞、各紙と同じで、そこである程度済んでしまった時点で、**出てしまってから気がついたということがあった**ということで……。で、あのう、NC9でやらなくても

全国高校女子教育問題研究会に参加して

80・8・5～8・7　於新潟

　八月五日から七日まで、新潟で行われた会に女子高校生を持つ母親の立場で参加した。

　今年で五回目だというこの会の運営はまことに組織的に行われていて、女だけでもこんなにりっぱにやってのけられます、という見本のようだった。

　しかし組織的に行われるということは、会の運営はスムースに行くとしても、どことなくよそよそしく冷たい雰囲気がある。

　働く女エリートの集団という感じを受けたのは、私のひがみ根性か……。

　分散会で私は「新しい家庭像をどうとらえるか」という討論会に出席した。

　ここでは主として愛と性についての実践報告が出され、女子高校生の性的問題行動にどんなものがあり、それを教師がどうとらえ、生徒にどのように対して来たかということが中心の話題だった。

　報告に出された性的問題行動というのは、有職青年との性行動による妊娠・中絶というものが多く、高校生のセックスは許されるのかどうか、喫煙、夜遊び、飲酒、性行動の発覚による退学処分は妥当かなど、要するに私の高校でこんなことがあったので、こう対処しました、ということばかりなのである。

　私は自分の娘に恋人ができ、その関係がどこまで行ったら性非行といわれるのだろう、と暗い気持に陥った。

　「一人の人間が生徒にかかわれる時間など知れている。自分がどう生きているかを生徒に示すこと以外に教育などありえない」

といったある教師のことばに共鳴した。

　母親だってそうである。私が娘に教えてやれることなどもうないといっても良い。

　私は、「もし性の問題を高校の教育現場で教えるのであれば、避妊の大切さと、その方法をしっかり教えてもらいたい」と発言した。

　そしてもしこの討論会でそれぞれの地域から集まった人達が、自分たちの性意識を発表できるなら、それが一番面白い討論になるのではないかと提案してみたが、まるで無視されてしまった。

　「一人の生徒の気持を内部からぐらつかせ、自己変革にまでもっていくためには、気の遠くなるような激しく継続的な教育の営みが必要である」

という女教師の情熱！　すばらしいことばである。

他のニュースでひょっとしたらやっているのではないかなということも思ったものだから。ま、それはともかく、あなたのおっしゃる基本的に、その趣旨は、僕なんか、今おっしゃった、いやお話いただいたような意識で見てない限りにおいては国際婦人年を取組んでみようという気にはならなかったんじゃないかと、いうことでは非常に勉強させてもらった。反省している。

Ｉ　ちょっと待って下さい。始まってから知ったということは……全く国際婦人年があることを知らなかったのか？

ＮＨＫ３　私個人は、知らなかった。

Ｉ　でもあなたはＮＣ９の責任者の一人なんでしょ。私個人とか言って逃げないで下さい。

ＮＨＫ３　個人として申上げて駄目なら編責に答えてもらった方がいい。

Ｉ　話題にも登らなかったということか。

ＮＨＫ３　ええ、**話題には出なかった。**おそらく。僕は会議に出る立場にはないもんで。企画会議あたりで出ていて、何らかの理由で落ちたのかどうかは、僕は関知していない。

Ｉ　じゃあ、きょう閉会式があったことは知っていたか？

ＮＨＫ３　知らなかった。

Ｉ　一番はじめに出た人（ＮＨＫ１）が時差の関係でＮＣ９には流れにくいとかなんとかいっていたが、そういう次元の問題ではないしかし私はこのような美しい「ことば」がちりばめられた会全体の雰囲気がむなしかった。

「あなた自身は性に関する自己変革が、どこまでなされているのか」

それが聞きたかったと思う。

東京から参加した五人の「行動を起こす会」の女たちは、宿舎のロビーで女のうたをうたい、深夜まで自分と男とのかかわりを話し合った。――

自分を解放することもできないで、女生徒を解放しようなんて……。

（文責　遠藤和枝）

会員連絡帳

活動報告、最近とみに、ユーモアとウイットが効いていて良いと思います。悲愴な訴え(?)よりずっと励みになり、ヨーシ、こっちもがんばらなきゃ！という前向きの連帯感を与えられます。

札幌あごら主催、9月20日(土)、労基法改悪に反対し私たちの有効な男女雇用平等法をつくるための札幌集会、「いまこそ女の労働権の確立を！」、東京からの参加を期待しています。

山口里子（札幌）

「どんなときに会費を納めナクテハと思いたつのか…？」。いつもいつも思いたってはいるのだけれど、なかなか立ち上がれないのデス。今日は郵便局へいくヒマができたので。滞納すると、いっぺんに納めるの、ちょっとイタイから、こんどからちゃあんとおさめます。

佐賀千鶴（杉並）

行動する会の会費は一カ月五〇〇円です。「忘れちゃった」というお便りが多かったので、一言。

事務局

刑法、改憲、徴兵、靖国《ヤスクニ》、防衛問題が一挙に噴出している最近の状況に危機感をおもちですか？　ご連絡下さい。

刑法改悪に反対する婦人会議

んですね。

NHK3　それは知らない。それは別のものだと思う。

I　じゃあ、これからまとめて何か国際婦人年関係のニュースを流す予定はあるか。

NHK3　僕は、やるつもりはない。個人的にはですよ。編責と話して下さい。

（後略）

生中継のテープがあります。お聞きになりたい方はどうぞ事務局ジョキまで。ニュースヴァリューの問題とかいう横文字で答えると、素人が引込むと思ってか最初は軽く受け流していた。しかし、最後のセリフ「閉会式を知らなかった」と答えていることで明らかではないか。ニュースヴァリューなんかの問題ではなく、ニュース記者たちの無知が原因なのだ。NHKは特別取材班を組むことをしなかったばかりか、ニュースセンターの外信部担当者でさえ、全く無関心であることがよくわかる。

NHKにしつこく抗議を!!

TEL　〇三（四六五）一一一一

（報告　K・I）

80年女の集会

人のウワサも何十日とか申します。コペンハーゲン大会の閉会を持って、お兄さんが大部分のマスコミさんは、もうさっぱりと「女性解放」ということばもそれに対する関心もお薄れになったようでございます。

けれども、私たちにとっては、国連婦人の10年中間年は、そんな簡単に、「ファイルにして一ちょう上り」、のものでは、ございません。云わずもがなとは存じますが云わせて頂きます。私たちにとってこの中間年は「女性に対する差別撤廃」、「女性解放」のために、確かな足セキを刻みつけてゆくべき大事な年なのでございます。もっと云わせて頂きますと、私たちにとっては「婦人の10年」は終りのない10年なのでございます。はい。

6月14日のパートⅠの集会は御存知のように盛会で、この秋の大集会（パートⅡ）への期待がいやが上にも高まっております。はい、実行委員会もこのところ活気がみなぎっております。ああ、もう後がありません。詳しくは同封の黄色いビラを御覧下さい。それでは又。

と　き　10月4日(土)　1・00〜4・30
デモ出発5・00
ところ　豊島公会堂
チケット　五〇〇円（ジョキにあります）

ジョキ会合日

国際婦人年をきっかけとして行動を起こす女たちの会

9・2(火)　労働分科会
9・4(木)　教育分科会
9・5(金)　労働分科会
9・8(月)　80年女の集会実行会
9・13(土)　9月定例会「コペンハーゲン・フォーラムからの報告」
9・14(日)　離婚分科会　2時〜
原則として第二日曜日に行います。
9・16(火)　労働分科会　ジョキ　6時半〜
9・17(水)　80年女の集会実行会ジョキ6時半
9・22(月)　運動論グループ　6時半〜
10・1(水)　80年女の集会実行会ジョキ6時半
10・4(土)　80年女の集会パートⅡ　豊島公会堂　1時〜4時半　5時からデモ
10・6(月)　10月世話人会　ジョキ　6時半〜

刑法改悪に反対する婦人会議

原則として毎週木曜日ジョキにて6時半〜

私たちの男女雇用平等法をつくる会

9・5(金)　80年女の集会ミィーティング
9・7(日)　採用差別グループ　ジョキ1時〜
9・12(金)　運営委員会　ジョキ　6時半〜
9・15(月)　採用差別グループ　ジョキ1時〜
9・26(金)　運営委員会　ジョキ　6時半〜
9・28(日)　採用差別グループ　ジョキ1時〜

鉄連の七人とともに性による仕事差別・賃金差別と闘う会

9・5(金)　80年女の集会ミィーティング
9・8(月)　運営委員会　ジョキ　6時半〜
9・17(水)　第15回公判　東京地裁二階二〇六号　13時〜
9・18(木)　学習会
9・22(月)　運営委員会　ジョキ　6時半〜
9・27(土)　弁護団会議　東弁　13時〜

事務局から

◉事務局の開局時間が9時から5時に変更となりました。一応来年四月まで。

◉週刊読売見た？表紙にいい気になって「笑うな　動くな　息するな　ブスが空気を汚染する」だって、自分らが汚染している差別ガスは棚にあげて、ツービートやB&Bがまきちらす毒ガス標語に悪のりしているのョ。表紙を二枚にする程度にしておきゃいいのにネェ。何も毒ガス入選名作集まで公募するなんて！こんな差別の拡大強化をまともに受けるのは年令の低い女の子たち。許しておけない。

◉イラストレーター・翻訳者来たレ！

活動報告の中で使うイラストをだれか書いてくださいナ。ソレカラ、翻訳をしてくれる人、勉強のつもりでいいからやってみない。

1980年10月

活動報告

国際婦人年をきっかけとして
行動を起こす女たちの会

【事務局】
〒160 東京都新宿区若葉1の10
グリーンマンション D内
Tel 03（357）9565
郵便振替 東京0－44014

9月定例会 80・9・13(土) 1・30～4・30

コペンハーゲン・フォーラムからの報告

於 ジョキ

9月13日、コペンハーゲンまではるばる出向いた会員の兼松さん、金谷さん、ヤンソンさん、谷合さんの四名に集まってもらい、世界会議の報告会を開いた。行動する会ならではのユニークな報告の数々、にぎやかで楽しい三時間だった。言葉の障害にもメゲず、よくまあ集めてきたワイと思うほどのホットなニュースや、鋭い視点発見に一同おどろいたり、感激したり、あせったりでその様子を皆さんに伝えられないのが残念だけれど、ヤンソンさんのレポートに加えてこの日出された話のいくつかをまとめてみた。

＜自由でエネルギーあふれる
民間フォーラム＞

民間フォーラムの参加者は約八千人。ものすごい女たちのエネルギーを感じながら、ワクワク、ドキドキの毎日だったとか。

全体会は無く、一日に100程度の分科会が連日開かれたのでその予定がまとめて報道される〝フォーラム80〟をながめながら、どれにしようか目移りすること迷うことしきり、やっと選んだ分科会でも他では何をやっているか気になって落ちつかずソワソワした人もいたとか…。どこの分科会でも世界各国の女たちのどうどうとした態度、発言力、迫力に圧倒される思いだったという。メキシコ大会から5年の運動の発展なのだろうか。

民間フォーラムの全体を通して分科会開くも自由、とび入参加もOKで実に開かれたふんいきだったようだ。出発前、日本のNGOから前もって登録しないと会場がせまいから参加がむずかしいなどという堅くるしいニュースを聞いていた皆んなは、あれはいったいどういうことだったんだろうと日本のNGOに疑問をもった人も多かったようだ。

＜焦点がぼけた？
どうする！第3世界の女たちとの連帯＞

フォーラムは管理されない自由なふんいきが感じられた反面、全体の問題の焦点がぼけたきらいもあったようだ。5年前のメキシコ大会では全体会で第三世界の女たちの発言が参加者すべてに大きな問題を投げかけたというが、今回はマイクのとりあいこそ無かったものの、何かもう一つ共通の問題意識をもてずにバラバラに参加しまた散っていったという感をまぬがれなかったとか。（閉会式も無かった）

女の運動が進んでいるデンマークならではの多彩な企画だったとはいえ、会場を一歩出れば女たちがこじきをしたり飢えている現実を目の当りにせざるを得なかったメキシコ大会と、このような現実を全く見なくてすむデンマーク大会との差は大きかったのではないかとの意見も出された。特に参加者の構成もデンマーク二千人、アメリカ千人、アジア五百人（内日本三百人）、ヨーロッパ五千人であり、圧倒的に先進国の女たちが中心だ。はるばる外国まで出かけられる条件にあるのは金のある彼女たちであり、その上大会の地が先進国であればなおさらのこと、参加者のほとんどが先進国の女たちとなる。これは当然の結果だ。第三世界の女たちは発言する余裕がないのではなく、条件さえあればいつでも発言したがっているのにその条件が無い。このことを考慮し、第三世界の女の問題を本当に世界全体の女の問題として考え、とりくんでいこうとするならば、大会は先進国で開かれるべきではない、特に85年の会議を日本でという考えには反対だとのヤンソンさんの意見、考えさせられることが多かった。

教科書の性差別をとりあげているグループ（アメリカの大学女性協会）の話を聞いて、どこの国も同じような性差別に直面しているのだと心から連帯感をいだいたもののこのような課題をとり上げているのはやはり先進国の女たちだ。貧困やアパルトヘイト等政治状況が重くのしかかっている第三世界の女たちの力強い発言をあちこちで聞きながら、自分たちはどう連帯出来るのか考えこんでしまったとの報告（谷合）もあった。

＜日本政府代表と婦人差別撤廃条約＞

7月18日、五二ケ国が条約に署名した。留保事項なしで条約に署名した日本政府も、出産休暇について修正案提出、南アの人種差別については態度保留だったという。

高橋展子代表の発言は声も小さく力なく、どう見ても男の書いたものを女の顔で発表したと思わせるものだったという。前後の関係もなく突然に〇〇に〇〇ドル援助したなどと云い出す有様で、新聞には拍手があったと書かれていたが会議の中では不満の声があちこちで聞かれたとか。日本はそれほど差別がないのか、経済援助といっしょに性差別も輸出するつもりではなどとささやかれていたという。さもありなん！

他の国とちがって日本の政府代表は一切NGOフォーラムには姿を見せず、ひたすら官僚であり続けたようだ。特にキーセン観光を告発したグループに対し「日本の恥をここでさらすな」と云ったとか、「韓国の問題にふれてもらってはこまることになる」などと遠まわしに云ったとか…。その官僚的態度についての話題にはことかかない。彼女らは日本政府の利益の代表であり得ても日本の女たちの代表では決してなかったようである。

＜日本政府のマスコミ対策＞

世界会議の日本での報道がどうもおかしいと思った人が多かったのではなかろうか。それもそのはず、かなり徹底した記者対策が行なわれていたという。毎日、記者用に特別のインフォメーションが政府側から出されたというが、それは日本政府に登録したおかかえ記者団のみ対象にされたのである。記者団をまとめて同じホテルに泊まらせ、そこにつめていないと政府からのインフォメーションは聞けないシステムだ。特に条約に署名した国の保留事項についての報告会は外務省からの招待状が届いた人のみ参加可能というおどろくべきやり方がとられたようである。駄足ながらつけ加えれば、政府の募集した記者団用のツアーは100万円であり、会議に参加したすべての国のツアーの中で最も高かったらしい。にもかかわらず宿泊用ホテルは我らの会員の泊ったホテルよりさえなかったとか。日本のお役所って、ここでもそうなんですネ。笑っていていいものではないけれども、この報告には一同大笑い。

＜中味はどこへ？　婦人差別撤廃条約＞

婦人差別撤廃条約の署名は本会議のハイライトであった。この条約はあらゆる分野における性差別の撤廃を各国に法的に義務づけるものであると同時に、条約前文には新国際経済秩序の確立、アパルトヘイトなどの人種差別や新旧植民地主義・侵略の根絶、平和軍縮の実現などの問題が、男女平等の達成と不可分の関係にあることが明記されている。

この条約は一九六七年「婦人差別撤廃宣言」を条約化したものであるが、条約前文の課題はここにはまだない。長い間侵略や人種差別に苦しんできた第三世界の女たちの力が、一九七五年の世界行動計画にはじめてこの内容をもりこませたのであった。これらの課題の解決が男女平等の達成には不可欠であり、また男女平等の達成はこれらの問題解決に貢献するべきであるという実に、ヤンソンさんの言葉を貸りれば「革命的」な内容なのである。

これほどの条約の署名をセレモニーに終らせ、批准を形式に終らせてはならないというのは参加者一同の熱い思いだ。

しかし、コペンの会議ではどうだったのか。五二ケ国もが署名をしたにもかかわらず、この条約の画期的な内容の具体化についての論議は不十分だったという。民間フォーラムにおいても条約の内容をどう評価しどのように国連的連帯をもちながら女たちの運動を続けるかについての話は少なかったようである。特に新国際経済秩序の確立（先進国本位の世界経済体制の変革）については政府・民間共に全く論議が無かったのはなぜなのか、女たちにまだ力がないのか、それとも先進国の女たち中心の会だから結局そうなってしまったのか、お題目にすぎなかったのか……、皆んなの中に大きな疑問が残ったままとなった。

日本でも条約の中味を骨ぬきにする動きが次々と出てきている。ようやく署名にまでこぎつけたこの画期的条約、それをただの紙切れにしてしまわないためには女たちの運動以外には無いこと、そしてその運動は政府より先んじて「条約の内容＝性差別撤廃のための具体的方法」を明らかにしていくことが必要だということを確認しあった。まだまだ道は長く遠いと思いつつも、世界中の女たちのいぶきをしっかりと身にうけてきた四人の仲間からの生々しい報告をききながら、参加者一同新しいエネルギーをまたまた呼び起された定例会だった。

（報告　井の部美千代）

本社「男四〇〇〇対女二〇」

女は欠員がでないから募集しない⁇

あの読売新聞が求人をしていた。「今年は女を何人とるんだろう」と詳しく読んでみる。なんと、来春大卒の男子のみではないか。婦人欄では「女性の生き方」を前向きにとりくんでいるようなよそおいをしても、やはり男の砦の守りは堅い。それにしても女がゼロとは頭にくる。とにかく電話で抗議だけでもとダイヤルを回す。応ずるは人事部の柴山氏。「女性の方は欠員が出ないんです。まことに残念ですが……」「欠員が出ないっておっしゃっても、欠員が毎年出るほど女子職員がいるんでしょうか？　現在女性は何人いるんですか？」「東京本社だけで20名おります」「男性は何人ですか？」「本社だけで４０００人位です」「一％にも満たないじゃありませんか。どうしてそんなに女性の門戸を狭めているんですか？」「夜の作業が多いもんで、女性の場合夜間作業禁止が引っかかるんです」あとの話は形どおり、皆様の想像におまかせする。それにしても「求人」などということばは使ってほしくないものだ。はっきりと「求男」と言ってもらいたい。9月11日の話である。

（K・I）

3

コペンハーゲンの婦人会議とフォーラム

ヤンソン由美子

＜不安と期待＞

「国連婦人の十年」一九八〇年世界会議は、七月十四日から三十日までデンマークの首都コペンハーゲンのベラセンターで開かれた。これは、一九七五年にメキシコシティーで初めて開かれた「国連婦人の十年」世界会議から、十年後の一九八五年までのちょうど中間にあたる一九八〇年に中間会議を持ち、メキシコで宣言された「世界行動計画」が各国でいかに法制化され実行されてきたかを検討し、これから残る五年間の行動計画を立てようという目的で開催されたものである。平等・発展・平和というサブタイトルのもとで、婦人の地位の向上を計るためのありとあらゆる手段が報告され、論議される場が再び作られたのである。

一九七五年のメキシコ会議に参加しなかった私は、男女平等を世界的な規模で実現するために、世界中から女が集まって会議を開くということが、実際にどういうものなのか、全く見当がつかなかった。労働、教育、家庭と、人間が生活するあらゆる場と状況において、男女を平等にしよう、今まで男たちだけに享受されてきた権利・機会・発展の可能性を女も獲得しよう、しかもそれを各国が制度づけようということは、一体私たちの日常生活にどのような形で影響を与えるのだろう。

こんな漠然とした不安と大きな期待を抱いて、私は一人コペンハーゲンの港に着いた。タクシーに乗り、「ベラセンター」と行き先を告げると、年とった運転手のおじさんが片目をつぶり、「婦人会議？」とすぐに反応してきた。毎年この町に寄るのだが、今日タクシーから見る風景はどこか新鮮なところがある。確かに確かに違っているところが一つあった。北欧の観光地コペンハーゲンにやって来た明らかに外国の旅行客と見える人々の中に女性の数が断然多いのである。それは、町はずれにある会議場ベラセンターに車が近ずくにつれてますますはっきりして来た。はなやかな民族衣装とターバンで、すそをひるがえして歩くアフリカの女たち、黒いスカーフに頭をすっぽりかくしてアラブの女たちがバスから降りて会場に向っている。警備の制服姿の警官だけが男で、いやに目立つ。会場入口では世界各国からやって来た女たちが登録証を[illegible]ためごったがえしている。

英[illegible]、ペイン語、仏語、デンマーク語が飛び交[illegible]旧知の友人を見つけて大喜びでキスを交し合う人達の間隙を縫って、記者証を手にし、やっと会場に入った。今日は午後三時からオープニングセレモニーがあるだけで、いまはまさに嵐の前の静けさというべきか。

会議会場のベラセンターはいつもは国際展示場に使われているというだけあって広大なスペースをもつガラス張りの近代的建物である。周辺はアマーフィールドと呼ばれる原っぱで周囲に建物が全くない。民間の婦人団体が組織したNGOフォーラムの会場は地図によるとこの野原の反対にある。とりあえずタクシーをひろい、フォーラム会場であるコペンハーゲン大学にむかった。

＜熱気に湧くフォーラム＞

五百人もの女性が今日からはじまるフォーラムに参加するため会場に詰めかけていた。午前中だけで二十、午後は二回に分けて三十五から四十もの分科会がこれから毎日十日間に渡って行なわれる。NGO（Non Governmental Organization 民間婦人組織）は今日から毎日『フォーラム80』という新聞を発行し、その日の計画やきのうのニュース、人物紹介をするとのこと。さっそくその新聞を片手に片っぱしから面白そうな分科会をのぞき見して歩くことに決めた。

まず「女性の手によるマスメディア、世界の状況」と題する分科会をのぞいた。アメリカ、インド、ケニヤの女編集者たちと並んで、渥美育子さんが日本の『フェミニスト』誌片手に演説していた。「中高年婦人の生きがい」というグループをのぞくと六十才前後から九十才ほどのおばあさんまでが元気かくしゃくと『私の最も困難と思うこと』を一人一人発表していた。中に「社会保障で何もしなくても食べられるようになったことは有難いが、同時に何もさせてもらえなくなったことは大変悲しい。私たち老人は経験がある。この経験を次代の人に伝えたいと思っても活動する場所がない。一方婦人運動はいつも人手不足で困っている。やることがないと悲歎している年金生活者は婦人運動をやろうじゃないか」と提案して拍手かっさいを受けたデンマーク婦人がいた。それをすぐさまフランス語に通訳する司会者もまた六十代も中ばすぎの人だった。生活力、健康、孤独などの問題につづいて、今望むこととして、誰々の妻とか母としてではなく一人の人間としてのアイデンティティーを、婦人解放の教育には単に職業訓練だけでなく自分を高く評価する訓練を、といった具体的な提案がつぎつぎに出された。

NGOが準備したこのような分科会には、会場入口で登録証をもらえば誰でも参加できる。婦人問題を扱う婦人団体ならあらかじめ申込みさえすれば分科会を開くことが出きる仕組みになっている。日本からは、二日目に「アジアの女たちの会―女と国籍法」、「あごら―雇用平等と母性保護の問題」の二つが分科会を開くことになっている。普段は静かなコペンハーゲンの大学構内が、今日は世界中の女で教室という教室、キャフェテリア、大学バー、廊下までが大変な熱気に包まれている。

＜男女平等にまでこぎつけるエネルギー＞

分科会の内容はあらゆる分野に渡る。『婦人の十年中間期＝フェミニストのアプローチ』『原発問題』『女性の発展と家族計画』『性教育』『軍縮と女性の役割』『国家の独立を求める女たちの戦い』『第三世界の女の声』『暴行、売春婦、開発途上国』『ニカラグアの女たち』『性差別撤廃法とは』『移民―黒人女性と白人女性討論会』『アパルトヘイトと戦う女たち』―中には三度か四度に分けて学習する分科会もあるが、プログラムを見ると二百五十もの分科会がこの十日間に持たれる。

三日目のNGOで、フィリス・チェスラーというアメリカの心理学者が司会する『婦人の十年中間期＝フェミニストのアプローチ』に出席した。『性別に根ざす不平等に抗議する女は、どうしたら口を閉ざす女たちに勇気を与えることができるか―仲間を増やすために』というテーマで百人もの人が集まって討論をしていた。ジャーナリスト以外には一応すべてどこかの婦人組織に属する女たちばかり。そのため一人一人の口から出される言葉には体験に裏づけられた重みがあった。南アフリカのヨハネスバーグから来たソーシャルワーカー、モトラレプラ・チャバクさんが会場を圧する太い声で発言するたびに激しい拍手が湧き上った。アフリカでも最も人種差別が厳しいといわれる南ア国で一九七五年メキシコ大会が開かれた年、女性解放運動がまったくなかった状態から数カ月で大学の講堂にあふれるほど人を集めて女性解放宣言をしたまでの経過を、つぶさに生き生きと語った。聞き入る女たちの九十五％は白人、チャバクさんと他に数人の黒人たちはここで数の上ではマイノリティーなのだが、生命力の強さでは会場を完全に圧していた。同じように女性差別があり、社会の決定機関には女性の数が少なく、家事育児一切をした上で勤務に出ている日本の働く女たちに共通に見られる諦らめが、黒人女性たちには感じられないのだった。

どの会場をのぞいても、開発途上国の女たちが熱をこめて話している。キューバ、ガーナ、インド、ボリビア、ケニアの女たちが、日本を含め西洋のいわゆる先進諸国を圧しているのだ。

私たち日本の女は現在の確立した女性差別社会の中で飼いならされてしまい、差別されて湧き上がる怒りが、男性優位の社会に生きのびて行く上のやむを得ない微(苦?)笑にとり変えられ、怒りが抑圧されて深い諦らめとなってしまっているのではないか。同じ様子が西洋の先進諸国の女たちにも見受けられた。政局が安定していて経済力のある西側諸国と日本は、それぞれの国での男女平等実現の度合こそ違うけれど、発達した工業国であり、それらの社会が持つ婦人問題は、明日の命もわからない政治不安の中で、あるいは食糧難の中で暮している国々の持つ婦人問題とはおのずと違っている。ガーナの企業家であり、女性の企業進出のため『婦人銀行』という信用保証銀行をエチオピアに設置するため国際的な女性の協力を訴えるアシタ・オクルさんの言葉に、婦人問題と南北問題のつながりをはっきり見ることができる。「政治的独立は経済的独立のないところにはない。女の独立もこれと同じだ。」

＜政治問題と婦人問題は離別不可能＞

本会議でエジプトのサダト大統領夫人が演説に立つとアラブの女たちが全員席を立ち退場した。場外でパキスタンとバングラデシュと合流したアラブ婦人は一斉に「パレスティナ・アラビア」を叫び、会場は一時騒然となった。ボリビアでクーデターが起り、前の政府の代表団とその支持者たちがベラセンターの前に座りこみ、ボリビアの平和を訴える演説を事務局長にねじこんだのもハプニングの一つであった。演説は万場の拍手をもって迎えられた。

戦争、人種差別、南北問題、宗教の違いから起る価値観の相違など、あらゆる政治問題を抱えながら世界がゆれ動く中で、婦人問題はすべてに密接した関係を持っているのであり、個別な問題ではないという実感が強く私の中にひびいている。PLOの革命家ライラ・カレドー、クーデター反対ののろしを上げて、帰る国がなくなったボリビアの女たち、イランとアメリカの女たちが反目しながらも同じこの会場にいるという事実が平和へ向っての一休止であって、暗黒の戦争に向う準備段階という意味ではないことを願うばかりである。

＜性差別撤廃条約＞

今回の国連婦人の十年世界会議の主目的は「性差別撤廃条約」に少しでも多くの国々が批准あるいは署名することである。私は署名式の前の晩、三十条から成立つ条約を読んだ時、これは革命だと思ったことを正直に言う。男女平等となるように努力しましょうという掛け声ではないのである。男女平等実現のためあらゆる国家機能を駆使し、法律を改正あるいは立法するということに同意する条約なのである。七月十七日、参加国百三十六カ国のうち、五十二カ国が署名し、四カ国がすでに批准を済ませた。日本は署名国の一つである。これで日本は男女平等の実現を約束したのである。会場には静かな興奮の渦が巻き、あちこちでよろこびの目と目が合うとニッコリしうなずきあう女たちでいっぱいだった。

これからが大変だという思いの方が強いが、やっとここまできたという感じもする。

☆　☆　☆　☆

(7頁下段よりつづく)

いうことを指定して男たちが女の水着姿をみてヤニ下っているのは全く下品な行為でしかない。市を代表して一年間いろいろな行事にでる以上、プロポーションなどよりも中味の問題ではないかとつめよると、水着についてはいくつかの議論があって、普段着ではという話もあったのですが……とことばをにごす。

私個人としても十月四日の集会の準備等で忙しく中止のためのデモをかけたりするエネルギーがないので、今後このようなコンテストをしないこと、審査員を半分女性にすること、その人の考え方を中心に選ぶことなどの条件をつけた。課長と一緒にきた若い男の人が私が何かいう度にうなづいていたが、果してどこまでわかったことやら……。

(中嶋　里美)

抗議先　所沢市宮本町一ー一
所沢市役所　商工課長
Tel　〇四二九・二三・一一一一

所沢市主催「ミス所沢コンテスト」に抗議

今年から自治会の班長になり地区のいろいろな仕事をやっていますが、九月二十一日の夜、ポストの中に「至急、回覧」として〃市制三〇周年記念美人コンテスト〃の募集要項が入っていました。以前名古屋大学でコンテストを中止させたのを記憶していますが、なんとしても抗議しようと思い、二十一日の夜、一旦床についたのですが、又起きて十二時から一時迄書いたのです。まさに現代の差別社会は私たちの睡眠時間すら奪うものであり、ますます怒りをつのらせています。所沢市の会員の方、電話やハガキ等で抗議して下さい。次の文が市の商工課の課長宛に出したもので、コピイを男女一人づつの市会議員にも出しておきました。

即刻「ミス所沢コンテスト」を中止して下さい。

[redacted]に住む中嶋里美です。自治会の班長をしておりますので、今夜「市制施行三〇周年記念　ミス所沢コンテスト参加者募集」のビラをみて、そのセンスのお粗末さにおどろきただちに中止することを要求します。

理　由

市制施行三〇周年記念行事であり、さらに市が主催する以上すべての人にひらかれた行事である必要があります。例えば「所沢市の未来」、「所沢市の問題点」、「所沢市の改革案」など所沢市の発展とむすびついたものが当然であって、それを十八才から二十五才迄の女性に限り、ただ水着をきせて、プロポーションやら、容ぼうで判断するとはあまりにも前世紀的発想ではありませんか。又世界的傾向として、単に女性を容ぼうやらプロポーションで判断して、ミス〇〇というやり方は、女性の人格を無視したものとして、各国で否定されつつありますし、私個人も、女性を容ぼうで判断することを市が主催する行事でやることは断固反対です。勿論どこかのプロダクションや、映画会社がやるのは自由でしょうが、市が税金を使ってやるべきものでは全くありません。ご存知のように来年は国際障害者年でもありますが、どんなにすばらしい考えをもっていても、身障者であれば、こういう行事にすら参加できないではありませんか。市の広報で部落問題をよく扱っていますが、そうした人権とのからみでいっても、このような行事を市の税金を使ってやるのは全くふざけたものです。

「協賛」の欄に書いてある商店の人たちがお楽しみにやるというのなら、まあ一〇〇歩譲って仕方がないかもしれませんが、所沢市がやるべきものではありません。所沢市に住んでいるどんな人も応募できるものにただちに変えて下さい。例えば、所沢市のことを最も良く知っている人のコンテストとか「所沢市の発展」という題でもっともよい話をした人を何人か選ぶとか、こういうことが地味すぎるとしたら、歌謡大会などでもいいでしょう。ミス所沢に選ばれた人は、一年間市を代表して各種行事に参加するのでしたら、尚更市のことを良く知っている人でなければ困ることでしょう。お返事お待ちしております。

早速私の考え方を地域の人たちや全国のさまざまな婦人団体や市会議員の方々に問題提起してみるつもりです。

その後……

九月二六日、文化祭の代休で家にいたら、すぐ所沢市の商工課の人からTELがあり、すぐお伺いしたいという。九時半頃商工課長と若い男の人がきて、このコンテストが開かれるようになった経過を言い、議会も通過し一六〇万円の予算をくんであるので中止できないが貴重なご意見ですので今後のことに参考にさせてもらいたいという。

私は一市民として一六〇万円もの予算をこれに使うことには賛成できないこと、募集要項の中で「水着（フリルのないもの）」などと

（6頁下段へつづく）

新代議士への公開質問状

さる6月に行われた衆参同日選挙は自民圧勝のうちに終りました。衆議院議員初当選の35名に対し、女性の問題に関する基本的質問をしてみました。そのうち13名（37％・自3・社3・共2・自ク4・無1）から回答が寄せられましたので、原文のまま載せます。数名を除いて、差別と現状がわかっていないため質問の趣旨そのものがわからず、従ってトンチンカンな回答がみられます。それにしても困ったものです。

問1　今、日本では男女は平等になっているでしょうか。
イ、完全に平等になっている　ロ、大体平等になっている　ハ、平等になっていない　ニ、何ともいえない　【理由】

問2　「男は仕事、女は家庭」という考え方についてどうお思いになりますか。
イ、賛成　ロ、反対　ハ、どちらとも言えない　【理由】

問3　「求人広告に〝男子〟〝女子〟ということばを入れてはいけない」という主張についてイ、賛成　ロ、反対　ハ、どちらとも言えない　【理由】

問4　「女性に対する労働保護は、男女平等を妨げる」という意思についてどうお思いになりますか。
イ、賛成　ロ、反対　ハ、どちらとも言えない　【理由】

問5　「夫婦の財産は共有にせよ」という主張についてどうお思いになりますか。
イ、賛成　ロ、反対　ハ、どちらとも言えない

問6　「夫婦別姓を認めよ」という主張についてどうお思いになりますか。
イ、賛成　ロ、反対　ハ、どちらとも言えない　【理由】

問7　「中学・高校の家庭科を男女共修にせよ」という主張についてどうお思いになりますか。
イ、賛成　ロ、反対　ハ、どちらとも言えない　【理由】

問8　「トルコ風呂における売春を取締れ」という主張についてどうお思いになりますか。
イ、賛成　ロ、反対　ハ、どちらとも言えない　【理由】

問9　「婦人問題担当大臣が必要だ」という意見についてどうお思いになりますか。
イ、賛成　ロ、反対　ハ、どちらとも言えない　【理由】

問10　一九七五年国際婦人年世界会議で採択された「世界行動計画」をお読みになりましたか。
イ、全部読んだ　ロ、一部読んだ　ハ、読んでいない　【ご感想】

問11　女性の問題に関して、これから特に力を入れたいと思っていらっしゃることはどんなことですか。

〔自民党〕平沼赳夫

問1　ロ　世界の実情にてらして(ロ)と考える
問2　ハ　女性の個性、性格に依るものを考える
問3　ロ　社会の実情にてらし入れなければ不便である
問4　ロ　女性には、女性としての特殊事情（出産ｅｔｃ）があるので必要と考える
問5　イ　当然と思う
問6　ロ　社会の実情から云って無理が生ずる。依って反対
問7　ロ　家庭科は選択科目にすべきと考

える
問8　イ
問9　ロ　その必要なし
問10　ハ
問11　未婚の母、母子家庭、相続問題（女性の）に力を入れていきたいと考えている

〔自民党〕**北村義和**
問1　ニ　問2　ハ　問3　ロ　問4　イ
問5　イ　問6　ロ　問7　ロ　問8　イ
問9　ハ　問10　ハ

〔自民党〕**太田誠一**
問1　ハ　男女の適性について先入観がある
問2　ロ　人によっては逆の方が良い場合もある
問3　ロ　求人側の事情があるから
問4　イ　雇用者側に不要な負担を強いることになる
問5　ハ
問6　ロ　子供の姓がどうなるのかわからない。混乱を生ずるおそれがある
問7　イ　問8　ハ
問9　ロ　各省ごとに取組むべき問題
問10　ハ
問11　有能な女性が活躍できるような環境を造りたい

〔社会党〕**城地豊司**
問1　ハ　問2　ロ　問3　イ　問4　ロ
問5　イ　問6　イ　問7　イ　問8　イ
問9　ハ　婦人問題担当大臣にどんな仕事をさせるのか見当がつかない。婦人問題だけを行政府がやる具体的なものがわからない
問10　イ
問11　「雇用機会の差別」をなくしたい
㊟「賛成」か「反対」かという問には答えましたが、その理由を記す要はないかと思います。「どちらともいえない」場合は理由を書きました。

〔社会党〕**永井孝信**
問1　ハ　まだまだ職業面では女性の職場が限定されている。結婚を理由に退職強要のケースも多い。とりわけ結婚の際、嫁をやる、もらうという表現にみられるように女性が男性のレイ属的扱いが社会通念となっている。差別の原点ではないか
問2　ハ　行政面で育児施設など十分でなく、家庭における労働が必要である場合女は家庭ということも実態的に理解できる。その場合単に差別意識に基づくものとは限らない
問3　イ　職業に差別はあってはならない。しかし肉体的条件の相異もある。その場合の採用可否は採用考査を経る中で本人に理解してもらうことは可能である。応募者も募集職種から十分適職かどうか自己判断できる
問4　ロ　肉体的条件の相異に基づく保護は当然である
問5　イ　夫婦といえども人間的に対等であり、財産は協力の結実である
問6　ハ　夫婦が一体のものとして協力し合うことが大切である以上憲法に基づいてどちらの姓を使うか自由が保障されている。その上別姓が必要かどうかは個々のケースによって異なる。別姓を要求する世論はまだ構築されていない
問7　ハ　強要することがよいとは思えない
問8　イ　売春そのものが違法であり、女性を侮辱するものである
問9　イ　国民の半数が女性であり、女性に関わる政治課題は極めて多い
問10　ロ
問11　職業の解放、主婦の地位向上

〔社会党〕**五十嵐広三**
問1　ハ　職場進出（機会均等）の自由、賃金格差など、かなりの分野で差別がなされている
問2　ロ　男は仕事、女は家庭とする性別役割分業の思想によって、婦人の労働権の否定を正当化しようとするものであり、一人の人間の能力発揮の機

会を失わせ、人生観、価値観をも狭めることになる

問3 ハ 私達は求人、採用の段階から一切の雇用上の差別を禁止し、差別から救済するための「男女雇用平等法」の制定を訴えているが、仕事の性質上、生理的側面を考慮すべき点もある

問4 ロ 母性保障は職場の男女平等の前提であり、生理的特質は比較材料にすべきではない

問5 イ 同一生活者の視点で考えたらどうか

問6 ハ 任意制にしてはどうか

問7 イ 相互理解のために必要である

問8 イ 婦人の人格の尊厳を守るためにトルコ風呂に限らず、売春行為は取締るべきである

問9 イ 「男性支配社会」における不均衡（不平等）是正のため必要である

問10 ロ 10年余り前から、婦人問題や婦人の権利意識のうねりが高まっているが、「お祭り」で終らせることなく男女差別撤廃のため、ねばり強い運動をつづける必要がある

問11 自治体の首長、議員などへの積極的進出（婦人の政治参加のすすめ）を進める。市民運動の婦人活動者の積極化を進める。年金制度を改善し、男女差別を撤廃する

〔共産党〕 簑輪幸代

問1 ハ 男女差別はさまざまな分野に存在していますが、特に顕著なのは雇用における男女差別です。賃金の差別だけではなく採用の段階から解雇、定年に至るまで、さまざまな差別が存在しています。

問2 ロ 婦人が労働への参加を中心に、広く社会活動に参加することは、男女平等を実現するためにも、また社会進歩のためにも不可欠です。この点で、男女の役割を固定化するこのような考え方は婦人を家庭にとじこめるもので賛成できません。

問3 趣旨はわかりますが、要は婦人が希望するすべての職種で働けるよう、採用の機会を男子と平等に与えることです。そのため、企業が正当な理由なく採用試験からあらかじめ婦人を除外したり、男女別の採用方法をとること、婦人であることを理由とした特別のまま採用条件を設けることなどを法的に禁止することが必要です。

問4 ロ この意見は、「保護か平等か」二者択一を迫るもので誤ったものです。男女の平等は、母性の保護を前提として実現されねばなりません。一方、男子の労働条件も劣悪ですから、これを引き上げることの重要さはいうまでもありません。

問5 現行の民法では、夫婦が婚姻の届出前に夫婦の財産をどうするかについて財産契約を結び登記すれば法定の財産制によらず財産関係を形成することができます。最近、妻の内助の功を評価する立場から財産の共有制を主張する意見がありますが、これは夫の事業の失敗などによる借財の処理をめぐって妻の負担を大きくするなどの問題点がある。従って当面は、婚姻前の財産契約や別産制によりながら離婚の際の妻の権利を保護・拡充するよう努力すべきです。

問6 イ 夫婦同氏か、婚姻前の氏を使用するかは、各人が選択できることとする考え方に賛成です。このために、戸籍制度を全面的に改める必要がありますので、時間をかけて十分な国民の合意を得ることが前提となるべきでしょう。

問7 家庭科の高校女子必修制に見られるような男女による教育課程のちがいをなくすことは重要です。

問8 イ　売春は人間の尊厳と婦人の人格を否定するものできびしく取締ることは当然です。トルコ風呂での売春をなくすため、公衆浴場法の改正が必要です。

問9 イ　婦人の問題は外面的であり、総合的に推進することが必要です。しかし、担当大臣がおかれただけですべてが進むものではありません。婦人の真の地位向上は、国民の統一した大きな運動で政治、経済の徹底した民主化をおし進めることなくしては実現されません。

問10 イ　国連主催の会議で一定の枠のあることはやむを得ぬが、具体的な行動の提起があるのは大変よいと思う。日本でどのように実現するか、政府は紙上検討の域を出ておらず、日本の全ての婦人にこの内容を知らせることが大切と思った。とくに3つのテーマのうち、平和の問題は、日本政府は軽視する方向にあり、平等、発展等他のテーマも平和の問題を重視することなくしてできないことであり、軍核拡散の傾向の中で更に平和を追求し、ねばり強い斗いで実践しなければと思った。社会態勢の変革こそ男女の平等を保障する感を一層強めた。

問11　日本政府が7月にコペンハーゲンの世界婦人会議で署名し、批准する意志を内外に表明した婦人差別撤廃条約を一日も早く批准させるため、男女雇用平等法の制定など国内法の改正に全力を上げます。また、婦人弁護士としての経験を生かし、働く婦人の権利を守り、発展させるためがんばります。

〔共産党〕小沢和秋

問1 ハ　家庭でも家事・育児の負担は女性に集中しているのが現実。とりわけ雇用における不平等は賃金だけではなく、採用から定年にいたるまで、さまざまな差別があります。

問2 ロ　私の妻は結婚後もずっと共働きを続けています。婦人を家庭にとじこめるような考え方には賛成できません。婦人が働くことを中心に広く社会的活動に参加することは婦人の地位の向上に必要です。

問3　趣旨はよくわかりますが、かんじんなことは、女性が希望するすべての職種で働けるよう、採用の機会を男子と平等に保障することです。

問4 ロ　〝保護か平等か〟という二者択一の考え方はまちがっています。母性の尊厳を前提として、男女の平等は実現されなくてはならないものです。産前産後休暇の延長など保護はもっと強化されねばならないものがあります。

問5　今の法律では結婚届の前に夫婦の財産をどうするか契約を結び登記すれば法定の財産制によらず財政関係を決められるし、これが原則となっている。

問6 イ　氏の使用については選択できる考え方が良いと思う。

問7　家庭科の高校女子のみ必修とするような男女による教育課程のちがいはなくすべきでしょう。

問8 イ　売春は人間の尊厳と女性の人格を否定するもので取締まることは当然。トルコ売春根絶のためには法改正が必要です。

問9 イ　婦人問題は各省庁間にまたがる多面的な内容があるので調整・推進のため専任の大臣がいた方がよいと思う。しかし、婦人の地位の向上は、政治、経済、社会の民主化なくしてはすすみません。

問10 イ　五年前に新聞で報道されたものを読んだわけですが、わが国にとっても施策に活かせるものが少なからずあると思った。

11

問11　私は社会労働委員会に所属していますが、デンマークの世界婦人会議でわが国政府も差別撤廃条約に署名しましたので、この条約を一日も早く批准させます。私自身、労働運動の出身者であり、職業上の不平等の一掃のため男女平等法の制定などに全力を上げます。

〔新自ク〕木村守男

問1　ロ　女性に適している家事と子供の育児、養育は女性に主としてお願いしながらも社会的に進出されることは、おおむね法律上及び実状としても平等に認められている。

問2　ハ　男性と女性の各々の適する面を生かされることが大切ではないでしょうか。

問3　ロ　一般的に受け止めて見て言葉にこだわりません。

問4　ロ　女性の健康保持に理解をもって労働保護は当然必要であり質的平等が大事と考える。

問5　ロ　各個人の事情が各々異なりますので、定義付けるのは望まない。

問6　ロ　歴史的伝統的にもなじまない。

問7　ロ　限られた学習時間では中、高校の段階では男性、女性の特性を生かすことが大切ではないでしょうか。

問8　イ　当然過ぎることです。

問9　現行のしくみの中で質的に婦人問題に積極的に努力してゆくことで実効を期待したいと思います。形式が優先して失敗してはいけないので慎重に処すことが必要と考えます。

問10　ハ　この機会に読んで勉強いたします。

問11　育児にかかわる母体の健康と社会教育面で家庭生活に直接生かされることに努力して見たいと思います。

〔新自ク〕柿沢弘治

問1　ハ　問2　ロ　問3　ハ　問4　イ
問5　イ　問6　イ　問7　イ　問8　イ
問9　イ　問10　ハ

〔新自ク〕石原健太郎

問1　ハ　問2　ハ
問3　ロ　男ができない職種があるから。
問4　ロ　問5　イ　問6　ハ　問7　ハ
問8　イ　問9　イ　問10　ハ

問11　母子家庭の生活の安定、児童の保護、貴グループの発展、活躍を切に願って居ります。

〔新自ク〕小杉　隆

問1　ロ　世界各国と比べた場合、日本女性は能力的に優れている点もあって社会的平等が得やすいし、そのようになってきていると思う。

問2　ハ　個人差があり、一律に決めつけられない。

問3　男のバーのホステスでは気持ちが悲い。

問4　ロ　体力的に女性は男性の60%というデータがある。女性を守るのはあたりまえと考える。

問5　イ　当然のことだ。

問6　ロ　必要を感じない。

問7　ハ　個人の好みを生かしたい。

問8　イ　必要悪などという主張には同意できない。

問9　ハ　必要に応じて設置すべきでむやみに政府を大きくしてはならない。

問10　ロ　是々非々

問11　次代を担う子供たちへの責任をより強く認識していただくための運動を進めたい。

〔無所属〕桜井　新

問1　ロ　男女の体質の違いからくるものは別として、基本的人権という点では平等に扱われておると思います。

問2　イ　基本的には大筋として賛成ですが、子供の生育期以外の時はこの限りにあらず。質問の様に単にはいかない。

問3　ハ　単純には割り切れない。

問4　ハ　単純に割り切れるものではない。ケースバイケースで対応が変わります。

問5　イ　夫婦は全て一体であるべきです。

問6　ロ　違和感が生れ易い。
問7　ロ　性別の違いは止むを得ません。若い中に実体を良く理解させておくべきです。
問8　イ　倫理感と云う点より当然です。
問9　ロ　婦人問題だけを特に取り立てる事はかえって男女平等の障害となる。
問10　ハ
問11　人権上の不平等の点があるかどうかを充分検討し、対応したい。

（報告　小林みち子）

☆80年女の集会実行委員より
差別撤廃条約（二百円）〒二百円
パートⅡ集会資料がたくさんあまっています。
☆私たちの男女雇用平等法をつくる会
「さあ、どうするあなたなら」リーフレットができました。一目でわかるつくる会。職場や学校で配ってください。

〃性差別列島〃
——地方自治体募集要綱調査より——

今年は、地方自治体初級の男女差別調査を初めて行ないました。上級・中級は二年前から調査していますが、表面的には年々と差別がなくなる傾向にあります。過去二年間差別のある地方自治体には抗議し続けてきた成果（？）なのかもしれません。今年の上級・中級は去年の十九県より減って十一県になり差別する職種も主に専門職が多く、例えば、薬剤師・獣医師・衛生監視等などが目立ちます。

ところが、初級では一般事務の差別が圧倒的です。例えば、一般事務A・Bとわかれ、Aは男子Bは女子と（この逆も有）別立募集するのです。その理由は女子は補助的業務に押し付ける為なのです。募集人員においても、茨城県の場合などは、男子五十名に対し女子十名とあきらかに女子が少ない結果になっています。また東京都の場合は、事務B（水道検針）は男子向き、事務C（タイプ）は女子向きとしています。初級職で女性差別をしている地方自治体はなんと三十三県にものぼりまさに性差別列島とでもいった状況です。差別実態は以下の通りです。

初級男女差別の自治体
山形・秋田・宮城・福島・新潟・栃木・群馬
茨城・東京・山梨・長野・静岡・愛知・岐阜
三重・福井・石川・富山・鳥取・島根・岡山
広島・山口・徳島・高知・愛媛・福岡・佐賀
長崎・熊本・大分・宮崎・鹿児島

上級・中級男女差別の自治体
宮城・群馬・山梨・福井・石川・富山・広島
山口・佐賀・宮崎・鹿児島

尚、以上の自治体に抗議文を出したが、なしのつぶてです。

「パートタイマーの手引」——あなたは損をしていませんか——を12月1日に発行予定、頁数は20頁。定価百五十円。パートで働く時に損をしないために、これだけは知っておきたい事柄を図表やマンガでわかりやすくまとめてあります。パートで働いている人に必読のパンフです。

労働分科会（須田）

11月定例会

「かって女は戦争に協力した
いま　女が戦争に反対するために
――女性解放運動と戦争――」

11月11日㈫　六時半〜
東京都勤労福祉会館（地下鉄　日比谷線八丁堀駅下車一分・東京駅徒歩十分）
東京都中央区新富町一の十三
参加費　三百円

憲法改悪・徴兵制・靖国法案・有事立法など、キナくさいニュースが連日新聞紙面をにぎわせています。

男女平等が戦争協力に利用されないために、いま、女たちはなにをすればいいのか。かって、日本の女は、すすんで戦争に協力してきました。その足跡をたどり、現在の私たちをとりまく危険な状況を知ることから、行動の指針を模索します。

わたしたちが二度と戦争の犠牲者に、そして、加担者にならないために。

11月定例会実行委員会
問合はジョキへ
03（357）9565

ジョキ会合日

国際婦人年をきっかけとして行動を起こす女たちの会

10・7　労働分科会
10・12　離婚分科会
10・14　11月定例会準備会
10・15　離婚分科会
10・22　80年女の集会反省会　於56番館
10・23　運動論現代G
10・30　11月定例会準備会
11・4㈫　11月世話人会　ジョキ6時半〜
第一月曜が祝日のため火曜に変更しました。
11・9㈰　離婚分科会　ジョキ2時〜4時
原則として第二日曜日に行っています。
11・11㈫　11月定例会「かって女は戦争に協力した――女性解放運動と戦争」東京勤労福祉会館（八丁堀）6時半〜
11・13㈭　80年女の集会反省会　56番館6時半〜
12・1㈪　12月世話人会　ジョキ6時半〜
12・13㈯予定　12月定例会

私たちの男女雇用平等法をつくる会

10・9　運営委員会
原則として第2・第4木曜日
10・10　採用差別G
10・13　会報G
10・17　採用差別G
10・20　法案G
10・24　運営委員会
10・25〜26　合宿
10・28　法案G
10・29　採用差別G
11・14㈮　運営委員会　ジョキ6時半〜
11・22㈯〜24㈷　ハンスト決行！「すべての企業は女子学生を採用せよ！下宿・浪人・留年の女子学生を差別するな！」数寄屋橋公園
11・27㈭　「スウェーデンの平等法について」豊島区民センター　6時半〜　スウェーデンリブGからMSビルギィタ（男女平等委員会メンバー）が参加します。
11・28㈮　運営委員会　ジョキ6時半〜
12・6㈯　「女子学生の就職差別」渋谷勤労福祉会館

刑法改悪に反対する婦人会議

原則として毎週木曜日ジョキにて6時半から

鉄連の七人とともに性による仕事差別・賃金差別と闘う会

11・10㈪　運営委員会　ジョキ6時半〜
11・20㈭　学習会　ジョキ6時半〜
11・25㈫　運営委員会　ジョキ6時半〜

◉事務局から

この活動報告、絶対に10月号です。まちがいではない。しかし、発送できるのは11月に入ってしまう。いくら忙しいとはいえ絶句。

1980年11月

活動報告

国際婦人年をきっかけとして
行動を起こす女たちの会

【事務局】
〒160 東京都新宿区若葉1の10
グリーンマンション D内
Tel 03（357）9565
郵便振替 東京0－44014

80・10・4(土) 1・00～5・00

80年女の集会 PARTⅡ

於 豊島公会堂

国際婦人年は私たち女にとって、なんといっても画期的なシンボルである。女の鋭い目覚めがこれをよび起した。女のしぶといエネルギーがこれを実のあるものにしていかなければならない。

「女の解放──人間の解放」を目指す一人々々の女たちとその集合体であるグループ＝つまりリブが、「さまざまに輝く女の力をみなで共有しよう」と集ったｐａｒｔⅡは850人が池袋の豊島公会望を埋めた。「婦人差別撤廃条約の完全実施を目指して」と共通テーマにうたった。

☆ ☆ ☆

一、コペンからの報告

自主的にワークショップを

フォーラムは全く自由で、ワークショップも簡単な申し込みで『日本の女の活動』などをもつことができた。「家庭のあり方はどこで教えるのか」（西ドイツ）。「労働組合は女性差別に対して斗わないのか」（アメリカ）ときびしい質問も出た。労基法の保護抜きの点では、「アメリカでは女は保護に反対している」という話や、日本人の働き過ぎも指摘された。コペンへ行くため二週間の休暇を申し出たら、管理職ばかりか、同僚の男にまで、「そんなに休暇をとるなら退職して行けばよい」といわれた鉄連のメンバーは、ここでは「男も女もそんなに働いていては、いっしょに平等な生活などできっこない」と突かれてショックを受けた。

フェミニズムとは何か

飢えている女にフェミニズムを語るのはナンセンスという論もあったが、メキシコからコペンの間に、女の問題は南北問題を含め、政治的又、人間に係わるすべての問題だということが定着してきた。たとえば女のニュースキャスターが半数になったとしても、その語る内容が男社会のマネでは何にもならない。

日本のマス・コミも取材合戦はなやかで、女性記者は8割に及んだが、政府間会議だけに集中したり、又現地からの報告を日本のデスクが逆方向に編集したり（7月27日テレビなど）。決定の立場に女の眼と心をもった女がどんどん増えなければと痛感した。

ノルウェイから「ポルノは進歩的でも何でもない。国際的な人身売買なども重大で、これからポルノを怒りをもってとり上げよう」という提案があった。

日本男政府代表の女

日本政府代表は13人が全部が官僚で婦人問題に真剣にとりくんできたこともなければ、民間の女の運動に係わったこともない。高橋展子大使を首席にしたのは、男社会日本政府の考えをあたかも女が自分で作ったような錯覚を与える影響がある。実際彼女の演説は生気もなく、他国の女たちの堂々たる訴えかけに比すべき内容がなかった。

差別撤廃条約に体面上署名しただけで終ってしまう危険性も十分ある。条約の内容を日本政府は読みとっていないのではないか。あらゆる分野であらゆる形態の男女平等をあれだけ明快に規定している条約をそのまま受けとれば、日本の男社会は根底からくつがえるはずだ。

条約の精神（前文）に注目

男女平等は平和を守り抜く力をもつものであり、政治と切り離しては考えられない。日本の労働社会に女が家庭本務の例外人間としてでなく、対等に参加することが第一に重要である。家庭基盤充実や乳幼児基本法にみられる「女をとじこめ、子生み看病機械にして、憲法改悪、軍国化へもっていく」政策は条約と真向から対立する。

もう一つ忘れてならないのは、私たちが戦前だけでなく、戦後の経済侵略や性侵略での加害者に加担しているという事実である。「日本の男が横暴なのは家庭教育が悪いのではないか」とインドネシア女性に指摘されたことは深く考えるべき問題を含んでいる。

（あごら・鉄連・行動する会・共修の会他）

二、条約と私たち　アピール

私たちをとりまく状況

国勢調査が何に使われるのか。堕胎罪などという古い法律が生きているが何に役立てるのか。防災訓練の自衛隊は非常時の訓練をしている。刑法の騒動予備罪は二人以上集まって、抗議のデモ等をしようとしたら、現場の警察官の判断で懲役もあり得る。保安処分で予め捕まえることも……。建国の日を紀元節にという声も自民の安定多数以来大きくなり、靖国法案も執拗に出されてくる。そして憲法改悪をちらつかせながら軍備を厚顔にも増大強化。

これは女が真先に虐げられ、女の支えで戦争への道を歩む政策だ。ここで手をつながなければ…。（刑法改悪に反対する婦人会議）

腹は借物思想が生きている

日本国籍法は「父が日本人である」ことを出生時国籍取得の要件とし、日本の女は結婚したが最後、国籍継承権は一切認められない。沖縄は基地の中に生きている事情もあって、正式結婚をしたために無国籍を強いられている子どもがかなり多数いる。しかし、法務省は条約署名後も、なるべく条件をつけて、母系を制限する意向でいる。（アジアの女たちの会）

教育基本法は平等をうたっているが

文部省は完全平等とは「試験管ベビーを目指すのか」（教科書検定課長）程度の認識である。家庭科の共修についても、「男女の特性を尊重する方針を変える必要はない」（職業教育課長）といっている。

これを揺さぶるには、平等の本質をおさえ、具体的な措置を折りこんだ「ガイドライン」を作り、実行させる大きな力が必要である。明日の女たちを伸びやかに育てるために。（行動する会教育分科会）

公務員にもある数々の差別

「事務(A)　一般の書記的事務で、その内容が受付・計算・秘書などの女子をあてるにふさわしい職務に従事する。10名

事務(B)　特別の書記的事務で、その内容が特殊調査、監視、対外折衝などを含み、男子をあてるにふさわしい職務に従事する。50名」

右の例は茨木県の職員募集要項だが、このように採用以前から差別している県が33もある。民間はもちろん採用から、昇格昇進、賃金停年を含めて差別の見本市だが、日本の男社会の労働の場を根本的に考え直した雇用平等法なくしては、条約の実行はおぼつかない。

（行動する会労働分科会）

性への暴力に怒りを！

日本でも離婚件数は増え続け、夫の暴力による妻の申し立てが最も多い。保護救済機関がないため申し立てもできないで泣き寝入りの女たちは数知れないだろう。（行動する会離婚分科会）

富士見病院は氷山の一角で、女の産む性（中絶を含めて）が、あくどい金儲けの餌食にされている。女のからだを自分で管理し、女の生を生き生きしよう。（女のからだティーチイン）

「女への肉体的心理的暴力」の頂点はポルノである。ポルノとエロティックはちがう。エロティックは生命を肯定し、生きる活力を与え、分ち合うものなのに対し、ポルノは「性的支配であり、侮辱であり、女の物質化」である。

ポルノは雑誌から始まり、マンガ、レコード、ファッション雑誌だけでなく、街角のポスターや広告にまで大きく影響を与えている。たとえば、デザイン賞をとったといわれるあるレコードジャケットは、水着を着た女の、性器の部分だけアップにしてあり、題名は「跳びかかれ」となっている。

ごく普通の商品の広告にしても、女の下半身のみ大写しのキャロンシューズ、男が女に平手打ちをくわせているボーグのジャンプスーツ、ワコールまで男が女の髪の毛をひっつかんでいる。女への暴力が、なにか高級で、洗練されていて、魅惑的とさえされている。

そうして、「女は襲われて、最初は抵抗しても、結局はよろこんで受け入れ、楽しみさえする」という虚偽のパターンをくり返し見せられ、縛られたり、ナイフを突き刺されたりして悶える女がそれを求めているかのような悪意に満ちた陵辱に馴らされると、男たちは、「性への暴力に対して罪悪感を麻卑し、より攻撃的になる」と心理学者も証言している。

私たちは道徳観や猥せつ観に基いた検閲や法律の締めつけ強化を求めているのでなく、表現の自由の権利の下に、女の性の商品化や女への暴力を正当化するポルノ産業と、ポルノを消費する男たちの文化に挑戦する。（LFセンター）

女はうたう

7人の女プラスギター伴奏の男1人（ピアノが使えなかったため）女の歌を創り、歌っている。今日の曲は「わたしは看護婦」。

労基法は女性の深夜業禁止規定から、看護婦、電話交換手等を除外している。生命を預る看護婦が自身の健康を守り切れず、出産、育児も保障されないで、ボロボロに使われている現状だ。「出産育児を社会的に保障させることこそ、男女平等の前提だ」というむすびに場内から拍手が起る。（ひろば合唱団）

三、自由アピールと討論

◎労基法の産後6週間は女性の切り捨てではないかと疑問に思う。どう変えていったら、本当に仕事も健康も守れるのだろう。

私は女が結婚時に姓を変えるのに反対で、その斗いをすすめたい。

◎障害者の女性は健常者の女性よりも差別されている。次回の集会には障害者女性も参加できるようにしたい。花柳幻舟と共通するものを自分は感じている。刃物をもってまでも訴えた彼女の内なるものを自分としてとらえていきたい。みなさんはどう思いますか。

◎（男性）障害者を妹にもつ者として、発言したい。女性であることの差別にめげず、仕事をもつ女性も、障害をもつ女性も伸び伸びと生きてほしい。

◎津田塾ハベルから。女の問題を語り合い、研究している。どうぞいっしょに。

◎ひろば合唱団に男性が入ったことをすごく残念に思う。いつも結局のところでは男性に頼ってしまうことがとても残念だ。

◎男性にもいろんな人がいるし、協力できるところではむしろ協力も必要なのではないか。

（拍手）

◎ここは女の討論で、女が団結しなければならない。男はやりたければ、男のリブ運動をやればいいんだ。男に向けて割くエネルギーなんかもったいないよ。女は女同士団結しなきゃ。男なんか頼ってちゃいつまで経っても女の時代はこないのではないか。

……時間切れ……

四、宣言とデモ

「見せかけの平等を餌に女たちを意図的に彼らの目的を達成する道具として利用」しようとする政府に対し、「私たち女が、それぞれの立場で必要とする個別的条項の実現を急ぐあまり、気づかずして国家政策の中にからめとられる」危険を歴史の教訓を生かし、十分心しなければならない。

私たち女はあらゆる形態の差別撤廃のためにともに運動を続けてゆく。女性解放への道を阻む、男たちの軍事大国への野望を打ち砕き、条約を完全な姿で実現させる日まで斗う。

最年少の提案者によって、この二点が、若々しく、力強く宣言された。

土曜日の午後の池袋は日常生活そのものの雑踏である。その中を、ごく明るい当り前の笑顔で女たちはデモをする。乳母車あり、手をひいた子あり。「すべての女に職を！」「ポルノは女への暴力だ」「差別条約完全実施」とシュプレヒコールは威勢よく、道ゆく女子高校生が何人か加わって歩いてくれたのも楽しかった。サイシャインまで。

「家事のできない男は感じワルーイ」と叫んだら、いっしょにデモっていた男性が「家事のできない女も感じワルイヨナ」と呟いたと素直に受けとめていた教育分科会の女子学生もいた。

75年からの5年間の進み方は大きい。リブといえば当初は珍しいものをひやかし気分だけで、傲慢で不真面目なとり上げ方しかされなかった。が、いまでは建て前だけでも尤もらしいことをいわなければ格好つかないらしい。さて、これからが本番の斗いだ。

女の解放を目指すさまざまな個性の強いグループが、連帯してこのように二回の集会をもてたことは大きい収獲といえる。（男の参加を一切認めないとか、男が一人でも会場にいると発表が制限されるという論も反省会では出たそうだが、ともあれ）私たち自身をつきつめるためにも、また、輪をいろんな方向に広げていくためにも意義ある会だったと思う。今後の活力を生み出そう。

（仲野　暢子）

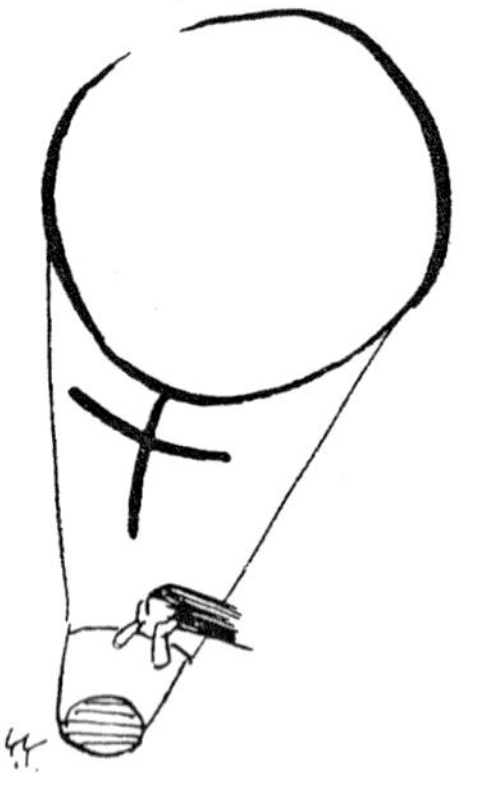

買春《キーセン》旅行は許せない！

生原　央子

八月の蒸し暑い日に、広島の「女の井戸端」の吉原さんにジョキで逢った。ローズ・マリーさんがキーセン旅行のことを話していた。「成田で日本の男達、キーセンとこうした、ああした、と自慢話をして、本当にきたならしい。日本の男、全部そうかと疑ってしまいます。」と。そこへ吉原さん「わたし、キーセン旅行、行ったんよ、知らずに」と言った。彼女は広島の高校教師（社会科）だ。教員の団体、二十名位（女性は彼女一人）で韓国旅行に行った。そこで一日目、夕方になると、男だけがバスに乗り、社会見学に行くという、彼女はキーセン旅行のことを知っていたので、とっさに「私も行く」とバスに乗ろうとした。そこで日本と韓国のツーリストに止められた。「女は困る」と。だが彼女は一人で頑張った。「女がいけない社会見学って何かあるのか」「私の夕食はどうする、同じ料金払って」と。そこへ日系ホテルの係員等が入り「行く」「女はだめだ」と揉み合った。そこで一緒に行った教員達がバスから下り、他の日本人男性達を乗せたバスは出発した。吉原さんと広島の男性教員達は、ホテルの

部厚い印刷物を作っただけ？

—東京都行動計画55年度細目説明会—

都民生活局婦人計画課から、55年度の行動計画実施細目が決ったので説明並びにご意見承り会を開くとの案内があった。

わが会諸姉の尽力もあって、国内行動計画よりも、かなり充実した具体的な行動計画が都では53年に決められていた筈である。しかし鈴木都政になってどこへどう曲ったものやらだが、とにかく注文をつけましょうと、三井、福井、仲野の三人で出かけた。七月二九日午后、交通会館二階。

都内七五婦人団体を集めた（実際には四〇人くらい）会にしては、責任者たる婦人計画課長は欠席（異動期に当って空席というが、同じ都庁内の人事で、アナをあけるということがあるだろうか）。都側二〇人程度の関係者（うち女性三人）から、立派な119ページもの印刷物が読み上げられる。

五つの柱が行動計画で決っている。そのうち、昨年度実施したものの報告と今年度の予定が今回の内容であるが、

I　男女平等観にたった教育の推進

学習指導要領等を中心として、男女平等教育がどのように教育課程に位置づけられているか分析した（54年度）。

先年度の分析をもとに男女平等教育推進のための望ましい内容・方法を検討する（55年度）。

質問　分析の結果を知りたい。今後都として平等教育の具体的計画は？

答　担当者がおりませんのでお答えできません。

家庭科共修に対しても、「中学の『一部乗り入れ』が文部省の指示する56年以降円滑にできるよう検討した」（54年）に過ぎず、高校共修については「指導例の収集分析に努める」（55年）。また婦人問題関係講座を開くといって、「立川短大家政学科専門科目」にひとつ作っただけかという指摘に対しても、意味がわからないお粗末さだった。

他に都が提供するテレビ番組「東京のこだま」や広報紙の中に婦人問題をとり上げる、（みなさん、どれだけ、どんな風にあったか見張りましょう。）タウンミーティング等。

II　就業機会における男女平等の促進

職安に求人申込する事業所に対する指導を行ない、同一労働同一賃金の徹底を図る。

片隅で沈黙の食事をした。

私は、もろさわようこさんの話を思い出す。もろさわさんが沖縄の講演に行った時、最後に、会場から、一人の女性がつらそうに発言した。「実は私、売春してました。」借金で、母と弟の首に縄をかけた時、「お母さん死なないで、私働いてくるから」と彼女は泣きながら言った。そして業者の所で卵どんぶりを食べさせられた。そのおいしさに「世の中にこんなにおいしいものがあるのか、これを母達にも」と泣けてきた。そして又彼女は言った。「身を売っても生きていたかった」と。

'80買春観光に反対する集会

女性の人権を踏みにじる買春観光を許すな！恥を知れ！買春観光にくり出す日本の男たち！買春観光に抗議するアジアの人々と連帯しよう！

11月29日(土)　1：30〜3：30　集会後デモ

国労会館　東京駅八重洲南口

参加費　三百円

アジアの女たちの会

賛同団体として、国際婦人年をきっかけとして行動を起こす女たちの会も参加します。

労働講座（年9回）。ガイドブック（婦人向）。チェックノート（使・労・婦向）の発行（55年）。

質問　求人時から、男女別とか女はパートなどの申込に対して、どう対応するか。

答　職安の方で、男でなければいけないかどうか問い返して処理するようにしている。何分強制力がないので……。

若い女性担当官のまじめな答弁だったが、失礼ながら、権限も、指導力ももてる地位にはないようだ。あれでも出席させとけという程度の扱いとみるのは勘ぐり過ぎだろうか。全体がなにせひどくお座なりの雰囲気だったので。

しかし、労政部発行の「チェックノート」は、今日の全細目の中で一ばんの出来栄えだった。現行労基法を拠にしてさえ、賃金、優先解雇、配転等の差別は許されないこと、パートだから無権利ということはない等、使用者、労組、婦人に向けてわかり易く、前向きに説いている。

六月九日に発足した「苦情処理委員会」は二ケ月経ったいままでに顔合せ一回、レクチャー一回集まっただけ。一七件訴えがあり、うち三件は手当に関することで解決したということだった。本気でやる気あるのだろうか。

Ⅲ　母性の保護と母子保健の推進

心身障害発生予防対策強化のための検討委員会設置

母子保健という項目はたくさん並んでいるが、保健所で従来行っている業務のようだ。

Ⅳ　家庭生活の安定と福祉の向上

在宅心身障害児の巡回療育指導というものの、年二回、延七〇〇人分ではさびし過ぎる。他に一時保護所（かけこみ寺）は昨年と変らず。他に寝たきり老人の家族が病気等で介護できなくなった場合、一時的に特別養護老人ホームで預かる「ショートステイ」が新しいが、10床、延一八〇〇日で三一二万円という予算の少なさよ。保育所設置助成は先年度36ケ所に対し、55年46ケ所。運営費助成は先年度より二億減。

Ⅴ　政策決定への参加と市民活動の推進

審議会委員の任用すら、女性委員の数は9％台で変らず。都における採用や昇進は平等をはかる。

質問　都婦人会館の建設は？

答　なにぶん緊縮財政で、しばらく時間をお貸しください。

予算をみたら、建設調査費百万円がポツンとのっていた。

参加者から、「パートタイマーの実態調査をしてほしい」「内職補導所が区部に三ケ所、市町村はゼロだが、設置してほしい」「保育所が足りない」等々質問や要望は溢れているが、どの課、どの局も担当者がいない、わからない、質問の意味がピンとこない、承っておきます。とにかく開けばよかろうとばかり、印刷物に書いてある文字以外の答は出てこない。何とも後味の悪い会だった。

責任者が収まった頃また出向いて、きちんとした答をひき出し、働きかけよう。

（仲野）

福祉切りすて第一波　児童扶養手当

母子家庭への人権侵害

大蔵省では福祉切りすての予算が編成され、厚生省から、6月に各自治体に向け児扶手に関する通知が出ました。

この通知によると、①「未婚の母」は実際は「妾」が多く②男のひんぱんな定期的な訪問がある場合は支給該当と認めず③民生委員児童委員の報告に基く認定をする。

また、遺棄された児童としてのふるい分けを④支送りがなくても父親からの連絡があった場合監護意志があるから支給非該当⑤母が家出した場合、性格の不一致が原因の場合は支給非該当としており、これらに基く調書なるものが、審査でチェックされた人に送付されています。すでに受給通知は送付され11月21日で証書の〆切がすんでいます。来年はもっとしめつけはきつくなることでしょう。

関心のある人は**児扶手グループまでＴＥＬを。**

ミスコンテストはレイプだ

第二弾　ミスコンテスト抗議

友人が「ミス所沢コンテスト」中止の申入れをしたのに強行された（活動報告10月号）と聞き、ひとこと文句を言おうとダイヤルを回す。商工課長氏がでてきて、かなり防衛的な口調で次のようにのたまわった――。

所沢市ではミスコンテストを43年にもやっているんです。あなたはどこにお住まいですか。エッ八王子？　そちらでもやっているでしょう。全国各地でやっていますよ。もちろん私どもが美人コンテストを市制30年記念行事を行なおうとした背景には所沢市議会40名全員の賛成を得ている訳なんです。市議40名は23万市民の代表なのです。はい、もちろんプロポーションばかりではないのです。第一に容姿、第二、表現力、第三にセンス、を総合的に判断して決めたわけです。水着でやる必要はないっておっしゃることは、ええ、私どもの中でも議論が分かれました。しかしですね、結論的に言えば普段着だとちょっとねぇ……。そして和服だと当節のお嬢さん方だと新しいものを揃えたりするのではないかと、経費がかかりすぎるということで。

◇　◇　◇

一六〇万円もの予算を経上し、結婚前の女性を水着姿にしてその「商品価値」を競うことが性差別でなくてなんだろう。ツービートとかいう若手の男慢才が「美人とブス」ということをネタに金もうけをしている昨今でもある。そう言えば今年の夏の街にはんらんした女性の裸の数々を思い出す。女だけを裸、もしくは裸体同然の姿で公衆の面前にさらすことがごく自然な現象として散りばめられる。なにしろ魚のカンヅメのCMでさえ水着の女なのだから。

人間的に貧しい考えしか持たない男の目から見れば女はただの性的な商品なのかもしれない。しかし、商品化され、これは高い商品、これは安い商品などとイメージ化される側の方はたまったもんじゃない。

まして、肉体的にも精神的にも不安定な時期にさしかかっている高校生と毎日接しているわたしには、「ブス」ということばがいかにその子の生きる意欲を奪っているか痛いほどわかる。逆に「美人」の子は回りからチヤホヤされ、甘やかされてしまう。どちらにしても男はこちらの痛みはまるでわからない。

そういう意味でミスコンテストはレイプのひとつの手口ではなかろうか。小林まりこ（女性解放シンガー。フォーライフレコードからレコード化されている）がこう見事に表現している。

男はみんな　れいぷ・フィーリング
男はいつも　れいぷ・フィーリング
あの手この手のれいぷ・フィーリング
男はいたくもかゆくもないよ
女はいたいよかゆいよ
ノーモア・れいぷ
ノーモア・れいぷ

（三井マリ子）

女たちは戦争への道を許さない！

12月7日(日)　午後1：30デモ出発3：00
山手教会（渋谷駅より徒歩5分）

戦争への道を拒否する女性たちが、現在のように、バラバラに孤立したままでいれば、好むと好まざるとにかかわらず、戦争の担い手として国家に組み込まれていくことになるでしょう。かって、戦前の女たちがそうであったように。今、あらゆる立場をこえ、心をひとつに力を合わせ、戦争を阻止する力となりましょう。

12月定例会

「80年代の女性解放とは？」
12月13日(土)　一時半〜四時半
新宿文化センター（和室）新宿6の14の1
地下鉄丸の内線新宿三丁目下車歩6分
都営バス（池86）新田裏日赤産院前下車歩3分

参加費　三百円

定例会後**忘年会**をします。忘年会の準備をしてくれる人の申し出を期待しています。

80年女の集会パートⅠ、婦人に対するあらゆる形態の差別撤廃条約オリエンテーション、集会パートⅡと行動を起こす女たちの会が呼びかけ団体となり集会を開いてきた80年。

四十八団体加盟申請不承認問題、ETC、様々なことにあたった80年をのりこえて、五年目のウィメンズ・リブの総括と、80年代の女の連帯をどのようにもつべきかを話し合います。

忘年会申込は事務局まで**第一次〆切12月8日**です。（357）9565

ジョキ会合日

国際婦人年をきっかけとして行動を起こす女たちの会

11・16(日)教育分科会
　児童扶養手当グループ
11・28(金)労働分科会
12・1(月)12月世話人会6・30〜ジョキ
12・10(水)1月定例会実行委6・30〜ジョキ
12・11(木)労働分科会6・30〜ジョキ
12・13(土)12月定例会1・30〜新宿文化センター和室　6：00〜忘年会
12・14(日)離婚分科会2：00〜4：00
原則として毎月第二日曜日に行います。
12・15(月)教育分科会6・30〜ジョキ
1・11(日)離婚分科会2・00〜4・00ジョキ
1・12(月)1月世話人会
原則として世話人会は毎月第一月曜ですが、一月は第二月曜日に行います。
1・31(土)1月定例会（予定）

私たちの男女雇用平等法をつくる会

11・22(土)〜**24**(祭)ハンスト決行！「すべての企業は女子学生を採用せよ！下宿・浪人・留年の女子学生を差別するな！」数寄屋橋公園
11・27(木)「スウェーデンの平等法とその周辺について」6・30〜豊島区民センター三百円
　スウェーデンの男女平等委員会のメンバー、ビルギッタ・ビストランドさんは、スウェーデンで最も古く大きい婦人組織の会員として、男女雇用平等法の制定にかかわりました。
　今回の来日で特に民間の女性解放グループとの意見交換を希望しており、そのための貴重な機会として集会を設定しました。
12・6(土)「女子学生の就職差別」1・30〜渋谷勤労福祉会館
12・11(木)運営委員会6・30〜ジョキ

刑法改悪に反対する婦人会議

原則として毎週木曜日ジョキにて6・30〜

鉄連の七人と共に性による仕事差別・賃金差別と闘う会

11・25(火)運営委員会6・30〜ジョキ
12・3(水)第十六回公判1・00〜3・00東京地裁民事六部　今年最後の公判です。みんなそろって傍聴にいこう。
12・8(月)運営委員会6・30〜ジョキ
12・17(木)ビラマキ。大手町・四谷
12・18(木)学習会(予)

事務局から

毎日、ジョキのどこかの会が新聞に掲載されマスコミさんから会員外からはたまた緊急連絡と電話の応待だけで目が…いや耳なりがしてきた。10月会計もすんでいないのに、ああぼう然。みなさん、この充実感を味わいたい人きたれ！小林まり子のカセットもアルヨ！

1980年12月
1981年 1月 合併号

活動報告

国際婦人年をきっかけとして
行動を起こす女たちの会

【事務局】
〒160 東京都新宿区若葉1の10
グリーンマンション D内
Tel 03(357)9565
郵便振替 東京0－44014

80・11・11㈫ 6・30～

かつて女は戦争に協力した いま 女が戦争に反対するために

―女性解放運動と戦争―

於 東京都勤労福祉会館

司会 最初に、このテーマで会がもたれた理由と経緯について述べたい。ことしの夏合宿で〝私達のめざす女性解放運動〟とは一体何なのか、が話し合われた。歴史的に広い視点からみると、女性解放運動と、平和の問題は、切り離して考える事は出来ないという問題提起があった。いままで私達の会は、いろいろな分科会を作って運動を続けてきたが〝平和と女〟の問題をとり上げたことはなかった。しかし現在の状況をみると、先頃の選挙での自民党の圧勝を機に、憲法改悪だ、徴兵だと、キナ臭い話題が紙面を賑わすようになってきている。かつての婦人運動の歴史をみると、女性が解放すなわち男との平等をかちとろうとする運動の中で、すすんで戦争に協力させられてしまったという過程があることを見過ごすわけにいかない。

夏合宿で新しく生れた運動グループの第一回の集会というわけだが、戦前の日本の女たちの足跡を報告したあと、高良留美子さんの〝戦争〟の詩を朗読、戦後の動き、そして現在の私たちをとりまく状況と問題を提起し、こんごの運動のすすめ方を考えてみたい。

◇戦前の運動の流れ　報告　井の部

「青踏」が創刊された頃から敗戦までを、婦人参政権運動を中心とした流れ、無産運動、半官民の団体の三つに大別し、その背景としての日本国内外の政治、政策の動き、社会の風潮や事件について報告し、問題提起したいと思う。

一九一一年に「青踏」が創刊されたが、これは芸術運動といわれながらも或る意味では非常に新しい、初めての家制度批判のきっかけとなったもの。一八九八年に出来た明治民法では家制度は国家制度であり、廃疾者及び妻は法律行為が出来ないと定められ、法的無能力者の女性は家の中で夫に従うものとされていた。「青踏」は明確にこれを批判、一九一三年二月号では家制度、良妻賢母主義批判で発禁となった。

一方国内外の流れをみると、大正デモクラシーの時代で、ロシア革命の影響もあり、婦人運動が活発になってきた。一九二〇年に「新婦人協会」が設立され、政治的な課題に女性が取組むようになった。この会の綱領は、婦人の能力の発達、男女の機会均等、家庭の社会的意義、婦人や母、子の権利の増進で、具体的な課題としては、治安警察法五条（女性の政治的集会や発言の禁止）の改正、花柳病男子の結婚の制限などで、運動の成果として二二年には治安警察法五条は改正された。「新婦人協会」はこのあと解散し、二四年に「婦人参政権獲得期成同盟会」（市川房枝ら）という目的意識の明確な会が設立され、二五年名称を「婦選獲得同盟」と変えた。この年、普通選挙法が通り、すべての男子は選挙権を獲得したわけだが、「婦選なくして普選なし」のタイトルを掲げて運動を始める。戦前の婦人参政権運動はこの婦選獲得同盟が中心になってすすめられてきた。

一方、無産運動の方は、一九二一年「赤瀾会」（山川菊枝、伊藤野枝ら）結成、婦選獲得運動はブルジョア女性の問題であると批判し、プロレタリアート女性の問題を掲げてメーデーに参加したが大量検挙され、結局何も出来ぬ中に終ってしまったが、一九二五年に無産政党綱領草案に婦人の要求項目を提議（男女平等の賃金、男女不平等法律の廃止など）、具体的なテーマを掲げて斗うようになる。が共同で斗ってきた無産運動も二七年には①関東婦人同盟（労働農民党）②全国婦人同盟（日本労農党）③社会婦人同盟（社会民衆党）の党別に分裂、①②は婦選獲得共同委員会へ合流、③は無産婦人同盟へ統合されてゆく。

国、社会の動きとしては、女工ストが続出、二三年には関東大震災、伊藤野枝、大杉栄の惨殺、二五年「女工哀史」出版、治安維持法と普通選挙法が同時に公布される事による無産政党の続出など政治的に活発な時代となる。この背景の中で婦選獲得同盟が中心となって二八年「婦選獲得共同委員会（七団体合同）」が設立される。三〇年婦人公民権が衆院で可決（貴族院では審議未了）、婦人公民権実現近しというムードで、無産婦人運動も含めた婦選運動が大きく盛上ってくる。三〇年には第一回婦選大会が開かれ、三七年まで毎年一回開催されたが、この大会の決議内容を追ってみると、どのようにして女性が戦争に協力していったかの経過がかなりよく判るので、あとでくわしく説明したいと思う。

ところで半官民の団体の動きについては、一九〇一年「愛国婦人会」（奥村五百子ら）が創設され、兵士の慰問、遺家族の救援などを行った。一八年には「全国処女会・中央部」創設、社会教育を通して女性を戦争に動員しようとする動きを見せ、地方農村の未婚女子の親睦集会を統合してゆく。これが二七年に「大日本連合女子青年団」の名のもとに、百五十万全国処女会員の統合となり、次第に軍国主義に組みこまれていくのである。三一年「大日本連合婦人会（文部省）」結成、地域婦人会、母の会、主婦の会の統合で、翌三三年には「大日本国防婦人会（陸軍省）」が出来、国防について家庭婦人の自覚を高めるとのうたい文句で二百万人の女性を動員している。

これらの会が出来た社会的背景をみると、「愛国婦人会」は日清戦争後の創立で、明治の末から大正にかけ、乃木大将夫妻の殉死、井上大尉の妻の殉死など、女の愛国美談づくりが盛んに行われている。また「工場法」公布（一六年施行）、反良妻賢母主義の取締決議（文部省）があり、この二年前に「青踏」が創刊されているわけである。また婦選獲得同盟が出来た頃（二五年）は日本の金融恐慌が本格的に始まり、二九年には世界的恐慌となり、三一年に満洲事変が起って世界は次第に戦争の方向に向うのである。不況、戦争により社会はエロ・グロ・ナンセンス時代といわれ流行歌がはやり、挫折感と頽廃のムードが広がっていく。このような中で婦選運動は活発に闘かわれていくわけである。

第二回の婦選大会では政府の制限公民権法（男女年令差をつける、立候補には夫の同意を要するなど差別的なもの）絶対反対を決議。

2

第三回大会はファッショ反対の決議（すでに満洲派遣軍の慰問に出かけていた矯風会などキリスト教団体の反対で、戦争反対の決議はできなかった）。

第四回大会では軍事予算増加に反対（予算歳出二二億円中、軍事費一〇億、赤字国債八億）を決議、この三三年には日本は国連を脱退し、大日本国防婦人会を作り、国定教科書も「すすめ、すすめ、兵隊さん」に改訂され肉弾三勇士や、軍国の母の美談作りが全国的に広まってゆくのである。

第五回大会は戦争反対の決議、同時に産児調節、廃娼、母子扶助法、労働婦人の保護立法、教育問題などの決議もしている。

第六回大会は討論の会であったが、「非常時こそ婦選獲得は急務、女性は国民の半数、非常時局下最大の急務は女の力を充実せしめ、女性を安んじて本務につかせること」を決議。

翌三六年は二・二六事件の後の戒厳令下で婦選大会は開催不能となる。

第七回大会では、軍事予算の増加（国家予算の五〇%）によるインフレで賃金の引上げ要求、婦選獲得も決議。「何人が如何なる内閣を組織するも……国民の半数を占める女性が一票を得て国政参加の必要を信ずる」ということで、政治の方向に疑問を持ちつつも、女性の国政参加が大切という事でまとめられ、一方内部の申合せとして「政府の国防婦人団体などとは協力しつつも、あくまで自立的態度をとり、利用されないよう」といましめているが、次第に吸収されていくことになる。

三七年は日中戦争が始まり、婦選大会は開かれなくなってしまうが、この戦争を境として、市川房枝自伝によれば、戦争協力を決意するに至るわけである。

市川氏の決断とは自伝中の「軍事拡大に思うこと」によれば―現実に戦争が始まったのでどうするか①協力する②反対して監獄にゆく③運動から全く退却する、の三つの方法があるが①を選ぶ。理由は「時局に抗して」（女性展望一九三七年十月）によると〝ここまで来てしまった以上、行くところまで行くより他はあるまい、この時局困難にうちかち将来の幸福を建設する義務がある。……婦人が事変からうける影響として①遺家族の問題②男子の出征によって空席となる職場の労働強化③生活必需品の不足、物価騰貴、母子保健の問題があるが、①は政府や官制婦人団体がやる、②③はどこも考慮していない、我々はこの二つの具体策を考え実行する。特に③については消費者である婦人の力なくしては不可能であることを政府に確認せしめなくてはならない。婦選の実現は困難になったが、婦選を要求する目的は、婦人の立場より国家社会に貢献せんがため。国家の非常時の突破に婦人が実力を発揮して実績をあげることはこれ即ち婦選の目的を達する所以であり、婦選を獲得するための段階ともなるであろう〟ということで、戦争に一生懸命反対していたが、いつの間にか、戦争に協力することで女性の力を認めさせる、それが婦選の目的にも叶うとの結論になってゆくのである。更にまた同氏が国防婦人会に出席した時の感想として、〝国防婦人会について言うことは多々あるが、かつて自分の時間というものを持ったことの無い農村の大衆婦人が、半日家から解放されて講演を聞くだけでも、これは婦人解放である。時局の勢いで国防婦人会が村から村へ燎原の火のように広がっていくのは、その意味で喜んでよいのかもしれないと思った〟とあるが、氏の婦人解放に対する考え方がこめられている。そして婦選獲得の運動は行われず、民間の婦人団体に統合されていく。

三七年「日本婦人団体連盟」発足、YMCA、友の会、矯風会、平和協会、女医会、獲得同盟、婦人同志会、消費組合の八団体で、総動員のための婦人団体連合というもの。

婦選獲得同盟としては、この後も婦人時局研究会と称して母子保健の問題、生活必需品の不足への対応（共同炊事、白米食の廃止、廃物利用）など具体的な課題にとりくみ、半官民の婦人団体と一元化されてゆく。

四〇年「婦選獲得同盟」は〝新体制よ、婦人を認めよ〟の言葉を残して解散。

四一年には半官民の①愛国婦人会②大日本連合婦人会③大日本国防婦人会の三つが政府によって統合され、日本婦人団体連盟もこれに吸収され、四二年「大日本婦人会」として完全に一本化される。

この時代の国の政策や社会の状況をみると、三四年には東北地方大凶作があり、母子心中が続出、男が戦争に狩り出され女の労働状況が過酷になっていく。

三四年には婦選獲得同盟から別れた形で「母性保護制定促進婦人連盟」（山田わか）が生まれ、母性保護全国大会が開かれる。

三六年母子保護法成立（現在の生活保護法にあたる内容）。

三七年保健所法成立（妊産婦手帳、保健婦）。

これらの法律は、女性にとって必要であり多数の支持をうけて成立したものだが、それがやがて、女よ家庭に帰れ、子供を産めよふやせよの運動に続いていくのである。

この問題に関連して「戦時下の婦人問題を語る座談会」（三八年文芸春秋）の中に、印象に残る資料がある。ここで平塚雷鳥、山川菊栄、辰野隆らは、母性賛美が排他的な愛国心づくりに利用される点を指摘、これに批判的だが、反って階級的婦人運動家であった帯刀貞代は、現実に苦しむ母親たちの要求をようやく国家がとり上げた、と肯定するのみ（婦人問題資料集大成思潮・ドメス出版）。

一方、教育関係の施策をみると、三九年に「戦時家庭教育要項」が出され、天皇を頂点に家―男―女の支配形態を強調、四二年には「戦時下母の家庭訓」（良妻賢母、男尊女卑の内容）を出し、子を生み報国にまい進せよと優良多子家庭の表彰なども行われている。

◉問題提起

戦前の婦選運動が、当時の過酷な状況の中で果敢な運動を続けていたにも拘らず、女たちの自負や性差別への怒り、「平等」要求が、なぜ戦争協力に利用されてしまったのか。

婦選運動は「青踏」の流れをくむもので、創立当初から家制度への批判は厳しく行っていた。が、その家制度が国家（天皇制）と深く結びついている事が見えず、家制度は批判するが、国家には協力するというように、別々に見ていたところに問題があるのではないか。

「平等要求」については、男が戦争に狩り出された後を女だってやれるんだ、との自負が逆に利用され、さらに「母性保護要求」も、母性賛美にすりかえられ、産めよふやせよ運動になって戦争協力に利用されてしまったのではないか。

性差別や女の悲惨な現実の根元は何なのかを考える時、戦前の支配のあり方―天皇制を中心とした国家、それにつながる末端の家制度、その中の男による女の支配、これらが資本主義社会と一体となって、性差別を維持、再生産してきた構造を、しっかりと見つめる事が大切。個々を切離して考えるとこの構造が見えなくなり、国家がなしとげんとしている戦争に協力させられてしまう、ということを、戦前の運動の歴史が教えている。この時代は天皇制批判がそんなに簡単に出来る時代ではなかったが、思想内容としてでも、もたれていたのかと問いかけてみると、やはりなかったのではないかと思う。

◇戦後の運動と社会の動き　報告　仲野

一九四五年から現在までの資料を作ったが戦前と比較して、戦後の女たちが、いかに多彩に行動しているかを知り、感動を憶えた。

個々の運動については、物取り主義だとか体制内の運動だとかの批判はあると思うが、女たちがこれだけ動き、発言し、頭や手を使って行動した事はやはり素晴らしいことだ。

始めに政策―政府の動きについてのべたい。まず敗戦直後の解放、男女平等が叫ばれ、今まで人間扱いされていなかった女たちが解放感を味わった。治安警察法や家族制度の廃止、戦争廃止の憲法を頂点として民主化が始った。だがこれらが、米国の脅威となる日本軍国主義を潰すための策だったという事を知らされる。まもなく首切り、合理化が始まり、占領軍の命令によって二・一ストは中止され、政令二〇一号で公務員の団体交渉権、罷業権が否認され、米国の指導のもとに経済は全く支配されてくることになる。

世界の動きをみると、米国は第二次世界大戦直後から、マーシャルプランによる軍事同盟を結び、反共の線を色濃く出してくる。北大西洋条約機構、東南アジア集団防衛条約の一環に、日本も組みこまれ、一九五二年の日米安保条約を機に沖縄に恒久的な基地を建設するなどの軍事化が始まる。

同じ頃、自由党から家族制度の復活の答申が出、精神的なバックとして道徳教育の特設、男女の特性を強調して家庭科が、最初は〝原則として〟必修であったが、後に必修となる。

五〇年代の終りには伊勢神宮の非宗教法人化、靖国神社国家保護の運動などが、自民党内に活発になってきている。そして労働組合運動を暴力でつぶし始め、三井三池炭鉱の第一組合員に警官がおそいかかるという事が公然と行われだして、新安保条約が調印されるわけである。基地、自衛隊の増強がどんどん進み、一方では〝家庭を愛の場とせよ〟―期待される人間像で、精神を高揚させながら赤字国債を発行し、第三次防衛力整備計画、第四次と、とめどもなく進んでゆき、東南アジアへ資本と技術を投入しているという現状。

これに対する女性運動の動きをみると―敗戦後の民主的婦人運動は大きく三つに分けられると思う。

①労組の婦人部、政党婦人部＝これは戦後に初めて出来たもので、労組の婦人部活動としては、例えば日教組の〝教え子を再び戦場へ送るな〟運動は女性がリーダーシップをとり、すごいエネルギーだったと思う。また近江絹糸の人権ストにみられる人権意識のめざめ、産休を勝ちとる、など労組の大きな力で女の働らく権利が認められていった。

②物価値下げ運動＝主婦連、地婦連などの活動も一つの大きな役割を果したと思う。まともな米を配給せよ、混ぜものをするな、うそつきジュースやチクロの追放、プロパンガスの価格安定など、消費生活を担う人たちに刺激を与えたことを評価したい。ただし業者や行政と一体になりすぎるところに、運動の限界がある、といえると思う。

③民主的な婦人団体＝原水爆反対運動、ベトナム反戦、軍事基地反対、各地域の母親運動、市民団体の運動など。

いま、この三つの流れの中に、これで全部終るのかという心配がある。例えば労組の運動は、現在では失地回復というか、婦人をまっ先に首切るとか、パート化してゆくとか、そういう水準以下の所を何とか男並みにという運動、一方裁判斗争などに追われている、これは後手後手になってきているんじゃないかというあせりがある。

もう一つは、いろいろな婦人団体があるがそれなりに組織を維持するのは大変な事で、そのため政党の系列に分れたり、組織同士が近い程険悪な状態になっている。このままで今の軍事化が防げるのだろうかという危機感がある。いまこの大きな危機に立って私たちはどうしたらよいか、を問題提起としたい。

◇現在の総動員体制づくり　報告　高木

㈠自衛隊の国民浸透作戦

いま自衛隊がどのように気がつかない中に私達の生活の中に入りこんでいるのだろうか。

①自衛隊の徴募システム

自治体及び自治体と協力している地方連絡部というのがあって、募集が組織的に行われている。九州や北海道などでは、高校へ卒業前に自衛隊の入隊案内がいく、というふうに、募集システムに組み込まれている状況がある。また日赤では、すでに従軍看護婦の復活といえるような、自衛隊との共同訓練がある。

②民間防衛の組織作り―防災体制の中で―地震や災害対策の訓練を通して、町内会や婦人会を利用し、非常時の際の人的、物的動員体制づくりをしている。

③基地の周辺整備

例えばナイキが日本にもちこまれた時、発着に伴う騒音障害防止のため、その地域の住宅や学校に交付金を援助するというお金でからめとる浸透の仕方をしている。埼玉県ではある学校が古い校舎を整備しようとした時、文部省に要求するより、この基地周辺整備法による自衛隊からのお金の方がとりやすいということで、婦人会の「子供に良い環境で勉強させよう」の運動を利用して、基地を求めさせる運動に組込ませた。

④自衛隊の広報活動

PRパンフ、映画（子供むけのマンガ、女

5

性むけ)、お祭への協力も盛んで、施設や道具の運搬や提供、実演など、雪まつり(札幌)ねぶた(青森)七夕(仙台)阿波踊り(徳島)など全国の大きなお祭の殆どは、自衛隊の協力で一緒にやっている。運動会では式典の演奏、競技の参加、高校野球優勝パレードのジープ提供、万博のお祭広場での〝若さと美を誇る〟にも自衛隊が宣伝をかねて出場。また駐とん地の開放は七三年から始まり、運動会、チビッコ・ヤング大会を開いて、スーパーメカのすきな子供達に写真をとってもよいと戦車にのせたり、実際に銃をもたせたりした。(伊丹駐とん地、真駒内駐とん地)これは新聞にも載って、〝自衛隊や武器に慣れさせる活動の一環〟だとして教組も批判していたが、こういう形で子供、女を中心に自衛隊が浸透してきている。

⑤活発化する協力団体

隊友会、自衛隊父母会、防衛協会全国連絡協議会などが中心となって、自治体の町内会婦人会に働きかけている。基地の周辺、静岡(地震発生予想地)では災害に役立つ自衛隊の協力会に入ろうと呼びかけ、自衛隊の演習や訓練の際には日の丸の小旗で迎え、お茶やお汁粉のサービス、慰問品など、旧軍隊のような状況が生じている。

㈡総動員体制づくりの政治的状況

自衛隊(軍隊)が国民の中に入りこみ、国民が統合されていくという政治的背景には、「成田立法」「有事立法」(個人の基本的人権より公共の福祉が優先する、地域の治安が大切)「元号立法」(天皇制が象徴でなく実際に復活)などがあり、刑法、少年法改悪の動き、機密保護法、靖国法制定の動きがある。新聞によると、自民党議員の65%は改憲賛成で、憲法調査会は三年を目途に改憲作業をスタート、防衛庁「中期作業計画(防衛拡大)」のくり上げ決定、防衛法案衆院可決(組織、定員の拡大)も現在参院で検討中、である。

㈢総動員体制づくりの一環の女性施策

①労働基準法改正に関する研究会報告

〝保護緩和による機会均等=平等〟という考え方で、女の平等要求を利用して資本の要請と一致させようとするもの。その「効果」は、女の分断、差別の拡大、性別役割分業の固定化であり、男なみの猛烈社員や、一段と巧妙になった仕事、賃金差別等の労働条件下に働く多くの女(生産性追求に直接加担)、パート労働者(家との調和—生産性追求を銃後で支える)という仕組みになっていく。

②家庭基盤の充実に関する対策要綱

提唱していること=日本型福祉、二世代同居家族への住居税法上の優遇措置(家父長制へのUターン)、ボランティアの活用、妻の年金五割から八割へ、育児休業(女だけの)拡大、恵まれない条件を抱えた家庭への援助、非行少年の補導の強化など。

③乳幼児の保育基本法

〝集団保育施設に依存するあまり「母親」が保育義務を怠る風潮〟があり〝経済的な理由により止むなく家庭保育の機会を制約されている「母親」〟が、「母と子の心のふれあう」保育の原点に立ち戻らなければならない、とのねらいをこめている。

②③にみられる日本型福祉のありようは、保育、病老人介護は、個人や家族の努力で(女の手へ)、核家族で背負いきれない場合は地域のボランティアの協力で(女の手へ)行なう。性別役割分業に則った女の有効利用であり、その評価として妻の年金を五割から八割へ増額するというもの。

こうした安上がり福祉行政で、性別役割分業を強化し、あり得べき「家」を規定し「家制度」を復活させる、家を媒介にして、個人を、地域、国家へと統合してゆく施業といえる。

◉問題提起

国民統合の一環としての女性施策の中で、いま私たちは何をなすべきか。

㈠ 資本の論理にからめとられない真の男女平等獲得の運動を、凡ゆる場で展開させる。

。教育=家庭科の男女共修により、性別役割分業を否定し男女とも自立する人間に教育。

。戸籍=国籍の男性中心主義を改正。

。労働＝女の働く権利の確立、真の男女雇用平等法の獲得、労働時間の短縮。

これらを解決する事によって差別撤廃条約の完全批准を実現させる。

からめとられない男女平等要求とは—防衛白書に「わが国の婦人自衛官の発展は勤労婦人に対しては新しい魅力ある職域を開くことになり……」云々とあるが、昨年の自衛官の募集採用の倍率男一・九倍、女七・三倍にみられるような、女に開かれた場が余りにも少いことによる現象を、そのような差別の仕組みをこそ問題にしてゆくべきで、アメリカのナウのように軍隊への男女平等を要求するのでないことは勿論、戦前のような軍国化に組み込まれた権利獲得斗争ではないもの。

あらゆる場で主体的に、当り前に、真の男女平等を求めることは、同時に、差別撤廃条約の前文、憲法の前文、九条等に盛られた「平和を求める理念」を同時に実行していくことになるはずである。

このような視点から、国の軍隊としての「自衛隊の基本的性格」—米軍に従属した補完兵力、日本独占資本の海外侵略の道具、民衆への治安弾圧の道具—を明確にし、告発してゆかねばならない。

(二) 家制度の復活、強化に反対してゆく。

。国家の末端組織としての家を拒否する（女も男も自立すること、主体的に選択する多様な共同体）。

。日本型福祉を支えるボランティア活動を考える（七六年から文部省が、社会教育に補助金を出してボランティア活動の教育）。

。個人年金の確立。

。優生保護法の反対。

(三) あらゆる場で人権としての基本的権利を確立させていく。

働く権利、学ぶ権利、環境権、知る権利、福祉、医療など、健康に生を営む権利を、あらゆる場で要求してゆく。今の経済戦争、経済侵略の上に展開されている生活の質の見直し、経済、軍事の仕組みの見通し、自給、自治の尊重、平和外交、を進めることが必要だと思う。

★討　論

司会　私事だが、昔だったら甲種合格間違いなしの体の頑丈な二人の男の子がある。徴兵制そのものにはまだならないとしても、A種B種などにいい方を変えて、この日本にはどこにどういう丈夫な男の子が何人いるかという調査（いま米国で登録制といっているが）くらい、いまの勢いでいったら、本当になってしまうのではないかと、非常に危機感をもっている。もう一つ、姑と同居しているのだが、新聞を読みながら戦争の危険な話をすると〝でもやっぱり軍隊って少しは必要だってテレビで毎日竹村健一がいってるよ〟という。家で毎日、テレビで聞かされていると〝やっぱり必要なのか〟と思う女の人が随分ふえているのではないか。この辺のことを、私たちはもう一度見直して、今までやってきた運動の位置づけ、見直しをどうしてもやる必要があると思う。

S　先ほどの防衛白書の件で、具体的な例がある。私の勤めている高校で、三年の女生徒が婦人自衛官を志望、日頃近くの朝霞基地で迷惑を蒙っていたので担任の教師らが、やめるよう勧めた。彼女は〝機械整備の仕事をやりたいが、女子にも訓練してやらせてくれるところは自衛隊しかない。しかも公務員で一応男女平等の職場だ〟といった。これを聞いた時、日頃男女平等に余り関心がなかった男の教師たちも、しゅんと考えこんでしまった。もし彼女に自衛官をやめさせたとして、高校出たばかりの女の子にどんな職場が開かれているのかと。

A　朝霞の近くに住んでいるが、基地反対の情報を知りたい。自衛隊観閲式の時、自衛隊海外派遣を応援しようの叫び声しか聞こえなかった。

S　新座団地の主婦が中心になってやっている〝朝霞基地に反対する市民の会〟が、当日子供連れでデモをやった。組合なども大がかりなデモを行った。

B　女も社会を構成している一員だから、社会に起きていることに責任を持たなければいけないと言ったけど、それじゃ多くの人は納得できない。徴兵反対する理由は、あなたの夫や子や恋人がとられてしまうから、というのも弱い。あなただけというのは不満。他の人の夫や子、恋人というふうに全世界に拡げて考えたら全く正しいとらえ方だと思う。女の人はいつも自分の身内をとられて被害者だったと言うけれど、とられたのではなくとらせたのだと思う。そのことだけでも女は加害者だ。徴兵制度が施行された時に、とられるという被害者意識で対するのではなく、とらせてしまう加害者とならないように対応しなければいけないと思うのです。

司会　自分の子だけ考えてはいけないというのは全くその通りだが、自分の子どもでさえもやりそうな気配だ。今は。私の子ども、高校生だが、その高校で学園祭があって、軍事問題をやっていた。まじめな企画だったが、そのアンケートの一つの質問「あなたは徴兵制がしかれたら応じますか、応じませんか」こういうのがあった。74%が応じませんという答なんです。もし徴兵制がしかれたっていやだって言いさえすれば、別に自分は行かないですむからそんなに反対しなくったって大丈夫だっていう考えなんです。非常に甘い考えが今の若い人の間にあるんじゃないかと思って私はますます危機を感じた。そういう点については若い人たちはどうですか？

C　大学生ですが、周りの人のことについてはよくわからない。新聞で見る限り、逃げるという人が多い。でもそういうことになったら逃げられないということが分ったんです。あっ、言い忘れたが、私たち7月15日から19日まで講演やって徴兵制の話とか軍隊の話とかを聞いた。その中で徴兵制をしかれてしまったら逃げられないので、その前にそういうことを阻止しなければいけないということを学んだ。でも、私がそういうことを周りの人に言っても「杞憂じゃないの」なんて言われる。

D　ストックホルムの研究所によると現在世界中に6万発の核兵器があり世界の人口の全てが4トンの爆薬をかかえていることになる。国連の発表では広島型原爆の一〇〇万個分にあたり、一人3トンになっている。核兵器の攻撃のために、宇宙を飛びまわっている人工衛星が軍事用として去年だけで約94個は打ち上げられている。今まで地上と海上だけだったが宇宙も核兵器の基地になっていることがわかる。海には原子力潜水艦があり、その中に核ミサイルを積んでいて、海中がいつでも核ミサイルを発射できるようになっている。長崎や広島では一般市民が何も知らされないうち、ホントにふだんの生活をしている時、広島の場合は朝食の時、長崎は11時ちょっとすぎです。何が何んだかわからないうちに一般の人は殺されているのが現実だ。今、私たちに政府は何も知らせずにどんどん軍備を増強してきている。今、日本では21基の原発を持っている。世界では22ケ国が原発を持っているけれど核戦争力としては日本は世界第2位を占めている。原発の中にある再処理工場が一番の問題。再処理工場でプラトニウムという原爆の材料が作られる。このプラトニウムを作るために世界各国が原発に力を入れている。東海村にその再処理工場があるが、順調に稼動すれば約2トン、一日7キログラムのプラトニウムがとれることになる。私は、反原発をやっていく中で、今が世界から核戦争をなくすための重要な段階にきているのではないかと考えている。みなさんも一緒にやってほしい。

E　「かつて女は戦争に協力した」という題が書いてあるが、私の場合は、女はでなく「かつて、私は戦争に協力した」と言わなければならない辛い立場にいる。女学校の頃、公民科という科があったが、教えられている私たちには公民権はなかった。選挙権もないし無能力者で、今でこそ女は二流市民なんて言うが、私たちの頃は二流どころか、もう人間でなかった。それが男がどんどん戦地に出ていった時に言われたことばが、それはおそらく官製のことばだったと思うけど、「女子は男性の代用品ではない。女そのものが戦力だ」と言われた。すごくうれしかった。真暗になっても、早出残業めちゃくちゃにやった。友だちが死んでも仕事をした。今でも設計をやれているというのはその時の仕事がプラスになっている。幸わせにつながっていると思えるだけに辛くてならない。今も同じような状態が起こった時、女の人は私と同じように燃えてやっちゃうんじゃないかと思う。資源の問題、貿易摩擦の問題を考えてみると、この調子で経済成長が登っていくことはむずかしいが、経済というのは何がしかの成長を続けていかない限りは生きてゆけないと思う。海外投資の資料も見ていただきたい。法人の生命と収益を守るため、と言っているが、私は小さい頃これと同じことばを聞いた。そうして海外へ出ていった。二の舞になるのではないかと恐れている。

司会　少しずつ私たちどういう形で巻き込まれていく危険性があるのかという点にしぼって発言して欲しい。それで平等要求、差別されていた女たちに平等を認めてやるということで女が協力してしまったということが出された。現在私たちが平等を要求してゆくということがどういう意味を持っているのかという点に関連して発言してもらいたい。

F　国家（天皇制）、家制度、資本主義という三本が構造的につかめなかったという指摘は非常におもしろかった。最近、今の世の中で国家の問題がせりあがってきている。中学生も文部省の指示で先生が話すものだから、北方領土のことなんかも話している。そういうふんい気作りの中で、徴兵制に反対するものは日本人じゃないというような精神主義的国家主義の環境づくりが進められている。戦前の女が国家に反対できなかったのは、明治生まれの人にとってナショナリズム形成期にあって、国家というものを客観視する姿勢ができていなかったからではないか。戦後は反封建ということで家なんかには反対してきているが、国家は民主的になったということから免罪視されて、国家は無傷にきているのではないか。女性解放の中でも国家論というものがこれから必要になってくると思う。平等論と国家・家・資本主義を構造的につかまえることが必要となってくる。

G　一九〇一年に愛国婦人会が発足して兵士の慰問とかをやってきたが、一九二〇年には朝鮮侵略をしたわけだが、その中で具体的にどういうことをしたのか教えてほしい。

井の部　奥村五百子は教育者だった。この当時朝鮮に行ったのは男だけではなく多くの女たちが行った。日本語を教える、押しつける教師としてたくさんの女たちが朝鮮に渡った。

F　大規模地震特別措置法について少し語られたが、例えば11月1日の防火訓練のこともその法律は含んでいる訳で。法律っていうのは、すごく難しく書いてあるため高校位卒業した人じゃちょっと読んでも分らないぐらいじょうずにできているし、書いてあることをどこまで書き換えてゆくかは、その時の為政者とそれを阻止する勢力との力関係で決まってゆく。もう通ってしまったけど、私は大規模地震特別措置法に反対だ。でもそれを具体的に防災訓練という形でやってゆくのは、学校でもやったが、地域の自治会とかで、昼は女の人が家にいて暇だから女の人を防災訓練として出してゆこうという形でやられてゆく。少年法が改悪されようとしているんだけど、それだって裏で支えているのは教育ママと言われる女であるという一面もある。くさったミカンをはずさなければウチの子もくさってしまうという論理で、女の人が結局は悪しき法案を守ってゆくということがある。特別な知識がなくても法律というものを考えてゆかないと、通ってしまってからでは遅いので、刑法改悪に反対する婦人会議の中で一緒にやっていきませんか。

吉武　アメリカからベティ・フリーダンがやってきてＮＨＫの番組で徴兵制度について彼女に質問をした時、彼女は男と平等である以上男に兵役義務があれば女も応ずるべきだと言った。天皇制、家制度、資本主義、それにからめた男による女の支配ということが今話された訳だが、アメリカであっても今その問題についてははっきりした路線ができつつあると言える。そのことから女性解放運動をもう一度きちんとおさえておく必要があると思う。市川さんたちが婦選運動という中で戦争により協力していった道筋がわかるような気がする。男女同権、せめてなりたや男の八分という発想であれば、女が認められるんであれば戦争にも協力しましょうという形になると思う。男のあり方を全て是としたところで女がどういうふうにそれに近づけていくかという発想を持った時には、戦前と同じわだちを踏むだろうし、むしろ戦前よりこわいのは、選択の自由が一見あり気に見えるだけにその協力のしかたはもっと犯罪的になる。時間も不足でもっと煮つめられると思ったが、もう一度この問題で定例会を組んでほしいと提案したい。本当に解放された女性とはいったい何なのか、きちんと押えておきたい。ある時から戦争への道を作られてきて、巧妙にさまざまな形でずり寄ってきてあげくの果てに戦争が起こったわけで、それを私たちがどういった形で取捨選択してゆくかが大事だ。

H(男)　学生です。女性に機械をいじらせる職場は自衛隊しかないという話でしたが、自衛隊でなくても富士重工などで今年から一〇〇人の女性技術者を採用すると言った場合どうなのか？　男の理論かもしれないが自衛隊だからダメと単純に切り捨てるのは短絡的すぎるのでは？

I(男)　本質的に自衛隊の問題を差別の問題として語ることはできない。戦争自体を肯定するのかどうかということを語らずして一般的に女性が云々、平等だから云々というのは平等論のはき違えではないか。

司会　どこの国にも負けない位日本は経済進出をしているが、そのうしろで家を支えているのは女なわけで、その面をもう少し考えてみないといけないのでは。

I　行政が女への社会参加の意欲を、本質的な労働権の確立ということを抜きにして、ボランティアとか地域の相互扶助という形で新らたに組織化しようとしている。

山田　広島から児童扶養手当を18才にひきあげる会が上京してきて厚生省・大蔵省に陳情に行った。大蔵省の役人を前に「軍備費より福祉を」と言ったんだけど、役人は軍備費を防衛費と訂正しなかった。これは大きな問題よ。「いつ敵が攻めてくるかわからないのに予算はたった二兆八千万円なんです。これで国は守れません。国がなくなってしまったら福祉も何もないんですよ。国を守るために国民は……」とここまで言ったけど、女たち23人の怒号の中で警備員3人に守られて出ていった。結局福祉は切りすてられ、軍備費はたった二兆八千万円よりももっと組まれてしまう。女たちよ、もっと声をあげよう。手はじめに12・7の女たちの戦争反対の集会にみなさん来て下さい。

司会　女性解放運動がどういう形で戦争に協力させられつつあるのかということの討論は不充分だった。母性保護の要求、平等主義両方とも戦争に利用されてしまった。今似通ったことが起こりつつあるわけで、この二つの点からもう一度掘り下げる会を再度持ちたいので集まって下さい。

(記録　兼松・三井)

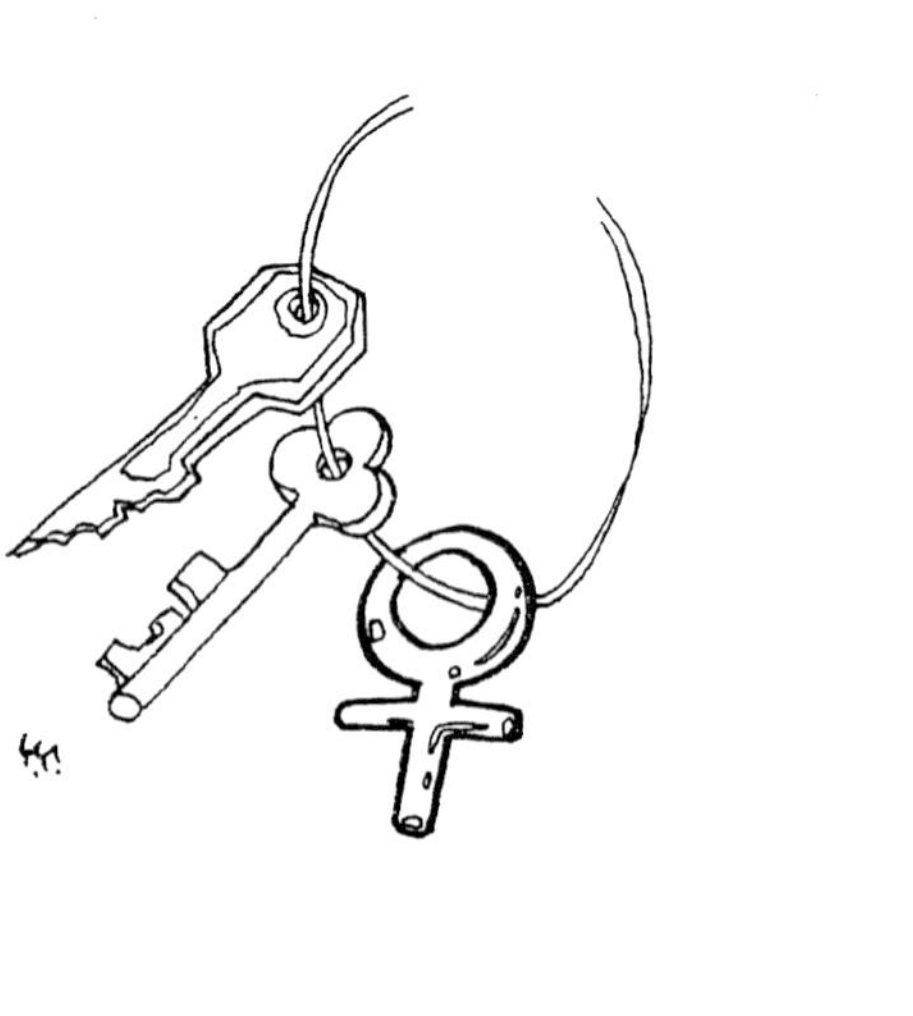

あゝ文部省

6月26日、樋口恵子さんのお骨折りで、文部省初等中等教育局教科書検定課長上野氏との会見が実現した。56年版K社中学一年国語教科書の巻頭に載った、樋口さんの「さまざまな出会い」という文を検定の結果全面削除差し替えにさせた理由と、現行の教科書に表われた男女差別を文部省としてはどう認識しているかということ、また、世界・国内行動計画に沿って、文部省としての今後のとりくみをきくのが目的だった。参加者は駒野、吉武、樋口、仲野とそろって、子産み子育てを完了した(?)に近い中高年パワーである。——これは最後に関連があるので敢て記した——

通された部屋はなんとも陰気な薄黒い壁に囲まれている。いかにも迷惑そのものといった仏頂面で机に着いた課長と書記役課員と課長のツョーイ味方補佐役課員菊地氏の三人。

樋口恵子は悪文家？

——「差し替えの理由を伺いたい。」

上野氏、用意したメモをとり出し、そっけなく答える。

「内容が中一の初めにはわかりづらいということだ。」

——「あれは中学生向けに書いた本で、おかげさまでよく読まれていて、わかり難いという指摘を受けたことはない。一体どこが」

上「①句読点や終止符がわかり辛い。②意味がとりにくい。切り方が不統一だ。③具体的な人との出会いから本や抽象的なものにも出会いということをひろげている。④主語と述語の関係がはっきりしない。」

——「たとえば？」

上「『勉強すること…が出会いの能力を高める…』。他にも俗な表現や、『可能性が眠っている』というような普通使わない用語がある。」

——「『可能性が眠っている』などはどこにでもある言葉だと思うが、表現や句読点等でもし適切な指示があれば、作者の方で修正に応じることもできるのだが、そういう部分修正を求めないで、いきなり全面削除で他の人のものとさし替えを指示したのは納得いかない。作者や考え方に気にいらない点があったのではないか。」

上「いや、趣旨や内容で落としたのでなく、あくまでレベルとか表現の問題である。別の例をあげれば、『学問や…を道具として』という用語なども一般的でない。」

——「出版レポートによると樋口恵子、寿岳章子の二人の女性が完全に消されたということだが。」

上「出版労連が出しているレポートは不正確なものだ。発行会社にはくわしく例示してあるから会社に問い合わせればよくわかる。」

——「教科書会社がどんなに弱い立場かは十分わかっているから会社とは交渉しません。あくまで直接文部省から伺いたい。さし替えは強制意見か修正意見か。」

上「検定には絶対条件の強制意見と、こうした方がよりよいという修正意見の二種類あるが、これは修正意見だ。あとは出版社が自発的にさし替えた。」

菊「私は最近来たのでよくわからないが、課長のいわれることを補足すると、これは文章としてすっきりしないというか、表現上わかりよい、標準的な文章の方がよいという意味で、別のものにした方がよいということで……。」

そこまで言われればはっきりする。要するに作者が気にいらないとは表向き言えないらしい。趣旨といっても、「人生にはさまざまな出会いがあり、忘れがたい人との出会いもあれば、自分の人生観に大きく影響を与えるような本などとの出会いもある。いずれにしても、平素学習につとめ、感性をみがき、よい出会いを受けとめることのできる準備が大切であろう。」という、ごく当り前の素直な話だから、一年の巻頭においた編集委員の意図もよくわかるし、文部省としてもとやかくいい難い。されば「表現よ」とか「俗な」とかの口実で、専門職でもなく始終入れ替る三流官僚の忠義立てだけの主観でバッサリ切り捨てることが許されていいものだろうか。

「『可能性が眠っている』はおかしい、『学問』を『道具』などとはけしからん。」、これがいいがかりでなくて何であろう。出版社とて社の命運をかけた教科書編集であるから、編集委員会は専門家をそろえ、何度も討議して作り上げた教科書である。本当に純粋に国語の表現上の問題だというなら、「小川はさらさら、小鳥はピイチク」と文部省さまがお書きになった文だけが唯一絶対ということではないか。樋口さんは家庭科共修などで文部省にとってはうるさい存在。またNHKの討論番組などでも、本人はそうとは思わないが、文部省にもの申すという意味で日教組側に坐らせられる。文部省はこの程度（本人曰く）の反体制派でも目の敵なのだろうか。

検定非公開は出版社をかばう親心？

——「いままでの話では、部分修正の利く問題を無理に全面否定しているとしか受けとれない。どういう審議過程で樋口の文が意味の通らない俗悪文にされたのか知りたい。しくみは？」

上「私は審議会に出席していないから、詳しいことはわからない。審議会の構成は、文部省が委嘱した総勢90人で、教科によって分科会に分れ、15人で審議を行なう。他に調査員として一科目につきこの場合は中学教員2人学者1人、文部省調査官（正副）がいて、調査報告書を後者で4通作り、それを基にして分科会が審議した。

——「報告書や審議過程を公開すべきではないか。」

上「雑音が入るとやり難いし、公開制のたてまえになっていない。」

——「途中でなくて、終ったあとで公開すればよい。他の政府関係審議会だってそうしている。」

上「それはあるかもしれないが、出版社に傷がつくから内々がよい。」

——「秘密裡に斬り捨て御免より、堂々と公開された方が出版社としても正面からとりくめるし、国民の前で理非を問うこともできる。これでは検閲と同じだ。なぜ公開できないのか。」

上「いや、検閲とは全くちがう。検定は教科書としての失格であって、一般の本として出版するのは自由だ。経過の公開は国の方針がそうであればできる。」

教科書会社が何年も準備して教科書として日の目を見なければ、死活の問題である。審議経過や理由をできるだけぼかして、一方的に伝えれば、出版社は恐れおののいて、先まわりをしてまで意に従う。手をくださないで操る非常に陰険で効果的なやり方を十分心得ているといえよう。

教科書の中の性差別について

渡した私たちの「女は…」パンフレットをさっさと片付けて何ら関心もみせずただ坐っている三人。当方は一応問題点を挙げて説明するが、反応は顰めっ面だけ。一言もいわずただ過ぎゆく時を待つ姿勢である。

上「検定の基準にとくに男女に関する項はないが、出版社が作ってくる本だから文部省がどうこう言うこともない。」

——「家永日本史や、久野倫理社会では、女性の地位についてずい分クレームをつけているが…。」

上「あれは、できるだけ当時を正確にということで偏った見方を避けた。」

——「『妾をもつことが当然とされ…』などという事実を書いてはいけないとか、『青踏社の運動等に頁を使い過ぎ』とか平等を目指す記述はかなり規制しているではないか。」

上「事実の誤りなどが多過ぎたので、それから現在の価値判断から歴史的な事実をみるのはよくない。」

いつの間にこの連中は家永先生を見下す歴史学者になり上ったのだろう。つい先週文部省教科用図書主任調査官という専門職の小笠原氏からわざわざいただいた電話によると、「家永日本史は調査官は通したし、審議会もOKだったが、自民党の圧力でストップがかかった。これは誰でも知ってることだ」という話。尤もこの小笠原氏、行動する会への電話の用件は、「『検定官はこんな女がお好き』などというスキャンダラスなタイトルで会合を開くのは迷惑千万。文部省はモデルを示すに過ぎないが、出版社の方でいいものを作ってこない。教育委員会や現場教師も因循姑息で足をひっぱっている。」というお話だが。

菊「課長を弁護するようだが、あなた方がそう言っても、大部分の人が正しいと思うのだから、それに従うべきで…」

―「大部分の人とは？」

菊「教科書が通るまでには多勢の学者その他の委員の目を通っているし、世の中でも認められている。あなた方と考えが違ってもそれが実態だから…」

―「世の中といって天下をとった気のように聞えるが、憲法が世の中の隅々まで実現していないからといって、憲法をその遅れた部分に合わせるか。同和教育だって、徹底していないからこそ、教科書や教育でしっかりとりあげているのではないか。」

上「あの場合は人権上差別が行われてはいけないからで、女性の場合、それほど差別はない。現に満足している女性も多くいる。」

―「あなた方がそう押しつけているだけだ。あなたに娘があれば、いまのように差別されては可哀相だと思うのではないか。」

上「娘はいない。」

―「次代をになう児童生徒に、このように男と女に分けられた偏った人間像を教育してよいと思うか。」

菊「課長のいわれるとおり、人間は進歩していくかもしれないが、現状で認められている価値をまず吸収するように教育してから、それから変った考えも教えればよい。」

行動計画と当課はトクにカンケイナイ？

―「世界行動計画と国内計画をどの程度理解し、文部省としての対応策をもっているか。」

上「世界……はあることを知っている。国内のは直接自分のところに関係のある部分がまわってきている。」

―「どこが関係あるか。また行動計画の重点は？」

上「陳情書が来たらまわすなどしている。男女差別では役割分担を排すことを気にかけるようにとのことだ。」

文部省としていかなるとり組みも窺えない。熱意や理想どころか、いま世界で、日本で何が起っているのかにも関係なく、人の話に耳を傾ける習性ももち合わせていないようだ。

―「検定課としては教科書の内容について検討していく用意はないか。」

上「現在とくにそういう具体的なことはない。あなた方の言うことをきけば、オヤジが台所仕事に立っている絵でものせろなどと言っているようだ。そんなバカな。」

―「もちろんそれでも結構だし、二人立ってもいいが、それだけではない根本的な問題だ。」

上「あなた方の運動が世の中を変えれば、また方針も変ってくるだろう。」

男女平等教育をすすめるための要請書を渡し、内容の説明をした。。女性解放の視点に立つ記述に対する圧力や指示をやめる。。検定基準や審議経過を公開して広く意見を求める。。性差別を排し、平等教育をすすめるためのガイドラインを作成する。。世界、国内計画にのっとり、教育に係わるすべての場に広報、指導を行なう、の四点である。その他に、当面審議会の委員に女性を半数入れること、教科書の編集者に女性を増やすことをすすめること等要望した。

菊「学校教師の中の男女比も、どんどん女性が増えているのだから、使う人が実際面から批判し取捨すれば変ってくる筈だ。そういう声が出ていない。」

上「忙しいからこれくらいで。これから会う竹の会（日本特産の竹のことを教科書にのせろという会）の陳情とか、公害の陳情とか、あなた方だけでなく、言ってくる人がたくさんいて、一々会わなければならない。」

一応聞いてやったのだから、もうこの辺でいいだろうという態度ミエミエの課長が帰り際に、ふと役人のお面を外して真顔でこういった。「あなた方は何でも平等というけど、試験管ベビーをすすめているのでは？」ここで四人の子持ちは述べるべきことばもみつからず、「私ども全員お腹を痛めて産んで育てております。」そのあとで、課長氏はじめてかすかに口もとの筋肉を弛め、「いやいずれにせよ、こうガンガン言ってこられれば変らないわけにいかんでしょう。」その速度については、当方と向こうの単位が非常に違うであろうけれど。

それでも行きましょう。私たちが税金払って雇っている役所なんだから。変ってもらわなくっちゃあ。

（仲野　暢子）

80・11・1　教育分科会「愛と性を語る会」

強い女は心やさしい！

行動を起こす会の設立当初から、関心を持ち、同僚から様々な情報をもらいながら、二人の子持ちを常の言い訳として、夏の合宿に参加することや女の集会に片隅からそっと見つめるだけで、具体的な行動の出来なかった私が初めて参加する分科会であった。数年ぶりに山梨から駆け付けたSさんが一番乗りで総勢十一名、まず彼女が田舎の堅苦しさとお茶汲み問題を訴えれば、Nさんは自分の学校で家庭科の男女共修検討委員会設立の呼びかけをした苦労話を、Aさんは職員会議が会議として成り立っていない現状をと様々な問題が迸るように出てきた。中でも共修検討委員会が最終的には家庭科教師自身の「協力できない」の一言で分解したこと、しかしその中にあっても「勉強会を作ればいい」との男性教師の言質を盾に会の責任者とし、そこをついていくことで行動を持続させたNさんの報告を聞いて、方法論の上で大いに参考になった。

性差別は肌で感じながらも個々の性を語ることはむずかしい。自分の欠点がすべて吹き出してしまうようで恐ろしい……と思っていた。しかしこの場を通して、私は心なごむものを感じた。Fさんは性に於てかなり自由で解放されている。人生を楽しむことを見つけ、国際的に花開いているといって良い。Nさんは前夫、今の夫、同僚たちとのかかわりからむしろ今は女とのやさしいかかわりに心ひかれると言う。リブは一番身近かな男を変えることからとまずは夫を良き協力者とすることのできたMさんも、かなりな経過を辿って今に至っている。強い主張のできる彼女からはやさしさもあふれでている。結婚が間近かな問題として浮上している大学生のNさんも、相手に女性問題をつきつける努力を怠ってはいない。結婚という形態には見切りをつけ、同僚や生徒への問題提起に確かな手応えがあるのがうれしいというSさん等々、自分が働き続けることをうまい形で納得させられずに強行し、その結果生じたひずみに夫との語らいを干からびさせ、心をかたくなにしている自分がなんとも痛ましく感じられる程、皆は大らかである。しかもそれが常に心を開いていく努力を惜しまなかった結果なのである。音楽があれば歌いたくなり踊りたくなる人間の自然さが確かにそこにはあって、忙がしがってばかりで遊び下手な私のような女たちは、こうした場を積み重ねながら解放されるべきであると痛感した。それにしても強い女は美しく心やさしい。

（小林）

高良留美子
詩二編

きょうだいを殺しに

Ⓐわたしたちは言わなければいけなかった
日の丸の波に送られて
たたかいに行く兵士たちに
きょうだいを殺しに行ってはいけないと
Ⓑわたしたちは言ってはいけなかった
お国のために立派にたたかってきて下さい
などとは
Ⓐ国とは何なのか
国とは何だったというのか
わたしたちは日の丸の小旗など振って
道に並んではいけなかった
Ⓑやがてその人の血に染まる
千人針などを作ってはいけなかった
Ⓐわたしたちは言わなければいけなかった
どんな美しいことばで飾られようと
あなたたちが殺しにいくのは
兄弟姉妹《きょうだいしまい》なのだと
Ⓑわたしたちは言ってはいけなかった
お国のために死んで下さいなどとは
Ⓐ国とは何なのか
国とは何だったというのか
わたしたちは一度でも
そのことを考えたことがあったか
Ⓑわたしたちは言わなければいけなかった
きょうだいを殺しに行ってはいけないと
ⒶⒷ日の丸の波に送られて　行き
二度と帰らなかった
男たちに

戦争

われわれは戦争に負けたのではない
戦争は終ったのだ　という人たちがいる
戦争は終るものではなかった
戦争は永遠だった
戦争は終るなどと口に出したら
手がうしろにまわった
戦争を終らせることができたのは
わたしたちではなかった
戦争を終らせることができたのは
永遠を支配する神　天皇だった
八月十五日は敗戦記念日ではない
終戦記念日だ　という人たちがいる
日本が戦争を終らせることができたのは
「負けた」といって手を上げたからだ
わたしたちには「負けた」という自由すら
なかった
そしてわたしたちは戦争に負けた
軍隊に負けただけでなく
武器をもたないアジアの人たちに負けた
武器のたたかいに負けただけでなく
人間と人間のたたかいに負けた
われわれは戦争に負けたのではない
戦争は終ったのだ　という人たちがいる
戦争は終るものではなかった
戦争は永遠だった
だが「永遠」はまやかしであり
戦争は終えることができるものだった
日本は戦争に負け
わたしたちは生きることができた
だがいま　その生をふたたび
靖国の「永遠」のなかに押しこめようとし
ている人たちがいる
われわれは戦争に負けたのではない
だからもう一度勝つことができる　とい
う人たちが——

1月定例会

〝今、女は戦争に荷担しない！〟

―女性解放運動と戦争…その2―


一月三十一日(土)　一時三〇分～

渋谷勤労福祉会館（渋谷パルコ向かい）

戦前、女たちの切実な要求（参政権、母性保護等）が利用され、女たちは戦争に協力しました。戦前と全く同じではないにしても、女たちの要求を逆手にとり、女たちを戦争への道に協力させようとする構造は現在も同じようにあるといえるでしょう。

戦前の女たちの誤ちを二度とくり返さないために、今の状況を分析し、戦争に協力しないのみならず、これを止めさせることのできるような女性解放運動の方向性をさぐっていきましょう。

＜討論テーマ＞
①平等要求が利用されないために
②母性保護要求が利用されないために
③現在の性差別支配の構造とは

問い合わせ03（357）9565

ジョキ会合日

国際婦人年をきっかけとして行動を起こす女たちの会

12・22(月)　運動論分科会・1月定例実行委　於ジョキ　6・30～

1・11(日)　離婚分科会　於ジョキ　2時～4時　原則として毎月第二日曜日に行います。

1・12(月)　1月世話人会　於ジョキ　6・30～　原則として毎月第一月曜日に行いますが1月は変更しました。

1・14(水)　労働分科会　於ジョキ　6・30～

1・31(土)　1月定例会　於渋谷勤労福祉会館　1・30～4・00
2・2(月)　2月世話人会　於ジョキ　6・30

刑法改悪に反対する婦人会議

原則として毎週木曜日ジョキにて6時半から行います。1月は第三木曜日から。

私たちの男女雇用平等法をつくる会

1・16(金)　運営委員会　於ジョキ　6・30～

2・6(金)　運営委員会　於ジョキ　6・30～　原則として第1・第3金曜日に行います。


鉄連の7人とともに性による仕事差別・賃金差別と闘う会

1・12(月)　運営委員会　於ジョキ　6・30～

1・26(月)　運営委員会　於ジョキ　6・30～　原則として第二・第四月曜日に行います。

事務局から

★かけ足で過ぎた80年。なんというあわただしさ。何か置き忘れたような、心残りのある12月。

★事務局冬休み　25日から1月8日まで。

★活動報告原稿〆切　毎月1日
活動報告校正　毎月14日
活動報告発送　毎月15日
大体こんな段取りで活動報告を作っていきたいのですが、さて81年、やってみなきゃわからない。

★会費一カ月五〇〇円（六カ月・一年分前納）
定期カンパ一カ月一口五〇〇円何口でも。

一般カンパいつでも受け付けています。

会財政にゆとりを。12月カンパをお願いします。


会財政がとても苦しくなっています。いつも12月でゆとり(?)が出て、2月・3月・4月とのりきります。会費の払いこみは、郵便振替　東京0－44014　国際婦人年をきっかけとして行動を起こす女たちの会へ。

16

◉──編集委員紹介

高木澄子（たかき・すみこ）
一九七六～一九九六年会員

中嶋里美（なかじま・さとみ）
一九七五～一九九六年会員

三井マリ子（みつい・まりこ）
一九七五～一九九六年会員

山口智美（やまぐち・ともみ）
一九九六年　解散直前に行動する女たちの会に入会

山田満枝（やまだ・みつえ）
一九七五～一九八五年会員

編集復刻版

行動《こうどう》する女《おんな》たちの会《かい》 資《し》料《りょう》集《しゅう》成《せい》 第5巻

ISBN978-4-905421-90-0

第2回配本［第3巻～第5巻］分売不可　セットコード ISBN978-4-905421-87-0

2015年12月11日　発行
2018年2月28日　第二刷発行＊

揃定価　本体60，000円＋税

編集・発行　高木澄子・中嶋里美・三井マリ子
山口智美・山田満枝

発売　六花出版

〒101-0051　東京都千代田区神田神保町1-28
電話 03-3293-8787　ファクシミリ 03-3293-8788
e-mail : info@rikka-press.jp

組版　昴印刷
印刷所　栄光
製本所　青木製本
装丁　臼井弘志

＊第二刷はPOD（オンデマンド印刷）すなわち乾式トナーを使用し低温印字する印刷によるものです。